Gott und das Recht

Gott und das Recht

Johann Oldendorps Rostocker Schriften

Martin Grahl

Fehmarn West 2024

Website: www.martingrahl.com

Druck und Distribution im Auftrag des Autors:
tredition GmbH, Heinz-Beusen-Stieg 5, 22926 Ahrensburg, Germany

Einleitung

Johann Oldendorp (1488-1567) war eine bedeutende Persönlichkeit des 16. Jahrhunderts und der Reformationsgeschichte Deutschlands. In Rostock führte er zusammen mit Joachim Slüter die Reformation ein. In der Geschichte der Hanse spielte er eine zentrale Rolle, wie die Protokolle der Hansetage aufzeigen. Er verhandelte mit Fürsten als Stadtsyndikus von Rostock und dann Lübeck an der Seite des mächtigen Bürgermeisters Jürgen Wullenwever. Oldendorps Onkel, der ihn an Vaters statt auf den Weg der Wissenschaft brachte, war der bedeutende Hamburger, bzw. Rostocker Historiker Albert Krantz. Er studierte und promovierte in Bologna, dem wissenschaftlichen Zentrum des Humanismus. In Greifswald und Frankfurt a.O. lehrte er als Professor Kaiserliches Recht, in diesen Jahren wurde er Anhänger der Reformation Wittenbergs.

In Rostock verfasste Johann Oldendorp in kurzer Abfolge drei Schriften auf Mittelniederdeutsch, in denen er sich grundlegend zum Recht, zu Politik und Kirche äußerte. Man hat ihn als einen großen Rechtsdenker und Vorläufer von Hugo Grotius in Bezug auf Natur- und Völkerrecht und ersten Polizeischriftsteller angesehen, d.h. des sich allmählich herausbildenden Staatsverständnisses der Neuzeit.

Nach den Jahren in den Hansestädten im Norden Deutschlands als Stadtsyndikus ging Oldendorp nach Köln, wo nicht viel daran fehlte, dass dieses bedeutende Zentrum von Kirche und Hanse sich ebenfalls dem Luthertum anschloss. Hier lehrte er wieder an der Universität, ebenso in Marburg, wo er Philipp I. von Hessen, dem bedeutenden fürstlichen Streiter der Reformation, als persönlicher Berater diente.

Seine zahlreichen lateinischen Schriften wurden in ganz Europa wahrgenommen, insbesondere auch in Spanien, dem Zentrum der Gegenreformation, die bekanntlich nicht einfach nur alles ablehnte, was aus Wittenberg oder Genf verlautete, sondern durchaus als eine eigene Reformation der Kirche anzusehen ist.

Die Grundgedanken der lateinischen Schriften Oldendorps, die zum großen Teil schon zu Lebzeiten in zwei Bänden als opera Ioannis Oldendorpii in Basel herausgegeben wurden, bewegen sich inhaltlich im Rahmen der drei Rostocker deutschsprachigen Schriften der Jahre 1529 und 1530.

Die zweite dieser Schriften behandelt das Göttliche Recht, bzw. seinen weltlichen Missbrauch. Sie ist in Rostock unter dem offenkundigen Pseudonym eines Sebastianus Pol erschienen. Es gab gute Gründe dafür, ein Pseudonym zu wählen. Die Indizien dafür, dass der wahre Autor der Schrift niemand anders als Johannes Oldendorp war, wiegen schwer. Im Dreiklang bilden die Rostocker Druckschriften von 1529/1530 eine Einheit, sie ergänzen einander. Ich habe sie neu ins Hochdeutsche übertragen und versucht, die vielen Zitate aufzuspüren und die Schriften so zu kommentieren, dass ihre Bedeutung uns ersichtlicher wird, die wir in völlig anderen Kontexten leben und denken. Angefügt habe ich eine vierte, persönliche Verteidigungsschrift, sowie einige für unser Thema hilfreiche kurze Textpassagen.

Die drei Rostocker mittelniederdeutschen Druckschriften sind von Bedeutung auch für die Frage, die uns heute als Kirche bewegt: Wie verhalten sich die beiden „Regimenter" zueinander, von denen die Reformation sprach? Wie kommt das Wort Gottes in den Ordnungen der Welt zu stehen? Hat die Kirche der Welt nichts mehr zu sagen und wäre sie nur für das Seelenheil frommer Menschen als Privatangelegenheit zuständig, lohnte der Aufwand einer Kirche kaum. Im Gegenteil: Religion würde sich als etwas durch und durch Gefährliches für die Gesellschaft erweisen, denn was mit einer Sache nichts zu tun hat, aber dennoch ständig hineinredet, verwirrt. Wir bekommen das Problem durch die religiösen Fundamentalismen in unseren Tagen vorgeführt. In welcher Weise ist das Christentum der „Welt" notwendig? An der Beantwortung dieser Frage, der Bestimmung des Verhältnisses von Gottes Herrschaft in Christus, menschlichem Agieren miteinander und der Natur gegenüber entscheidet sich nicht nur der Glaube, sondern auch die Bestimmung des Menschen.[1]

---

1 Was für ein seltsamer Glaube wäre es, wenn Gott nur unser Seelenheil kümmern würde, wie mancher es von der Kirche erwartet. Zudem sei hier bemerkt, dass „Religion" in dieser Frage sich nicht auf einen Begriff bringen lässt. Judentum, Islam, Kirche, Hinduismus,... bestimmen das Verhältnis von „Religion und Gesellschaft" in völlig unterschiedlicher Weise, auch innerhalb der jeweiligen Religion. So wird auch in der christlichen Ökumene dies Verhältnis verschieden bis gegensätzlich gesehen und entsprechend agiert. Hans Dombois erkannte darum die Notwendigkeit des Nachdenkens über ein ökumenisches Kirchenrecht. Die ökumenischen Unterschiede liegen nicht nur in unterschiedlichen Lehrfragen begründet, sondern wesentlich in der Problematik des Verhältnisses von „Staat und Kirche", wie wir gern sagen. Nur freilich herrscht in den Kirchen selbst darin große Unsicherheit, einmal, weil es dabei oft an klaren Texten mangelt und es in der theologischen Ausbildung zumeist nur am Rand behandelt wird, zum anderen aber auch,

In meiner Heimat Mecklenburg ist der Name Oldendorp wenig bekannt. Aber auch in den historischen Wissenschaften wird er eher als Randfigur wahrgenommen. Er muss zwar nicht „wiederentdeckt" werden, doch ihm sollte auf jeden Fall mehr Beachtung geschenkt werden. Viele Fragen sind es wert, in Bezug auf Johann Oldendorp gestellt und beantwortet zu werden. Mein Buch möchte ein Beitrag dafür sein. Parallel dazu erscheint vom gleichen Autor das Buch „Gott und seine Kirche - Mecklenburgs Kirchenordnung von 1552". Beide Bücher sind in tiefem Zusammenhang miteinander anzusehen.

Martin Grahl, Kreta 2024

---

weil Staat und Gesellschaft in unseren Tagen sich in rasanten Umbildungsprozessen befinden.

Biographische Übersicht

1488 geboren in Hamburg[1]
Oldendorps Mutter Beke war eine Schwester von Albert Krantz, vom Vater ist uns nichts bekannt.
1504 Studienbeginn in Rostock, dann Köln
1508 Studium in Bologna
Licentiat beider Rechte in Bologna
1516 Rationes sive argumenta, quibus in iure utimur (dem Onkel gewidmet)
1516 Professor Institutionum (des Römischen Rechts) in Greifswald
1517 Rektor der Universität Greifswald
1518 Doctor legum (iuris Caesarei doctor)
Heirat mit der Witwe von Hans Lotze[2]
1519 Commentarii nun inutiles de privilegiis, quae personis et rebus ecclisiasicis dantur (verschollen)
1520 Universität Frankfurt a. O.
1521 Universität Greifswald
1522 erneut Rektor der Universität Greifswald
1525 De emptione et venditione reddituum
Zusammenarbeit mit dem Reformator Hermann Bonnus
1526 Herzoglicher Berater und zugleich Beratungsdienste für die Stadt Rostock
1528 Stadtsyndikus in Rostock[3]
Zusammenarbeit mit dem Reformator Joachim Slüter
1529 Billig und recht[4]
1529 Göttliches Recht

---

1 Sabine Pettke hat in ihrer Biographischen Einleitung zur Schrift De emtione et venditione reddituum (Rostock, 1995) das Geburtsjahr offengelassen. Ich folge hier weitgehend ihren Angaben. Die einzelnen Angaben, die auch der Literatur gewonnen habe, sind von mir nicht nachgeprüft worden.

2 Ob es zu einer anerkannten Scheidung später gekommen ist, lässt sich nicht feststellen. Als sicher kann gelten, dass er diese Ehe dann für aufgelöst ansah und später von neuem heiratete.

3 Bestallungstext in Entschuldigung, hrsg. Von Arnold Freybe S. 9. Siehe auch Sabine Pettke, die der Ansicht ist, dass dieser Text zurückdatiert ist von 1528 auf 1526. In den Protokollen der Hanserecesse vor 1530 taucht der Name Oldendorps auch nicht auf. Welchem der beiden Herzöge (Heinrich V., bzw. Albrecht VII.) Oldendorp zuvor gedient haben mag, hat Sabine Pettke nicht benannt.

1530 Ratschläge[1]

1531 Einführung der Reformation in Rostock (und Lübeck), Tod von Joachim Slüter

1531 Omnium fere temporalium praescriptionum

1533 Entschuldigung[2]

1534 Syndikus von Lübeck, breite politische Tätigkeit,
vor allem in den Konflikten der Hanse
mit dem dänischen Königshaus.
Bürgermeister ist Jürgen Wullenwever[3]

1535 Gutachten zu den Widertäufern auf dem Hansetag

1536 Professor in Frankfurt a.O. (?)

1538 Ruf nach Köln zur Stadt und Universität
unter Kardinal Hermann von Wied

1538 Formula investigandae / De probationibus

1539 Eisagoge

Theses seu regulae

Leges XII

Epitome succesionis ab inteflato

Actionum iuris civilis loci communes

1540 Professur in Marburg

1540 Variarum letcionum libri

1540 Practica actionum forensium absolutissima

1541 Rektorat in Marburg, Rückkehr nach Köln

1541 Collatio Iuris civilis et canonici

1542 De copia verborum

1543 Responsio ad impiam delationem

1543 Verweis aus der Stadt Köln[4]

---

4 Neu herausgegeben als Faksimile durch Arnold Freybe, Parchim 1894 mit Einleitung unter dem Titel: „Was billig und recht ist. Die deutsche Erstlingsschrift des sogenannten Naturrechts von Joh. Oldendorp."

1 Neu herausgegeben als Faksimile durch Arnold Freybe, Schwerin 1893 mit Einleitung unter dem Titel: „Ein Ratmannen-Spiegel von Joh. Oldendorp, Doctor und Syndicus zu Rostock..

2 Neu herausgegeben als Faksimile durch Arnold Freybe, Schwerin 1893 mit Einleitung unter dem Titel: „Wahrhaftige Entschuldigung von Joh. Oldendorp, weil. Doctor und Syndicus zu Rostock. Ein Beitrag zur Mecklenburgischen Kirchengeschichte."

3 Vgl. dazu Roderich Stintzing, Geschichte der deutschen Rechtswissenschaft, 1. Abteilung, München und Leipzig 1880, S. 314ff.

4 Als Anhänger der Reformbestrebungen des Erzbischofs hatte er das Abendmahl in beiderlei Gestalt angenommen und dies gegenüber der

Rückkehr nach Marburg unter Philipp I. von Hessen (1504-1567), „Rat von Haus aus" in der fürstlichen Kanzlei (1544).
Erwähnt wird eine Frau an Oldendorps Seite mit Namen Anna.[1]
Lehrtätigkeit an der Universität.
Reform des Jurastudiums auf Grundlage seines Billigkeitsgedanken.

1546 *Lexicon iuris*
Loci iuris communes
1547 *Collatio iuris civilis, Disputatio forensis*
De iure et aequitate
Executores
1551 *Catalogus*
Titulorum iuris civilis (Index)
Regulae iuris antiqui
Restauratio (Certissima politiae)
1559 *Opera I.*
Opera II.[2]
Usu capionum

1566 (26. Juli) Tod von Anna (Oldendorp)
1567 (3. Juni) Tod von Oldendorp in Marburg

Veröffentlichungen posthum:

1568 *Antinomiae*
1601 *Formulae*
1608 *Progymnasmata*

Öffentlichkeit und den Kölner Stadtpfarrern verteidigt. Roderich Stintzing, S. 317.

1 Der hessische Reformator Adam Krafft (gen. Crato 1493-1558) schloss ihn und seine Frau Anna wegen Bigamie vom Abendmahl aus.

2 Eine erste, sehr ausführliche Übersicht seiner Schriften gibt Friedrich Wilhelm Strieder: Grundlage zu einer Hessischen Gelehrten und Schriftsteller Geschichte seit der Reformation bis auf gegenwärtige Zeiten. Band 10, Kassel 1795, S. 119-139. Dem Verzeichnis ist ein Abriss seines Lebens vorangestellt, dem auch zu entnehmen ist, dass er einen Sohn mit Namen Theobald Oldendorp hatte. (S.117)

Das Amt Johann Oldendorps in Rostock

Johann Oldendorp war in Rostock und dann auch in Lübeck Syndikus der Stadt. Ein Stadtsyndikus wurde (vom Rat) gewählt und war offiziell Repräsentant des Magistrats. Es handelte sich dabei gemeinhin um ausgebildete Juristen (beider Rechte), d.h. sie waren Kenner des CIC, des Römischen Rechts, sowie des Decretum Gratiani, des Kanonischen Rechts einschließlich gängiger Kommentare. Der Begriff „Kaiserliches Recht“ bezog sich auf Kaiser Justinian. Dieses stand dem Kirchenrecht gegenüber. Oft handelte es sich bei den Amtsinhabern der Hansestädte um promovierte Juristen, die Lehrbefähigung besaßen, auch wenn sie keinen Lehrstuhl innehatten. Ratsbeschlüsse sollten rechtens durchgeführt werden, die Stadt musste juristisch nach außen hin vertreten werden. Öffentliche Arbeiten innerhalb der städtischen Selbstverwaltung mussten überwacht, Maßnahmen gegenüber Missbräuchen ergriffen werden. Ein Syndikus hatte zu beurkunden und diente bisweilen als Stadtschreiber im allgemeineren Sinn. Er gehörte somit zur gehobeneren Bevölkerung und beriet den Magistrat. Sein Amt war oft das bestdotierte einer Stadt.

Der Stadtsyndikus stand somit dem städtischen kollegialen Leitungsgremium, dem Rat, sowie dem Bürgermeister einerseits gegenüber und hatte ihm (und dem gemeinen Wohl) zugleich dienstbar zu sein.

Der städtische Rat war das gewählte politische Führungsgremium, er stand mit seinen (in Rostock bis zu sechs) Bürgermeistern den verschiedenen Ämtern der Stadt vor. Dem klassischen Bild der Regierungsformen nach handelte es sich dabei um eine Aristokratie der Ratsherren. (Die Bezeichnung Oligarchie war negativ besetzt.) Im 16. Jahrhundert waren solche Ratsherrenstellen oder Bürgermeister von größeren Städten nicht mehr nur ehrenamtliche Funktionen. Das genossenschaftliche Element ließ nach. Oldendorp zog für diese Ämter die Parallele zum antiken Amt des Konsuls.

Der Stadtsyndikus war mehr als nur Rechtsberater im Hintergrund. Liest man in den erhaltenen ausführlichen Hanserecessen seiner Rostocker und Lübecker Jahre, ist zu sehen, dass „Doctor Oldendorp“, wie man ihn in den Protokollen ehrenvoll nannte, eher so etwas war wie ein Außenminister seiner Städte. Er trat auch als Gesandter der Hansestädte überhaupt gegenüber Herzögen und dem dänischen König auf. Er hielt Reden, machte bei den Protokollen Zusätze und war immer wieder Unterhändler, insbesondere für Jürgen Wullenwever. In den bewegten Umbruchszeiten zwischen Krieg, Reformation und Handel spielte Oldendorp somit als Syndikus von Rostock und dann Lübeck eine gewichtige politische Rolle.

Stadtherr Rostocks waren beide Herzöge von Mecklenburg. Herzog in Güstrow war Albrecht VII (1486-1547). Er war im Unterschied zu seinem Bruder Heinrich V. (1479-1552) von Mecklenburg-Schwerin Gegner der Reformation. Man mag sich das Konfliktpotential vorstellen.[1] Schon unter dem Vater der beiden Herzöge Magnus II. (1441-1503) hatte es zudem heftige Auseinandersetzungen mit den Hansestädten gegeben, die Karl Schmaltz in seiner Kirchengeschichte 1936 als „Anfänge landesherrlichen Kirchenregiments" deutete. Streitparteien waren dabei nicht nur die Stadt Rostock und der Herzog, sondern auch der Papst, der auf Bitten des Herzogs die Stadt mit Bann belegte. Es gab einen Aufstand, die Stadt musste eine Geldbuße leisten und ein Kollegiatsstift an der Jacobikirche in ihren Mauern dulden. Die Auseinandersetzungen betrafen auch die Universität. Die Fronten zogen sich also auch quer durch die Kirche, die Stadt und Universität Rostocks. Das alles lag 1529 schon lange zurück, war aber sicher noch stark im Gedächtnis. Selbstverständlich waren die Rollenverteilungen nicht, und angesichts der um sich greifenden Reformation, in Rostock angeführt durch den Prediger Joachim Slüter (1490-1532) stand alles neu auf dem Prüfstand, so vor allem alle kirchlichen Institutionen, und damit auch das Selbstverständnis der Universität. 1531, kurz nach den drei deutschen Grundsatzschriften des Stadtsyndikus Oldendorp, strebte der Gegner der Reformation Herzog Albrecht VII. gar den dänischen Königsthron an. Es waren bewegte Jahre in Rostock, in denen Oldendorp seine drei deutschsprachigen Grundsatzschriften veröffentlichen ließ.

Der Schweriner Herzog Heinrich V. stand im Gegensatz zu seinem Bruder in Güstrow schon 1524 mit Martin Luther im Briefwechsel und bekam lutherische Prediger gesandt. Dem Torgauer Bund von protestantischen Fürsten trat er bereits 1526 bei. Oldendorp wusste sich also mit dem Schweriner Fürsten im Einklang. Eine besondere Sache war es um dessen Sohn Magnus III. (1509-1550), der schon als Kind kurz vor seinem siebenten Geburtstag die niederen Weihen erhielt, um dann zum Bischofsadministrator von Schwerin mit dem entsprechenden Stiftsgut um Warin herum gewählt werden zu können. Auf die Anerkennung durch den Papst musste er dann trotz erfolgter Wahl freilich warten und erhielt sie auch nie. Seine Erzieher in Rostock waren bereits lutherisch gesinnt. Am

1 Vgl. Eike Wolgast: Gemeindereformation und Fürstenreformation in Mecklenburg; in: Heinrich Holze/Kristin Skottki (Hg): Verknüpfungen des neuen Glaubens, Göttingen 2020, S. 199-222.

16. September 1532, also kurz nach dem Erscheinen unserer Schriften, übernahm Magnus III. die Administratur Schwerins als Protestant. 1543 heiratete er Elisabeth von Dänemark und Norwegen, Tochter des dänischen Königs Friedrich I.

1531 wurde die Stadt Rostock evangelisch. 1549 wurde für Mecklenburg auf dem Landtag zu Sternberg die lutherische Lehre als maßgebend beschlossen, wofür dann die weltliche Grenzziehung in Bezug auf die kirchliche maßgebend wurde und die alten Diözesangrenzen hinfällig wurden. Zuvor waren innerhalb der herzoglichen Landesgrenzen vier Bischöfe zuständig gewesen.

Revers der Bestallung Oldendorp in Rostock von 1526

Der Revers lautet in sprachlicher Übertragung:

Ich, Johann Oldendorp, Doktor der Rechte, bekenne und bezeuge mit diesem offenen Brief, dass ich vom Ehrbaren Rat zu Rostock zum Amt des Syndikats deputiert und angenommen bin, um von wegen der Stadt Rostock in anliegenden Handlungen und Sachen rätlichen Beistand, Behelf und Forderungen zu tun, so sie es von mir begehren werden, in äußeren und inneren Angelegenheiten der Stadt, soweit dem Amt zuständig, so lange sie meiner bedürfen, dass ich dem genannten Rat durch wohlbedachten Willen nach all meinem Vermögen fleißig und treulich zu tun gelobt und mit Eid mich verpflichtet habe, und gedenke darüber hinaus, ohne Willen, Wissen und Vollmacht des Ehrsamen Rats keine Reise oder Handel, dieweil ich in ihrem Dienst, anzunehmen, damit meinem angenommenen Amt kein Nachteil oder Widerwille (daraus) erwachsen möge.

Dagegen geben sie mir für meine Mühe und Arbeit von Seiten der Stadt 150 Stralsunder Mark, 10 Gulden anstelle der Hausmiete, da ich mit eigener Behausung erblich versorgt bin, 12 Fuder Holz, 6 Last Kohlen und zwei Fuder Heu jährlich, solange ich in ihrem Dienst stehe. Und so mir die selbigen aufsagen, wenn sie meiner nicht länger zu tun (geben), (und dies) ein halbes Jahr zuvor nicht angekündigt haben, dies (noch) zu verschaffen

geloblich zugesagt haben. Dies (alles) ist zu Beginn anzurechnen von St. Michaelis an Anno 1526.
Dies zu meiner Urkunde und Zeugnis der Wahrheit habe ich, vorgenannter Johann Oldendorp, mein gewohntes Siegel weißlich diesem Brief angehängt, gegeben und es geschrieben nach Christi, unseres Herren Geburt 1528, sonnabends nach Philippi und Jacobi. (1. Mai)[1]

Zur Verfasserfrage der Schrift vom Göttlichen Recht

Während die beiden Schriften von der Billigkeit und vom Ratschlagen unter dem Namen Oldendorps veröffentlicht wurden, gibt es eine dritte Schrift, die in der Zwischenzeit in Rostock im selben Verlag und gleichen Sprachstil erschien zum Göttlichen Recht, ebenso grundsätzlich und gelehrt und zu den anderen beiden passend. Immer schon hatte man vermutet, dass ihr Autor niemand anders sei als Johann Oldendorp, aber als Verfasser ist ein gewisser Sebastianus Pol angegeben, wobei es sich aber offenbar um ein Pseudonym handelt, denn von so einem Menschen erfahren wir sonst nirgends etwas. Der Autor erweist sich in der Schrift als juristisch hochgelehrter Anhänger der reformatorischen Richtung. In Rostock selbst kam dafür niemand anderes infrage als Johann Oldendorp.

In der Staatsbibliothek in Berlin wird - nicht wie in anderen Publikationen und Bibliotheken - als Verfasser Symphorian Altbießer (um 1475-1537) angegeben, und als Übersetzer Johann Oldendorp. Diese

1 Textübertragung ins aktuelle Deutsch vom Verfasser. Zur Datierung der Bestallung: J. W. Grewe, Die Urkundendatierung nach dem Münsterischen Festkalender, Westfälische Zeitschrift 96, 1940, S. 9. Die buchstäbliche Wiedergabe findet sich bei Sabine Pettke, Zu Johannes Oldendorp in Rostock, in: Sabine Pettke, Nachträge zur Reformationsgeschichte Rostock, Band 2, Rostock 2010, S. 207. Die Urkunde ist 1528 abgefasst. Dass Oldendorp sein Gehalt schon ab, bzw. rückwirkend für 1526 erhielt, besagt nicht unbedingt, dass er bereits damals Syndikus war. Sabine Pettke vermutete, dass Oldendorp in den zwei Jahren 1526 bis Mai 1528 auch in herzoglichem Dienst stand, oder sowohl dem Herzog als auch der Stadt diente, wenn auch noch nicht in offiziellem Amt als Syndikus. Nicht jede Stadt konnte sich rühmen, einen Professor der Rechte als Berater zu haben. Entsprechend ist in den Protokollen der Hansetage oft sein Doktortitel extra vermerkt.

Angabe hat ihren Grund in einer zweiten stark veränderten Auflage der Schrift von einem Jahr später, wo der Autor nun so benannt wird: „Newlich durch Simphorianum Pollionem gebessert und gemeert". Das Pseudonym wurde also verändert beibehalten, denn niemand kannte 1530 einen Sebastian Pol.

Die Identifizierung des in der Schrift selbst angegebenen Autors Sebastian Pol mit dem Straßburger Priesters Symphorian Altbießer ist alt. Er wurde vom Volk „Herr Zymprian" genannt und nannte sich selbst auch Symphorian Pollio. Der antike Gaius Asinus Pollio war bekannt als geschickter Redner und Literat. Symphorian Altbießer trat auch als Liederdichter hervor, es ist aber keine Schrift von ihm selbst bekannt oder gedruckt.[1] 1530, ein Jahr nach dem Erscheinen unserer Schrift in Rostock, wurde an einem nicht angegebenen Ort[2] das Büchlein neu herausgegeben unter dem nun hochdeutschen Titel „Göttlicher und Bäpstlicher Recht Vergleichung / In vieler Misszbreuch ablänung. Newlich durch Symphorian Pollionem gebessert und gemeert." Die beiden Ausgaben unterscheiden nicht nur im Dialekt. Die Schrift von 1529 ist nicht etwa wie angegeben vor allem erweitert worden, sondern in wesentlichen Teilen gekürzt, vereinfacht, auf jeden Fall nicht „gebessert". Es fehlen viele Quellenangaben und die lateinischen Originalzitate an den Seiten. Die Ausgabe behauptet in einer Schlussanmerkung, diese zu verdolmetschen wäre nicht möglich oder fruchtbringend. Sie würden nur „ins Papstrecht weisen". Dies widerspricht allerdings der ursprünglichen Ausgabe, denn es war einer ihrer Hauptthesen, dass die damals gegenwärtige Ordnung der Kirche ihrem eigenen Recht widerspräche. Die vielen Zitate waren zum Beweis dafür zweisprachig ausgeführt.

Da Symphorian Altbiesser nun ganz sicher nicht die niederdeutsche Sprache beherrschte, stellt sich zudem die Frage, wie es dann zur Schrift in Rostock gekommen ist, stammte die frühere Fassung wirklich aus seiner Feder. Um eine Dialektrückübersetzung Altbiessers kann es sich nicht handeln, das wäre auch keine „Verbesserung". So hätte ein verschollenes Original in Latein gefasst sein müssen, wenn Oldendorp denn nur

1 Die kleine Schrift mit dem Titel „Wes man sich gegen newen meren: so teglich von den predigern des Euangelii werden außgeben/halten sollen" ist nicht von ihm selbst verfasst, wie verschiedentlich angegeben. Sie betrifft ihn nur, wie auf dem Titelblatt vermerkt: „Verantwortung Simorian Pollionis" Der Verfasser gibt sich auf der ersten Textseite zu erkennen: Fransicus Irenicus, ein Freund des Simphorian Altbiessers.

2 Dass man Straßburg als Druckort später vermutete, lag wiederum an der Identifizierung mit Symphorian Altbießer alias Pollius. In der Schrift selbst ist der Ort nicht vermerkt.

Übersetzer und nicht der Autor wäre, wie auch schon angenommen. Diese Annahme könnte dadurch als bestätigt angesehen werden, dass bereits 1530 eine lateinische Gegenschrift von Cornelis van Sneek (1455 - 1534) dazu erschien mit dem Titel „Defensio Ecclesiasticorum quos Spirituales appellamus“[1]. In dieser Verteidigung ist der niederdeutsche Text vom Inhalt her vollständig auf Latein gegeben. Bei diesem Gegner der Reformation lohnt es, nach den Gründen zu suchen, warum der Autor unserer Schrift mit einem Pseudonym arbeitete. Cornelius van Sneek (de Snekis) war Dominikanerpriester in Rostock, ein alter Herr, nach Karl Schmaltz 1455 im Dorf Hendyk in Friesland geboren, 1529 also bereits über 70 Jahre alt. Er war seit 1483 Prior seiner Reformabtei, als Doktor der Theologie Teil des Lehrkörpers der Universität Rostock und somit eine bedeutende Persönlichkeit der Stadt und zudem seit 1505 Generalvikar der holländischen Kongregation seines Ordens. Er lehrte schon an der Universität, als Oldendorp 1504 sein Rechtsstudium hier begann. Oldendorp bekleidete 1529 in Rostock keine Professur, aber die Stadt war eine der Trägerinnen der Universität. Mit Klarnamen hätte unsere Schrift zum offenen Affront zwischen Stadt und Lehranstalt geführt, die persönliche Feindschaft ließ sich allerdings auch so nicht verbergen. Wie energisch Cornelius van Sneek jedem einzelnen Satz dieser Schrift widersprach, zeigt das umfangreiche in Frankfurt a.O. verlegte Buch. Er wollte die kleine deutsche Schrift Satz für Satz widerlegen, wissenschaftlich vernichten.

Die Besorgnis von Oldendorp ist überaus verständlich, lieber mit Pseudonym zu arbeiten. Auch war der Dominikaner eine Zeitlang Kollege des 1517 verstorbenen Ziehvaters von Johann Oldendorp Albert Krantz gewesen. Als Cornelius van Sneek 1483 an die Universität Rostock kam, war dieser Rektor. Van Sneek konnte seine Defensio offenbar nicht im lutherisch gesinnten Rostock verlegen lassen, sondern ließ sie darum andernorts, in Frankfurt a.O. drucken. 1533 wurde den Mönchen in Rostock gar alle öffentliche Tätigkeit verboten. Van Sneek verließ daraufhin Rostock und verstarb ein Jahr später in Leeuwarden im Alter von fast 80 Jahren.[2] Auch Oldendorp selbst stand im Mittelpunkt öffentlicher

---

1 Der Titel lautet „Defensio ecclesiasticorum quos Spirituales appellamus: ceu hyperaspistae, ecclesiae cum auctoritas tum libertas egregie vindicatur. Autore Cornelio Snecano, Sacrae Theologiae Doctore, predicatoriae Familiae.“ Frankfurt a.O. 1530.

2 Vgl. Karl Schmaltz, Kirchengeschichte Mecklenburgs I, Schwerin 1935, S. 290. Wie hoch die Wellen der Auseinandersetzungen gerade auch um den Rat Rostocks und seinen Syndikus gingen, mag man bei Arnold Freybes Ausgabe

Auseinandersetzungen, die dazu führten, dass er die Stadt schließlich mehr oder minder freiwillig verließ. Oldendorp kannte van Sneek als seinen öffentlichen Widersacher gut genug, so dass er wusste, wie heftig der Widerspruch von Seiten van Sneeks ausfallen würde.

Dass diese kleine deutsche Schrift in Rostock erschien, muss den Dominikanerprior aufs Höchste entsetzt haben. Er erkannte die Gefahr, die mit dieser Schrift seinem Orden drohte und sah sich in seinem hohen Alter dazu noch berufen, in seinem ungleich längeren Werk Satz für Satz öffentlich zu widersprechen. Die deutsche Schrift lieferte dem Rat Argumente für die anstehenden Maßnahmen der Reformation, und van Sneek reagierte als Universitätsprofessor, indem er auf wissenschaftlichem Feld die Schrift aufs Gründlichste aus seiner Sicht und auf endgültige Weise widerlegte.

Liest man den Text der 1529 erschienen Ausgabe für sich, darf man bezweifeln, dass es sich bei diesem Werk je um eine Übersetzung aus dem Lateinischen handelte, wie man später wegen der Defensio des Cornelius van Sneek vermutete. Es ist nirgends in der Schrift vermerkt, dass es sich um eine Übersetzung handele. Aber man kann es sich gut umgekehrt denken, dass Cornelius van Sneek den Text zunächst ins Lateinische übersetzte, um ihn dann (auf Latein) zu widerlegen. Das ist nicht unwahrscheinlich, denkt man an die Augsburgische Konfession von 1530, deren ältere Fassung die deutsche war aus Melanchthons Feder.[1] Latein war die Sprache der Wissenschaft. Wollte man einen Text dieser Art öffentlich wissenschaftlich bearbeiten, tat man dies selbstverständlich auf Latein.

Gebunden ist in der Rostocker Bibliothek unser kleines Werk zusammen mit Oldendorps Schrift „Was billig und recht ist". Diese ist genau datiert mit dem 4. August 1529, die Schrift vom Göttlichen und Päpstlichem Recht mit dem 6. August 1529. Der Druckaufbau ist gleich, in dieser ersten Druckausgabe der Billigkeitsschrift sind auf gleiche Art lateinische Zitate am Rand beigefügt. Ausdrucksweise und Schreibweise der Worte sind gleich.

Nun könnte man noch - wie auch vermutet - Oldendorp als Übersetzer einer verschollenen Schrift ansehen.

---

von Oldendorps „Entschuldigung" von 1533 in der ausführlichen Einleitung nachlesen. Oldendorp war öffentlichen Morddrohungen ausgesetzt.

1 So verhält es sich bei der wissenschaftlichen Apologie der CA Melanchthons umgekehrt, hier war die lateinische Fassung die originale. Die lateinischen Begriffe waren weitgehend definiert, da ließ sich mithin exakt argumentieren.

Als Verfasser ist nicht er, sondern - wie bereits gesagt - Sebastian Pol[1] angegeben.

Es lohnt sich mithin, den Namen als Pseudonym zu betrachten und abzuwägen, ob dies einen Sinn im Zusammenhang des Inhalts der Schrift ergibt. Eine Verstehensmöglichkeit wäre folgende:

Sebastian ist „der Fromme". Pol[2] ist Abkürzung von Pollux. „Pol!" war eine Interjektion für „Beim Pollux!", wie sie Cicero gebrauchte und meint „wahrhaftig!"[3] Pollux und Castor waren die beiden Kinder der Lea[4], wobei Castor ein Menschenkind und Sohn von Tyndareus, Pollux aber als Sohn von Zeus göttlich war. Als Pseudonym für den Verfasser ergibt die Nennung im Zusammenhang der Schrift über die Billigkeit so schon mal einen humorvollen Sinn: Die Schrift zur Billigkeit behandelt die Grundfragen des weltlichen Rechts, die zu den göttlichen Rechten des Kirchenrechts, aber aus der Perspektive weltlichen Rechts heraus.

Auffällig ist, dass der Autor als Laie zum Laien spricht. Es ist beständig von „den Geistlichen" die Rede, zu denen der Autor selbst damit offensichtlich nicht gehört, im Unterschied zu Symphorian Altbiesser, der ordinierter Priester war. Angesprochen wird der „liebe Bruder" in der Einzahl. Nun liest jeder für sich allein, aber man darf auch an Herzog Magnus denken, dem die Schrift zur Billigkeit gewidmet ist. Die Schrift von den göttlichen Rechten ist zumindest nicht an die Geistlichen gerichtet, sie sind nirgends direkt angesprochen. Das passt zur Rolle des Syndikus, der als Jurist Ratgeber des laienhaften Magistrats war.[5]

Den eigentlichen Erweis, dass es sich bei dem Verfasser der Schrift um Johann Oldendorp handelt, der nicht Übersetzer war, sondern selbst die Schrift unter dem sinnigen Pseudonym verfasste, muss freilich der Inhalt selbst geben. Oldendorp hat sich zum Bedauern von Johann Heckel sonst niemals „systematisch" zum Kirchenrecht geäußert, aber eben hier finden sich klare Ansichten zu zentralen Fragen des Kirchenrechts, freilich in besonderer Weise, denn die Lutherische Kirche führte nicht das mittelalterliche Kirchenrecht einfach fort.

---

1 So hat sich Symphorian Altbießer alias Pollius aus Straßburg im Übrigen nie bezeichnet.

2 nicht Pollius. Pollius ist der Starke, bekannt als Namensträger ist der schon erwähnte Freund des Augustus. Aber auch dies könnte im Hintergrund mitschwingen.

3 Georges Handwörterbuch 1897 Spalte 1953.

4 Schön nachzulesen bei Karl Philipp Moritz: Götterlehre, Leipzig 1966 (nach der Ausgabe von 1795) S. 185-190.

5 Laie im Gegensatz zu Klerus und Theologen.

Warum sollte Oldendorp, der als ausgewiesener Jurist im Kirchenrecht heimisch war, sich hinter einem Pseudonym verstecken? Seine Autorenschaft zuzugeben, hätte ihn in eine offene Konfrontation mit anderen Juristen gebracht. 1529 gab es einen breiten und bitteren Streit in der Theologie, auf juristischem Gebiet gab es das nicht in vergleichbarem Maß. Da mochte ein Synonym auch schützen. Der Grund für das Fehlen eines kirchenrechtlichen Streits bei der Reformation lag auf anderer Ebene: Das Kanonische Recht wurde insgesamt zunächst ad acta gelegt. So heißt es im Jütischen Recht, das weithin im Ostseeraum Geltung hatte, in Bezug auf das Hexenwesen Jahrzehnte nach der Reformation lapidar, nun sei eben kein Bischofsgericht da, also müsse der weltliche Arm selbst entscheiden. Man hörte bestenfalls noch auf Argumente der Theologen von den Universitäten. Eben diese Richtung schlägt unsere Schrift ein: Das Kanonische Recht wird nach recht und billig kritisch beurteilt, nicht aber als ein heiliges Recht angesehen, dass sich dieses Maßstabs aufgrund göttlicher Autorität entziehen könnte oder dürfte.

Cornelis van Sneek jedenfalls nahm als Autor der Schrift nicht den Straßburger Priester an, sondern schreibt in seiner „Defensio": „Hic (ut se hic lupus nominet) Sebastianus POL". Er sah 1530 also diesen Namen als das Pseudonym eines feigen Menschen an, der sich dahinter versteckte. Seine umfangreiche Widerlegung endet mit einem bissigen lateinischen Gedicht auf den Autor, in dem er sich selbst als „ANTIPOL" bezeichnet. Er verstand somit auch das Bild vom Pollux und wendet es so, dass Martin „Luder" (statt Lutherus) der Wolf im Schafstall sei und der Mensch hinter dem Pseudonym ein lutherischer Hund. Er war sich sicher auch bewusst, dass im Begriff des „Dominikaners" nach dem Hlg. Dominikus das Wort „Hund", canis steckte. Er aber war Hund des Herren, nicht Luthers. Er konnte darum sehr wohl für sich einen persönlichen Angriff im Pseudonym auf seine Person wahrgenommen haben, wie denn auch - was mehrfach bezeugt ist - Cornelius van Sneek und Johann Oldendorp in Rostock erbitterte persönliche Gegner waren. Er war ranghöchster Geistlicher in Rostock als Professor der Universität und Generalvikar der holländischen Congregation seines Ordens für Deutschland. Auf ein Spiel mit Worten verstand sich van Sneek gut, wie seine Defensio bezeugt. Der Stil dieses Buchs bissig und nahezu satirisch, von oben herab belehrend. „Luder" war schon damals ein Schimpfwort: Herumtreiber, bei dem die Bedeutungen Verlockung, Raub, Wegelagerer und Hinterhalt (loder) mitschwangen. Bei seiner „Verteidigung" gegenüber der Schrift vom Göttlichen Recht argumentiert er sehr eloquent als Theologe und Predigermönch: Defensio ecclesiasticorum, quos Spirituales appellamus

[Verteidigung der Kleriker, die wir Geistliche nennen]. Als Professor und Vertreter des Klerus meinte er schlicht, die gesamte Schrift unter Pseudonym Satz für Satz wissenschaftlich erfolgreich widerlegt zu haben. Zu diesem Zweck gab er Oldendorps Text dann auch in lateinischer Sprache wieder. Vorlesungen wurden prinzipiell noch Jahrhunderte später auf Latein gehalten, einen deutschen Text konnte man nicht wissenschaftlich behandeln. Gewidmet war seine Schrift dem Erbkämmerer Joachim I. „Nestor" (1499-1535) des Markgrafen von Brandenburg und dessen Bruder, Gründer der Universität von Frankfurt a.O. und Mitregent von Albrecht (1490-1545), der zugleich Erzbischof von Magdeburg und Mainz und klarer Feind allem Lutherischen war.

Es wäre immerhin denkbar, dass Oldendorp selbst seinen Text in deutscher Fassung drucken ließ, den er oder jemand anders zuvor in einer heute verschollenen Ausgabe in Latein verfasst hatte. Der Autor war mit den kirchenrechtlichen Texten sehr vertraut, wir müssen uns ihn als einen sehr gebildeten Juristen denken. Symphorian Altbiesser war es aller Wahrscheinlichkeit nicht. Zumindest in der Schlussanmerkung der Fassung von 1530 wäre dann ein „ich" zu erwarten gewesen, wenn es sich um eine Selbstkorrektur handelte. Bei der um einige „Missbräuche" vermehrten Auflage handelte es sich dagegen um einen inhaltlich theologisch und juristisch verkürzten und vereinfachten Text.

Doch wir wollen alle Möglichkeiten in Betracht ziehen. Denkbar wäre, dass Text A der bei Cornelis van Sneek bezeugte lateinische ist, der von Unbekannt geschrieben, Text B der in Rostock gedruckte und von Oldendorp übersetzte ist, Text C schließlich die Version fürs Volk von 1530 war.

Den Beweis dafür, dass es so nicht war, liefert uns Cornelius van Sneek selbst, indem er den Satz aus der Widmungsrede an den Christlichen Leser treulich auch übersetzt: „Du hast hier zu Hand beides, Latein und Deutsch, dass niemand mit Hinterlist die Worte verkehre." - „Habes hic ad manum latinum teutonicusque sermonem, ne quis astu fraudes verba pervertat."

Er nahm den Text - wie er in Rostock 1529 gedruckt wurde - als wissenschaftlich ernst zu nehmend wahr und fand ihn so wichtig, dass er ihm eine etwa vier mal so umfangreiche Verteidigung in lateinischer Sprache zukommen ließ, freilich nicht ohne zuweilen sehr aggressiv zu reagieren.

So halte ich den in Rostock am 6. August 1529, zehn Monate vor dem in dieser Sache höchst wichtigen Reichstag in Augsburg veröffentlichten Text für eine in Niederdeutsch für Herzog Magnus, den Rostocker Magistrat und die Öffentlichkeit im Norden verfasste Abhandlung von Johann

Oldendorp. Er war in seiner Generation und vor Ort der bedeutendste Jurist, der sich der Reformation angeschlossen hatte. Druckort, Sprachgewohnheit und inhaltliche Überlegungen sprechen für diese Annahme. Es gibt nicht eine Formulierung, in der der Sprachgebrauch von der Billigkeitsschrift von den beiden anderen deutschsprachigen Schriften Oldendorps abweicht.

Bedenkt man zudem, welche politische Rolle Johann Oldendorp in der Hanse einnahm, liegt es auf der Hand, dass er diese Schrift unter einem Pseudonym veröffentlichen musste. Seine beiden anderen deutschsprachigen Schriften nahmen nicht Partei. Die Schrift zur Kirche aber ergriff eindeutig Partei. Es war das eine, in Rostock selbst und dann auch in Lübeck innerhalb dieser Städte im reformatorischen Streit Partei zu ergreifen, wenn auch unter Vermeidung jeder theologischen Argumentation, eine andere Sache aber eine Veröffentlichung, deren Leser weit über die Stadtgrenzen reichten. Der Stadtsyndikus war der Neutralität verpflichtet, solange er nicht im Auftrag des Magistrats handelte.

Oldendorps Name war 1529 nicht der eines lehrenden Theologen, noch der einer Privatperson. Er stand im öffentlichen Dienst. Sein Eid machte es unmöglich, derart kontrovers mit seinem Namen in Erscheinung zu treten. Noch gab es die Augsburgische Konfession nicht, in der einige Monate später Fürsten und Städte öffentlich Stellung bezogen hatten. Zudem war es auch ein Mittel der Vorsicht, dass er bei der Anprangerung der „Missbräuche" sich auf das beschränkte, was offensichtlich gegen die Billigkeit im weltlich juristischen Sinn, den gemeinen Nutzen und der allgemeinen Wohlfahrt widersprach.

Um nochmals auf den Stil des Cornelius van Sneek zurück zu kommen, sei ein Satz aus der Vorrede, der epistola zitiert: Cum primis, Ecclesiam Romanam catholicam et apostolicam negans, aliam quandam ecclesiam nescio quam, Platonis ideam fingit et diaboli synagogam erigit. [Zum ersten, wer die Römische, katholische und apostolische Kirche negiert: Ich kenne keine andere Kirche, wogegen jene, Ideen Platos berührend, die Synagoge des Satans aufrichtet.] Bei dem Buch des Dominikaners handelt es sich um eine antireformatorische Schrift mit größter Heftigkeit. Der Vorwurf des Theologen ist klar formuliert: Die Reformation sei Heidentum. Das Heilige Recht wird weltlich betrachtet. Gleich zu Beginn benannte Cornelius van Sneek, dass es sich seiner Ansicht nach bei der Schrift von Oldendorp um einen Übergriff eines Juristen auf die Theologie handele. „Man nähe nicht über den Riss hinaus." Kompetent ist nur der Experte. „Das Schiff steuere nur, wer es versteht." Der Autor der Schrift habe durch die Bank geirrt. Am Ende vor seinem Schmähgedicht schreibt Cornelius van Sneek: Si lupus ovium caulas non intraret, canis uitque non latraret. [Wenn der Wolf nicht in die Schafherde eingedrungen wäre, hätte der Hund nicht gebellt.] Wie gut ginge es den Schafen ohne jene Häresie,…

Die überaus scharfe Reaktion van Sneeks beweist, warum die Vorsicht des Pseudonyms geboten war. Nun wird aber auch dadurch deutlich, was hier historisch geschah: Oldendorp wandte sich mit seiner Schrift nicht an ein universitäres Publikum, sondern in deutscher Sprache an die Öffentlichkeit der Stadt. Es ging ihm nicht mehr nur um eine interne wissenschaftliche Klärung von diesem oder jenem Sachverhalt. Van Sneek hat das mit seinem Bild vom Einbruch des Wolfes im Schafstall klar erfasst. Die Kirche sah sich als Wächterin des Glaubens an, die Schafe hatten da nicht zu sprechen.

Auch der Rostocker Reformator Joachim Slüter könnte als Autor der Schrift infrage kommen. Allerdings wird in der Schrift nicht theologisch argumentiert. Der Verfasser musste Jurist im Umfeld Rostocks gewesen sein. Nun hatte der Prediger Rostocks auch den Bakkalaureus im Kanonischen Recht. Gegen seine Autorenschaft spricht der Vergleich der Schreibweise der Worte unserer Schrift mit den Veröffentlichungen Slüters, überall sind Unterschiede zu bemerken. Die Schreibweisen der Worte stimmen dagegen sämtlich mit den anderen beiden Oldendorpschen Schriften überein.

Van Sneek wird gewusst haben, wer hinter dem Pseudonym stand, aber Oldendorp war nicht irgendwer, sondern bekleidete Amt und Würden. Beweisen konnte er die wahre Autorenschaft nicht, aber höhnend widerlegen ließ sich die Schrift aus seiner Sicht, und das tat er gründlich. Vor allem nahm er sie so ernst, dass er ein dickes Buch mit fast vierhundert Seiten dazu schrieb. Er hatte begriffen, dass nicht nur seine persönliche Glaubensansicht dadurch angegriffen wurde, sondern sein Orden und dessen Existenz in Rostock und Deutschland, sowie auch die Universität, die gerade (altgläubig) sichtbar zugrunde ging, bevor sie unter lutherischem Vorbild dann nach seinem Tod neu erstehen würde.

Das Pseudonym Sebastian Pol war für den Rostocker Widersacher im Grunde ein nur schwach verdeckter Mantel um den Klarnamen. Im 16. Jahrhundert spielte man gern mit Namen, übersetzte deutsche Namen ins Lateinische wie Schwarzkopf in Melanchthon. Sebastian hatte nicht nur die Bedeutung eines frommen Menschen, sondern war in der Antike synonym mit ehrwürdig. Vor allem bedeutete er „zum Kaiser gehörig“, es war das oströmische Äquivalent zu „Augustus“, dem Erhabenen. POL, wie dann auch Cornelius van Sneek durchgehend in seiner Erwiderung schrieb, sind drei Buchstaben des Namens o**L**dend**O**r**P**, von hinten her gelesen. Mit dem

Pseudonym gab sich Oldendorp zumindest für seinen dominikanischen Gegner eher zu erkennen, als dass er sich damit verbarg. Er schrieb als kaiserlicher Pollux, als Jurist weltlichen Rechts, dem der Gemeine Nutzen oberstes Ziel war und päpstliche Autorität nur soweit galt, als sie billig im Sinne der ersten Druckschrift vom August 1529 war. Zugleich aber schützte Johann Oldendorp sich offiziell, denn er konnte stets sagen, dass der Verfasser dieser überaus provozierenden Schrift ein gewisser Sebastian Pol sei und nicht der Syndikus der Hansestadt Rostock. In dieser Funktion hatte er nun wahrlich nicht so schreiben dürfen.

Die Schrift vom Göttlichen Recht und die Confessio Augustana

Hier kann nicht der Vergleich beider Schriften geleistet werden. Wünschenswert wäre zunächst eine Synopse. Hervorzuheben ist, dass es sich bei der Confessio Augustana (CA) um einen Text besonderen Typus handelte, in dem Kirchenrecht und Theologie in einem sehr eigenen Verhältnis zueinander stehen. Sie ist weder ein Synodaltext, noch von der „Kirche" - in welcher rechtlichen Konstitution auch immer - verfasst oder beschlossen worden. Sie hebt sich auch von Texten zum Beispiel der Bauernbewegung ab, denn es handelt sich dabei um einen Rechtstext, der von Regierenden verschiedener Länder unterschrieben worden ist. Im Blick auf die spätere Mecklenburgische Kirchenordnung von 1552 kann man sagen, dass die Confessio Augustana eine Vorbereitung für die Gattung späterer Kirchenordnungen war. Es gab sie zwar dem Namen nach bereits, aber nicht in Weise der mecklenburgischen Kirchenordnung. Eine erste lutherische Ordnung war schon 1531 auch in Rostock durchgesetzt worden. Johann Oldendorp schrieb den Entwurf dazu als (lutherisch gesinnter) Syndikus. Der Magistrat der Stadt machte ihn zu seinem Beschluss mit gewichtigen Rechtsfolgen. Die Schrift vom Göttlichen Recht kann ebenfalls als ein Text verstanden werden, mit dem die Entscheidungsträger ermutigt wurden, die Reformation in Rostock durchzuführen, wie es dann ja auch geschah. Zu beweisen war, dass es sich bei den - später als Papistisch beurteilten - kirchlichen Rechten um Missbräuche im weltlichen wie im geistlichen Rechtssinn handelte.

Damit gehört diese Schrift, einige Monate vor dem Augsburgischen Reichstag verfasst und veröffentlicht, durchaus zu den Texten, die in das Vorfeld der CA zu rechnen sind. Dass sie unter anderem auch von Melanchthon gelesen wurde, darf man getrost vermuten. Ob sie als Quelle eingerechnet werden sollte, müssten genauere Textvergleiche zeigen. Auf jeden Fall ist die Schrift etwas älter als alle in den kritischen Ausgaben angeführten Vortexte der CA, was bislang jedoch nicht in der wissenschaftlichen Debatte in Rechnung gestellt worden ist. Darum hier kurz die Datierungsübersicht:

Die Schrift Oldendorps erschien im August 1529. Die Marburger Artikel entstanden am 4. Oktober 1529, die Schwabacher Artikel vom 16.-19. Oktober 1529, die Torgauer Artikel nach dem 14. März 1530. Die Confessio Augustana selbst wurde Juni 1530 verfasst. Die reformierten Bekenntnisse entstanden erst ab 1536. Bei den Kirchenordnungen handelte es sich um einen anderen Typus reformatorischer Schriften, sind aber von der CA und ihren Vorläufern nicht zu trennen. In den reformatorischen Bekenntnissen überschnitten sich Theologie und Jura, wurden theologische Überlegungen Rechtstexte. Das konnte nicht an den Juristen vorübergehen, und hier sollte man der Frage nachgehen, welche Bedeutung der Reformation für Recht und öffentliches Leben überhaupt zukam.

TEIL I

Die deutschen Druckschriften Johann Oldendorps 1529-1533

Die Texte sind in Mittelniederdeutsch verfasst, wobei die Schreibweise und einzelne Worte häufig von dem abweichen, was in den entsprechenden Wörterbüchern zu finden ist.[1] Dafür war es für mich hilfreich, persönlich über plattdeutsche Spracherfahrung zu verfügen. Am Rand der Ausführungen gibt es, wie damals häufig üblich eine

1 Ich habe mich neben anderen einschlägigen Wörterbüchern wie dem Grimmschen auch an die im Internet veröffentlichen Wörterbücher von Gerhard Köbler gehalten.

ganze Reihe an lateinischen Zitaten, die ich hier eingerückt wiedergegeben habe. In eckigen Klammern biete ich eine sinngemäße Übertragung, wo vorhanden auch bekannte Übersetzungen. Besonders in der Schrift vom Göttlichen Recht bietet Oldendorp selbst eine Übertragung an. In diesen Fällen habe ich auf eigene Übertragungen selbstverständlich verzichtet.

Die Zitationsweise für das Römische Recht war zu Lebzeiten Oldendorps sehr frei. Die Sätze gemäß der Zitierungsweise bei Oldendorp aufzufinden war für mich zumeist nicht möglich. Ich habe sie nach neueren Textausgaben ausfindig machen können. Hinzu kommt, dass etliche Sätze in beiden Rechten auch wiederholt auftreten.

Folgende Zitierweise habe ich für das Römische Recht gebraucht:

Inst. III, 2. - Institutiones, Buch mit römischer Zahl, danach weitere Unterteilungen nach der Ausgabe von 1583.

Dig. - Digesten seu Pandektae

Cod. - Codici Justiniani

Nov. - Novellae Justiniani

Decr. - Decretum Gratiani

Im Text selbst habe ich die Zitierweise von Oldendorp belassen, auch dann, wenn wir heute anders zitieren.

Die Schriften Billig und Recht, sowie der Ratsmannenspiegel sind bereits von Erik Wolf ins Hochdeutsche übertragen und gedruckt worden. Ich habe die Texte mit geringen Veränderungen neu übertragen. Bei Erik Wolf gibt es keine Anmerkungen. Vor allem hat er sämtliche lateinischen Quellen und eigene lateinische Zusätze Oldendorps ausgelassen. Diese machen jedoch einen Textbestand von mehr als einem Drittel aus. Der Ratsmannenspiegel erschien 1597 in hochdeutscher Sprache, was eine Hilfe bei der Übertragung darstellt, andererseits ist dort auch z.T. sehr frei mit manchen Formulierungen umgegangen, vor allem, wenn sie uns auch heute nicht ganz eindeutig erscheinen. Die Schrift von den Göttlichen Rechten erschien 1530 ebenfalls in hochdeutscher Sprache, wie oben vermerkt, aber diese Ausgabe weicht teilweise vom Original ab.

Bei den Bibelzitaten ist grundsätzlich zu bedenken, dass die vollständige Bibelausgabe Luthers noch ausstand und Oldendorp in der Vulgata las. Für das neue Testament benutzte Oldendorp vorzugsweise die Ausgabe von Erasmus. An keiner Stelle zitierte er Martin Luther, obwohl er sicher Werke von ihm kannte, aber um so mehr Philipp Melanchthon. Man sollte nicht schnell über die Bibelzitate hinweg gehen, erst sie erhellen oft die Ansichten Oldendorps. Er gibt die

Bibelstellen kapitelweise an, was immer wieder auch bedeutet, das nicht nur einzelne Verse, sondern ganze Abschnitte im Blick waren. Auf jeden Fall aber war sich Oldendorp der jeweiligen Kontexte bewusst, ob in Bibel oder Gesetzestexten. Die Verseinteilung der Lutherbibel kam erst in 1569 in Gebrauch.

Nutzte Oldendorp Klammern, habe ich die Worte mit Gedankenstrichen eingefasst. In runde Klammern habe ich ergänzende Worte oder Originalausdrücke gesetzt. Es war nicht immer leicht, sich für eine Übersetzung zu entscheiden, denn zum einen handelt es sich um antike oder biblische Zitate, zum anderen hatten gerade die Rechtsbegriffe auch eine von der Antike abweichende Bedeutung im Rechtswesen des 16. Jahrhunderts angenommen.

Ich habe jeweils Kommentare vor die Absätze eingefügt, die helfen sollen, den Text besser zu verstehen. Darüber hinaus enthalten diese Abschnitte Hinweise auf Besonderheiten. Man mag die Texte lesen und das meiste mehr oder weniger selbstverständlich und einfach nehmen, aber wir begegnen bei diesen Druckschriften Oldendorps einem Denker, dem ein bedeutender Platz in der Rechtsgeschichte wie in der Reformationsgeschichte zukommt. Es gilt also auch auf scheinbare Kleinigkeiten zu achten, zumal es zum Stil Oldendorps auch in seinen späteren lateinischen Schriften gehörte, äußerst knapp, lexikographisch zu schreiben und sich in persönlicher Zurückhaltung zu üben. Zum größeren Teil handelt es sich bei Oldendorps Werken um wohl ausgewählte Zitate.

I.
Was billig und recht ist, eine kurze Erklärung, allen Ständen dienstlich.

Nicht das Äußere (Joh 7,24) ist Grund der Gerechtigkeit, sondern Recht muss billig, adäquat sein. Wird das verfasste Recht nur blind wörtlich befolgt, schlägt es gegebenenfalls in Unrecht um.

Johann Oldendorp war offiziell bestallter Rechtsgelehrter der Stadt Rostock. Gemäß der Zeit war er nicht selbst Richter, die Rechtsprechung blieb Ratsvollmacht. Erst nach der Einführung der Constitutio Criminalis Carolina 1530/2 wurde angestrebt, diese Aufgabe grundsätzlich durch Juristen ausführen zu lassen.

Mit seiner Schrift wandte sich Oldendorp an die Öffentlichkeit[1] wie an die Obrigkeit, allerdings hier weder an die Stadt Rostock, noch an die amtierenden Herzöge Mecklenburgs Heinrich V. oder Albrecht VII., sondern an Herzog Magnus III. (1509-1550) Dieser war designierter Bischofsadministrator zu Schwerin, der erst zwanzigjährig damals noch seine Ausbildung erfuhr. Im Alter von sieben Jahren hatte er seine niederen Weihen erhalten. 1529 nahm er Unterricht bei dem Humanisten Konrad Pegel (1487-1567) und bei Arnold Burenius (1485-1566), Freund Luthers und Melanchthons von seiner Studienzeit in Wittenberg her und drei Jahre später 1632 Professor für Rhetorik an der Universität in Rostock. Herzog Magnus III. galt später als einer der gebildetsten Fürsten in deutschen Landen.

In humanistischer und untertäniger Manier gab Oldendorp zum Ausdruck, dass dies Büchlein zwar ganz unbedeutend erscheinen mochte, es aber als durchaus wichtig und zentral ansah, worum es darin geht. Dass er hier die deutsche Sprache wählte, hatte guten Grund. Es entsprach seinem Amt als Syndikus, die Brücke zwischen (lateinischer) Gelehrsamkeit und denen zu schlagen, die Entscheidungsgewalt hatten, niederdeutsch dachten und öffentlich sprachen und denen, über die in Gerichtsfällen entschieden wurde. Oldendorp war um das bemüht, was wir heute Transparenz nannte. Es brodelte in jenen Jahren in der Stadt. Der Syndikus brauchte Zustimmung in der Bürgerschaft. Niederdeutsch war jedoch nicht die übliche Sprache der Gebildeten. Die Schrift ist darum gespickt mit lateinischer Gelehrsamkeit. Der Kanon des (Römischen) Rechts wie auch die noch maßgebliche Sprachfassung der Bibel als Vulgata, bzw. das griechisch-lateinische Neue Testament von Ersamus von Rotterdam und die antiken Autoren las man lateinisch. Es gab davon nur auszugsweise etwas in Landessprache. Luthers Septembertestament als erste Übersetzung des Neuen Testaments war 1522 erschienen, eine erste Lutherbibel sollte erst 1534 erscheinen.

Das Verhältnis von Billigkeit und Recht zu verstehen und zu bestimmen, ist auch heute ein rechtsphilosophisches Grundsatzproblem, das weit über die Frage von Einzelfallentscheidungen hinausgeht. Wonach richtet man sich in dieser Frage und wer entscheidet darüber, was als gut und recht zu gelten hat?

1 Gerade bei einer Schrift wie dieser ist im Blick zu behalten, dass der Buchdruck und die Erörterung solcher Fragen in diesem Medium mit vielen Kopien eine neue Art von Öffentlichkeit schuf.

Durch Johann Oldendorp, kaiserlicher Rechte Doktor, Syndikus zu Rostock.

Richtet nicht nach dem Ansehen, sondern richtet ein recht Gericht. *Joh. 7(,24)*

Scharfes Recht ist scharfes Unrecht. (*Cicero De officiis I.33.*)

1529

Dem durchlauchtigen hochgeborenen Fürsten und Herrn, Herrn Magnus Herzog zu Mecklenburg, Fürst zu Wenden, Graf zu Schwerin und Postulat[1], der Lande Rostock und Stargard Herr,[2] meinem gnädigen Herrn.
Durchlauchtiger hochgeborener Fürst, meine untertänigen willigen Dienste sind Ihren Fürstlichen Gnaden überaus bereit.

Gnädiger Herr!
Wiewohl ist nun jedermann offenbar, dass in etlichen Jahren - fast in allen Künsten, sonderlich in Kaiserlichen Rechten - mannigfaltige Schriften und Bücher herausgekommen sind, weshalb mein einfältiges Geschreibe jetzt unnötig oder gar verdrießlich zu lesen sein möchte.

> Sic omnibus in rebus voluptatibus maximis fastidium finitimum est.
> [So ist in allen Dingen des höchsten Vergnügens der Abscheu nahe.]
> *Cicero de orato li. III.*[3]

So ist doch meines Bedenkens Schreiben oder Reden nicht von der Art eines Wettlaufs, dass allewege der gewinnt, der dem andern zuvorkommt.

> Non idem finis sermonis qui cursus.
> [Das Ziel einer Rede ist nicht dasselbe wie sein Verlauf.]
> *iuxta Sophoclem.*
> Nam illic vincit qui pervenit hic magis ad rem, dixit non qui celerius imo vincit saepe qui posterior dicit.

---

1 d.i. designierter Bischof.

2 Oldendorp geht davon aus, dass nicht ein einzelnes Mitglied der herzoglichen Familie Landes- und damit auch Stadtherr war, sondern das fürstliche Haus.

3 Cicero De oratore liber III, (XXIV) 100.

[Denn dass jener gewinnt, der zur mehr Sache kommt, besagt nicht, dass er der Schnellere ist, vielmehr ist es oft der, der später spricht.]

Denn oftmals bringt der letzte mit kurzer Unterrichtung mehr Frucht ein, als der erste mit großem Gepränge und vielen Büchern.

Quorum si alterum sit optandum malim equidem indisertam prudentiam, quod stultitiam loquacem.
[Wenn man nur eines von diesen beiden wünschen darf, möchte ich allerdings lieber eine wortarme Klugheit als eine geschwätzige Dummheit.]
Cicero ibidem.[1]

Was ich dennoch zu tun meinem Unverstand zutraue, habe (ich) aber sonst aus guter Meinung und andere verständige Gründe anzugeben, ein wenig von der Billigkeit zu handeln, und an Ihre Fürstliche Gnaden als die derselbigen und dem gemeinen Besten Geneigten, zu schreiben (mir) vorgenommen. Ohne Zweifel werden Ihre Fürstliche Gnaden sich meine untertänige Absicht und schlichte Arbeit gefallen und befohlen sein lassen. Denn Ihre Fürstlichen Gnaden - Gott dem Herrn befohlen - gehorsame Dienste zu leisten, erkenne ich mich schuldig.

Gegeben Rostock am 4. August im Jahr 1529.
untertäniger Johannes Oldendorp.

Vorrede an den Leser

Das Römische Recht war so etwas wie ein ausführlich kommentierter Kanon der weltlichen Rechtsgelehrsamkeit, aber nicht geltendes Recht. Weithin wurde in der Rechtspraxis des Mittelalters noch mit oft sogar gereimten deutschen Sprüchen gedacht und gehandelt. So eine zur Selbstverständlichkeit gewordene Redewendung war die von „billig und recht“. Uns heute ist das Wort „billig“ nur im streng juristischen Sinn vertraut, oder eben in der abgewandelten Bedeutung von preiswert oder gar wertlos. In der Abendmahlsliturgie der späteren Mecklenburgischen Kirchenordnung finden wir die Formel „vere dignum et justum est, aequum et salutarem nos tibi semper et ubique gratias agere...“, in deutscher Fassung: „Wahrlich, es ist billig und recht,

1 Cicero De oratore liber III, (XXXV) 142.

und ist heilsam, dass wir dir… danksagen durch Christum unseren Herrn". So war es bis in meine Kindheit üblich, aber das Verständnis des Wortes in diesem Kontext haben wir völlig verloren. Auch in der späteren Fassung der Römischen Messe ist das Wort aequum, das sich schon im Decretum Gelasianum des 6. Jahrhunderts findet, ersatzlos fortgelassen. Oldendorp nimmt hier jedoch nicht auf die Liturgie Bezug, sondern auf Aristoteles und Cicero. Die Verwendung des Begriffs in der Abendmahlsliturgie muss ihm aber vertraut gewesen sein. Oldendorp unterschied im Übrigen nicht Staats- und Kirchenrecht, sondern Kaiserliches und Göttliches, bzw. weltliches und geistliches Recht.

Die theologische Komponente der Frage nach der Billigkeit spielt im Folgenden eine entscheidende Rolle. Sie verknüpft die beiden Rechte miteinander.

Zunächst hebt Oldendorp darauf ab, dass das Wort billig bedeute, es nicht zu übertreiben, etwas im Übermaß zu gebrauchen. Temperantia (Mäßigung) wird in der Neuzeit als zentrale Tugend wichtig. In etlichen lutherischen wie päpstlichen Kirchen wurde sie als Allegorie im Kirchraum neben Gerechtigkeit, Liebe und Hoffnung dargestellt. Nicht nur Mangel, sondern auch Übertreibung kann Recht in Böses umschlagen lassen. Zunächst ist also Hyperregulierung im Blick, wie wir heute sagen würden.

Die Ausgaben des Römischen Rechtes und auch des Decretum Gratiani waren oftmals reich glossiert, ganz wie es heutige Rechtstexte sind. Die Druckgestalt unserer Schrift erinnert daran, aber es sind weniger Glossen als vielmehr Nachweise und weiterführende Hinweise, die sich am Rand des deutschen Textes finden.

Oldendorp erinnert in Bezug auf die Glossierungen an Kaiser Justin II.[1], der Glossierungen grundsätzlich untersagte. Den Grund für diese Vorsicht sieht Oldendorp darin, dass Einfachheit und Klarheit der Gesetze durch Zusatzregelungen nicht nur präzisiert, sondern auch verwirrt werden können. In seinen späteren lateinischen Schriften glossierte er nicht das Römische Recht, erweiterte es auch nicht durch Anmerkungen, sondern suchte im Gegenteil wesentliche Grundaussagen und verfasste kurze, knappe Texte. Eine juristische Systematik mied er ebenso wie Luther eine Systemtheologie. Wie Melanchthon seine Dogmatik in Loci communes verfasste, verhielt sich Oldendorp in Bezug auf das Recht. Er untersuchte einzelne Themen und

1 Oldendorp hält ihn irrtümlich für den Sohn Justinians I., er war aber dessen Neffe.

definierte Begriffe, bzw. ging ihnen sachlich und historisch auf den Grund.

Dahinter verbirgt sich ein ernstzunehmendes Problem, das mit dem Wunsch nach Exaktheit, Beweis und Logik zu tun hat. Der angeführte Spruch von Scipio Africanus spricht vom magister stultorum, in Oldendorps Übersetzung Zuchtmeister der Unbedachten, Leichtfertigen. „Einfalt" für simplicitas war ihm kein negativ besetztes Wort, sondern ganz wie noch bei Matthias Claudius im Lied vom Aufgang des Mondes in den Strophen 4 und 5 eher etwas, was Reinheit verspricht. Klarheit erlangt man nicht durch Spitzfindigkeit.

Aufgabe der Billigkeit ist, die rechte Anwendung des allgemeineren Satzes jeweils herzustellen, und die ist nicht von vornherein schriftlich und allgemein darstellbar. So ist die Gesinnung des Menschen, der das Recht gebraucht entscheidender als seine Fähigkeit und Klugheit, wie man am angeführten Beispiel des Tribonian sieht.

Oldendorp spricht in Bezug auf die Abänderung von Gesetzen durch Auslegung von Sünde und Irrwegen. Nicht spitzfindige Auslegung der Gesetze führt zu mehr Gerechtigkeit, sondern das in Augenschein Nehmen von Menschen und Situation. Mangel an Billigkeit ist ihm ein „Gebrechen". Ein Weniger an Worten ist darum gut.

Vergleicht man die einfache Carolina[1] mit dem vielfach glossierten Römischen Recht, liegt das Anliegen Oldendorps am Tage. Auch Martin Luther suchte im Einfachen und Reinen das Wahre. Missbrauch entsteht dadurch, dass man Dinge durch vermeintliche Exaktheit verwirrt. Gerade das „scharfe" Recht kann zum scharfen Unrecht führen. Gehorsam, Friede, Einigkeit und auf Christum weisen, darauf kommt es an, das ist billig und recht, wie Luther es 1545 zusammenfasste: Alles, was Christum treibet.[2]

Das Billige, aequitate, ist mithin das Einfache, Klare. Gott ist einfach und klar, Liebe. Aequm, billig ist das Göttliche Recht. Billig und heilsam ist es, Gott zu danken, ihm im Glauben zu antworten, seinem Wort zu entsprechen. Plato wird von Oldendorp zwar in seinen beiden deutschen Schriften kaum genannt, aber die Humanisten waren

---

1 Die Constitutio Criminalis Carolina (CCC) galt ab 1532, war im Text aber schon zuvor bekannt.

2 „Darin stimmen alle rechtschaffenen Bücher überein, dass sie allesamt Christus predigen und treiben. Auch ist das der rechte Prüfstein, alle Bücher zu tadeln, wenn man sieht, ob sie Christum treiben oder nicht." Martin Luther in der „Vorrede auf die Epistel S. Jacobi und Jude".

christliche Platoniker.[1] Auch die spätmittelalterliche Mystik spielt hinein. Das Vielerlei, Äußere ist nicht das Bessere. Weil das Ursprüngliche und Echte einfach und klar, billig, aequum ist, muss es das sein, was im tieferen Sinn dem Gegenüber entspricht. Im Vielen kann man einander verfehlen, in Unrecht fallen. Unrecht ist Verfehlung, Missbrauch, Abirrung. Einander gerecht werden, bedeutet, sich einfach, klar und gut zu verhalten. Gerechtigkeit bedeutet, dem Anderen gerecht zu sein, zu werden. Das Konkrete ist hier etwas anderes als das Exakte.[2]

Das ist die Grundbedeutung von Aequitas, Billigkeit. Dann listet Oldendorp die Missverständnisse auf und führt treffende „Namen" für die Billigkeit an. Lateinisch gedacht handelt es sich dabei aber eher um tituli (Bezeichnungen) als um echte nomina.

Wiewohl dieser Spruch: „Was billig und recht ist", gemeiniglich allerorts freundschaftlicher und rechtlicher Handlungen, schriftlich und mündlich, angezeigt und ausgesprochen wird, so ist doch zu besorgen, dass nicht jedermann dieselben Worte gründlich verstehe oder zu Herzen führe, wie es dem gemeinen Besten wohl vonnöten wäre.

> Aequum et bonum censendo assequi nos cuiusuis est iuris periti.
> [Das Billige und Gute zu schätzen, kommen wir nach, wenn wir dem Recht gemäß sind.]
> *Budeus in l. I. ff. De iusti. et iu.*[3]

> Sed nos veri iuris germaneque iustitiae solidam et expressam effigiem nullam tenemius umbra et imaginibus utimur. Eas ipsas utinam sequeremur!
> [Aber von dem wahren Rechte und der echten Gerechtigkeit haben wir kein gediegenes und deutlich ausgedrücktes Abbild; nur Schattenbilder besitzen wir davon, möchten wir uns doch nur an diese halten!]
> *Cicero offiti. li. Li. III.*[4]

---

1 Die platonische Idee ist in sich einfach und klar, später sprach man vom Kern der Sache und sah die Idee als abstractum, Verallgemeinerung an. Vor allem bei den Neuplatonikern war das Viele das Niedere.

2 Konkret bedeutet Zusammenwachsen. Exactor ist Vollstrecker eines Systems.

3 Guillaume Budé (1468-1540) war Herausgeber und Kommentator der Pandekten. Das Zitat findet sich in seinen Annotationes priores et posteriores, London 1562, S. 11.

4 Cicero De officiis liber III, (XVII) 69. Der Gedanke Ciceros wird mit diesem Satz weitergeführt: Denn die Schattenbilder und Abbilder leiten sich von Mustern ab, welche in der Natur und Wahrheit bestehen.

Adde *Tit 3*[1]

Denn die vielen großen Bücher, die im weltlichen und geistlichen Recht durch die Schreibenden und Lehrenden angerichtet sind, haben wahrlich wenig geholfen, ja vielleicht auch der rechten Erforschung der Billigkeit geschadet, (auch) ohne dass (man darum behaupten würde, dass) darin mehr Unrechtes als Rechtes enthalten wäre.

Quisquod extra modum est in pessimam degenerat speciem.
[Denn jedes im Übermaß betriebene Ding verwandelt sich sogleich in Böses.]
In auc. Ut derer. sit nume. clerico in princi. Et de referenda. §. ulti.[2]

Fragst du, warum? Hierum. Denn alles im Übermaß Aufgezeigte verwandelt sich sogleich ins Böse.

Et nobis - inquit Imperator - in legibus magis simplicitas quod difficultas placet.
[So sagt der Kaiser: Wir ziehen in den Gesetzen das Einfache dem Komplizierten vor.]
§ Sed quia insti. De fideicos heredita.[3]

Und da nun von Rechtsgesetzen (darin nichts besser ist als Einfältigkeit) so manche undienstliche Streitigkeiten, Meinungen und Zwiespältigkeiten durch die Skribenten über alles Maß eingeführt worden sind, so konnte zuletzt nichts anderes, denn eitel

---

1 Oldendorp verweist hiermit auf die Offenbarung Gottes in Christus und die dadurch geschehene Versöhnung, Titus 3, 1-11. Selbstverständlich liest Oldendorp solche Texte aus der Bibel nicht als eine Botschaft an eine kleine oder größere Gruppe Religiöser, einer abgesonderten Kirchengemeinde, sondern als adressiert an die Rechtsgemeinschaft der Völker. Cicero und die Heidenvölker können sich nur - nach Plato - an die Schattenbilder halten, wir aber haben in Christus das Urbild der Gerechtigkeit. Cicero sprach in dem zitierten Abschnitt davon, dass jedes Volk nur begrenzte Rechtseinsicht haben konnte, das Völkerrecht - im Sinne von Menschheitsrecht - sei darum umfassender.

2 Ich habe das Zitat nicht finden können, aber der Gedanke findet sich auch bei Erasmus von Rotterdam, Dulce bellum inexpertis, S.5: Adeo quidquid a sua recessit natura in peiorem degenerat speciem quam si natura malitiam ingenuisset. [So dass alles, was von seiner Natur abgewichen ist, zu noch Schlimmerem degeneriert, als wenn die Natur selbst das Übel hervorgebracht hätte.]

3 Institutiones titulus II, 23.

Böses daraus erwachsen; auch dergestalt, dass die Gelehrten selber nach Lesung der vielen Rechtsbücher oftmals mehr zweifeln und ungewiss sind denn zuvor.

Demipho ille Tarentianus cum ex tribus aduocatis consultis unus suasisset alter negasset tertius deliberandum censuisset. Fecistis (inquit) probe incertior nunc sim multo quod dudum.
[Als sich Demiphon aus Tarent mit einem von drei Anwälten beriet und der zweite widersprach, meinte er, bei einem Dritten die Lösung zu finden. Er sagte: Wohl bedenklich erscheint nun, was ich angenommen hatte.][1]

Sed quoniam - ait Justinianus - quidam post hac nuras claras leges audaci mente nostram praesumpserunt male interpretari legislationem et sensum.
[Aber da, sagt Justinian, einige nach diesen klaren Gesetzen kühn davon ausgegangen sind, nehmen sie an, dass unsere Gesetzgebung und ihre Bedeutung falsch interpretiert werden.]
In auc. De fili. ant. dota. instru. nat.[2]

Dieser Missbräuche der Rechte lass dich nicht befremden! Dieweil auch der Kaiser Justinianus - ein Sohn Justini - zu seiner Zeit im Anfang solche unordentliche Streitigkeiten nicht abzuwenden vermochte, wodurch er veranlasst wurde, zwei ernstliche Edikte aufzurichten, dass niemand über weltliche Gesetze zu glossieren sich unterstehen solle, wiewohl nichts davon eingehalten wurde.

Nullis iuris peritis in posterum audentibus commentarios illi applicare et verbositate sua supra dicti Codicis compendium confundere quemadmodum et in antiquioribus temporibus factum est, cum per contrarias interpretantium sententias totum ius paene conturbatum est.
[Kein Jurist wage es in der Zukunft, ihm Kommentare hinzuzufügen und durch seine Geschwätzigkeit die Kürze des oben genannten Gesetzbuches zu verderben, so wie dies auch in alten Zeiten auch geschehen ist, als durch die einander widersprechenden Ansichten der Interpreten fast das ganze Recht in Verwirrung gebracht worden ist.][3]
l. I. § Aram autem. L. De veter. iur. enucle l. II. § Hoc autem. L. Eo tit.

Cum omnis noster status sub perpetuo motu consistat.
[Denn unser gesamter Staat befindet sich in beständiger Bewegung.]
In auc. De non alienam. aut permutam.

---

1 Erasmus, Antibarbarorum Liber 1, Confutat autoritates autoritatibus. Strassburg 1521.

2 Nouellarum constitutionum, Nov. XIX. praefatio.

3 Cod. I.17.1.12.

§ Ut autem. Et de his qui ingredi. ad apellam. in prince.[4]

Es ist lange an dem geblieben. Die Begehrlichkeit der Menschen steht nicht still, greift immer nach Neuem, will alle Dinge meistern und etwas hinzuflicken, um eitler Ehre oder Eigennutz willen. Dann, wenn die Dinge so hoch getrieben und durch Streitigkeiten gleich wie Perlen mit Unreinigkeit verdunkelt sind, so fällt der Kram zum Ende sämtlich hernieder und bringt unter die Leute Zwietracht, Schaden und Unlust. Wie wir uns denn jetzt in der Welt nicht allein mit weltlichen Rechten, sondern auch mit andern und größeren Missbräuchen offenbar befinden.

Aber dies mag uns wohl fremd und seltsam dünken, dass der allmächtige Gott jetzt seine Gnade zur Erkenntnis der Wahrheit so ganz mildiglich ausgegossen hat, von der wir wenig annehmen und in allen (möglichen) Umwegen verharren; so lange, bis uns die Zuchtmeister der Unbedachten, nämlich die Folgen und der Ausgang unseres Irrtums, lehren und weisen müssen.[2]

> Stultorum magister exitus est. Non committendum ut aliquando dicendum sit non putaram.
> [Der Lehrer der Narren ist gegangen. Es ist nicht anzunehmen, dass irgendwann zu sagen sei, wir hätten ihm keinen Glauben geschenkt.]
> *Scipionis apophthegma.*

> Cerui pastu dictami ... *Es folgt ein Ausschnitt aus den Parabolae von 1513 des Erasmus von Rotterdam in lateinischer Sprache, dessen Inhalt aber in deutscher Sprache im Folgenden soweit wiedergegeben wird, wie es für den Kontext wichtig ist. Der Abschnitt endet mit diesem Zitat:*
> Breviter nullum est animal, quod non intelligat sua remedia. Nolus homo nescit, unde vel corporis vel animi remedia petere debeat.
> [Kurz gesagt, es gibt kein Tier, dass seine Heilmittel nicht kennt. Nur der Mensch weiß nicht, wo er für Leib und Seele Heilmittel suchen soll.]

Wir sehen alle Tage vor Augen, dass alle unvernünftigen Tiere: wilde Schweine, Hirsche, Bären, Schlangen, Störche, Enten und dergleichen auf der Erde, in der Luft und im Wasser nicht unterlassen, zur Abhilfe und Besserung ihrer Notdurft und der ihnen anhaftenden

---

4 Nov. VII.2.

2 Diesen Abschnitt können wir als Verweis auf die Missbräuche nehmen, die in der folgenden Schrift von den Göttlichen Rechten ausgeführt werden. Die gerade geschehende „Gnade zur Erkenntnis der Wahrheit" bezieht sich auf das Ereignis der Reformation.

Mängel all das anzuwenden, was ihnen von Natur gegeben. Allein die Menschen wissen nichts zu tun wider so unzählig viele und starke, Seele und Leib betreffende Gebrechen, die ihnen täglich vor Augen gestellt und erinnert werden. Sie lassen sich auch keineswegs zu Herzen gehen und erbarmen, dass so manch tausend Menschen, die einen gegen die anderen, durch weitläufige Streitigkeiten und Meinungen in Gerichtshändeln zu Mühe, unnützen Ausgaben, Zeitverlust und zuletzt zu aller Bosheit veranlasst werden, die man durch Billigkeit in Frieden, Wohlstand (neringe) und allem Guten erhalten und kurzweg entscheiden könnte.

In Proemio institu. Et in l. 1 L. De veter. iur. enucle.[1]

Und wie gedachter Kaiser Justinianus im Bedenken solcher Missbräuche der vielen Rechtsbücher, die dennoch ungleich besser, wenn auch nicht so viele waren wie jetzt unsere wertlosen Schriften einen Auszug machen ließ und für das ganze Reich zu gelten befahl, wahrlich in guter Absicht und Meinung, so mangelten ihm doch fromme, rechte Leute, die sein gutes Vorhaben mit gutem Gewissen und treulich vollbringen mochten.

Suidas grece[2] quidem. Sed in hunc sensum Tribonianus[3] (inquit) grecus omnis religionis contemptor et praesertim a Christiana fide abhortens adulator et fraudulentus persuasit Iustiniano Imperatori fore utis numquam moreretur sed in caelum cum carne assumeretur.

[So Suidas, der Grieche. Aber in diesem Sinn überzeugte der Grieche, sagt Tribonian, ein Verächter aller Religion und besonders dem Christentum abgeneigter und betrügerischer Schmeichler, den Kaiser Justinian, dass er niemals sterben, sondern leiblich im Himmel aufgenommen werde.]

Quaestor fuit Iustiniani. [Er war ein Quaestor bei Justinian.]

Hic tantum nature dotibus ingenioque pollebat ut suae aetatis nemini secundus esset.

Avaritie aut eusque erat deditus ut ius et fas venale haberet et latas revocabat ut indigentium usus a quibus pecuniam acceperat postulare

1 Inst. I, 1.: „Gerechtigkeit ist der unwandelbare und dauerhafte Wille, jedem sein Recht zu gewähren."... Am zweckmäßigsten ist es, das Recht „in leichter und einfacher Fassung" vorzutragen. Die Gebote des Rechts sind: Ehrenhaft leben, niemanden verletzen, jedem das Seine gewähren. - honeste vivere, alterum non laedere, suum cuique tribuere.

2 Sagenhafter griechischer Lexikograph, galt als Verfasser der Suda, des ältesten byzantinischen Lexikons.

3 Tribonian (+542) war Jurist Justinians.

videret. Ceterum ei his non absimilia id Tribonianum. [Er zeichnete sich durch seine natürlichen Gaben und seinen Einfallsreichtum so aus, dass niemand seines Alters ihm gleichkam. In Habsucht war er bedacht und urteilte käuflich, eignete sich Strafzahlungen an und nahm Geld von Bedürftigen. Das sah ihm, Tribonianum, ähnlich.].
Procopius libro belli Pers. I.[1] *refert dicente Alciato lib. dispunctio. IIII.*

Denn er musste dazu und bei allen wichtigen Sachen jemanden in Anspruch nehmen, der Tribonian genannt war, der unter allen seinen Räten der Vornehmste und auch Gelehrteste, aber geldgierig und ungläubig war. Und der hat Justinian, einen frommen, simplen Kaiser, überredet, alle gewichtigen Rechtsbücher den Leuten wegzunehmen.

C. Ad Senatuscon. Terculia.[2]
Ubi successionem matris in heredati filii, miro modo variat. Et alibi saepe.
[Wo die Erbschaft der Mutter auf den Sohn übergeht, verändert es sich auf wunderbare Weise. So geschieht es oft.]

Hieraus hat derselbige Tribonianus bequemen Anlass bekommen, neue Constitutionen und Gesetze zu erfinden, und nach seinem Gefallen wiederum nach Gelegenheit zu ändern, sobald er wusste, was anfiel und welche Parteien ihm Geld geben würden,

Peccata enim nocentium nota esse et oportere et expedire.
[Übertretungen der Schuldigen sollten nämlich bekannt, ihnen begegnet und bekämpft werden.]
l. Eum qui nocentem. ff. De iniuri.[3]

wie es noch heutigen Tages viele abgeänderte Gesetze im Codex und in den Novellen darum gibt. Dadurch hat Tribonianus dem weltlichen Regiment und der christlichen Gemeinde viel Abbruch getan, was vielleicht niemals oder nur schwerlich ersetzt werden mag.

Et Athenienses execrari publice soliti sunt eos qui erranti viam non monstrarent.

---

1 Prokopios von Caesarea (500-560), Persische Kriege (Justinians) I.
2 Codex Iustinianius Lib. VI. Titulus 56. Nicht wörtlich. Ich verstehe diese Anmerkung an diesem Ort so, dass nicht alles in ursprünglich gedachter Weise Bestand behält.
3 Dig XLVII.10,18.

[Und die Athener waren es gewohnt, öffentlich verflucht zu werden und bekannten sich zu ihren Irrwegen.] *Cicero lib. offiti. III.*[1]

Doch das will ich Gott und der Obrigkeit befohlen haben und es ist mir genug, auch - meines Vorhabens - zufrieden, diese Gebrechen anzuzeigen und in gebührlicher Weise zu vermelden.
Demnach, christlicher lieber Leser, lass dir diese meine einfältige Erklärung von der Billigkeit angenehm und befohlen sein, zu dem Ende, dass uns alle löbliche Ordnung des weltlichen Regiments in Gehorsam, Friede und Einigkeit auf Christus weise[2], ihm allein zu Lob und Ehren in Ewigkeit. AMEN.

Bene est pauca de significatione tituli referre.
[Es ist gut, ein wenig über die Bezeichnung des Titels zu referieren.]
l. I. in princi. ff. Si cert. peta.[3]

Von mancherlei Namen der Billigkeit

Zu Beginn benennt Oldendorp andere Worte für billig: geziemend, züchtig, füglich, Gleichmaß, gebührlich. Sie „zeigen“ in verschiedener Weise „an“, was Billigkeit meint. Ein bloßes Synonym unserem Denken gemäß wäre dagegen dem Sprachgebrauch der Rhetorik nach nur eine

1 Cicero De officiis III.3.11. Itaque accepimus Socratem exsecrari solitum eos, qui primum haec natura cohaerentia opinione distraxissent. [Und so haben wir erfahren, dass Sokrates diejenigen zu verwünschen gewohnt war, die zuerst diesen von Natur aus in der Vorstellung bestehenden Zusammenhang aufgelöst hatten.]

2 Dass alles auf Christus weise, war der zentrale Gedanke der Kirchenväter und der Sinn ihrer Allegorie. Martin Luther hat diesen Gedanken für sich aufgegriffen und in das Zentrum seiner Theologie gestellt.

3 Dig. XII, 1.1: E re est priusquam ad verborum interpretationem perveniamus, pauca de significatione ipsius tituli referre. [Ulpinian: Bevor wir zur Erläuterung der einzelnen Worte kommen, ist es sachgerecht, etwas über die Bedeutung dieses Titels des Edikt insgesamt mitzuteilen.] Ein Titulus war nicht nur eine Überschrift, sondern im Recht der eigentliche Sachverhalt, um den es in den einzelnen Artikeln und Ausführungen geht. Am Ende dieser Schrift verweist Oldendorp auf die Notwendigkeit hin, gegenüber einer zu verhandelnden Situation das aufzuspüren, worum es eigentlich geht. Hier nun geht es um den Begriff der Billigkeit, der aequitate.

Lockerung der Wortwiederholung[1]. Oldendorp geht es um Unterarten des Begriffs. Es geht um die distinctio, eine wie tituli in der Rechtskunde damals häufig gebrauchte Denkform. Distinguo bedeutet nach Georges Handwörterbuch: „mit einem spitzigen Werkzeuge Punkte machen", was Oldendorp mit seinem „anzeigen" ausdrückt. Heinrich Lausberg sagt in seinem Handbuch der Rhetorik zur distinctio, sie biete positiv eine emphatische Bedeutungsfülle, negativ eine Unterscheidung. Emphase umschreibt einen sprachlichen oder situationsgemäßen Kontext, in dem sich eine Hierarchie der Begriffe zeigt. Worte verweisen platonisch gedacht auf so etwas wie einen Kern. Das Mittel der Pronuntiatio kommt ins Spiel, das Cicero so definiert: pronuntiatio est ex rerum et verborum dignitate vocis et corporis moderatio.[2] - Die Aussage ist in Stimme und Körper den Dingen und Worten geziemend. Die angeführten Begriffe stecken mithin das semantische Feld von „Billigkeit" ab, bzw. erweitern und begrenzen es zugleich. Die von Oldendorp angezeigten fünf Begriffe zeigen an, was man unter Billigkeit versteht. Er entfaltet den Begriff und grenzt ihn zugleich damit ein. Allen Begriffen ist gemein, dass es sich dabei um eine Beziehung, ein Geschehen handelt.

Diese Behandlung des Wortes billig zeigt ein Sprachverständnis von Oldendorp, das sich von unserem, eher technischen Verständnis von Sprache abhebt. Dass der Begriff die aufgeführte Bedeutungsstruktur aufweist, zeigt seine Wahrheit und Geltung. Auf diesem Begriff der Billigkeit beruht das gesamte Rechtsdenken Oldendorps. Recht muss billig sein, sonst ist es per Begriff unrecht.

Wenn mithin Luther und Melanchthon von züchtig oder geziemend sprachen, ist für Oldendorp damit Billigkeit angezeigt.

Es handelt sich hier also nicht um sprachliche Nebensächlichkeiten oder scholastische Spitzfindigkeiten. Es geht ihm um die „natürliche Rechtfertigkeit": Billig und heilsam ist es, Gott zu danken. Und dies steht nicht irgendwo geschrieben und könnte auch anders sein, sondern war fester Teil der Präfation des Abendmahls. Es ging Oldendorp nicht so sehr um Behauptungen darüber, was natürlich ist, als vielmehr darum, ob unser Tun und Denken gut und billig sei, und das geschieht nur, wenn wir diesem Begriff und der ihm innewohnenden Logik folgen. Natürlich versteht sich hier als Authentizität, aber nicht nur im Sinne eines Rückbezugs auf sich selbst, sondern im Sinne von praktizierter Gerechtigkeit.

1 Heinrich Lausberg, Handbuch der Rhetorik, Stuttgart 2008, § 649.
2 Cicero inv. 1,7,9. Heinrich Lausberg, Handbuch der Rhetorik §§ 578, 660, 1091.

Die Scholastiker errichteten in ihren Systemen eine Art logische Geschichte, erkannten und bildeten eine Struktur aus Begriffen. Diese mittelalterliche Art verbindet Begriffe mit der Proposition „de“, sie folgt dem Muster der Deduktion. So verfuhr auch Melanchthon mit seinen „Loci communes“. Das sind nicht etwa Urideen, denen man ein Sein nachsagt, sondern die Sprache wurde angesehen als ein Wunderwerk Gottes, das uns etwas vom Wesen des Menschen und der Natur verrät, wie die Sphärenmusik und die Geheimnisse von Zahlen wie der Zwölf oder eines Kreises.

Oldendorp ist der Ansicht, dass wir im Gebrauch der Sprache mehr sagen, als wir wahrnehmen. So hat jeder, auch der wenig Gebildete doch Anteil an der Fülle der Sprache. Man sollte den Begriff der Billigkeit kennen, ihn recht gebrauchen, dann würde vieles besser. Darum macht Oldendorp hier seine entsprechenden Ausführungen. Billigkeit bindet uns nicht nur an das Wesentliche, mit ihr werden wir wesentlich. Es geht darum, dass wir dem Anspruch dieses Begriffes gerecht werden.

Der Begriff der Natur bei Oldendorp erfährt in der Einführung des Wortes billig schon eine erste Festlegung. Die „Natur“ des Menschen beziehe sich auf seine Herkunft, die in Gott liegt. Die Rechtfertigung des Menschen[1] findet sich in seiner Übereinstimmung mit Gott. So versteht Oldendorp nun billig (aequum) als gut und recht (klein geschrieben).[2] Indem man das Wort gut durch (formuliertes, definiertes) Recht ersetzte, verschwindet die Billigkeit, denn das Recht kann nicht den Anspruch erheben, auch gut zu sein. Das Recht ist keine Person.

Es geht um die bekannte Unterscheidung von Recht und Moral, bzw. Ethik und Gesetz. Billigkeit ist der Anspruch, beides nicht auseinander zu reißen, sondern im Gegenteil miteinander zu verbinden, im Bewusstsein, dass sie nicht identisch sind. Das Recht soll billig sein, dem Guten entsprechen, d.h. entsprechend angewendet werden. Das Recht diene dem Guten, und genau dies geschieht mit dem, was Billigkeit

1 Über die Opferung Christi im Sinne der Auslegung von Anselm von Canterbury schweigt sich Oldendorp aus, obwohl gerade diese Interpretation mehr als andere aus juristischem Denken heraus gebildet war. Der Artikel IV. der Augsburgischen Konfession von 1530 trifft in seiner Schlichtheit insofern Oldendorpsches Denken. Der Gedanke einer notwendigen Bezahlung unserer Schuld durch Christus findet sich bei ihm nicht. Die Rechtfertigung ist reine Gnade Gottes und liegt in seiner Liebe begründet und bedarf keiner Bedingungen.

2 Die Unterscheidung von „recht“ und „Recht“ ist bei Oldendorp im Einzelnen für uns nicht immer klar zu erkennen.

meint. Darum ist alles, „was billig ist auch recht, nicht aber alles, was Recht auch billig.“ Die „wahrhafte Rechtfertigkeit“ geschieht in der Billigkeit. Ohne sie verkehren sich Gesetz und Recht in Unrecht.

Die Billigkeit ist für Oldendorp der Angelpunkt nicht nur zwischen Recht und Güte, Moral und Gesetz, sondern auch zwischen Göttlichem und Kaiserlichem Recht. Das Gebot Gottes bestimme jede Gesetzgebung. Aber diese kann die Weite und Billigkeit des Gebotes nicht einfangen. Jedes Gesetz hat seine Zeit. Recht ist veränderlich, das Gebot Gottes nicht. Würde man es wie ein kaiserliches, weltliches Gesetz auffassen, würde man ihm die Ewigkeit nehmen.

In diesem Sinn ist der reformatorische Spruch von der Ewigkeit des Wortes Gottes auch so zu verstehen: Das Wort Gottes steht den Zeiten als oppositus gegenüber, nicht im dialektischen Sinne einer Antithese, sondern als höheres Recht, das nicht in Gesetzen und Ordnungen einzufangen ist.

Zunächst ist es zur Erklärung der Billigkeit hilfreich zu wissen, dass diese mit mancherlei Namen bezeichnet wird. So wenn man schreibt oder redet: es ist geziemend, tauglich, füglich, gleichmäßig, gebührlich oder dergleichen Wörter, so wird stets die Billigkeit gemeint.

In l. Scire oportet. § Sufficit. ff. De excusati. tutor.
Ubi Modestinus[1] loquens de eo qui propter aegritudinem aut aliam necessitatem venire non potuerit, cuius (inquit) fidem sufficit firmare ex ipsa naturali iustitia etc.
[Wo Modestinus darüber spricht, dass jemand wegen Geisteskrankheit oder einer anderen Notwendigkeit nicht erscheinen kann. Dann genügt es, dies aus der Naturgerechtigkeit selbst festzustellen, etc.]

1 Herennius Modestinus (*185) war ein Schüler von Domitius Ulpianus, nach Oldendorp jedoch Schüler von Amilius Papianus. Oldendorp, Titulorum iuris civilis index, Lyon, 1551 S. 97. Die Zitierweise habe ich auch hier nicht nachverfolgen können. Das Zitat findet sich Modestinus liber IV Excusationum § 7 und lautet vollständig: Si enim quis propter aegritudinem, vel aliam necessitatem (puta maris, vel hyemis, vel incurfus latronum, aut aliam quam similem) constituto tempore non poterit venire: ignoscendum ei est, cuius fidem tametsi sufficit firmare ex ipsa naturali iustitia.

So nennt man sie auch die natürliche Rechtfertigung[1]. Und diese Namen der Billigkeit führt jedermann eher im Munde, als er sie begreift.

> Olim apud Romanos alias aequum et bonum alias sine copula aequum bonum dicebatur.
> [Einst sprach man bei den Römern synonym von billig und recht auch ohne das „und" dazwischen als „billig gut".] *Cicero in Bruto:*[2] Deinde aequum bonum testamentorum sententias voluntatesque tutatus est. [Die Sätze und der Wille der Testamente sind „billig gut".]
> Inde illa locutio: Aequi boni facere. Item aequum et bonum per bona fide dixit Julianus:
> [Dann dieser Ausdruck: Billig gut handeln. Ebenso billig und gut im guten Glauben, sagt Julianus] *in l. Consensu. ff. de actos* et obligati his verbis [und verbindlich mit diesen Worten:]
> Item in his contractibus alter alteri obligatur de eo quod alterum alteri ex bono et aequi perstare oportet.[3] Quod *in § Actionum aut Instit. de actioni* bona fides dicit unde actio bonae fidei.
> [So verpflichtet in diesen Verträgen einer den anderen insoweit, als der eine dem anderen auf Gutes und Billigkeit bestehen muss. Was man Treu (Gutes) und Glauben nennt, woraus Gutes und Treue erwachsen.]

Und gleicherweise, wie wir jetzt reden: Was billig und recht ist. So haben ihrer Tage die alten gelehrten Römer geredet: Was billig und gut ist. Denn sie haben nichts für billig geachtet, was nicht auch gut wäre, und das ist im Grunde wahr. Deshalb möge es viel mehr Nachforschungen von der Billigkeit geben, wenn man noch heutigen Tages den Spruch so bestehen lässt: Was billig und gut ist. Nun wurde aber das Wörtlein „gut« weggenommen und „recht« bei der Billigkeit an die Stelle gesetzt. Daraus ist dann diese Dunkelheit

---

1 In seinem Wörterbuch De copia verborum taucht das Wort iustificatio nicht auf, aber iustitia naturalis als „naturliche byllìgkeyt" (S. 248.) Da, wo der Mensch mit Gott stimmig wird, ist er gerecht. Dafür nimmt Gott die Schuld von uns, damit wir dies aus vollem Herzen vermögen. Aus dem Glauben erwächst die Frucht der guten Werke, heißt es bei den Reformatoren. „Natürlich" meint auch hier nicht so sehr, was uns vorausgeht, sondern was unserer Bestimmung entspricht. Darum kann Oldendorp den Begriff für die einfache Unschuld nehmen, auch wenn jemand dem Gesetz nicht folgt, denn er vermag es einfach nicht.

2 Diese Anmerkung bezieht sich auf Ciceros Brutus (198), was mit den folgenden Worten einsetzt.

3 Gaii institutionum iuris civilis III § 137. (S. 228f.)

hergekommen, dass viele Leute meinen, es sei gar kein Unterschied zwischen dem Rechten und der Billigkeit, die doch weit voneinander sind.

> Bonum et aequum (*inquit Aristoteles Ethico li. V.*) cum sit cuiusdam iuris. ius est perstantius vel melius non aut ut genus aliud aequum et bonum iure perstantius est.
> Porro aequum et bonum ius est non aliud quidem lege comprehensum id est legitimum sed legitimi iuris emendatio.[1]
> Proinde cum aequum et bonum dicimus absolutam bonitatem ac aequitatem significamus et iuris (ut ita dicam) medullam germanamque iustitiam.
> [Entsprechend meinen wir mit billig und gut absolute Güte und Billigkeit und das Recht, wie wir es verstehen, die vorzügliche und aufrichtige Gerechtigkeit.]
> *dicit Budeus in l. I. ff. de iustiti. et iur.*[2]

Daher ist es wohl wahr, insgemein davon zu reden, dass Billigkeit zum Recht gehört, ja sie ist der allerbeste Teil und wie das Mark oder eine Wurzel der wahrhaftigen Rechtfertigkeit. Derhalben ist alles, was billig auch recht, nicht aber wiederum alles, was recht auch billig. Und daraus kommt der gemeine Spruch: Scharf Recht ist scharf Unrecht. Denn in den Rechtsordnungen wird die Billigkeit oft vergessen.

---

1 Aristoteles Ethik Buch 5, Kapitel 14. Welche lateinische Ausgabe Oldendorp hatte, konnte ich nicht verifizieren. In Leipzig erschien eine Ausgabe 1516, wobei es sich aber um eine Zusammenfassung handelt und sich der entsprechende Wortlaut dort auch nicht findet: Aristoteles: Summa philosophie moralis qua aethicen dicunt Aristotelis ... ad Nicomachum. Als Quelle dieses Zitats sei auf Gulielmus Budaeus (1568-1540) verwiesen, der Aristoteles' Epieikeialehre neu vertrat. Guido Kisch, Erasmus S. 177ff.
Die deutsche Übersetzung des griechischen Textes von Aristoteles lautet: Daher ist das Billige ein Recht und besser als ein gewisses Recht, aber nicht besser als das Recht schlechthin, sondern als jenes Recht, das, weil es keinen Unterschied kennt, mangelhaft ist. Und das ist die Natur des Billigen: Es ist eine Korrektur des Gesetzes, da wo dasselbe wegen seiner allgemeinen Fassung mangelhaft bleibt. Dies ist auch die Ursache davon, dass nicht alles gesetzlich geregelt ist; denn über manche Dinge lässt sich kein Gesetz geben,... So ist denn klar, was das Billige ist, und dass es ein Recht ist, und besser als ein gewisses Recht.

2 Guillaume Budé Annotationes priores et posteriores, London 1551 (1508), hier findet sich auch zu Beginn auf Seite 11 wörtlich das angegebene vorherige Zitat aus der Nikomachischen Ethik des Aristoteles.

Summum ius summa iniuria.
[Scharfes Recht ist scharfe Ungerechtigkeit.]
Cic. li. I. offiti.

Was Billigkeit und Recht unterscheidet

Billigkeit kann in einer (logischen) Schlussrede nicht ausgedrückt werden, doch aber nach Baldus de Ubaldis als ein iudicium, Gericht der „natürlichen Vernunft" (rationis naturalis) beschrieben werden. Billigkeit erscheint somit uns als ein Geschehen, das zur Anwendung des Rechts gehört. Es mildert Gesetze und richtet das Leben umgekehrt auf Ordnung aus. Billigkeit ist der Vorgang, der Gott und Mensch miteinander verbindet, natürliches Recht im Sinne eines Bindeglieds von Göttlichem und weltlichem, Kaiserlichem Recht. Kaisertum, Obrigkeit, ist für Oldendorp (im gelungenen Fall) gleichbedeutend mit Ordnung und Frieden.

„Natürlich" bedeutet hier nicht etwa biologisch, genetisch, im modernen Sinn realistisch. Dieses Denkmuster dürfen wir für das 16. Jahrhundert nicht anwenden. Selbst das „Wissen" der Tiere, wie Erasmus es beschrieb, ist von Gott gegeben, natura im wörtlichen Sinn. Im Begriff schwingt stets der Geber mit. Ist hier von „Natur" die Rede, ist Gott mit im Sinn. Unsere Vorstellungen beruhen dagegen auf einem Weltbild, in dem Gott als erste Ursache in eine unendlich entfernte Vergangenheit verschoben ist. Im 16. Jahrhundert zählte man zwar schon mit den Juden einige tausend Jahre bis zum Schöpfungstag, aber die Zeiten lagen in der allgemeinen Vorstellung zugleich auch wie nebeneinander: Gott hat auf direktem Weg und zu einer Stunde Adam und Eva gemacht, und so ist der Mensch bis heute, wäre da nicht der Sündenfall. Schöpfung ist geschehen, wie jemand ein Wort aussprach, der auch jetzt um mich ist. Unsere „Natur" ist nicht etwas allmählich über Jahrtausende hin Gewordenes, das sich zwischen Gott und Mensch schiebt. Entsprechend dachte man auch anders über menschliche Geschichte als wir heute. Es geht dabei nicht um eine gedachte Gleichzeitigkeit, aber der ewige Gott ist allen Zeiten gleich gegenwärtig. Es ist etwas anderes, wenn nur „die Natur" allem Beständigkeit gibt, ein

„Ein und Alles“ wie bei dem Deutschen Idealismus oder Gott als lebendige Person und unser Gegenüber.

Billigkeit verweist nach Oldendorp den Menschen zunächst auf die Ordnung, die er als gottgegeben und um des Friedens willen akzeptieren soll. Ihre Grundeinstellung ist Übereinstimmung, Zustimmung.

Weiterhin ist es billig, diese Ordnung mit ihren Gesetzen nur ihrem Zweck gemäß anzuwenden. Theologisch ausgedrückt: Nicht dem Buchstaben ist zu folgen, sondern dem Geist des Geschriebenen. Darum ist es gefährlich und unrecht, das Gesetz auf die Spitze zu treiben. Das bringt mit sich, dass sich Billigkeit entgegen modernen Überlegungen nicht mit Disputation oder Wissenschaft fassen lässt. Sie ist zwar ein Recht, aber nicht eines, das sich auf die Weise von Gesetzestexten fassen ließe.

Eine Disputation kennt quaestio finita et infinita, wobei die letztere impersonale ist.[1] Auf diesen Unterschied ist noch separat einzugehen, weil damit von den Grundregeln der Rhetorik, die man damals im Grundstudium lernte, her erklärbar wird, auf welchen Unterschied es Oldendorp mit der Rede von der Billigkeit genau ankam.

Bei der Billigkeit geht es um Erwägen und Richten durch „dein eigenes unverrücktes Gemüt“ „vermittels der natürlichen Vernunft“, die Gott „mildiglich auf alle Kreatur ausgegossen hat“. „Gemüt“ bestimmt das Grimmsche Wörterbuch als „unser Inneres überhaupt im Unterschied vom Körper oder Leib“. Hier kommt Oldendorp zum nächsten Schlüsselbegriff, der ihn in größte Nähe zu den beiden Reformatoren in Wittenberg bringt: das Gewissen, für Oldendorp synonym mit Gemüt. So zitiert er Melanchthon, dessen Kapitel De lege in der ersten Auflage der Loci Communes von 1521 maßgebend für Oldendorp war. Schlüsseltext war dabei Röm 2, 14f: „Cum enim gentes quae legem non habent naturaliter quae legis sunt faciunt eiusmodi legem non habentes ipsi sibi sunt lex qui ostendunt opus legis scriptum in cordibus suis testimonium reddente illis conscientia ipsorum et inter se invicem cogitationum accusantium aut etiam defendentium - Denn so die Heiden, die das Gesetz nicht haben, doch von Natur tun des Gesetzes Werk, sind dieselben, dieweil sie das Gesetz nicht haben, sich selbst ein Gesetz, als die da beweisen, des Gesetzes Werk sei geschrieben in ihren Herzen, sintemal ihr Gewissen ihnen zeugt, dazu auch die Gedanken, die sich untereinander verklagen oder entschuldigen.“

1 Heinrich Lausberg, Handbuch der Rhetorik §§ 66-78.

Für Oldendorp scheint zunächst (dem Melanchthonzitat entsprechend) das alttestamentliche Gesetz mit Gesetzlichkeit überhaupt in eins zu fallen. Dieser Eindruck hat zu etlichen Missverständnissen geführt, denn dann würden die Juden zu einer Art Heiden. Der Dekalog wäre nicht unbedingt als Offenbarung Gottes anzusehen. Aber so sahen es die Reformatoren nicht. Selbstverständlich war ihnen der Dekalog Offenbarung, wie auch jedes Prophetenwort des Alten Testamentes. Der Unterschied lag für sie auf anderer Ebene: Das Evangelium ist die Verkündung des Gottesreiches, der Herrschaft Christi, eine Offenbarung anderer Art, die nicht aufgehört hat, sondern mit der Kirche lebendig ist bis an den Letzten Tag. Wie tief das eben angesprochene Missverständnis reicht, zeigt Lessings Klage, dass er Geist und Kraft nicht mehr in der Kirche spürte. Christus war der Aufklärungstheologie zu einem historisch eingeordneten Ereignis der Vergangenheit geworden. Und wenn man einen Blick auf die aktuelle populärwissenschaftliche Theologie und Kirche unserer Tage wirft, darf man Zweifel haben, ob dieses Missverständnis überwunden ist. Für Oldendorp war es klar, dass alle (guten) Gesetze der Menschen auf das zurückzuführen sind, was Gott durch die Gebote den Juden und damit der Menschheit offenbarend klargestellt hat. Er machte einen grundlegenden Unterschied zwischen den Geboten Gottes und allen menschlichen Gesetzgebungen, so sehr diese auch aufeinander bezogen und in Übereinstimmung gebracht werden sollten. Die Gebote Gottes sind keine Beschlusssache von Menschen.

Das Gewissen klagt an, ob nun durch das Zwölftafelgesetz der Heiden oder noch anders durch den Dekalog, der ja noch im Unterschied zum Alten Rom eine Erste Tafel hat.[1] Das Gewissen ist eine Art Gerichtsverfahren, das im Menschen stattfindet.

Oldendorp spricht (mit Melanchthon) davon, dass Paulus in Röm 2 mit einem Enthymem argumentiert. Das meint eine logische Konsequenz, die aus dem Begriff selbst folgt. Das Naturrecht, wie

1 Hier ist auch der Grund zu finden, warum der alternde Martin Luther in seinen schrecklichen Judenschriften das Judentum seiner Zeit als Ketzergemeinde ansah, ärger als Heiden. Das war nicht neu für die Kirchengeschichte, entschuldigt aber nicht seine bösartigen Ausfälle. Er konnte und wollte nicht verstehen, dass die Juden auf ihrer Ablehnung des lebendigen Wortes Gottes in Christus beharrten. Für ihn waren die Juden verstockte Irrlehrer, die die erste Tafel des Dekalogs missdeuteten. Luther findet darin heute ausgerechnet in der fundamentalistischen Judenmission Nachfolger, auch wenn sie ihn gerade wegen dieser theologisch verfehlten antijüdischen Schriften verurteilen, weil sie sich als Judenfreunde fühlen.

Oldendorp es versteht, ist kein dem Menschen eingeschriebenes Gesetz, das man in Disputationen entfalten könnte. Es ist vielmehr der Anspruch, gut zu sein, Gott entsprechen zu wollen, ganz wie Quintilian seinen Beispielsatz für ein enthymema ex consequentibus formuliert: „Bonum est virtus, qua nemo male uti potest."[1] - „Das Gute ist eine Tugend. Man kann sie nicht schlecht anwenden." Wir sind Geschöpf Gottes, also haben wir dieses Gute in uns.

So argumentiert Moral bis heute, denken wir nur an die überfällige Rechtfertigung der Homosexualität, seit man erkannt hat, dass es sich dabei nicht um etwas Widernatürliches, eine Verkehrung des Natürlichen, handelt.[2]

Das Gewissen, unser Gemüt, ist der Ort des Geschehens der Billigkeit, hier wird die Angleichung, Aequitas von Gott und Welt hergestellt. Oldendorp gebraucht das Bild der Setzwaage (auch: Schrotwaage), eine Variation des Symbol der Iustitia. Die Setzwaage funktioniert mit dem Lot wie eine Wasserwaage, sie bringt die widerstreitenden Dinge im Dreieck ins Lot, mit ihr gleicht man aus, wägt nicht gegeneinander, sondern miteinander ab.

Erhellend ist der Vergleich mit der anderen Waage der Justitia, ein Bild, das uns allen vertraut ist. Im Zivilprozess wird gegeneinander

1 Quintilian, Institutio oratoria 5. Caput XIV, 25.

2 Dies ist ein bezeichnendes Beispiel für die Veränderung des Naturbegriffs. Sieht man das Natürliche an als etwas, was einem vorgegebenen, festgeschriebenen Zweck entspricht, einer Norm, erscheint Homosexualität je nach Perspektive als widernatürlich, denn Gott wird mit den natürlichen Gegebenheiten als Gesetzgeber angesehen. Dieses Naturverständnis, so fromm es klingt, ist aber dem naturwissenschaftlichen Begriff verhaftet, der die Natur als etwas Gesetzliches ansieht, dem um eines geradezu metaphysischen anmutenden Gehorsams willen zu gehorchen ist. Wer im Sozialismus aufgewachsen ist, dem ist dieses Denken allzu vertraut. Doch die Naturwissenschaft ändert ihr Gewissen mit zunehmender und sich verändernder Erkenntnis, bzw. Behauptungen, was denn als natürlich anzusehen sei. Die Gebote Gottes sind eben kein „Gesetz" mit Normen, die man in Paragraphen fassen könnte. Nach Oldendorp haben wir auch in Bezug auf die Anwendung der Gebote der Zweiten Tafel darauf zu achten, welches die Intention dieser Sätze ist, und da kommen wir an der Liebe, dem Hauptgebot, nicht vorbei. Das sagt uns nicht der Wortlaut des Gebotes, aber der uns regiert: So liebt einander, wie ich euch geliebt habe.
Damit sind uns Vollmacht und Motivation gegeben, Gesetze fortwährend zum Besseren, Angemesseneren zu verändern. Freilich werden diese niemals zu der Vollendung führen können, die allein in der geschehenden Liebe ist. (Hebr 7,19; 1 Joh 4,17; Phil 4,7)

abgewogen, ein möglichst gerechter Ausgleich soll geschaffen werden, um die Rechte beider Parteien in ein Gleichgewicht zu bringen. Auf den mittelalterlichen Gerichtsbildern werden die guten mit den schlechten Taten abgewogen. Die Teufel ziehen an den üblen Taten, die (durch Bußwerke sogar käufliche) Gnade Gottes wird auf die andere Seite gelegt, damit die Waage zum Himmel hin ausschlägt. Bei der Setzwaage im Bild Oldendorps geht es aber um einen ganz anderen Ausgleich. Sie ist nicht das Instrument Gottes. Sie ist unser Instrument, das wir Gewissen nennen, die Billigkeit. Wir gleichen unser Tun nicht nur mit Gottes Gebot, sondern angesichts seiner Gegenwart mit ihm selbst ab. Wir wissen uns mit unserem Leben und Handeln im Angesicht Gottes.

Um im Bild von Beichte und Rechtfertigung zu reden: Im Bekenntnis erkenne ich, was mich aus dem Lot gebracht hat. Die Vergebung Gottes versetzt mich in die Lage, unbelastet vom Vergangenen mein Verhalten wieder ins rechte Lot zu bringen. So sind die Guten Werke Frucht der Beichte und Vergebung. Bleibe ich dagegen im Bild der Waage von Für und Wider, liegt das Gewicht allein auf Gnade und Rechtfertigung im Sinne des Aufrechnens und Davonkommens, gerade noch gerettet, wie wir es heute vor allem aus evangelikaler Praxis kennen. Im Bild der Setzwaage aber wird der Fokus auf Buße im Sinn der Besserung und der Guten Werke gelegt, ohne dabei böse oder gute Taten je in irgendeine Waagschale zu werfen. Die Erkenntnis der Sünde braucht diese in keine Waagschale zu werfen, dieses Gericht nimmt uns Gott ab. Es geht nur darum, die schlechte Tat und das üble Denken zu durchschauen, ganz auf Gottes Gnade zu trauen und hinfort besser, d.h. gottgemäßer zu handeln. Getanes machen wir nicht durch Beichte oder Buße ungeschehen, sowenig dies Versöhnung unter uns zu tun vermag. Versöhnung und Vergebung machen nichts ungeschehen. Man lese dazu Psalm 25, besonders die Verse 6-8: „Gedenke, HERR, an deine Barmherzigkeit und an deine Güte, die von der Welt her gewesen ist. Gedenke nicht der Sünden meiner Jugend und meiner Übertretungen; gedenke aber mein nach deiner Barmherzigkeit um deiner Güte willen! Der HERR ist gut und fromm; darum unterweist er die Sünder auf dem Wege."

Beichte ist Gewissensprüfung, keine Abrechnung, die ist durch Gottes Rechtfertigung und Absolution ad acta gelegt. So folgt die Beichte keinem Gesetzestext, sondern befreit das Gewissen zum Guten hin. Hat man diese veränderte Perspektive im Blick, versteht man auch die lutherische Form der Beichte besser, wo keine „Sünden gezählt" werden, sondern die Beichtenden nach der Einsicht ihrer Sündhaftigkeit und Reue gegenüber dem Geschehenen aufgefordert werden, sich zum Glauben zu bekennen um der Erneuerung des Sinnes willen, der Metanoia.

Im Hintergrund des Bildes von der Setzwaage steht die sogenannte Regula Lesbia, der lesbischen Bauweise, die auf einen Vergleich von Aristoteles zurückgeht. Weil dort die Steine zu unregelmäßig vorgefunden wurden, musste man bei ihnen das lesbische Richtmaß in Anspruch nehmen, durch Juan Luis Vives (Ioannes Lodovicus Vives) (1492-1540) als bleiernes Richtscheit bezeichnet.

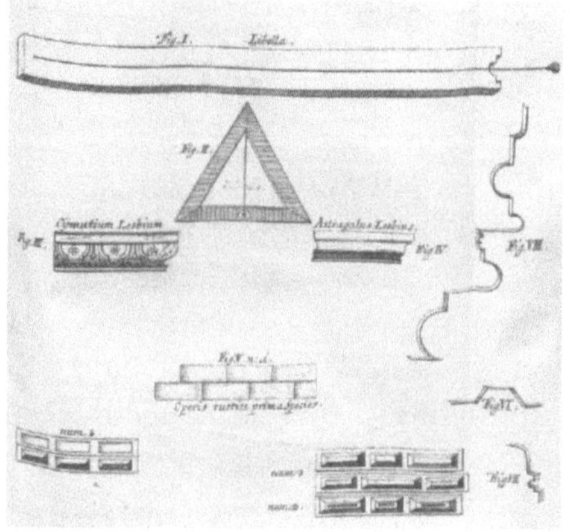

Vgl. die hier beigelegte Grafik auch bei der juristischen Dissertation von Sigismund Jacob Apinus: De Regula Lesbia von 1715

Um zu sehen, welcher Art die beiden Seiten sind, die da miteinander im menschlichen Gemüt ins Lot kommen mögen, sei an die beiden im Text angeführten Zitate von Melanchthon und Erasmus verwiesen.

So sind auch Gottesbeweise nicht als Syllogismen anzusehen, denn Gott und Natur sind nicht auf eine Ebene zu bringen, wie die lesbischen Mauern einander inkongruente Steine aufweisen. Gottesbeweise sind enthymemae ex consequentibus. Ein Enthymem ist im Griechischen eine Herzenserwägung, aber durchaus ein ernstzunehmender Denkvorgang und nicht nur bloße Illusion.

Das Naturrecht nach Oldendorp ist mithin nicht, was wir unter einer natürlichen Veranlagung verstehen. Es bedeutet bereits, auf den Urheber der Natur zu schauen. Ein entscheidender Unterschied zwischen natürlichem und dem gesetztem Recht liegt beim letzteren in der juristischen Macht der Logik, dass sie nicht abwägt, sondern rechnet. Sie wendet an, und dafür braucht man kein Gewissen.[1]

1 Daraus mag man ermessen, welch katastrophales Missverständnis es bedeutet, wenn man frei nach Schleiermacher Liturgie und Predigt als Praktische Theologie ansieht, als Anwendung einer theoretischen, Systematischen

Glaube ist Billigkeit gemäß der docta ignorantiae, des gelehrten Nichtwissens. Das Tier weiß, was zu seinem Heil nötig ist, der Mensch nicht. Oldendorps Gedankengänge gehen in die Richtung des Grundgedankens von Nikolaus von Kues über Gnade und Wissen. Das „Gesetz" des Schöpfers hat seine Unendlichkeit nicht in der quaestio infinita, dem nicht endenden und sich stets neu verzweigenden Diskurs des Menschen, es ist einfaches, konkretes Gegenüber von Gott und Mensch. Es gilt, stets neu beide ins Lot miteinander zu bringen, das Naturrecht in diesem Sinn und das verfasste, geschriebene Gesetz nicht auf einer abstrakten, intellektuellen Ebene, sondern im Menschen. Das kostet durchaus Mühe, denn der Mensch ist nicht das Tier, das ohne Nachdenken sein Heil zu erreichen wüsste.

Der Mensch vermag es nicht, die Abwägung zwischen Gottes Gebot und Rat und dem eigenen Denken impersonal außerhalb seiner selbst im Theoretischen zu vollenden.[1] Sicher muss stets aufs Neue auch versucht werden, dass Gottes Gebot, bzw. Billigkeit in die Gesetzgebungen einfließt. Aber es wird niemals gelingen, ihnen die Ewigkeit zu verleihen, die Gott und seinem Wort eigen sind. Der himmlischen Ewigkeit steht die Vergänglichkeit, Augenblicklichkeit des irdischen Menschen gegenüber. Alle Regeln und Gesetze aber sind auf dauernde Geltung angelegt, sie können somit keine Güte im Sinne einer Billigkeit garantieren. In dieser Unmöglichkeit ist der Mensch mit seinem Glauben, seiner Verantwortung vor Gott gerufen, in sich diese Waage zu suchen, indem er sich nicht völlig auf das zeitlich bedingte Gesetz verlässt. Weil es dem Menschen nicht gegeben ist, gleich den Tieren sein Heil zu wissen, vermag er auf Gott zu hören und zu verstehen, obgleich er ihn niemals begreifen wird und sein Wort nicht erschöpfend in sein Wissen aufnehmen kann. So ist Gott kein Gesetzgeber, seine Gebote haben einen anderen Charakter. Ex 20,22: „Gott aber sprach zu Mose: So sollst du sprechen zu den Kindern Israel: Ihr habt gesehen, dass ich vom Himmel mit euch geredet habe." Benno

---

Theologie, die ihrerseits aus der Bibel herausgefiltert wurde. Eine Anwendung wird nur in der Hinsicht billig, indem sie sich nach den Gegebenheiten der Rezeptempfänger ausrichtet. Gott weiß man dann im sich vielleicht noch im Rücken, also im Grunde abwesend.

1 Dies kann mithin weder eine „Künstliche Intelligenz" noch ein der Komplexität der Verhältnisse relativ gerecht werdende menschliche Intelligenz erreichen. Von der Liebe kann nicht abgesehen werden, und die ist nur dann gegeben, wenn es ein Geschehen zwischen Personen ist. Nach dem Neuen Testament ist eben Vollkommenheit nur der Liebe eigen. Sachlich Gutes ist nicht identisch mit Güte. „Bonitas" bdeutet beides.

Jacob stellt dazu fest: „Niemals wird Mose als Gesetz*geber* hingestellt."[1] Wenn es heißt: Du sollst nicht töten! ist dieser Satz einerseits nicht wahrhaft gesetztauglich. Dafür ist er zu rigoros und allgemein. Dieses Gebot muss allen unseren Ordnungen zum Leben als Gottes Wort entgegengehalten werden.

Oldendorp sieht Gottes Schöpfermacht im Menschen durchdringen. Gottes Offenbarung ist kein Zusatz dazu, auch nicht eine Art der Perfektionierung. Es ist ein Unterschied, ob etwas durchdringt, Folgen hat, oder ob es sich nur um deduktive Schlussfolgerungen handelt.

Das grundsätzliche Problem, dass Gott eben nicht nur in der Liturgie und im Christentum spricht, gerät so ebenfalls in den Blick. Um genau diesen Komplex dreht sich alles bei Oldendorp, wenn er menschliches Recht, Kirche und Politik in den drei in kurzer Folge nacheinander erschienenen Druckschriften in Zusammenhang bringt.

Dass es kein Heil außerhalb der Kirche gäbe - extra ecclesiam nulla salus - muss anders als körperschaftlich oder theologisch-systematisch verstanden werden: Kirche ist nicht in diesem sachlichen Sinn das leibgewordene Wort Gottes, das ist nur Christus selbst als Person im Gegenüber zu seiner Kirche. Die christliche Lehre lässt sich auch nicht aus der Bibel oder den Evangelien herausfiltern, so dass dann Gottes Gegenwart geradezu als beliebiger Zusatz erscheint, die man dann auch mal suchen kann, aber nicht wirklich braucht, höchstens als verordnete Pflicht, weil Gott das so wolle.

Kirche sei der Ort von Gottes Gegenwart, und danach sucht auch der Heide mit seinem Gewissen.[2] Auch der Getaufte ist und bleibt Heide, wie Luther in seiner Übersetzung des ambrosianischen „Veni redemptor gentium" gesungen hat: „Nun komm der Heiden Heiland". Entscheidend ist nicht ein Text, der Buchstabe, sondern der Geist Gottes. Und der ist nach der Trinitätslehre nicht etwas, sondern Person. Insofern ist die Kirche alt wie die Schöpfung, und doch strahlt sie nirgends klarer auf als in Christus. Der Dekalog und Christus bestätigen nicht einfach das natürliche Gewissen, in ihnen offenbart sich Gott als der, auf den das Gewissen suchend zielt, ihn aber ohne die Hilfe der Offenbarung auch verfehlt.

Die böse Tat erweist sich als Sünde, nicht weil sie gegen einen Buchstaben verstößt, sondern die Liebe Gott und dem Nächsten

1 Benno Jacob: Exodus, Stuttgart 1997, S. 601.

2 So spricht man heute davon, dass jeder Mensch eine Zivilreligion benötige, wo dann Kunst, Wissenschaft, und Christentum mit anderen Religionen sich auf einer Ebene am Runden Tisch des Ethikrates zusammenfinden.

gegenüber verletzt. Sünde ist nicht Rechtsbruch, den man ahnden kann. Sie ist Abkehr von der Liebe, die nicht mit dem Buchstaben des Gesetzes, einer Ordnung zu fassen ist.

Um auf Nikolaus von Kues zurückzukommen: Es wäre zu weit gegriffen, Oldendorp einen Kusaner zu nennen und zu behaupten, er hätte die Werke dieses Denkers aufgenommen und bewege sich in dessen Muster, aber es gibt grundsätzliche Übereinstimmungen. Nikolaus von Kusa spricht nicht von aequitas, aber von aequalitas, und dass er damit wenig anderes meint, zeigt ein Zitat in De conietcuris an[1]: „Ita etiam ex divini luminis participatione hoc est iustum atque aequum esse conspicis, quod in se unitatem connexionemque continet. Dum lex ab unitate atque coniexione recedit, iusta esse nequit - So siehst du auch, dass durch die Teilnahme am göttlichen Licht das gerecht und billig ist, was in sich die Einheit und die Verknüpfung enthält. Sobald ein Gesetz von der Einheit und Verknüpfung abweicht, kann es nicht gerecht sein."

In der Natur des Menschen liegt es, das Göttliche mit dem Irdischen miteinander ins Lot zu bringen und so Gerechtigkeit zu ermöglichen. Wirkliche Gleichheit ist dabei unmöglich, denn die gibt es nur in Gott. Möglich ist nur Teilhabe an ihr, eine Angleichung. „Nur in der Natur der Menschheit ist ein Größtes dieser Art möglich", so ist das dritte Kapitel im Buch III von De docta ignorantia überschrieben. Der Mensch ist darum nur wenig geringer als die Engel - paulo minus angelis minorata. Virtutes enim sunt aternae, iustitia permanet in saeculum saeculi; ita est veritas - Die Tugenden sind ewig, die Gerechtigkeit - und so auch die Wahrheit - währt in Ewigkeit. Diese Tugenden sieht Nikolaus als Erleuchtungen, divinae illuminationes, an. Von Seiten der Menschen aus geschieht diese Annäherung durch Liebe. Der Mensch versteht den entsprechenden Richtspruch, iudicium, von Seiten Gottes nicht, der das Ziel allen Handelns ausmacht. Die irdische Vernunft, den Meinungen der Zeit (opinionibus ex tempore) unterworfen, erreicht dieses Ziel nicht, aber erstrebt es.[2] Vernunfterkenntnis entsteht, wo man sich der ewigen Wahrheit und Gerechtigkeit annähert, bzw. nach ihr fragt und sucht, die man aber nicht weiß. Vernunft wird durch den Glauben geleitet, ist Ausfaltung des Glaubens, fidei explicatio. Schließlich formuliert Nikolaus von Kusa: Et haec est ipsa natura

1 Nikolaus von Kusa, De conietcuris II. Cap. XVII. S. 183. Zweisprachige Ausgabe bei Meiner, Hamburg 2002, Übersetzung von Winfried Happ und Joseph Koch.

2 Nikolaus von Kusa, De docta ignorantia III. Cap. 10.

completa, dies ist die vollendete Natur, wenn eine Angleichung an das Ebenbild Christi gelingt, was durch eigene Kraft jedoch unmöglich ist.[1] Benedictus deus, qui nobis dedit intelletcum, qui in tempore satiabilis non est - Gepriesen sei Gott, der uns die Vernunft gegeben hat, die sich im Zeitlichen nicht sättigen lässt.[2] Die natürliche Vernunft erkennt nur das Allgemeine, wendet sie sich dem Ewigen zu, aber „Kirche" besagt die Einheit von Vielen unter Wahrung der personalen Wirklichkeit eines jeden einzelnen ohne Verwischung der Einzelnaturen - Nam ecclesia unitatem plurim salva cuisque personali veritate dicit absque confusione naturarum.

So ist, entsprechend der Worte Oldendorps, die Billigkeit, das Gute und Gerechte erreicht. Die Setzwaage zeigt eine gerade Ebene an. Das höchste Gute entspricht dem Einzelnen, Besonderen, das sich auf der anderen Seite der Waage befindet.[3] Die Billigkeit zwischen Gott und allen Menschen ist in der ecclesia triumphatium hergestellt, dem gilt es sich im Rechtsspruch zuzuwenden, das ist Sinn der irdischen Kirche, davon zu künden. Sie gehört in den Bereich der Herrschaft Christi auf Erden wie im Himmel.

Nochmals mit den Worten von Nikolaus von Kusa:

Die größte Vereinigung der Naturen findet in Christus statt. Und in ihm ist nach Nikolaus von Kusa das Dreieck perfekt. Er bezeichnet diese „Einung" als den Heiligen Geist.[4]

Auf diesem Hintergrund mag man Oldendorps Denkmodell und Bild verstehen, das im folgenden Abschnitt nur wie ein erhellendes Beispiel

---

1 Nikolaus von Kusa, De docta ignorantia III. Cap. 11.

2 Nikolaus von Kusa, De docta ignorantia III. Cap. 12.

3 Jedes Bild hinkt, bzw. fängt nur einen Moment ein. Einerseits ist das Gewissen das Senkblei, andererseits ist es das Gesetz. Dann stehen jeweils entweder das Gesetz oder der Mensch auf der anderen Seite Gott gegenüber. Der Unterschied fällt ins Auge: Das Gesetz ist keine Person, an dieser Stelle tritt die Obrigkeit, bzw. heute die Gesellschaft mit ihrem Staat, bzw. eine Gruppe und ihre Institution. Das Bild ist andererseits nicht als ein Schema zu betrachten, auf dem man Gott, das Gesetz oder den Menschen, bzw. seine Handlung eintragen könnte. Es schaut wie eine Theorie aus, ist es aber vom Wesen her nicht. Ohne lebendige Personen in Zeit und Raum wird es zum bloßen Schattenspiel. Immer geht es darum, Gesetz, Handlung oder das Herz auf Gott auszurichten und abwägend Übereinstimmung zu suchen. Das Gleiche geschieht, geht es um das Gegenüber von Menschen. Die Billigkeit entspricht somit dem, was Intention des Gesetzes ist, ist jedoch mit ihm selbst nicht zu verwechseln.

4 Nikolaus von Kusa, De docta ignorantia III. Cap. 12.

erscheinen mag, aber das Grundmodell seines Denkens bildet. Die Natur des Menschen befähigt den Menschen, nach dem Ausgleich der Billigkeit zu suchen und zu fragen, um die gesetzte Gerechtigkeit unter den Menschen entsprechend fortlaufend zu korrigieren. Die Natur des Menschen vermag nicht, eine irdische Gerechtigkeit herzustellen, wie man Naturrecht später gern ansehen mochte, das man auch als ein - wenn auch unerreichbares - Ideal deutete. Zwar liegt auch nach Oldendorp die Schaffung von Ordnungen schon in der Natur des Menschen und geht letztlich von Gott aus[1], aber ihre letzte Billigkeit liegt, ganz wie es das Bild in der Halsgerichtsordnung von Bamberg im Titelbild zeigt, im Jüngsten Gericht.

Gottes Gerechtigkeit vermögen wir auch nach reifster Überlegung nicht vorwegzunehmen, aber jedes menschliche Richten sollte ihr in der Berücksichtigung der Billigkeit nach Möglichkeit im Spielraum geltender Ordnungen nachstreben.

Von der Billigkeit zu unterschieden sind sowohl das geschriebene wie das ungeschriebene Gesetz, also alles, was durch Formulierungen fest ist und nicht nur für einen konkreten Fall gilt. Billigkeit kann und sollte durchaus in alles Setzen von Recht einfließen und auch bestimmend sein, aber das garantiert nicht seine tatsächliche Billigkeit im Urteilsspruch: Recht ist nicht allemal und in allem Handeln billig, auch wenn es (im Allgemeinen) als unzweifelbar gut angesehen werden kann.

Es ist zwar so, dass auch Oldendorp nach Regeln für die Billigkeit sucht und sie benennt, aber sie bleiben immer außerhalb des Rechts selbst, wie es auch Gnade ist, die einerseits zum Recht gehört, damit es

1 Nikolaus von Kusa zitiert (Pseudo-) Dionysios Areopagita: Retce alibi Dionysios deum ordinem ordinatorum confessis est – Mit Recht hat er an anderer Stelle Gott als die Ordnung des Geordneten bekannt. De venatione sapientiae, Cap. XXX. 90.

nicht unbarmherzig wird, andererseits eben dieses Gesetz prinzipiell bricht. Die im Text genannten Regeln sind Ausrichtungen und benennen kritische Punkte, lassen sich aber nicht völlig in Gesetzesformulierungen präzisieren.

Im Bezug auf die Billigkeit gibt es darum bei Oldendorp nur Regeln, die sich wie sich auch Gebote vom Gesetz unterscheiden. Ein vollkommenes Gesetz, eine vollkommene Ordnung kann es nicht geben, das ist allein dem Himmel vorbehalten, wo sie sich freilich von selbst ergibt, weil alles Böse aus dem Himmel ausgeschlossen bleibt.[1]

Wie bedeutsam solche Überlegungen waren, zeigte die in den nächsten Jahrhunderten sich entwickelnde Fortschrittsidee. Oldendorp bezog sich selbst auch auf die Utopia des Thomas Morus, die Erasmus von Rotterdam 1516 herausgegeben hatte. Theodor Kliefoth, auf den der theologische Begriff der Heilsgeschichte in seiner Einleitung zur Dogmengeschichte 1839 zurückgeht, stellte sich der damals sich verbreitenden Fortschrittsidee denn auch entgegen. In der Welt mag und muss es Fortschritte geben, für die Kirche gilt das ebenso wenig wie für Erkenntnisse von Philosophen. Wir haben Plato und Aristoteles nicht überwunden, so dass wir sie ad acta legen könnten. Das Gespräch hat lediglich an Breite und Vielfalt zugenommen. In Bezug auf die Billigkeit: Es gibt keine letzte Schlacht für das Gute. Ich kann im 21. Jahrhundert nicht die Güte von Menschen vergangener Jahrhunderte übertreffen. Heil erreichen wir nicht durch Perfektion. Sicher haben wir vieles als Unrecht erkannt, was man in der Vergangenheit noch für gut und billig hielt, aber auch wir sind nicht frei von Unrecht und unbilligem Verhalten.

Das ist im Übrigen eine der großen Versuchungen des digitalen Zeitalters, wo Perfektion zwar nicht als erreichbar gilt, aber doch eine gewaltige Macht als Ziel ausübt und so das Gute im Mantel des vermeintlich Perfekten genauso zum Unrecht werden lässt wie ein zu scharfes Recht. Es gibt in Bezug auf das Gute keine Perfektion auf Erden, nicht einmal eine infinitesimale Annäherung dazu. Dinge und

1 „Das Wesen des Kirchenrechts steht mit dem Wesen der Kirche im Widerspruch." Rudolph Sohm Kirchenrecht I, München und Leipzig 1923 (2) S. 700, Schlusssatz des Buchs. Die Kirchenordnung Mecklenburgs von 1552 war zwar Gesetz und Kirchenrecht, aber in einem rein weltlichen Sinn. Pastoren oder Gemeinden bildeten keinen eigenen Rechtskörper, mit anderen Worten: Es gab Kirchenrecht nur als eine weltliche Hülle. Wenn von einem Kirchenrecht im geistlichen Sinn die Rede sein soll, kommt die Kirchenordnung nur auf die Ausübung der Liturgie zu sprechen, weil in einem echten Kirchenrecht allein Christus der Herrschende sein darf.

Systeme können in sich perfekt sein. Aber es kommt auf den Anderen an, dem gegenüber wir uns zu verantworten haben und auf dessen Gnade wir angewiesen sind.

Billigkeit ist somit nicht als flexibler Sonderfall anzusehen, wie sie im rein juristischen Paradigma erscheint. Aus Sicht des Gesetzes sind Gnade und Billigkeit Nachgeben, ja sogar Defekt oder Formfehler. Selbst wenn Billigkeit mit einem Gesetzestext bestätigt werden sollte, liegt ihr Grund außerhalb des Gesetzten. Ein Richter kann nicht in losgelöster Billigkeit entscheiden, er muss im Rahmen seiner Ordnungen bleiben. Das muss Gott nicht, seine Gnade vermag jedes Gesetz aufzuheben, selbst seine eigenen Gebote. Es ist aber ein unsinniges Unterfangen, diese Gnade als Gesetz aufzurichten zu wollen.

Gott muss nicht vergeben. Auch wir Menschen müssen einander nicht vergeben, selbst wenn wir es siebzigmal siebenmal tun sollten. Dieses Sollen ist eben kein Gesetz.[1] Dann würde daraus das schärfste Unrecht, wie es am Beispiel sexuellen Missbrauchs zutage liegt. Wäre Versöhnung Gesetz, *müsste* das Opfer auch noch zu allem Übel dem Täter vergeben, was das Unrecht vervielfachen würde. Aus Gnade würden Hohn und Spott und seelische Unterdrückung.

Ein Richter bleibt stets in einer Spannung, die er im Gegensatz zum Jüngsten Gericht nicht auflösen kann, sondern nur innerhalb derer er abwägen kann, um ein letztlich nur teilweise befriedigendes Urteil zu fällen. Die Billigkeit, die Oldendorp erwartet, ist also kein Allheilmittel, keine endgültige Lösung, sondern bleibt wie das Gesetz stets in Unvollkommenheit stecken, ist jedoch ebenso notwendig.

Nun könnte man aus den Regeln zur Billigkeit schlussfolgern, wie Oldendorp schreibt, es gäbe zweierlei Billigkeit, geschriebene und ungeschriebene, aber das lehnt er ab, weil Billigkeit in seinem Sinn zwar eine treibende Kraft bei Gesetzgebung ist, aber in dem Moment, wo sie zur gesetzlich festgeschriebenen Regel würde, auf die andere Seite

1 Das Gesetz freilich hat auch das Sollen zu einem Gesetz gemacht und definiert, was es bedeutet. Grade der Verpflichtungen lassen sich festschreiben. Ein Gesetz kann nur gesetzlich handeln und angewandt werden. Billigkeit, wie Oldendorp sie versteht, steht dem Gesetz gegenüber wie die Menschen selbst auch nicht Elemente des Rechts sind, auch wenn sie es für das Gesetz sind. Lehrstücke für diesen Widerspruch sind der Nürnberger Prozess und die Erklärung der Menschenrechte. Eine aktuelle Entsprechung gibt es im Umgang mit dem Digitalen. Für Algorithmen sind die Menschen nur Daten und Informationen, Teil ihres Systems. Nicht nur der Mensch bedient sich des Computers, der Rechner verfügt auch über den Menschen und macht ihn seinerseits zu seinem Instrument.

rückte, auf die Seite dessen, was Gesetz und Recht ist. Darum irren Kirchen, wenn sie heutzutage sich als Hüterinnen von „christlichen Werten und Normen“ ansehen sollten.[1] Das führte sie in der Perspektive Oldendorps wieder auf die Ebene von Kanonistik. Das alles mag für den Wissenschaftler (im wörtlichen Sinn und innerhalb seiner Paradigmen) nicht begreiflich sein.[2] Billigkeit ist Orientierung auf Gott und den Nächsten und entzieht sich damit wissend und verstehend dem Wissen und Verstehen, folgen wir dem cusanischen Modell, aber ohne darum sich in Esoterik zu verlieren, die Wissenschaft nachäfft. Billigkeit ist docta ignorantia, an die Person gebunden und nicht impersonale. Von den Ansichten Oldendorps lässt sich direkt zu der Philosophie Emanuel Levinas springen. Das ist kein Zufall, denn diese Philosophie hat sich nach der Erfahrung der Lager des Totalitarismus gebildet, eines in sich geschlossenen Sprachsystems. In einer Ideologie ist perfekter noch als in einer theologischen oder philosophischen Systematik alles in sich schlüssig. Alles dafür Unpassende wird eliminiert. So funktioniert jede Propaganda einer Ideologie. Selbst wenn man sie ausweitet in eine quaestio infinita, unendliche Fragenreihe, lässt ein Paradigma stets nur bestimmte Fragen, wohl definierte Begriffe und Perspektiven zu. Es ist die Billigkeit, die damit verloren geht. Der von Oldendorp so bekämpfte Satz vom scharfen Recht und Unrecht lässt sich auch auf die ideologische Rechtsprechung totalitärer Systeme anwenden. Adolf

1 Schreiben sie „Werte und Normen“ vor oder verkünden sie als Gottes Wort entsprechend, begeben sie sich auf die Gesetzgeberseite. Sie aber haben nur auf Gottes Stimme zu verweisen, der eben kein Gesetzgeber ist. Folgert man aus der Heiligen Schrift, die Kanon für die Liturgie ist, nicht aber für ein Moralsystem, irrt die Kirche. Siehe dazu mein Buch „ Gott und seine Kirche - Mecklenburgs Kirchenordnung von 1552“.

2 Ein bezeichnendes Beispiel ist dazu die Kritik von Peter Landau gegenüber Hans Dombois. In seinem Aufsatz „Epikletisches und transzendentales Kirchenrecht bei Hans Dombois“ wirft er diesem vor, dass theologische Gründe in letzter Instanz rechtsgeschichtliche Transformationen bestimmen würden. (Bezogen auf Hans Dombois: Das Recht der Gnade II, Bielefeld 1974, S.112.) Landauer wertet dies als Reduktion der Rechtsgeschichte auf die Theologie hin und lehnt darum dessen Thesen aus methodischen Gründen ab. Nun ließe sich ganz leicht auch das Schwert umdrehen und sagen: Damit reduziert Landauer die innertheologischen Gründe auf außertheologische Faktoren. Im Bereich eines bestimmten Wissenschaftsverständnisses sind innertheologische Einsichten eh irrelevant, wenn sie davon ausgehen, dass es sich bei der Theologie letztlich nur um Esoterik, theoretisierende Innerlichkeit handelt.

Eichmann war in seiner Pflichterfüllung kaum Unrecht nachzuweisen, aber gerade diese war nicht nur höchst unbillig, sondern im höchsten Maß verbrecherisch.

Emanuel Levinas hat mit seiner Philosophie darauf verwiesen, dass es eine andere Art von Unendlichkeit im Menschen gibt, und bewegt sich damit in großer Nähe zu Nikolaus von Kusa, Melanchthon und Oldendorp mit ihrem jeweiligen Naturbegriff., der Gott nicht mit der Natur verschmelzen lässt, sondern ihn als Urheber, Schöpfer und Zielpunkt ansieht. Billigkeit, wie Oldendorp sie versteht, steht nicht in der Macht der Menschen, eines Akteurs. Sie nimmt den Anderen in den Blick, sie fragt danach, was Gott dazu sagt. Um nach dem Bonmot von Martin Niemöller zu sprechen: Was hätte Jesus dazu gesagt? – Was sagt Christus, Gott zu mir, zu uns in meiner, unserer Situation? Und das kann ich dann nicht einfach übernehmen, sondern muss es bedenken und meiner eigenen Rechnung und dem Bedenken der Umstände entgegenstellen.

Um es zugespitzt für unsere Kirchen heute zu sagen: „Kirchliche Verlautbarungen" zu christlichen Werten sind im Unterschied zur Liturgie nicht mit Gottes Autorität zu versehen und sollten nicht durch Mehrheitsabstimmungen von Synoden als Stimme der Kirche legitimiert werden. Dogmengeschichtlich relevante Texte verfahren ebenfalls anders. Solche Texte sind zwar stets von irgendeiner Mehrheit oder gar einmütig verabschiedet worden, waren aber niemals das Ergebnis von Mehrheitsmeinungen, sondern sollten vielmehr Grundlage einer Einträchtigkeit im Glauben und Beten bilden, die darum tragfähig sein sollte, weil sie einen bestimmten Irrtum ausschlossen. Sie sollten keine Herrschaft begründen, sind also nicht als demokratischer Prozess anzusehen. Auf der anderen Seite haben wir in den letzten hundert Jahren gelernt, dass auch die Demokratie selbst gut daran tut, über den Herrschaftsgedanken in der Politik hinaus zu gehen. Dass der gemeine Nutzen und die damit verbundene Ordnung höher zu veranschlagen sei als Interessen von Einzelnen, von Minderheiten oder Mehrheiten, hat bereits Oldendorp der Billigkeit wegen gefordert. Dogmengeschichtlich relevante Texte sind keine Mehrheitsentscheidungen, sondern etwas, dem man zustimme, in das man einstimmen kann im Glauben an Gott. Sie verweisen auf Gottes Stimme und sind Behauptungen im Sinne der Meinungsvielfalt noch Ergebnisse wissenschaftlicher Forschungen. Die Thesen des Barmer Bekenntnisses betonen dies auf eindrücklichste Weise. Kirchen sind keine Parteien, auch nicht im Sinne einer kulturellen oder Moral gebietenden Macht. Das „unparteiische Gemüt" wende sich persönlich Gott zu. Im Credo kann man das Wir der Kirche gebrauchen, nicht aber auf dem Markt der Werte, Wissenschaften oder Politik. Das Wort in der Kirche darf nicht zum „scharfen Wort" werden. Die Kirche darf keinerlei Macht beanspruchen. Weder ihr Glauben noch Gottes Einsetzung der Sakramente legitimieren sie dazu. Feiern wir Gottesdienst im Namen Gottes, so heißt dies nicht im ausgeführten Satz, dass wir etwas in seinem Namen nach außen verlauten lassen, sondern, dass wir uns unter seinem Namen versammeln und auf ihn hören, ihm danken und daraufhin auch bedenken, was uns zur Billigkeit in unserem Verhalten treibt: „Lehrt die Völker halten alles, was ich euch befohlen habe", spricht Christus. Kirche darf sich nicht anmaßen, sich als Subjekt der Verkündigung anzusehen, sie ist nur Schülerin, Jüngerin. Von hier aus wäre das Wesen eines Dogmas im Unterschied zu Theologie oder Lehrmeinung zu bestimmen, was aber Oldendorp nicht tut und hier zu weit führen würde.

Bedenkt man dies alles auf dem Hintergrund des Ertrags von der These der Papstrevolution durch Eugen Rosenstock-Huessy, Hans Dombois und den Ausführungen dazu durch Harold J. Berman,[1] wird die Grundsätzlichkeit des durch Oldendorp benannte Problem deutlich. Als Papstrevolution bezeichnet man den Sinneswandel der Kirche des Westens, der mit der Verkündung des Kanonischen Rechts einherging, einer Systematisierung von Recht über Straf- und Zivilrecht hinaus. Einher ging damit auch die Systematisierung der Theologie. Damit hatte sich die Reformation auseinanderzusetzen.

Die Neuzeit war in der weiteren Entwicklung bestimmt durch die Freisetzung der Wissenschaft bis hin zu ihrer Ermächtigung, alle Dinge zu deuten, zu leiten und zu bestimmen. Die Theologie hat sich dann nacheilend stets beeilt, ihre Wissenschaftlichkeit unter Beweis zu stellen, sooft die Wissenschaft auch ihre Selbstdefinition veränderte. In der Gerichtsbarkeit begannen seit dem 16. Jahrhundert die Rechtsgelehrten mehr und mehr selbst zu richten, wie es Kirchenrecht des Mittelalters vorgemacht worden war. Hier hatte das Kanonische Recht in seiner systematischen Form bereits allgemeine Geltung.

---

1 Eugen Rosenstock-Huessy: Die europäischen Revolutionen und der Charakter der Nationen, Jena 1931; Hans Dombois: Das Recht der Gnade, Ökumenisches Kirchenrecht. 3 Bde., Witten, I: 1961, (2. Auflage 1969), II: 1974, III: 1983. Harold J. Berman, Law and Revolution: The Formation of the Western Legal Tradition. Cambridge, Mass. 1983.

Die politischen Mächte beschlossen zwar weiterhin in der Neuzeit Gesetze, aber schon in ihrer Formulierung hatten sie mehr und mehr geltendem, übergeordnetem Recht anzupassen.[1] Es entwickelten sich Rechtssysteme. Die Verfassung als besondere, axiomatische Form geschriebenen Rechts setzte sich über das Gesetz. Eine Verfassung wird übrigens aus Billigkeitsgründen gewöhnlich durch einen Konvent vorbereitet und verlangt mehr als eine einfache Mehrheit im Parlament.

Die Verfassung einer evangelischen Landeskirche als Kirchengesetz erscheint als ein seltsames Zwitterwesen, weil sie sich auf Bekenntnisse (Dogmen) und Christus, also Gott selbst gründen will, als wäre er ein Gesetzgeber wie zum Beispiel das Volk oder ein Fürst. Schlüssig wird das Unternehmen, versteht man dieses Unterfangen anders: Der Fürst findet mit seinen Beratern zu einem Gesetz als ein vor Gott verantwortlicher Souverän, der die Freiheit der Kirche im Sinne der fortlaufenden Liturgie zu garantieren sucht. Der Umgang mit der Kirche muss billig sein, indem er diesem Gegenüber gerecht wird, das sich nicht in Ordnungen einbinden lässt.

Eine Ableitung aus Gott ist auch in einem gesonderten Kirchenrecht nicht möglich, es sind nur Entsprechungen denkbar, wie eben die Bibel Kanon der Liturgie ist, ohne im buchstäblichen Sinn anwendbar zu sein. Eine weltliche Entsprechung dieser Problemlage ist die Erklärung der Menschenrechte, ein darum (rechtstheologisch betrachtet) nahezu dogmengeschichtliches Ereignis. Die Verschmelzung von Mensch und Maschine stellt die Frage neu, nicht nur was, sondern wer der Mensch ist und ob er sich als Maschine verstehen sollte. Kern der Menschenrechte ist, dass in ihnen der Mensch nicht nur Rechtsobjekt, sondern Rechtssubjekt ist und dass man ihn anders achte als wertvolle Gegenstände, nicht höher oder geringer, sondern als lebendige Stimme.

Es ist drängende Aufgabe auch unserer Zeit, jene aequitas, die Setzwaage in Anschlag zu bringen zwischen Gottes Wort und Wirken und unserem diskursiven, systematischen Denken, das sich innerweltlich beschränkt. Wir kommen nicht umhin, uns planetarisch als Menschheit in den Blick zu nehmen[2] und nicht mehr nur nach dem Sinn des einzelnen Lebens, sondern der Menschheit zu fragen. Wir

1 Die Kirchenordnung von Mecklenburg 1552 ist auch darum rechtshistorisch bedeutend, weil sie grundsätzlich war und noch zu erstellende Gesetze forderte und ein Grundlagengesetz war.

2 Vgl. Eugen Rosenstock-Huessy, Friedensbedingungen der planetarischen Gesellschaft. Zur Ökonomie der Zeit, Münster, 2001.

haben kein Recht, dem durch unser Verhalten ein Ende zu setzen, weder im Einzelnen noch im Ganzen.

Johann Oldendorp hat also in aller Deutlichkeit klar gemacht, dass Billigkeit, wie er sie verstand, nicht in geschriebene Form zu bringen ist. Er hat dennoch für sie Regeln gesehen und zumindest skizziert. Sie sind nicht die Billigkeit selbst, sondern Wege, der Billigkeit nicht im Wege zu stehen. Um es gegenüber Carl Schmitt zu sagen: Wir dürfen nicht als letzten Maßstab das digitale Schema Freund-Feind, bzw. Nutzen und Schaden, Vorteil und Nachteil,... ansetzen, sondern das unveräußerliche Menschenrecht, die Gebote und die unglaubliche Forderung Gottes an uns, selbst Feinde zu lieben.[1] Dies hebt Auseinandersetzung nicht auf (Lk 12, 49-53), im Gegenteil.

Angefügt sei hier ein Schema, wie Oldendorp Billigkeit verstand. Es war ihm das juristische Grundmuster nicht nur für die Schrift von der Billigkeit, sondern für alle drei Schriften, die eben nicht nur eine Theorie abgaben, sondern ihm Muster in der dargestellten Weise Handlungs- und Lebensweise waren. Grundlage war ihm dafür das antike, klassische Verständnis von Billigkeit im Gerichtsverfahren ebenso wie das juristische Verständnis von Gottes Gnade, dem der Mensch entsprechen möge. Der Gnade Gottes entspricht das billige, gute und rechte Verhalten des Menschen. Das war zusammengefasst für ihn die Botschaft der Reformation.

1 Carl Schmitts Definition der Souveränität widerspricht dem von Oldendorp hervorgehobenen Grundsatz des Römischen Rechts, niemandem zu schaden und damit aus Sicht Oldendorps dem Naturrecht und Gottes Wort.

Billigkeit von Rat und Tat

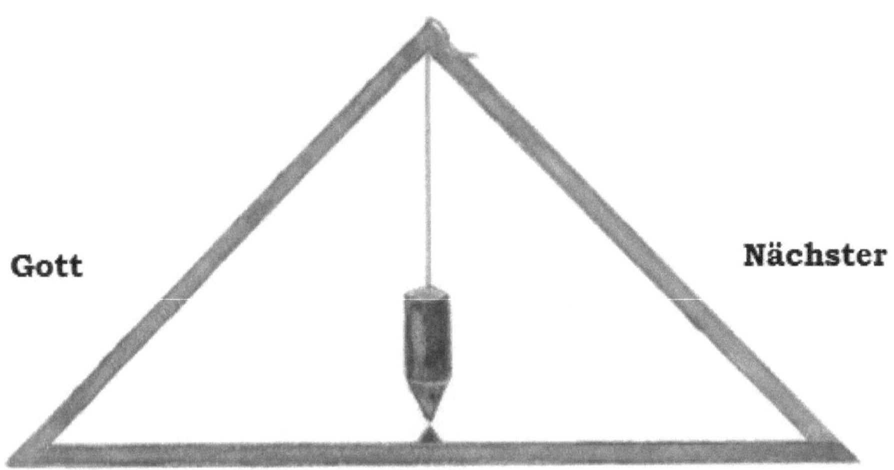

Wiewohl, was Billigkeit sei, kann mit einer kurzen Schlussrede eigentlich nicht ausgedrückt werden.[1] So will ich doch zu besserer Erkenntnis diese Beschreibung der Billigkeit angeführt haben:

Baldus[2] *in l. I. ff. de iusti. et iur.*

1 Auch nicht mit einer längeren Schlussrede, die er sonst hätte bieten können. In den späteren lateinischen Schriften äußert Oldendorp weder neue Gedanken, noch legt er eine Logik der Billigkeit vor. Wir dürfen diesen Satz mithin verstehen als Behauptung, Billigkeit sei grundsätzlich nicht mit Logik auszuloten. Beschrieben aber kann sie durchaus werden. Die „natürliche Vernunft" unterscheidet sich von reiner Logik, der „kurzen Schlussrede". Das ist für uns ungewohnt zu denken, obgleich jedem zugleich klar ist, dass z.B. ein lyrischer Text von Paul Celan absolut vernünftig ist, ohne dass es sich dabei um logische Schlusssätze handeln würde. Ein logisches Urteil ist nicht gleichbedeutend mit dem Urteil eines Richtenden.

2 Baldus de Ubaldis (1327-1400) verfasste neben vielen Gutachten und Traktaten einen Kommentar zum Codex Justinianus. Gemeint ist vielleicht das verbreitete Speculum iudicale von Guilelmus Durantis Band 1, De iuris, das auf Baldus basiert.

Non ab re definit aequitatem esse iudicium in quo circumscriptis regulis iuris statuit ad dictamen rationis naturalis.
[Es ist der Sache nach nicht anzunehmen, dass Billigkeit als Urteil anzusehen ist, in dem es als scharf begrenzte Rechtsregel entsprechend dem Diktat der natürlichen Vernunft festgelegt ist.]

Billigkeit ist ein Urteil der natürlichen Vernunft, wodurch weltliche Gesetze gemildert und auf ein ordentliches Leben ausgerichtet werden. Der Grund dieser Erklärung ist offenbar.

Cum de bona fide agit non congruit de apicibus iuris disputare.
[Zum guten Glauben passt es nicht, das Gesetz auf die Spitze zu treiben.]
l. Si fideiussor. §. Quedam. ff. mandat.[1]
Et Celsus adulescens scribit eum, qui moram fecit in solvendo Sticho quem promiserat, posse emendare eam moram postea offerendo. Scribit enim hanc questionem esse de bono et aequo: in quo genere plerumque sub autoritate iuris scientiae perniciose (inquit) erratur.
[Und der junge Celsus (in der Geschichte von Plautus) schrieb ihm, als gegenüber dem (Sklaven) Stichus sein Versprechen verzögerte, und versprach ihm, er könne das später ausgleichen. Er schrieb dies in Bezug auf die Frage nach dem Guten und Billigen, wo man im Allgemeinen unter der Kenntnis der Autorität des Gesetzes in verderblichen Irrtum verfallen könnte.]
l. Si servum. § Sequit. ff. de verbo. obligati.[2]
Tit 3(,9):
Ac pugnas legales omitte etc.[3] [Des Streites über das Gesetz entschlage dich.]

Denn die Billigkeit kannst du aus keinen großen Büchern oder Schriften entnehmen, viel weniger aus behenden Disputationen, sondern allein aus deinem eigenen unverrückten Gemüt erwägen und mit ihr vermittelst der natürlichen Vernunft richten, die Gott in den Menschen über alle Kreatur auf dieser Erden mildiglich gegossen hat.

Porro esse in nobis legem naturae. Paulus mire eleganti et arguto Enthymemate[4] *Röm 2 (14f.)* docet, cum sic colligit:

---

1 Dig. XVII, 1. 29. 4. Denn es handelt es sich um eine Frage von Treu und Glauben, zu der passt es nicht, sich über juristische Förmlichkeit zu streiten.

2 Dig. XLV 1. 91. 3.

3 Der törichten Fragen aber, der Geschlechtsregister, des Zankes und Streites über das Gesetz entschlage dich; denn sie sind unnütz und eitel. - stultas autem quaestiones et genealogias et contentiones et pugnas legis devita sunt enim inutiles et vanae.

[So erachte ich, dass in uns das Naturgesetz liegt. Das Gesetz der Natur liegt in uns, lehrt Paulus wunderbar und hervorragend und argumentiert Röm 2,14f.[1] mit der rhetorischen Figur einer Enthymema, so schlussfolgert (Melanchthon):]
Est in gentibus conscientia factum defendens vel accusans; est igitur lex. Quid enim aliud est conscientia quam facti nostri iudicium, quod a lege aliqua aut communi formula petitur?
Est itaque lex naturae sententia communis, cui omnes homines pariter adsentimur atque adeo quam deus insculpsit cuiusque animo, ad formandos mores accomodata.
[In den Völkern gibt es ein Gewissen, das verteidigt oder anklagt; also ist es ein Gesetz. Denn was ist das Gewissen anderes als das Urteil über unsere Taten, das von einem Gesetz oder einer gemeinen Ordnung gefordert wird? So ist das Gesetz der Natur allgemeine Ansicht, dem alle Menschen gleichermaßen zustimmen soweit, wie Gott es in eines jeden Seele einprägt, angepasst an die zu formenden Sitten.]
Haec Philippus Melanchthon in loci communibus.[2]

So ereignet sich ein Gericht in deinem Gemüt oder Gewissen, das dir alle Gebrechen der Ordnungen oder Handlungen, so du zuhanden hast, eigentlich nachweist, ob darunter etwas den guten Sitten und dem ordentlichen Leben entgegen befunden werde.
Das also heißt die Billigkeit, die man stets innerhalb und außerhalb vom Gericht gebrauchen soll: Gleichwie ein Baumeister, wenn er schon glaubt, dass sein Werk recht sei, nimmt er doch noch die Setzwaage und findet dabei oft einen Fehler, der sonst ohne diese nicht bemerkt und zuletzt dem ganzen Bauwerk schädlich geworden wäre.[3] Wo du nun dein Gemüt hinwenden sollst, um die Billigkeit recht zu erwägen, davon lies in den folgenden Regeln.

---

4 Ein Enthymema ist ein unvollkommener Syllogismus, ein Beziehungsverhältnis (Heinrich Lausberg, Handbuch der Rhetorik, Stuttgart 2008, § 371).

1 cum enim gentes quae legem non habent naturaliter quae legis sunt faciunt eiusmodi legem non habentes ipsi sibi sunt lex qui ostendunt opus legis scriptum in cordibus suis testimonium reddente illis conscientia ipsorum et inter se invicem cogitationum accusantium aut etiam defendentium. - [Denn so die Heiden, die das Gesetz nicht haben, doch von Natur tun des Gesetzes Werk, sind dieselben, dieweil sie das Gesetz nicht haben, sich selbst ein Gesetz, als die da beweisen, des Gesetzes Werk sei geschrieben in ihren Herzen, sintemal ihr Gewissen ihnen zeugt, dazu auch die Gedanken, die sich untereinander verklagen oder entschuldigen.]

2 Loci 1521, De lege.

Constat autem ius enim quo utimur aut ex scripto aut ex non scripto ut apud grecos To monographon, to denomikon.[1] Scriptum autem ius est Lex plebi scita Senatus consulta, principum placita, magistratuum edicta, responsa prudentium.[2] Ex non scripto ius venit quod usus approbauit. Nam diuturni mores consensu utentium comprobati legem imitantur.[3]
[Es besteht aber das Recht, das wir gebrauchen aus geschriebenem und ungeschriebene, wie es bei den Griechen heißt. Das geschriebene ist öffentlich bekannt und vom Senat beraten, vom Fürsten akzeptiert, von der Obrigkeit herausgegeben, von den Rechtsgelehrten behandelt. Aus dem ungeschriebenen Gesetz kommt, was der Gebrauch billigt. Denn die langlebigen Sitten, durch die Nutzenden anerkannt imitieren das Gesetz.]
§. Constat autem. Et § ex non scripto. institu. De iure natu. genti. et civil.

Recht oder auch Gesetz ist zweierlei, geschriebenes und ungeschriebenes. Geschriebenes Recht ist durch den Senat zu Rom und folgend dann durch die Kaiser, auch andere Stände eines jeden Ortes, in Schrift verfasst worden und zu halten von der Obrigkeit geboten. Ungeschriebenes Recht sind löbliche Gewohnheiten, die mit wissentlicher Zustimmung der Gesellschaft[4] lange Zeit gehalten werden.

§. Et non ineleganter instit. dict. tit.[5]

3 Hier ist zu sehen, dass Oldendorp zwar der Billigkeit hohen und entscheidenden Stellenwert beimisst, aber keineswegs einer bloßen Situationsethik zuspricht.

1 Im Druck mit lateinischen Buchstaben geschrieben. In den jetzigen Ausgaben der Institutionen lautet das Zitat „τον νομον οι μεν ενγραφοι οι δε αγραφοι".

2 Inst. I. 2. 3.

3 Inst. I. 2.9.

4 „fulbordt der gemeyne" - Zustimmung, Vollmacht.

5 Inst. I.2.9f. Ex non scripto ius venit quod usus comprobavit. nam diuturni mores consensu utentium comprobati legem imitantur. Et non ineleganter in duas species ius civile distributum videtur. nam origo eius ab institutis duarum civitatium, Athenarum scilicet et Lacedaemonis, fluxisse videtur: in his enim civitatibus ita agi solitum erat, ut Lacedaemonii quidem magis ea quae pro legibus observarent memoriae mandarent, Athenienses vero ea quae in legibus scripta reprehendissent custodirent. Sed naturalia quidem iura, quae apud omnes gentes peraeque servantur, divina quadam providentia constituta, semper firma atque immutabilia permanent: ea vero quae ipsa sibi quaeque civitas constituit, saepe mutari solent vel tacito consensu populi vel alia postea lege lata. [Das ungeschriebene Gesetz ist, was der Brauch bestätigt hat, denn Bräuche, die seit langem eingehalten und durch die Zustimmung derer, die sie anwenden, sanktioniert werden, ähneln dem Gesetz. Nicht zu Unrecht scheint

Wie denn auch unter den Griechen, von denen der Römische Rat alle Rechte erstmals bekommen hat, zu Athen geschriebene Gesetze und bei den Lakedämoniern Gewohnheiten im Gebrauch gewesen sind. Und es wäre noch heutigen Tages wohl der Frage wert, welches besser sein möchte: viele geschriebene Rechte zu haben und sie nicht zu halten oder keine Schrift zu gebrauchen und den hergebrachten Gewohnheiten stracks nachzufolgen.

Quemadmodum Anacharsis[1] dixit Atheniensis ad nihil uti nummis nisi ad numerandum. Ita apud nos utuntur plerique iuris scientia ut disputando ostentent se multa legisse.[2]
[Ein gewisser Anacharsis sagte den Athenern, Geld sei nur zum Zählen da. So nutzen die meisten unter uns die Rechtsgelehrsamkeit, um zu zeigen, dass sie viel gelesen haben.]

Doch wenn die geschriebenen Gesetze auch auf ein leidliches Maß unter Ausschluss aller Streitfragen gebracht würden - wie ich verhoffe, dass Gott der Herr im zukünftigen Concilio kaiserlicher Majestät und den Ständen des Reichs eingeben wird[3] - so wären billige Schriften nützlicher denn allzu viele ungewisse Gewohnheiten, welche auch oft in große Missbräuche abgleiten und mit der Zeit vergessen werden.

Proinde cum Hebreos deus inter se quos coniunctissimos: retcissimeque consentire vellet certas leges tulit ut ex praescripto res iudicarent ne quando ius controversum dissidium pareret.
[Als Gott die Hebräer aufs Engste vereinte und selbst mit ihnen eins werden wollte, gab er ihnen gewisse Gesetze, damit sie aus dem Vorgeschriebenen eine Sache beurteilten und nicht länger aus verschiedenen Meinungen heraus.]

---

das Zivilrecht in zwei Zweige unterteilt worden zu sein; denn in seinem Ursprung scheint es von den Institutionen zweier Staaten abgeleitet worden zu sein, nämlich Athen und Lakedaemon; Denn in diesen Staaten war es üblich, dass die Lakedaimonier die Regeln, die ihnen als Gesetze dienten, auswendig lernten, und die Athener hingegen hielten sich an alle gesetzlichen Vorschriften, die sie niedergeschrieben hatten.]

1 Ein sagenumwobener Skythe zu Solons Zeiten um 600 v.Chr. 50 Sinnsprüche wurden ihm zugeschrieben.
2 Oldendorp zitiert aus Erasmus, Parabolae sive similia.
3 Oldendorp nimmt auf die Bestrebungen Bezug, die mit der Halsgerichtsordnung dann einen ersten wichtigen Schritt machten, was 1530 einige Monate später dann auch so erfolgte.

dicente Philip. Melanchthon in oratione de legibus.[1]
Sunt alioqui lubrice consuetudines et facile degenerant. Unde Erasmus noster vocat morem tyrannum quandoquidem iniquissimas saepe nobis obtrudit leges.
[Es gibt so einige schlüpfrige Gewohnheiten und leicht verderben sie. Im Hinblick darauf nennt unser Erasmus (von Rotterdam) die Sitte tyrannisch. Unstreitig legen sie uns oft ungerechte Gesetze auf.]

Was nun also von weltlichen Gesetzen geschrieben oder sonst als Gewohnheit eines jeden Ortes gehalten wird, das nennt man Recht. Aber es ist nicht allzumal und in allem Handeln billig.

Ius est (inquit Donatus) quod omnia inflexibilia exigit,
aequitas est quae ex iure multum remittit.[2]
[Recht ist, sagt Donatus, was alles unflexibel prüft, Billigkeit ist, was aus dem Recht etliches zurückweist.]
Quam sententiam Modestinus in l. Nulla. ff. De legi.
Nulla (inquiens) iuris ratio aut aequitatis benignitas etc.[3]
[Die Vernunft des Gesetzes kennt nicht die Gnade der Billigkeit.]

Recht will stracks laut Buchstaben gehalten sein. Billigkeit lindert und verändert solche Schärfe. Item: Recht ist das geschriebene Gesetz. Billigkeit ist des Gesetzes wahrhafte Setzwaage[4] und Verbesserung im Bedenken (dessen), was Gott dem Herrn gefällig[5], dem gemeinen Besten und unserem Nächsten am nützlichsten sein möge.

Sicut em per normam indicantur structure vitia. Sic aequitas de iure scripto et omnibus humanis functionibus retce diiudicat.
Porro bonus vir attemperabit civilis constitutiones aequo ac bono, hoc est, tum divinis tum naturalibus legibus, contra quas, quidquid constituitur, non potest non iniquum esse.

---

1 Melanchthon: De legibus oratio, Weimar 1869 S. 23.
2 Aelius Donatus (um 310 - um 380), Aelii Donati in Adelphos Terenti commentum 51.
3 Nulla iuris ratio aut aeqitatis benignitas patitur, ut quae salubriter pro utilitate hominum introducuntur, ea nos duriore interpretatione contra ipsorum commodum producamus ad servitatem. [Keine Gesetzesvernunft leidet die Gnade der Billigkeit, um zum Vorteil und Nutzen der Menschen eingeführt zu werden. Sie führt uns durch verhärtete Interpretation gegen unsere eigene Zuträglichkeit in die Knechtschaft.] Dig. I. 3. 25.
4 „unbeschrit - schrotwacht" unbeschrieene Setzwage.
5 „behegelick"

[So wird (die Billigkeit) gegenüber Norm und Struktur als Defekt angesehen. So urteilt die Billigkeit über das geschriebene Recht und alle menschliche Tätigkeit recht.
Ein guter Mann wird die zivilen Anordnungen billig und gut einhalten, das ist, sowohl die göttlichen wie die natürlichen Gesetze, gegen die, die angeordnet sind, kann er nicht widerwillig sein.]
ut Philip. dicit in locis communibus.[1]

Placuit in omnibus rebus praecipuas esse iustitiae aequitatisque quae stricti iuris rationem.[2]
[In allen Dingen sind das Wichtigste Gerechtigkeit und Billigkeit, das ist die Vernunft des strengen Rechts.]
dicit Imperator in l. Placuit. C. de iuditi. c. ulti.
De trans. c. I. de rer. permu. li. VI. c. Disciplia : XLV. dist.

Demnach müssen auch alle geschriebenen Rechte, alle Gewohnheiten und Handlungen weltlichen Regiments der Billigkeit stattgeben und weichen, wie auch die Kaiser und Päpste bezeugen und bekennen.

Accursus Jason et alii in d. l. Placuit.

Hiermit entfällt nun die Distinktion oder Unterscheidung, welche die Rechtslehrer ohne Grund gemeiniglich eingeführt haben: als gäbe es zweierlei Billigkeit, die eine geschrieben, die andere ungeschrieben.

Sceuola in l. De accessionibus in princi. ff.
De diuer. et tempo. prescripti.
De accessionibus (inquit) possessionum nihil in perpetuum neque generaliter definire possumus. Consistunt enim in sola aequitate etc.[3]
[Er sagt: Über die Vermehrung von Besitztümern können wir nichts Dauerhaftes oder Allgemeines definieren. Es besteht nämlich allein in Billigkeit.]

Denn es ist jetzt und war auch schon früher bewährt, dass man die Billigkeit nicht eigentlich in Schrift verfassen kann, wie andere Gesetze und Bewilligungen der Menschen.

1 Der letztere Satz ist zitiert aus Melanchthon, Loci 1521 am Ende des Abschnittes De lege.
2 Cod. III, 1. 8.
3 Dig. XLIV. 3. 14.

Sed naturalia quidem iura que apud omnes gentes perque observant divina quadam providentia constituta semper firma atque immutabilia permanent,[4] [Aber die natürlichen Gesetze achten alle Völker als göttlich, von der Vorsehung festgesetzt, immer fest und unveränderbar währen sie.]
dicit Justinianus in § Sed naturalia instit. De iur. natura. genti. et civil.

Auch hängt die Billigkeit nicht von der Macht der Menschen ab, sondern steht frei, (ist) unwandelbar. Gott hat sie in deine Vernunft geschrieben und ihr eingebildet, dahin musst du dein unparteiisches Gemüt wenden und fleißig lesen.
Und obwohl in den geschriebenen Rechten viele Beispiele gefunden werden, darin die Billigkeit erwogen ist, so findest du sie doch nirgends eigentlich beschrieben, und haben sich wahrlich unsere Schreibenden allewege mehr um das scharfe Recht, als um die Billigkeit bekümmert.
Derhalben mag und soll ein jeder, in allen vorkommenden Sachen innerhalb und außerhalb des Gerichts die Billigkeit anwenden.

Ita est accipienda. [Das ist anzunehmen.]
l. I. C. De legi.
Inter aequitatem (inquit) iusque interpositam interpretationem nobis solis et oportet et licet inspicere.[2] Nihil te moveant diverse rixatorum opiniones de sensu illius legis.
[Zwischen Billigkeit und Recht liegt unsere Interpretation und es ist notwendig und erlaubt, darauf zu schauen. Lass dich nicht von verschiedenen zänkischen Meinungen von der Auslegung des Gesetzes beirren.][3]

Aber wenn in gemeinen Rechten oder Gewohnheiten etwas aus billigen Ursachen so zu verändern wäre, dass es dauernd bleiben und für ein Gesetz in allen Sachen gelten sollte, so müsste die ordentliche Obrigkeit sich dessen annehmen, wie Kaiser Constantinus anzeigt.

---

4 Inst.I. 2. 11.

2 Cod. I. 14. Der Gesetzgeber kann sich das Individualisieren selbst vorbehalten. Rudolph von Jhering: Geist des römischen Rechts auf den verschiedenen Stufen seiner Entwicklung. Teil 2, Bd. 1. Leipzig 1854. Das lateinische Zitat findet sich auch in Thomas von Aquin ST II-II 120.1.

3 Oldendorp ist der Sinn eines Gesetzes elementar wichtig, wie am Ende der Schrift deutlich wird. Das lateinische sensus darf hier nicht mit Sinn übersetzt werden, denn es meint wörtlich die Wahrnehmung, nicht aber den darin liegenden Sinn, wie wir es verstehen, also Absicht und Grund.

Sunt multa ex aequo et bono non ad subtile legis praescriptum statuenda et excutienda.
[Viel ist billig und gut, was nicht durch subtilen Bestimmungen des Gesetzes festzulegen oder auszuschließen ist.]
Sic in l. III. ff. De testi.
Calistratus refert Adrianum principem Junio Varro in haec verba rescriplisse:
Tu magis scire potes quanta fides habenda sit testibus. Et paulo infra: Quae argumenta ad quem modum probandae cuique rei sufficiant nullo certo modo satis definiri potest. Et tandem concludit: Judicem ex animi sui sententia aestimare oportere, quid aut parum probatum sibi opinetur.[1]
[Calistratus berichtet, dass Fürst Hadrian mit diesen Worten an Junius Varrus antwortete: Du kannst eher wissen, wie viel Vertrauen in die Zeugen man haben kann. (Und dann etwas später heißt es:) Welche Beweismittel und in welchem Ausmaß zum Beweis einer Tatsache ausreichen, lässt sich (im voraus) nicht hinreichend sicher bestimmen. Und folgert schließlich: Ein Richter muss aus seiner Seele heraus abschätzen, wie weit er etwas für bewiesen hält.]

Dergleichen sind auch etliche Artikel im geschriebenen Recht, die der Richter aus der Gelegenheit des Falles viel mehr durch seine Vernunft als aus geschriebenen Gesetzen oder Disputationen auslegen muss. So ist es mit Zeugen und ihren Aussagen, ob und wann eine Sache genügend bewiesen sei oder nicht - denn das kann der Richter aus seinem Gewissen besser erfahren, als irgendein Mensch es zu beschreiben vermag.

Von gemeinen Regeln, Formen oder Urkunden, woraus die Billigkeit ermessen werden mag

1 Dig. XXII. 5. 3. Der Wortlaut ist bei Oldendorp etwas freier wiedergegeben.

Die erste Regel

Die erste Regel beginnt mit Reflexionen zu Bibelworten. Regula ist die lateinische Übersetzung für den Kanon, das griechische Wort für Richtschnur, das wir auch für die Heilige Schrift nehmen: „Was Gottes Wort und Willen gemäß ist, das kann nicht anders als billig, nützlich und gut sein. Jedoch, was Gott entgegensteht, das muss unbillig, gefährlich und böse sein."

Innerlichkeit, wie Oldendorp sie versteht, ist etwas anderes als die private Beliebigkeit der Moderne. Selig werden wir nicht der eigenen Façon gemäß, sondern durch Gottes Wort und Wirken, das sich auf mich und die ganze Welt zugleich erstreckt. So erscheinen Äußerlichkeiten Melanchthon und Oldendorp nicht unwichtig oder beliebig austauschbar, bleiben aber sekundär, aus dem Inneren, dem Wesen nur folgend. Gott prägt unser Herz, das für die Ewigkeit bestimmt ist. Das Äußere ist wandelbar nach Ort und Zeit. Aufgabe der „butenwendigen", äußerlichen Dinge ist, „zu gutem Leben und Seligkeit behilflich und nicht schädlich" zu sein.

Oldendorp sucht das „natürliche Gesetz" nicht jenseits der Heiligen Schrift, sondern in ihr. Die Offenbarung Gottes ist weder zusätzlich zu menschlichen Natur, noch lehrt sie „Übernatürliches", wie man es dann Ende des 18. Jahrhunderts sah. Es geht nach Melanchthon um die Korrektur des in der Welt gefangenen Urteils, das Zurechtrücken dessen, wo die Erbsünde täuscht. So ist die Bedingung aller Billigkeit im Umgang miteinander das Hören auf Gottes Wort.

Bei allen menschlichen Gesetzen kann und muss es aufgrund der Billigkeit Ausnahmen geben. Keine Regel ist so perfekt, dass nicht Ausnahmen gelten müssten. Anders steht es nach Oldendorp um natürliches und göttliches Recht. Dort gibt es keine Ausnahme, denn es ist keine ausdifferenzierte Regel, es definiert nicht, es entzieht sich der Systematisierung. Es kann sich also nicht um Ethik handeln.

Ist beim menschlichen Gesetz unbillig, keine Ausnahme zu machen, ist es in Bezug auf das göttliche und natürliche Gebot unbillig, Ausnahmen gelten zu lassen. Das menschliche Gesetz kann und muss man verbessern, das Göttliche nicht.

Hiermit trifft Oldendorp also seine grundlegende Unterscheidung zwischen diesen Rechten, bzw. erinnert daran, denn im Mittelalter wusste man zu unterscheiden zwischen ius divinum, ius naturale und unseren sich verändernden Rechten. Das spätere Naturrecht der Aufklärung hob den Unterschied zwischen ius divinum und ius naturale auf, sah dort keinen Unterschied mehr. Das hatte schwerwiegende Folgen. Dann ließ sich noch ein Unterschied machen, nach dem es ius divinum positivum und ius divinum naturale gäbe, wobei das erste als offenbart den Teil des Kirchenrechts ausmachte, der die Hierarchie begründete. Eben diesen Teil lehnte die Reformation grundsätzlich ab. Oldendorp hielt aber an dem Unterschied fest zwischen ius divinum als Gottes Richtspruch und dem ius naturale, das Teil der Schöpfung ist, aber dennoch für immer gilt. Das Naturrecht in diesem Sinn ist an den Menschen gebunden, der damit umgeht. Das göttliche Recht aber ist das Gnadenrecht Gottes, das sich entgegen mittelalterlichen Ansichten nicht in geschriebenen Verfügungen einfangen lässt, einhergehend mit Systematisierungen der Sünden und Bußrecht.

Gleich Axiomen, und doch von solchen prinzipiell unterschieden gilt das Naturrecht, eine Ausnahme kann es nicht geben. Selbst alle Grundsätze, die über die Gebote und die Intention des 12-Tafelgesetzes hinausgehen im Sinne von Präzision, fallen bereits unter die Kategorie der veränderlichen, menschlichen Gesetze.

Entscheidend ist auch hier das Bild der Schrotwaage. Die Gesetze werden nicht logisch abgeleitet von den Geboten, sondern ihnen gegenüber gefasst, sind an ihnen zu messen.

Die Qualität Göttlichen Rechts erreicht ein menschliches Gesetz nicht aufgrund der Erbsünde. Dass man trotz des Gebotes auch töten muss, liegt zum Beispiel daran, dass Menschen einander bedrohen. Das Verbot des Tötens bleibt aber bestehen und recht. Dass man dagegen handelt, liegt nicht am Gebot, sondern an der Sünde der Menschen. Hat man die Wahl zwischen zwei Übeln, muss das geringere gewählt werden, so der alte Grundsatz, den Oldendorp auch anführt.

Als Vergleich nimmt Oldendorp die Mathematik mit ihren Axiomen. Ein solches kann nicht innerhalb des Systems begründet oder abgeleitet werden und duldet keine Ausnahmen. Das gilt auch für das Gebot Gottes. Ein Beispiel ist das Ehescheidungsverbot, wie Jesus es ausgelegt hat: Mose hat Scheidung erlaubt, aber Gott tut es nicht. Das bedeutet nicht, dass ein Scheidung auf gar keinen Fall erlaubt sei, was absolut unbillig wäre. Dennoch beruht die Ehe darauf, dass sie Scheidung ausschließt, wie es unser Trauversprechen auch sagt.[1]

---

1 Oldendorp diskutiert in Bezug auf den Klerus die Geltung von Gelübden und stellt fest, dass sie unter Umständen nicht mehr zu gelten haben. Das ließe sich

Die Natur des Menschen ist seine Geschaffenheit aus Gott, aber die Erbsünde hat sie verdorben. Billigkeit zeigt dagegen Übereinstimmung mit Gott auf. Nach dem Schöpfungsbericht besteht sie in der Bildlichkeit Gottes im Menschen. Oldendorp spricht nicht von Guten Werken, aber billiges Handeln nach seinem Verständnis steht der Sünde konträr gegenüber, ist als das Gute bei ihm Gegenwort zur Sünde.

Darum gilt, dass Billigkeit in Bezug auf die menschlichen Gesetze Abweichung bedeuten kann, in Bezug auf Gottes Gebot aber die Billigkeit gerade darin besteht, ihm so gut als möglich gerecht zu werden, unter Umständen auch gegen das Gesetz, nicht als Ungehorsam, sondern in guter Römischer Tradition im Sinne einer Verbesserung, denn die Intention einer Ordnung ist, Gottes Wort zu entsprechen.[1]

So greifen göttliches und menschliches Recht zwar ineinander, sind aber dennoch grundsätzlich voneinander geschieden. Versteht man die Zehn Gebote als menschliches beschlossenes Gesetz, kann tiefes Unrecht daraus erwachsen. Versteht man ein kaiserliches Gesetz als Gottes Gebot, ebenso.

Nach Oldendorp ist das Göttliches Recht etwas ganz anderes ist als bloßes Kirchenrecht (Institutionsrecht) oder mittelalterliches Bußrecht, auch wenn es gerade in der Kirche um Gottes Wort, Sakrament und Buße geht. Kirchenrecht im Sinne von Verwaltung oder Ordnung des Klerus ist menschliches Gesetz. Als ihr „Kaiser" mag Papst oder auch ein Konzil gelten, wobei in der lutherischen Kirche dann diese Art von Recht ganz fortfiel, wie wir an der Kirchenordnung Mecklenburgs von 1552 sehen. Die Feststellung von Rudolf Sohm sagte es Jahrhunderte unter Berufung auf die Reformation mit diesen bekannten Worten: „Das Wesen der Kirche ist geistlich, das Wesen des Rechts ist weltlich. Das Wesen des Kirchenrechts steht mit dem Wesen der Kirche im Widerspruch."

Die Kirchenordnung Mecklenburgs zielt auf das Bleibende ab, indem sie dem Liturgischen Freiraum gab, es vor Bevormundung schützte. Kirchenrecht ist in diesem Sinn weltlich, es gibt kein göttliches Kirchenrecht außerhalb des liturgischen Geschehens, von ihm abgehoben.

Oldendorp listet dann Einiges auf, was zwar nach Gesetz recht erscheint, aber in Gottes Augen sich nur als unbillig und unrecht

---

auch Ehegelübde übertragen. Oldendorp selbst hatte persönlich so ein Problem mit seiner Frau, die ihm – so die biographische Literatur – nicht treu war.

1 Das Thema des Widerstandsrechts hat Oldendorp gemieden.

erweisen kann - wie sicherheitshalber - in lateinischer Sprache. Es ist immer verfänglich, wenn man sich auf Ausnahmen stützt und diese unter der Hand zur Regel erhebt.

Erstlich zur Erforschung der Billigkeit ist diese die vornehmste und Grund: Alle Menschen, die höchsten wie die niedrigsten, ja alle Kreaturen im Himmel und auf Erden, müssen bekennen, dass sie Seele, Leib und alle Wohlfahrt von Gott dem Herrn empfangen haben und ihm über allen Dingen Gehorsam zu leisten schuldig und verpflichtet sind, so dass alle menschlichen Gesetze Gottes Wort und Willen stattgeben müssen.

Joh 16 et 17.
Eph 3.; Kol 1; Hebr 2; Apg 5(,29)
Oportet deo magis qua hominibus.
[Man muss Gott mehr als den Menschen gehorchen.]

Fiat voluntas tu quaemadmodum in caelo sic etiam in terra.
[Dein Wille geschehe ebenso wie im Himmel auf Erden.] *Lk 11(,2)*[1]

Itaque lex paedagogus noster fuit ad Christum ut ex fide iustificaremur.
[Also ist das Gesetz unser Zuchtmeister gewesen auf Christus hin, auf dass wir durch den Glauben gerecht würden.] *Gal 3(, 24) et 2 Tim 3(,16)*
Omnis scriptura divinitus inspirata, etc.
[Denn alle Schrift ist von Gott eingegeben, etc.][2]

Dieweil auch alle weltlichen Gesetze, Regiment und Obrigkeit allein darum aufgerichtet sind, dass sie auf Gott sehen und ihre Untertanen weisen sollen, wie (es uns) die göttlichen und kaiserlichen Rechte lehren.

Quoniam ex illo et per illum et in illum omnia.
[Denn aus ihm und durch ihn und in ihm ist alles.] *Röm 11(,36)*[3]

---

1 Der Satz des Vaterunsers fehlt im griechischen Text bei Lukas, aber in den damaligen Bibelausgaben war er aufgeführt. Bei Matthäus 6,10 lesen wir statt „quaemadmodum“ in der Vulgata nur sicut. Oldendorp hatte das Neue Testament von Erasmus von Rotterdam (Novum Instrumentum Omne, 1516) zur Hand und zog es der Übersetzung Luthers von 1522 vor.

2 Diese Anmerkung ist nicht als Verbalinspiration zu interpretieren, diese Lehre gehört erst in das 17. Jahrhundert.

3 Fassung Erasmus.

> Unde et legislationes nostras inde pendere competit et in eadem respicere et hoc eis principium esse et medium et terminum.[1]
> [Daher trifft es zu, dass unsere Gesetzgebungen davon abhängen und darauf Rücksicht nehmen und für sie Anfang, Mitte und Ziel sind.]
> *dicit Justinianus in l. I. in princip. C. De veter. iur. Enuclean. Et in auc. De privileg. dot. in prin.*

Und besonders Justinianus bekennt rühmlich, dass aller seiner Gesetze Anfang, Mitte und Ende bei Gott dem Herrn steht. Hieraus ergibt sich folglich diese Regel: Was Gottes Wort und Willen gemäß ist, das kann nicht anders als billig, nützlich und gut sein. Jedoch, was Gott entgegensteht, das muss unbillig, gefährlich und böse sein. Also kann man aus dem rechten Born der Wahrheit viele Artikel der Billigkeit auch im weltlichen Regiment ermessen. Denn wiewohl Gottes Wort nicht viel von äußerlichen Dingen, sondern von der Seelen Seligkeit handelt, so muss doch alle weltliche Ordnung dahin gebogen werden, dass sie zu gutem Leben und zur Seligkeit behilflich und nicht schädlich sei. Das ist die wahrhaftige natürliche Billigkeit, die du von niemand besser als von dem Schöpfer der Natur, Christus, erfährst und lernst. Denn natürliches Recht und Billigkeit ist ein Ding.

> Ius naturale est quod in lege et in Evangelio continetur.
> [Das natürliche Recht ist im Gesetz und im Evangelium enthalten.] *In princi. Decret.*[2]

> M. Cicero in libris de legibus Platonem imitatus ex natura hominis formulas legum derivat; quod ut non damno, ita urbane magis quam exacte fieri video. Incidunt autem in eam Ciceronis disputationem etiam pleraque impia id quod fere solet accidere, cum methodos potius et compendia rationis nostrae setcamur quam divinarum literarum praescriptum. Est enim in universum fallax humani captus judicium, propter cognatam caecitatem, ita ut, etiamsi sint in animos nostros insculptae quaedam formae morum, tamen eae depraehendi vix possint.[3]
> [Marcus Cicero leitete in den Büchern über die Gesetze (De legibus) - Plato nachahmend - die Bestimmungen der Gesetze aus der Natur ab; was ich nicht verurteile. Ich schätze dies (jedoch) eher als übermütig denn als exakt ein.[4] In die Erwägungen Ciceros fällt auch viel Unglauben, was geschehen muss, folgen wir mehr den Methoden und Erträgen unserer Vernunft als

1 Novella CIX praefatio.
2 Decr. Dist. I.
3 Melanchthon Loci 1521 De lege.

den Geboten der göttlichen Schriften. Denn das menschliche Urteil ist in der Welt gefangen und getäuscht durch die Erbsünde, wenn auch in unsere Seelen gewisse Formen der Sitten eingeprägt sind, sind sie doch kaum zu greifen.]

In diesem Stücke haben Plato, Cicero und viele andere gefehlt, wo sie von Recht und Billigkeit gehandelt, wiewohl sie danach gesucht haben. Denn sie folgten eigener Vernunft und wurden dadurch auf Irrwege geführt; wie es noch heutigen Tages geschieht, wenn man menschlichem Gutdünken folgt und diese Regel der Billigkeit in weltlichen Ordnungen nicht vor Augen hat.

> Ius enim divinum et naturale nullam admittere dispensationem extra omnem controversiam est.
> [Das göttliche und natürliche Gesetz kennt keinen Dispens und steht außerhalb jeder Kontroverse.]
> *in l. I. C. De summa trini. et. fid. catho. teste Jasone*[1]*. Et probat in c. Literas. De rest. spo. ibi.*
> Cum in illis dispensari non possit etc.
> [Hier sind keine Ausnahmen möglich etc.]
> Loquens Innocentius Papa de gradibus consanguinitatis divina lege prohibitis.[2] *Lev 18.*
> [So Papst Innozenz über die Grade der Blutsverwandtschaft, die das göttliche Gesetz in Lev 18 verbietet.]

Wider diese genannte Regel gilt nichts, weder Ausnahmen noch Unterscheidung, weder Dispens noch irgendeine Gegenrede. Und es ist eine gewisse und allgemeine Form aller menschlichen Handlungen, auf die du in den folgenden Regeln stets acht haben musst.

> Nam sunt in disciplinis theoreticis (ut mathemati - Einschub Melanchthon)) quaedam communia principia (Bei Melanchthon gibt es hier den griechischen Einschub: sive κοινα εννοια η προληψισ) quale illud est totum esse maius partibus.

---

4 Auch nach Oldendorp kann man das Gesetz nicht wörtlich aus der Natur ableiten. Natur ist keine Idee, aus der deduktiv Recht ableitbar wäre. Oldendorp setzt sich hier mit Melanchthon von Plato in einem entscheidenden Punkt ab.

1 Giasone del Maino (1435-1519) Kommentar zum Codex Iustinianus liber I. De summa trinitate et de fide catholica.

2 Gregor IX. Decretalium compilatio Cap. XIII.

Ita sunt quaedam in moralibus tum principia communia tum conclusiones primae - utendum est enim docendi gratia istorum vocabulis - regulae omnium humanarum functionum.
Has retce vocaveris leges naturae.
[Denn es gibt in den theoretischen Disziplinen - wie in der Mathematik - gewisse allgemeine Prinzipien (allgemeine Erkenntnis oder Prolepsis [Allgemeinbegriff]) wie, dass das Ganze mehr ist als seine Teile. So gibt es auch in moralischen Fragen allgemeine Prinzipien, wie primäre Schlussfolgerungen - wir haben nämlich um der Lehre willen diese Worte anzuwenden - Regeln allen menschlichen Verhaltens. Diese nennst du richtig Gesetze der Natur.][1]
Philip. Melanchthon in locis communes.[2]

Wie denn gleicher Weise die anderen Künste etliche unleugbare Fundamente haben, wie nämlich: „Ein ganzes Ding ist größer als ein Teil davon«, oder: „zehn sind mehr als eins", und dergleichen.

Tituli enim de divortiis et de usuris ff.C. abrogati sunt per autoritatem verbi divini. *Mt 19(,1-12) et Lk 6(,33-35).* Utrumque autem nescio utrum tam re quod verbis sit sublatum.
[Scheidungen und Zinsen sind wegen der Worte Gottes zu lassen. Von beidem weiß ich nicht, ob diese Angelegenheit mit Worten abgetan werden kann.]

Beispiele für diese Regel gibt es viele in allen Rechten: von Ehescheidungen zwischen Mann und Frau, von Wucher und anderen Fällen, welche, weil sie wider Gottes Wort stehen, samt den darauf lautenden Rechtssätzen abgetan sind; wiewohl meines Besorgens nicht alle, und mehr zum Schein als in Wirklichkeit.
Wohlan, lasst uns aus dem geistlichen Rechte einen Artikel abwägen, nämlich diesen: Ob man Kirchenlehen ausbieten oder durch Zahlungsauflagen verteuern möge?

In. c. I. De rerum permu. li. VI.

1 Die Gesetze der Natur sind anderer Art als die der beschlossenen und festgeschriebenen Gesetze. Man darf sich nicht dadurch täuschen lassen, dass in beiden Fällen von Gesetzen, leges, die Rede ist. Oldendorp sieht mit Melanchthon also die platonischen Ideen zwar als ein Ganzes an, die mehr sind als ihre Teile, aber sieht sie nicht als etwas Seiendes. So dürfen wir uns hier an einer der Quellen künftiger Naturwissenschaftsauffassungen wissen.
2 Melanchthon: Loci 1521, De lege.

Ja, sprichst du, warum nicht? Ist es doch geschriebenes Recht, dass es mit Willen des Papstes wohl geschehen mag, und ist lange so gehalten worden. Sollen wir dann auch diesem Recht folgen? Da sage ich nein dazu. Warum? Denn es ist nicht billig. Woraus kannst du die Billigkeit ermessen? Aus Gottes Wort.

Jes 56(, 1); Mt 21.

Illud quoque in eodem facto (dicit Concilium Calcedonense) sollicite considerate, quod per totum textum sancti Evangelii nusque reperitur Dominum tanta serveritate, tam districta censura iustitiae peccantes corripuisse, cum non solum eloquio increpans, verum etiam facto flagello de funiculis verberans omnes eliminavit de templo aperte demonstrans, quod tales negotiatores non sicut ceteri peccatores sunt corripiendi, sed a templo Dei, id est a sancta ecclesia, longius sunt proiciendi.
[(Zur Austreibung der Händler aus dem Tempel durch Jesus nach Mt 21:) Nach dem Concilium Chalcedonense ist entsprechend sorgfältig zu bedenken, dass im gesamten Evangelium nirgends solche Strenge gefunden wird, mit der solch strenge, gerechte Zurechtweisung die Sünder ergriff, indem er nicht nur mit Worten tadelte, sondern sie auch tatsächlich mit einer Geißel schlug und sie aus dem Tempel trieb und offen zeigte, dass solche Händler nicht nur wie andere Sündern korrumpiert sind, sondern vom Tempel Gottes, das ist von der Heiligen Kirche fortzujagen sind.] *c. Ex multis. I. q. III.*[1]

Denn Christus hat nicht allein alle Hantierung in seinem Tempel verboten, sondern auch mit äußerlichem Tun gestraft und geschlagen, welches er doch - wie das Concilium Chalcedonense sagt - im Neuen Testament, um keines andern Missbrauchs willen getan hat.[2]

Haec igitur probatio aequitatis tanta est, ut nullam cavillationem admittat, quippe ex divino et naturali iure.
[Dies ist soweit der Erweis der Billigkeit, dass es keinen Sophismus zulässt, weder aus dem göttlichen noch aus dem natürlichen Recht.]
Verumtamen si interim de summo etiam iure quaeratur, non video quomodo licita sit permutatio benefitiorum ecclesiasticorum. Accedat enim minime suspetcus iudex.

1 Decr. Pars sec. causa I. quaestio III. c. IX. Ministri et servitores ecclesiae absque ulla uenalitate ab episcopis ordinentur.

2 Damit findet sich hier im Text auch eine direkte Brücke zur Schrift vom Göttlichen Recht.

[Wenngleich innerhalb des Ganzen auch das Recht befragt wird, sehe ich nicht, wie die Veränderung (dieser) kirchlichen Privilegien (bzw. Kirchenschatz) erlaubt sei. Es kommt hier ja der am allerwenigsten verdächtige Richter in Betracht.] *Bernerdus*[1] *interpres in c. Cum olim. De re. permuta.*

Is enim sic argumentatur, letcori relinquens (ut vocant) conclusionem. Permutatio (inquit) vicina est emptioni.[2]

[Denn so wird argumentiert und dem Leser die Schlussfolgerung (wie sie es nennen) überlassen. Eine Veränderung, heißt es, kommt dem Tauschhandel nahe.] *l. ulti. ff. De rer. permuta.*

Et quasi successit permutationi.

[Und so gelingt ein Austausch.] *l. I. ff. De contra. empti.*

Sed sprituialia emi vel vendi non possunt.

[Aber Geistliches kann man weder kaufen noch verkaufen.] *c. Querelam. De Symoni. c. Studet. I. q. I.*

Sequelam tacet cum haud dubie Bernendo apertius loqui, liberum non fuerit. Sed tibi, bone letcor, quid videtur ex hoc argumento inferendum? Num hoc? Ergo nec permutari licet benefitia ecclesiastica etc. Adde que venditionis appellatione generaliter accipiendus sit omnis modus transferrendi dominii.

[Im Folgenden vermeidet ohne Zweifel Bernendus offene Rede, er war nicht frei darin. Doch für dich, lieber Leser, was scheint aus solchen Argument hereingetragen zu sein? Ist das recht? Also ist es nicht erlaubt, kirchliche Güter zu verändern, usw. Hinzu kommt, dass die Bezeichnung des Verkaufs allgemein als Besitzübertragung angesehen wird.]

l. Sicut. § Venditionis. ff. Qui. mod. pig.. vel hypothe. solui.

Quid respondebis si adimatur tibi ius dispensandi?

[Was wirst du antworten, wenn dir das Recht zum Dispens entzogen wird?]

De pensione aut locatorum benefitiorum adeoque etiam parrochiarum pretendunt nonnulli colorem quasi non sit locatio sed pecuniola quedam annua que cum consensu Pontificis solvit etc. Sed cum hanc versuram homines intelligant putas ne deum cordium scrutatorem falli posse? Enim vero iurisconsultus.

[Von der Rente oder den Zuwendungen der Pächter und sogar der Pfarreien behaupten einige, es handele sich nicht um eine Pacht, sondern um ein bestimmtes jährliches Gehalt, das mit Zustimmung des Papstes gezahlt werde. Wenn aber Menschen diese Verdrehung durchschauen, glaubst du nicht, dass Gott, der das Herz erforscht, sie zu Fall bringen kann? Denn Gott ist wahrhaft Rechtskundiger.]

in l. Sed Julianus § Mutui datio. ff. Ad Senatuscon. Macedo. Et in l. Si sponsus § Circa venditionem. ff.

De donati. int. vir. et uxor.

---

1 Vielleicht Bernardus Papiensis (+1213).

2 Dig. XIX. 4.2. De rerum permutat Aristo ait, quoniam permutatio vicina esset emptioni – [...weil Tausch dem Kauf benachbart ist.]

Si modo (inquit) cum animum maritus vendendi non haberet, idcirco venditionem commentus sit ut donaret.[1]
[Hätte ein Ehemann nicht Verkauf im Sinn, so wertete man es als Geschenk.][2]
Cicero li. I. offiti[3] - Triplex nocendi genus refert, vi aperta, fraude occulta, et sub adumbrata honesti persona, quod est omnium scelestissimum. Huc pertinet calumnia que fit in usurpando iure patronatus laycorum, quod clerici - de malis loquor - primum et ab origine benefitiorum mendicitatis et paupertatis. Deinde posessionis et usus fructus nunc tandem proprietatis titulo ac veluti suo iure vendicant patronis inuitis et ne quidem gratias emerentibus. Perinde medius fidius ut concubine morose, primo anno, res domini vocant, secundo autem nostra res est inquiunt tertio tandem quicquid usque in suppelletcili est, suum appellant, expulso nonnumque concubinario. Mihi satis est indicasse haec mala, et tantum doctis viderint illi ad quos censura autore Christo pertinet.
[Dreifache Art gibt es, zu schaden: offene Gewalt, geheimer Betrug und das Ansehen einer Person zu schädigen, welches das Schlimmste von allem ist. Hierher gehört der Betrug, der darin besteht, das Patronatsrecht der Laien zu rauben, das die Kleriker (ich spreche von der üblen Seite) zu Anfang Bettelei und Armut der Benefizien (war). Dann wurden Besitz und Nießbrauch endgültig durch Eigentumstitel und wie von Rechts wegen beansprucht und sich nicht einmal bei den Käufern bedankt. Auf gleiche Weise bleibt man hartnäckig beim Konkubinat, im ersten Jahr nennen sie es Sache des Herrn, im zweiten aber ist es unsere Sache, sagen sie, im dritten, es sei so etwas wie ein Möbelstück, nennen es ihr eigen, selbst wenn es um eine ehemalige Nonne geht. Mir reicht es, dieses Übel anzuzeigen. Und so gelehrt erscheinen jene, die dem Gericht Christi anheimfallen.]

Die andere Regel zur Erkenntnis der Billigkeit

Die menschlichen Regeln sind nicht nur wegen der Erbsünde unvollkommen, d.h. auch zeitlich und veränderlich, sondern auch, „weil allen zu helfen uns nicht möglich ist". Diese Einschränkung ist

1 Ulpinian in Dig. XXIV. 1. 5. 5.
2 Der Absatz hat folgenden Kontext: Ein Ehemann verkauft seiner Frau etwas unter Preis. Der Handel gilt, wenn dies nicht in betrügerischer Absicht geschieht.
3 Der folgende Abschnitt bezieht sich nur im ersten grundlegenden Satz auf das 1. Buch bei Cicero, alles Weitere ist Oldendorp selbst zuzuschreiben.

aber der Billigkeit wegen nötig. Erste Pflicht ist nach Oldendorp der Gemeinnutz, denn dann hilft man zwar nicht allen, aber doch vielen. Im vorigen Kapitel hatte Oldendorp das Axiom erwähnt, dass ein Ganzes mehr als seine Teile sei, was er aus Melanchthon (nach Aristoteles) zitierte.[1] Gemäß diesem Denken ist für alles, was nicht Summe ist, Vielheit bestimmend. Von Cicero übernimmt Oldendorp die Stufen: das Göttliche, das Vaterland, die Familie, alle übrigen Pflichten. Für „Vaterland" setzt Oldendorp Obrigkeit, Magistrat.

Die Gedanken zur Billigkeit gehen auch auf die Frage hin, ob man einen Übeltäter denn überhaupt bestrafen könne. Genugtuung ist für Oldendorp nicht mit Strafe gleichzusetzen. Er beruft sich stattdessen auf Melanchthon: Die Gemeinschaft muss vor allem vor Übeltätern geschützt werden. „Strafe" war im damaligen Sprachgebrauch auch Urteil, Zurechtweisung.

Dass Oldendorp den Gedanken der Genugtuung als Begleichung von Schuld geradezu ausschließt, richtete sich auch gegen das Bußrecht der mittelalterlichen Kirche, das auf diesem Gedanken beruhte. Damit argumentiert Oldendorp zugleich im Sinn anders verstandener kirchlicher Buße, denn Vergebung gibt nach eigentlich übereinstimmender Lehre nur Gott, nicht die Kirche. Dass letztere Sündenstrafen erlassen könnte, weist Oldendorp kurz und bündig ab.[2] Rachedenken in Bezug auf Strafe entfällt völlig. Das Gewissen, bzw. die Billigkeit muss sich entscheiden, wann was einem nützt, anderen oder gar vielen schadet und hat darum strafend und mit Gewalt ordnend einzugreifen. Zur Billigkeit gehört auch die Strafe, sie ist nicht nur Nachgeben oder Erlassen.

Oldendorp verweist auf das antike Amt eines Praetors, des höchsten Justizbeamten in Rom. Er hatte durch sein Amt nicht nur den Einzelfall vor Augen, sondern auch darauf zu achten, wie das Urteil in der Öffentlichkeit zu stehen kommt. Auch dies gehört zur Billigkeit.

Oldendorp dachte grundsätzlich juristisch, auch in Bezug auf die Politik, die für ihn erst durch das Recht zum Politischen wird, denn er

---

1 Aristoteles, Metaphysik: „Das was aus Bestandteilen so zusammengesetzt ist, dass es ein einheitliches Ganzes bildet, nicht nach Art eines Haufens, sondern wie eine Silbe, das ist offenbar mehr als bloß die Summe seiner Bestandteile. Eine Silbe ist nicht die Summe ihrer Laute."

2 In Bezug auf die Satisfaktionslehre Christi als stellvertretendes Opfer darf man folgern: Die Marter Christi sind nicht Bedingung der Vergebung, sondern Gott rechnet sie nur gleich einem Opfer, er tötete nicht seinen eigenen Sohn, bzw. ließ ihn töten, weil er das um der Vergebung unserer Sünden gemusst hätte.

sah Politik ist in erster Linie als Ordnungsmacht an. So liest er selbst in der Bibel stets mit juristischem (und politischem) Verständnis im Hintergrund. In seinem Amt als Syndikus der Stadt Rostock flossen Politik, Recht und geistliches Selbstverständnis zusammen, ganz wie bei dem antiken Amt eines Prätors.

Das Handeln der Menschen betrifft das Urteilen, Vergeben, Ordnen, Lieben, Nützen. So ist ihm auch das Heil des Menschen ein Nachdenken über Gerechtigkeit. Das Göttliche Recht ist weder Kirchenrecht noch Privatangelegenheit, sondern verändert und heilt die Welt durch die in Gott gegründete Billigkeit. Sie ist Fundament des Rechts und ihr Ziel. Sie hat nicht nur Verfassungsrang, sie ist Grundlage selbst jeder Verfassung und als solche kein Teil von ihr. Die Argumentation dieses Büchleins bewegt sich wesentlich in dem, was die Präambel der Römischen Institutionen ausführte.

Es geht bei der Frage nach dem Göttlichem Recht nicht um eine innerkirchliche Ordnung, sondern um Gott und Mensch. Das Augsburgische Bekenntnis war nicht eine Klärung innerkirchlicher Verhältnisse, sondern klärte das Geschehen von Gottes Wort in der Welt. Der Obrigkeit ist es geboten, dem Bösen zu wehren. Gelehrt wird dies jedoch nirgends besser als durch Gottes Wort, auch wenn alle Heiden bereits von ihrer Natur her die Richtung kennen. Es kommt aber zudem auch auf das Gegenüber von Gott und den Menschen, auf sein Heil an.

Röm 13[1]

Im Gebrauch der Liebe und Wohltat gegenüber dem Nächsten, worin alle Gesetze erfüllt werden, gibt es verschiedene Abstufungen. Es ist nicht so, als wäre man jedermann gleich zu helfen nicht schuldig, sondern weil allen zu helfen uns nicht möglich ist, muss im weltlichen Regiment ein Unterschied sein, wie ein jeder sein

1 Gehorsam gegenüber der Obrigkeit bedeutete Gehorsam gegenüber der menschlichen, öffentlichen Ordnung. Er ist die komplementäre Kraft, die dem Regiment entspricht, wobei die Frage nach Macht und Ohnmacht dabei in der Hintergrund gerät. Alles kommt auf eine gute, hilfreiche und billige Ordnung an. Der Fall eines ungerechten Regiments (Tyrannei, Oligarchie und Demokratie, nach unserer Begrifflichkeit Populismus) war stets eine Gefahr, auf deren Tendenzen man mit Geduld und Verbesserung reagieren sollte. Umstürze fürchtete man mehr als alles, weil sie heilloses Chaos mit sich brachten. Man sah sie nicht als neue Rechtsordnungen, sondern nur als Zusammenbruch. Darum nannte man sie Aufruhr.

Vermögen und seine Dienste ansetzen, und wohin er sie zuerst wenden solle.

In ipsa autem communitate sunt gradus officiorum, ex quibus, quid cuique praestet intellegi possit, ut prima diis immortalibus, secunda patriae, tertia parentibus, deinceps gradatim reliquis debeantur.
[In der Gemeinschaft selbst aber gibt es Abstufungen von Pflichten, aus denen erkannt werden kann, welche Handlungsweise besser als jede andere ist, so dass die ersten Pflichten den unsterblichen Göttern, die zweiten dem Vaterland, die dritten den Eltern, sodann stufenweise den übrigen Pflichten geschuldet werden.] *Cicero li. I. offiti.*[1]
Idem sentit Augustinus. [So sieht es auch Augustinus].

Röm 8[2]

So gilt nun die Gemeinnützigkeit als der aller vornehmste Grad. Denn wenn du diese förderst, so wird nicht allein einem, sondern auch vielen geholfen.

Röm 9(,3).
Optarim enim ego Anathema esse a Christo pro fratribus meis secundum carnem, qui sunt Israhelitae. etc. [Ich habe gewünscht, verbannt zu sein von Christo für meine Brüder nach dem Fleisch; das sind die Israeliten. etc.] *Item 1 Kor 10(,24)*[3]

Röm 13

Derhalben bezeugt Paulus, dass Christus für uns alle in die Welt gegeben sei. Und (er) begehrt, so es möglich wäre Anathema, das ist von Christus verflucht zu sein, für seine Brüder in Christus und Israeliten.[4]

---

1 Cicero De officiis Liber I. 160. Übersetzung: Rainer Lohmann.

2 Gott hat seinen eigenen Sohn nicht verschont. Wir sind Kinder Gottes.

3 Niemand suche das Seine, sondern ein jeglicher, was des andern ist.

4 Die Brüder, um deren willen Paulus das Anathema auf sich ziehen möchte, sind die Israeliten. Um zu verstehen, wie Oldendorp es hier meint, mag man auf die (spätere, aber traditionelle) Bibelerklärung von Paulus Tossanus in seiner Biblia, Basel 1729, NT S.204 zur Stelle hören: „Nicht dass der Apostel wünsche, verstockt oder verhärtet zu sein wider Christum. Denn dies kann kein gottseliger Mensch wünschen, sondern aus einer überschwänglichen Liebe, die er gleichwohl dem Willen Gottes allezeit unterwirft, wünscht er die Strafe, die sie wegen ihrer (der Israeliten) Hartnäckigkeit nach Gottes gerechtem Urteil zu gewarten haben, an ihrer statt zu tragen, damit sie von ihrer Verstockung und Verbannung befreit werden möchten. Siehe auch 1 Joh

Item: wo Paulus von der Nächstenliebe handelt, will er vor allen Dingen, man solle Steuern zahlen, Gehorsam und Ehre jedermann, dem sie gebühren, willig geben. Dazu solle man auch bitten für die Obrigkeit, um eines guten Regiments über die Gesellschaft (gemeyne) willen, als Gottes Diener zu gebührlichem Einsehen verordnet.[1]
Ferner ist um des gemeinen Nutzens willen alles Strafen zugelassen, auch so, dass etliche Missbräuche mit der Pein des zeitlichen Todes belegt werden mögen.

1 Tim 2(,1-6)

Röm 13

Diligite inimicos vestros. [Liebt eure Feinde.] *Mt 5(,44)*
Et si septies in die peccaverit in te etc.
[Und wenn er siebenmal des Tages an dir sündigen würde, etc.] *Lk 17(,4)*

Nicht, dass man einem Übeltäter Liebe und Wohltaten zu erzeigen nicht schuldig oder alle Misshandlungen brüderlich zu vergeben verpflichtet wäre. Noch viel weniger hat Leibesstrafe den Grund, als sollte solches Leiden eine Genugtuung der Sünde sein, denn das muss durch herzliches Bekenntnis bei Gott dem Herrn gesucht werden.

Si dicas: cur igitur magistratus sontes occidunt?
[Was sagst du: Warum tötet die Obrigkeit?]
Respondeo: quandoquidem ea est rerum humanarum conditio, ex quo prolapsus Adam inussit nobis omnibus notam peccati, ut saepe a malis boni laedantur, adnitendum esse humano generi, ut lex de non laedendo in plurimis conservetur ideoque coercendos, refrenandos tollendosque esse e medio, qui publicam pacem interturbant, qui innocentes laedunt, quo plures servari possint, sublatis iis, qui laeserant. Manet lex: neminem laede. At si

---

3,16“: „Daran wird die Liebe erkannt, dass Christus sein Leben für uns gelassen hat; und wir sollen auch das Leben für die Brüder lassen.“ Erik Wolf hat entweder versehentlich oder aus Unverständnis heraus in seiner Übertragung des Textes diesen Satz ausgelassen. Er ist jedoch wichtig für die Beurteilung Oldendorps. Der Abschnitt zeigt, welche Bedeutung ihm die Inkarnation Christi hatte: Sie weist auf Gottes Liebe. Oldendorp war nicht in der Weise christlicher Platoniker, dass seine Philosophie letztlich auch ohne Christus ausgekommen wäre.

1 Gegen die Übertragung durch Erik Wolf. Gemeint ist hier nicht das Volk, sondern das Regiment, das als Diener Gottes gebührliche Einsicht habe.

laesus quispiam fuerit, iam hoc agendum est, ne plures laedantur tollendusque is, qui laesit. Pluris est universam multitudinem servare, quam unum aut alterum; ideo tollitur is, qui malum universae multitudini uno aut altero facinore mali exempli minatur.
[Ich antworte: Weil es eine Bedingung der menschlichen Dinge ist, die uns durch den Fall Adams eingebrannt ist als Zeichen der Sünde, so dass Gute oft durch Böse Schaden erleiden, so muss man sich an das menschliche Geschlecht anpassen, sodass das Gesetz nicht zum Schaden vieler bewahrt werde und es zu prüfen wie zu zügeln ist und aus dem Weg zu räumen, die den öffentlichen Frieden verwirren, Unschuldigen schaden, wodurch viele gerettet werden können, indem jene entfernt werden, die Schaden anrichten. Das hebt nicht das Gesetz auf: Schade niemandem. Aber wenn jemandem (so) geschadet werden muss, hat das zu geschehen, damit nicht noch mehr Menschen geschadet werde und es muss der entfernt werden, der schadet. Es ist wichtiger, eine ganze Bevölkerung zu retten, als einen oder zwei; daher wird entfernt, wer durch die eine oder andere Tat schlechten Beispiels Bedrohung der ganzen Menge ist.] *Melanchthon Loci Communes*[1]

Sondern es geschieht hierum, dass es in Betrachtung des gemeinen Besten besser ist, einen oder wenige Menschen aus der Mitte der Übrigen wegzunehmen oder zu verweisen, als dass viele durch des Übeltäters Anreizung und Beispiel zu bösem Leben verführt werden sollten. Das verstehen vielleicht einige nicht.

Potest itaque Christianus iudex uti vel Mosaicis, vel gentilibus legibus in iudicando. Nam in Actis Apostolicis vetat spiritus sanctus legem imponi gentibus, et Paulus gladium gentium probat. Porro gladii potissima pars, leges gentium sunt. Et gladio gentium usi sunt Nahaman, Cyrus, Nabugdonosor. Et haud scio an gesserint etiam Daniel et alii Israelitae inter Assyrios. Certe gentium gladium gessit praesidium Romanum Judaeae impositum, et probavit Johan. Lucae III,[2] gessere et Cornelius Actorum X. et Sergius Procos. Actorum XIII. Haec ideo recensui, ut intelligas, iustitiae spiritus nihil referre, huiusmodi externam rerum dispositionem.
[So kann ein christlicher Richter bei seinem Richten sowohl die Gesetze von Mose wie die von den Völkern anwenden. Denn in der Apostelgeschichte untersagt der Heilige Geist, den Völkern das Gesetz (Moses) aufzuerlegen, und Paulus erkennt das Schwert der Völker an. Denn die Gesetze der Völker sind des Schwertes wichtigster Teil. Und das Schwert der Völker (Heiden) haben Naaman, Cyrus und Nebudkadnezar gebraucht. Und es mag sein, dass auch Daniel und andere Israeliten unter den Assyrern es getragen

1 Melanchthon: Loci 1521, De lege.
2 Melanchthon führt Vers 14 aus: Neminem concutiatis neque calumniam faciatis et contenti estote stipendiis vestris. Tut niemand Gewalt noch Unrecht und lasst euch genügen an eurem Solde.

haben. Sicher hat das Schwert der Völker die römische Besatzung in Judäa getragen, wie Johannes bezeugt und Lk 3,14, so auch Cornelius Apg 10 und Proconsul Sergius Paulus, Apg 13(,7). Und so habe ich dies überdacht, damit du verstehst, dem Geist der Gerechtigkeit tut dies keinen Abbruch, wenn mit diesen äußerlichen Dingen gehandelt wird.] *Ebenda.*[1]

Item, um des gemeinen Besten willen hat Gott auch nachgegeben und bestätigt, dass man im weltlichen Regiment das heidnische Schwert und auch das Gesetz gebrauche, so weit es nicht gegen Gott ist. So findet man in der Schrift, dass Nahaman, Nebukadnezar, vielleicht auch Daniel und die Israeliten, item die Römer Cornelius und Sergius[2], das heidnische Schwert geführt haben.
Denn die Heiden haben - ohne Zweifel durch Gottes Schickung - sich gemeiner Wohlfahrt mit Rat, Liebe und Güte hart angenommen und bekümmert.

Non nobis solum nati sumus, ortusque nostri partem patria vendicat, partem amici.[3] Et infra:[4] Sed cum omnia ratione animoque lustraveris, omnium societatum nulla est gravior, nulla carior, quae cum re publica war uni cuique nostrum. Cari sunt parentes, cari liberi, propinqui, familiares, sed omnes omnium caritatis patria una complexa est, pro qua quis bonus dubitet mortem oppetere, si ei sit pro futurus?
[Wir sind nicht nur für uns geboren, sondern einen Teil unserer Existenz beansprucht das Vaterland, einen anderen die Freunde. Weiterhin: Aber wenn man alles mit Vernunft und Herz durchdenkt, ist von allen Gemeinschaften keine wichtiger, keine teurer als diejenige, die jeder einzelne von uns mit dem Staat hat. Teuer sind die Eltern, teuer sind die Kinder, teuer sind die Verwandten und Freunde, aber alle Gefühle der Zuneigung aller hat sich das eine Vaterland angeeignet. Aber welcher rechtschaffene Mensch dürfte zögern, für dieses den Tod zu suchen, wenn es die Zukunft des Vaterlandes gälte?] *Cicero, li. I. offiti.*

Derhalben hat Cicero recht geredet, dass wir nicht allein uns, sondern auch unserem Vaterlande und unseren Freunden geboren sind. Wenn wir es wohl betrachten, so ist kein Ding auf Erden, das uns lieber sein sollte, als der gemeine Nutzen. Unsere Eltern, Kinder,

---

1 Melanchthon: Loci 1521, De lege abrogatione. Der letzte Satz lautet bei Melanchthon: Haec ideo recensui, ut intelligatur ad iustitiam spiritus nihil pertinere civilem illam et externam rerum *dispensationem,...*

2 Apg 10 und 13,7.

3 Cicero De officiis I. 22.

4 Cicero: De officiis I. 57.

Blutsverwandten und andere sind uns wohl lieb, aber in der Forderung gemeiner Wohlfahrt ist die Liebe zu diesen allen enthalten. Gleicherweise, wie wenn du einem ganzen Schiff mit Rat oder Arbeit helfen könntest; wäre das nicht besser, als ob du allein einem oder zweien hülfest? Denn würde nicht durch Rettung des Schiffes allen im Schiff geholfen? Dieweil nun so ersichtlich am gemeinen Besten gelegen, folgt hieraus die zweite Regel dieser Gestalt: Was zu gemeiner Wohlfahrt gehört, das ist auch billig. Wenn etwa ein Rechtshandel vorkäme, wobei etlichen einzelnen Personen Vorteil und dem gemeinen Besten Nachteil in Frage stünde, so soll die Meinung vorgehen, welche dem gemeinen Nutzen zuträglich ist. Denn diese Meinung ist billig und recht, weil sie Nutzen und Gutem folgt.

> Hinc apparet quoto nos apertius duceret in cognitionem aequitatis, sic et nunc: ut olim diceremus: Aequum et bonum. Sed quid multa? Omnia in peiorem conditionem lapsa sunt, quod apud Romanos essent politica.
> [Hier zeigt sich, was uns klarer zur Erkenntnis der Billigkeit führte, hier und jetzt: wie man einst sagte: billig und gut. Aber was weiter? Alles ist in schlechterem Zustand verfallen, das gehörte bei den Römern in den Bereich der Politik[1].]

Es kann ja nichts besser sein, als was vielen Leuten zugute kommt. So lies im ersten Artikel von dem Spruch „Was billig und gut ist«. Für diese Regel hast du viele Beispiele und Bewährungen in den Rechten, wiewohl die vorgenannten Gründe mehr denn genug sind.

> Ius praetorium est, quod Praetores introduxerunt, adiuvandi vel supplendi, ut corrigendi iuris civilis gratia propter utilitatem publicam.

---

1 Politicus war abgeleitet vom Griechischen politikos und wird hier im Plural gebraucht: Die Dinge, die zur Staatlichkeit im Sinne der Schrift des Aristoteles gehörten. Politik und mit ihr alle Gesetzgebung ist aufgrund der Erbsünde notwendig, entsprechend ist in CA XVI die Durchsetzung der Ordnung nicht Sünde, sondern bekämpft diese und dämmt sie ein. Hier kommt es leicht zu Missverständnissen. Für uns ist Politik ein positiv besetzter Begriff, weil er die Gestaltung im Blick hat. In der CA und bei Oldendorp ist bei dem Begriff mehr im Blick, wie man Missstände beseitigte, ohne darum im engeren Sinne so etwas wie unsere Polizei zu meinen oder gar eine freie rechtliche Gestaltung öffentlicher Verhältnisse. Unsere Vorstellungen von Polizei und Staatsanwälten dürfen wir nicht für die Zeit vor 1800 in Verbindung bringen.

[Das prätorische Recht ist, was die Prätoren im öffentlichen Interesse eingeführt haben, um das Zivilrecht zu unterstützen, zu ergänzen oder zu verbessern.][1]
l. Jus autem. ff. De iusti. et iur. § Adhunc autem. Instit. De bono. Possess. Vide Julianum in l. Ita vulneratus. §. ulti. ff. Ad leg. Acquili.

Erstlich, so hat der römische Richter, Prätor genannt, beinahe das halbe geschriebene Recht gemildert und den Gebrauch verändert, denn es war mit seiner Schärfe wohl etlichen zuträglich, aber dennoch vielmehr insgemein schädlich.[2]

Sed quod communiter omnibus prodest, hoc re private nostre utilitate preferendum esse. Censem nostrum esse proprium subietcorum commodum imperialiter existimantes.[3]
[Aber was allen gemeinsam nützlich ist, ist unserem privaten Nutzen vorzuziehen.
Ich bin der Meinung, dass es im wahren Interesse unserer Untertanen liegt, imperial (kaiserlich, d.h. im Sinne des Römischen Rechts) zu denken.] *l. I. § ult. C. De cadu. tollen. Vide auc. De heredi. et falci. in princi. et De non alienan. §. Quia vero. l. Actione. § Labeo autem. ff. Pro soti.*

Item: Justinianus der Kaiser bekennt, es sei besser und demnach auch billiger, auf den gemeinen Nutzen zu sehen, als auf eigenen Fiskus und Einkommen. Denn, sagt er, wir achten vor allem darauf, dass der Untertanen Frommen und Gedeihen auch unsere Wohlfahrt sei.

Plena sunt id genus omnia tribunalia actionibus, quae tametsi summo iure licite vident, intus tamen si aequitatem et commodum publicum anime et corporis respitias, videbis qua frigide sint, imo quo nullo commodo actoris ad nestoreos annos protrahantur.
[Alle Gerichte sind dieser Art von Verhandlungen voll, obgleich man es nach höchstem Recht als erlaubt ansieht, auf Billigkeit und allgemeines Wohl von Seele und Leib zu achten, So siehst du, wie blind sie sind und zu keinem Vorteil des Beteiligten sich die Verhandlungen beredsam (nestorisch)[4] auf Jahre hinziehen.]

---

1 Dig. I.1.7.

2 Oldendorp denkt hier vermutlich vor allem an Publius Salvius Iulianus, dem Redakteur des Edictum perpetuum. Er war Prätor unter Kaiser Hadrian (117-138).

3 Inst.VI. 51. 14a.

4 Das Wort bezieht sich auf Nestor, sagenhafter Herrscher von Pylos. Benjamin Hederich schreibt in seinem mythologischen Lexikon (1770) über ihn: „Er war dabey ganz unermüdet und besaß eine Beredtsamkeit, welche süßer, als Honig, war."

Hieraus sollten die Häupter der Christenheit wohl einsehen, ob es auch billig sei, dass eine oder wenige Personen um einer Sache willen, die ihnen vielleicht etwas zutragen, aber dem gemeinen Nutzen nur Schaden einbringen möchte, nachdrücklich ihre Händel und Klagen in Gerichten gegen Städte, Land und Leute anbringen dürften, gerade als ob man eines Menschen ebenso sehr acht haben sollte, als viele tausend Personen, was jedoch nicht billig ist.

> Congruit bono et gravi praesidi curare, ut pacata atque quieta provincia sit quam regit,
> quod non difficile obtinebit, si sollicite agat, ut malis hominibus provincia careat, eosque conquirat. Nam et sacrilegos latrones plagiarios fures conquirere debet, et prout quisque deliquerit in eum animadvertere, receptoresque eorum coercere, sine quibus latro diutius latere non potest,[1]
> [Es gehört zu einem guten und ernsthaften Beschützer, dafür zu sorgen, dass die Provinz, die er regiert, friedlich und ruhig ist, welches nicht schwer zu erlangen sein wird, wenn er sich eifrig bemüht, die Provinz von bösen Menschen freizuhalten und sie aufzuspüren. Er muss nämlich sowohl Tempelräuber, Wegelagerer und Diebe verfolgen, sowie einen jeden nach dem, was er begangen hat, aburteilen, als auch deren Hehler bestrafen, ohne die sich ein Räuber nicht allzu lange verborgen halten kann.] *dicit Ulpianus in l. Congruit. ff. De offiti. osid.*

Ja, manchmal handeln sogar wenige mutwillige Beschädiger wider (ganze) Städte und Gemeinden, indem sie tätliche Gewalt gebrauchen!

Die dritte Regel zur Prüfung der Billigkeit

Dies ist nun der Bereich, den Juristen bis heute mit dem Begriff der Billigkeit verbinden und was in der Ethik als Berücksichtigung der Situation gilt: die Beschaffenheit der Personen und Dinge, des Ortes und der Zeit. Hier ist Oldendorp ganz praktisch in seinem Element als Stadtsyndikus von Rostock: Er verweist die urteilenden Rechtslaien auf Gesetze und Gewohnheiten, aber systematisiert auch die entsprechenden Regeln der Billigkeit, denn sie ist nicht etwa

1 Dig. I. 18. 13.

Beliebigkeit oder Gefühlssache. Billig ist es, abzuwägen und - wie wir sagen - die Umstände zu berücksichtigen.

In der Liebe und Förderung des Nächsten belangt die nächste Stufe private und einzelne Personen, dass du ihnen gerichtlich und außergerichtlich zur Billigkeit helfest. Und dieweil nun der Händel unzählig viele vorfallen, so pflegt man diese gemeine Regel zu setzen: dass wir in allen Dingen aus der zufälligen Gelegenheit von Personen, Dingen, Orten und Zeit erwägen und ermessen sollen, was billig ist.

Eleganter ponderat ista Claudius - [eleganter erwägt Claudius] *in l. Aut facta. ff. De pe. Et. XXIX. dist. c. ult. de transacti.* Ubi Bernerdus non inutiliter. [So Bernardus nicht unnützer.]

Nun wirst du fragen: was soll ich denn in diesen vier Stücken bedenken? Wahrlich vor allen Dingen Gott den Herrn und sein Wort, laut der ersten Regel. Auch darfst du dein Gewissen nicht vergessen.

Omnia igitur quaecuique volveritis ut fatiant vobis homines, sic et vos facite illis.
[Alles nun, was ihr wollt, dass euch die Leute tun sollen, das tut ihr ihnen auch.] *Mt. 7(,12)*
Quod quisquis iurus in alium statuit, ipse eodem iure utatur. ff.
[Wer einem anderen ein Recht zuweist, wird selbst danach beurteilt.] (nach Mt 7,2)

Der kann dich am besten weisen und lehren, dass du in allen Dingen andere so richtest und behandelst, wie du dir selbst getan haben wolltest. Aus diesem kurzen Wort kannst du mehr Unterrichtung bekommen, als aus vielen großen Büchern, dieweil der Grund des ganzen Gesetzes daran hängt, wie Christus bezeugt.
Doch will ich zur Belehrung unseres fleischlichen stumpfen Verstandes etliche Hauptstücke aufzählen, wie man nach Gelegenheit von Personen, Sachen, Ort und Zeit die Billigkeit erkennen möge, soweit es das weltliche Regiment und äußerliche Dinge angeht, darin Gott die Obrigkeit mit schaffen lässt, sofern nicht wider sein Wort gehandelt wird. Aber zum ewigen Leben ist bei Gott kein Unterschied irgendwelcher Personen.

Röm 2 et 10; Kol 3.[1]

Zum ersten. Weil in Handlungen oftmals mancherlei Leute verstrickt sind: reiche und arme, mächtige und elende, junge und alte, ist die Billigkeit daran zu ermessen, dass man auf Witwen und Waisen, notdürftige und elende Personen mehr achthabe als auf andere.

Pupillum et viduam suscipite.[2] [Achtet Witwen und Waisen.] *c. I. et II. LXXXVII. dist.*
Optime accedit textus *I. l. I. §. Ait pretor. ff. De postulan.*

Denn diese können oft von sich aus ihre Sache nicht fördern, viel weniger andere dafür besolden und bevollmächtigen.
Zum andern haben wir in Anbetracht der Personen zu erwägen, dass zeitlicher Güter halben man den Blutsverwandten und Freunden mehr schuldig ist als Fremden, aus Billigkeit, wenn schon die Schärfe des Rechtes dagegen angewendet werden würde.

Qui suis et maxime familiaribus non providet fidem abnegavit et est infideli deterior.
[So aber jemand die Seinen, sonderlich seine Familienangehörigen, nicht versorgt, der hat den Glauben verleugnet und ist ärger denn ein Heide.]
1 Tim 5(,8)
Et Si filius ergo heres. [So sind's (also) auch Erben (Gottes durch Christum).]
Gal 4(,7)
Item Imperator in auc. De trien. semis. in princi.:
Et natura (inquit) primo curata competenter sic ad extraneas largitates accedere.[3]
[(Der Erblasser kann den Rest, d.h. die zwei Drittel bzw. die eine Hälfte, seinen Kindern oder Außenstehenden in beliebiger Höhe vermachen und) - so die natürlich fälligen Schulden beglichen sind - andere Zuwendungen machen.] *Cicero li. I offiti.:*[4]

---

1 Oldendorp hat hier nicht nur einzelne Verse im Blick. Zwar unterscheidet Oldendorp grundsätzlich zwischen dem Seelenheil und dem äußeren Wohlergehen des Menschen, aber beides steht dennoch nicht beziehungslos einander gegenüber, wie gerade Kol 3 zeigt, im Gegenteil. Der den „neuen Menschen angezogen hat“, wird nicht übel handeln.

2 Vgl. Ps 9,39: ut iudices pupillum et oppressum et nequaquam ultra superbiat homo de terra. [Dass du Recht schaffest dem Waisen und Armen, dass der Mensch nicht mehr trotze auf Erden.] Das Römische Recht wendet sich diesem Thema häufig zu.

3 Nov. 18. c. 1.

4 Cicero: De officiis liber 1, 44.

Primum in eo peccant quod iniuriosi sunt in proximos; quas enim copias his suppeditari aequius est et relinqui eas transferunt ad alienos.
[(Weil diejenigen, die gütiger sein wollen, als ihr Vermögen es erlaubt,) zuerst dadurch einen Fehler machen, dass sie gegenüber ihren nächsten Verwandten ungerecht sind; die Mittel nämlich, die ihnen reichlich zu gewähren und zu vererben gerechter wäre, übertragen sie auf Andere.]
Augustinus quoque noluit auctor esse ut praeterito sanguine daretur ecclesiis.
[Auch Augustinus wollte nicht der Kirche geben, was der Verwandtschaft gehörte.]

Dies kann man zudem mit göttlichem, natürlichem und kaiserlichem Recht beweisen. Und darum, so jemand in der Absicht, seine Güter dem nächsten Erben zu entziehen, ein Testament errichten wollte, ist das nicht allein unbillig, sondern auch verdammenswert. So haben etliche Städte in ihren Statuten vorgesehen, dass Erbgüter ohne dringende Not den Blutsverwandten hinterlistig nicht entzogen, auch keine Winkeltestamente, wie leider geschieht, errichtet werden dürfen - das erscheint meinem Verstehen nach ganz billig.

Saepe enim monendo magis quam minando cum multitudine agendum esse, Augustinus probat.[1]
[Augustinus erkannte, dass das Volk oft mehr zu mahnen als unter Druck zu setzen sei.]
in c. Commessationes. XLIIII. dist. c. ut constituere tur. l. dist. c. Quoties. I. q. VII.

Zum dritten. Es ist billig, mit vielen Personen in anderem Maß zu verfahren, auch etwas milder als mit einer oder Wenigen, um noch mehr Übel und Gefahren zu vermeiden.

Non contemnendum exemplum habes in - [ein nicht unbedeutendes Beispiel hast du in]
l. Bona fides. ff. Depost. Et. l. Pedius. ff. De incendi. rui. naufrag.

Beispiele gibt es viele in den geschriebenen Rechten, darin die Art der Personen und der Verhältnisse Anlass gibt, dem scharfen Recht ein wenig abzubrechen oder hinzuzutun.

Uniuscuiusque enim contractus initium spetcandum et causam[2]
[Es sei nämlich bei jedem Vertrag auf den Anfang und den rechtlichen Grund zu schauen.]

1 Decr. Conc. Disc. XLIV. C. I.
2 Dig. XVII. 1. 8.

l. Si procuratorem in princi.ff. Mandat. l.
Verum est, si meretricem.[1] [Wahr ist, wenn eine Hure,..].[2] *Et. l. Qui iniurie in princi. ff. De furt.*

Der Sache halber muss man die Umstände betrachten, aus welchem Grund und Ursache der Handel sich erstmals zugetragen habe, item: ob diese wichtig oder gering seien.

Unde Imperator breves aut modicas causas, ex scripto ac magno sumptu tractari retcissime vetat.
[Darum verbietet der Kaiser kurze und bescheidene Fälle aus dem verfassten Recht mit großem Aufwand auf das Genaueste zu behandeln.]
in auc. Nisi breves. C. De sententi. ex breviculo recitan. Vide l. Respitiendum. ff. De pen.
Sic iurisconsultus per comparationem extremorum excutit aequitatem.
[So prüft der Rechtskundige die Billigkeit durch den Vergleich der Gegensätze.]
in l. Si servus. §. Quod si sciens. ff. De furt.
Nam licet (inquit) alicui aequum videatur non oportere cuisquam plus damni per servum evenire, quam quanti ipse servus sit, multo tamen aequius esse nemini offitium suum, quod eius, cum contraxerit, non etiam sui commodi causa susceperit, damnosum esse.[3] Loquens de eo qui mandato alterius emit ignorans certum servum furem a quo furtum passus repetit damnum a mandante.
[Denn es erscheint nicht billig zu sein, mehr Schaden durch den Sklaven zu erleiden, als dieser wert ist. Da ist es weit angemessener und niemandes Schuldigkeit, dass er durch einen unvorteilhaften Vertrag nicht auch noch Nachteile habe.
Das sagt er über jemanden, der einen Sklavendieb erwirbt, er von ihm bestohlen wird und das Gestohlene von dem Verkäufer des Sklaven ersetzt bekommt.]

Darum ist es in geringen Sachen nicht billig, viele Bemühungen inner- oder außergerichtlich anzustellen, wenn es auch die Parteien begehren.

---

1 Dig. XLVII. 2. 39.

2 Verum est, si meretricem alienam ancillam rapuit quis vel celavit, furtum non esse: nec enim factum quaeritur, sed causa faciendi: causa autem faciendi libido fuit, non furtum. [Es ist wahr, dass es kein Diebstahl ist, wenn eine Person eine Hure, eine fremde Sklavin raubte oder bei sich versteckt hat; denn es gilt nicht nur nach dem Geschehen zu fragen, sondern nach dem Grund dafür; und der Grund dafür war Lust, nicht der Diebstahl.]

3 Dig. XLVII. 2. 62. 5.

So musst du nun in Ansehung dieser und anderer Verhältnisse den Handel gleich wie auf einer Waagschale auf beiden Seiten wägen, alsdann erklärt sich die Billigkeit desto leichter.

Erit autem lex honesta, iusta, possibilis, secundum naturam, secundum consuetudinem patriae, loco temporique conueniens, necessaria, utilis, manifesta quoque, ne aliquid per obscuritatem inconueniens contineat, nullo priuato commodo, sed pro communi utilitate ciuium conscripta.[1]
[Es wird aber ein Gesetz als ehrenhaft angesehen, als gerecht und der Natur nach, der Gewohnheit des Landes, Ort und Zeit angemessen, notwendig, nützlich und es offensichtlich ist, dass es keine unziemlichen Dunkelheit enthält, keinem privaten Vorteil, sondern dem zivilen gemeinen Nutzen gemäß aufgezeichnet ist.] *Isodorus distinct. IIII.*

Der Orte halber muss man auch acht haben auf die Billigkeit. Denn weil nicht alle Gesetze an allen Orten dienstlich sind, so ist es billig, dass Art und Gelegenheit des Ortes, wo der Handel vorgefallen, fleißig erwogen werden. Es mag, was an einem Ort nützlich und gut ist, in einem anderen Lande schädlich sein.

Statutorum materiam plene tractat. [Es (das Ortsrecht) behandelt umfassend die Materie.]
Barto. in l. Omnes populi. ff. De iustit. et iur.[2]

Darum wird es auch Städten und Landen zugestanden, ihre Statuten und Gewohnheiten zu gebrauchen, unangesehen des geschriebenen Rechts.

Quae requirant ad consuetudinem vide: [Was sie benötigen für die Gewohnheit, siehe:]
ex. l. de quibus. ff. De legib.

Porro finis iuris scripti vel non scripti est civium aequalitas.
[Ziel und Zweck des geschriebenen und ungeschriebenen Gesetzes ist die Billigkeit (Gleichheit) der Bürger.][3]

Doch müssen dieselben aus guten, billigen Gründen als verbürgtes Wissen und nicht mit Irrtum aufgenommen werden, dem einen wie dem anderen vorgehalten und schon einmal danach gerichtet

---

1 Decr. Conc. disc. Dist IV. C. II.

2 Bartolus de Saxoferrato (1313-1357):

3 Hier nimmt das Wort der aequalitas die Bedeutung von Gleichheit in dem Sinn an, dass jeder zu seinem Recht im Sinne der Billigkeit, Angemessenheit kommt. Vor Gott und dem Gesetz sind wir auf verschiedene Art gleich.

worden sein.[1] Wo nicht, so wäre das ein gefährlicher Missbrauch, der zu Zwietracht und allem Bösen führt.

> In tempore adire omnium maximum est.[2] Nec quique in rebus humanis administrandis utilius fuerit oportunitate. Sic agricultura satio messis vindemia insitio pro pagatos medicina adeoque cibus corporis: omnia denique sua habent tempora.[3]
> [Zur rechten Zeit zu kommen ist das Wichtigste. Nichts ist nützlicher bei menschlichen Besorgungen als die Gelegenheit. So die Ernte in der Landwirtschaft, das Pfropfen im Weinbau in den Dörfern, Medizin, die Nahrung des Leibes: Alle Dinge haben ihre Zeit.]

Die Zeit bringt auch nicht geringe Frucht zur Erforschung der Billigkeit, weil alle Dinge von Natur ihre beschiedene Zeit haben. Und es kann wohl ein Statut oder Gesetz nach Gelegenheit der Dinge in einem Jahr gut und in dem anderen böse sein. So ist es eine sonderliche Vorsicht, die Zeit wahrzunehmen und was billig und gut ist, daraus zu verschaffen, wie auch St. Paulus lehrt, auf die Zeit zu achten.

> Inde mutatio legum ut saepe posterioribus relictis ad antiquissimas redeamus, ut est exemplum in Lex. XII. tabularum.
> [Daher die Änderung der Gesetze, so dass wir oft zu den vorherigen und ältesten zurückkehren, wie exemplarisch im Zwölftafelgesetz.]
> *C. De legiti. Heredit. Vide in auc. ut defunc. seu fune. in prin.*

Item: In Erwägung der Zeit sind auch alle Verjährungen, Praescriptiones genannt, um des gemeinen Nutzens willen erdacht.

> *Röm 12(,11).* Tempori (inquit) servientes. [4] [Schickt euch in die Zeit.]

So siehst du nun, frommer Leser, wie man aus den Umständen der Personen, Sachen, Orten und Zeiten, in Betrachtung dessen, was nützlich und gut ist, die Billigkeit erwägen und erforschen muss. Aber dennoch immer so, dass du nicht unterlässt, alle Sachen nach zwei Seiten und mit allen ihren Umständen fleißig zu betrachten, das eine gegen das andere zu halten.

---

1 „dem eynen als dem andern geholden / unde yo eyn mal dar na gerichtet syn"
2 Erasmus: Adagia Nr. 553.
3 Vgl. Koh 3,1: Omnia tempus habent.
4 Die alten lateinischen Texte lasen „tempori servientes" statt „domino servientes" (τῷ καιρῷ statt τῷ κυρίῳ). Erasmus folgte der älteren lateinischen Lesart.

> Bono publico (inquit) introducta est usucapio ne scilicet quarundam rerum diu et fere semper incerta dominia essent.[1]
> [Für das Gemeinwohl hat man die Ersitzung[2] eingeführt, damit der Besitz bestimmter Dinge nicht für lange Zeit und fast immer ungewiss sein sollte.]
> *in l. I. ff. de usucap. Et in l. ult. ff. Pro suo.*
> Ut aliquis (ait) litium finis esset.[3] [Damit der Streit ein Ende habe.]

> Sic Africanus iurisconsultus aequitatem cum aequitate confert.
> [So bringt der rechtskundige Africanus Gleichheit mit Billigkeit zusammen.][4]
> *in l. Si servus communis. §. quod si sciens. ff. de furt.*

Denn es kann oftmals ein Weg zur Beurteilung eines Handels gut und nützlich scheinen oder auch nicht böse und doch auf eine andere Weise besser und nützlicher und demnach auch billiger sein.
Item: Es fallen auch oft Händel vor, darin nicht ein guter, sondern eitel böse und beschwerliche Wege vorhanden; da ist es nützlich und billig, das geringere Übel zu erwählen und das größere zu vermeiden.
Derhalben, wenn du in Erwägung der geschilderten Verhältnisse deine von Gott empfangene Vernunft anwendest, kann es nicht fehlen; du wirst finden, was am besten getan ist, und wenn du das gefunden hast, alsdann folge der Billigkeit. Denn was nützlich und gut ist, das ist auch billig, wie vorhin gesagt wurde.

> Absurda enim seu mala iuxta se collata magis elucescunt ut minus eligas malum iuxta investigationem Juliani in -
> [Absurdes oder Schlechtes erscheinen nebeneinander besser, weil man das weniger schlechtere wählt, so die Erkenntnis des Julian in -]
> *l. Ita vulneratus . §. Quod si quis.ff. Ad leg. Acquili. Eleganter etiam probat in c. Confidera. XXII. q.I. Et in c. His q. XXV. q. II.*

Die vierte Regel der Billigkeit

1 Dig. XLI. 3. 1.
2 Ersitzung (usucapio) ist der Erwerb eines Eigentums in einer bestimmten Besitzzeit, nach der er wie der Eigentümer anzusehen ist.
3 Dig. XLI. 1. 5.
4 Das Zitat bezieht sich darauf, die verschiedenen Seiten eines Falls zu betrachten.

Zu bedenken ist weiterhin die Frage nach Vor- und Nachteil, der aus den Handlungen erwächst. Diese Sicht der Billigkeit betrifft also die Zukunft, das aus Tat oder Verhalten Resultierende. Heute, wo man die Frage der Nachhaltigkeit in ihrer Dringlichkeit erkannt hat, erwächst dies zum Hauptgegenstand der Politik, die mehr und mehr in die Situation einer Richterin hineinwächst. Rechtsbildung und politisches Handeln sind heute selbstverständlich miteinander verbunden. Das kann man nicht in gleicher Weise für das 16. Jahrhundert voraussetzen. Darum ist die Verbindung von Politik und Recht bei Oldendorp durch die Betonung der Billigkeit als Absicht gerade aus heutiger Perspektive so bemerkenswert. Rechtsbildung als politisches Gestaltungsmittel ist Merkmal unserer Demokratie. Auch darum erscheinen Macht und „Obrigkeit" heute unter einem ganz anderem Blickwinkel und der von den Reformatoren geforderte Obrigkeitsgehorsam - mit dem Vierten Gebot verbunden - wirken auf uns fremd und unverständlich. Es geht bei uns weniger um Herrschaft und Macht, als um Verantwortung für Gemeinwohl auch über aktuelle Problemfelder hinaus. Damals wie heute freilich erscheint die Selbsterhaltung, die Absicht zu herrschen als Hauptmotiv verwerflich. So ungerecht es uns heute erscheint, dass jemand nur aufgrund seiner Geburt zur Herrschaft bestimmt war, so ist doch zu bedenken, dass es zum Sinn jener Ordnung gehörte, das sich niemand von sich aus zur Machtausübung aufzuschwingen hatte. Dass man dieses Bewusstsein durchaus hatte, zeigt das Ritual mittelalterlicher Bischofswahl, wo der Kandidat einzugestehen hatte, dass er nicht geeignet sei, dieses Amt auszuüben.

Damals sollte das Hauptmotiv von Herrschaft die Erhaltung und Verbesserung der Ordnung sein. Heute erscheint Machterhalt prinzipiell als verwerflich. Man wählt niemanden, damit er Macht ausübe, sondern notwendige Reformen durchsetzt. Wer eine Wahl gewinnt, dessen Programm habe überzeugt. Schon im 15. Jahrhundert wurde Reformbedarf immer sichtbarer, wobei Reform als Abschaffung von Missbräuchen angesehen wurde. Man wollte keine bessere Ordnung schaffen, sich neu ausdenken, sondern Ordnung erhalten und wieder herstellen.

Es ging Oldendorp um andauernde Verbesserung (ius semper reformandum) im Sinne der Billigkeit als Anpassung an Gegebenheiten. Sein Verständnis von Billigkeit deckt sich zum Teil mit dem, was wir heute Flexibilität und Verantwortung nennen. Die Frage nach der allgemeinen Herrschaftsform rückte dagegen in den Hintergrund. Dass

Aristokratie oder Monarchie vom Prinzip her einer Verbesserung, bzw. Billigkeit im Wege stehen könnten, kamen ihm und anderen in den nächsten Jahrhunderten vermutlich noch kaum in den Sinn. Mit einer Demokratie sah man sich am schlechtesten beraten, was sicher auch an dem gravierenden Defizit allgemeiner Bildung begründet war.

Qua ex re satis praecipit, ut quidquid sine detrimento commodari possit, id tribuatur vel ignoto. Ex quo sunt illa communia: non prohibere aqua profluente, pati ab igne ignem capere, si qui velit, consilium fidele deliberanti dare, quae sunt iis utilia, qui accipiunt, danti non molesta.
[Aufgrund einer Sache lehrt er ausreichend, dass, was auch immer ohne Schaden gewährt werden kann, sogar einem Unbekannten gewährt werden soll. Daraus ergeben sich jene allgemeinen Grundsätze: fließendes Wasser nicht umleiten, Feuer von Feuer nehmen lassen, so dies irgendeiner will, einen Ratschlag nicht verwehren. Das ist für jene nützlich, die empfangen, für den Gewährenden nicht lästig.] *Cice. l. I. LI. offitio*[1]

Wann immer man jemand so helfen und fördern mag, dass solche Förderung andern nicht schädlich sei, das geschieht billig.

Quod factum quidem mihi prodesse potest ipsi aut nihil nociturum est, haec aequitas suggerit etiam si iure stricto deficiamus,[2] [Diese Sache konnte mir zugutekommen und mir nicht schaden. Die Billigkeit legt es nahe, wenn wir auch dem Gesetzeslaut nach danebenliegen,]
dicit (Julius) Paulus in l. In Summa. §. Item Varius. ff. De aqu. plu. arce.
Loquitur de aggere in fundo vicini per vim aquae deietco. Omnia ex causa atque pluvia fundo meo nocente possum petere ut reprobat vel reponisinat vicinus aggerem.
[Er spricht darüber, dass durch eine Erdaufschüttung des Nachbarn Wasser auf ein Grundstück gedrückt wird. Wegen des Regens und der Schäden an meinem Land kann man verlangen, dass der Nachbar die Erde zurücknimmt.]

Wie wenn dein Nachbar in seinem angrenzenden Eigentum etwas gestatten oder geschehen lassen möchte, das ihm ohne Schaden und deinem Gut zum Frommen und Vorteil wäre. Wiewohl du einen dazu mit scharfem Recht nicht drängen könntest, vermag doch die Billigkeit, dass er dich daran nicht hindert.

Iure nature aequum est neminem cum alterius detrimento fieri locu pletiorem.

1 Cicero: De officiis I. 16.
2 Dig. XXXIX. 3. 2.

[Dem Naturrecht nach ist es billig, dass niemand sich durch den Nachteil eines anderen bereichert.][1]
l. iure naturae. ff. de reg. iur.

Und wiederum: was einem andern zum Nachteil gereichen mag, das soll von niemandem begehrt werden.

Die fünfte Regel zur Erkenntnis der Billigkeit

Durch Billigkeit ist scharfes Recht zu korrigieren. Mit der Einführung der Halsgerichtsordnung, bzw. Carolina kam es, dass zunehmend Rechtskundige die Gerichte leiteten, was freilich Schöffentum nicht sogleich ausschloss. Sie sind es im Gegenteil, die auch Billigkeit einfordern sollten, gerade weil sie keine Juristen waren. Ihr Gewissen war gefragt. War bei den Theologen der Reformation das Gewissen zentraler Begriff, war es für Oldendorp Billigkeit.

Oldendorp warnt vor der Verwirrung eines Falls gerade durch Rechtsgelehrsamkeit. Es gilt, sich in dem Labyrinth der Gesetze zu orientieren. Billigkeit ist auch eine Frage von Einfachheit und Klarheit, die im konkreten Miteinander herrschen möge, also des einerseits komplexen, andererseits das zu Tage liegenden, also des einfachen und konkreten Guten. Das Konkrete mag komplex sein, nicht aber kompliziert.

Oldendorps Schrift ist auch in diesem historischen Zusammenhang zu sehen, dass ab der Bildung des Reichskammergerichts stufenweise die Gerichte professionalisiert wurden und damit die Schärfe des Buchstabens mehr zur Geltung kam. Oldendorp versuchte, dem gegenzusteuern.

Quodsi is a quo relictum dicitur postque negaverat confiteatur quidem aliquid a se relictum esse, sed ad legis subtilitatem decurrat omnino solvere cogendus est.[2]
[Aber wenn derjenige, dem etwas hinterlassen worden sein soll, und nachdem er es bestritten hat, zugibt, dass ihm tatsächlich etwas überlassen wurde, soll er der Genauigkeit des Gesetzes entsprechend gänzlich zur Zahlung verpflichtet werden.]

1 Inst. L. 17. 206.
2 Dig. II. Tit. 23. 12. Der Sinn des Zitates bezieht sich auf die Verurteilung von Täuschung.

§ ult. Instit. de fideico. Hereditari. Itidem in l. Si fideiussor. §. Quedam tamen. ff. De fideiusso.
De bona fide enim (inquit) agitur, cui non congruit de apicibus iuris disputare, sed de hoc tantum si debitor fuerit nec ne.[1]
[In Bezug auf den guten Glauben sagt er, ist es nicht angebracht, über Feinheiten des Gesetzes zu streiten, sondern nur darüber, ob er zahlen soll oder nicht.]

Wo der Handel in sich selber lauter und klar ist, aber eine Partei oder der Kläger oder Beklagte sich auf geschickte Auszüge des Gesetzes stützt, da gebührt einem Richter nicht, der Schärfe des Rechtes zu folgen, sondern dem wahren Grund des Handels, um der Billigkeit willen. Desgleichen auch in freundschaftlichen Sachen, die allewege der Billigkeit gemäß und niemandem ohne sein Wissen und Wollen beschwerlich sein sollen.[2]

Dirimi enim lites hominum non falli oportet.
[Man soll die Anklagen nicht durch Täuschung verwirren.] *l. Cum Acquiliana. ff. De transacti.*

So wenn einer dem andern etwas zu tun wahrhaftig schuldig wäre, er wollte aber ausflüchtend Ausnahmen oder Einreden verwenden, um die Sache zu verwirren; dann ist es billig, dass, unangesehen seines Anbringens, er durch den Richter angehalten werde, zu tun, was er schuldig ist.

Officium iudicis distinguit. [Das Amt des Richters schafft Ordnung.]
Bar. in l. Si deposita. C(icero) mandat:
Sed sane nullo fructu ad rem publicam in pace gubernandam.
[Doch mit Vernunft (und) ohne Gewinn ist eine Republik zu regieren.]

Und dies ist der vornehmste Teil des richterlichen Amtes, davon viel mehr geschrieben, als leider in Gebrauch genommen worden ist.

Reliquos investigande aequitatis locos alias fortassis latius explicaturi nunc letcori relinquimus contenti summo digito (ut aut) aliquos iudicasse. Obviam

1 Dig. XVII. 1. 29. 4.
2 Wenn Oldendorp von Händeln spricht, hat er verschiedene Ding im Blick, die alle in diesem Begriff gefasst sind: strafrechtliche und zivile Gerichtsverfahren, Geschäfte, zivile Handlungen zwischen Menschen und öffentliche Aktivitäten. Freundschaft und Billigkeit sind nicht zu trennen, Oldendorp versteht auch sie gewissermaßen als einen Fall des Rechts. Vgl. dazu Pavel Florentskij, The pillar and ground of the truth, Princeton 1997, letter XII.

enim sunt cuique exempla in iure modo illa adhibitio Thesei philo in tam magno librorum labyrintho retco colligat.
[Die übrigen Stellen zur Klärung dessen, was Billigkeit bedeutet, werde ich vielleicht später ausführen, die alle anderen Hinweise enthalten. Denn für alles gibt es Beispiele im Recht, so man eben wie Theseus in dem großen Labyrinth der Bücher richtig sammelt.]
Adi. l. Si ex duobus. §. Sed etsi plures ff. De peculi.
Tamen aequitas (inquit) dictat iudicium in eos dari etc.[1]
[Denn die Billigkeit, sagt er, diktiert das ihnen zu gebende Urteil.]
l. Verum est. §. Si cum tres in fi. ff.Pro soti. l. Si igitur / in fi. ff. Eo. tit.
Aequm est enim ut cuius participavit lucrum, participet et damnum.[2]
[Denn es ist gerecht, dass auch am Schaden beteiligt wird, wer am Gewinn des anderen beteiligt worden ist.]
Item l. Cures. C. Si alie. res pig. dat. sit.
Unde intelligis, bone letcor, quantum in causis civium ad rem aequitatis definire possit iudex in republica hospes, qui neque loci neque hominum conditionem sciat aut quid libri peregrini interpretum, praesertim tam munerosa multitudine ad publicam administrationem conferant ex quibus (nisi oculatissimus sis) bonum et aequuum deprehendes non multo magis qua in scirpo nodum, ut dicitur.
[So verstehe, guter Leser, wie weit man in zivilen Fragen Billigkeit definieren kann: Ein in der Republik fremder Richter, der nicht die Lebensbedingungen vor Ort kennt oder die Auslegung des ihm fremden Gesetzes, vor allem bei Komplexem, was sie bei der öffentlichen Verwaltung zur Sprache bringen (es sei, du wärest äußerst scharfsinnig): Das Gute und Billige wird man dann nicht besser begreifen (und ansehen) als einen eng gezogenen Knoten.]
Propterea Cicero in li. de orato. retcissime dicit:[3] [Darum sagt Cicero richtig:]
Omnia enim sunt posita ante oclo, collocata in usu cotidiano in congressione hominum atque foro, neque ita multis literis ac voluminibus magnis continentur.
[Alles also, was vor Augen liegt, im täglichen Gebrauch liegt, in dem Zusammentreffen der Menschen auf dem Marktplatz (verhandelt wird), davon wird nicht viel Aufhebens gemacht oder in dicken Büchern verhandelt.]

---

1 Dig. XV. 1. 32. Sed licet hoc iure contingat, tamen aequitas dictat iudicium in eos dari, qui occasione iuris liberantur. - Aber obgleich dies mit Recht geschieht, gebietet dennoch die Gerechtigkeit, dass eine Klage gegen diejenigen erteilt wird, die aufgrund formaler Rechtswirkungen befreit werden.

2 Dig. XVII. 2. 55.

3 Cicero Oratore I. 191.

Ob ein Richter nach seinem Gewissen oder nach dem Vorbringen der Parteien urteilen solle

Nun wendet sich Oldendorp dem in der Reformation so wichtigen Thema des Gewissens zu, man denke nur an die schnell berühmt gewordene Reaktion Luthers vor dem Reichstag in Worms 1521. „Das Gewissen ist wie tausend Zeugen." Mathias Holtzwart, der 1581 diesen Satz aus Erasmus Spruchsammlung zitiert, definierte: „Dein Geist sei sich des Rechten bewusst und ohne Furcht, damit du deinen Weg frohen Gemütes zurücklegen kannst."[1] Er legte dann mit seinem Emblem den Akzent wie die Reformatoren auf die Frage der Gewissensschuld. Das spielt bei der Rechtfertigungstheologie eine große Rolle, nicht aber bei Oldendorp, der dies der Kirche überlässt. Dafür ist ein Gericht nicht zuständig. Ansonsten trifft Holtzwart mit seinem Rückgriff auf Erasmus, was Oldendorp mit Billigkeit im Sinn hatte. Zugleich ist damit aber auch die Brücke gegeben zwischen den „Regimentern", Welt und Kirche. Sie liegt nicht im Äußeren, sondern im Inneren, und gedacht ist dabei nicht nur an den in Schuld fallenden Menschen, der sich im Beichtstuhl oder von dem Richter wiederfindet, sondern auch an den Richter und in der Öffentlichkeit Handelnden.

Das Gewissen war für Oldendorp gewissermaßen als Lot der Setzwaage das Empfinden für die Richtigkeit dessen, was man tut. Dafür habe man nicht nur, wie Cicero es erwartet, die Pflicht vor Augen, sondern Gott. Im Gewissen verbinden sich Glaube und Handeln. Oldendorp zeigt sich auch hier als Jurist und weniger als Philosoph oder Theologe, aber ganz im Sinne der Reformation im vollen Bewusstsein, dass diese Themen gerade kein Spezialproblem von Theologen sind, im Gegenteil: Die Aufgabe der Pfarrer ist es, der Welt, d.h. auch den Juristen und der Obrigkeit eben dies zu vermitteln und deutlich werden zu lassen. Behielten sie diese Lehre für sich, würden sie das Licht des Evangeliums unter den Scheffel ihrer Gelehrsamkeit stellen und die Welt um das betrügen, was ihr zum Heil gegeben ist.

---

1 Conscia retci tibi mens, formidinis expers / Ut laeta poßis carpere fronte uiam. Deutsche Fassung: bei Holtzwart selbst „So sich doch / dass das gewissen dein / On aale Mackel sei / vnd reyn." Mathias Holtzwart, Emblematum Tyrocinia, Tobias Stimmer, Leipzig 2006 (1581), S. 136f., S.195.

Das Kapitel schließt mit einer ganzen Reihe von lateinischen Zitaten, die dem Leser helfen sollten, gut und billig im Gericht zu entscheiden. Dieser Anhang lässt uns nochmals fragen, an wen sich die Schrift richtet. Zum einen ist es der Widmung gemäß ein in baldiger Zukunft (1532) verantwortlicher Regent, im (dann ausgebliebenen) Fall seiner Weihe als Geistlicher der bischöflichen Diözese, als weltlicher Fürst des bischöflichen Stiftsguts, Herzog Magnus II. Zum anderen sind es die in Rostock für Gerichte Verantwortlichen im Magistrat, aber auch die Welt der Gebildeten. Zu ihnen gehörten auch die studierten Theologen, die in den Reformationsprozess eingebunden waren. Auch sie werden eine solche Schrift aufmerksam zur Kenntnis genommen haben, denn sehr viel in Bezug auf die Reformation hing an juristischen Entscheidungen, den damals noch ungeschriebenen Kirchenordnungen. Zudem lag das Thema der Billigkeit und des Guten, verbunden mit dem Gewissen im Zentrum dessen, was sie predigten. Der geistlichen Rechtfertigung lag im Weltlichen die Gerechtigkeit gegenüber. Kirchenrecht gehörte mit zu dem, was auch Theologen an den Universitäten zu hören bekamen. Am wenigsten scheint Oldendorp bei seinem Schreiben die Juristen im Blick zu haben, denen all diese Zitate selbstverständlich sein sollten. Sehr viele studierte Juristen gab es auch 1529 noch nicht in Rostock. Noch lag das Gerichtswesen besonders auf unterer Ebene - juristisch gesehen - in Laienhand.

Oldendorp schreibt: „Nichts kann falscher sein, als einfach alle Tradition zu akzeptieren." Dies galt ebenso für die Theologie wie für das Recht: Disputiere nicht ins Unendliche, mache das Recht nicht zum Fachgezänk der Abwägung sich verzweigender Prinzipien. In Philosophie, Jura und Theologie besann man sich gegenüber geltenden Traditionen auf die Grundlagen von alledem.

Wenn wir heute danach fragen, was denn Kirche der Welt zu bedeuten habe, bzw. wie sich die beiden Regimenter, von denen die Reformation sprach zueinander verhalten sollten, sollte man einen Blick auf die Wirkung werfen, die die Predigt der Reformatoren im 16. Jahrhundert vor allem in den Städten politisch hatte, und zwar nicht nur im negativen Sinn mit der Abschaffung kirchlicher Institutionen und Gebräuche. Schon dafür sind die Schriften Oldendorps ein überaus wichtiges historisches Dokument. Er stand als Syndikus einer bedeutenden Hansestadt unter dem Einfluss der Reformation gegenüber und beförderte sie maßgeblich sowohl in Rostock, als auch danach in Lübeck.

Dieweil nun vielmals des Gewissens, als vor allem zur Billigkeit dienstlich gedacht worden ist, so erwächst derhalben unter den Schreibern eine allgemeine Disputation:

> Inter Martinum et Johannem praecipuos auctores fuit haec disputatios, dicente Accursio:[1]
> [Zwischen Martin und Johann, den vorzüglichen Autoren, gab es diese Disputation, berichtet Accursius:] *in. §. Tibi quoque. In auc. De man. princi.*
> Utrum iudex secundum conscientiam aut secundem acta et probata iudicare debeat?[2]
> [Ob ein Richter nach dem Gewissen oder den Akten und Beweisen zu urteilen habe?]
> Martinus conscientiam, Johannes acta iuditiaria sequitur.
> [Martin entschied sich für das Gewissen, Johannes folgt der Aktenlage.]

Ob ein Richter nach seinem Gewissen oder nach dem Vorbringen der Parteien urteilen solle? Dieser Frage musst du dich annehmen, wenn der Richter von den Umständen der Sache im Grunde der Wahrheit von sich aus[3] etwas anderes weiß, als durch die Parteien vorgetragen und bewiesen wurde.

> Cum enim non magis dicenti quod neganti credendum sit non potest divinare iudex ignorans quid verum sit, nisi quatenus probatum fuerit. Communis schola iuris peritorum sequitur Johannem cum Accursio. Distinguunt tamen duplicem conscientiam in iudice, alteram quam ex actis iuditiariis, alteram quam ex visu et auditu suo ut privatus habeat. Sed omnia haec humane caecitatis sunt deliramenta, (*Litant. l. Illicitas. §. Veritas. ff. De offiti. Presid.)* quae ex dyametro illis adversatur, si sic colligas. Ubi aliud scriptum et aliud gestum est, iudex veritatem probatam sequatur. Sed quod ex conscientia sua habet, compertissimum illi est, perinde ac simille testibus probaretur. Ergo veritatem et conscientiam relictis simulatis actis sequi debet.
> [Denn da dem Gesagten ebenso wenig zu glauben ist wie dem Leugnenden, kann ein Richter, der die Wahrheit nicht kennt, sie nicht erraten, es sei denn, sie ist bewiesen. Der Gemeinschaft der Schule der Gesetzesgelehrten folgt Johannes mit Accursius. Man unterscheidet jedoch ein doppeltes Gewissen im Richter, das eine aus dem Gerichtsverfahren, das andere aus dem Sehen und Hören, wie man es persönlich hat. Aber das sind alles Illusionen menschlicher Blindheit, die einander diametral entgegenstehen, wenn du es

---

1 Accursius (1182/85 - 1260/63) Mit Martin ist nicht Martin Luther gemeint, sondern ein Jurist.

2 Vgl. das Vorwort des Tripartitum von István Werbőczy von 1517.

3 „egentlick" von proprie.

recht verstehst. Wo das eine geschrieben ist und das andere getan, folgt der Richter der bewiesenen Wahrheit. Aber was er aus seinem Gewissen hat, ist am klarsten, gleich als ob es durch Zeugen erwiesen wäre. Also muss er der Wahrheit und dem Gewissen folgen und die Täuschungen lassen.]

Denn wo er nicht davon wusste oder zweifelte, da mag ihm niemand Schuld geben, dass er den Akten, die die Sache betreffen und bewiesen haben folge, es sei wahr oder nicht.[1]
Hier erklären nun die Rechtslehrer gemeinhin, dass ein Richter nach den Akten und dem Vorbringen der Parteien urteilen solle, auch wenn er bei sich selbst die Wahrheit besser wüsste. Und zur Rettung solcher Ansicht machen sie Distinktionen, bzw. Unterschiede, wie dass ein Richter zweierlei Gewissen habe, etc.
Aber etliche alte Rechtsverständige sagen, dass ein Richter allezeit seinem Gewissen und der Wahrheit folgen solle, und wenn er anders täte, wäre das gegen Gott, Recht und Billigkeit.

Martinus et quidam alii hanc sententiam retcissime sequuntur, quae divinis, naturalibus et imperatoriis legibus probat.
[Martin und einige andere folgten der richtigen Sentenz, die durch göttliche, natürliche und kaiserliche Gesetze erwiesen ist.]

Quicquid feceritis ex animo facite, tanque domino et non hominibus.
[Alles, was ihr tut, das tut von Herzen als dem Herrn und nicht den Menschen.] *Kol 3(,23)*
Et quicquid fit contra conscientiam aedificat ad gehennam.
Quoniam omne quod non est ex fide, peccatum est.[2]
[Was gegen das Gewissen steht, erbaut sich zur Hölle hin, da alles, was nicht aus dem Glauben kommt, Sünde ist.] *Röm 9 et 13. c. Literas. De resti. spolia.*

Denn wir sollen alle Dinge wie vor Gott und nicht wie vor Menschen tun, auch keineswegs wider unser Gewissen handeln. Wie könnte es denn bestehen, wenn du anders urteilen[3] solltest als du in Wahrheit weißt?

---

1 Diesen Satz hat Erik Wolf in seiner Textübertragung übersehen.

2 Formulierung nach Decr. Sec. Pars Causa XXVIII, Questio I, Caput XIV. Illud uero Apostoli: "Quicquid non est ex fide, peccatum est," non ita intelligendum est, ut quicquid ab infidelibus fit peccatum esse credatur, sed omne, quod contra conscientiam fit, edificat ad gehennam.

3 „ordelen“ – Im niederhochdeutschen Sprachgebrauch Oldendorps waren die Worte Urteilen und Ordnung noch sichtbar identisch.

Nolite iudicare secundum faciem sed iustum iudicium iudicate.
[Richtet nicht nach dem Ansehen, sondern richtet ein rechtes Gericht.] *Joh 7(,24)*

Deshalb will Christus, dass wir nicht nach dem Ansehen, sondern recht richten sollen.[1]

Omnis probato sit iudici non parti quae numque sibi satis probatum esse calumniaretur.
[Alles möge vom Richter erwiesen werden, nicht nur teilweise. Und es wäre irreführend, wäre es nicht ganz bewiesen.]
l. III. §. Eiusdem quoque. Ibi. Sed ex sententia animi tui etc. ff. De testi.
Si ergo iudex per conscientiam suam compertum habet factum. Quid opus est probare?
[Wenn also der Richter durch sein Gewissen erkundet, gelangt er zum Faktischen. Was mag man ihm beweisen?]

Item: Aller Beweis geschieht, um dem Richter (etwas) glauben zu machen und nicht der Gegenpartei. Wenn er nun in seinem Gewissen den Grund zuvor weiß und glaubt, was soll oder mag man ihm denn mehr beweisen?

Conscientia mille testes.[2] [Das Gewissen ist wie tausend Zeugen.]

Ein Mensch kann nichts Gewisseres wissen als aus seinem Gewissen.

---

1 Oldendorp deutet diesen Vers mithin so, dass Ansehen Äußerlichkeit bedeutet, das Recht aber auf Herz und Wahrheit schaut, das Gute ist.

2 Erasmus entnimmt für seine Agadia XCI. den Spruch Quintilians: Conscientia mille testes. - (Quintilianus Oratoriarum institutionum libro quinto hanc sententiam ut proverbialem citat.)
Sensus interprete non eget. Quis enim nescit conscientiam rem esse unam omnium efficacissimam, adeo ut nulla tormenta melius prodant maleficium quam conscientia, nullus carnifex severius puniat quam haec? Unde et illud: - Heu! quam difficile est crimen non prodere vultu! - Extat et Graecanica sententia Συνείδησις πλήττει τῂν ψυχήν, id est Conscientia verberat animum. - [Der Sinn des Spruchs bedarf keiner Auslegung. Denn wer weiß nicht, dass das Gewissen eines der wirksamsten Dinge überhaupt ist, so sehr, dass keine Stricke das Böse besser binden als das Gewissen, kein Henker härter bestraft als diese? Daher auch dies: - Ach! wie schwer ist es, ein Verbrechen nicht mit Miene zu verraten! - Es gibt auch einen griechischen Satz συνείδησις πλήττει τῂν ψυχήν, d.h. das Gewissen erzieht den Verstand.]

L. II. in fi. ff. De feri. Si irrutione in fi. ff. fini. regundo. c. I. De scrutini. c. Quoniam omne.
De prescrip. Pulchre in c. postulatus. III. q. VII. Cicero lib. offiti.
Quo circa (inquit) bene praecipiunt qui vetant quicque agere quod dubites aequum sit an iniquum. Aequitas enim lucet ipsa per se, dubitatio autem cogitationem significat iniurie. Unde proverbium: Que dubitas, ne feceris.
[Darüber (sagt er) lehren diejenigen gut, die jemandem etwas zu tun verbieten, von dem sie in Zweifel sind, ob es billig oder unbillig sei. Billigkeit nämlich leuchtet durch sich selbst. Zweifel jedoch zeigt einen Gedanken als unrecht an. Daher der Spruch: Im Zweifel handle nicht.]

Ferner gibt es auch viele Rechte, geistliche und weltliche, welche gebieten, stets nach dem Gewissen und der wahrhaftigen Überzeugung[1] zu richten.
Demnach gebührt einem Richter, fleißig in das Einsicht zu nehmen, was die Parteien nicht vorbringen, damit alle Verfahren ohne Gefahr und Verzögerung nach Billigkeit geordnet werden,

Solum deum prae oculis habentes, etc. Ac, nimium prae oculis et labiis potius vero in corde fuerit habendus.
[Sie haben nur Gott vor Augen, etc. Ach, allzu viel liegt vor Augen und auf den Lippen, besser ist es, es wahrhaft im Herzen[2] zu haben.]

wie man auch in allen wichtigen Urteilen zu schreiben pflegt, dass die Richter Gott allein vor Augen gehabt haben und ähnliches. Diese Worte sind kurz, haben aber eine große Bedeutung.

Multa denique in conscientia boni iudicis versantur, quae si praetermittas actum est de aequitate et republica. Porro, si deprehenderit calumniam litigantium etiam non interpellatus ad eam repellendam debet offitium suum inpartire innocentibus.

---

1 „na der conscientien und warhafftigen gheweten" - Oldendorp schreibt nebeneinander „conscientia" auch im deutschen Text und „Gewissen". Das Lateinische besagt „vollständige Kenntnis, Teilhabe an Wissen". Gewissen ist Übereinstimmung mit der Wahrheit, die vor Gott gilt, also an der nicht zu rütteln ist. So ist das Bild der Setzwaage für die Billigkeit auch zutreffend für den Begriff des Gewissens: Ich bin mir der Übereinstimmung mit Gott vielleicht nicht sicher, aber ich trachte danach: Christus ist nach dem Johannesevangelium die Wahrheit in Person. Glaube und Gewissen sind nicht zu trennen.

2 Das Herz ist der Ort des Gewissens, der Entscheidung. Hier wird die Billigkeit gefunden, die als Prozess, nicht als feststellbarer Fakt zu verstehen ist.

[Viel bewegt sich im Gewissen eines guten Richters. Übergehst du den Akt von Billigkeit und Öffentlichkeit, denke ich, wenn er nicht die Verwirrung der Prozesse abfängt, unterbricht und sie zurückweist, muss er seine Obliegenheit auf Unschuldige abwälzen.]
l. Cetere. §. I. ff. Famili. erciscun.
Boni enim (inquit) et innocentis viri officio eum fungi oportet.[1]
[Denn er hat seine Amtspflicht als guter und untadeliger Mensch zu erfüllen.]
Adde. l. Si extraneus in fi. ff. De iur. doti.
Nec enim quisque iudex ex propriis auribus audiet, etc.[2]
[Denn nicht jeder Richter wird mit eigenen Ohren hören, etc.]
Et l. I. § Et hoc edictum. ff. Si muli. vent. nomi. in posess.
Procul igitur absunt a bono et aequo, qui summo iure patiuntur adeo differri iuditia ut tandem Cadmeam victoriam[3] sit facturus miser actor, quippe plus in litem impendens, quod per sententiam consecuturus. Quo in genere fuit olim Ubertus dicere solitus non esse bonum advocatum, qui patiatur intra decem annos litem contestari cum tutore aut curatore, ut annotatur apud -
[So sind weit entfernt von gut und billig, die unter dem scharfen Gesetz leidend das Urteil aufschieben - wie der Sieg von Kadmeia ein schlechter war - und mehr im Prozess aufwenden, als durch die Entscheidung gefolgt wäre. Wodurch im Prinzip Ubertus einst kein guter Anwalt zu nennen war, der innerhalb von zehn Jahren eine Klage beim Vormund oder Betreuer anfechten ließ, wie bemerkt bei] *Specula. in tit. De exceptio. §. Viso quando exceptiones. Versic. Item nota secundum Ubertum etc.*

Huc pertinet error ille pestilentissimus, quo omnes fere iurisperiti dicunt communem opinionem in iudicio semper esse praeferendam. Nam ego id non falsum modo, verum etiam pernitiosum in republica existimo, et sicut Cato parebat quidem paedagogo iubenti, sed rogabat quam ob causam id iuberet, sic interpretum sententiam quantumuis vulgarem, quatenus iure et aequitate fulciatur, recipiendam esse.

---

1 Dig. X. 2. 4. 1.

2 Dig. XXIII. 3. 33. nec enim quicquam iudex propriis auribus audiet mulierem dicentem, cur patrem, qui de suo dotem promisit, non urserit ad exsolutionem, multo minus, cur ipsam non convenerit. [Auch wird ein Richter nicht mit seinen eigenen Ohren auf eine Frau hören, wenn sie vorträgt, warum sie den Vater, der ihr Mitgift versprach, zur Auslösung drängt, noch weniger, warum sie mit sich selbst nicht einig ist?]

3 Die Besetzung der Kadmeia durch spartanische Truppen unter Phoibidas im Jahr 382 v. Chr. löste eine Folge von Kriegen zwischen den beiden Städten und ihren Verbündeten aus, die Spartas Hegemonie über Griechenland beendeten und die kurzzeitige Vorherrschaft Thebens begründeten. Erasmus von Rotterdam verweist darauf auch in seinen Agadia Nr. 1734.

[Hier erstreckt sich jener giftige Irrtum, nachdem etwa Juristen sagen, die allgemeine Meinung sei im Urteil immer vorzuziehen. Denn darin liege ich nicht falsch, dass ich dies für gefährlich für eine Republik halte. Und wie Cato als Pädagoge bereit war zu befehlen, doch nach dem Grund des Befehls fragte - so wird der Satz indes allgemein gedeutet - (und entschied:) soweit es dem Recht und der Billigkeit entspricht, ist es anzunehmen.[1]]

Unde Zasius[2] in l. II. ff. De origin. iur.

Ferunt iudicem (inquit) qui a communibus opinionibus recedat, litem suam facere.

[Er sagt: Bringt man die Sache vor einen Richter, der vor den allgemeinen Meinungen zurückweicht, macht man sich (selbst) seinen Prozess.]

l. ulti. C. den pen. iudi. qui mal. iudi.

Qua traditione simpliciter accepta nihil potest esse falsius. Equidem fateor communi assertioni, sed que textibus iuris fulciatur aut cui nulla lex sit contraria, ut supra diximus, haerendum esse. Sed in universum communibus niti opinionibus, si vel textus iuris aut ratio manifesta repugnet, hic nos certam pestem dicimus et contestamur, quas nisi iudex fugiat, et sese et animam suam damnabit, et iura partis subvertet.

[Nichts kann falscher sein, als einfach alle Tradition zu akzeptieren. Dieser allgemeinen Ansicht stimme ich zu, aber wird etwas durch juristische Texte gestützt und ist keinem Gesetz zuwider, wie wir oben gesagt haben, ist an ihr festzuhalten. Aber im Allgemeinen beruht (Tradition) auf gemeinsamen Meinungen. Soweit der juristische Text oder die offensichtliche Vernunft widerstreitet, sehen wir darin eine sichere Pest und sind uns sicher, wenn der Richter sie nicht meidet, wird er sich und seine Seele verdammen und das Recht teilweise verkehrt (werden).]

Vide qui sapis, qui probus es, qui iuris veritatem amas, quod ancipiti periculo communes opiniones consistant. Si enim textibus fulciuntur iam non quia communes sunt, sed quia iuris sunt, etiam si solus quispiam docuerit, obtinebunt sin textibus obvient, tamquam syrtes sunt evitande.

[Sieh, so du klug und ehrlich bist und die Wahrheit des Rechtes liebst, dass die allgemeinen Meinungen anzunehmen gefährlich ist. Was durch Rechtstexte untermauert ist, ohne allgemein geteilt zu werden, aber rechtens ist, wenn auch (nur) ein Einzelner sie lehrt, wird sich behaupten. Obgleich (die allgemeinen Meinungen) mit (Gesetzes)texten übereinkommen, sind dennoch Sandbänke zu umschiffen.]

Haec Zasius. Probantur ista / per l. I. § Cumque / haec materia. C. De vete. iur. enucle.

---

1 Dieser Verweis bezieht sich auf Marcus Porcius Cato (minor). Er galt als Muster und Vorbild bei den Stoikern für seine altrömische Unbestechlichkeit. Er hatte sich geweigert, den Oberbefehl beim Widerstand gegen Cäsar zu übernehmen.

2 Ulrich Zasius (1461-1535) In titulum ff. de re iudicata letcura.

Sed neque (dicit Imperator) ex multitudine auctorum quod melius et aequius est iudica tote. Cum possit unius forsitan et deterioris sententia et multos et maiores in aliqua parte superare etc.[1]
[Ihr sollt aber auch nicht nach der größeren Zahl der Rechtslehrer entscheiden, was besser und gerechter ist, da die Meinung eines einzigen und Geringgeschätzten vielleicht in irgendeinem Bereich die Mehrheit und auch die Angesehenen übertreffen kann.]
Accedit. l. Ob carmen / in fi. ff. De testibus et quod scriptum est, turbam ne sequarius.[2]
[In Bezug auf die Zeugen und das, was geschrieben steht, folge nicht dem Wirbel.]

Wie man geschriebenes Recht und Sachen[3] oder Handlungen ermitteln und gebührlicher Weise erwägen möge

Dieser Abschnitt bildet so etwas wie eine praktische Zusammenfassung und Anwendung des zuvor Geschriebenen. Betont und herausgestellt wird hier nochmals die Zeitbedingtheit aller Satzungen, was sicher keine neue Erkenntnis war, die aber bei weitem noch nicht das Gewicht hatte, das man ihr später beimaß, als sich Rechts- und Geschichtswissenschaft weiter in unsere heutige Richtung hin entwickelten. Hier bahnte sich trotz des Altbekannten ein allmählicher Paradigmenwechsel an, der das Konkrete in seiner Einzigartigkeit anders beurteilte. Der Entwicklungsgedanke, wie er uns selbstverständlich ist, war damals noch nicht vergleichsweise ausgeprägt. Im Mittelalter hatte man allem, was alt und bewährt war,

1 Dig. I. 17.1. 6.
2 De testibus unde scriptum est, turbam ne sequaris. Ex 23, 1f.: non suscipies vocem mendacii nec iunges manum tuam ut pro impio dicas falsum testimonium non sequeris turbam ad faciendum malum nec in iudicio plurimorum adquiesces sententiae ut a vero devies. - [Du sollst falscher Anklage nicht glauben, dass du einem Gottlosen Beistand tust und ein falscher Zeuge seist. Du sollst nicht folgen der Menge zum Bösen und nicht also verantworten vor Gericht, dass du der Menge nach vom Rechten weichst.]
3 Lateinisch gedacht: res – Streitsache, Schiedsspruch, Wahrheit, ein sehr allgemeiner Begriff.

grundsätzlich schon mal den Vorzug gegeben. Dem widerspricht hier Oldendorp im Grundsatz.

Über die Antike urteilte er: Auch das heidnische Recht floss aus dem Göttlichen, wurde dann von christlichen Kaisern verändert übernommen, was aber keine Perfektion bedeutete. Oldendorp hatte wie andere Humanisten die hohe Qualität dieses in der Endfassung spätantiken Rechts anerkannt, aber auch gesehen, dass es nicht vollkommen war. Die Besserung jedoch versprach er sich nicht von einer Perfektionierung der Gesetzestexte, sondern von der Beachtung der Billigkeit den konkreten Menschen und Gott gegenüber, der sich Christus offenbart hatte und so auf seine Weise regierte.

Hier zeigt sich einmal mehr, dass die Renaissance nicht einfach eine Wiederbelebung und Wiederentdeckung der heidnischen Antike war, sondern zum einen die bereits christlich veränderte Spätantike im Blick war, zum anderen man nicht einfach das Römische Recht zum geltenden machen wollte. Auch die aktuellen Gesetze, bzw. Rechtskenntnis waren ihm nicht „der Weisheit letzter Schluss". Die Rechtsgelehrsamkeit stand zu Beginn des 16. Jahrhunderts vor großen Herausforderungen. Zum einen verfügte sie über zwei große Rechtssammlungen, die teilweise bis in Kleinigkeiten über genaueste Regelungen verfügte[1], andererseits entsprach ihr kein geltendes weltliches Rechtssystem. Es ist keine Übertreibung, wenn gesagt wird, dass mit der juristischen Revolution von Bologna im 12. Jahrhundert die Grundlagen für den modernen Staat geschaffen wurden. Oldendorp jedoch misstraute grundsätzlich dem Wunsch, durch Genauigkeit im Gesetz der Billigkeit gerecht zu werden. Zum anderen hatte sich die Weltsicht zu Beginn des 16. Jahrhunderts entscheidend geändert. Man hatte die ersten Globen hergestellt und betrachtete die Welt als ganzes und sprach vom menschlichen Geschlecht. Es war auch eine Reaktion Oldendorps darauf, wenn er vom ius gentium auch im Sinne eines beginnenden Völkerrechts sprach und nach Grundsätzen fragte, die über das christlich geprägte Recht hinaus gingen.

Auch der Gedanke der historischen Bedingtheit von Gesetzen aller Art ist für das 16. Jahrhundert bemerkenswert. Sie macht sie darum jedoch nicht beliebig, sondern alles muss einem Grund nachkommen, und dieser ist für Oldendorp nicht ein wie auch immer geartetes Naturrecht,

1 Besonders eindrücklich ist in dieser Hinsicht auch der Rechtskorpus, den Maimonides im 12. Jahrhundert verfasste. Er ist die jüdische Reaktion auf die Rechtswissenschaft von Bologna und übertrifft diese noch an Präzision und Systemkraft.

sondern Billigkeit gegenüber Gott, der Gesellschaft und dem Nächsten: Alles Recht ist auf Billigkeit hin beständig zu überprüfen. So ist ihm die Goldene Regel Jesu Grundlage jeden Rechtes. Das christliche Rechtsverständnis steht nicht neben dem heidnischen, auch nicht über ihm, sondern allem menschlichen Regieren im weitesten Sinn des Wortes gegenüber.

Wie in Bezug auf die Erforschung der Billigkeit verhandelt, so besteht wahrlich ein großer, unleidlicher Irrtum in der Erkenntnis der geschriebenen Rechte. Denn die vielen Gesetze und Allegaten[1], die man dazu gebraucht, haben oft gar nichts zur Sache zu sagen.

> In controversiis iudicandis totam cause seriem in breves ac simplices conclusiones solve ut intentionem petentis aut defendentis in quo scopus aut status vertitur agnoscas. Numquam enim retce ius excuties, nisi factus prius teneas, quandoquidem in causa et facto ius est positum.
> [Löse bei der Beurteilung von Kontroversen die ganze Reihe von Fällen in kurze und einfache Schlussfolgerungen auf, wie die Absicht von Kläger und Verteidiger und erkenne, worin Ziel und Status sich verkehrt haben. Niemals nämlich führe ein Recht aus, bis du das Geschehene begreifst, weil Recht auf Ursache und Geschehenes hin gesetzt ist.]
> *l. ex plagis. §. In cliuo. ff. Ad leg. Acquili.*[2]

Darum, so du wissen willst, was in einer Tat geschriebenes Recht ist, so fasse den Handel, der dir nach der Länge vorgetragen wurde, in kurze und wenige Artikel oder Schlussfolgerungen zusammen und betrachte fleißig, worin die meiste Macht und Grund der Sache enthalten ist. Denn willst du das Recht wirklich finden, so musst du den Handel wohl kennen.

> *De legibus. ff. De legib.*

Danach, wenn du den Fall in Kürze erfasst hast, so nimm dir das geschriebene oder ungeschriebene Recht vor, sowie löbliche Statuten oder Gewohnheiten des Ortes, wo die Sache vorgefallen ist, oder, wo solche nicht sind, allgemeine geschriebene Rechte und suche den

---

1 aus juristischem Schrifttum (zu Beleg- und Beweiszwecken, teils auch zur Verschleierung von Fakten) angeführte Stellen, Zitate, Belege, Nachweise.

2 Bezug auf das Lex Aquilia in Dig. IX. 2. 52. 2.: respondi in causa ius esse positum – [Ich habe gutachtlich geantwortet, dass die Rechtslage von den näheren Umständen abhänge.]

Titel[1] oder den Ort, worunter solche Materien und Fälle verhandelt werden.

Titulus enim velut iudex est cuiuslibet materie.
[Denn der (Rechts)titel, die Bezeichnung ist Richter jedweder Materie.]

Sub titulo quaerenda est lex apposita negotio et casui. Et hic magnopere curandum ne occurrentibus primum legibus indeliberate utaris, ut quidam faciunt captantes prima quaeque. Nam suspetca est huiusmodi facilitas praecipue in iure, propter multitudinem negotiorum.
[Unter der (Rechts)bezeichnung ist das Gesetz angewandt in Rechtsgeschäft und Fall. Und hier ist es sehr wichtig, darauf zu achten, dass du die Gesetze nicht wahllos anwendest, damit man nicht unter dem ersten Eindruck handelt. Denn gefürchtet ist eine derartige Möglichkeit besonders im Recht wegen der Vielzahl an Aufgaben.] *l. Natura. ff. De praescript. verb.*

Daselbst lies fleißig, welche Gesetze auf deinen Handel eigentlich zutreffen.
Wenn du dann ein besonderes Gesetz für den Fall gefunden hast, so steh hier ein wenig still und rumpel nicht gleich darüber her, wie denn gemeiniglich viel gelesen und wenig nachgedacht wird, sondern gebrauche es in der folgenden Weise und mit Maß:

Nam incivile est, nisi tota lege perspetca una aliqua particula eius proposita iudicare vel respondere,[2]
[Denn ungebührlich ist es, ohne das Gesetz als Ganzes zu berücksichtigen, nach irgendeinem Teil desselben ein Urteil zu sprechen oder ein Gutachten zu erteilen.]
dicit iurisconsultus [sagt der Rechtskundige] *in l. Incivile. ff. De leg.*

Erstlich, so lass dich nicht verdrießen, dasselbe Gesetz einmal, zwei- oder dreimal, und wenn es sehr dunkel wäre, den ganzem Titel durchzulesen. Vielleicht wirst du im Anfang etwas erfahren, das dir die folgenden Meinungen besser begreiflich macht.

Scire enim leges non hoc est verba earum tenere, sed vim ac potestatem habere.
[Die Gesetze zu kennen heißt nicht, sich an ihren Wortlaut zu halten, sondern an ihren Sinn und Zweck.] *l. Scire leges. ff. dict.. tit.*[3]

---

1 Der titulus ist auch ein Ordnungsbegriff des Rechtskorpus. Die Zuordnung eines Falls zum Paragraphen ist mithin hier gemeint.

2 Dig. I. 3. 24.

3 Dig. I. 3. 17.

Zum andern. Halt dich nicht allein an die bloßen Worte, sondern betrachte die Gründe und den Sinn des Gesetzes.

> Contra legem enim facit qui id facit, quod lex prohibet, in fraudem vero legis facit, qui salvis verbis legis sententiam eius circumvenit.[1]
> [Gegen das Gesetz handelt, wer tut, was das Gesetz untersagt. Das Gesetz umgeht dagegen, wer zwar seinen Wortlaut beachtet, aber seinem Sinn zuwiderhandelt.] *l. Contra. ff. Eo. tit.*

Denn dadurch wird viel Böses bewirkt, dass man der Worte mit behänden Disputationen wahrnimmt und den rechten Sinn fahren lässt.

> Sive veterum sive recentiorum legislationes evoluamus, oportet etiam atque etiam circumspicere, quo tempore scripte fuerint leges, a quo et de quibus. Deinde conferre novas cum veteribus mutationum semper memores. Nulla enim humana lex ab initio sic ferri potuit, ut omnibus futurus temporibus aeque conveniret,
> [Ob wir alte oder neue Gesetze ausbreiten, man muss wieder und wieder danach sehen, in welcher Zeit sie geschrieben sind, über wen und worüber. Dann denke immer daran, die neuen mit den alten gemäß ihrer Veränderung in Beziehung zueinander zu setzen. Denn kein menschliches Gesetz könnte von Anfang an so ausgeführt werden, dass es allen künftigen Zeiten gleich passte,]
> *dicente Imperatore in auc. Ut defunct. seu fune. eor.*[2]

Zum dritten. Bedenke fleißig, wann, wo und von wem dasselbige Gesetz aufgerichtet und ob es auch nach der Zeit ganz oder teilweise verändert worden sei. Denn göttliche und natürliche Rechte bleiben stets, aber menschliche Gesetze und weltliches Regiment sind wandelbar.

> Neque legem ut cum facto conveniat torquere, neque factum ut legi respondeat variare licet.

1 Dig. I. 3. 29.

2 Die 60. Novelle des Justinian Ut defuncti ist im Blick, aber nicht als Zitat. Das 2. Kapitel endet mit den Worten: Sed quoniam nobiscum statuti semper administratores occupationibus rerum nostrarumque iussionum comprehensi ad hanc necessitatem deponuntur, oportet consonam congruamque legem rebus imponere. [Wenn wir mit der Ausführung unserer Befehle oder mit anderen Angelegenheiten beschäftigt und nicht in der Lage sind, Fälle selbst anzuhören, ist es unter den gegebenen Umständen unbedingt erforderlich, ein Gesetz zu erlassen, das auf die bestehenden Bedingungen anwendbar ist.]

Sicut enim in torquenso iure fraudem sic in variato facto mendatium committes.
[Kein Gesetz darf man verdrehen, damit es zum Geschehen passt, noch die Fakten abwandeln, damit das Gesetz passt.]

Zum vierten. Habe fleißig acht, dass du den rechten Verstand des Gesetzes nicht nach dem Handel oder den Handel entgegen der Wahrheit nach dem Inhalt des Gesetzes beugst oder drängst, sondern einen jeden Teil in sich frei lässt in seinem wahren Wesen und so lange suchst, bis du des Falls und Handels eigentliches Gesetz findest oder aus anderen geschriebenen Rechten Gleichnisse und Bewährungen dafür erlangen mögest.

Sed in similitudine colligenda oculatissimum te esse oportet, ne fallaris cum Pedio, Juliano et Aristo ne iuris consultus.
[Aber im Sammeln von Exempeln musst du sehr achtsam sein, damit du dich nicht irrst mit Pedius, Julian und Aristos[1], der kein Anwalt war.]
in l. Interstipulantem. §. Sacram. Et. §. Si Stichum. ff. De xbo. Obligati. Et in l. Julianus scribit. ff. De iur. doti.

Omne ius ad aequitatem veluti ad normam exigendum esse superius probatum est.
[Oben ist gezeigt, dass alles Recht auf Billigkeit als Maß hin verbessert werden muss.]

Zum fünften und letzten. Wenn dies alles geschehen ist, so halte dasselbige Gesetz oder die Gewohnheit, wonach du handelst bei den Regeln der Billigkeit, und wo es denselbigen gemäß oder zum mindesten nicht entgegen ist, so richte oder handle danach im Namen Gottes. Doch allezeit, mit gutem Gewissen und solcher Andacht, dass, wenn du einige bessere und noch angemessenere Stellen im Recht finden mögest, das zu tun geneigt wärest. Alsdann geschieht, was billig und recht ist, Christus dem Herrn zum Preis, Lob und Ehre in Ewigkeit. AMEN.

---

1 Quintus Pedius (+43 v. Chr.) verfasste das Lex Pedia, mit dem auch Cicero verurteilt wurde. Aristos von Askalon (+45 v.Chr.) war mit Cicero und Brutus bekannt und Philosoph. Wer mit Julian gemeint ist, bleibt offen, Oldendorp zitiert vermutlich eine Geschichte aus den angegebenen Quellen.

Mit welcherlei Gericht ihr richtet, mit dem werdet ihr gerichtet werden. Und mit welcherlei Maß ihr messt, werdet ihr gemessen werden. *Mt 7, Lucas 6, Marcus 4.*

Ich bin jung gewesen und alt geworden und habe noch nie in der Welt gesehen den Gerechten verlassen oder seinen Samen um Brot gehen.
Psalm 36(,25).

II.

Göttlicher und Päpstlicher Rechte gemäße Rede und Bewährung, Ablehnung vieler Missbräuche.

Oldendorp spricht nicht von „Kirchenrecht". Das ist ein späterer Begriff, man sprach vom Kanonischen Recht, das aber Oldendorp gut mittelalterlich wohl vom Göttlichen Recht zu unterscheiden wusste. Was der Papst in 16. Jahrhundert an Recht setzte oder wodurch er regierte, konnte er sich nicht sogleich göttlicher Bewährung erfreuen, nur weil sich die Kirche auf Sukzession oder Einsetzung durch Christus berief. Auch der Konzilsbeschluss von 1870 beschränkte mit dem Unfehlbartkeitsdogma sich auf theologische Äußerungen, aber man war durchaus der Ansicht, dass sich das Kanonische Recht aus dem Wort Gottes ableiten ließ, auch wenn es um Menschenrecht handelte. Daran lässt sich ermessen, welches Gewicht es hatte, wenn Johann Oldendorp genau an diesem Punkt sein reformatorisches rechtstheologisches Veto einlegte: Kein menschliches Recht lässt sich aus Gottes Wort deduzieren.

In Bezug auf die Sakramente legten die Reformatoren größten Wert darauf, dass nur die Sakramente als solche als Gottes Einsetzung Bestand hatten, die nachvollziehbar in den Evangelien bezeugt von Christus eingesetzt wurden. Damit erklärten sie indirekt die anderen Sakramente mittelalterlicher Zählung für menschliches Recht, unter anderem eben auch die Priesterweihe. Mit dieser strikten Regel gingen die Reformatoren so weit, dass sie selbst die Beichte, die ihnen überaus zentral war, nicht unter die Sakramente zählten. In der Mecklenburgischen Kirchenordnung von 1552 aber machten sie sie zu einem festen Bestandteil des Abendmahls, banden sie in dieses Geschehen ein und konnten so den sakramentalen Charakter der Beichte, mithin auch der Rechtfertigung bewahren, freilich ohne die bis ins Finanzielle gehende Verwaltung von Gnadenmitteln. Die Beichte band zudem Wort und Sakrament aneinander.

Eine dem Abendmahl und der Taufe entsprechende Einsetzung der „Kirche“ im Sinne einer klerikalen Dauereinrichtung im Sinne eines herausgehobenen Standes sahen sie nicht als gegeben an. Erst das 2. Vatikanische Konzil hat die Kirche dann in ihrer Gesamtheit in analoger Weise als Sakrament bezeichnet. Damit freilich näherten sie sich dem Grundgedanken der Reformation, wenn sie die Kirche als „das Sakrament, das heißt Zeichen und Werkzeug für die innigste Vereinigung mit Gott wie für die Einheit der ganzen Menschheit“ in Lumen gentium 1. bezeichneten. Kirche definierte CA VII als die geschehenden Versammlungen unter dem Kreuz.

Oldendorp verurteilt nicht vollkommen und von vornherein das Kanonische Recht, aber benennt Missbräuche grundsätzlicher Art. Er beruft sich dabei auch entsprechend seiner Schrift von der Billigkeit auf die Intention des „geistlichen Rechts“, wie er das Kanonische Recht betitelte. Missbrauch kann nur genannt werden, was der Intention widerspricht. Die Intention des geistlichen Rechts muss Übereinstimmung mit Gottes Wort sein, wie Luther 1521 forderte, dass man ihm sein Unrecht aus der Heiligen Schrift nachweisen müsse und nicht aus menschlichen Satzungen.

Der entscheidende Punkt der Reformation gegenüber dem Kanonischen Recht war bereits in ihm selbst angelegt. Oldendorp beurteilt das Leben der Kirche aus der Sicht weltlichen Rechts, denn auch das Kanonische Recht ist nach mittelalterlicher Ansicht durchaus Menschensatzung. Entsprechend lässt sich der Missbrauch auch dem „geistlichen“ Recht ablesen. Der Schritt der Reformation bedeutete juristisch eben diese Unterscheidung neu und mit aller Konsequenz herauszustellen. Das päpstliche Recht ist wie das kaiserliche ein menschliches Recht, das nicht eo ipso „göttlich“ ist, mithin irren kann und für Oldendorp nachweislich an etlichen Punkten irrte, unbillig war. Oldendorp misst in seiner Schrift geltendes kanonisches, „geistliches“ Recht am göttlichen Recht, das in der Heiligen Schrift, in „Gottes Wort“, seiner Offenbarung abzulesen ist. Hier ging es nicht mehr nur um Missbrauch des Rechtes durch einzelne Personen, sondern um geschriebenes Unrecht. Das ist rechtshistorisch bedeutsam.

Vor allem das Bußrecht, die eine der Säulen des Kanonischen Rechts darstellte, wurde durch die Reformation einer päpstlich oder bischöflich richtenden Institution entzogen und so in gewissem Sinn säkularisiert. Das sollte später weitreichende Konsequenzen zeitigen, denn nun rückte auch öffentliches Verhalten, das nicht justiziabel war in den Fokus von weltlicher Regelung. Es wurde in Mecklenburg nicht wie in Straßburg oder Genf gehandelt, aber die Visitationen fragten derlei Dinge durchaus ab und es sollten entsprechende Missstände öffentlich „gestraft", d.h. öffentlich benannt und möglichst beseitigt werden. Der Unterschied zwischen dem lutherischen Mecklenburg und den Reformierten im Westen bestand darin, dass hier die Menschen nur im „notorischen" Fall mit kleinem Bann belegt werden sollten, aber nicht zur Rechenschaft gezogen werden.

In der Mecklenburgischen Kirchenordnung war „Kirche" einerseits identisch mit dem Fürstentum, andererseits beschränkt auf das immer wider sich ereignende gottesdienstliche Geschehen. Kirchenrechtliche Ordnungen wurden hier durch Johann Oldendorp einer doppelten Kritik unterzogen. Die Schrift von der Billigkeit hatte dies vorbereitet, indem sie die Gesetze der Menschen, ganz gleich auf welcher Ebene an der Billigkeit maß. Was der Billigkeit widerspricht, ist nicht gut und recht. Unbillige Gesetze sind Missbrauch, weil sie dazu da sind dem Guten und dem allgemeinen Nutzen zu dienen.

Das Deutsche Rechtswörterbuch definiert das lateinische Wort „abusus" folgendermaßen: „schlechter Brauch, Unsitte, Neuerung, Verstoß gegen eine Ordnung, falscher, unerlaubter, verächtlicher Gebrauch einer Sache, missbräuchliche Anwendung oder Ausnutzung von Rechten".

Die drei zu Beginn der Schrift angeführten Bibelstellen beschreiben präzise, wodurch es zu diesem Missbrauch kam, der das päpstliche Recht, wie es als Kanonisches Recht seit dem 11. Jahrhundert gebildet und im 16. Jahrhundert von der Kirche vertreten wurde, vom Göttlichen Recht unterschied.

Die Schrift von Oldendorp unter dem Pseudonym Sebastianus Pol ist genau datiert, in Rostock gedruckt, nur zwei Tage nach der Billigkeitsschrift. Das hat Cornelius van Sneeck, Dominikanerprior, Professor an der Universität und Oberster seiner Ordensprovinz, Gegner der Reformation bis aufs Blut gereizt, auch wenn der Autor sich hinter seinem Pseudonym versteckt hielt. Selbst wenn er ahnte oder auch wusste, dass es sich dabei um seinen juristischen Gegner und Syndikus der Stadt Rostock Johannes Oldendorp handelte, blieb ihm nichts anderes übrig, als auf literarischem Feld zu reagieren, mit einer Satz für Satz Widerlegung, die dann nicht einmal in Rostock, sondern nur in Frankfurt an der Oder gedruckt wurde. Wenn wir nun These für These dieses kleine Buch von den Missbräuchen lesen, sollten wir stets im Auge behalten, dass es dabei nicht nur um eine theoretische Abhandlung ging, sondern um konkrete Reformation. Es handelte sich dabei nicht nur um eine aktuelle Unruhe, die von Wittenberg seit 1517 ausging, also damals erst vor 12 Jahren, sondern eine grundlegende Reform forderte man schon im ganzen 15. Jahrhundert für ganz Westeuropa. Reformationen hatte es bereits etliche gegeben, und zwar in Klosterorden als Abschaffung von Missbräuchen durch das Mittel der Verschärfung. Diese „Reformen" waren juristisch mithin direkte Vorbilder der Kirchenreform Luthers. Zum Zweck solcher Reformen wurden Klöster visitiert. Auch dieses Mittels bediente sich die Reformation Luthers. Es diente wie bei den Orden der Durchführung der Reformation an Leib und Gliedern, nun nicht mehr nur einem Ordenszweig geltend, sonder ganzen „Landeskirchen" mit allen Laien, vom Fürsten bis hin zu Frauen und Kindern in den „Häusern" unter ihren „Hausvätern". Kirche hatte semper reformandum zu bleiben. Diese Reformation nun machte es jedoch damit noch auf andere Weise. Die sonst übliche Verschärfung[1] wich einem radikalen Richtungswechsel. Die äußere Ordnung wurde der weltlichen Hand anvertraut, was konsequent war, da auch päpstliche Ordnungen als menschlich, d.h. auch weltlich angesehen wurden und ihnen offen widersprochen werden konnte. Es sollte nicht zwei miteinander konkurrierende Weltmächte geben, von denen eine behauptete, alles im Sinne Gottes zu machen und sich Vollmachten anmaßte, die ihnen in den Augen der Reformatoren nicht zustanden. Es galt die beiden Regimenter sauber zu trennen.

Der Schrift Oldendorps von den Missbräuchen entsprachen bald konkrete Eingriffe von Seiten der Stadt Rostock, des Magistrats. Akzeptierte man im Rat die Ausführungen des Stadtsyndikus, wurde

1 Bei den Reformierten in Genf oder Straßburg wurde die Tradition der Verschärfung deutlich sichtbar. Bei den lutherischen Ländern, die vor allem dann die Täuferbewegung in Münster als warnendes Beispiel vor Augen hatten, ordnete man die Dinge anders. Gleich aber war, dass sich die weltliche Hand berufen sah, Reformen durchzusetzen.

anerkannt, dass es sich bei den Missbräuchen nicht nur um eine innerkirchliche Angelegenheit handelte. Hier wurde klargestellt, was die Confessio Augustana einige Monate später - und auch nur indirekt - zu behaupten wagte: Es gibt kein menschliches Recht, dass die weltliche Obrigkeit nichts anginge. Das ging nun weit über den Jahrhunderte währenden mittelalterlichen Investiturstreit hinaus und bot eine radikale Lösung.

Martin Luther hatte nicht nur die ihn betreffende Bannbulle öffentlich verbrannt, sondern auch ein geltendes Rechtsbuch der Kirche. Dies war ein wesentlicher Unterschied bei den beiden Rechten, die jeder Jurist studierte. Das „Kaiserrecht" (das antike Römische Recht) war kein geltendes Gesetz, sondern nur unverbindliche Rechtsquelle. Im Decretum Gratiani, dem Kanonischen Recht, hatte man es jedoch mit umfangreichem geltenden Recht zu tun. Mit dem Reformationszeitalter bahnte sich nun eine grundlegende Änderung an. Schritt für Schritt bewegte man sich auf ein ebenso systematisches weltliches, geltendes Recht zu, während aus dem Kanonischen Recht mehr und mehr eine innerkirchliche Angelegenheit wurde. Die Rede vom Naturrecht zielte auf die Universalität vom Recht. In diesem Sinn kennzeichnet das Werk Oldendorps einen wesentlicher Schritt der Entwicklung dahin, weniger im zumeist gesuchten Sinn der philosophischen Behauptung eines natürlichen Rechts in der Tradition platonischer Ideen.

Es sollte noch Jahrhunderte dauern, bis es in diesem Sinn im modernen Staat eine adäquate Entsprechung zu so einem Rechtssystem wie dem Kanonischen Recht gab, die auch politische Geltung erlangte mit ausgebildeter Exekutive von Polizei bis hin zur Staatsanwaltschaft. Das Kanonische Recht war mit päpstlicher Autorität in Geltung. Diese berief sich auf die Heilige Schrift und ein Selbstverständnis als heilige Kirche mit einer durch göttliches Recht untermauerten Hierarchie. Und eben diesen Bereich und diese Begründung bezweifelte Oldendorp radikal.

So ging das päpstliche Recht der Staatenbildung im juristischen Sinn methodisch vorauf. Das 16. Jahrhundert markiert auf diesem Weg eine wesentliche Etappe.[1]

---

1 Dazu gehören auch die uns seltsam anmutenden Bestrebungen des Kaisers, sich auf den Papstthron setzen zu wollen, die Bildung des Reichskammergerichtes, die kurz darauf eingeführte Halsgerichtsordnung für das gesamte Kaiserreich, sowie die Ablösung des englischen Königreiches von der päpstlichen Kirche.

Doch zunächst zum Text im Einzelnen. Kein Satz oder Zitat ist im Text so nebenher gesetzt. Am Beginn sehen wir Bibelverweise.

Maleachi 1,6 ist nach der Vulgata zitiert: Dicit Dominus exercituum ad vos o sacerdotes qui despicitis nomen meum et dixistis in quo despeximus nomen tuum - spricht der HERR zu euch Priestern, die meinen Namen verachten. So sprecht ihr: "Womit verachten wir deinen Namen?" Das gesamte Kapitel ist zudem hier im Blick. Gott distanziert sich von dem Tun der Priester, die dies aber nicht verstehen, weil sie im Glauben sind, alles recht zu machen. Der Name Gottes zeigt an, dass es bei dem Göttlichen nicht nur um ein geschriebenes Gesetz geht, das unabhängig von Gott zu gebrauchen ist.

Die 1529 anstehenden Reformen werden nicht von außen her eingeklagt, von einer weltlichen Macht, die in der Kirche nichts zu suchen hätte. Oldendorp fragte mit der Forderung der Billigkeit nach Motiv, Vollmacht und Intention der Handelnden und stellt fest: Rom missachtet ihren eigentlichen Auftrag, ihre Vollmacht. Die Hierarchie hat sich selbst an die Stelle Christi gesetzt. Die „Kirche", sprich: der hierarchische Klerus, hat keine Macht auszuüben. Es gibt kein Sonderrecht innerhalb der Gemeinschaft der Getauften.

Entsprechend folgt Mt 15, 13. Das war der Grundsatz der Reformation: Alles, was nicht aus der Quelle der Offenbarung Gottes fließt, kann und darf nicht in seinem Namen gesagt und getan werden. Und um diesen Unterschied zu erkennen, gibt es das Kriterium der Früchte nach Mt 7, 20, wobei auch hier der Kontext des ganzen Abschnittes vom Willen Gottes im Blick ist. „Es werden nicht alle, die zu mir sagen: Herr, Herr!, in das Himmelreich kommen, sondern die den Willen tun meines Vaters im Himmel."

Damit ist die Struktur der folgenden Abschnitte vorgegeben: Oldendorp listet die Gewohnheiten und Gesetze zu den einzelnen Themen auf, fragt jedoch nach dem, was Gottes Willen auch entspricht und kennzeichnet als Missbrauch, was dem Wort Gottes und damit auch der Intention des kanonischen Rechts widerspricht. Wobei Recht im tieferen Sinn nicht in Beschlüssen und Gesetzen von Päpsten liegt, als vielmehr im eigentlichen Richtmaß, dem Wort und der Regierung Christi. Die Bibel zeugt davon. Es geht der Reformation stets um das „reine Evangelium". Die Synoden der Alten Kirche und Ökumenischen Konzile rangen um diese Reinerhaltung, das war der Sinn der drei ökumenischen Symbole, die dann auch den Bekenntnisschriften 1580 vorangestellt wurden. Kriterium dieser Prüfung ist zudem, was für gute oder schlechte Früchte die Kirche zeitigt: „Ein guter Baum kann nicht arge Früchte bringen, und ein fauler Baum kann nicht gute Früchte bringen."

Über das Pseudonym Sebastianus Pol habe ich mich bereits in der Einleitung geäußert. Einen Grund für das Pseudonym sehen wir hier auch darin, dass dieser „Diener Christi" kein berufener Prediger ist, „sein Wort zu verkündigen der Gemeine", sondern Jurist, wenn auch beider Rechte, aber doch nicht als Kleriker.[1] Dennoch äußert er sich in reformatorischer Weise, fast als wäre er ein berufener Teil der „Kirche". Eben dies war eine der großen Korrekturen der Reformation: „Kirche" umfasst das ganze Kirchenschiff und nicht nur den Hohen Chor und meint nicht nur einen erlesenen Teil der Gesellschaft, sondern den gesamten Kosmos, die ganze Heidenwelt. Dem Vorwurf, dass sich hier jemand unberufen zu einem Thema zu Wort meldet, geht Oldendorp mit dem bezeichnenden Pseudonym provokativ aus dem Weg. Sebastianus ist der fromme Mann, der sich der weltlichen Obrigkeit verpflichtet weiß.

Er wendet sich an die „Liebhaber der Wahrheit", wozu jedermann zählt und betont: Ein jeder Christ solle die Ehre des Erlösers beschirmen, soweit es in seinem Vermögen steht. Hier spricht der Jurist und nicht ein Kanzelredner, aber es betrifft das Wesen der Kirche im Sinn einer Öffentlichkeit, die sich als Kirche versteht.

Im folgenden Abschnitt bezeichnet sich der Autor auch als „Liebhaber des Reiches Christi". Diese haben den „Unverschämten zu widersprechen". Die Naturrechtslehre Oldendorps besagt: Aller Menschen Herzen sind umfangreich verantwortlich für ihr Tun und von Gott befähigt und berufen, entsprechend zu reden und zu handeln.

„Alles, was Gott geschaffen hat, ist gut" - omnis creatura Dei bona. (1 Tim 4,4) „Diener Gottes" ist, wer den Brüdern das Wort Gottes vorhält, und nicht nur, wenn man zum Klerus gehört. (1 Tim 4,5f.) Der Abschnitt zu Beginn rechtfertigt also das Pseudonym und das Recht, sich auch theologisch als Laie an die Gemeine, d.h. an die Öffentlichkeit zu wenden. Als Syndikus der Stadt Rostock weiß sich Oldendorp dazu in spezieller Weise berufen. Er wacht über das Rechtsleben der Kommune, dazu hat ihn die christliche Bürgerschaft, also auch die Christengemeinde berufen. Er kann und sollte nicht zu Rechtsmissbrauch schweigen, und als solchen sieht er an, was die verfasste, also päpstliche Kirche üblicherweise und in großem Maßstab tat.

---

1 Das Kanonische Recht hatte Oldendorp in seinen späteren Veröffentlichungen nahezu vollständig beiseite gelegt. Nur selten griff er darauf zurück.

Das päpstliche Recht verdammte sich selbst, wie bei jedem Rechtsverstoß die unrechte Tat die Anklage bildet. Bestimmte päpstliche Rechtssetzungen beriefen sich missbräuchlich auf Christi Lehre. Oldendorp zieht also keinen anderen Maßstab zurate, als den, den die päpstliche Lehre selbst nicht nur anerkannte, sondern als ihren eigenen Kanon ansah. Hier handelt es sich also um eine grundsätzlich andere Kritik als die der „Vernunft" der Aufklärung und ihrer Nachfolger, die Religion oder die Heilige Schrift einer Kritik durch Paradigmen einer Wissenschaft unterzieht oder an ihr misst. Nicht Gottes Wort wird der Kritik unterzogen, sondern Gottes Wort wird als Kritik an menschlichem Verhalten und unbilligen Satzungen genutzt. Allerdings wird dies Wort nicht selbst als Gesetz verstanden, denn hier spricht Gott. Zu dieser Unterscheidung wird sich dann die Mecklenburgische Kirchenordnung 1552 äußern.

Mithin unterwirft Oldendorp nach seinem Verständnis nicht die Kirche menschlicher Vernunft oder der Politik, auch wenn es so scheinen mag. Er spricht die Kirche von innen heraus auf ihre eigenen Grundlagen an, misst sie an ihrer Billigkeit. Er nimmt das Kanonische Recht als eine menschliche Gesetzgebung, die entsprechend diesen Maßstab aushalten muss.

Das bedeutet methodisch, dass Oldendorp sich auch streng auf die beiden Textsammlungen beschränkt, die Heilige Schrift, sowie auf das, was er im Kanonischen Recht liest. Das Kaiserliche Recht schweigt weitgehend in dieser Schrift, obgleich dieses durchaus viel zu den Themen zu sagen hat, schließlich trägt es den Namen eines nachkonstantinischen Kaisers, Justinian.

Im Decretum Gratiani selbst wird vielfältig argumentiert. So finden sich zur Begründung etliche Kirchenväterzitate darin. Spätmittelalterliche Theologen, die Oldendorp ebenfalls zitierte, gehörten bereits zu seinen Auslegern, und diese konnten irren, oder aber schon auf Mängel hinweisen. Gesetze können grundsätzlich irren und gehören verbessert. Der in Bezug auf die Billigkeit geäußerte Satz, dass scharfes Recht scharfes Unrecht bedeute, gilt auch für das Kanonische Recht. Ein Teil der Missbräuche beruhte darauf, dass gerade die Verschärfung Unrecht erzeugte. Eine Reform als bloße Verschärfung wie bei den Ordensreformen musste Oldendorp also von vornherein als verdächtig erscheinen. Das gegenteilige Verfahren bietet sich an: die Freiheit des Christenmenschen. Das gilt auch für das Kirchenrecht.

So war es gekommen: Aus Freunden Christi wurden wegen des Widerspruchs zu Christi Worten, dem Göttlichen Recht, Christi Feinde.

Kirchenrecht ist nicht Göttliches Recht, sondern verhält sich zu ihm wie Kaiserrecht zum Naturrecht. Und nicht der Papst ist Regent der Kirche, sondern Christus ist Regent nicht nur einer Körperschaft, sondern der Welt. Der Kaiser steht nicht dem Papst gegenüber, sondern Christus, wie die ganze Welt, bzw. Menschheit. Es ist Aufgabe und Bestimmung nicht nur einer Institution, sondern des menschlichen Rechts überhaupt, die Quelle von Gottes Wort und offenbarenden Wirkens in der Liturgie, im eigentlichen „Gottesdienst" Gehorsam Gott gegenüber zu praktizieren. Nicht Kirche und Welt stehen einander in der Zweiregimentenlehre hier gegenüber, sondern Gott in Christus und weltliche Macht. Von beiden lassen sich Menschen regieren, aber eben in verschiedener Weise. Und nur dann ist es wirklich recht, wenn auch die Fürsten dieser Welt bei ihrer ordnenden Macht Gott gehorsam sind, der über allen Dingen steht und dessen Vernunft unserer himmelweit überlegen ist.

Luther sprach darum offen vom Papst als Antichristen.

Dieses Wort findet sich bei Oldendorp nicht. Er betonte dagegen, dass sich im geltenden Kirchenrecht selbst beides fand, das dem Evangelium gegenüber Treue und das ihm Widersprechende. Als Beleg verweist Oldendorp auf Joh 3, die Nikodemusgeschichte. Nikodemus war kein Jünger Christi, dennoch hört er auf Christus.

„Christus hat seine Kirche niemals verlassen." Der Grundsatz, dass es gute Kirche immer gebe, auch wo Verzerrungen und Abirren der Kirche Glaubende zur Verzweiflung treiben, galt für Oldendorp auch angesichts dessen, was er alles in dieser Schrift zu beklagen hatte.

Mal 1(,6)
Oh ihr Priester, die ihr meinen Namen verachtet und sprecht: Wodurch verachten wir deinen Namen?

Mt 15(,13)
Alle Pflanzen, die mein himmlischer Vater nicht gepflanzt hat, die werden ausgerodet.

Mt 7(,16)
An ihren Früchten sollt ihr sie erkennen.

1529

Sebastianus Pol, ein Diener Christi, wünscht sein Wort zu verkündigen der Gemeine[1], allen Liebhabern der Wahrheit.

Gnade und Friede von Gott, dem Vater und unseren Heiland Jesus Christus.
Ein jeder Christ soll nicht nachlassen, die Ehre seines Erlösers zu beschirmen und an den Tag zu bringen, soweit es in seinem Vermögen steht.[2]

Was einem Christen schuldig sei: *1 Tim 4*[3]

Nun sind es - Gott sei Lob - viele, die die Wahrheit rechter Christen Lehre aus göttlicher Schrift, bei der auch alle Wahrheit am vornehmsten zu suchen ist, die sie von Tag zu Tag herrlicher und klarer allen Gottesfürchtigen bekannt machen, und vor allem sowohl Irrige als auch Lästerer, mit seliger Überwindung beschämen[4].
Derweil aber diese Lehre Christi Jesu und des wahren, einigen Evangeliums so kräftig und gewaltig ist, dass ihr alle Kreaturen, aller Menschen Herzen, auch alle Schrift und Bücher, Zeugnis geben, das ein jeder Verständiger, der ihm recht nachdenken will, bekennen muss, so will es den Liebhabern des Reiches Christi gebühren, dass auch sie sodann Zeugnisse anbringen, die Einfältigen damit zu trösten und zu stärken und den Unverschämten Widersprechern den Mund verstopfen.

Dem Wort Gottes geben alle Kreaturen Zeugnis.[5]

---

1 Unsere Wortform „Gemeinde" findet sich in diesen Schriften noch nicht. Sprechen wir im Zusammenhang von Kirche von einer Gemeinde, haben wir bereits eine Unterscheidung im Sinn, die es damals nicht gab. „Gemeine" ist die Allgemeinheit, jedermann, keine von einer allgemeinen Gesellschaft separierte soziale Gruppe.

2 Wenn von einem „Kirchenrecht" hier die Rede sein kann, dann dieses: Das Wort Gottes und seine Sakramente sollen beschützt werden. Diese Aufgabe aber habe nun nicht ein Papst oder eine wie auch immer verfasste besondere Kirchenleitung, sondern „jeder Christ".

3 Das gesamte Kapitel, besonders ab Vers 6.

4 „bescharmen" ist niederländisch heute noch „beschämen". An anderer Stelle bedeutet es „beschirmen". Der gemeinsame Nenner dieser Wortbedeutungen ist die Ordnung. Sie beschämt und beschirmt in einem.

5 nicht nur berufene Geistliche.

Es sollen ja billig alle Dinge dem dienen, durch den es sie gibt und sie bestehen.

> *Kol 1(,15-23)*
> Was dies Buch zu schreiben verursacht hat.
> Das päpstliche Recht ist der Lehre Christi widrig.

Das hat auch mich, christliche Leser, bewogen, etliche viele herrliche Zeugnisse der Lehre Christi aus den sogenannten päpstlichen Rechten und dem Dekretum[1] zusammen zu lesen und an den Tag zu geben, damit ein jeglicher sehe, wie wohl das Päpstliche Gesetz, wie es nun etliche Jahre im Gebrauch gegangen, leider meistenteils wider die selige Lehre Christi ficht, und dass es dennoch auch derselbigen viele treffliche und gewaltige Zeugnisse gibt und sich selbst damit, in dem es wider die Lehre Christi streitet, verdammt und wird zum letzten sich selbst mit seinem eigenen Schwert gleich Saul umbringen.

> Päpstliches Recht verdammt sich selbst.
> Was zu lernen sei aus diesem Buch.
> Das Evangelium ist keine neue Lehre.

Es haben auch alle frommen Christen hieraus zu lernen, dass die Wahrheit, so uns Gott zu dieser Zeit aus besonderer Gnade mitgeteilt hat, keineswegs ein neues Gedicht - wie viele unselige Feinde ihrer eigenen Seligkeit um des leidigen Bauches unverschämt behaupten[2] –, sondern den Menschen feindliche und lügenhaftige Anschläge, die sodann Päpstliche Gesetze gerne beschirmen wollten,[3] neu aufgekommen und alle Zeit allen Heiligen fremd und unbekannt gewesen sind.[4]

---

1 die kanonische Rechtssammlung Decretum Gratiani (1140).

2 „uthgegeuen"

3 Die dem Menschen feindlichen und lügenhaftigen Anschläge wurden vom Papst legitimiert.

4 Oldendorp kehrt den Spieß um. Die Gegner der Reformation warfen den Lutheranern Neuerung vor. Das war ein Vorwurf, weil im Mittelalter gemeinhin als recht und gut galt, was alt und bewährt war. Aber die Reformatoren beriefen sich nun auf Evangelium und Kirchenväter, dagegen waren die päpstlichen Rechte um Jahrhunderte neuer. Das Evangelium ist das ältere Recht. Das päpstliche Unrecht hat sich nicht darum bewährt, weil es jemandem dienlich war. Es ist weithin unbillig.

Und damit dies am besten gesehen werde, habe ich die vornehmsten Punkte, denen jetzt von den Unverständigen und Feinden Christi widersprochen wird, vor die Hand genommen und derselbigen helle, klare, treffliche und gewaltige Kundschaft und Beweis aus dem Dekret und päpstlichen Recht auf das Kürzeste benannt und nur einige davon[1] angezeigt, wie ihrer noch trefflich viel (mehr) darin und allen Papstbüchern (sind), wo sich auch weitere finden.
Doch mag aus diesen, soweit ich hier angezeigt, ein jeder genugsam abnehmen, dass Christus seine Kirche niemals[2] verlassen, seine Wahrheit ernstlich zu allen Zeiten bezeugt hat, wo man die Menschen, die Düsternisse nicht mehr als das Licht geliebt hatte.

Christus hat seine Kirche niemals verlassen.
Joh 3(,8.19)
Gottes Strafe ist vorhanden.

Der Herr benehme (sich) noch heutigen Tages dieser Krankheit der Welt! Nämlich nach so klarer Offenbarung der Wahrheit und dem Angebot der Gnade Gottes kann Gott seine Verachtung auf lange Sicht nicht ungestraft lassen.
Der Herr gebe uns sich beizeiten aus der Wahrheit von Herzen zu erkennen. Amen.

Dem christlichen Leser

Lk 2,34f. - Simeon sprach: „Siehe, dieser (Christus) ist dazu bestimmt, dass viele in Israel fallen und viele aufstehen, und ist bestimmt zu einem Zeichen, dem widersprochen wird - und auch durch deine Seele wird ein Schwert dringen –, damit aus vielen Herzen die Gedanken offenbar werden."

Hier wird wie in der Schrift Billig und Recht der Zusammenhang vom Gewissen und Christus benannt. Einem zu Unrecht geltenden Gesetz zu widersprechen, gebietet das Gewissen, weil Gottes Wort gilt, auch gegen seine Priester. Gesetze und Verantwortliche haben zu dienen.

1 „allene etliche"
2 „newerle" - wahrlich nicht.

Gott hat uns zum Heil bestimmt, dafür hat selbst Christus uns gedient. „Darum ermahnt euch untereinander, und einer erbaue den anderen." (1 Thess 5,9-11).

Oldendorp traute darauf, dass die Geistlichen und ihre Juristen nicht wagen würden, gegen die Schrift, gegen die Wahrheit aufzubegehren. So, wie im Jahr darauf die Lutheraner in Augsburg ihr Bekenntnis vorlegten und damit rechneten, dass in ihrem ersten Teil selbst ein Papst nicht würde widersprechen können, ohne sich selbst bloß zu stellen. Nach Mt 15,1-20 verfuhr Jesus gegenüber den Pharisäern in dieser Weise: Er maß ihre Weisungen an Gottes Wort. Zwar sahen sie sich natürlich Gottes Willen gegenüber verpflichtet, aber sie waren wie Blinde, die Blinde führten. So schätzte Oldendorp nun auch die Römische Kirche ein. Man musste die Kirche vor sich selbst schützen.

Es ging den Reformatoren nicht um Abspaltung oder eigene Meinung, sondern um Frieden und Einigkeit der einen „heiligen Christlichen Kirche". Dabei war die Christenheit im Blick, das ganze menschliche Geschlecht. Hier begegnen wir auch der Übersetzung des „katholischen" in „christlich" im Apostolicum. Im Bereich der nun aus weltlicher Sicht zur Konfession gewordenen Römischen Kirche blieb in der Lateinischen Fassung „catholicam" (allgemein, das Ganze betreffend) als griechisches Fremdwort stehen und wurde zur Selbstbezeichnung und Behauptung, im Unterschied zu Lutheranern und Reformierten allein allgemein zu sein.[1]

Lk 2(,34f.)[2]

Es möchte vielleicht jemand gedenken und dafür halten, als wäre dies Buch den geistlichen Gottesdienern zuwider in den Druck gekommen.

1 In der mecklenburgischen Agende von 1521, durchaus noch ganz römisch, findet sich in der deutschen Fassung des Glaubensbekenntnisses ebenfalls bereits das Wort „christlich". Die „katholische", allumfassende Kirche galt als gleichbedeutend mit Christenheit. Diese wurde nicht als Teil der Menschheit empfunden, sondern als Wesen derselben. Christ zu sein bedeutete, Ziel und Bestimmung des Menschseins zu erfassen.

2 „Und Simeon segnete sie und sprach zu Maria, seiner Mutter: Siehe, dieser ist dazu bestimmt, dass viele in Israel fallen und viele aufstehen, und ist bestimmt zu einem Zeichen, dem widersprochen wird - und auch durch deine Seele wird ein Schwert dringen –, damit aus vielen Herzen die Gedanken offenbar werden."

Ob nun dann unruhiges Gewissen Anstoß nehmen, was ohnedies schwerlich sein kann, weil Christus es gesetzt hat zu einem Fall und Aufstand, so weiß doch ein jeder fromme Mensch, dass die Meinungen in den vorhandenen Episteln genugsam erklärt wurden, und dass die rechten geistlichen Gottesdiener hiermit nicht behindert oder angegriffen, sondern gefördert und gepriesen werden, was man denn auch in Acht und Würdigkeit zu halten schuldig (ist), dass sie uns dienen und Gottes Wort zur Seelen Seligkeit recht lehren und verkündigen.

1 Thess 5(,11)[1]

Darum wirst du sehen und habe wohl acht darauf, dass dieses Buch niemanden irre mache oder verbittere, als allein die, welche wegen ihrer bösen Früchte mit der Wahrheit angetastet werden. Aber die rechten Geistlichen, derer noch (Gott sei Lob) viele sind, werden die Wahrheit nicht anfechten.

Mt 15(,1-20)

So ärgerten sich auch die Pharisäer, die ohne Christus von ihrem Fasten sagen: Was soll man tun? Die Wahrheit findet nicht so bald Herberge (und) liegt dennoch darum nicht auf der Straße.
Darum, christlicher lieber Bruder, ärgere und verunreinige dich nicht, richte und urteile nicht eher, bevor du die Sache wohl aufgenommen: Du hast hier zu Hand beides, Latein und Deutsch, damit niemand mit Hinterlist die Worte verkehre.[2] Lies auch am Ende dieses Buches etliche Antworten, diese Artikel betreffend. Danach richte bei dir, wie du vor Gottes Gericht (dich) getraust zu antworten.
Und lass uns miteinander mit Danksagung vieler Gnade den Herrn Christus, unseren einigen Heiland bitten und anrufen in seinem heiligen Glauben, wodurch wir fortan andere und bessere Früchte, als diese da vor unseren Augen mit Frieden und Einigkeit in der heiligen Christlichen Kirche hervorbringen und bekommen mögen.

---

1 Darum tröstet euch untereinander und einer erbaue den andern, wie ihr auch tut.

2 Hier ist zu lesen, dass es sich bei der Schrift nicht um eine ursprünglich lateinische Schrift handele, wie später vermutet worden ist.

Alles dem allmächtigen Gott zu Lob und Ehre in Ewigkeit. Amen.

Unleidlicher Missbrauch der genannten Geistlichen, womit sie wider Göttliches und auch ihr eigenes Recht und Gesetz den Christen und gemeinen Nutzen beschweren.

Der erste Missbrauch. Von der Kirche.

Missbrauch ist unleidlich, d.h. der Bogen ist überspannt, er ist über das erträgliche Maß hinausgegangen, man muss ihm Einhalt gebieten. Es beschwert den „gemeinen Nutzen", und damit etwas, was den Rat einer Stadt rechtlich durchaus angeht. Mit den Worten der Evangelien: Jemand bringt schlechte Früchte hervor, in diesem Fall der hierarchische Klerus unter der Führung des Papstes.

Der Gemeine Nutzen ist für Oldendorp Grundlage und Zielsetzung gesetzten öffentlichen Rechtes. Heute unterscheiden wir rechtlich zwischen Vereinen, die gemeinnützig sind und deren Unterstützer somit Steuervorteile genießen und solchen, die es nicht sind. Die Kirche aber schadete dem Gemeinen Nutzen. Unsere Schrift fordert nicht weniger, als dass der Fürst, die Väter der Stadt Rostock und die Obrigkeiten andernorts diesem systematischen und allgemeinen Missbrauch ein Ende bereiten. Die erste Antwort der Stadtväter in Rostock darauf war die Einführung der Reformation in Rostock. Das Fürstenhaus antwortete mit der Kirchenordnung von 1552 und stimmte damit der Schrift Oldendorps vom August 1529 zu und ließ positiv Gesetz werden, was Oldendorp hier forderte und für recht und billig erklärte, die Abschaffung der Missbräuche, der unrechten und unbilligen Ordnungen. Das erforderte allerdings nicht nur einzelne Verbote, sondern eine Neugestaltung der gesamten Rechtslandschaft, wie es die Kirchenordnung dann auch - von Melanchthon gewissermaßen von Seiten Wittenbergs anerkannt - zu tun vermochte.

Ein Gesetz ist nicht nur da, weil es logisch oder richtig erscheint, es hat einen Zweck. Verfehlt es diesen, beschwert es nicht nur den Einzelnen, sondern auch die Gesellschaft, die „Gemeine", worunter mitnichten nur ein Teil der Gesellschaft gemeint war. Intention der Kirche ist das Heil der Menschen, und zwar nicht nur ihrer Mitglieder. Wir haben uns derart daran gewöhnt, dass wir als Christen nur ein - nun auch noch scheinbar schwindender - Teil der Gesellschaft sind, dass wir diesen Anspruch immer weniger wahrnehmen, ohne den aber das ganze Evangelium hinfällig wäre.

Hier ist auch bereits die grundlegende Definition der Kirche nach CA VII zu lesen: Die christliche Kirche ist die gemeine Versammlung der Geheiligten und Gläubigen in Christus. Ausgerechnet der Gegner Luthers Hieronymus Emser (1478-1527) wird dafür mit seiner Bibelinterpretation von Oldendorp zitiert.[1] Die ekklesiologische Definition nach 1 Kor 1,1ff. durch Johannes Oldendorp ist bemerkenswert, Monate vor Melanchthons Text CA VII und auch anderen diese vorbereitenden Formulierungen. Regent der Kirche ist Christus, nicht der Papst. Es ist *eine* Kirche, auch wenn zum Beispiel die Chaldäische von Rom getrennt ist, nicht weil sich alle Menschen dogmatisch oder institutionell einig wären, sondern weil sie einen einzigen Regenten, ein Haupt hat. Der Leib Christi besteht nicht aus Kirchen, sondern ist eine einzige, die sich im Gehorsam diesem einen Herren gegenüber erzeigt.

Oldendorp verwies darauf, dass es keine Hierarchie geben darf unter den Christen. Niemand darf gar sich predigend als Vikar Christi ansehen. John Witte verwies darauf, dass Oldendorp dagegen davon sprach, dass die Obrigkeit Vikar Gottes sei.[2] Diese Vertretung jedoch ist anderer Natur. Dabei geht es um gute Haushalterschaft, die mit Machtvollmachten versehen ist. Das gilt nach der Ansicht des lutherischen Lagers nicht für eine separate Kirche als Abspaltung der Gesellschaft, sondern der katholischen Kirche im Wortsinne einer

1 Der Druck vom „Neue Testament" von Hieronymus Emser wurde auf die Bitte Luthers vom 25. November 1529 hin in Rostock vom Rat untersagt, aber etwas später dennoch gedruckt. Eike Wolgast: Gemeindereformation und Fürstenreformation in Mecklenburg; in: Heinrich Holze/Kristin Skottki (hg) Verkünpfungen des Neuen Gaubens, Göttingen 2020, S. 205n.

2 Collatio, 46; id., Lexicon Juris (pagination missing) (s.v. "magistratus); id., Isagoge, 19; id., De copia verborum, 260. John Witte Jr.: "The Law Written on the Heart": Natural Law and Equity in Early Lutheran Thought, Draft, Published in Wim Dekock, ed., The Legal Teachings of the Protestant and Catholic Reformations, Göttingen: Vandenhoeck & Ruprecht, 2014, 231-265.

allgemeinen Kirche, der Christenheit. Die Reformation hat sich schon darum nie als Abspaltung von einer sich universalen Weltkirche Roms angesehen, weil sie im Gegenteil der päpstlichen Kirche vorwarfen, sich innerhalb des menschlichen Geschlechts als Klerus abgespalten zu haben und sich mit dieser Einrichtung als „Kirche" in einem engeren Sinn zu gebärden.[1]

Auch Bischöfe sind Diener und nicht Herren, und genau darin unterscheiden sie sich von jeder kaiserlichen Herrschaft. Die Obrigkeit dient zwar auch, aber sie muss herrschen, weil sonst keine Ordnung aufrecht zu erhalten ist. Für das Predigen aber gilt: Selbst das „Gericht der Lehre" steht jedem zu, es ist kein Privileg von Geistlichen.

Wir können uns kaum vorstellen, was diese Veränderungen für Gesellschaft und Kirche bedeuteten. Bis zu einem Zehntel der Bevölkerung gehörte zum Stand des Klerus, nun löste sich dieser völlig auf, einfach weil dieser Standesunterschied ausgelöscht wurde. Das betraf auch die Pastoren, denn sie bildeten keinen eigenen Stand mehr, sie waren im kirchenrechtlichen Sinn zu Laien geworden, selbst wenn sie bischöfliche Aufgaben erfüllten. Diesen Wechsel demonstriert nichts besser als das uns verwunderliche Verbot des Rostocker Magistrats von 1531 für das Tragen der Ordenskleidung im öffentlichen Raum. Die Kleidung markierte den Stand und war eine rechtliche Tat. Verstöße konnten und wurden entsprechend auch geahndet. Man durfte sich in der Öffentlichkeit nicht einfach kleiden, wie man es wollte oder es sich leisten konnte. Als Ersatz trugen dann die Pastoren die Kleidung der Lehrenden, die „Gelehrtenschaube". Dies war jedoch keine liturgische Tracht, diese blieb zunächst mit dem Chorrock und wohl auch Kaseln in den lutherischen Messen erhalten.[2]

Die bis dahin geltende Definition des Klerus wurde nicht mehr anerkannt, die Ordnung der Hierarchie als nichtig angesehen. Dies war ähnlich revolutionär wie der Schritt der Französischen Revolution, als auch der König nur noch als Bürger angesehen wurde.

---

1 Lumen gentium des 2. Vatikanischen Konzils hat diesem Denken auch in Rom ein Ende gemacht.

2 Kaseln waren nur für den Moment des Abendmahls bestimmt. Dass man ohne Chorrock predigte, lag an der mittelalterlichen Gewohnheit, Predigten außerhalb der Messordnung zu halten. Die Reformation brachte die Predigt zurück in die Liturgie. Dazu begab sich der Pastor auf die Kanzel, das heißt: ins Kirchenschiff unters Volk. Dafür mochte er – wie auf zeitgenössischen Bildern zu sehen – den Chorrock abgelegt haben, den zu tragen, sich vor dem Altar gehörte.

Damit rückte die Gemeinde, d.h. die Bürger der Stadt als Gemeinschaft von Christen neu in den Fokus. Ihnen wurde auch nicht ein Pfarrherr vorgesetzt, wie ein Abt seinen Mönchen. Er hatte nichts zu regieren, sondern zu predigen, die Sakramente zu verwalten, aber bildet mit seinen Amtsbrüdern keinen „Stand". Pastor zu sein, war nun ein Beruf, ein öffentliches Amt wurde von ihm bekleidet, das einer Gemeinde als einer lokalen Kommune zugeordnet wurde. Sie wurden dann in Folge zwar beaufsichtigt, „visitiert", aber als ihr Herr galt allein Christus. Darum sprach Oldendorp von diesem Amt in größter Hochachtung. Nicht Menschen oder Dinge, Gebäude gehörten zu einer Kirche, sondern die Kirche wurde in die Öffentlichkeit eingebettet, in der Kirchenordnung dann mit ihr identifiziert und stand unter besonderem Schutz und in einer besonderen Art von Ausnahme. Sie war kein integrierter Teil der Gesellschaft, sondern stand ihr gegenüber, ohne darum (zunächst) als eine besondere Körperschaft wahrgenommen zu werden.

Die Gemeinde als Kirchengemeinde war durch nichts anderes bestimmt als dadurch, dass diese Leute auf das Wort Gottes hörten, getauft waren und an Beichte und Abendmahl Anteil hatten. Das unterschied sie im Land Mecklenburg Mitte des 16. Jahrhunderts von niemandem anderen. Aber sie bildeten so eine Öffentlichkeit in einem bestimmten Sinn.

Den Predigern und Verwaltern der Sakramente und einer separaten Kirche kam nach Oldendorps Anschauung keine Herrschaftsaufgabe mehr zu. Sie waren aus dem Herrschaftsgefüge wie ausgenommen. Zwar schuldeten sie als Personen wie jedermann der Obrigkeit Gehorsam, waren jedoch weder im Kirchspiel mit Macht befugt noch in die weltliche Herrschaftsstruktur mit einer Funktion eingebunden, über die ein anderer Rat zu befinden gehabt hätte als ein einander beratender Konvent.

Kirche in diesem Sinn sollte ein herrschaftsfreier Raum sein, in dem nur Gott das Sagen hatte. Wie es dann CA VII sagte, Kirche in diesem engeren Sinn ist die geschehende Versammlung unter dem Wort Gottes am Tisch des Abendmahls. Selbst ein genossenschaftliches Modell fiel aus, weil hier keinerlei Abstimmen zu gelten hatte. Die Konvente hatten nichts zu beschließen, sondern nur auf Einträchtigkeit gesinnt sein. Dass es an den Kirchen nur Juraten, aber keine Kirchengemeinderäte gab, war nur konsequent, denn die Kirchengemeinde war keine extra Gemeinschaft innerhalb der Kommune, und es gab auch nichts anderes zu entscheiden, als darüber zu wachen, dass kein Missbrauch aufkäme und das Vermögen zweckgemäß verwaltet würde. Die Verwendung des Kircheneinkommens war einfach: Die Kirchen mussten erhalten, der Pfarrer versorgt, die Schulen finanziert und mit Kollekten die Armen versorgt werden. Es ging also nur noch um sachgemäße Verwendung von zweckbestimmten Spenden im weitesten Sinn. Kirche bedeutete, eine bestimmt Sicht auf die Bevölkerung miteinander zu teilen. Sie verstand sich nicht als Institution, so die Vision dieser Schrift und der Mecklenburgischen Kirchenordnung von 1552.

Dass Christus das Haupt der Kirche ist, bedeutet, dass es kein anderes Haupt, kein Unterhaupt noch einen Statthalter geben darf. Sein Reich, seine Regierung ist nicht von dieser Welt. Sie ist „ein Reich des Glaubens". Ihr „König wird nicht gesehen, sondern geglaubt". Einen Statthalter kann es nur geben, wo der Herr selbst nicht anwesend ist, wie bei der weltlichen Herrschaft, aber in der Kirche ist er anwesend, und zwar in der sichtbaren Versammlung der Glaubenden.

Die Reformation läutete damit, weil sie die Kirche als geistlichen Raum begriff, in dem Herrschaft untersagt war, auf der anderen Seite den Prozess der Säkularisierung der Weltordnung ein. Hier musste geherrscht und regiert werden, um der Ordnung und des Friedens willen, aber ohne eine von Gott geliehene hierarchische Autorität. Hier herrschten Menschen. So war gerade das „Gottesgnadentum" in seinem Ursprung weniger eine Klerikalisierung der Welt, als vielmehr ein gewichtiger Schritt hin zu einer Welt ohne Bevormundung durch eine Kirche, heute würden wir sagen: einer Expertentruppe mit Gottes Wort im Gepäck. Gott bevormundet nicht die Welt, sondern mahnt, tröstet und hilft der Hoffnung auf.

Im vorliegenden Abschnitt wendet sich Oldendorp gegen „Pracht und Pomp" der Kirche. Wieder gilt es, dabei einen Blick auf die Realität Rostocks zu werfen. Nichts war so prächtig und kostbar wie die in Gold schimmernden Altäre. Materielle Werte der Kirchen verloren ihre Heiligkeit, sie wurden als öffentliches Eigentum verstanden. Säkularisierungen von nicht mehr benötigten Klöstern erschienen sachgemäß.

In der Kirche regiere Liebe, Mitleid und Dienst, und damit sind nicht nur die Pastoren und ihre engsten Mitarbeiter im Blick, sondern alle. Wo "Kirche" wie in Stiftsländern noch weltliche Herrschaft ausübte, war dies zu beenden, bzw. in weltliche Gremien zu überführen. Weltlicher Herrschaft steht die Predigt der Liebe gegenüber. Predigt und Glaube rufen zur Billigkeit. Aufgabe der Prediger ist mithin Kritik, aber nicht aus dem Verstand der Prediger heraus, sondern vom Hören auf das Evangelium her. Es lehrt Billigkeit, das Doppelgebot der Liebe.

Der herrschaftsfreie Raum sei der Gottesdienst, nicht aber die Welt. Andererseits möge die Welt von Christen geprägt sein (nicht beherrscht), für die auch ein König sich nur als Diener seines Volkes ansieht. Das Evangelium ist kein Herrschaftsinstrument, sondern verpflichtet die Herrschenden, auf Ordnung zu achten, sie zu erhalten und allem Bösen zu wehren.

So hat die Reformation dem Gedanken den Weg mit geebnet, dass wohl auch in der Welt einmal Herrschaft lernen möge, sich völlig zu bescheiden und nur dem Volk zu dienen, bzw. auch die Herrschaft an das Volk abzugeben. Das weltliche Zepter der Macht regiere nur dann mit Strenge, wenn dem Bösen nicht anders beizukommen ist. Die Bedeutung der Reformation geht somit weit über eine bloße Kirchenreform hinaus, und das muss wohl auch so sein, setzt man den Glauben an Gott als Weltenherrscher voraus. Aber sein Weg der Herrschaft ist eben der des Kreuzes, wie Phil 2,5-11 klarstellt.

Zum ersten haben unsere Geistlichen die Römische Kirche mehr als die allgemeine Kirche der Christen geachtet und den Papst als Haupt der Kirche aufgeworfen, dem alles Gesetz der Lehre zugehöre und der auch nicht (zu) irren vermöge. Das ist nicht allein wider Göttliches Recht und Wort, sondern auch wider ihr eigenes Recht.
Das Wort Gottes zeigt klar an, dass alle, die in Christum glauben, seine Kirche sind. Sie sind wie eine Schlange, wenn sie dies wollen[1], denn also spricht Christus Johannes im 6. Kapitel: „Wahrlich, wahrlich, ich sage euch: Wer an mich glaubt, der hat das ewige Leben." Das gilt ohne Ausnahme.[2]

Das Wort Gottes

Amen, Amen, dico vobis, qui credit in me habet vitam eternam.
[Wahrlich, wahrlich ich sage euch: Wer an mich glaubt, der hat das ewige Leben.][3]

---

1 also den Papst als Haupt der Kirche ansehen, dann „se synth wie edder (Natter)".

2 „Unde nympt nichts uth."

3 Joh 6,47.

So nennt Paulus den Korinthern gegenüber und sonst am Anfang aller seiner Epistel die christliche Kirche eine Gemeinde oder Versammlung der Geheiligten und Gläubigen in Christus mit diesen Worten, welches Wort auch Emser – was bei den verstockten Leuten mehr Glaubens haben sollte – selbst also verdeutscht:

> Paulus vocatus apostolus Jesu Christi: per voluntatem Dei et Sostenes frater ecclesie Dei quae est Corinthi sanctificatis per Christum Jesum vocatis sanctis una cum omnibus qui invocant nomen Domini Jesu Christi in quovis loco vel suo vel nostro, etc.[1]

Paulus, berufen zum Apostel Jesu Christi, durch den Willen Gottes und Bruder Sosthenes, der Christlichen Versammlung Gottes zu Korinth, der Geheiligten in Christus Jesus, den berufenen Heiligen samt all denen, die anrufen den Namen unseres Herrn Jesus Christus an allen ihren und unseren Orten.[2]

> Omnes enim filii dei estis eo qui credidistis Christo Iesu. Nam quicumque enim baptisati estis, Christus induistis. Non est Judeus neque Graecus, non est servus, neque liber: Non est masculus ac femina. Omnes enim vos unus estis in Christo Jesu, etc.

So Paulus zu den Galatern im 3. Kapitel (26-28) spricht also: Denn ihr seid alle Gottes Kinder durch den Glauben in Christus Jesus. Denn so viele von euch in Christus getauft sind, sie haben Christus angezogen. Hier ist nicht Jude noch Grieche. Hier ist nicht Knecht noch Freier. Hier sind nicht Mann noch Frau, sondern sie sind allzumal eines in Christus Jesus.

Und dies ist ein Artikel unseres Glaubens, wodurch wir in der Gemeinde christlich und nicht allein in der Römischen Kirche mit Einigkeit durchdrungen[3] werden.

Ich glaube eine heilige Christliche Kirche, Gemeinschaft der Heiligen etc.

---

1 In dieser Schrift übersetzt oder überträgt in der Regel Oldendorp die lateinischen Texte selbst. Wo er dies tat, habe ich natürlich auf eine eigene Übersetzung verzichtet. Die Schrift richtet sich somit verstärkt auch an die, die der lateinischen Sprache weniger oder gar nicht mächtig waren.

2 1 Kor 1, 1f.

3 „voruatet" - verwatet

Das ist: Ich glaube, dass auf Erden, so weit die ganze Welt, ist nicht mehr als eine heilige, gemeine Christliche Kirche und Versammlung der Heiligen, Frommen, Christgläubigen Menschen, welche durch den Heiligen Geist versammelt, erhalten und regiert wird mit Vermehrung im Wort Gottes. Und dass niemand mag selig werden, der in dieser Gemeinde mit Einträchtigkeit im Glauben und Liebe nicht gefunden wird.

Nun siehst du offenbar, wie der Name der Kirche von der christlichen Kirche auf Rom, Papst und seine Untergliederungen[1] allein (bezogen) wider Gottes Wort verwirrt worden ist.

So spricht auch der genannten Geistlichen eigenes Dekret und Recht an der 18. *Distinctio c. Legimus § Nam et Alexandrie.*[2]

> Nec altera - inquit divus Augustinus - Romane urbis ecclesia altera totius orbis estimanda enim et Gallie et Britannie. Nam et Aphrica et Persis et oriens et India et omnes barbare nationes unum Christum adorant unam observant regulam veritatis.

Es ist die Römische Kirche nicht anders zu achten als die Kirche der ganzen Welt, weder die in Frankreich oder Britannien, oder auch in Afrika und Persien und dem Morgenland und Indien und alle ausländischen Nationen, die anbeten einen Christum und haben eine Regel der Wahrheit.

Dass auch der Papst ein Haupt der Kirche sein sollte, ist stracks wider Gottes Wort. Eph 5(,23): Gleichwie auch Christus das Haupt der Kirchen und seines Leibes Heiland ist.

> Quamadmodum et Christus est caput ecclesiae et idem est qui salutem dat corpori.[3]

So Kol 1(,18): Und er ist das Haupt des Leibes der Kirche, welcher der Anfang und der Erstgeborene von den Toten ist, auf dass er in allen Dingen den Vortritt habe, etc.

> Et ipse est caput corporis ecclesiae qui est principium primogenitus ex mortuis ut sit in omnibus ipse primas tenens.

Und kurz danach: Von seinem Leib, der die Kirche ist.

1 „Ledtmaten" - Gliedmaße

2 Decr. Conc. Disc. Dist. XCIII c. XXIV.

3 Fassung bei Erasmus.

Et Paulo infra: Pro corporis ipsius quo est ecclesia.[1]

Eben so wenig mag man auch sagen, dass der Papst mehr als andere Bischöfe und Priester ein Vicarius oder Statthalter Christi über den Kirchen sei,[2] zumal nicht ein Buchstabe im Evangelium oder heiligen bewährten Schrift davon (etwas) ausgedrückt. Sieh den Spruch Mt 16: „Du bist Petrus etc." und Joh 21: „Weide meine Schafe, etc." (Diese Sprüche) bringen das nicht bei, dass der Römische Bischof vor die christlichen Kirche (als) ein Statthalter Christi eingesetzt sei, woraus dann folgen würde, was ihm und anderen Geistlichen geboten sei.[3]
Und der christliche Glaube kann auch nicht leiden, dass Christus auf Erden einen Statthalter habe. So, wie er mit klaren Worten Mt 28 sagt: „Siehe, ich bin bei euch alle Tage, bis an der Welt Ende."

Et ecce ego vobiscum omnibus diebus usque ad consumationem saeculi.

Darum heißt die Christliche Gemeinde ein Reich des Glaubens. Derweil ihr König nicht gesehen, sondern geglaubt wird, wie Paulus 1 Kor 15(,20-25) sagt: Er muss aber herrschen, bis dass er alle seine Feinde unter seine Füße lege, etc.

Nam oportet eum regnare donec posuerit omnes inimcos sub pedes suos.

Also spricht auch ihr Recht *1.q.1. Ut evidenter*[4]: Demnach ist also ein Priester in der Kirche zu dulden, obgleich er der Kirche und dem Leib - dessen Leibes Haupt Christus ist - fremd ist.

Proinde - ait Augustinus - sicut is quem tolerat sacerdos in ecclesia est tamen extra ecclesiam et extra corpus eius cuius caput est Christus.

---

1 Vgl. Kol 2,9f.

2 Damit hebt sich Oldendorp nicht nur vom Papst ab, sondern von der gesamten Weihestufenlehre.

3 „beualen ys"

4 Decr. Pars sec. Causa I. Quaest. I. C. LXXXII. Es geht um den Donatistenstreit. Der deutsche Satz Oldendorps klingt für unsere Ohren missverständlich, aber der lateinische Satz und die Sache sind klar. Im Original heißt es: „Vorder alse de yennige welckeren de Prester duldet yn der Kercken / und ys doch uthwendich der Kercken und dem lyue / welckeres lyuues Christus ys dat houet."

Ja, das genannte geistliche Recht macht auch Bischöfe und Prälaten gleich und setzt niemanden über den anderen, so dass sie ihm vorgingen.
c. Legimus 93. distinctio[1] spricht der heilige Hieronymus:

> Si autem autoritas quaeretur orbis maior est urbe. Ubicunque fuerist Episcopus sive Rome sive Eugubii sive Constantinopoli sive Rhegii sive Alexandrie sive Thebis sive Guarmatie eiusdem meriti et eiusdem sacerdotii. Potentia divitiarum et paupertatis humilitas vel sublimio rem inferiorem. Episcopum non facit. Ceterum omnes Apostolorum successores sunt.

Wollte man nach der Autorität fragen, so ist die Welt größer als die Stadt Rom.
Ist da ein Bischof zu Rom oder Ägypten, zu Konstantinopel oder am Rhein[2], zu Alexandria, zu Theben oder zu Worms[3], so ist es gleich wert und eines Priestertums. Reichtum oder Armut macht noch keinen höheren oder geringeren Bischof. Alle sind sie Nachfolger der Apostel. etc.
Entsprechend siehe auch das *Ecce ego. 105. distinctio*[4] an:

> Contagium quoddam - dicit Hieronymus - et calamitas crescit i gregibus ac dominici patrimnonii damna conquiritis dum soli vultis in ecclesiis potentarii, etc.

Ein Gift und Verwirrung war unter den Schafen Christi und sie suchen Schaden des göttlichen Geheimnisses, derweil sie allein in der Kirche herrschen wollen.
Dass es ein Ding ist, Priester und Bischof, besagt das *c. Legim 93 distinctio,* also lautend:

---

1 Decr. Conc. Dist. XCIII C. XXIV: Nec altera Romanae urbis ecclesia, altera totius orbis existimanda est: et Galliae, et Brittanniae, et Affrica, et Persis, et oriens et India, et omnes barbarae nationes unum Christum adorant, unam obseruant regulam ueritatis. Si auctoritas queritur, orbis maior est urbe. Ubicumque fuerit episcopus, siue Romae, siue Eugubio, siue Constantinopolim siue Regio, siue Alexandrinae, siue Thanis, eiusdem est meriti, eiusdem et sacerdotii. Potentia diuitiarum et paupertatis humilitas uel sublimiorem episcopum, uel inferiorem non facit; ceterum omnes apostolorum successores sunt.

2 „Rehese"

3 „Guarmatia"

4 Decr. Conc. Dist. XCV. C. VI.

> Ac ne quis contensiose in una ecclesia plures Epsicopos fuisse contendat audiat aliud testimonium in quo manifestissime declaratur vel com probatur eundem esse Episcopum atque presbyterum.[1]

Und dass nicht jemand frevlig disputiere, dass es in einer Kirche viele Bischöfe gegeben habe, der höre auf ein anderes Zeugnis, in dem auf das Offenbarste erklärt und bewährt wird, dass Bischof und Priester ein und dasselbe gewesen sind.[2]

> Propter hoc (ait Paulus ad Titum 1) reliqui te Crete ut que deerant corrigeres et constitueres Episcopos per ciuitates sicut tibi manaui.

Dieser Sache halber (spricht Paulus zu Titus 1)[3] lass ich dich auf Kreta, da sollst du vollends ausrichten, was ich gelassen habe und die Städte hier und da mit Priestern besetzen, wie ich dir befohlen habe.
Desgleichen steht es im *Cap. Olim. 95. distinctio*[4]. Dies sind Worte des Hieronymus, also lautend:

> Hieronymus. Olim idem erat presbiter qui et Episcopus et anteque dyaboli instinctu studia vel scismata in religione fierent.

Einst war es ein und dieselbe Sache, Priester und Bischof zu sein. Ja, dann ist durch des Teufels Vorgabe neue Lehre und Zwietracht in der Christenheit gemacht (worden), etc. Und daselbst spricht der

---

1 Decr. Conc. Dist XCIII. C. XXIV. Diacones presbiteris debent subesse...

2 Dies wurde dann in der Kirchenordnung Mecklenburgs 1552 zum Gesetz.

3 Decr. Conc. Dist. XCIII. C. XXIV. Diacones presbiteris debent subesse.: "Propter hoc reliqui te Cretae, ut que deerant corrigeres, et constitueres presbiteros per ciuitates, sicut ego tibi mandaui: si quis est sine crimine, unius uxoris uir, filios habens fideles, non in accusatione luxuriae, aut non subditos. Oportet enim episcopum: sine crimine esse, quasi Dei dispensatorem." (Tit 1, 5-9)

4 Decr. Conc. Dist. XCV 1. Pars. Quod autem sacerdotes supra iubentur episcopis tamquam subditi obedire, non ita intelligendum est, quasi non liceat eis presentibus episcopis sacra misteria celebrare, (sicut episcopali supercilio quidam ab his uolebant presbiteros prohibere), sed quia presbiteri pontificibus, tamquam filii parentibus, debent obedire. Baptizatos etiam crismate eis tangere conceditur.
Gisbert Voetuis (1589-1676) zitiert dagegen genauso wie Oldendorp in Desperata Causa Papatus, Amsterdam 1635, S. 558. Im kurzen Kommentar von Hieronymus zum Titusbrief findet sich dieses Zitat nicht.

heilige Hieronymus, dass der Bischöfe mehr aus Gewohnheit als aus christlicher Einsetzung über dem Priester sind.
Demnach sind auch die Bischöfe nichts anderes als Diener und nicht Herren. Darum kann der Papst nicht ein Haupt sein, das da die Gliedmaßen regieren soll. Und nun merke eben an, was ihr Amt sei. Da steht also geschrieben: *VIII. q. I. c.*

> Quia nomen et operis non honoris.[1]

Bischof ist ein Name der Arbeit, nicht der Ehre. Und sodann beweist der Text an den selben Orten mit vielen Worten: Aus Kraft des griechischen Wortes Episkopus; das heißt einen, der da gesetzt ist, Sorge zu tragen für andere.

> Ut inelligat (inquit) non se Episcopum qui preesse dilexerit non prodesse.[2]

Der ist kein Bischof zu nennen, der herrschen, aber nicht nützlich sein will.[3] So im *cap. Esto. 95. distinctio.*

> Sed Episcopi (ait) sacerdotes sciant se esse non dominos.[4]

Die Bischöfe sollen gedenken, dass sie Priester sind und keine Herren. Und folgt im selben *Cap. Esto*:

---

1 Decr. Pars sec. Causa VIII. Quaestio I. C. XI. Exponere uoluit quid sit episcopatus, quia nomen est operis, non honoris.

2 Decr. Pars sec. Causa VIII. Quaestio I. C. XI. Grecum est enim, atque inde ductum uocabulum, quod ille, qui preficitur, illis, quibus preficitur, superintendit, curam eorum scilicet gerens; SKOPOS quippe intentio est. Ergo episcopos, si uelimus, latine superintendentes possumus dicere, ut intelligat non se esse episcopum qui preesse dilexerit, non prodesse.

3 Oldendorp widmete sein Schreiben an den designierten Bischof der Diözese Schwerin, Herzog Magnus. Er erklärt ihm hiermit gerade, dass er, so er das Amt einst übernehmen würde, nur ein Pastor wie alle anderen sei, lediglich vielleicht mit der besonderen Aufgabe betraut, Aufsicht zu üben, entsprechend dem bald darauf installierten Amt eines Landessuperintendenten. Solche Aufgabe übernahm verständlicher Weise niemand aus der herzoglichen Familie, die sich als zum Herrschen geboren ansahen. Die Kirchenordnung ordnete die Dinge zwei Jahrzehnte später auf eben die Weise, wie sie Oldendorp hier ausspricht.

4 Decr. Conc. Dist. XCV. C. VII. Episcopi et clerici inuicem sibi honorem exhibeant.: §. 1. Sed et episcopi sacerdotes se esse sciant, non dominos, honorent clericos quasi clericos ut ipsis episcopis honor deferatur a clericis.

Pascite eum, qui in uobis est, gregem Domini, prouidentes non coacte, sed spontanee, secundum Deum, neque turpis lucri gratia, sed uoluntarie, neque ut dominantes in clero, sed forma facti gregi ex animo, ut cum apparuerit princeps pastorum, percipiatis inmarcescibilem gloriae coronam.[1]

Weidet die Herde Gottes, - spricht Sankt Petrus (1 Pet 5) zu den Priestern und nennt sich (selbst) einen unter (den) Priestern, aber nicht Papst oder Bischof -, der unter ihnen ist und verwaltet er[2], so nicht genötigt, sondern freiwillig und um Gottes willen, nicht aus schändlicher Gewinngerichtetheit, sondern aus zugeneigtem Gemüt. Auch nicht als Herrscher über der Priesterschaft, sondern als ein Vorbild der Herde,[3] so werdet ihr - wenn erscheinen wird Erzhirte - die unvergängliche Krone der Ehre empfangen.
Also sagt Paulus 1 Kor 4(,1):

Sic nos existimet homo ut ministros Christi, et dispensatores mysteriorum Dei.

Dafür halte uns jedermann, nämlich für Diener Christi und Haushalter über Gottes Heimlichkeit.
Dies gefällt auch Hieronymus Emser, ein besonders auserkorener Freund der Geistlichen, Mk 6(,8), wie er glossierend also spricht: Wenn da sind zweierlei Schwerter[4], (dann) das eine, das herrscht, das andere der Liebe.

Reges gentium dominantur eorum et qui potestatem habent super eos benefici vocantur, Vos autem non sic.[5]

Der Stab oder Zepter des Herrschens haben die Könige und Fürsten, darum heißt man sie gnädige Herren, was Christus seinen Jüngern verbot, nicht allein an der erwähnten Stelle von Markus, sondern auch Lk 22, 1 Pet 5(,3). Der andere Stab, den er hier vorlegt, ist der

1 Decr. Conc. Dist. XCV. C. VII. Episcopi et clerici § 5.
2 „unde syedt er vor" - für provedere, providieren - „vorsehen, vorsorgen, verwalten" Grimmsches Wörterbuch.
3 „alse de dar geworden synt eyn vorbilde der herde"
4 Steue - Stäbe. Mk 6, 8 ist davon die Rede, dass die Jünger nur einen Stab mit sich nehmen sollten. Hier ist dieser Vers mit Lk 22,38 in Beziehung gesetzt, der klassischen Stelle der Zwei-Schwerter-Theorie. Das Zepter ist der Stab, der Herrschaft symbolisierte.
5 Lk 22, 25f.

Stab der Liebe. Denn ihr Regiment soll Liebe, Mitleid und Dienst sein gegen die Untertanen und nicht weltliche Herrschaft, Pracht oder Pomp.

Siehst du: Emser hat sich selbst in diesem Stück die Wahrheit vielleicht unwissentlich einfallen lassen.

Darum sollten ein Papst, Bischof und Andere Gottes Werk nicht an sich nehmen und sich zu Christus machen, ihre ungegründeten Gebote, Gottes Geboten nicht gleich, oder (sich nicht) darin verheben und (sich) unterstehen, Gewissen zu binden.[1]

So hat sich der Papst dazu aufgeworfen im *cap. Sic omnes, 19. distinctio.* Besiehe auch das cap. *In Memoriam. Dist. 19.*

Sie sollen sich auch mit Herrschaft über Städte, Schlösser, Land und Leuten mit stampfenden Hengsten, mit Jagen, Kriegen und dergleichen nicht bekümmern, auch der großen werthaften Titel als gnädigste und gnädige Herren billig enthalten und wertgleicher Fürsten(ämter) lassen.[2]

Dem Papst steht auch nicht alleine das Ordnen der Lehre zu, so dass alles gewiss sei, was er glaubt oder dass, was er ausspreche, Gottes Wort sei,[3] denn das steht den Zuhörenden und der Christlichen Gemeinde zu,[4] wie Paulus spricht 1 Kor 14(,29).

---

1 Besonders Johann Spreter hat darauf abgehoben, dass niemand Christus oder Gott „das Amt raube". Vgl. Martin Grahl, Johann Spreter - Theologe im Schatten von Johannes Calvin in Konstanz, 2020.

2 Man bedenke auch hier die Widmung der Schrift an den designierten Bischofsadministrator Herzog Magnus. Oldendorp fordert hier mutig Magnus auf, sich zu entscheiden, was er wolle. Auch in diesem Punkt mag ein Grund dafür zu finden sein, warum Oldendorp lieber ein Pseudonym wählte. Auch wenn Magnus selbst mit seiner Neigung zur Reformation Verständnis gezeigt haben mochte, für andere Mitglieder des Herzogshauses wie Albrecht VII. War dieser Abschnitt pure Provokation.

3 Damit ist die Frage des Lehramtes gestellt, die keineswegs damit erledigt ist, dass in unseren Kirchenverfassungen in der Präambel auf das Konkordienbuch verwiesen ist. Es ist auch nicht unbedingt Gottes Wort, wenn die Kirchen etwas „verlauten lassen" oder es Synodalbeschlüsse zu verschiedenen Themen von Gesellschaft und Politik gibt. Predigt oder Mahnung sind etwas anderes, vor allem aber macht den Unterschied, wer da spricht. Für die Öffentlichkeit ist es „die evangelische Kirche" als juristische Person. Solchem Ansinnen hätte sich Oldendorp entgegengestellt.

4 Wieder muss daran erinnert werden, dass mit „Gemeine" keine christliche Sondervereinigung im Blick war, sondern die Öffentlichkeit, die entsteht, wenn

„Die weissagen, lass reden, ob zwei oder drei, und die anderen (lasst) richten."

Prophete vero duo aut tres loquantur et ceteri diiudicent.

So auch 1 Thess 5(,20f.): Die Weissagung verachtet nicht. Prüfet alles, und das Gute behaltet.

Prophetias nolite spernere.
Omnia autem probate quod bonum tenete.

Hier ordnet Paulus die Lehre der Gemeinde und den Zuhörenden zu, nicht alleine dem Papst. Christus selbst - siehe Mt 7 und 24 - stellt das Urteil in Bezug auf die Lehre[1] einem jeden kraft der Unterweisung[2] zu, wodurch falsche Propheten zu erkennen sind, sprechend:

Cavete vero - inquit Christus - vobis a pseudoprophetis, qui veniunt ad vos in vestimentis ovium, intrinsecus autem sunt lupi rapaces. A fructibus eorum cognoscetis eos, etc.

Seht euch vor, vor den falschen Propheten, die in Schafskleidern zu euch kommen, inwendig aber sind sie reißende Wölfe. In ihren Früchten soll er sie erkennen, etc.
Lies auch das 8. Kapitel Deuteronomium ganz aus.[3]
Du findest nirgends in der heiligen Schrift, dass sie auf den Papst wiese. Und der Emser selbst belässt das Urteil beim Leser, in Bezug auf Lk 6(,24) und die Propheten mit diesen Worten:

---

auf Gottes Wort im Gottesdienst gehört wird. Die Öffentlichkeit unter dem Wort Gottes kann freilich zu einer Stimme in einer bestimmten Sache finden, aber da sind die Hürden hoch anzusetzen und der Einzelne kann mehr recht haben als die gewählte Synode.

1 „stellet dat gerichte der lere / eynem yedern tho"

2 „mit underwysing"

3 Die Verpflichtung auf das Gesetz Gottes mündet in der Mahnung: Gott war es, der die Kraft gab, Reichtum zu erwerben, nicht aus eigener Kraft war dies dem Volk Gottes gelungen. Vor keinem anderen als Gott solle man sich niederwerfen. Oldendorp liest das Kapitel mit den Augen der Reformatoren, die darüber klagten, dass die Klerikerkirche sich an die Stelle Gottes setzte und sich zurechnete, was allein Gottes Werk ist.

Quidam codices (inquit) tam greci que latini nos prophetis sed pseudoprophetis habent. De quo vide annota: Erasmi et tuo ipsius utere iuditio.

„Griechische und lateinische Codices weisen Propheten wie Pseudopropheten auf. Also: Besieh Erasmus und gebrauche dein eigenes Gericht oder Gutdünken."
So hat ja der Papst nicht allein das Gericht über die Lehre. Denn er kann auch wohl irren, wie der Prophet Ps 115(,2b) sagt, dass alle Menschen lügenhaft sind. Auch zeigt das Recht in Dekreten an vielen Orten an, wo auch die Päpste gröblich geirrt haben, in Ketzerei gefallen und von anderen verdammt worden sind wie Anastasius, der andere des Namens zu Rom geboren bei den Zeiten Theodoricus des Königs, *Cap. Anastasius 19. dist.*[1]

Der andere Missbrauch. Von der Vielheit der Benefizien oder Lehen.

Alle folgenden Missbräuche ergeben sich gewissermaßen aus dem ersten, grundsätzlichen. Die Geistlichen seien keine Müßiggänger, und schon gar nicht mögen sie sich für den Müßiggang im Namen Gottes bezahlen lassen. Vielfach war es so, dass zum Beispiel Domkapitulare Pfarren innehatten und daraus Geld zogen, ohne, dass sie dort predigten und lebten. In der Sprache des Kirchenrechts: Es bestand keine Residenzpflicht.

Oldendorp stellte mit diesem Abschnitt das Finanzsystem seiner Kirche in Rostock ebenso wie die Diözesanregierung in einem ersten Punkt völlig infrage. Das war für die Stimme des Stadtsyndikus, der in

1 Decr. Conc. Dist. XIX. C. IX. Anastasius a Deo reprobatus, nutu diuino percussus est. (Papst Anastasius II. + 498), natione Romanus, fuit temporibus Teoderici regis. Eodem tempore multi clerici se a communione ipsius abegerunt, eo quod communicasset sine concilio episcoporum uel presbiterorum et clericorum cunctae ecclesiae catholicae diacono Tessalonicensi, nomine Fotino, qui communicauerat Acatio; et quia occulte uoluit reuocare Acatium et non potuit, nutu diuino percussus est.
Dante sah ihn als Häretiker in der Hölle.

solchen Sachen kaum als Privatperson sprechen durfte und dazu noch den designierten Bischof von Schwerin im Blick äußerst gewagt. Da war es schon angebracht, sich hinter einem Pseudonym zu verbergen. Möglich war auch dies nur, weil Oldendorp einen Teil der Öffentlichkeit Rostocks auf seiner Seite sah, zum anderen Herzog Magnus bereits unter lutherischem Einfluss stand.

Die Finanzierung der Geistlichen soll grundsätzlich anders geregelt werden. Die „frommen und gelehrten Diener des Evangeliums" mögen mit „notdürftiger Nahrung" versorgt werden. Das bedeutet nicht kümmerlich, aber auch nicht nach Leistungsprinzip oder im Sinne von Privilegien. Oldendorp beschreibt in klarer Weise hier zu Beginn der Neuzeit das Prinzip der Alimentierung des Beamten. Wie es bei ihm selbst als Syndikus der Stadt üblich war, soll es auch bei den Pastoren zugehen. Wie der Mann seine Frau, die er liebt, die ihn liebt, gut versorgt, möge die Gemeinde ihren Prediger versorgen, der ihnen dient. Liebe und Dienst sind Maßstäbe dieses besonderen Amtes, das in keine Hierarchie eingebunden ist und abgesehen von einer gewissen Aufsicht durch Superintendenten und Juraten dann auch keine Obrigkeit hatte und selbst keine Machtposition innehaben sollte. Aus dem Pfarrherren (abgekürzt: „Pfarrer") sollte der Pastor (Hirte) werden. Er diene Gott und der Gemeinde und erhält dafür ihm angemessen Brot und Lohn. Es geht nicht um abrechenbare, messbare Leistung. Vertrauen möge statt Herrschaft gelten. „Ungeschickte Müßiggänger" in der Kirche sind „wider Gott und alle Billigkeit".

Dass es dabei nicht nur um abstrakte Prinzipien ging, war am Papst selbst zu sehen, der in Pomp und Pracht lebte und etliche Lehen zu vergeben hatte. Damit lebte der Papst sich selbst zum Gericht. Als Bischof oder „Pastor" seiner Weide lebte er gegen seine Berufung.

Der Papst gab Dispense für Nichtstun in der Gemeinde bei gleichzeitigem Verdienst aus ihr: Diese Rechtssetzung „versiegelt" Gott nicht mit seinem Wort. Diese Formulierung wirft auf die Grundeinstellung Oldendorps ein bezeichnendes Licht. Dass die Obrigkeit Macht ausüben darf, bedarf des Siegels Gottes, und das gibt es nur, wenn mit Herrschaft der Dienst an der Gerechtigkeit verbunden ist. Es muss aber auch einen Bereich geben, in dem die Herrschaft fehlt. Oldendorp befand sich selbst zwischen den Ebenen. Als Syndikus regierte er weder, noch verurteilte er, aber er war in das Ordnungsgefüge mit gewichtiger Stimme eingebunden. Die Prediger sollten von jeder Herrschaftsaufgabe befreit werden. Hier bahnte sich eine Entwicklung an, die zwei Jahrzehnte später zur Mecklenburgischen

Kirchenordnung als Landesgrundgesetz führte, als neue Form der Gewaltenteilung.

Der Pastor predige Gerechtigkeit, die Güte des Herzens. Er predige nicht nur hörend auf Gottes geoffenbarte Stimme, er befördere die Stärke des Gewissens eines jeden Menschen in der Beichte. Das aber vermag er nicht aus sich selbst, sondern nur, weil Gott in Christus handelt.

Nach mittelalterlichem Grundverständnis war Wucher darum eine so schwere Sünde, weil man verdiente, ohne dafür zu arbeiten. Dies bezog Oldendorp nun auch auf die Pastoren. Ihre „Arbeit" bestand aber nicht in Leistung, sondern im Gottes-Dienst. Geistliche sollen nicht arm sein gemäß mönchischen Idealen, aber auch nicht schwer reich wie der Papst und sein höherer Klerus, während die Gemeinde zum Teil darbt. Sie sollten aber auch nicht, wie es einem bestimmten mönchischen Ideal entspricht, nur ihrer eigenen Seligkeit dienen und sich nicht um die Welt scheren und dafür dann bezahlt werden oder darum betteln.[1]

Zum anderen sind wir beschwert, dass die Geistlichen so viele Benefizien oder Lehen besitzen und doch darum nichts tun oder arbeiten wollen und nicht allein essen, sondern allen Hochfahrt, Prall und Pomp treiben, wider Gottes Wort Lk 10(,1-16).

Gottes Wort

Dignus est enim operarius mercede sua. Non dicit pompa.

Ein Arbeiter ist des Lohnes wert. [Er spricht nicht von Pomp.] Und Paulus straft sodann Müßiggänger 2 Thess 3(,10-12) sprechend:

Etenim cum essemus apud vos, hoc praecipiebamus vobis: ut si quis nollet operari, is nec ederet. Audimus enim quosdam vos nihil operantes fatientes, sed curiose agentes. Iis autem, qui istiusmodi,

1 Vgl. die Rechtshistorische Einleitung zu De emtione et venditione reddituum von 1525 (Rostock, 1995 S. VI-XI)) durch Hans Peter Glöckner. Nach dieser Schrift bezweifelt Oldendorp, dass Klerikern solche Ansprüche überhaupt zustehen. Dass jemand eine Rente geschenkt bekommt, ist juristisch fragwürdig. Das weltliche Recht sei hier entscheidend, nicht das Kanonische. Alle Gewalt komme von Gott, und diese ist in die Hände der Herrscher gegeben.

persipimus et obsecramus per Dominum Jesum Christum, ut cum quiete operantes, suum panem edant.[1]

Und da wir bei euch waren, geboten wir euch, dass, so jemand nicht arbeiten will, der soll auch nicht essen. Dann hören wir, dass etliche unter euch unordentlich wandeln und arbeiten nicht, sondern treiben Vorwitzigkeit. Solchen gebieten wir und vermahnen sie durch unseren Herren Jesus Christus, dass sie mit stillem Wesen arbeiten und ihr eigen Brot essen, etc.
So hat auch der heilige Paulus nicht umsonst das Brot genommen, sondern mit Arbeit und Mühe gewirkt. Und ist der erste Befehl Gottes, dass wir im Schweiße unseres Angesichts das Brot essen sollen, wie es im 1. Mose steht im 3. Kapitel (Vers 19).

In sudore vultus tui vesceris pane tuo.

Und im 127. Psalm (Vers 2) spricht David:

Labores manuum tuarum manducabis.

Im Schweiß deiner Hände wirst du essen etc.
Darum (ist es) zugleich Gottes Wille[2] und billig, dass man fromme und gelehrte Dienern des Evangeliums (mit) notdürftiger Nahrung versorgt. Mt 10, 1; Tim 5; 1 Thess 5; Dtn 22 und 25.

Qui bene presunt presbiteri duplici honore digni habeantur maxime qui laborant in sermone et doctrina.
[Die Ältesten, die wohl vorstehen, die halte man zweifacher Ehre wert, sonderlich die da arbeiten im Wort und in der Lehre.][3]

Also ist es auch wider Gott und alle Billigkeit, dass so viele ungeschickte Müßiggänger, vornehme Geistliche der Kirchen Güter den Armen zum Vorrecht[4] besitzen und auffressen, ja auch mit Unzucht durchbringen sollen.

Das geistliche Recht

---

1 Wiederum wird die Textfassung der lateinischen Übersetzung des Erasmus von Rotterdam genommen.

2 „godtlick

3 1 Tim 5,17.

4 tho vorfange

Dann ist es wider ihr eigenes Recht und (zwar) sonderlich, dass der reiche Papst viele Lehen haben und aus den Kirchengütern so (prächtig) gehalten werden soll.
s. q. ii. Cap. Clericos

> Clericos autem illos conuenit ecclesiae stipendiis sustentari, quibus parentum et propinquorum nulla suffragantur. Qui autem bonis parentum et opibus suis sustentari possunt, si quod pauperum est accipiunt, sacrilegium profetco committunt, et per abusionem talium iudicium sibi manducant et bibunt.[1]

Da Hieronymus spricht also:
Man soll alleine die Priester von der Kirche ernähren, die von ihren Eltern und Freunden nicht Behelf haben.[2] Denn welchen von ihren Eltern oder sonst Nahrung haben und nehmen doch das, was den Armen gehört, das ist der Kirche vorenthalten, das sind Kirchenräuber und durch solchen Missbrauch essen und trinken sie sich selbst das Gericht, etc. So spricht Prosper an genannter Stelle im *cap. Pastor*:

> Pastor - inquit prosper - ecclesiae his, quibus sua sufficiunt, non debet aliquid erogare, quando quidem nichil aliud sit habentibus dare quam perdere. Nec illi, qui sua possidentes sibi dari aliquid uolunt, sine grandi peccato suo unde pauper uicturus erat accipiunt.[3]

Ein Administrator[4] der Kirche soll denjenigen, die (schon) zuvor genug hatten, nichts geben. Denn denjenigen zu geben, die sonst genug haben, ist nicht anderes als verderben. Auch kann der selbige ohne große Sünde der Armen Gut nicht annehmen.
Fortan in genannter Stelle spricht Prosper so:

> Non est meum dicere quale peccatum est qui cibos pauperum preasumendo suscipiunt qui ecclesiam quam iuuare de propriis facultatibus debuerant suis expensis insuper grauant.[5]

---

1 Decr. Pars sec. Causa I. Quaestio II. C. VI. Qui sumptibus propriis sustentari possunt, ab ecclesia stipendia non accipiant. Hieronymus an Papst Damasus.

2 Diese Erwartung betraf vor allem höhere Ämter, die von Mitgliedern wohlhabender Familien, wie z.B. Herzog Magnus, besetzt wurden. Sie benötigten kein Gehalt.

3 Decr. Pars sec. Causa I. Quaestio II. C. VII.

4 „vorweser"

5 Decr. Pars sec. Causa I. Quaestio II. C. VIII. § 1.

Es ist mir nicht auszusprechen, was es für eine Sünde ist, wenn die der Armen Speise nehmen, die die Gemeinde von dem ihren erhalten helfen sollen etc.
So im *cap. Non omnis. 5. q. 5* zeigt der Text an, mit vielen schönen Gleichnissen, Exempeln und Schriften, dass es nützlicher sei, dass man solches[1] nicht gebe und spricht:

> Utilius (dicit) esurienti panis tollitur, si de cibo securus iustitiam negligebat, quam esurienti panis frangitur, ut iniustitiae seductus acquiescat.[2]

Es sei besser oder nützlicher für einen Begehrenden, wird ihm das Brot genommen, wenn er des Brotes (zwar) versichert und gesättigt, die Gerechtigkeit (jedoch) versäumen würde, als dem Begehrenden das Brot auszuteilen, so dass er zur Unrechtfertigkeit verführt werde.[3]
Besiehe des Text daselbst wieder.
Es verbietet auch den Geistlichen ihr eigenes Recht allen Reichtum. *7.q. 1.cap. Clericus.*
Und sind die Worte Hieronymus also lautend:

> Qui Dominum possidet et cum Propheta dicit: "Pars mea Dominus," nichil extra Dominum habere potest. Quod si quippiam aliud habuerit preter Dominum, pars eius non erit Dominus; uerbi gratia, si aurum, si argentum, si possessiones, si uariam suppellectilem, cum istis partibus Dominus non dignatur fieri pars eius. Si autem ego pars Domini sum, et funiculus hereditatis eius, non accipio partes inter ceteras tribus, sed quasi Leuita et sacerdos uiuo de decimis, et altari seruiens altaris oblatione sustentor.

---

1 In heutiger Rechtsgewohnheit: Subvention an den, der es nicht nötig hat, ist Förderung von Luxus.

2 Decr. Pars sec. Causa II. Quaestio V. C. II. § 1. Der Abschnitt beginnt: Non omnis, qui parcit, amicus est, nec omnis, qui uerberat, inimicus. „Meliora sunt uulnera amici quam uoluntaria oscula inimici." Melius est cum seueritate diligere quam cum lenitate decipere. [Nicht jeder, der schont, ist ein Freund, nicht jeder, der schlägt, ist ein Feind. „Besser sind Schläge des Freundes als wollüstige Küsse des Feindes." Besser ist es, in Demut zu dienen, als mit Sanftheit zu täuschen.]

3 „hungernden". Mit dem „Hungernden" ist hier gerade nicht der Arme in der Gemeinde im Blick, sondern der Geistliche, der eigentlich genug hat. Das lateinische esuriere bedeutet auch, Appetit haben, etwas essen wollen.

Habens uictum et uestitum, his contentus ero, et nudam crucem nudus sequor.[1]

Wer den HERREN besitzt und spricht mit dem Propheten: Mein Teil ist der Herr, der soll auch außer dem Herrn nichts haben. Soweit er nun etwas anderes hätte, so wäre der Herr nicht sein Teil: Also nämlich Gold, Silber, Acker oder viel Hausgerät, dem will der Herren nicht zuteil werden. Bin ich nun ein Teil des Herren und seines Erbens, so nehme ich kein Teil mit anderen Geschlechtern, sondern werde als ein Priester erhalten vom Zehnten und dienen dem Altar, werde davon ernährt, habe Kleider und Essen, damit bin ich zufrieden. Dem bloßen Kreuz folge ich bloß nach, etc.
Desgleichen bezeugt auch Hieronymus *93. dist. c. Diaconi sunt quos.*

Nunc autem ex quo in ecclesiis, sicut in Romano inperio, creuit auaritia, periit lex a sacerdote et uisio de propheta; singuli quique per potentiam episcopalis nominis, quam sibi ipsi illicite absque ecclesia uendicarunt, totum, quod Leuitarum est, in suos usus redigunt, nec hoc solum, quod asscriptum est, sibi uendicant, sed cunctis auferunt uniuersa.[2]

Nachdem nun in der Kirche gleich wie auch in dem Römischen Reich Gerechtigkeit gewesen, so sind das Gesetz von den Priestern und die Offenbarungen von dem Propheten gewichen. Sie haben alle mit Gewalt den bischöflichen Namen ohne Wissen der Kirchen an sich gebracht. Was den anderen gehört, haben sie auch an sich gerissen und in ihren Gebrauch gewendet, nicht allein das, was ihnen gehörte, sondern jedermann das seine genommen.
Das sind die Worte des heiligen Hieronymus. wo er auch daselbst verkündet, was aus dem letzten folgen muss durch Gottes Zorn. So in *Cap. 1 de Consue. lib. 6* steht offenbar zu lesen, dass sie nicht mehr als eine Prälatur haben sollen.

Cum unum offitium vix digne valeat aliquis adimplere.[3]

Nachdem ist es einem jeden schwer genug, ein geistliches Amt wohl vorzuweisen.

---

1 Decr. Pars sec. Causa XII. Quaestio I. C. V.
2 Decr. Conc. Dist. XCIII. C. XXIII. § 5.
3 Das Zitat findet sich im 6. Buch der Dekretalien von Bonifaz VIII., De Consuetudine, titulus IV. Cap. 1.

Holt nun die Geistlichen hierbei und sieh an, wie sie wider Gott und ihr eigenes Recht handeln. Ja, sie sprechen: Wir haben Dispens vom Papst.
Wohlan, liebe Herren, was wisst ihr aber, ob Gott auch den Dispens versiegeln und den Brief annehmen will?
Wie Augustinus im gleichen (Absatz) spricht: *I. q.I.c. Ut evidenter.*

> Proinde sicut is, quem sacerdos in ecclesia tollit, est tamen extra ecclesiam, et extra corpus, cuius caput est Christus, si ei ostiarius (id est Christus) non aperuit.[4]

Forthin ist er wie derjenige, den der Priester in der Kirche duldet und ist doch außerhalb der Kirche und des Leibes, dessen Haupt Christus ist: so ihm der Türwächter - das ist Christus - nicht aufgetan hat etc.[1]
Gleich also ist auch des Papstes Dispens, in diesem Fall wirkungslos,[2] weil (es) Gott mit seinem Wort nicht versiegelt hat.[3]

Der dritte Missbrauch. Vom Schatz der Geistlichen.

Klöster gerieten stets dann in eine schwerwiegende Krise, wenn sie zu wohlhabend wurden. Der oder die Einzelne darin mochte wohl nichts, bzw. sehr wenig für sich selbst haben, aber gemeinsam waren sie bisweilen äußerst wohlhabend. Das Zisterzienserkloster von Doberan, dem größten Landbesitzer Mecklenburgs, war auch in Rostock präsent. Einige Klosterkirchen quollen über von Reichtum. Vergleicht man die

4 Decr. Pars sec. Causa I. Quaestio I. C. LXXXII. Non hominum meritis, sed uirtute Spiritus sancti peccata remittuntur.

1 Hier wird das oben bereits Zitierte anders verwendet. Unwürdig des Amtes ist, der es nicht ausführt. Der Geistliche ist nur Teil des Leibes Christi, wenn er tut, was ihm geboten ist, da, wohin er gehört.

2 „desses vals / gar umme süs“

3 In Bezug auf die Stadt Rostock hieße dies: Der Rat oder die jeweilige Stadtkirche möge solchen Dispens nicht anerkennen. Der Priester hat vor Ort zu sein, sonst zahle man der Kirche, bzw. dem Priester auch das dem Amt Entsprechende nicht.

Innenausstattung und Pracht der Kirchen als Gebäude mit den Hütten der Bewohner ringsumher, sticht ins Auge, wovon Oldendorp spricht. Das Problem ist nicht das Gold selbst, sondern der Drang, diesen Besitz nicht nur festzuhalten und zu genießen, sondern auch der Drang, diesen Reichtum auch fortlaufend zu vermehren. Oldendorp zitiert Jesu Satz vom Sammeln für den Himmel. Das geschehe nicht durch Anhäufung von Reichtümern in Kirchen, sondern, indem man Bedürftigen Gutes tut. In moderner Sicht könnte man sagen: Diakonie im weitesten Sinn ist neben der Alimentierung der Pastoren und dem Erhalt der Kirchen Zweckbestimmung für die Verwendung des Geldes der Kirche. Das entsprach ganz der Zwecksetzung sogenannter mittelalterlicher „Kirchenfabriken“. So war auch über Jahrhunderte der lutherischen Gemeinden hin einzig zugelassener Kollektenzweck die Armenpflege. Für die Alimentierung des Pastors sorgten die Pfarrgüter. Die Römische Kirche aber bettelte für sich. Der Ablass war unter anderem bestimmt für die riesige St. Peterskirche in Rom. Bischöfe lebten nicht nur wie die Fürsten, sie waren es. Die Leute glaubten, für den Himmel zu sammeln, aber der Klerus strich es ein und umgab sich mit Pracht.

Was Oldendorp hier im juristischen Sinn anmahnt, war Gemeinnützigkeit. Zumindest einige Geistliche ließen es mit frommen, täuschenden Argumenten sich selbst und nicht den Armen ihrer Gemeinde wohl ergehen. Den Menschen mit niederen Weihen freilich erging es ebenso wenig gut wie denen, die für andere den geistlichen Dienst versahen, die in höheren Ämtern saßen. Das weit verbreitete Privilegienwesen herrschte auch im Klerus.

Konkret ging es auch um den Besitz der einzelnen Kirchen, ihr Silber und Gold. Das wurde schon im Mittelalter bisweilen zur Lösung in Notsituationen eingesetzt, denn diese Schätze wurden als ein öffentliches Eigentum angesehen, wenn auch auf Ewigkeit hin gestiftet. Die Reformation beraubte ihrem Verständnis nach nicht die Kirchen. Fürst und Städte nahmen den Klöstern nicht das Eigentum weg, sondern sahen sich bevollmächtigt, diese Güter zum Beispiel Schulen zugute kommen zu lassen. Was Säkularisierung im Fürstentum Mecklenburg bedeutete, lese man in der Kirchenordnung 1552 nach.

Zum Dritten beschweren die Geistlichen die ganze Welt und den Gemeinen Stand dadurch, dass sie allzu große Schätze im Namen der Kirche von Silber, Gold und allem, was köstlich geachtet gesammelt haben, so dass es selten ein Flecken, Stadt, etliche Dörfer gibt, wo die Geistlichen nicht viel weniger haben, als das ganze gemeine Vieh[1] daselbst.

Gottes Wort

Solches ist gegen das Wort Gottes Mt 6(,19), da Christus also spricht:

> Ne reponatis vobis tesauros in terra.

Ihr sollt euch nicht Schätze sammeln auf Erden. Ähnlich redet vom Letzteren auch Baruch im 3. Kapitel.[2] So ist es weiterhin klar wie die Sonne Mt 6(,24f.), wie Christus spricht:

> Non potestis Deo servire et mammonæ. Propterea dico vobis: ne sitis solliciti vite vestri etc.

Ihr könnt nicht Gott dienen und dem Mammon, darum sage ich euch: Sorget nicht um euer Leben, etc. Aus demselben Grund redet Paulus wahrlich recht 1 Tim 6:

> Siquidem radix omnium est studium pecunie quam quidam dum appetunt aberrauverunt a fide etc.[3]

Denn Begehrlichkeit des Geldes ist eine Wurzel allen Übels, daran etliche ihre Lust haben und sind vom Glauben irre gegangen, etc.

Das geistliche Recht

Das ist doch wider ihr eigenes Recht. Denn also spricht Ambrosius *7. q. 2. cap. Aurum* und dergleichen Hieronymus im folgenden Kapitel *Gloria Episcopi*.

> Aurum ecclesia habet, non ut seruet, sed ut eroget et subueniat in necessitatibus.[4]

Die Kirche hat Gold, aber nicht, dass sie es behalte, sondern dass sie es austeile und helfe in den Nöten.

---

1 „dat gantze gemeyne beste" - „Beste" bedeutete Vieh, aber auch Vorteil, Wohl und Nutzen. Zugleich war auch damals schon das Wort eine Steigerung des Wortes „gut".

2 Bar 3, 15-19: Wer weiß, wo die Weisheit wohnt? Wer ist in ihre Schatzkammern gekommen?...

3 1 Tim 6, 10. Textfassung Erasmus.

4 Decr. Pars sec. Causa XII. Quaestio II. C. LXX.

Et paulo infra: Nonne dicturus est Dominus: Cur passus es tot inopes fame mori? Et certe habebas aurum, ministrasses alimoniam. Cur tot captiui in commercium ducti nec redempti, ab hoste occisi sunt? Melius fuerat, ut uasa uiuentium seruares quam metallorum. His non posset responsum referri. Quid enim diceres? Timui, ne templo Dei ornatus deesset? Respondet: Aurum sacramenta non querunt, neque auro placent que auro non emuntur. Ornatus sacrorum redemptio captiuorum est, et uere illa sunt uasa preciosa, que redimunt animas a morte. Ille uerus est thesaurus Domini, qui operatur quod sanguis eius operatus est.[1]

Der Herr wird sprechen: Warum ließest du den Armen hungern, dieweil du Geld gehabt hattest, womit du sie hättest speisen mögen? Warum sind so viele gefangen, vom Feind erschlagen, nicht ausgelöst worden? Besser wäre es, du hättest die lebendigen Gefäße oder Bilder[2] behalten, als die metallenen und silbernen. Du hast hier keine Antwort.

Was willst du dann sagen? Ja, ich fürchtete, der Tempel würde nicht geziert? So wird der Herr antworten: Die Sakramente begehren kein Gold, denn sie werden auch nicht mit Gold gekauft. Das aber sind die köstlichen Schätze und Kleinodien, durch welche den Menschen geholfen und (sie) gerettet werden. Das ist der rechte Schatz des Herren, wenn man damit tut, was des Herren Blut getan hat.

Nun sage lieber, wie vielen notbedürftigen und gefangenen Leuten die Geistlichen geholfen haben?[3] Wie viele arme Jungfrauen haben sie zur Ehe bestätigt vom Kirchengeld?[4] Ja, wie viele haben sie (dagegen) zu Unehren und Schanden gebracht?

Und können doch jetzt unsere genannten Geistlichen meistenteils die faule Antwort und Entschuldigung die Tempel zu zieren nicht verwenden. Denn zur Unterhaltung und Zierde des Tempels sind

---

1 Decr. Pars sec. Causa XII. Quaestio II. C. LXX.

2 „Vasa viventium" stand für zu rettende Menschen, vgl. 2 Tim 2,20f. Oldendorp ergänzt: lebendige Bilder, also Menschen als Bilder Gottes im Gegensatz zum teuren Bilderüberfluss in den Kirchen.

3 Man konnte christliche Sklaven aus muslimischen Ländern freikaufen. Noch in der Neuzeit wurden dafür Sammlungen organisiert.

4 Viele Ehen konnten nicht ohne Mitgift geschlossen werden.

wertvolle Kirchenschwüre[5] gesetzt, dabei haben sie die Mühe und Unlust fein gescheut.
Ihre Schätze aber behalten sie frei zu anderen Dingen, die Gott wohl weiß.

Der vierte Missbrauch. Von dem Gottesdienst

Oldendorp führt drei Kapitel des Neuen Testaments an. In 1 Kor 14 geht es um die Zungenrede: Alles im Gottesdienst diene den Menschen, die verstehen sollen. In Hebr 9 wird das Blut Christi den Kostbarkeiten des jüdischen Tempels entgegengesetzt. In Tim 1 verweist Paulus darauf, dass das Gesetz gut ist für den, der es recht gebraucht. Das Evangelium ist dazu bestimmt, „die Sünder selig zu machen". Auch hier geht es juristisch gesprochen um die Zweckbestimmung, aber nicht nur einer besonderen Handlung, sondern letztlich der Kirche insgesamt. Kirche gibt es aufgrund des Gottesdienstes, und ihre Ausrichtung ist es, „die Sünder selig zu machen". Es geht also überhaupt nicht um institutionellen Selbsterhalt. Im Mittelalter ging es um finanzielle Erhaltung klerikaler Strukturen, heute um das Ausbremsen eines nicht aufzuhaltenden institutionellen Niedergangs, so gewinnt man zumindest aktuell in Deutschland den Eindruck. Die Erhaltung des Gottesdienstes im Sinne der Reformation hatte mit beidem nichts im Sinn. Die Reformation scheute sich nicht, die weit ausgespannte Institution „Kirche" als Rechtskörper auf das Minimum der Ortskirche herabzustufen. Erhaltung des Gottesdienstes bedeutete Reinheit, das Absehen von jeglichem Interesse der Selbsterhaltung und allem Ausschmücken, wir würden heute sagen: publikumswirksamen Events und Mitgliederbindung.

Die liturgische Praxis mit ihren vielen Zeremonien hatten Ende des Mittelalters solches Eigengewicht gewonnen, so dass man sich auf Kerzentragen, Seidengewand und Pracht konzentrierte und den einfachen Grund des Gottesdienstes zu wenig beachtete. Gottesdienst

5 „wertlike kerckswaren gesettet" - Einen Schwur zu setzen hieß, einen Eid abzulegen. Die Geistlichen zahlten die Kunstwerke oder Kirchenschätze nicht aus ihrem Vermögen, sondern ließen diese als fromme Werke als Untermauerung, bzw. Bezahlung von Gelöbnissen stiften.

erging sich in Äußerlichkeiten. In den drei erwähnten biblischen Kapiteln gesprochen: Wie bei der Zungenrede prangt man mit dem, was man kann, trägt seine Frömmigkeit vor sich her, gefällt sich in wunderbaren Riten. Verständlichkeit und Klarheit der Verkündigung trat in den Hintergrund. Indem man alles möglichst auch bildlich gesprochen vergoldete, beging man einen großen Rückschritt, verfiel in eine Art vorchristlichen Zustand, indem man sein eigenes Opfer an die Stelle des einmaligen Opfers Christi setzte. So richtete man das Gesetz für die scheinbar Gerechten auf, statt Sündern aufzuhelfen. Man war maßlos geworden, d.h. nicht nur, dass man zu viel des Guten tat, sondern das Maß des Gottesdienstes Vergessen machte. Es gilt, Gott im Geist anzubeten und nicht in Pracht, Gold und Zeremonien. Geschwätz und viele Worte treten schnell mal an die Stelle der Verkündigung, also des Lauschens auf Gottes Stimme, besonders, wenn man Leuten gefallen will oder sich in Szene setzt.

Wirft man einen Blick auf die Einfachheit der Deutschen Messe Luthers und vergleicht sie mit der überbordenden liturgischen Praxis des Spätmittelalters, wird deutlich, was Oldendorp im Blick hatte. Wenn in Rostock - wie man sagte - „lutherisch" gepredigt wurde, bedeutete dies auch die Einführung einer anderen Art, Gottesdienst zu feiern, bzw. den Fortfall etlicher gottesdienstlicher Gebräuche. Für Rostock konkret gesprochen: Das Übliche wurde in dieser Schrift mit dem Wort Missbrauch betitelt, die veränderte Gestalt als notwendige Reform angesehen.

Wieder ruft Oldendorp ausgerechnet Luthers Widersacher in den Zeugenstand: Es geht um Besserung der Gemeinde, wobei nicht nur an privates Verhalten gedacht ist, sondern an das gesamte soziale Leben. Dies ist das Maß. Es waren nicht alle Menschen in Rostock Bürger im Rechtssinn, aber es waren alle Beichtkinder.

Oldendorp bezeichnet das Überflüssige am Gottesdienst einen „vermeintlichen" Gottesdienst. Das war eine starke Behauptung und weist weit in die Zeiten hinaus bis auf den heutigen Tag. Wie viel sind „vermeintliche" Gottesdienste in diesem Sinn schon gefeiert worden! Das Wort „vormeynt" bedeutet nicht nur Unechtheit, sondern hat auch den Gedanken der Absicht und Planung in sich. Gott lässt sich jedoch nicht bewegen, eines anderen Sinnes werden lassen, wie Hieronymus lehrt. Zielrichtung des Gottesdienstes ist der Sünder, nicht der sich als gerecht Ansehende. Handelnder ist Gott, nicht eine fromme Gemeinde.

Oldendorp macht seine grundsätzliche Bedenken am Gesang deutlich: Man solle nicht auf die Perfektion der Stimme aus sein, sondern auf das, was dem Gesang aufgegeben ist. Auch das regelnde Liturgische Recht ist nach Oldendorp menschliche Satzung. Entsprechend darf und muss es auch der öffentlichen Kritik unterzogen werden dürfen. Gemäß mittelalterlicher Grundeinstellung galten Neuerungen, zumal „ohne alles Gotteswort" von vornherein als verdächtig, besonders wenn diese Gebräuche auch noch „an Geld gebunden" sind, wie gelesene Messen für Verstorbene, Kerzenstiftungen und anderes mehr. Entsprechend war die Rückführung der Messe auf ihre Grundformen Kern der lutherischen Reformation: „Die wahrhaftige Messe wird nicht verlegt", sie ist ein „heilsam unaussprechliches Gut und notwendiges Ding, das ewig lebendig macht". Die vielen Neuerungen sind dagegen „böse Münze", d.h. Fälschungen durch geringerwertiges Metall. Sie schaut aus wie echt, ist es aber nicht. Die Messe, d.h. vorrangig das Abendmahl, wurde im Spätmittelalter ohne Gemeinde im Hohen Chor vollzogen. Vor ihm am Kreuzaltar und anderen Nebenaltären wurde es nur verteilt. Nun „verlegte" man das ganze Geschehen in das nun als einen Raum erfahrene Kirchenschiff. Dies war „Reform", denn das Abendmahl gehört in die Gemeinschaft aller Getauften. Es ging um eine überfällige Korrektur.

Zum vierten haben uns diese Geistlichen wieder beschwert, indem sie einen solchen kostbaren vermeinten Gottesdienst und Zeremonien aufgesetzt und angenommen haben mit Singen, Lesen und anderem Gepränge wider göttliches Wort, wie 1 Kor 14 und Hebr 9 klar befinden.

Das Wort Gottes

Und wiewohl etliche Zeremonien mit gutem Gebrauch und Maß leidlich sein mögen, wie Paulus vom Gesetz 1 Tim 1 lehrt, so unterlassen sie doch und halten am allerwenigsten den rechten vornehmsten Dienst Gottes als der Verkündigung und Auslegung seines heilsamen Wortes und wenden sich zu dem, was Gott nicht genehm ist. Denn all ihr Tun besteht in äußerlichen Zeremonien, wie Silber, Gold, Seidengewand samt Glocken, Singen, Lichter tragen und dergleichen Ersatz[1] ohne jedes Maß, wider das, so der Herr spricht Joh 4(, 23f.).

1 Im Text steht „Handgeber". Ein Handgeber war jemand, der anstelle eines anderen handelt, Surrogat, wie es eben bei äußerlichen Dingen oft der Fall ist.

Sed venit hora, et nunc est, quando veri adoratores adorabunt Patrem in spiritu et veritate. Nam et Pater tales quærit, qui adorent eum. Spiritus est Deus et eos qui adorant eum, in spiritu et veritate oportet adorare.

Aber die Zeit kommt, und ist jetzt vorhanden, dass die wahrhaftigen Anbeter den Vater anbeten werden im Geist und in der Wahrheit. Denn der Vater will auch haben, die ihn so anbeten.
Gott ist ein Geist und die ihn anbeten, die müssen ihn im Geist und der Wahrheit anbeten.
So Mt 6(,7):

Verum Orantes ne sitis multiloqui, sicut Ethnici, putant enim fore ut ob multiloquium suum exaudiantur. Ne igitur effitiamini similes istorum.

Wenn ihr aber betet, sollt ihr nicht viel Geschwätz treiben wie die Heiden. Wenn sie meinen, sie werden erhört, wenn sie viele Worte machen, darum sollt ihr ihnen nicht gleichen, etc.
So ist nun leider die heilige christliche Einsetzung ganz umgekehrt, unzweifelhaft Geschenk[1] des Teufels. Denn auf das Singen in den Kirchen wird große Achtung gehabt, ist viel Lehne gestiftet und wenig Nutzen dabei. Aber das Wort Gottes zu verkündigen, dem wird wenig Macht zugewandt und es den aller Ungeschicktesten anbefohlen, wie doch merkliche Besserungen der Gemeinde daraus entspringen könnte, wo denn S. Paulus davon lehrt 1 Kor 14(,6), sprechend:

Nunc autem, si veniam ad vos linguis loquens, quid vobis prodero, nisi vobis loquar aut in revelatione, aut per scientiam, aut per prophetiam, aut per doctrinam.

Nun aber. liebe Brüder, wenn ich zu euch komme und redete mit Zungen, was wäre ich nütze, so ich nicht mit euch redete, ob nun mit Offenbarung, durch Erkenntnisse, Weissagungen oder Lehre?
Welche Worte der Emser - der Geistlichen Beschirmer - daselbst also glossiert: Mit Zungen reden, (das) ist Psalmen oder etwas anderes aus der heiligen Schrift in der Kirche lesen oder singen und sie nicht auslegen, damit sie der Leser verstehe. Weissagen ist, den Sinn von Gott nehmen und anderen auszulegen vermögen. So meint nun S.

1 aus der Angabe des Teufels heraus.

Paulus - spricht Emser - mit Zungen reden bessert die Gemeinde nicht, Weissagen aber und Auslegen bessert die Gemeinde.
Da siehst und hörst du ja, dass Emser diesen Missbrauch der vielen unzähligen Gesänge und Zeremonien hat so klar als die Sonne bekennen müssen. Und der heilige Paulus bekennt daselbst offenbar, da er in der Kirche lieber fünf Worte reden wollte ihrem Sinn gemäß, damit er auch andere unterweise, als sonst zehntausend Worte mit Zungen ohne Auslegung.[1]

> Sed in ecclesia volo quinque verba sensu meo loqui, ut et alios instruam quam decem milia verborum in lingua. (1 Kor 14, 19)

Das geistliche Recht

Solch überflüssiger vermeintlicher Gottesdienst der Gesänge und anderer äußerlichen Zeremonien ist auch wider ihr geistliches Recht im *Cap. Non mediocriter. De consecra. dist. 5.*

> Numquid uerborum fletci multitudine ut homo Deus potest? Non enim uerbis tantum, sed corde orandus Deus est. Quapropter melior est quinque psalmorum decantatio cum cordis puritate, ac serenitate, quam totius psalterii modulatio cum anxietate cordis atque tristicia.[2]

Gott lässt sich nicht wie ein Mensch - spricht Hieronymus - durch Vielheit der Worte bewegen. Gott ist auch nicht allein mit Worten, sondern mit Herzen zu bitten. Darum ist es besser, ein Gesang von fünf Psalmen mit Reinigkeit des Herzens und geistlicher Lust als ein ganzer Psalter mit Angst und Traurigkeit.
So in dem Kapitel *In sancta Romana ecclesia. 92. dist.* steht:

> In sancta ecclesia Romana dudum consuetudo est ualde reprehensibilis exorta, ut quidam ad sacri altaris ministerium cantores eligantur, et in diaconatus ordine constituti modulationi uocis inseruiant, quos ad predicationis offitium et elemosinarum studium uacare congruebat.
> Unde fit plerumque ut in sacro ministerio, dum blanda uox queritur, congrua uita negligatur, et cantor minister Deum moribus stimulet, cum populum uocibus deletcet. Qua de re presenti decreto constituo, ut in sede hac sacri altaris ministri cantare non debeant, solumque euangelicae

1 Das Verständnis der Zungenrede als angeblich aus dem Heiligen Geist stammendes unverständiges Plappern kam erst im Aufklärungszeitalter auf.

2 Decr. Pars tertia Dist. V. C. XXIV.

> letcionis offitium etc. Si quis autem contra hoc decretum meum venire temptaverit, anathema sit.[1]

In der Römischen Kirche ist eine äußerst feste, sträfliche Gewohnheit eingerissen, dass etliche, die dem Altar zugeordnet sind, zu Sängern erwählt werden und die Diakone dem Gesang dienen, die doch alleine verwendet werden[2] sollten auf das Predigtamt und Austeilen der Almosen für die Armen. Da man nun im heiligen Dienst[3] die Sattigkeit der Stimme sucht, so wird die Andacht und der Dienst an den Lebenden[4] versäumt. Dann erzürnt der Sänger Gott mit seinen Gebärden, so er das Volk mit seiner Stimme beeindrucken will[5].
Darum gebieten wir mit diesem Gebot, dass der Diener des Altars nicht singen soll, sondern allein auf die Lektionen des Evangeliums wache. Und wer dawider handelt, der sei Anathema, das ist ein Fluch Gottes.
So ist die Messe auch, wie sie von den Papisten gehalten wird, das heilsame Wort Christi unseres Seligmachers, (also) Evangelien und Epistel ausgenommen, im jetzt üblichen Gebrauch nichts anderes als ein reines Menschen Recht[6] und von einem ohne alle Schrift im Eigennutz und (um) Ehre willen aus der alten Gelegenheit[7] in Neuerung geführt und mit der Zeit mehr und mehr zugewuchert[8].
So zeigt es das Dekret an: die *zwei ersten dist. de Consecratio* in allen Kapiteln und das *Dekretal im Titel de celebratione Missarum.*[9]
Da sieht man wohl, wie sie von Menschen ohne alles Gotteswort aufgekommen, ja, zum jetzigen Gebrauch (auch) an Geld gebunden

---

1 Decr. Conc. Dist. XCII. C. II. Cantandi offitium sibi diacones non usurpent.
2 „wachten up dat predeker ampt"
3 „yn der hylgen denstbarheyt"
4 „denstbarheyt des leuendes" - congrua uita negligatur, die Entsprechung zum Leben wird vernachlässigt.
5 „lustich wil maken"
6 „vundt" – Es gab die Formel vundt und prunt = Rechtsanspruch und -grund.
7 „geschicke"
8 „thogewassen"
9 Der dritte Teil der Dekretalien, sowie „Iacobus frater Domini secundum carnem, cui primum credita est Iherosolimitana ecclesia, et Basilius, episcopus Cesariensis, cuius claritas per totum orbem refulsit, in scripturis addiderunt nobis missae celebrationem." Decr. Pars tertia Dist. I. C. XLVII. A quibus sit tradita missarum celebratio.

sind.
Sonst ist die rechte alte Messe und Nachtmahl unseres Herren Jesu Christi ein heilsames, unaussprechliches Gut und notwendiges Ding, das ewig lebendig macht.
Darum wirst du hier abermals nicht rufen: Seht, liebe Freunde, man will die Messe ablegen! Denn die wahrhaftige Messe wird nicht verlegt. Viel weniger magst du hier einreden, dass man Gottesdienst ablege und verwerfe, denn das und dergleichen findest du nicht in diesem Büchlein[1] (hier).
Allein führt es dich auf die rechte Bahn, wie du ohne Missbrauch Gott dienen sollst, dass es ihm gefällig[2] sei, so wie dich einer lehrte (den) Unterschied zwischen guter Münze und böser Münze zu kennen, (verbunden) mit (der) Ermahnung, dass du die böse Münze nicht aufnehmen solltest. Wolltest du dann sagen, er hätte dir die Münze verboten? Nein. Billiger(weise) solltest du ihm danken, dass er dir den wahrhaftigen Unterschied angegeben hätte.
So ließen sich die Pharisäer und Schriftgelehrten eben auch dünken, Christus wollte das Gesetz und den Dienst Gottes ablehnen[3] und Aufruhr machen, wussten aber nicht, dass er in Ablehnung ihrer Missbräuche den rechten Dienst Gottes aufrichtete.
Denn solch äußerlicher Ersatz[4] hat gar wenig Nutzen, die inwendige Andacht jedoch bringt alle guten Früchte mit sich. 1 Tim 4(,8)

> Nam corporalis exercitatio, ad modicum utilis est. Pietas autem ad omnia utilis est.
> [Denn leibliche Übung nützt wenig, Frömmigkeit aber ist nützlich zu allem.]

Darum unterlasse hinfort solche unbedachte und gottlose Gegenrede.

1 „yn dessem boke“
2 „behecklig“ - behaglich, passend.
3 „nedderlegen“
4 „hantgeber“, hier im Sinn von nachgemacht, nicht echt und hochwertig.

Der fünfte Missbrauch. Vom Kelch des Abendmahls[1].

Der Schwerpunkt dieses Abschnitts liegt im letzten Satz: „Christus gebe uns allen den rechten Geist, die göttliche Wahrheit zu erkennen." Der Entzug des Kelches besiegelte den Unterschied von Klerus und Laien. Das war gleichbedeutend damit, „den Schäfer zu meistern", es besser machen zu wollen als Christus, der Gute Hirte. Es ist Rechtsanmaßung, eigenmächtig die Einsetzung des heiligsten Sakraments zu verändern. Heute, wo man das Abendmahl bisweilen als einen leicht auch mal veränderlichen Ritus behandelt, macht man nichts anderes. Wir gehen gemeinhin davon aus, dass nur der Sinn beibehalten werden muss, missachten oder unterschätzen aber, dass vermeintlich kleine Veränderungen den Sinn kaum merklich und doch erheblich verschieben können. Veränderungen, die am wenigsten auffallen, sind dem „Zeitgeist" angepasste Modulierungen. So stieß es wenig auf, wenn in der Kirche sich das Ständeschema wiederholte und ihre Ordnung durch Privilegien geprägt war. Zeitgemäß wird heute vielfach als positiver Wert angesehen, bedeutet aber Einordnung in bestimmte Paradigmen. Das muss nicht unbedingt verwerflich sein, sollte sich aber das Misstrauen der Kritik gefallen lassen und an Gottes Recht gemessen werden.

Hier geht es nicht um menschliches, sondern um göttliches Recht, wie auch denn die Orthodoxe Liturgie sich als eine Göttliche ansieht. An dieser Bezeichnung ist zweifellos richtig, dass es dabei nicht um eine Ausgestaltung unserer veränderlichen Frömmigkeit geht, sondern um die Einsetzung des Abendmahls durch Christus. Das war den Reformatoren in der Sache so überaus klar, dass Oldendorp sich hier kurz fassen konnte.

Gottes Wort

Zum Fünften haben die Geistlichen dem Volk den Kelch des Herren entzogen und für sich allein behalten wider das klare Wort Christi Jesu, da er sprach an seinem letzten Nachtmahl Mt 26:

Bibite ex hoc omnes.

1 „des HERREN Nachtmals"

Trinkt alle daraus. Und 1 Kor 11(,25b):

> Hoc poculum novum testamentum est in meo sanguine.: Hoc facite quotiescumque bibetis, etc.
> [Dieser Kelch ist das Neue Testament in meinem Blut. Tut dies sooft ihr trinkt, etc.]

Ach, gütiger Herre Gott, welch ein heilsames Testament wird hier zerbrochen und den armen Christen ihr hochwürdiger Auftrag[1] genommen durch einen erdachten Anschein[2], dass es um der Gefährlichkeit willen geschehen sei, gleich ob Gott selbst nicht solche Gefahr gewusst oder besonnen hätte, was man doch nur mit besonderer Vorsicht[3] - so weit wie möglich - wohl verhüten kann. Nein, liebe Herren, es ist vielmehr gefährlich daran, dass ihr Christi Wort derart abbrecht, die Messe und Gott mit all seinen Sakramenten ans Geld bindet und erschreckender Weise damit handelt, wie jetzt zu beklagen ist[4].

Das geistliche Recht

Und (das) ist doch auch wider das geistliche Recht. *1.q.1.cap. Sacerdotes.*

> Sacerdotes qui Eucharistie de serviunt et sanguinem domini populis eius dividunt, etc.[5]

„Die Priester" - spricht Hieronymus -, „die dem Sakrament dienen und des Herren Blut den Völkern verteilen, etc." An diesen Worten Hieronymus merkt man klar, dass die Priester zu seinen Zeiten das

---

1 Legat - apostolischer Auftrag.

2 „farwe" - Anschein, Fälschung, Anstrich.

3 „mit anderer mate" - mhd. Maze.

4 „tho schryuen syn wil".

5 Decr. Pars sec. Causa I. Quaestio I. C. XC. Sacerdotis non uerba, sed merita eucharistiam faciunt. - Sacerdotes, qui eucharistiae seruiunt, et sanguinem Domini populis eius diuidunt, inpie agunt in legem Christi, putantes eucharistiam inprecantis facere uerba, non uitam, et necessariam esse tantum solempnem orationem, et non sacerdotum merita, de quibus dicitur: "Sacerdos, in quacumque fuerit macula, non accedat offerre oblationes Domino." Oldendorp stimmt dem dort insgesamt Gesagten nicht zu, aber er nimmt den Text als historischen Beweis dafür, dass einst auch der Wein an das Volk verteilt wurde.

hochwürdige Sakrament unter beider Gestalt den Völkern ausgeteilt und gereicht hatten.
Warum ließt ihr später, liebe Geistliche, es dabei nicht bleiben?
Gott will von seinen Worten nicht einen Buchstaben verlassen, eher sollte die ganze Welt vergehen. Lk 21(,33).

Caelum et terra transibunt, verba mea non transibunt.

Und ihr untersteht (euch), des höchsten Sakraments Einsetzung zu wandeln, ja, auch hinweg zu nehmen und also unseren Schäfer zu meistern und wisst doch nicht, was ihr sagt oder setzt, wie Paulus 1 Tim 1 im Anfang klagt.[1]
Habt ihr es aber nicht getan, so folgt ihr doch und genehmigt es[2] anderen, könnt auch nicht leiden, dass man euch wieder auf die rechte Bahn führe und unterweise. Christus gebe uns allen den rechten Geist, die göttliche Wahrheit zu erkennen.

Der sechste Missbrauch. Von Menschengesetzen.

Dieser Abschnitt behandelt den Unterschied von göttlichem und menschlichem Gesetz. Ein Kirchenrecht im strengen Sinn als Mischform oder dritte Rechtsebene kann es demnach nicht geben. Gewissen und Seele sind vom Gesetz frei, sie dürfen nicht durch Ordnungen gebunden werden. Diese Einsicht richtet sich gegen mittelalterliche Bußbücher. Das Gewissen ist nur dann frei, wenn es nicht durch Ordnungen bereits gezwungen ist. Der Grund bei Oldendorp liegt auf der Hand: Das Gewissen soll auf Gott hören, und Gott darf nicht gebunden werden. Mit dem Gewissen Gott und dem Nächsten gegenüber haben wir gegenüber den Ordnungen das Werkzeug der Billigkeit. Dies war für ihn nicht so sehr ein systematisch theologischer Grund, als vielmehr ein rechtlicher, wie die Schrift von der Billigkeit zeigt.

Auch alle Rede von der Rechtfertigung des Sünders, bzw. die Beichtreform ist als Rechtsvorgang zu verstehen, allerdings zwischen

1 1 Tim 1,7: Sie wollen Gesetzeslehrer sein, verstehen aber nichts von dem, was sie sagen und worüber sie so sicher urteilen.
2 vulborden (vollborten): zulassen, zustimmen, genehmigen.

Gott und Mensch. Die Ebenen müssen klar voneinander getrennt und auf diese Weise auch klar aufeinander bezogen wahrgenommen werden. Das Gewissen ist eine Instanz des Urteils.

Im Zeitalter äußerst geschickter Manipulation[1] und nach der Erfahrung von Ideologiezwang sollten wir das gut verstehen. Das Gewissen darf nicht „verknüpft" werden, oder wie Luther sagt: gebunden (durch Gesetze), d.h. ausgeschaltet werden. Mit den Worten des Ambrosius: Gesetze und Ordnungen können uns Recht, aber nicht recht geben. So übersetzt Oldendorp das Wort blandire - sich schmeicheln: sich selbst recht geben. Richter des Gewissens und der Seele ist jedoch Gott und auf eine entsprechende Weise in der Liebe zumindest als Gegenüber mein Nächster.

Damit erhebt sich eine Frage, die nicht in wenigen Worten und auch nicht in diesem Abschnitt geklärt werden kann: Mit einem „Kirchenrecht" sprechen wir unseren Umgang mit dem göttlichen Recht an, unser Ordnungsrecht trifft auf das Gnadenrecht Gottes. Spricht man überhaupt von einem Kirchenrecht, so kann es nur um unseren gemeinsamen Umgang mit dem Gnadenrecht gehen, das wir nicht in Rechtssätzen einfangen können. So wie Theologie nicht gleichbedeutend mit Dogma ist, so auf andere Weise nicht unser „Kirchenrecht" mit dem gottesdienstlichen Geschehen.

So muss sich Recht der Kirche von dem Bereich des Gnadenrechts zugleich fern halten und dennoch darauf all seinen Bezug richten. Kirchenrecht darf sich nicht überheben, ihre Setzungen mit Gottes Gnadenrecht zu verwechseln oder es nachahmen zu wollen. Das eigentliche Rechtsgeschehen der „Kirche" ist und bleibt der Gottesdienst mit seiner Verkündigung, der Herrschaft Christi, seiner Vergebung und Erlösung. Gottes Gebot und menschliches Gesetz sind nicht auf eine Ebene zu bringen, sondern stehen dem stets gegenüber.

Dieses kurze, aber grundsätzliche Kapitel Oldendorps hat seine direkte Parallele in der Barmer Theologischen Erklärung von 1934, die bei weitem noch nicht in ihren Konsequenzen zu Ende gedacht ist.

1 Im digitalen Zeitalter werden wir nicht nur bewusst manipuliert, sondern erfahren uns als ein Spielball von maschinell, bestimmten Mustern gemäßer, gesteuerter Informationen. Wir manipulieren uns selbst, indem wir uns auf die Spiele praktischer und sicher auch nützlicher Algorithmen einlassen. Wir lassen uns vielfach technisch einbinden, ohne darum eine Gesellschaft miteinander zu bilden. Gott aber wird niemals Teil solch maschineller Vorgänge, die nichts anderes sind als Gesetze, denen wir uns aus welchen Gründen auch immer unterwerfen. Im Spiel wird zählt kein Gewissen.

In Bezug auf Wissenschaft allgemein, politische Korrektheit, wissenschaftliche Ethik, Wirtschaftsstrukturen und Neuordnung unseres Lebens durch die digitale Welt mag man ergänzen: Auch diese machtvollen Ordnungen geben zwar Recht, aber nicht recht.

In alledem und gegen dies an bedarf es auch unter uns des Gnadenrechts.[1] Es ist nicht die Frage, ob die Kirche mit dem Evangelium auch etwas zur allgemeinen Wertedebatte beizutragen hätte. Das Gericht Gottes (im Glauben) befreit das menschliche Gewissen aus den Verknüpfungen und Bindungen der Menschensatzungen, ohne darum einen ausgesonderten Rechtsbereich zu schaffen. Die Kirche ist kein Kloster, und ein Kloster ist keine Insel der Seligen, der Welt enthoben. Gottes Friede übersteigt nicht nur unsere Vernunft, er findet auf einer anderen Ebene statt, bildet einen anderen Rechtsraum, in dem wir als Menschen weder legislativ, judikativ noch exekutiv tätig sein können. Das bedeutet aber nicht, dass er beziehungslos zur Welt stünde, im Gegenteil.

Auch eine ausgefeilte Ethik, so gut, biblisch fundamentiert und durchdacht sie auch sein mag, ist Setzung von Maßstäben. Sie scheint nur zu beobachten, eine wertfreie Theorie der Moral zu sein, aber ist nicht neutral, sobald sie wertet. Sie kommt nicht ohne Urteil aus. Gottes Gebot aber systematisiert nicht, es stellt infrage, Gott als Person, als Richter des Herzens stellt sich unserem Tun und Willen gegenüber. Seinem Urteil können wir nicht vorgreifen, es auch nicht durchschauen, es nicht systematisieren. Gesetz aber ist System, ein aus Teilen zusammengesetztes Ganzes. Das unterscheidet uns von Gott, der gerade dies nicht ist, und entsprechend auch nicht sein Tun und sein Wille. Und dennoch beten wir, wie es uns Christus gelehrt hat: Sein Wille geschehe. Diese Bitte ist unser Gottesdienst

Eine Gleichung zwischen Gottes Gebot und menschlichen Maßstäben lässt sich nicht festschreiben, so klar und eindeutig die Gebote Gottes auch sind.

Vom Sechsten haben sie uns beschwert und großen, unleidlichen Missbrauch eingeführt, indem sie uns belastet haben in dem Gewissen mit Menschengesetzen und zur Sünde gemacht, wo die heilige Schrift es nicht tut,was doch klar und hell wider Gott ist. Jes 29[2] und Mt 15(,9), da Christus also spricht:

1 Vgl. dazu das Gleichnis vom Schalksknecht Mt 18,23-35.

2 Das ganze Kapitel ab Vers 9, besonders aber eben Vers 13: „Und der Herr sprach: Weil dies Volk mir naht mit seinem Munde und mit seinen Lippen

Das Wort Gottes

> Sed frustra me collunt docentes doctrinas precepta hominum.

Man dient umsonst[1] mit Menschenlehren und Gebot.
Und Kol 2(,8) spricht Paulus also:

> Videte ne quis vos decipiat per philosophiam, et inanem deceptionem iuxta constitutionem hominum, iuxta elementa mundi, et non iuxta Christum.

Seht zu, dass ihr niemanden betrügt durch Philosophie und lose Verwirrung nach der Menschen Satzung, nach den Elementen dieser Welt und nicht nach Christus.
Hier siehst du, dass uns Gott vom Himmel befreit hat durch seinen Sohn Christus von allen äußerlichen Menschengesetzen und Zeremonien, Gewissen und Seele betreffend. Ich rede aber nicht von fleischlicher oder wertvoller Ordnung.[2]
Beschmiere nun immer das Wort Christi (mit) so vielen Glossen, wie du willst, es hilft doch wider die Wahrheit nichts.
Solche Verknüpfung des Gewissens ist auch wider ihr eigenes Recht. *12. q.2. Kap. Cum redemptor.*

Das geistliche Recht

> Cum redemptor noster, totius conditor creaturae, ad hoc propiciatus humanam uoluit carnem assumere, ut diuinitatis suae gratia dirupto, quo tenebamur captiui, uinculo seruitutis, pristinae nos restitueret libertati, etc.[3]

Unser Erlöser, - spricht Gregorius - ein Schöpfer aller Kreaturen, hat darum an sich genommen die menschliche Natur, dass er uns mit seiner Göttlichen Gnade befreie[4], zerreiße das Band der Knechtschaft[5] und setze uns wieder in die vorherige Freiheit (des Paradieses), etc.
Und *32. q. c. Nemo* sagt Ambrosius

---

mich ehrt, aber ihr Herz fern von mir ist und sie mich fürchten nur nach Menschengeboten, die man sie lehrt,…"

1 „ymme sues" für lat. Frustra, vergeblich
2 „wertliker ordeninge" - sie muss eingehalten werden.
3 Decr. Pars sec. Causa XII. Quaestio II. C. LXVIII.
4 „erleddige"
5 „denstbarheyt"

Nemo sibi blandiatur de legibus hominum.[1]

Es soll sich niemand selbst recht geben aus Menschengesetzen. So *24.q. 1.cap. A recta* spricht Lutius der Papst also:

A recta ergo sede et Apostolico tramite propter ullam (per)turbationem nolite recedere etc.[2]

Weicht nicht ab vom rechten Glauben und dem apostolischen Wege. etc.

Der VII. Missbrauch. Von der Beichte und Buße

Die Artikel sind nicht wahllos aneinander gereiht, sondern eines ergibt sich aus dem anderen. Überraschen mag das Pauluszitat 1 Kor 11,28: Jeder prüfe sich selbst. Doch die angegeben Kapitel aus den Episteln zielen darauf, nicht von anderen Menschen untersucht zu werden, sondern auf die persönliche Verantwortung vor Gottes Richterstuhl. Dies entspricht dem vorigen Abschnitt zur Gewissensfreiheit.

Bei Oldendorp liegt der Akzent offensichtlich anders als bei Martin Luther, der vor allem nach der Gnade Gottes und der Rechtfertigung fragte. Der Blick richtet sich mehr auf Kritik, nicht im Sinne einer Selbstkritik, sondern dem sich vor Gott stellen mit seinem Leben. Die Argumentation zeigt große Nähe zur Schrift von der Billigkeit: Ein jeder messe sein Tun an Gott. Das verhilft ihm zur Billigkeit. Nicht das Vorgeschriebene als Gesetz, sondern das geschehende Wort Gottes an den Einzelnen korrigiert uns zum Besseren. Auch wenn es hilfreich ist, einem Anderen seine Sünden zu bekennen, ist dies jedoch nicht Bedingung, denn es kommt alles auf die inwendige Buße an, die Betroffenheit des Herzens.

Oldendorp stört sich an einer Verwechslung der Rollen: Der Priester lehrt und hilft zwar, Sünde zu erkennen. Aber nicht das Bekenntnis vor einem Anderen rechtfertigt, sondern Gott, und kein Priester oder Papst besitzt die Macht zu vergeben, die Schuld zu lösen. Die Absolution wird durch einen von Gott Bevollmächtigten nur ausgesprochen, und der

1 Decr. Pars sec. Causa XXXII. Quaestio IV. C. IV.

2 Decr. Pars sec. Causa XXIV. Quaestio I. C. IX.

können wir alle einander werden. Das ist die logische Konsequenz aus der Einsicht, dass wir miteinander Kirche sind. In Thomas Müntzers Deutscher Messe von 1524 bekennt auch der Priester vor der Gemeinde seine Sünde und lässt sich den Gnadenzuspruch von der Gemeinde zusagen.

Entsprechend der veränderten Ansicht von Buße und Beichte entwickelte sich die evangelische Beichtpraxis: Es wurde eine liturgische[1] Ermahnung in den Kirchenordnungen vorgeschlagen, die Beichtenden sprachen ein liturgisches Sündenbekenntnis, daraufhin wurde ihnen einzeln Absolution im Namen Gottes zugesprochen. Zur Bedingung dafür wurde der Glaube gemacht, nicht ein Sündenzählen oder eine Art (unmöglicher) Vollständigkeit des Sündenbekenntnisses. Gänzlich abgelehnt waren damit auch alle Bußleistungen. Die Gnade Gottes können wir nicht bezahlen.

Auch mit diesem Abschnitt ging es um eine radikale Reform. Noch in der Neuzeit wurden die Gemeinden nach „Beichtkindern" gezählt. Buße und Beichte im Mittelalter waren mit Geldzahlungen und Einkommen für die Geistlichen, inklusive Abgaben verbunden, dem wird hier ein Riegel vorgeschoben. Gleich dem Feudalwesen gaben die Leute etwas für ihre Kirche, so konnten sie auch Vergebung erlangen, sowie Schutz und Bewahrung vor Hölle und Fegefeuer erwarten. Nun wurden diese Abgaben anders begründet: Der Pfarrer muss alimentiert werden, um predigen, lehren und die Sakramente verwalten zu können. Das Ablasswesen wird fast nebenher als Missbrauch abgetan. Oldendorp hatte als Hauptzweck der Kirche die Besserung des Menschen im Blick, und zwar nicht nur den Einzelnen, sondern auch die gesamte Gesellschaft. Die Menschen sollten über die äußerliche Einhaltung geltenden Rechts hinaus einander gut sein, wie es Gott in ihr Gewissen einschreibt. So kann eine Gesellschaft, die diesen Namen auch verdient, sich bilden. Das Recht muss anders gelten, als nur durch Zwang.

Die Reformation war in ihrem Kern eine Beichtreform, nicht umsonst war der Auslöser die Thesenreihe Luthers zur Beichte. Die Wirkung dieser Reform war eine gesellschaftliche, der Fokus verschob sich vom Seelenheil des Einzelnen, der im Spätmittelalter herrschenden Angst hin zum Aufbau, bzw. Erhalt einer frommen Gemeinschaft.[2] In diesem Sinn

1 Liturgisch ist nicht unbedingt gleichbedeutend mit vorformuliert.

2 Die Journalisten Markus Metz und Georg Seeßlen diagnostizieren in ihrem Buch „Schnittstelle Körper", Berlin 2018, für unsere Zeit eine bedenkliche Vereinzelung bei gleichzeitiger Vernetzung und benennen als Gefahr, dass so

war auch die lutherische Kirche Gemeindekirche, nicht aber im Sinn einer juristischen Vereinsstruktur.

In diesem Abschnitt weicht Oldendorp von seinem Schema ab und kommt zum Ende hin nochmals auf „Gottes Wort" zurück. Er ist kein Theologe, aber kennt sich bestens aus in der Heiligen Schrift. Seine Theologie, wenn man dies denn so nennen möchte, war streng biblisch ausgerichtet. Es ist keine Spur von Scholastik in ihr zu finden. Bezüge auf theologische Deutungen durch die großen Dogmatiker des Mittelalters findet man kaum bei ihm, während er in den beiden Rechten und ihren Kommentaren äußerst belesen war. Es ist ihm eindeutige Botschaft, dass allein Christus unser Versöhner und Erlöser ist. Die Heilige Schrift war ihm eine Autorität, der gegenüber alle aktuelle Kirchenlehre abprallte. Luther hatte vor dem Reichstag in Worms gesagt, man möge ihm seine Irrtümer aus der Schrift beweisen, und – so mag man ergänzen – nicht aus aktuellen Erlassen oder Lehrmeinungen des Papstes aus Rom oder der theologischen Summe eines Thomas von Aquin. Der Kirchenschatz guter Werke als Gnadenvorrat war auch Oldendorp nichts, wie er an Augustinus zeigte, alles im Übrigen Zitate aus dem Decretum Gratiani. Das Kanonische Recht war ihm kein göttliches Gesetz, eher eine reichhaltige kirchengeschichtliche Quelle, die ihrerseits weithin auch aus Erkenntnissen des Römischen Rechts schöpfte. Er verdammte das Kanonische Recht nicht einfach, sondern maß es an der Billigkeit - und das bedeutete - an dem „Wort Gottes", auf dem es beruhen wollte.

Christus bewirkt Versöhnung, der Heilige Geist schenkt sie den Gläubigen, so einfach und klar verhält es sich. Wie in seiner Rechtsauffassung Billigkeit vor das Recht geht, so geht die einfache klare Lehre der Evangelien allen Auslegungen und Kommentaren vor. Nicht die Priester entscheiden, wer in der Kirche ist oder außerhalb von ihr. Sie haben auch nicht die Buße anzuordnen, sondern diese besteht, wie das (deutsche) Wort selbst es sagt, in Besserung. Buße ist nicht Genugtuung. Satisfactio ist Christi Sache, Buße die unsere, und dies darf nicht miteinander vermengt werden. Auch hier sieht man, wie juristisches Denken hilfreich ist, das zwischen Verantwortlichkeiten

---

der Gesellschaft der Boden entzogen wird. Hinzuzufügen wäre, dass es in der digitalen Welt einen Zusammenhang gibt mit der völlig veränderten Bewertung dessen, was als korrekt, recht und gut gilt. Sich hier klärend zu verhalten ist dringliche Aufgabe der Kirche. Mitzuspielen ist dagegen äußerst gefährlich. Vgl. Martin Grahl, Die organisierte Zukunft der Kirche, Hamburg 2023.

unterscheiden muss. Das Ablasswesen beruhte auf einer Verwechslung, bzw. Vertuschung der Verantwortlichkeiten. So konnte der Klerus Profit aus dem Glauben ziehen. Bezahlte Gnade aber ist keine Gnade. Ablasswesen ist Simonie, zur Handelsware missbrauchter Heiliger Geist. Aller Handel mit geistlichen Gütern ist Lüge und Betrug.

Zum Siebenten haben sie uns in Sonderheit beschwert wider alle Schrift mit der Beichte und Buße. Dagegen (ist) offenbar angezeigt, dass wir Gott, dem Herren uns (als) Sünder bekennen sollen in einem festen Glauben, da auch er allein uns helfen kann und der Tod Christi unsere Genugtuung sei.

Das Wort Gottes

Welche die wahrhaftige Beichte ist, davon redet Paulus 1 Kor 11(,28).

> Probet autem seipsum homo.

Der Mensch aber prüfe sich selbst. Und 1 Kor 15(,3):

> Tradidi enim vobis in primis quod et acceperant, quod Christus mortuus fuerit pro peccatis nostris secundum Scripturam, etc.

Denn ich habe euch zuvor vorgegeben, was auch ich so empfangen habe, dass (nämlich) Christus gestorben sei für unsere Sünde nach der Schrift.
So an die Römer 5 und auch 2 Kor 5. Besiehe auch 1 Pet 3.
Dass auch die Ohrenbeichte mit dem Munde zu tun[1] nicht die rechte Beichte sei, bewährt der Text (des Kanonischen Rechts) in der Länge mit vielen Schriften und Exempeln.

Das geistliche Recht

De peniten. distictio 1 vom § Sicut autoritas bis zum § Alii 2.
So redet auch von der Beichte und Buße die selbe distinctio. */49/1. § Econtra autoritas.*

> Unde euidentissime datur intelligi, quod sine confessione oris possunt peccata deleri. Ea uero, que ad exhortationem penitenciae et confessionis

---

1 „Ohrenbeichte mit dem Mund" bedeutet, dass man meinte, wenn man seine Sünde ausgesprochen hätte, wäre dies eine gültige, anrechungswerte Tat gleich einem Rechtsakt, mit dem ein Anspruch verbunden wäre.

sunt dicta, non huic sentenciae contraria uidentur. Vel enim sunt uerba exhortationis, non iussionis, sicut illud: "Confitemini alterutrum peccata uestra," (Jac 5) uel si qua iubendo dicta sunt, non ad oris confessionem, sed cordis, non ad exteriorem satisfactionem, sed ad interiorem referenda sunt.
et paulo infra:
Est enim penitencia (ut ait Augustinus) dolor cordis, quo quisque in se punit quod deliquit.[1]

Und hieraus (spricht das Dekret) mag man offenbar verstehen, dass ohne die Ohrenbeichte die Sünde möge ausgetilgt werden. Die Sprüche aber, welche zu Buße und Beichte ermahnen, sind dieser Meinung nicht entgegen. Dann sind es ermahnende und nicht gebietende Sprüche, als nämlich diese: Bekenne der Eine dem Anderen eure Sünde - Jak 5. Und ob schöne etliche Worte gebotsweise gesprochen, das muss man nicht auf die Ohrenbeichte, sondern das Herz beziehen[2] und nicht auf die äußerliche, sondern die inwendigen Buße[3] hin deuten.
Und es folgt daselbst: Denn Buße (wie Augustinus spricht) ist Betroffenheit des Herzens, wodurch ein jeder in sich selbst urteilt[4], dass er gesündigt hat.
Wenn nun einer sprechen wollte:
Ja, hier ist der eine Teil aus der angezeigten *Distictio 1. de peniten.* angeführt. Aber der andere Teil daselbst schlussfolgerte im Gegenteil[5] für die Ohrenbeichte etc.
Hierauf gibt es am Ende dieses Buches eine allgemeine Antwort.[6] Doch hast du in diesem Fall (noch) nicht recht zugesehen oder Gratian nicht ausgelesen. Denn also spricht er am Ende der genannten Distinction:

Quibus auctoritatibus, uel quibus rationum firmamentis utraque sentencia confessionis et satisfactionis innitatur, in medium breuiter exposuimus. Cui

1 Decr. Pars sec. Causa XXXIII, Quaestio III. Dist. I. C. LXXXVII.
2 „refereren" - referenda sunt.
3 „penitentien"
4 „sick sülvest straffet"
5 „beslut dat yegenspel"
6 Diese allgemeine Antwort zielt darauf ab, dass das Dectretum Gratiani nicht ein in sich geschlossenes System bildet und durchaus gegensätzliche Ansichten darin enthalten sind.

autem harum potius adherendum sit, letcoris iudicio reseruatur. Utraque enim fautores habet sapientes et religiosos uiros.[1]
Et ibidem in c. vlt.
Confessio itaque que soli deo fit quod est iustorum purgat peccata. Ea vero que sacerdoti fit docet qualiter ipsa purgentur peccata.[2]

Auf welchen Autoritäten und gründlichen Ursachen beiderlei Meinungen von der Buße und Beichte basiert[3] haben wir kürzlich ins Mittel gebracht[4] und ausgelegt.
Welchem aber der beiden (Seiten) mehr beizupflichten sei, das wird zu des Lesers Richten gestellt. Denn beide Meinungen haben Gönner für sich, weise, fromme christliche Männer.
Und dann im letzten Kapitel folgt also: Die Beichte, die alleine Gott (gegenüber) geschieht, ist die rechtfertigende und reinigt die Sünde. Die aber, welche dem Priester (gegenüber) geschieht, unterweist uns, wo die Sünde gereinigt werde.[5]
Und, lieber Leser, das letztere hält unzweifelhaft fest, dass die Ohrenbeichte nichts anderes sei, ja auch nirgends sonst angesehen, denn dass man dadurch vom Priester unterrichtet würde, wo die rechte wahrhaftige Beichte Gott vom Himmel (gegenüber) geschehen müsste im Bekenntnis und Misshelligkeit der Sünde, wie vorhin besprochen[6].
Und wie mit der Beichte, haben sie uns auch mit der Buße und Genugtuung in großen Irrtum geführt, was eine Herabsetzung[7] des Todes Christi ist.

Das Wort Gottes

1 Decr. Pars sec. Causa XXXIII. Quaestio III. Dist. I. C. LXXXIX.
2 Decr. Pars sec. Causa XXXIII. Quaestio III. Dist. I. C. XC.
3 „voruaten" als Übersetzung von innitatur.
4 Ins Mittel legen, bedeutet in eine Streitsache schlichtend einzugreifen.
5 Der Priester kann lehren, Sünde zu erkennen, aber nicht Richter darüber sein. So finden sich in den Kirchenordnungen Beichtvermahnungen, nicht aber auflistende Bußspiegel oder Bußregeln.
6 „berört". Hier findet sich mithin bereits die Erklärung für die veränderte Beichtpraxis, wie sie dann in der Kirchenordnung 1552 auch ausgeführt wurde.
7 „smaheyt" - Schmach bedeutet nach Grimm „schmähung, beschimpfung, herabsetzung durch worte".

Denn allein er ist eine Bezahlung unserer Sünden, wie prophezeit ist durch Jes 53 und durch Gottes Wort bewährt an (den) angeführten Stellen 1 Kor 15, Joh 10(,9).

> Ego sum ostium. Per siquis introierit saluabitur.
> [Ich bin die Tür. So jemand durch mich eingeht, der wird selig werden.]

Ich bin die Tür, etc. 1 Tim 2; Kol 1 und 1 Joh 2.
Da (ist) an allen Orten angezeigt, dass er gestorben sei, um unsere Sünde willig zu tragen. So wollen uns die Geistlichen dahin führen, als ob wir vermögen würden, für unsere Sünde genug (zu) tun, dazu sie uns helfen müssten.
Das ist jedoch wider die ganze Epistel an die Römer und an die Galater. Solches ist auch wider ihr eigenes Recht.

Das geistliche Recht.

1.q.1.cap. Ut evidenter.

> Ut euidenter ostenderet Dominus, a Spiritu sancto quem donauit suis fidelibus, dimitti peccata, non meritis hominum, quodam loco sic ait: - Joh 20 - "Accipite Spiritum sanctum;" et continuo subiecit: "Si cui dimiseritis peccata, remittentur ei:" hoc est, Spiritus sanctus dimittit, non uos. Proinde sicut is, quem sacerdos in ecclesia tollit, est tamen extra ecclesiam, et extra corpus, cuius caput est Christus, si ei ostiarius non aderit, ita non extra ecclesiam est, et non est de corpore, si quis pastoris preiuditio compellitur foris esse.[1]

Das der Herr offenbar bewies - spricht St. Augustinus -, dass vom Heiligen Geist, den er den Gläubigen geschenkt hat, die Sünde vergeben werde und nicht aus Menschen Verdiensten, sagt er an einem Ort - Joh 20(,22f.) -: Nehmt hin den Heiligen Geist. Und spricht bald danach: Welchen ihr die Sünde vergebt, denen sind sie vergeben. Das ist: Der heilige Geist vergibt sie, nicht sie.
Das ist genauso, wie jemand vom Priester in der Kirche geduldet wird, der außerhalb der Kirche ist und ihrem Leibe, dessen Leibes Haupt Christus ist, so ihm der Türwächter - das ist Christus - nicht die Tür auftut. So ist auch einer nicht außerhalb der Kirche und

---

1 Decr. Pars sec. Causa I. Quaestio I. C. LXXXII.

ihrem Leib, auch wenn ihm schon sein Hirte die Ordnung weisen und ihn unter Zwang setzen wollte.[1]
So *de peniten. dist. 3 cap. Quamuis § 3.*

> Satisfactio quoque penitenciae, et: Vade, et amplius noli peccare.[2]

Hac autoritate spricht der Text, dass Genugtuung die Buße sei: Geh hin und sündige nicht mehr.
Ja, meinst du, dass es nicht eine gute und große merkliche Genugtuung wäre, die sie zu Herzen nähme? Darum ist alle Genugtuung für die Sünde wider das Recht, nicht allein das göttliche, sondern auch das päpstliche, vornehmlich aber, so man Geld dafür nimmt, wie im Ablass.
Denn der Papst Alexander verbot alle Geldstrafe für die Sünde, weder von Geistlichen noch Weltlichen zu nehmen *c. Licet. De penis. Und in cap. Gratia 1 q. 1* spricht der Papst Leo so:

> Gratia si non gratis datur uel accipitur, gratia non est. Symoniaci autem non gratis accipiunt: igitur gratiam, que maxime in ecclesiasticis ordinibus operatur, non accipiunt. Si autem accipiunt, non habent; si autem non habent, neque gratis neque non gratis cuiquam dare possunt. Quid ergo dant? profetco quod habent? quid autem habent? spiritum utique mendatii. Quomodo hoc probamus? quia si spiritus ueritatis – testante ipsa ueritate, de qua procedit – gratis accipitur, procul dubio spiritus mendatii esse conuincitur, qui non gratis accipitur.[3]

Wenn die Gnade uns nicht umsonst gegeben wird, oder dass wir sie (als) Vergebung nehmen[4], so wäre es nicht Gnade. Die Simonitischen Händler aber empfangen nicht umsonst. Darum nehmen sie auch nicht die Gnade, die im geistlichen Stand vornehmlich wirken sollte. Wo sie nun nicht empfangen, haben sie nicht. Haben sie nicht, so mögen sie auch nicht von sich geben, weder umsonst noch für Geld. Was geben sie denn? Wahrlich, was sie haben. Was haben sie? Freilich den Geist der Lügen. Womit beweisen wir das denn?

---

1 „ordelen unde dwingen" – ihn bannen. Hier macht Oldendorp den Unterschied zwischen der sichtbaren und unsichtbaren Kirche, wie wir im Unterschied zu Oldendorp sagen würden, wobei er der Papstkirche kein Daseinsrecht zubilligt. Es kann keine doppelte Kirche geben.

2 Decr. Pars sec. Causa XXXIII. Quaestio III. C. XXII.

3 Decr. Pars sec. Causa I. Quaestio I. C. I.

4 „vorgeues nemen"

Hiermit: Denn derweil der Geist der Wahrheit - wie die Wahrheit selbst bezeugt - umsonst empfangen wird, so folgt logischerweise[1], dass es auch der Geist der Lügen sein muss, der nicht umsonst empfangen oder gegeben wird.
Dieses Wort redet der Papst Leo.
Daraus magst du nun ermessen, welchen Geist uns etliche Leute um Geld, Buße und Genugtuung angegeben haben. Und welche Gnade die Bischöfe und Geistlichen empfangen, wenn sie so viel Geld für Confirmatien, Dispense, Annaten[2], Reservaten[3] und dergleichen Finanzen mehr gegeben und den geistlichen Stand haben kaufen müssen.
Es hätten die blinden Menschen mit ihrem Emser immerdar fortgefahren, aber Gott will (das) nicht länger dulden. Er hat heutigen Tages denselben Strick oder Rute[4], womit er die pharisäischen Verkäufer aus dem Tempel geschlagen, Mt 21.
So im *cap. Gratia De conscera. dist. 4.* spricht Augustinus also:

> Gratia, que per Christum datur, non solum peccatorum remissionem facit sed etiam ut lex inpleatur, ut natura liberetur.[5]

Die Gnade, die durch Christus gegeben wird, gibt nicht allein Vergebung der Sünde, sondern erfüllt auch das Gesetz und befreit die Natur, lässt die Sünde nicht herrschen und gibt den Glauben.
Darum bleibe bei Christus und sage nicht, dass die Beichte abgelegt werde, sondern rede die Wahrheit, dass man dich zur wahrhaftigen Beichte unterweist und auf den rechten Weg gebracht hat.

Der 8. Missbrauch. Von der Speise.

Den Speisegesetzen der Römischen Kirche, die von der Reformation mehr oder weniger einfach beiseite gelegt wurden, bzw. nur in abgeschwächter Weise noch beibehalten wurden, gilt hier nur ein Teil

---

1 „beslutlik“
2 jährliche Abgaben.
3 Zurückhaltung von Absolution.
4 „rep edder rode“
5 Decr. Pars tertia Dist. IV. C. CXLV.

der Aufmerksamkeit. In der Augsburgischen Konfession ist in Artikel 26 dem Thema viel Text gewidmet worden. Die Kirche hatte nach Oldendorp mit diesen Verordnungen selbst „ein Gebot und Seelenstrick" gemacht. Strenge Speisegebote sind ohne Nutzen, vergebens und heuchlerisch. Er wirft der Kirche vor, die Speisegebote als Mittel ihrer Herrschaft über die Gewissen zu gebrauchen. Sie sind Beispiel dafür, dass man menschliche Satzung mit göttlichem Recht mischt und so letzteres instrumentalisiert. Es geht mit solcher Willkür darum, das Gewissen zu binden: Nicht an Gott soll die Billigkeit gemessen werden, sondern an ihren Geboten und Weisungen. Damit nimmt man Gott nicht nur sein Amt, sondern unterbindet das Hören auf Gott, das doch heilsnotwendig ist. Man erklärt zu Ketzern, die nichts anderes tun, als Gottes Gaben zu achten und wert zu schätzen. Die Speisegebote sind somit ein Beispiel dafür, wie Göttliches Recht verkehrt wird, macht man daraus menschliche Satzung und bedient sich so göttlicher Autorität für eigene Machtansprüche. Der Mensch vermag nicht Göttliches Recht zu setzen, versucht er das dennoch, richtet es sich zwangsläufig gegen Gott.

In Bezug auf Rostock und die konkrete Reformation bedeutete dies mithin keinen Nebenschauplatz, sondern symbolisierte die neue Freiheit des Christenmenschen.

Das Wort Gottes.

Zum Achten, dass sie die Speise verbieten, ist wider das offenbare Wort Gottes. Mt 15(,7-11.14b), da Christus also spricht:

> Hypocritæ, retce de vobis perdixit Isaias, dicens: Appinquat michi populus hic ore suo et labiis me honorat, ceterum cor eorum procul abest a me. Sed frustra me colunt, docentes doctrinas praecepta hominum. Et advocatis ad se turbis, dixit eis: Audite, et intelligite. Non quod ingreditur in os, inpurat hominem: sed quod procedit ex ore, hoc impurum reddit hominem. ... Omittite illos, ceci sunt, et duces cecorum.

Ihr Heuchler, Jesaja hat recht von euch geweissagt und gesprochen. Dies Volk ehrt mich mit seinen Lippen, aber ihr Herz ist fern von mir. Vergebens dienen sie mir und lehren der Menschen Lehre und Gebot. Und er rief das Volk zu sich und sprach zu ihnen: Was zum Munde eingeht, das verunreinigt den Menschen nicht, sondern was zum Munde ausgeht, das verunreinigt den Menschen.

Da hörst du ja offenbar, was Christus redet vom Menschengesetz der Speise. Du hörst auch, dass Christus sie Heuchler schilt und ihr Gebot unnütz und vergebens nimmt. Lies auch daselbst ein wenig weiter, so findest du, dass der Herr spricht:
Lasst sie fahren, sie sind blind und der Blinden Führer. etc.
Und der heilige Paulus 1 Tim 4(,1-4) spricht also:

> Spiritus autem certo loquitur, quia in posterioribus temporibus discedent quidam a fide, attendentes spiritibus impostoribus, ac doctrinis dæmoniorum, per simulationem falsioquorum cauterionatatem habentium conscientiam, prohibentium contrahere matrimonium, iubentium abstinere a cibis, quos Deus creavit ad sumendum cum graciarum actione fidelibus, et iis qui cognoverunt veritatem. Quod quicquid creauit Deus bonum sit, et nichil rejiciendum si cum gratiarum actione sumitur.

Der Geist aber sieht offenbarlich, dass in den letzten Zeiten etliche vom Glauben abtreten werden und anhangen den irrigen Geistern und Lehren der Teufel, durch Heuchelei, und werden Lügen reden und Brandmale in ihrem Gewissen haben und verbieten, ehelich zu werden und zu meiden die Speise, die Gott geschaffen hat zu nehmen mit Danksagung (von) den Gläubigen und denen, die die Wahrheit erkannt haben. Denn eine jegliche Kreatur Gottes ist gut und (es ist) nicht verwerflich, was mit Danksagung empfangen wird etc.
Sage nun, lieber Leser, aus freiem Gewissen, auf wen trifft dieser Spruch und Prophetie S. Pauli?
Desgleichen auch 1 Kor 10[1]: (So) sind auch Leute zwischen Himmel und Erde nach dem Tod Christi Jesu, die die Speise verboten haben. Geloben und verschwören (sich) denn (nicht) Geistliche und Mönche? Trifft es nicht eigentlich auf sie? Aber sie sagen, es sei um Kasteiung des Leibes geschehen, Gott zum Lob etc.

---

1 1 Kor 10, 25-29: „Alles, was auf dem Fleischmarkt verkauft wird, das esst, und prüft es nicht um des Gewissens willen. Denn »die Erde ist des Herrn und was darinnen ist« Wenn euch einer von den Ungläubigen einlädt und ihr wollt hingehen, so esst alles, was euch vorgesetzt wird, und prüft es nicht um des Gewissens willen. Wenn aber jemand zu euch sagen würde: Das ist Opferfleisch, so esst nicht davon, um desjenigen willen, der es gesagt hat, und um des Gewissens willen. Ich rede aber nicht von deinem eigenen Gewissen, sondern von dem des andern. Denn warum sollte ich meine Freiheit beurteilen lassen vom Gewissen eines andern?"

Ja, liebe Geistliche, schmiert flugs Glossen an. Warum habt ihr die Kasteiung nicht frei gestellt[1], damit der Eine des Anderen Fasten und Essen nicht richte? Röm 14[2]. Um so weniger binde (damit), und so es möglich wäre, dass man auch nicht wüsste, wann ihr fastet, wie Christus Mt 6(,16-18)[3] davon redet.
Müsstet ihr doch frei lassen, dass man des Freitags faste und des Sonntags (darauf) ein nach Eva geratener[4] Mensch nichts Gutes, vielleicht auch was Schlechtes tut, (ist dies) wider das Gebot Gottes? Musstet ihr doch auch frei lassen, dass man zum Überfluss esse und trinke, warum lasst ihr das Fasten nicht auch frei?
Nun ruft ihr bald: Seht, liebe Christen, man soll nicht beten, nicht fasten, nicht Gutes tun. Nein. liebe Herren, das ist es nicht.
Hier wird von dem Artikel geredet, dass ihr ein Gebot und Seelenstrick aus dem Fasten gemacht und Geld mit Bußbriefen daraus gekauft habt. Darauf antwortet, denn das ist wider Gottes Gebot.

Das geistliche Recht

So ist es wider päpstliche Rechte, *41. dist. cap. Quisquis* so lautend:

> In omnibus enim talibus non usus rerum, sed libido in culpa est.[5]

---

1 „fry gelaten"

2 Röm 14, das ganze Kapitel, besonders diese Verse: „Wenn aber dein Bruder wegen deiner Speise betrübt wird, so handelst du nicht mehr nach der Liebe. Bringe nicht durch deine Speise den ins Verderben, für den Christus gestorben ist. Denn das Reich Gottes ist nicht Essen und Trinken, sondern Gerechtigkeit und Friede und Freude im Heiligen Geist."

3 „Wenn ihr fastet, sollt ihr nicht sauer dreinsehen wie die Heuchler; denn sie verstellen ihr Gesicht, um sich vor den Leuten zu zeigen mit ihrem Fasten. Wahrlich, ich sage euch: Sie haben ihren Lohn schon gehabt. Wenn du aber fastest, so salbe dein Haupt und wasche dein Gesicht, damit du dich nicht vor den Leuten zeigst mit deinem Fasten, sondern vor deinem Vater, der im Verborgenen ist; und dein Vater, der in das Verborgene sieht, wird dir's vergelten."

4 „euen mynschen" - ēven, mhd., nhd.: nach Art Evas geraten. So Gerhard Köbler in seinem Wörterbuch. Der Sinn des Satzes ist: Es gilt nicht als verboten, wenn am Sonntag die Frau keinen Braten serviert.

5 Decr. Conc. Dist. XLI. C. I.

In allen Dingen verbiete man nicht den Gebrauch, sondern den überflüssigen Mutwillen.
Und im *cap. Delitie.* Daselbst sagt Augustinus:

> Delitiae quelibet, si absque desiderio percipiantur, non offitiunt, et viles cibi appetenter accepti impediunt profectum abstinentiae. Dauid enim aquam male concupitam effudit, et Elias carnes comedit.[1]

Alle lustvollen Dinge, so man isst oder gebraucht ohne ordentliche Begehrlichkeit schaden nichts. Und wiederum, so man schlichte Speise mit überflüssiger Begehrlichkeit nimmt, schaden sie in Bezug auf die Mäßigkeit. Also hat David das Wasser ausgeschüttet, das er so sehr begehrte. Und Elias aß das Fleisch.
Dann also im erwähnten *cap. Quisquis* verhandelt Augustinus:

> Fieri enim potest ut sine aliquo vitio cupidinis vel voracitatis pretiosissimo cibo sapiens utatur, insipiens autem fœtidissima gule flamma in vilissimum cibum ardescat.[2]

Es kann geschehen, dass ein weiser vernünftiger Mensch die aller teuerste Speise recht und mäßig gebraucht, und dass aber ein Unvernünftiger das aller geringste Kraut mit der lästerlichen Fratze der Begehrlichkeit zu sich nähme und esse.

> Augustinus autoritate Christi probat nec in abstinendo nec in manducando esse iustitiam sed in equanimitate et temperantia.
> Quid dicas bone letcor si probem autoritate totius concilii olim fuisse suspetcos heresis quia carne abstinerent? In re dubia existimantibus bonis patribus magis hoc fieri ad execrationem escarum quod ad abstinetniam. Num concessurus sis ieiunium quo nunc utimur ethnicum nescio an iudaicum dicam potius quod Christianum censeri?[3]

In der selben Distinctio *cap. Quod dicit* bewähret Augustinus durch die Autorität Christi, dass weder ein Fastender noch ein Essender die Gerechtigkeit sei, sondern das geduldige Gemüt und Mäßigkeit. Was wolltest du denn sagen, lieber Leser, wenn man durch Päpste, Kardinäle und Bischöfe, versammeltes Konzil beweisen könnte, dass

---

1 Decr. Conc. Dist. XLI. C. II.
2 Decr. Conc. Dist. XLI. C. I.
3 Dieser Absatz ist kein Zitat, sondern hier spricht Oldendorp selbst lieber auch auf Latein, was er im Haupttext auch deutsch sagt.

eines Tages vor vielen Jahren, wenn einer nicht Fleisch essen wollte, ihn man in Verdacht von Ketzerei hätte?
Also erachteten die guten alten Väter, es geschehe mehr aus der Meinung, Fleisch essen wäre (an sich) Sünde, als wegen der Mäßigkeit?[1]
Ja, was wollen unsere Geistlichen sagen, wenn sie hören und sehen, dass solche Leute, die Fleisch gemieden von ihnen erfahren, als Ketzer vermerkt worden (zu sein)?
Wohlan, da ist ein offenbarer Text im letzten Kapitel der *30. dist. aus dem Konzil Martins des Papstes*, das vom Fleischessen spricht.

> Si autem spernit, ita ut olera cocta cum carnibus non degustet, iste non obediens, nec suspitionem
> heresis a se remouens, deponatur de ordine clericatus.[2]

Wenn jemand aber Fleisch mit Kraut gekocht verachtet und nicht schmecken wolle, der soll als ungehorsam, so er sich nicht der Ketzerei verdächtig machen wollte[3], vom geistlichen Amt gesetzt werden.
Meinst du (nicht) auch, da unter den alten Geistlichen im Fasten solcher Irrtum gewesen, dass nun leider bei unseren Zeiten tausend mal mehr erschreckende Ketzerei und Gotteslästerung durch die Vorbedingung der Speise erwachsen sei?
An diesem Tag will man nicht essen, was den Tod gelitten, den anderen Tag, wo der Pflug darüber gegangen ist, den dritten will man wohl Butter, aber keine Eier essen, denn Eier sind graduell dem Fleisch näher als Butter.
Ist dies nicht Verachtung des Fleisches und der Gaben Gottes?
Ist dies nicht offenbare Ketzerei?
Ich meine, wenn derselbe Papst Martin jetzt lebte, er würde ein Konzil machen und solche Leute als Ketzer achten. Es sind auch viele, die ihr Leben lang Fleisch zu essen gelobten, aber Gott erleuchtete und bekehrte sie zum rechten Fasten, also nämlich von aller Untugend und Unglauben menschlicher Satzung.

---

1 Hier handelt es sich um eine deutende Übersetzung.
2 Decr. Conc. Dist. XXX. C. XVII.
3 „de sülue als ungehorsam / so he sick vordechtlicheyt der ketterye nicht benhemen wörde"

Der 9. Missbrauch. Von den Feiertagen

Ein weiteres Beispiel für die Verkehrung, die geschieht, wenn Göttliches Recht in menschliches Gesetz gegossen wird, bzw. als solches missdeutet wird, war für Oldendorp der kirchliche Festkalender. Er führt dafür Gal 4 an, wo es um die Beachtung des heidnischen Kalenders ging, also mitnichten der Heiligenkalender gemeint war. Doch mit den kirchlichen Kalendern des Herrenjahres, Marienjahres und der Heiligentage beherrschte die Kirche die Zeit der Völker. Kein Tag war ohne potentielle Bedeutung. Die Reformation hielt nichts mehr von der Verehrung der Heiligen. Ihrer zu gedenken mochte - dann nach Artikel 21 der CA - den Glauben stärken, aber gesonderte Messen für die Heiligen zu lesen, entfiel. Das hatte viele Gründe, deren sich Oldendorp hier nicht annimmt. So blieben vom liturgischen Jahr bis auf einige Ausnahmen nur das Herrenjahr und die Perikopenordnung übrig. Entsprechend stellte sich der Reigen der Feiertage für bestimmte Heilige nun als etwas dar, was jedes Grundes entbehrte. Von den Heiligen sprach später die Kirchenordnung als von verstorbenen Menschen, nicht von einem bereits gegenwärtigen menschlichen Gegenüber der Engel im Himmel, wie es auf zahlreichen Bildern des Mittelalters zu sehen ist. Jede „Heiligsprechung" durch die Kirche erschien als vermessenes Handeln. Auf der anderen Seite hatte man jedoch keine Scheu, die Abkürzung für „Sankt" zum Namen des Paulus zu setzen. Bei Augustinus und anderen Heiliggesprochenen fehlt sie dagegen zumeist. Von Heiligen quasi göttliche Hilfe zu erwarten, sie als himmlische Wundertäter anzusehen, wurde nun als Aberglauben eingestuft. Feiern ohne guten Grund laden zu Müßiggang und Entgleisungen ein. Dieser sich immer deutlicher abzeichnende konfessionelle Unterschied trug zur Säkularisierung des gesellschaftlichen Lebens bei. Die Reformation war auch in dieser Hinsicht weit mehr als eine „innerkirchliche" Angelegenheit. Diese Bezeichnung wäre den Reformatoren im Übrigen widersinnig vorgekommen. Viel Brauchtum und mit der Heiligenverehrung verbundener Aberglaube verschwanden innerhalb weniger Jahrzehnte aus dem öffentlichen Leben. Die Reformation war nur ein erster Schritt der Aufklärung, man denke nur an die vielen Hexenprozesse auch in Mecklenburg Ende des 16. und zu Beginn des 17. Jahrhunderts, aber der Weg war eingeschlagen, bedenkt man den nicht unerheblichen

Komplex der Wundererwartung, der mit den Heiligen und ihren Reliquien verknüpft war.[1]

Zum Neunten haben die Geistlichen allzu viele Feiertage geboten, wider das helle Wort Gottes.

Gottes Wort

Gegenüber den Galatern 4(,8-11) beklagte sich S. Paulus folgendermaßen:

> Sed tunc quidem ignorantes Deum, iis, qui natura non sunt dii, serviebatis. Nunc autem cum cognoveritis Deum, immo cogniti sitis a Deo quomodo convertimini iterum ad infirma et egena elementa, quibus denuo servire vultis? Dies observatis, et menses, et tempora, et annos. Timeo, ne forte sine causa laboraverim in vobis.

Aber zu der Zeit, da ihr Gott nicht erkanntet, dientet ihr denen, die von Natur keine Götter sind. Nun ihr aber Gott erkannt habt - ja auch von Gott erkannt seid - wie wendet ihr (euch) denn immer wieder zu den schwachen und dürftigen Elementen, denen ihr von neuem dienen wollt? Ihr haltet Tage und Monate und Zeit und Jahr. Ich fürchte für euch, ob ich vielleicht nicht umsonst an euch gearbeitet habe.
Und so zu den Kolossern 2(,16):

> Ne quis igitur vos judicet in cibo aut potu, aut in parte diei festi, aut noui luni aut sabbatorum.

Darum soll euch niemand richten wegen Speise, Trank, oder aber bestimmte Tagen[2], nämlich den Feiertagen oder Neumonden oder Sabbat.
Sind das nicht klare und unleugbare Worte? Emser hatte (in seinem Kommentar) auch keine Glosse auf die Feiertage finden können oder eine anzuschmieren, schweigt an dem Orte stille. Denn so viele

1 Zu den konkreten Hexereiprozessen in Rostock in der Zeit Oldendorps siehe Kristin Skottki: Slüters Tod, oder: Von Rostocker Zauberern und Hexen am Beginn der Reformationszeit; in: Heinrich Holze/Kristin Skottki, Verknüpfungen des Glaubens, Göttingen 2020, S.105-152. Bei diesen Anklagen handelte es sich wesentlich um Mordanklagen, wie z.B. dem Giftmord an Slüter.

2 „eins dels dagen“

Feiertage anzusetzen, ohne dass es nütze, ist auch wider der Geistlichen eigenes Recht.

Das geistliche Recht

44. distincti. cap. Commessationes, da spricht Augustinus so:

> Commessationes et ebrietates consesse et licite putantur ut in honorem beatissimorum martyrum non solum per solennes dies - quod unusquisque lugendum videat qui hec non carneis oculis inspicit - sed etiam cotidie celebrentur.[1]

Fressen und Trunkenheit nehmen heftige Ausmaße an, das geschieht an heiligen und allen Tagen. Das ist erbärmlich, so man es denn nicht mit fleischlichen Augen ansähe.[2]
So im *cap. Denio dist. 4.* sucht der gute Gregorius.

> De ipsa uero die dominica hesitamus, quidnam dicendum sit, cum omnes laici et seculares illa die plus solito ceteris diebus accuratius cibos carnium appetant, et nisi noua quadam auiditate usque ad medias noctes se ingurgitent, non aliter se huius sacri temporis obseruationem suscipere putant sit.[3]

Von dem Sonntag weiß ich nicht, was zu sagen sei. Derweil alle Welt die Speise des Fleisches und Fresserei auch bis zur Mitternacht an diesem Tag mehr wahrnimmt als an anderen Tagen und meint, man habe ohne das die Herrlichkeit des Festes nicht begangen, etc.
O guter Gregorius, was wolltest du denn sagen zu den Festen, welche jetzt bei den Bischöfen in all den Stiften, die der eine so, der andere so in trefflicher Anzahl durch das Jahr angesetzt hat?[4]

> Quid igitur dicas bone Gregorii: Si nunc tot festos dies per singulas Episcoporum dyoceses et quidem variis modis constitui videas?

---

1 Augustinus epist. 64.

2 Freie Übertragung des Zitats: „Frethen und drünkenheit werden so hefftich vorgenamen / dat solckes ock up hylge und alle dage geschüth / Dath denn thobehertigen / wo men ydt nicht mit fleschliken ogen anmercken wörde."

3 Decr. Conc. Dist. IV. C. VI. § 1.

4 Verschiedene Kirchen oder Klöster hatten mit ihren „Gewohnheiten", bzw. Kalendern jeweils verschiedene Feste für sich festgelegt. Hier handelt es sich nicht um ein Zitat, sondern um eine Meinungsäußerung von Oldendorp selbst.

Ob es nicht tausend mal nützlicher und dem allmächtigen Gott genehmer[1] wäre, wenn die vielen Feiertage als Teil und Ursache von vieler Fratzerei, Müßiggang und allem Bösen weggenommen würden?
Ebenso nennt Gregorius diejenigen, die so gern Feiertage ansetzen und halten, Prediger des Antichristen, dem Glauben widerwärtig und Angehörige[2] eines Jüdischen Lebens, im *c. Peruenit De Consecrati dist. 3.*[3] Und das ist wahrlich richtig. Denn wo kann doch der Teufel besseren Eingang schaffen gegen Gott als aus Feiertagen, ohne Maß gehalten? Was bringen sie? Müßiggang. Was bringt Müßiggang? Sünde und alle Bosheit.
Liebe Brüder, werdet doch nicht Kinder am Verstand. 1 Kor 14(,20). Wacht endlich einmal[4] auf aus dem tiefen Schlaf des Irrtums.

Der 10. Missbrauch. Von Sekten und Orden

Um diese Argumentation recht zu verstehen, lässt sich der Zeitschriftenbeitrag „Nachdenken über den Krieg“ von Umberto Eco vom 1. April 1991 zum Golfkrieg heranziehen.[5] Es ging um die Frage, ob man denn für oder gegen den Kriegseinsatz im Irak war. In der öffentlichen Kritik standen damals die Intellektuellen, aber auch der Papst, die nicht in den Chor der Befürworter des Krieges einstimmten. Dabei ging es Umberto Eco um „die Intellektuellen“ als eine undefinierbare Kategorie und die „richtige“ Meinung. Er sprach dagegen von einer „intellektuellen Funktion“, die „besteht in der kritischen Sichtung und Bestimmung dessen, was als hinreichende Annäherung an den eigenen Begriff der Wahrheit angesehen werden kann“.

Wir debattieren das von Oldendorp angesprochene Problem in der Postmoderne so: Bedeutet Pluralismus ein Nebenher von verschiedenen

1 „behechliker“
2 „inuoerer“
3 Decr. Pars tertia Dist. III. C. XII. III. Pars. Es geht dort um die Frage, ob man auch am Sabbat arbeiten dürfe. Gregorius nennt Prediger Antichristen, die solches fordern.
4 „Waket eyns upp“ - „einst“ für lat. semel.
5 Umberto Eco: Vier moralische Schriften, München 1998, S. 15ff.

Ansichten, mit denen man um Mehrheiten kämpft? Und gibt man damit die Frage nach der Wahrheit auf? Dann träte an die Stelle des Diskurses Ignoranz, obwohl von Toleranz die Rede ist. In Bezug auf die Kirche hieße dies, Gott den Rücken zuzukehren und aus dem Glauben eine eigene Religion, bzw. theologische Meinung oder christliche Ansicht zu machen.

Es ging Oldendorp darum, dass es in der Kirche, wenn sie denn keine Meinungsbildungsgruppe, bzw., dann „Religionspartei", sondern Gottesdienst ist, keine Parteiungen, „Secten" und „Zwiespalterei" geben dürfe. Dass die Klosterorden als solche Parteiungen angesehen wurden, lag an ihren Einflüssen in den theologischen Hochschulen. In Bezug auf Gott aber kann es von der Sache her solche Parteiungen nicht geben. Alle nähern wir uns Gott, wie Intellektuelle sich nach Umberto Eco der Wahrheit.

Wir haben es hier also gegen den Anschein mit einem Argument für die Ökumene zu tun, nicht gegen sie. Die Reformatoren suchten Kontakt zur ostkirchlichen Welt nicht nur, um etwa Partner im entstehenden Konfessionsstreit zu finden. Sie gingen davon aus, dass es bei ihrem Kirchenbegriff als Versammlung der Gläubigen Kirchenspaltung nicht geben dürfe. Die Lutherischen Kirchen sind mithin von vornherein durch ihre Bekenntnisse auf bestimmte Weise ökumenisch gesinnt.

Oldendorp zitiert Mal 1 und vergleicht die Kirche so mit der Familie, die einen Vater hat. Ihre Einheit besteht in Christus, nicht in eigener Meinung gegen die Anderen oder gar einer konfessionellen Körperschaft. Im Allgemeinen wurde dieses Thema dann auch unter dem Stichwort der „Unsichtbaren Kirche" verhandelt. Oldendorp scheute aus gutem Grund diese missverständliche Bezeichnung.

Mit dem Zehnten haben sie die ganze Welt beschwert, Armut dem gemeinen Christlichen zugemutet[1] und (etliches ihnen) abgezogen mit so vielen, über 72 verschiedenen erdichteten Orden, mit Möncherei, Nonnerei, Sekten, Kleidern und anderer Zwiespalterei durch große Uneinigkeit ihrer Meinungen[2] und Lehre. Der eine ist Scotist, der andere Thomist, der dritte Albertist, wider die christliche Lehre Pauli 1 Kor 1, da er verbot zu reden:

Das Wort Gottes

1 „tho vorfange gewesen"
2 „opinien"

Ego quidem sum Pauli, ego autem Apollo, ego vero Cephæ, ego autem Christi. Num divisus est Christus? Num Paulus crucifixus est pro vobis? (1 Kor 1,12b-13)

Ich bin Paulisch, Ich bin Apollisch. Ich bin Kephisch. Ich bin Christisch. Ist Christus nun in Stücke geteilt? Ist denn Paulus für euch gekreuzigt?
Viel weniger magst du reden: Ich bin Franziskaner. Ich bin Dominikaner. Ich bin Bernhardiner[1]. Und wenn du sie nirgend dabei erkennen könntest, so weisen doch die vorhandenen Kleider wohl nach, wovor uns Gott selbst gewarnt hat - Mt 7(,12-23) und 23(,8) und an anderen Stellen.
Und S. Paulus Kol 2(,18): Lasst euch von niemandem verwirren, der da will wandeln in Demut und Geistlichkeit der Engel, die er niemals gesehen hat. Und ist ohne Ursache aufgeblasen in seinem fleischlichen Sinn, etc.

Ne quis vobis palmam interuertet data opera per humilitatem, et superstitionem angelorum, in his que non vidit fastuosus incedens frustra inflatus a mente sensu carnis suæ.

Das geistliche Recht

So stimmt auch zu der Lehre Pauli das päpstliche Recht *30. dist. cap. Hec autem scrisimus*.
Da spricht das Konzil Grangrense[2] also:

Et etiam eos condemnamus, qui se extollunt aduersus scripturas et ecclesiasticos canones, et noua introducunt precepta.[3]

Wir verdammen auch alle die, welche sich erheben wider die Schrift und Christliche Gesetze, die da neue Gebote einführen, etc.
So *41. dist. cap. Quisquis* sagt Augustinus:

Quisquis rebus pretereuntibus restrictius utitur quam sese habent mores eorum, cum quibus uiuit, aut intemperans, aut superstitiosus est.[4]

---

1 Zisterzienser.
2 Synode von Gangra (Çankırı) 340/341.
3 Decr. Conc. Dist. XXX. C. XVI.
4 Decr. Conc. Dist. XLI. C. I.

Ein jeder, der sich dieser Welt Dinge schärfer gebrauchen will als der allgemeinen Gewohnheit der Anderen, der ist entweder unmäßig oder ein abergläubischer[1] Mensch, etc. Desgleichen im *Kap. Qui sine 26. q. 3* auch Augustinus

> Qui sine Saluatore salutem uult habere, et sine uera sapientia estimat se prudentem fieri posse, non sanus, sed eger, non prudens, sed stultus in egritudine assidua laborabit, et in cecitate noxia stultus et demens permanebit.[2]

Wohl ohne den Heiland will er Heil suchen. Und ohne die wahre Gewissheit sich für weise zu halten, der ist nicht gesund, sondern krank. Er ist nicht weise, sondern ein Narr, wird auch ständig krank in ewiger Blindheit unsinnig und toll bleiben.
Nun ist gewiss, dass solche vorgenannten geistlichen Leute, die (sich) einem besonderen Orden angelobt, nicht genug an Christus haben, denn (sie) suchen wieder Hilfe von den Kreaturen und ihrem (sich) abgrenzenden Leben[3], haben nicht genug an der Lehre Christi, suchen wieder (der) Menschen Lehre und Gesetze.
Darum spricht der heilige Augustinus in *Nemo 83. dist.:*

> Nemo quippe in ecclesia amplius nocet, quam qui peruerse agens nomen uel ordinem sanctitatis et sacerdotis habet. Delinquentem namque hunc nullus redarguere presumit, et in exemplum culpa uehementer extenditur.[4]

Niemand bringt und tut größeren Schaden in der Kirche oder der Gemeinde Gottes, denn die einen Namen oder Schein der Geistlichkeit oder des Priestertums haben, denn solche untersteht sich niemand gern zu strafen. Daraus wird dann die Sünde von einem Exempel auf das andere gebracht.[5]

---

1 „auerghelouesch", übergläubig, wahngläubig, Übersetzung von superstitio.

2 Decr. Pars sec. Causa XXVI. Quaestio II. C. VII.

3 „voranderden leuvende" - veranderen bedeutete auch „sich abwenden, entfernen, zurückziehen" (Gerhard Köbler).

4 Decr. Conc. Dist. LXXXIII. C. II.

5 Wir würden heute sagen: Unter dem Deckmantel der Religion. Es geht aber Oldendorp nicht nur darum, einen Schein der Geistlichkeit aufzudecken, wo sich dahinter Unverantwortlichkeiten verbergen. Gegenüber der spätmittelalterlichen Frömmigkeit erschien die erwachende evangelische Kirche äußerst nüchtern und wehrte sich energisch gegen jedes „Schwärmertum" vor allem der Wiedertäufer. Ein fanatischer Pietismus oder

Von den sonderlichen Kleidern[1] spricht auch das Konzil Grangrense in *Cap. Si quis virorum 30. dist.*

> Si quis uirorum putauerit sancto proposito (id est continentiae) conuenire, ut pallio utatur, tanquam ex eo iustitiam habiturus, et reprehendat uel iudicet alios, qui cum reuerentia birris utuntur et alia ueste communi, que in usu est, anathema sit.[2]

Und merke wohl dieses Wort also lautend:
Wer vermeint, dass es heilig und gut sei, ein besonderes Kleid oder Mantel zu tragen, als ob er daraus Gerechtigkeit erlange und vermeint besser zu sein als andere mit gemeinen und gewöhnlichen Kleidern herzugehen, der sei anathema, das ist: verflucht.[3]
Ja, sprechen die Geistlichen und Mönche, diese Sprüche betreffen uns nicht, sind auch nicht von uns geredet, etc. Gott wollte, dass sie euch nicht beträfen. Judas sprach auch eben so: Herr, ich bin es ja nicht. Es ist auch (bei) allen schuldigen Übeltäter (so), dass sie zur Sache stracks nicht reden.
Wie auch noch im alten Testament, als der Herr fragte: O ihr Priester, die ihr verachtet meinen Namen. Sprechen sie: Worin verachten wir deinen Namen? Davon wussten (sie) nichts. Mal 1(,6-7)

> Filius honorat patrem, et servus dominum suum. Si ergo pater ego sum, ubi est honor meus? Et si Dominus ego sum, ubi est timor meus? dicit Dominus exercituum ad vos, o sacerdotes, qui despicitis nomen meum, et dixistis: In quo despeximus nomen tuum? Offertis super altare meum panem pollutum, et dicitis: In quo polluimus te? In eo quod dicitis: Mensa Domini despetca est.
> [Ein Sohn soll seinen Vater ehren und ein Knecht seinen Herrn. Bin ich nun Vater, wo ist meine Ehre? Bin ich Herr, wo fürchtet man mich?, spricht der

---

evangelikale, pfingstlerische Tendenzen auch in evangelischen Kirchen lagen noch weit in der Zukunft.

1 Diese Argumentation ist direkt eingeflossen in die Regeln der ersten evangelischen Ordnung in Rostock 1531, wonach den Ordensleuten untersagt wurde, außerhalb ihrer Klöster ihre Ordenstracht zu tragen.

2 Decr. Conc. Dist. XXX. C. XV.

3 Wenn jemand sich darstellt vor jemandem, wendet er Anderen und Gott den Rücken zu. Alles hat seine Zeit, das sich Gott zuwenden oder die Arbeit, Liebe und Schlaf. Man sollte aber nicht eines mit dem anderen vermischen. Darum verbietet es sich, sich als geistlich darzustellen. Der klerikale Stellvertretungsgedanke liegt dem ebenso nahe wie die Heuchlerei, die Oldendorp hier diagnostiziert und anprangert.

HERR Zebaoth zu euch Priestern, die meinen Namen verachten. Ihr aber sprecht: »Womit verachten wir deinen Namen?« Damit, dass ihr opfert auf meinem Altar unreine Speise. Ihr aber sprecht: »Womit opfern wir dir Unreines?« Damit, dass ihr sagt: »Des HERRN Tisch ist für nichts zu achten.«]

Aber, liebe Herren, die Kleidung und Sprache verraten euch allzu sehr.[1]

Denn wohl sind doch zwischen Himmel und Erde die mit langen Röcken, mit weiten Kappen mit engelshafter Keuschheit und Demut zu uns gekommen, Geld und Gut der Armen zu beanspruchen[2] und an sich zu reißen, wenn nicht ihr?

Redet man auch wahrheitsgemäß aus dem Wort Gottes, da seid ihr ganz stumm auf der rechten Sprache und hebt an mit unterschiedlichen Zungen[3] mit Unterschieden, mit Einführung, mit Exempeln, alles aus dem Thomas, Scotus oder Aristoteles. Soll man denn euch dabei nicht erkennen?

Das Wort Gottes lügt nicht, (wenn es sagt,) dass sodann Leute mit gedichteter Demut[4] und Schafskleidern zu uns kommen würden.

---

1 Im 16. Jahrhundert herrschte strenge Kleiderordnung, die Stand, Geschlecht und Amt verrieten. Es war oft bei Strafe verboten, sich mit nicht zustehender Kleidung zu verstellen. Die gesonderte Kleidung des Klerus bezeichnete somit ihn als einen Stand, aber genau dies lehnte die Reformation ab. Der schwarze Talar, der später zur liturgischen Tracht im Gottesdienst wurde, war Zivilkleidung der Gelehrten. Mit der Ordenstracht hob sich der Klerus aber als Stand von den „Laien" ab. Es ging also um weit mehr als um eine bloße Äußerlichkeit. Entsprechend sollten in Rostock dann auch Ordensleute nicht in Tracht sich auf den Straßen bewegen, sondern als Bürger und Bürgerinnen. Oldendorp lehnte „geistliche" Kleidung ab, weil sie eben jenen „geistlichen Schein" vortäuschten, die aus ihnen etwas machten, was Menschen nicht zusteht. Liturgische Kleidung im Gottesdienst selbst dagegen ist eine andere Art von Zeichen, wie der Pastor dann während des Abendmahls sich eine Kasel (von casula = Häuschen) überwirft, die den Liturgen nicht hervorhebt, sondern im Gegenteil verdeckt.

2 „vorfange".

3 Wir würden sagen: Sie haben für alles ihre Erklärungen parat. Wir dürfen dies wohl auch als eine Anspielung verstehen auf die (lateinische) Gelehrtensprache. Auf Deutsch, der Sprache des Volkes ließe sich dann nichts erklären. So wurden die Leute allein durch die Sprache zu geistlichen Analphabeten erklärt.

Seid ihr das nicht, so zeigt an, was und wer ihr seid?[3] Solange wird ein jeder euch dafür halten und euch meiden wegen des angezeigten göttlichen Wortes, durch das ihr die Schuld von euch auf Andere bringt.[4] Ob ihr auch nun sagen wollt, es wären die neuen Prediger, darauf solche Sprüche Gottes lauten, so ist allzu kund und offenbar, dass die Zeichen und Nachweise, da man sie erkennen soll, sich darauf nicht reimen. Denn sie (die Reformatoren) führen nicht Menschengesetze, sondern allein Gottes Wort. Sie kommen auch nicht in Schafskleidern, derweil ihr klagt, dass sie Kaufmanns- oder gemeine Kleider tragen. Sie geben keine Keuschheit vor und nehmen Ehefrauen. Sie trösten (rühmen) sich auch nicht mit viel äußerlicher Demut, denn ihr klagt stattdessen, dass sie zu viel schelten und trotzig schreien. Sie haben auch nicht heidnische Sprüche aus dem Aristoteles, sondern sprechen rechthin aus, was St. Paulus gesprochen, schlicht und ohne Umschweif[5] auf Christus.

Darum ist zu befürchten, ihr werdet schwerlich von euch ablenken. Doch wenn ihr schon dem simplen Volk noch eine Zeitlang die Augen verdüstert, so könnt ihr doch nicht Gott, den Allmächtigen betrügen.

Lies am Ende dieses Buches den 17. Missbrauch, da findest du (etwas) von den Mönchsgelübden.

Der 11. Missbrauch. Von der Priester Ehe

4 „othmuth" kann beides bedeuten, Demut und Hochmut. Bezeichnet wird damit die Einstellung gegenüber anderen. „Gedichtete othmuth" bedeutet Unwahrhaftigkeit, Verstellung. Im Hintergrund steht Mt 7,15: „Seht euch vor vor den falschen Propheten, die in Schafskleidern zu euch kommen, inwendig aber sind sie reißende Wölfe."

3 „wol unde wor se synt" – Ich habe für diese Redewendung keine Bedeutung finden können. Auch kollidiert das vorherige ihr (gy) mit dem „se" im zweiten Halbsatz. Ich habe nach dem Kontext formuliert.

4 Wenn sie nicht damit gemeint sind, sollen andere die Wölfe in Schlafskleidern sein. Das genau war dann auch der Vorwurf, den Cornelius van Sneek den Reformatoren entgegen hielt.

5 „ummetoeg"

Die Argumentation dieses relativ langen Abschnitts findet sich einige Monate später in der Confessio Augustana wieder, die an diesem Punkt ebenfalls ausführlich ist. Es gibt dabei weniger wörtliche Übereinstimmungen, aber die Art ist gleich, die Priesterehe zu rechtfertigen und das Zölibat als unheilvollen Druck zu brandmarken, der dringend aufgehoben werden muss, allein schon wegen der „Hurerei", die sie hervorbrachte. Indem nun Priester wieder heirateten, kam man auf Ordnungen der Alten Kirche zurück. Das Kapitel war von juristischem Gewicht, weil die Priesterehen aktuell nicht anerkannt wurden und sie somit nicht nur in widerrechtlichen Verhältnissen lebten, sondern in den Augen Roms und vieler Leute in offenbarer Sünde, was für das Ansehen der Geistlichen natürlich von größtem Übel war. Luthers Hochzeit war nahezu verschämt gefeiert worden.

Oldendorp sah in der Sexualität an sich keine Sünde. Sie ist natürlich, also auch gottgegeben. Einer Gabe Gottes jedoch sich durch eigenen Willen zu widersetzen, kann zu nichts Gutem führen. Mit dem Zölibat zwingen sich Menschen gegen ihre Schöpfungsgabe, begehren gegen Gottes Willen auf. Dieser Argumentation folgte man in unseren Tagen auch in Bezug auf gleichgeschlechtliche Liebe, seit man verstand, dass sexuelle Orientierung nicht einfach eine Frage freier Wahl ist.

Zum Elften, so haben sie die Ehe verboten insgemein allen Geistlichen, denen das (Verbot) einzuhalten allen unmöglich gewesen ist. Denn Keuschheit ist eine besondere Gabe, Weisheit 8, und eine seltene Gabe Gottes, Mt 19.
Und sie haben ein uneheliches Leben zum Untergang aller Keuschheit eingeführt und zur Verstrickung des armen Gewissens wider Gott und die klare Lehre Pauli 1 Kor 7(,2.9b) so lautend:

Das Wort Gottes

Attamen propter stupra vitanda suam quisque uxorem habeat.
Quod si se non continent contrabant matrimonium nam satius est matrimonium contrahere quod uri.

Aber um der Unkeuschheit willen habe ein jeglicher seine eigene Frau. Und bald danach: So sie sich aber nicht enthalten, so lass sie freien. Es ist besser zu freien als zu brennen.
Was an Unrat, Schaden und Unkeuschheit mit großem Ärgernis daraus entstanden ist, sieht man leider vor Augen. So nennt Paulus 1

Tim 4(,3) das Verbot der Ehe teuflisch und falsche Lehre. Und wieder zu Titus 1(,6) spricht er,

> Si autem Presbiter unius uxoris vir filios habens fideles etc.

dass ein Bischof eines Weibes Mann soll sein, der gläubige Kinder hat, etc.

Man nehme auch sensum communem, das ist die gemeine Vernunft vor sich, ob das geistliche Verbot auf die Ehe recht sei oder nicht in diesem Gleichnis:

Wenn einer dir leiht und zu den Heiligen willig schwörte, oder du bedrängst ihn, dir zu leihen 1000 Gulden und der Leihende neben dir wüsste beides, dass er es nicht hätte, auch nirgends unter der Sonne solch Geld bekommen konnten, wärt ihr nicht beide toll und töricht, der eine, dass er leiht, der andere, der solches Gelübde annehme, eines Dinges, welcher nicht in des Leihenden Macht wäre?

Also ist auch Keuschheit eine Gabe Gottes, dem einen vergeblich, dem anderen so anvertraut, wie vorhin gezeigt und wie Paulus offenbar spricht 1 Kor 7(,7b). Es ist von daher in keines Menschen Gewalt, sie zu halten.[1]

Wie kannst du sie denn geloben[2] oder in ein Gebot bringen? Besonders auf so viele tausend Pfaffen, Mönche und Nonnen, die alle gleich keusch seien, gegen ihr Vermögen? Wäre es nicht besser, man ließe sie frei zu heiligem Ehestande? Wer aber keusch sein könnte, er wäre es in Gottes Namen und dankte Christus für die Gnade, dem er sie auch zu Ehren brauchen sollte?

Ist dies (alles) nicht ein verblindetes und verstocktes Ding?

Das geistliche Recht

---

1 proprium donum ex Deo, dem einen „süs“ = umsonst, vergeblich, dem anderen „vorlent“ = anvertraut. 1 Kor 7, 7b: alius quidem sic, alius vero sic. Ist Keuschheit - hier in diesem Kontext ist rein an sexuelle Enthaltsamkeit gedacht - eine Gabe Gottes, kann man sie nicht von sich aus, aus eigenem Willen allein einhalten. Sie steht nicht in unserer Macht.

2 Das Wort „lauen“ findet sich nicht in den historischen Wörterbüchern als eigener Artikel. Aus angeführten Belegtexten wird deutlich, dass mit dem einen Wort Mehrfaches gesagt werden kann: leihen, geloben und loben. Darauf beruht die Argumentation hier: Wer etwas leiht, verpflichtet sich.

Das geistliche Recht lässt auch die Ehe zu, ja rät treulich dahingehend, dem es nötig ist - in *cap. Quidam nubentes, 27. dist.* spricht Augustinus also:

> Quidam nubentes post uotum adulteros asserunt. Ego autem dico, quod grauiter peccant qui tales diuidunt.[1]

Etliche, so sich in die Ehe begeben trotz des Keuschheitsgelübdes vermeinen, es sei Unrecht und Ehebruch. Ich aber rede, dass die schwerlich sündigen, die sie (dann) voneinander scheiden.
So wird in der *30. dist. c. Siquis nuptias* lauter und klar angezeigt, dass der Ehestand niemandem zu verbieten sei mit diesen Worten:

> Si quis nuptias in accusatione duxerit, et mulierem fidelem ac religiosam cum uiro suo dormientem abhominandam crediderit aut etiam accusandam, tamquam non posse coniugatos in regnum Dei ingredi, anathema sit.[2]

So jemand die Ehe anklagen und meinen wollte, es wäre abscheulich, dass eine christliche innige Frau schliefe bei ihrem Mann, als ob Eheleute nicht in das Reich Gottes einzugehen vermögen, der sei Anathema, d.i. verflucht.
Dass die Priester vorzeiten Ehefrauen gehabt hatten und noch heutigen Tages an vielen Orten haben, bezeugt (ganz) offenbar der Text in *cap. Cenomanensem, 56 distinct.* also lautend:

> Sed de legittimis coniugiis que sacertoribus ante prohibitionem ubisque licita erant et in Orientali ecclesia usque hodie eis licere probantur etc.[3]

Aber von dem rechten Ehestand, welcher den Priester vor dem Verbot[4] in allen Ende frei war und noch heutigen Tages in der orientalischen Kirche frei und ziemlich ist, etc.
So wird im *cap. Nicena synodus 31. dist.* der Ehestand aus der geistlichen eigenen Historie bewährt mit diesen Worten:

> Nicena sinodus uolens corrigere uitam hominum in ecclesiis commorantium, posuit leges, quas canones uocamus, in quorum tractatu uidebatur aliquibus introducere legem, ut episcopi, presbiteri, diaconi, subdiaconi cum coniugibus, quas ante consecrationem duxerunt non

1 Decr. Conc. Dist. XXVII. C. II. Pars II.

2 Decr. Conc. Dist. XXX C. XII.

3 Decr. Conc. Dist. LVI. C. XIII.

4 „vorbedinge“

dormirent. Surgens autem Pahfnucius confessor contradixit, honorabiles confessus nuptias, et castitatem dicens esse cum propria coniuge concubitum, suasitque concilio, ne talem ponerent legem, grauem esse asserens causam, que aut ipsis aut eorum iugalibus occasio fornicationis existeret. Et hoc quidem Pahfnucius (licet nuptiarum esset inexpertus) exposuit, sinodusque laudauit sententiam eius, et nichil ex hac parte sanciuit, sed hoc in uniuscuiusque uoluntate, non necessitate permisit.[1]

Als das Konzil von Nicäa und Versammlung der geistlichen Väter den Priestern die Ehe nehmen und verbieten wollte, und dass sie bei ihren Frauen, die sie vor der Erwählung genommen, nicht schlafen sollten, stand im Konzil einer, genannt Paphnutius auf und sprach: Es wäre die Ehe ein ehrlich Ding und das Beiliegen bei seiner ehelichen Frau wäre keusch. Auch wäre es eine schwere Sache, (wenn) dadurch Ursache zur Hurerei gegeben werde.
Und also folgte ihm das Konzil, seinen Rat und Meinung lobend, veränderten auch den Ehestand der Bischöfe und Priestern nicht, wiewohl dennoch gedachter Paphnutius keine Ehefrau gehabt hatte.[2]
Siehst du hier? Der eine Paphnutius hat das ganze Konzil bewogen, und (zwar) nicht unbillig.
Wie wolltest du (dir) nun zehn Pahnutiusse vorstellen, die unsere Geistlichen lobten und (ihnen) folgten? Ja, wenn S. Paulus selbst wiederkäme, sie glaubten ihm nicht. Denn sie glauben der heiligen Schrift und ihren eigenen Dekreten nicht, Luk 16.[3]
So in *c. Quoniam derselben 30. dist.* steht also geschrieben:

Quoniam in Romani ordine canonis esse traditum cognouimus, eos, qui ordinati sunt diaconi uel presbiteri, confiteri, quod iam non suis copulentur uxoribus: antiquum sequentes canonem apostolicae diligentiae et constitucionis, sacrorum uirorum legales nuptias amodo ualere uolumus, nullo modo cum uxoribus suis eorum conubia dissoluentes, aut priuantes eos familiaritate ad inuicem in tempore oportuno. Quicumque ergo dignus inuentus fuerit subdiaconali ordinatione, aut diaconali, aut sacerdotali, hi

1 Decr. Conc. Dist. XXXI. C. XII.

2 Für das in der Kirchenordnung 1552 Verständnis, dass jeder Pastor ein Bischofsamt aufführe, ist dieser Hinweis wichtig, dass das Ehegebot auch für Bischöfe einmal gegolten hatte.

3 Oldendorp spielt auf Lk 16,14f. an: „Das alles hörten die Pharisäer, die am Geld hingen, und sie spotteten über ihn. Und er sprach zu ihnen: Ihr seid's, die ihr euch selbst rechtfertigt vor den Menschen; aber Gott kennt eure Herzen. Denn was hoch ist bei den Menschen, das ist ein Gräuel vor Gott."

nullo modo prohibeantur ad talem ascendere gradum pro uxoris suae cohabitatione; nec in tempore ordinationis suae profiteri cogantur, quod abstinere debeant a legalis uxoris familiaritate.
et paulo infra *subditur pena. § 2f.*
Si quis igitur presumpserit contra apostolicos canones aliquos presbiterorum, diaconorum priuare a contactu et communione legalis uxoris suae, deponatur. Similiter et presbiter aut diaconus, qui religionis causa uxorem suam expellit, excommunicetur; si uero in hoc permanserit, deponatur.[1]

Dieweil in der Römischen Ordnung den Priestern und Diakonen die Ehe verboten, so wollen wir aber - spricht die 6. Synode - den alten Apostolischen Rechten und der heiligen Männer Gesetze nachfolgen und wollen, dass die Ehe bei ihnen gelten solle. Wir wollen auch nicht, dass sie sich von einander scheiden oder völlig[2] meiden. Darum, wer sonst (für) geschickt befunden wird zu einem Priester oder Diakon, dem soll es nicht abgeschlagen werden wegen seiner Ehe. Man soll auch nicht von einem begehren oder (ihn) dazu zwingen, so man einen weiht, dass er sich der Ehe enthalte.
Und bald danach setzt das Konzil eine Strafe, nämlich diese:
Wer da den Priester von der Ehe (weg)zwingen wollte, der soll seines Amtes beraubt sein. Dergleichen, so ein Priester oder Diakon um seines Priestertums willen seine Ehefrau von sich ließe, der soll verbannt werden. Wenn er aber darauf beharrt, soll seines Amtes entsetzt werden.
So daselbst im *Cap. Aliter* bezeugt der Papst Stephanus (ganz) offenbar, dass die Priester der Griechischen Kirche heiraten können.[3]
Nun ist eben die eine Christenkirche wie die andere geachtet, die Griechische wie die Römische, *93. distinctio c. Legimus*[4] und wie es

1 Decr. Conc. Dist. XXXI. C. XIII.
2 „samptlikes wesens“
3 „mögen yn de Ehe kamen“
4 Decr. Conc. Dist. XCIII. C. XXIV. Diacones presbiteris debent subesse.: Nec altera Romanae urbis ecclesia, altera totius orbis existimanda est: et Galliae, et Brittanniae, et Affrica, et Persis, et oriens et India, et omnes barbarae nationes unum Christum adorant, unam obseruant regulam ueritatis. Si auctoritas queritur, orbis maior est urbe. Ubicumque fuerit episcopus, siue Romae, siue Eugubio, siue Constantinopolim siue Regio, siue Alexandrinae, siue Thanis, eiusdem est meriti, eiusdem et sacerdotii. Potentia diuitiarum et paupertatis humilitas uel sublimiorem episcopum, uel inferiorem non facit; ceterum omnes

vorher im ersten Missbrauch genugsam (von uns) bewährt (wurde).
So folgt notwendig, dass die Ehe dem einen wie dem anderen nicht mehr (als) Unrecht (gelten) oder verboten sein muss. Der Ehestand ist von Gott, Hurerei ist vom Teufel. Richte nun recht, was besser wäre, Beischläferei oder Ehefrau.
Dann im *Cap. Deinde 26. dist.* am Ende spricht Innocentius der Papst also:

> Nuptiarum ergo copula, quia Dei mandato perficitur, non potest dici peccatum, et quod peccatum non est, solui inter peccata credi non debet.[1]

Da die Ehe von Gottes Gebot aufgesetzt ist, so kann sie nicht Sünde genannt werden. Und was nicht Sünde ist, das soll niemandem abgeschnitten sein. Löse dieses Argument auf!
So im *c. Nemo 32. q. 4* steht also:

> Nulli licet scire mulierem preter uxorem; ideoque coniugii tibi datum est ius, ne in laqueum incidas.
> Et infra: Cognoscimus uelut presulem custodemque esse Deum coniugii etc.[2]

Niemandem ist es geziemend, eine Frau zu erkennen, denn allein seine Ehefrau. Und darum ist die Ehe aufgesetzt, dass man nicht in den Strick[3] fällt. Und bald danach sagt Ambrosius, dass Gott also ein Bischof und Beschirmer des Ehestandes sei.
Auch ließ Bonifatius, der Papst, den geistlichen Klerikern erster Weihe alle Freiheit, wenn sie schon Ehefrauen genommen hatten[4]. *c. 1. De cleric. coniuga. 51. 6.*[5] Den anderen Weihen aber haben sie es nicht nachgeben wollen. Weißt du auch warum?
Dann, wenn wir alle einträchtig im Ehestand leben, wie es wohl göttlich[6] wäre, so könnten die Geistlichen wegen ihrer großen Zahl[7] ihres Standes und Reichtum kein Einkommen haben. Woher sollte

---

apostolorum successores sunt.

1 Decr. Conc. Dist. XXVI. C. III. § 4.
2 Decr. Pars sec. Causa XXXII. Quaestio IV. C. IV.
3 laqueus = Falle, Schlinge; also in Sünde und Strafe verfiele.
4 „nemen“
5 Nach dem 2. Laterankonzil 1139 war das Zölibat erst von der Subdiakonatsweihe an verbindlich.
6 Vgl. die Terminologie vom Göttlichen und Weltlichen Recht.
7 „tho mennichuoldicheyt“.

man dann hernehmen so viele Kardinäle, Erzbischöfe, Bischöfe, Suffragane, Pröpste, Archidiakone, Dekane, Domherren ohne Regular, Domherren mit Regular[1], Vikare, Kommendisten[2], Elemosinarien[3], Fürstäbte, schlichte Äbte, Äbtissinnen, Gardiane[4], Prioren, Subprioren und andere unzählig viele Pfaffen, Mönche und Nonnen?
Die würden sich denn also nicht rühmen und angesehen sein, wie sie jetzt ohne die Ehe unter dem Schein der Keuschheit köstlich erscheinen. Es wäre viel besser, man bliebe bei (den) gemeinen christlichen Regeln des Ehestandes und ließe die vielen Sekten und schmucken Küchlein[5] fahren.
Darum haben auch die Päpste im geistlichen Recht einst vorgesehen, damals den Priestern die Ehe erlaubt und es stand frei, (so) dass kein Hurer das hochwürdige Sakrament mochte verwalten[6], wie auch Christus sagt Mt 7(,18): Kein böser Baum bringt gute Frucht.

> Non potest arbor bona malos fructus facere.

So in *c. sacrosanta 1. q.1.* steht also:

> Nam quomodo ad diuini misterii consecrationem celestis Spiritus inuocatus adueniet, si sacerdos, et qui eum adesse deprecatur, plenus actionibus criminosis reprobetur?[7]

Wie mag der Heilige Geist zu der Konsekration oder Segnung des göttlichen Geheimnisses kommen, so der Priester, der ihn anruft,

---

1 Regularkanoniker, Canonicus regularis, zu Priestern geweihte Mitglieder der Stiftskirche, die zwar das Ordensgelübde abgelegt haben, aber nicht als Mönche zählten.

2 Inhaber einer Kommende, eines kirchlichen oder klösterlichen Einkommens ohne persönliche Verpflichtung für die Amtsausübung.

3 Almosenier - Armenpfleger.

4 Ordensobere von Bettelorden.

5 „smucken kökeschen". Vielleicht steht im Hintergrund das lateinische Wort für Küchlein - pastillus, Kügelchen. Gemeint wäre dann entsprechend der „Secte" das, was man dann im Pietismus die Ecclesiola nannte, ein abgesonderte Klub der besonders Frommen.

6 „handeln"

7 Decr. Pars sec. Causa I. Quaestio I. C. XCII.

sündlich und voller böser Werke ist. Desgleichen auch in dem Folgenden c. *Necesse est.*[1]
Dass auch kein Hurer, der uneheliche Beischläferinnen hat, Messe halten soll, ist verboten in c. *Preter hoc. 32. dist.*, wo der Papst Alexander II. des Namens also spricht:

> Ex parte omnipotentis Dei et auctoritate apostolorum principum Petri et Pauli precipimus et omnino contradicimus, ut missam non cantet, nec euangelium legat nec epistolam ad missam neque in presbiterio cum his ad diuina offitia, qui prefatae constitucioni obedientes fuerint, maneat, neque partem ab ecclesia suscipiat.[2]

Aus der Gewalt Gottes und der heiligen Petri und Pauli, Fürsten der Apostel Autorität gebieten wir, dass kein Priester, der eine uneheliche Frau hat oder bei sich duldet, Messe halten soll und weder das Evangelium noch die Epistel singe, auch soll (er) nicht geduldet werden in der Gemeinde der anderen Priester.
So sagt und bewährt offenbar der Papst Gregorius in c. *Si qui sunt presbiteri. 81. dist.*, ja gebietet auch von Gottes wegen, dass ein Priester, so er in Hurerei befunden, aus der Kirche verwiesen werden soll und die (entsprechenden) Frauen soll man wegjagen. c. *Quidam. selbe dist.*

> Si qui sunt presbiteri, diaconi, uel subdiaconi, qui in crimine fornicationis iacent, interdicimus eis ex parte Dei omnipotentis et S. Petri auctoritate ecclesiae introitum, usque dum peniteant et emendent. Si qui uero in peccato suo perseuerare maluerint, nullus uestrum eorum audire presumat offitium quia benedictio eorum uertitur in maledictionem etc.[3]
> [Wenn es Presbyter, Diakone oder Subdiakone gibt, die das Verbrechen der Unzucht begangen haben, verbieten wir ihnen seitens des allmächtigen Gottes und durch die Autorität des heiligen Petrus, die Kirche zu betreten, bis sie Buße tun und Wiedergutmachung leisten, sich bessern. Sündigen sie weiterhin, wage niemand von euch, ihren Dienst anzunehmen, denn ihr Segen wird zum Fluch, etc.]

---

1 Item Gregorius in Registro. [lib. I. epist. 24.] Necesse est, ut munda sit manus, que diluere sordes curat, ne tacta queque deterius inquinet, si sordida sequens lutum tenet: scriptum namque est: "Mundamini, qui fertis uasa Domini." Domini etenim uasa ferunt, qui proximorum animas ad interiora perducendas in conuersationis suae exemplo suscipiunt. Decr. Pars sec. Causa I. Quaestio I. C. XCIII.

2 Decr. Conc. Dist. XXXII. C. VI. § 1.

3 Decr. Conc. Dist. LXXXI. C. XV.

Mal 2(,1-9)

Es haben auch die Rechte verboten, dass niemand Messe hören des Priesters soll, der eine uneheliche Frau und Konkubine bei sich hat, bei dem Bann - in *cap. Nullus et c. sequenti 32. dist. D*a spricht der Papst Nikolaus also:

> Nullus missam audiat presbiteri, quem scit concubinam indubitanter habere aut subintroductam mulierem. Unde etiam ipsa sancta sinodus hoc capitulum sub excommunicatione statuit.[1]

Niemand höre Messe des Pfaffen, der eine Beischläferin oder andere uneheliche Frau hat, denn solches Priesters Messe nicht zu hören, gebietet das heilige Konzil bei dem Bann. Siehst du nun wohl, was sie für Leute sind mit ihren Köchinnen, doch fromme rechtschaffende Geistliche alle Zeit ausgenommen.

Hic incidit alia querimonia quam doctis tantum indicabo.
Existimant enim pleriosque secundas nuptias a Papa non retce prohiberi viris qui uxorem vel contra mulieribus que maritum ex adulterii causa dimittunt autoritate Christi. Mt 19
Modo dimittentes ipsi innocentiam suam inconfesso habeant et alterius coniugis culpam ostendere possint quanquod sane adulterii non adeo sit facilis probatos nec soleat semper sine probatione esse manifestum.
Alias nos hunc articulum discutiemus nunc in medio relinquentes ut interim videas Paulum 1 Kor 7 et Uxor a viro. c. Quedam cum fratre. 32. q. 7.[2]
Aliquid etiam ad rem c. Tantum § Item manet. Ibidem.
[Hier kommt eine weitere Beschwernis, wovon ich nur den Gelehrten mitteile. Denn die meisten sind der Ansicht, dass der Papst Zweitehen zu Unrecht Männern durch die Autorität Christi verbietet, die sich von ihren Frauen scheiden lassen, oder Frauen, die sich aufgrund von Ehebruch von ihren Männern scheiden lassen. Mt 19(,1-12). So lassen sie selbst die fallen, die unschuldig sind und die Schuld des anderen Ehepartners nachweisen könnten. Zwar lässt sich Ehebruch nicht so leicht beweisen, wobei Ehebruch von der Natur der Sache her nicht so einfach zu beweisen ist und auch ohne Beweise meist nicht immer offensichtlich ist.

---

1 Decr. Conc. Dist. XXXII. C. V.

2 Quedam cum fratre uiri sui dormiuit: decretum est, ut adulteri numquam coniugio copulentur; illi uero, cuius uxor stuprata est, licita coniugia non negentur. [Eine Frau schlief mit dem Bruder ihres Mannes: es wurde beschlossen, dass Ehebrecher niemals Verkehr miteinander haben sollen; dem, dessen Frau vergewaltigt wurde, wird die Ehe nicht verweigert.] Decr. Pars sec. Causa XXXII. quaestio VII. C. XIX.

Wir werden jetzt weiter unser Thema besprechen und den Rest belassen mit dem Verweis auf 1 Kor 7(1-15).][3]

Der 12. Missbrauch - Von der Bettelei und Almosen der Geistlichen

Die Welt ist uns gemeinsam gegeben. Später wird es gar heißen: Reichtum ist Diebstahl. Die Kirchen strotzten vor Reichtum, während es in vielen Häusern am Nötigsten fehlte, nach Oldendorp war dies besonders in deutschen Ländern so. Auch dem Hausgesinde steht zu, ordentlich leben zu können. Die Kirchen machen in dieser auch so schon belastenden Situation noch einen Handel mit Gottes Wort zu ihrem Gewinn. Das gilt Oldendorp als hinterlistige Bettelei. Damals war Bettelei vielerorts verboten, die Kirche aber ließ ohne Not ein frommes Werk daraus werden, das sieht der Jurist nun als verdeckten Diebstahl an, so wie jemand sich etwas unter Vorspielung falscher Tatsachen erwirbt. Die Kirche handelt zynisch und grausam. Vom rechtlichen Standpunkt sieht Oldendorp es mit Hieronymus so: „Alles, was die Geistlichen haben, gehört den Armen und ihre Häuser sollen allen Notdürftigen gemein sein." Damit ist das Eigentum der Kirche als ein öffentliches bezeichnet. Rechtliche Beispiele dafür gaben Allmende, Armenwesen und städtisches Genossenschaftsrecht. Die Kirchen aber waren voller Überfluss: Luxus heißt dies auf Latein. Auch dem Armen gebührt Unterhalt.

Der Kirche steht nach Oldendorp nur die Erhaltung der Gottesdienstkirchen, die Alimentierung ihres Predigers und alles, was die Durchführung der Gottesdienste anbelangte, wie Kirchenmusik zu.

Wirft man einen Blick auf das spätmittelalterliche Rostock mit ihren Klöstern, Niederlassungen, der klerikalen Ämtervielfalt, mag man sich vorstellen, was Oldendorps Worte bedeuteten. Schulen und Armenfürsorge dagegen sind öffentliche Aufgaben. Gemeindearbeit, wie wir sie kennen, gab es noch lange nicht, denn das soziale

3 Hier sprach Oldendorp offenbar sein eigenes Schicksal an. Seine eigene Frau, so wird berichtet, war ihm untreu, und das auch noch mit einem zölibatär lebenden Geistlichen. Stimmte dies, kann man die Entscheidung gut nachvollziehen, dass er zum einen diesen Text nur auf Latein für die Gelehrten, also ganz im Allgemeinen ansprach und zum anderen sich scheute, seinen Klarnamen preiszugeben. Der öffentliche Spott wäre ihm gewiss.

Miteinander von Bürgern und Kirchengemeinde war eines. Oldendorp hätte unseren Begriff einer Kirchengemeinde vermutlich kaum verstanden. Es gab Gottesdienste, sowie Land und Stadt mit ihren Familien, Gilden und Zünften. Noch Theodor Kliefoth im 19. Jahrhundert in Mecklenburg, der nichts von frommen Zirkeln wie im Pietismus hielt, meinte, dass erst in sozialen Verhältnissen wie in den USA so etwas wie eine extra Kirchengemeinde als eigenes Kommunikationsnetz sinnvoll wäre, die dann auch einen eigenen gewählten „Rat" haben sollte. Einer Gottesdienstgemeinde mag auch eine Kommune, eine Lebensgemeinschaft entsprechen. Dagegen spricht nichts, im Gegenteil, in heutigen Verhältnissen ist sie notwendig, wie es sie auch in der ersten Zeit der Kirche und in Diaspora immer gab.

Vorbild einer Kirchengemeinde im engeren Sinn waren die Klostergemeinschaften. Allerdings gehörte dazu das Modell der Absonderung, Unterscheidung von anderen, man wollte sich abheben von einer sündigen Welt. Im Spätmittelalter bildeten sie Weltfluchtgemeinschaften, die sich das mit der Bettelei und frommen Versprechungen auch noch bezahlen ließen. Das lehnte Oldendorp von Grund auf ab. Auch die frommen Zirkel der späteren Pietisten hätten ihm wohl kaum gefallen, schon weil sie sich oft für bessere, strengere, gläubigere Christen hielten.

Zum Zwölften haben die Geistlichen mit Bettelei und listiger Überredung die Leute unter dem Deckel Christi dahin geführt, dass sie Lehen stiften müssten, Klöster bauen und die selbigen mit Gold, Silber, Seide, Samt über alle Maße zieren.
Damit nicht gesättigt haben sie Almosen gesammelt, solange (bis) die guten fetten Pfründen davon entstanden und täglich hinzugewachsen sind, (so) dass sie (von der) deutsche Nation einen nicht geringen Teil innehaben und besitzen.[1]
Und hiermit ist den Armen an Speise und Kleidung, ihre Notdurft entzogen worden, so dass du jetzt viel mehr tote Bilder, Holz und Steine, mit Silber behängt, ja aus Silber gemacht, als armen elenden Menschen und lebenden, (also) von Gott geschaffene Bilder, Helfer findest und alle Tage vor Augen siehst, wie sie vor den Kirchtüren liegen und die Geistlichen mit Leidensmiene[2] einhergehen, was wider Gottes Wort ist Jes 5(,8) da Gott also spricht:

1 Diese Sätze sind nicht aus fernem Beobachtungsposten geschrieben. Das reiche Doberan lag vor den Toren Rostocks. Die Schrift provozierte in hohem Maße.

Ue qui conjungitis domum ad domum, et agrum agro copulatis usque ad terminum loci! Nunquid habitabitis vos soli in medio terre?

Wehe euch, die ihr ein Haus zu dem andern fügt und einen Acker an den anderen bringt, als ob ihr allein auf dem Erdreich wohnen wollt. Desgleichen Mt 23(,14) sagt Christus:

Ue vobis scribe et pharisei hypocrite, quia commeditis domos viduarum,..[1]

Idque pretextu prolixe precatoris propter hoc grauius pungemini.
[Man möchte damit die Bitten unterstreichen und mehr Eindruck schinden.]

Wehe ihr Schriftweisen und Pharisäer, ihr Gleißner, die ihr der Witwen Häuser fresst und wendet (euch) für langes Gebet, darum werdet ihr desto mehr Verdammnisse empfangen.
So befiehlt der allmächtige Gott nicht, Holz und Steine über Maß zu zieren, sondern arme notdürftige Menschen zu speisen, zu tränken und zu bekleiden.
Jes 58 und Mt 25.
Du findest auch keine Nation der Nichtchristen[2], wo die Menschen so große Not leiden wie in deutschen Landen. Daher sagt Christus Mt 15(,3-6) also:

Quare et vos transgredimini preceptum Dei propter traditionem vestram? Nam Deus percepit dicens: Honora patrem, et matrem et, Qui maledixerit patri aut matri morte moriatur. Vos autem dicitis: Quicumque dixerit patri aut matri. Quidquid doni a meprofetcum erat idin tuum vertitur commodum et non honorabit patrem suum, aut matrem suam: et irritum fecistis preceptum Dei propter traditionem vestram.

Warum übertretet ihr auch das Gebot Gottes um euer Satzungen willen? Denn Gott hat geboten: Du sollst Vater und Mutter ehren. Und wer Vater und Mutter lästert, der soll des Todes sterben. Ihr

---

2 „mit martern tzuben hergahn" Ich habe die Wörterbücher vergeblich nach Übersetzungsmöglichkeiten durchsucht und schließe des Sinn hier aus dem Kontext.

1 V: Væ vobis scribæ et pharisæi hypocritæ, quia comeditis domos viduarum, orationes longas orantes! propter hoc amplius accipietis judicium.

2 „unchristen"

aber sprecht: Ein jeglicher soll sagen: Alles, was ich Gott gebe, das kommt dir auch zum Nutzen und soll nicht Vater und Mutter ehren. Und also habt ihr das Gebot Gottes um eurer Gesetze willen zunichte gemacht. Ihr Heuchler, etc.
Dahin gehört auch, was S. Paulus sagt 1 Tim 5(,8):

> Quod si qua suis et maxime familiaribus non prouidet fidem abnegauit et est infideli deterior.

So aber jemand die Seinen, sonderlich sein Hausgesinde nicht versorgt, der hat den Glauben verleugnet und ist ärger denn ein Ungläubiger, etc.
O Herre Gott, das haben unsere Geistlichen ja ganz anders dem gemeinen Volk eingebildet, nämlich so sprechend: Gebt in Kirchen und Klöster, so wisst ihr gewiss, wo es bleibt, eure Erben bringen es sonst durch. Wir wollen davon etwas Gutes tun. Ihr habt nicht viel empfangen zum Erbe. Macht euch des großen Gottesdienstes, der von Morgen bis an den Abend geschieht, teilhaftig. Ja, geben auch Siegel und Brief darauf, etc. Sieh nun recht an, wie sich das reimt mit dem Wort Gottes.
Und ob sie (es) nicht sind, wovon Paulus redet 1 Tim 6(,5b):

> Estimantes questum esse pietatem.

Die da meinen, sie sollen aus Gottes Dienst einen Handel machen.
Und so nehmen sie auch und verbringen den rechten furchtsamen Patronen ihre Lehnware und Gerechtigkeit, Fundatien, Siegel und Briefe, die fromme Leuten mit ihrem sauren Schweiß und Geld gestiftetet haben, (so) dass die Erben das Nachsehen haben.[1] Dazu werden unsere Geistlichen auch unter sich uneins.[2]
Der Reiche nimmt dem Armen, gibt ihm danach einen Gulden, dass er Verpflichteter bleibe des Lehens, das ihm genommen, alles unter dem Schein und Deckel Christi Jesu unseres Herren.

Das geistlose Recht[3]

---

1 „dat thom latesten de geslechte dar van kamen"

2 „Dar na / werden unse geystliken ock under sick uneyns." Ich verstehe dies so: Dann fangen sich die Geistlichen noch an, darüber zu streiten.

3 „Dat geystlose recht."

Solche hinterlistige Bettelei schilt auch ihr eigenes Recht wie in *14. q. 5.c. Penale* da spricht S. Augustinus also:

> Auferre ergo nolenti, siue occulte siue palam, habet preceptum suum. Furti enim nomine bene intelligitur omnis illicita usurpatio rei alienae.[1]

Es ist unrecht, (gleichgültig, ob) man einem (anderen) das Seine heimlich oder offenbar nehme. Es wird alles begriffen unter dem Namen Diebstahl, was man mit Hinterlist unbillig (jemandem) abnimmt.[2]
Und daselbst in *c. Imolans*.

> Qui offert sacrificium ex substantia pauperum, quasi qui uictimat filium in conspectu patris sui. Panis egentium uita pauperis est. Qui defraudat illum homo sanguinis est. Qui effundit sanguinem, et qui fraudem facit necessario, fratres sunt.[3]

Der Gott Opfer oder Dienst tun will vom Gut des Armen, ist gleich dem, der einen Sohn im Angesicht seines Vaters erschlüge. Das Brot der Notdürftigen ist der Armen Leben, wenn einer betrügt, der ist ein Mensch des Blutes. Denn der das Blut vergossen und der da Leute übervorteilt oder betrügt, das sind Brüder.
So in *c. Gloria Episcopi § Amico 7. q 2*

> Aut, quod apertissimi sceleris est, exinde aliquid subtrahere, omnium predonum crudelitatem superat.[4]

Da redet Hieronymus von denen, welche an sich ziehen, was man den Armen geben sollte, sprechend: Das ist eine offenbare Missetat und übersteigt alle räuberische Übeltat und Grausamkeit, etc.
Die Geistlichen sollen all ihr Gut den Armen mitteilen und ihre Häuser den Notdürftigen offen stehen lassen, sagt S. Hieronymus in *c. Quoniam quicquid 16. q.1*

> Quoniam quicquid habent clerici pauperum est, et domus illorum omnibus debent esse communes.[5]

---

1 Decr. Pars sec. Causa XIV. Quaestio V. C. XIII.
2 „wat men mith hynderlist unbillick affthut"
3 Decr. Pars sec. Causa XIV. Quaestio V. C. II.
4 Decr. Pars sec. Causa XII. Quaestio II. C. LXXI. § 2.
5 Decr. Pars sec. Causa XVI. Quastio I. C. LXVIII. Liberum est clericis monachis decimas concedere.

Alles, was die Geistlichen haben, das gehört den Armen und ihre Häuser sollen allen Notdürftigen gemein sein.
Nun kommen sie den Armen allermeist zuvor[1], schließen ihre Häuser fest zu vor den Armen, aber reiche Matronen kommen bald hinein.
Hörst du nicht stetig also reden? - „Nein, es ist Klosters Gut, man speist hier nicht aus."
O Herre Gott, die Sprüche sollten ganz anders lauten, dem Worte Gottes gemäß.
Den überflüssigen Zierrat an Stein und Holz[2] - wiewohl (eine) ziemliche Zierung und Reinigkeit der Kirchen hiermit nicht angefochten werden (soll), das darf derhalben abermals niemand (so) verdrehen[3] - können die Geistlichen nicht leugnen, dass sie (die) christliche Allgemeinheit[4] beschnitten und verleidet haben, wider ihr eigenes Recht. *12. q. 2 Gloria Episcopi* Da spricht Hieronymus:

> Multi edificant parietes, et columpnas ecclesiae subtrahunt, marmora nitent, auro splendent laquearia, gemmis altare distinguitur, et ministrorum Christi nulla est electio. Neque uero michi aliquis obponat diues in Iudea templum, mensam, lucernas, turibula, patellas, cyphos, mortariola, et cetera ex auro fabrefacta. Tunc hec probabantur a Domino, quando sacerdotes hostias inmolabant, et sanguis pecudum erat remissio peccatorum, quamquam hec omnia precesserint in figuram scripta sunt autem - 1 Cor 10 - propter nos, in quos fines seculorum deuenerunt. Nunc uero, cum paupertatem domus suae pauper Dominus dedicauit, portemus crucem et delicias lutum putemus.[5]

Viele Leute bauen die Wände und vergessen die rechten Pfeiler und Hauptstücke der Kirchen. Der Marmor schimmert vom Gold, sie schmücken den Altar mit Perlen und edlen Steinen, aber zu Dienern Christi hat man keine Acht, die Besten zu erwählen. Und so denn jemand sprechen wollte:
Es ist doch auch also gewesen bei den Juden im Alten Testament, da haben sie ja Tempel, Tafeln, Leuchter, Weihrauchfässer, Schüsseln, Becken und dergleichen von Gold gemacht?

---

1 „tho vorfange"
2 „Der auerflödigen tzyringe haluen / an stene onde holt gelecht"
3 „calumnieren"
4 „gemeyne"
5 Decr. Pars sec. Causa XII. Quaestio II. C. LXXI.

Antwort: Das ist von Gott geboten worden zu der Zeit, da noch der Priester dem Herren das Blut des Viehs opferte für die Sünde der Menschen.
Wiewohl dies alles nichts anderes denn eine vorgehende Figur gewesen, wie denn solches um unseretwillen beschrieben geworden ist – 1 Kor 10.
Aber nun hat der Herr sein Haus mit Armut aufgewogen. Lass uns das Kreuz tragen, Wollust, Gold und Reichtum dagegen nicht achten.
Dies sind die Worte des heiligen Hieronymus, durch welche du offenbar bekennen musst, dass zwar mäßige Zierde der Bethäuser zu leiden ist, es wiederum unmöglich ist, das solch überflüssiges Gepränge ohne Abgötterei mit rechtem Gottesdienst bestehen könne, was vorzeiten die Heiden aus der natürlichen Vernunft erfahren, wo Hieronymus daselbst im angeführten Kapitel ermahnt, von Sokrates sprechend:

> Socrates[1] ille Thebanus, homo quondam ditissimus, cum ad philosophandum Athenas pergeret, magnum auri pondus abiecit, nec putauit, se posse et uirtutes simul et diuicias possidere. Nos suffarcinati auro Christum pauperem sequimur, et, sub pretextu elemosinae pristinis incubantes opibus, quomodo possumus aliena fideliter distribuere qui nostra timide reseruamus? Plenus uenter de ieiuniis facile disputat. Non Ierosolimis fuisse, sed Ierosolimis bene uixisse laudandum est.[2]

Sokrates, ein Thebanischer Heide und sehr reicher Mann, da er nach Athen um der Lehre willen reiste, warf von sich viel Gold. Denn er meinte, Reichtum und Tugend der Lehre zugleich zu haben, wäre nicht möglich. Derweil wir denn mit Gold bestückt dem armen Christus nachfolgen und unter dem Schein der Almosen den vorigen Reichtum behalten, wie können wir dann das Fremde treulich austeilen, während wir mit Früchten das unsere behalten?
Ein voller Bauch hat gut predigen vom Fasten. Es ist nichts, dass du zu Jerusalem gewesen, aber dass du zu Jerusalem gelebt hast, ist Lobes wert, etc.

1 Eigentlich Crates, bzw. Craton, nicht Socrates. Vgl. dazu Martin Grahl, Der Flügelaltar von Cismar, 2022, S.70f. zur Johanneslegende.
2 Decr. Pars sec. Causa XII. Quaestio II. C. LXXI.

Willst du nun Gott, Sankt Paul, Hieronymus und der natürlichen Vernunft nicht glauben und folgen, so glaube doch dem Emser als einem besonderen unverdächtigen Patronen der Geistlichen. Denn zu 1 Tim 5(,3-16) auf das Wort in Christus spricht er so von den Gütern Christi und der Kirche: Denn die armen Frauen und Witwen wurden vorzeiten von den Kirchengütern erhalten, wie auch andere Arme und gebrechliche Leute. Darum haben die Kaiser, Könige, Fürsten und frommen Leute den Kirchen so viel gegeben und zugewendet.

Da hörst du ja, meine ich, und kannst nicht leugnen, wozu die Kirchengüter dienen sollten und mit welchen Gründen unsere Geistlichen so große Güter besitzen und für sich allein behalten.

Wahrlich Emser hat da eine böse Glosse auf der Seite der Geistlichen gemacht, was auch unter allen jetzigen Schreibern ihrer Güter halben nicht einer getan (hat). Denn daraus muss folgen, dass derweil sie die rechten Ursache, warum solche Güter gegeben, nicht allein nicht gehalten, sondern auch den Armen gebührlichen Unterhalt entzogen und an sich gerissen haben.

Das zieht sich dann auch weiter aus,[1] als jetzt davon zu schreiben ist: Porro cessante causa cessat effetcus. [Außerdem hört die Wirkung auf, wenn die Ursache aufhört.][2]

c. Et si Christus. De iureiuran. Ad 1.l. 1. C. De donationibus, que sob modo[3] -

Et vide regulam [und siehe die Regel] *in c. Privilegium 11.q.3.*

Modestie consulens ulcus hoc latius non de tego.

[Maßvoll erwäge ich das Geschwür und werde dies nicht ausführlich behandeln.]

1 „Dat ock dyt dondt wyder uthsueth“

2 Der allgemein bekannte Spruch findet sich bei Thomas von Aquin, Summa I,96,3,3.

3 Von den Geschenken, die ich gerade erwähnt habe.

Der 13. Missbrauch. Von dem Bann.

Oldendorp sieht die Frage der Buße und Beichte und damit auch den Bann als Jurist. Die Kirche hatte sich zum Richter der Gewissen gemacht. Nun wird hier 1529 geurteilt: Es gibt keine juristische Rechtfertigung für den Großen Bann[1] gegenüber Sündern, dieses Gericht steht der Kirche nicht zu, schon gar nicht die Verknüpfung der Frage nach dem Bann mit Geld. Der Große Bann war eine juristische Tat großen Ausmaßes. Der „Kirche", sprich: dem Klerus steht eine solche Rechtshandlung nicht zu. Dem Jüngsten Gericht ist nicht vorzugreifen, kein Menschengericht, auch nicht die Kirche als Klerus ist Exekutivorgan Gottes. An diesem Punkt ist zu greifen, wie die Reformation dem Kanonischen Recht den Boden entzog. Alles an der Reformation hängt an der Frage nach Beichte, Buße und Bann. Haben Papst und Bischöfe kein himmlisches Recht, können sie nicht göttliches wie menschliches sprechen, kann es auch kein göttliches Gesetzbuch geben. Die höchste und einzige Strafmöglichkeit der Kirche besteht im zeitweiligen Ausschluss aus einer Gemeinschaft, im Kleinen Bann, was sich jedoch auch nicht mit menschlichem Zahlungsmittel regeln ließe.

Ob jemand der Kirche etwas gibt, die Kirche Geld bekommt oder nicht, hat so wenig mit dem Vorgang der Vergebung zu schaffen wie in weltlichen Prozessen. Vergebung ist nicht Gegenstand gerichtlicher Prozesse, sie gehört zum Gnadenrecht. Ausgleichszahlung und Vergebung geschehen auf unterschiedlichen Ebenen. Das Gericht kann keine Vergebung erwirken, Menschen, und wenn es Papst und Konzil wären, keine Rechtfertigung verwalten. Das ist dem Juristen Oldendorp klar, dafür benötigt er keine theologischen Argumente, denn Gott selbst muss vergeben, und nichts kann ihn dazu zwingen oder davon abhalten. Nirgends steht etwas davon, dass er sein Gericht delegieren würde.

Die Kirche spreche darum kein Anathema, denn dies bedeutet Verdammnis, und kein menschliches Gericht, auch nicht das einer Kirche vermag das auszusprechen. Umgekehrt: Christus ist kein irdischer König.

Gründlicher ließ sich nicht deutlich machen, dass die Kirche kein Schwert im Sinne der üblichen Zweischwerterlehre sei. Das geistliche

1 Der Große Kirchenbann schloss den Betroffenen gänzlich und ohne festgesetzte zeitliche Begrenzung aus der Gemeinde aus (volle Exkommunikation).

Schwert kommt allein Gottes Geist zu, das geschehende Wort Gottes. Sobald die Kirche beginnt juristisch zu urteilen, handelt es sich um ein menschliches Gericht. Was möglich, sinnvoll und auch gefordert ist, ist lediglich brüderliche Vermahnung. Der einzige recht Bann ist der Kleine Bann, der darin besteht, jemanden (auf Zeit) die Gemeinschaft zu kündigen.

Zum Dreizehnten haben die Geistlichen uns merklich betört, betrogen und beschwert mit dem Bann und dadurch alle ihre Praktiken und Vorhaben für sich zu Geld gemacht[1] wider Gottes Wort und eigenes Recht.

Das Wort Gottes

Denn es ist gegen Gottes Wort, dass man um Geld bannen soll, sondern allein um des Unglaubens und der Sünde willen.
Dies ist der rechte Bann, durch welchen der verstockte, sündige Mensch gemieden werden soll von der Gemeinde und dennoch auch zur Besserung brüderlich vermahnt, wie S. Paulus verbannt 2 Thess 3(, 14f.) alle, die sich frevelhaft wider seine Lehre setzen, sprechend:

> Quod si quis non obedit sermoni nostro per epistolam, hunc indicate et ne commertium cum illo ut pudore suffundatur. Neque ut inimicum habeatis, sed admonete ut fratrem.

So aber jemand nicht gehorsam ist unserem Wort, den zeigt an durch einen Brief und habt nichts mit ihm zu schaffen, auf dass er durch Scham bewogen werde (Gehorsam zu zeigen). Doch haltet ihn nicht als einen Feind, sondern straft ihn als einen Bruder etc.
Dergleichen verbannt auch Paulus den Hurer und Unkeuschen 1 Kor 5(,5.11.) mit diesen Worten:

> Tradetur Satane ad interitum carnis, quo spiritus saluus sit in die Domini nostri Jesu Christi.
> et paulo infra:
> si is qui frater appellet, fuerit scortator aut auarus, aut simulacrorum cultor, aut conuitiator aut ebriosus, aut rapax, cum ejusmodi cibum quidem capiatis.

1 „tho gelde / eres willen vorschaffet"

Er ist übergegangen (zu) dem Teufel zum Verderben des Fleisches, auf dass der Geist selig werde am Tage des Herrn Jesus.
Und folgt danach:
Ob jemand, den ihr einen Bruder nennt, ein Hurer wäre oder gierig oder ein Abgöttischer oder ein Lästerer oder ein Trinker oder ein Räuber, mit dem sollt ihr auch nicht essen, etc. Dies ist der wahrhaftige Evangelische Bann, von dem Christus redet Mt 18(,15-17) sprechend:

> Porro si peccaverit in te frater tuus, vade, et argue eum inter te, et ipsum solum. Si te audierit, lucratus es fratrem tuum. Sinautem te non audierit, adhibe adhuc tecum unum aut duos, ut in ore duorum, vel trium testium stet omne verbum. Quod si non audierit eos dic ecclesie. Et si ecclesiam non audierit, sit tibi sicut Ethnicus et publicanus.

Sündigt aber der Bruder an dir, so geh hin und strafe ihn zwischen dir und ihm allein. Hört er deiner, so hast du deinen Bruder gewonnen. Hört er deiner nicht, so nimm zu dir noch einen oder zwei, auf dass alle Sache stehe in zweier oder dreier Zeugen Mund. Hört er dann nicht, so sage es der Kirche[1]. Hört er auf die Kirche nicht, so halte ihn als einen Heiden und offenbaren Sünder[2].
Da hörst du, dass Gott von Sünden redet und nicht von Geld.

Das geistliche Recht.

Dann ist es auch wider der Geistlichen eigenes Recht, um Geld zu bannen.
11.q. 3.c. Nemo Episcoporum, welches aus dem Konzil Mailand genommen ist, so lautend:

> Nemo episcoporum quemlibet sine certa et manifesta peccati causa communione priuet ecclesiastica. Sub anathemate autem sine conscientia Archiepiscopi, aut coepiscoporum nullum presumat ponere, nisi unde canonica docet auctoritas. Quia Anathema eterne est mortis dampnatio, et non nisi pro mortali debet inponi crimine, et illis qui aliter non poterint corrigi.[3]

---

1 „Kirche“ (ecclesia) ist hier wie auch anderswo bei Oldendorp die Christliche Gemeinschaft, Gesellschaft überhaupt. „Kirche“ im Sinne Roms aber ist als der sich von allen anderen absondernde Klerus zu verstehen.

2 „publicanen“ [Zöllner]

3 Decr. Pars sec. Causa XI. Quaestio III. C. XLI.

Kein Bischof soll jemanden bannen, denn um einer großen, schweren, offenbaren Sünde willen und den man sonst nicht zu strafen vermag. ([Aber ohne das Wissen des Erzbischofs oder der Mitbischöfe maß er sich nicht an, jemanden unter ein Anathema zu stellen, es sei denn, die Kanonische Autorität lehrt dies.])[1] Denn das Anathema ist eine Verfluchung oder Vermaledeiung des Ewigen Todes etc. ([es sei denn, es handelt sich um eine Todsünde, die man anders nicht korrigieren könnte])[2]
So daselbst im *C. Nullus* spricht das Konzil Auvergne also:

> Nullus sacerdotum quemquam retcae fidei hominem pro paruis et leuibus causis a communione suspendat, preter eas culpas, pro quibus antiqui patres arceri ab ecclesia iusserunt conmittentes.[3]

Kein Priester soll einen rechtgläubigen Menschen um geringe und leichte Ursache von der Gemeinde stoßen, abgesehen um der Sünde willen, soweit die Alten Väter (das) zuließen.
Kannst du hier auch leugnen, dass der Bann zu geringen Geldsachen gegen diese erwähnten zwei Konzile bis hierher Missbrauch sei?
Zudem wird der Bann auch missbraucht, weil Verbannung als Arznei befunden ist, (auf) dass sich ein jeder schämen und bessern solle, wie vorhin aus S. Paulus bewiesen.
Und der Papst Innocentius selbst bekennt im *c.1. De senten. excomu. 51. 6.*

> Cum medicinalis sit excommunicatos non mortalis: disciplinans non eradicans etc.[4]

---

1 Diesen Nachsatz führt Oldendorp nur auf Latein, nicht in seiner deutschen Fassung an.

2 Diesen Nachsatz führt Oldendorp ebenfalls nur lateinisch, nicht in seiner deutschen Fassung an. Wie aus den nächsten Sätzen hervorgeht, hält Oldendorp nichts vom verfluchenden Bann, selbst bei Todsünden nicht. Ein Bann habe nur den Zweck einer Arznei, und was sollte diese bringen, wenn es um den ewigen Tod geht.

3 Decr. Pars sec. Causa XI. Quaestio III. C. XLII.

4 Martin Luther zitiert 1521 den Satz ebenfalls in seinem Sermo de virtute excommunicationis, Quintum: „Da die Exkommunikation ein Mittel zur Heilung, nicht zum Tode ist, züchtigend, nicht auslöschend, sofern nur derjenige, über den sie verhängt wurde, sie nicht verachtet, so möge der kirchliche Richter mit Bedacht dafür sorgen, bei ihrer Verhängung deutlich zu machen, dass er damit nach dem trachtet, was zur Besserung und Heilung

So haben doch die vermeintlichen Geistlichen Donner und Blitz daraus gemacht, nennen auch den Bann Donner und achten für ewige Verdammnisse an Leib und Seele, er sei schuldig oder unschuldig. Darum enthalten sie ihm auch nach dem Tod das geweihte Erdreich - wie sie es nennen - vor.[1]

> Quia excommunicationem etiam iniustam dicunt efficacem et timendam esse.
> [Denn sie sagen, dass auch eine ungerechte Exkommunikation wirksam und zu fürchten ist.][2]

Solches ist auch wider ihr Rechte verboten *11.q.3.c. Quomodo* diesen Inhalts:

> Quomodo sacerdos mundum leprosum non facit, sic episcopus uel presbiter non alligat eos, qui insontes sunt, nec, soluit noxios, etc.[3]

Gleich wie der Priester (spricht Hieronymus) nicht einen reinen Menschen ungesetzlich machen kann, also wenig kann auch ein Bischof oder Priester den Unschuldigen binden oder den Schuldigen auslösen etc.
So daselbst im *c. Cui ist illata* der Papst Gelasius im *c. Secundum.* Und im *c. Cepisti* mit den folgenden Kapiteln der heiligen. Augustinus. So im *c. In cunctis* Gregorius im *c. Et si Christus.* Und im *c. Custodi intus* abermals Augustinus. Im *c. Inter verba* Gregorius der Papst. Diese alle beschlossen einträchtig und lehren also.

> Temerarium iudicium plerumque nichil nocet ei, de quo temere iudicatur. Ei autem, qui temere iudicat, ipsa temeritas necesse est ut noceat.[4]

---

dient." Dort als Quellenangabe: Corpus iuris canonici: Liber sextus decretalium lib. 5 tit. 11: De sententia excommunicationis, suspensionis et interdicti cap. 1: Cum medicinalis (Friedberg 2,1093).

1 „vorbeden". Oldendorp gibt mit dieser Formulierung auch seinen Zweifel Ausdruck an so etwas wie „geweihter Erde". In der Logik seiner Ausführungen sieht er auch den Friedhof als profan an.

2 Was Oldendorp für absurd hält. Hier handelt es sich nicht um ein Zitat, sondern um eine eigene Randbemerkung.

3 Decr. Pars sec. Causa XI. Quaestio III. C. XLIV.

4 Decr. Pars sec. Causa XI. Quaestio III. C. XLIX.

Ein unbilliges Gericht schadet nicht demjenigen, der frevelig gerichtet wird, aber dem, der so richtet, müssen Frevel und Unbilligkeit notwendig schädlich sein.[1]

> Senti de Augustino quicquid libet: Sola me oculis dei conscientia nun accuset.[2]

So nun: Rede oder lass dich dünken von Augustinus - sagt er selbst -, was dich belüstet:
alleine dass mich das schuldige Gewissen in den Augen des Herren ja nicht anklage.

> Aliud est sella terrena aliud est tribunal celeste. Ab inferiori accipit sententiam a superiore coronam.[3]

Es ist ein ganz anderes Ding um einen irdischen Richterstuhl als um das himmlische Gericht.
Denn im Niedersten erhält man (vielleicht) ein vernichtendes[4] Urteil und erlangt doch im Obersten Gericht die Krone.
Demnach, wer in seinem Gewissen sicher ist, der soll sich nicht (vor) fremder Vermaledeiung fürchten. Frage nicht, was andere Leute von dir reden oder achten, sondern was dein Gewissen spricht. Das sind der oben genannten Väter Worte.
Und hüte dich des wahrhaftigen Banns, (der dich) um Unglauben und Sünde willen (trifft). Mit Geldsachen lass das weltliche Schwert schaffen. Das steht den Geistlichen keineswegs an, wie Christus die zwei Brüder verwies, die wegen einer umstrittenen[5] Erbgeschichte zu ihm kamen und sich des weltlichen Gerichtes nicht annehmen wollte. Lk 12(,13-15)

---

1 Oldendorp übersetzt hier temeritas: vorschnell, unbedacht, ungeplant mit Unbilligkeit und Frevelhaftigkeit. Das Zitat selbst könnt würde man eher so übersetzen: „Ein vorschnelles Urteil schadet normalerweise demjenigen nicht, über den es vorschnell geurteilt wird. Aber für den, der übereilt urteilt, muss Übereilung selbst notwendigerweise schädlich sein." Temeritas ist Oldendorp somit ein Gegenwort zu Aequitas.

2 Decr. Pars sec. Causa XI. Quaestio III. C. LI. Der Heidelberger Katechismus hat diesen Satz von Augustinus in seiner 60. Frage aufgenommen.

3 Decr. Pars sec. Causa XI. Quaestio III. C. LIII.

4 „gheyt vaken auer eynen" - geht ein Schwein über einen.

5 „errigen"

Wie er auch nicht zu einem König erwählt sein wollte, sondern hinweg ging. Joh 6(,15) Hier kannst du nicht gute Glossen nach deinem Gefallen anschmieren, hättest du auch zehn Emser. Denn du musst das Wort Gottes in seinem natürlichen rechten Verstand unverrückt und unverändert stehen lassen, nichts dazu noch davon tun, bei deiner Seelen Seligkeit. Dtn 4(,2) und 12(,1)[2]

Der 14. Missbrauch. Dass die Geistlichen weltlicher Obrigkeit nicht gehorsam sein wollen

Oldendorp spricht an keinem Ort von einer geistlichen Obrigkeit. Obrigkeit ist ein weltlich Ding. Einer Obrigkeit kommt per definitionem Gehorsam zu. Auch die Kirche (als Gemeinschaft von Menschen) steht in dieser Schuldigkeit weltlicher Obrigkeit gegenüber. Täte sie dies nicht, wäre eine parallele Obrigkeit vonnöten. Ihr „Reich" als Kirche aber ist wie das Christi nicht von dieser Welt.

Dies war 1529 ganz und gar nicht die Ansicht des Klerus, weder der Bischöfe, noch der Orden, die nach Kirchenrecht direkt dem Papst unterstanden. Der weltlichen Obrigkeit und der weltlichen Gerichtsbarkeit waren sie grundsätzlich enthoben. Ging es um Laien, bezog sich das Kirchliche Recht auf das, was weltlich nicht oder wenig justiziabel war, abgesehen von den eigenen Untertanen in Stiftsländereien. Ging es um den Klerus selbst, richtete man selbst. Auch Klöster hatten wie in Doberan ihre eigene Gerichtsbarkeit. Das war ganz anders als später im modernen Staat keine absolute Ausnahme, denn es gab keine Rechtsgleichheit, wie wir sie kennen. Entscheidend für jedes Vergehen war, wes Standes man war, welche Freiheiten man genoss oder welchem Rechtsbereich man zugerechnet war. Die Juden hatten ihre eigenen Rechtsstrukturen. Nun sieht es Johann Oldendorp als selbstverständlich an, dass Pastoren der Obrigkeit gegenüber zu

2 Ihr sollt nichts dazutun zu dem, was ich euch gebiete, und sollt auch nichts davontun, auf dass ihr bewahrt die Gebote des HERRN, eures Gottes, die ich euch gebiete. Und: Dies sind die Gebote und Rechte, die ihr halten sollt, dass ihr danach tut im Lande, das der HERR, der Gott deiner Väter, dir gegeben hat, es einzunehmen, solange ihr auf Erden lebt. - Wobei hier nur der Satz selbst gemeint ist, nicht, was dann im Text folgt.

Gehorsam verpflichtet seien. Auch Nonnen und Mönche galten ihm schlicht als Untertanen, wie man an dem Reformationspapier der Stadt Rostock 1531 sehen kann, mit dem der Magistrat der Stadt den Ordensangehörigen das Tragen von Ordenstracht in der Öffentlichkeit untersagte.

In Bezug auf die Laien war das Gehorsamsgebot natürlich nichts Neues. Die Frage erhob sich jedoch neu durch die Schwärmer, wie weit weltlicher Obrigkeit überhaupt zu gehorchen sei. Johann Oldendorps Sicht war eindeutig: Es gibt weltliche Ordnung und auf der anderen Seite göttliches Recht, das nicht als menschliches Recht behandelt werden kann, weil Gottes Reich und Menschenordnung nicht in ein Recht zu bringen sind, die Missstände zu bekämpfen hat. In Gott ist nichts Böses. Man darf in Konsequenz sagen: Im Reich Gottes, dem Himmlischen Jerusalem erübrigt sich eine regulierende Ordnungsmacht. Der König der Kirche, Christus, führt uns dahin auf andere Weise, als es Fürstentümer auf Erden tun müssen. Sein Gericht ist nicht unseren Gerichten zu vermischen, wie es die Täufer in Münster taten und damit dem gleichen Irrtum erlegen waren wie die Papstkirche mit ihrem Bußrecht. Nach seiner Rostocker Zeit bezog Oldendorp von Lübeck aus entsprechend klar Position gegen das Täufertum.

Das regulierbare Recht ist eine Gottesgabe, die Gott den Menschen um des Friedens willen geboten hat. Die Zehn Gebote sind nicht dieses Recht selbst, sondern bezeichnen die Aufgabe des Rechts in bestimmter Weise. Verstehen wir diese Perspektive, erkennen wir, was Johann Oldendorp mit Naturrecht im Sinn hatte.

Die Ordnung der Welt ist eine gottgegebene Aufgabe, mehr noch. Oldendorp übersetzt sehr frei und deutend „a Deo ordinate sunt“ (Röm 13,1 in Bezug auf die weltliche Obrigkeit) mit den Worten: „Was aber von Gott herkommt, das ist ordentlich.“ Luther übersetzte: „von Gott verordnet“. Oldendorp hätte sich wohl gescheut, das so zu formulieren, denn Gott will wohl eine Ordnung, aber sie ist dennoch eine menschliche. Neuere Bibelübersetzungen korrigierten dann auch Luthers Formulierung in „von Gott angeordnet“, d.h. sie ist nicht Gottesordnung, sondern es ist nur Gottes Wille, dass wir die Welt ordnen.[1]

Von einem Ordinationsverständnis, das aus säkularen Menschen Geistliche werden ließe, hielt Oldendorp nichts. Es gab für ihn keine

1 Freilich ist auch diese Übersetzungskorrektur missverständlich, denn Anordnungen sind juristisch behördliche Entscheidungen, was nun gar nicht für Gottes Weisung zutreffend ist.

derartigen Wesensveränderungen.[1] Auch wenn Kirche nicht „von dieser Welt“ ist, besteht sie nicht neben ihr oder in ihr als ein eigener Rechtskörper. Jedes Recht hat seine Rechtfertigung darin, Unrechtes, Ungutes, Unbilliges zu korrigieren und ist somit eine weltliche Angelegenheit. Kirche sollte somit auch keine eigene, vom Kaiser unabhängige Herrschaft ausüben. Eine Theokratie, ein Gottesstaat kommt im klassischen Regierungsschema von Monarchie, Aristokratie und Demokratie nicht vor.[2] Für das göttliche Recht kann es im Übrigen nur die Monarchie geben, aber eben nicht als Tyrannei, sondern als Gnadenrecht.

In diese Kerbe fällt auch die Aufdeckung der Fälschung der Konstantinischen Schenkung durch Nikolaus von Cusa 1433. Es besteht kein Grund für eine weltliche Herrschaft der Kirche, sie kenne nach Oldendorp keine andere Ordnung als die des Geistes Christi. Kirche ist keine Ordnung neben oder in der Welt, sondern bezeichnet die Verpflichtung und Aufgabe des Menschen gegenüber Gott, was nicht mit menschlicher Herrschaftsform zu vermischen ist.

Damit war für Oldendorp konkret auch die Herrschaft Doberans über weite Teile Mecklenburgs ebenso hinfällig wie das Fürstenrecht des Schweriner Bischofs über sein Stiftsgut mit den dort wohnenden Menschen. In gewisser Weise kam dies alles aber auch dem mecklenburgischen Fürstenhaus entgegen.[3] Land mochte die Kirche besitzen, nicht aber über Menschen herrschen. Bischöfe sollten keine Obrigkeit im Namen der Kirche darstellen.

Derartige Ansichten drucken zu lassen und auch noch den Namen des Syndikus von Rostock darunter zu setzen, wäre eine öffentliche Provokation, die auch rechtliche Folgen hätte haben können. Dazu war der Syndikus wegen seines Amtseides nicht befugt. Johann Oldendorp war kein freier Autor.

Die Kirche vermische nicht den Geist Gottes mit dem menschlichen. Das Bild der Schrotwaage funktioniert nicht mehr, setzt sich an die Stelle Gottes eine menschliche Institution oder ordnet sie sich

1 In dieser Hinsicht wird der Zusammenhang von Heiligenverehrung, Heiligsprechungen und römischen Hierarchieordnungen verständlich, die Reformatoren in selben Zug ablehnten.

2 Entsprechend wurden die Ritterländer im Nordosten mit der Reformation in Monarchien transformiert.

3 Dass Fürsten selbst und nicht nur Adlige am Ausgang des Spätmittelalters Bischofsämter bekleideten, geht in ähnliche Richtung. So konnte das Fürstenhaus auch in diesem Bereich indirekt Herrschaft ausüben.

dazwischen ein, ganz gleich ob in guter Absicht oder einem völlig unangebrachten Rechtsanspruch.

Gerade auf diese radikale Weise der Ausschaltung einer weltlichen Kirche wollte Oldendorp, Gottes Wort in der Welt gelten lassen, aber nicht in theokratischer Weise. Die Zurückweisung geistlicher Herrschaft der Kirche besagte zugleich, dass auch keine weltliche Macht sich als eine geistliche ansehen darf oder in das göttliche Recht hineinzureden hätte. Die spätere quasi-bischöfliche Funktion des Landesherren im lutherischen Land ist demnach schon vom Ansatz her nicht als Cäseropapismus zu denken.

Menschliche Ordnung bleibt prinzipiell defizitär, sie kann gar nicht perfekt sein. Man kann und muss sie permanent verbessern, aber nicht im Sinne eines absoluten Fortschritts. Wegen der Notwendigkeit der Ordnung aber ist ihr zunächst zu gehorchen. Nicht mit Widerstand, der selbst Ordnungsmacht und Herrschaftsanspruch wäre, ist ihr zu begegnen, sondern allein mit dem Schwert des Geistes, der Predigt, dem Glauben.

Zum Vierzehnten ist (es) eine große, unleidliche Beschwernis, dass die Geistlichen nicht nach Gottes Wort und ihren eigenen Rechten gehorsam sein wollen der weltlichen Obrigkeit. Das haben sie wahrlich seit langer Zeit begehrt und zuletzt durch Hilfe des bösen, leidigen Teufels auch erlangt. Und dass nun solche wollüstige Freiheit[1] und Herrschaft ja nicht umfallen möge, so hat der Papst alle Bischöfe und seine Verbündeten[2] mit einem allgemeinen Eid[3] - welcher doch unbillig (ist) - verbunden, davon (lies) im *c. Ego enim Episcopus. De iureiuran.*[4] (Er) verschafft und verteilt sie auch bei allen Häuptern der Christenheit über die ganze Welt und erfährt alle Heimlichkeit der Fürsten, Herren und Städte durch seine geschworenen Kardinäle, Bischöfe, Legaten und sonderlich durch die Beichte wieder.[5] Aber lass es deiner Gewisslichkeit zugeredet sein, dass von der Zeit (an), als die Geistlichen aus dem weltlichen

1 Freiheit bedeutet hier, ein Recht haben.

2 „unde syne vorwanten“, was nicht nur in unserem Verwandtschaftssinn zu verstehen ist.

3 „zamenden ehede“

4 Sebastian Franck (1499-1542) hat in seiner Chronica 1531 diesen Satz neben anderen Punkten unserer Schrift wörtlich aufgenommen im Kapitel „Decret, dass die Geistlichen sollen gehorsam seyn der Weltlichen Gewalt“.

Gehorsam getreten, damit auch alle (ihre) Ehrbarkeit und gute Ordnung endete.

Das geistliche Wort

Dass nun die Geistlichen, niemand ausgenommen, gehorsam sein sollen und untertan der weltlichen Obrigkeit, erklärt sich offenbar aus dem, dass sie sich für Nachfolger der Apostel ausgeben.[1] So müssen sie auch mit Christus bekennen, dass sein Reich nicht von dieser Welt sei. Joh 8(,23)

> Regnum meum non est de hoc mundo.

Joh 18, 36. So Mt 22.

> Reddite Cesari quae sunt Cesaris.

Gebt dem Kaiser, was des Kaisers ist.
Damit bestätigte er die weltliche Obrigkeit und gab auch selbst den Zinsgroschen. Mt 17(,24-27)
Paulus spricht zu den Röm 13(,1-2) also:

> Omnis anima potestatibus sublimioribus subdita sit. Non est enim potestas nisi a Deo, que vero potestatus sunt, a Deo ordinate sunt. Itaque quisquis resistit potestati, Dei ordinationi resistit. Qui autem resisterunt, sibi ipsis iuditium accipient.

Eine jegliche Seele sei untertan der Obrigkeit und Gewalt, denn es ist keine Gewalt, denn von Gott. Was aber von Gott herkommt, das ist ordentlich.
Darum widerstrebt Gottes Ordnung, wer sich wider die Gewalt setzt. Die aber widerstreben, werden über sich ein Urteil empfangen.
So steht 1 Pet 2(,13f.) also:

> Proinde subditi estote cuius humane creature, sive regi quasi precellenti, sive presidibus ut qui per eum mittuntur.[2]

5 Oldendorp war sich klar, dass Wissen Macht bedeutet, wie es in der nächsten Schrift dargelegt wird und er es in seinem Amt sicher vielfach erfahren hat.

1 Die Apostolische Sukzession als testamentarischer Rechtsanspruch widerspricht nach Oldendorp dem Wesen der Kirche. Apostolische Sukzession ist nichts anderes als Nachfolge Christi.

2 Hier weicht Erasmus von Vulgata ab, die schreibt: Subjetci igitur estote omni humanæ creaturæ propter Deum, sive regi quasi præcellenti sive ducibus

So seid nun untertänig aller menschlichen Kreatur um des Herren willen, es sei dem König als den Obersten oder den Fürsten, die von ihnen gesandt werden, etc.
Da zeigt der Apostel nicht auf sich selbst oder die anderen, noch Papst, Bischof oder Priester, denen nicht Herrschaft, sondern Dienst und Lehre zu der Seelen Seligkeit auferlegt sind, wie vorhin dargelegt.
Wenn aber die Geistlichen ein göttliches und beständiges Privileg bekommen wollten, die Freiheit, keiner weltlichen Obrigkeit unterworfen zu sein, gibt S. Paulus guten Rat - Röm 13(,3b) - dergestalt, dass sie gut und wohl tun, wo ihnen doch in Verkündigung des göttlichen Wortes und guten Exempeln ihres Lebens vor anderen gebührt, so dürfen sie sich vor keiner Richtgewalt fürchten und werden Lob von derselbigen haben.[1]

> Uis autem non timere potestatem. Nonum fac et habebis laudem ex illa.

Sonst gibt es wahrlich ohnedies in dem ganzen Neuen Testament nicht ein Wort von ihrer Entpflichtung[2], sondern (wir) müssen gehorsam sein der weltlichen Obrigkeit. Es wäre denn, dass diese sich göttlicher Sachen unterstehen wollte und etwas anordnen oder gebieten, das wider Gott wäre.
So müssten sie und alle Menschen, die da leben den größten Herren Christum Jesum anerkennen und mit dem Apostel Petrus Apg 5(,29b) sagen:

> Oportet deo magis obedire quam hominibus.

Man muss Gott mehr denn den Menschen gehorsam sein.
Der musst darum auch niemanden fürchten. Ob man schon dich tötete, wird darum die Seele nicht getötet. Mt 10(,39)
Der Geistlichen Recht bekennt auch (den) Gehorsam weltlicher Obrigkeit in *c. Tributum 23. q. 8.*

---

tamquam ab eo missis ad vindictam malefactorum, laudem vero bonorum.

1 Wer sich an Recht und Ordnung hält, sich gut und billig verhält, dem ist Untertänigkeit keine Einschränkung von Freiheit, sie nimmt ihm kein Recht, immer vorausgesetzt, dass man es mit echter Monarchie und nicht mit Tyrannei zu tun hat.

2 „entfryginge“

> Tributum in ore piscis piscante Petro inuentum est (Mt 17), quia de exterioribus suis, que palam cunctis apparent, tributum ecclesia reddit.
> Et paulo post.
> Sed sane, ut diximus, quod in ore piscis inuenitur pro Petro et Domino dari iubetur, quia de exterioribus ecclesiae, quod constitutum antiquitus est, pro pace et quiete, qua nos tueri et defendere debent, inperatoribus persoluendum est.[1]

Tribut hat man gefunden in des Fisches Mund, als Petrus fischte. Denn von äußerlichen Gütern, die man offenbar sieht - spricht Urbanus der Papst - gibt die Kirche Zins.
Und folgt danach:
Aber - so wir sagten - was in des Fisches Mund gefunden, das war für Petrus und dem Herren zu geben geboten. Denn von äußerlichen Gütern gibt die Kirche, wie von Alters her gewesen, den Zinspfennig ursachehalber, damit die Geistlichen vom Kaiser in Frieden beschirmt werden.
So im *c. 2 De censibus* steht offenbar also:

> Omnis anima sublimioribus potestatibus subdita sit. Et vos subditi esse debetis. Ideo enim tributa prestatis, quia hec est probatio subietcionis.[2]

Eine jegliche Seele soll untertan sein der Obrigkeit. Und ihr - spricht Augustinus - sollt auch untertan sein.
Denn darum gebt ihr den Zinspfennig, damit dadurch eure Untertänigkeit und Gehorsam erkannt werden. So sagt im *c. 2 De maiori et obienti* der Papst Gregorius:

> In libro Regum legitur. Qui non obedierit principi morte moriatur.[3]

Es steht geschrieben im Buch der Könige. Wer da nicht gehorsam ist dem Fürsten, der soll des Todes sterben. 1 Kön 13. Dtn. 17.[4] Nun kann ja das Wort „Fürst" nicht einen Papst oder Bischof meinen, da

1 Decr. Pars sec. Causa XXIII. Quaestio VIII. C. XXII.
2 Decretalium Gregorii papae IX compilationis liber III, Titulus XXXIX, Capitulum II. (Augustinus super epistola ad Romanos).
3 Decretalium Gregorii papae IX compilationis liber III, Titulus XXXIII, Capitulum II.
4 Es handelt sich hier nicht um ein wörtliches Zitat, sondern um Deutung von Dtn 17,12 und 1 Sam 13, 14 (nach Zählung der Vulgata das erste der vier Königebücher) durch Gregor.

sie sich als Diener bekannt haben und notwendig (darauf) bestehen müssen.
So haben auch ständig die Kaiser aus alter Gewohnheit den Bischof erwählt, Lehne geschickten Leuten verlehnt.[1] Wie man eigentlich liest in c. Adrianus und in c. in Synodo 43. dist. so lautend:

> Adrianus autem Papa cum uniuersa Synodo tradidit Karolo ius et potestatem eligendi Pontificem, et ordinandi apostolicam sedem. Dignitatem quoque patritiatus ei concesserat. Insuper Archiepiscopos et Episcopos per singulas prouintias ab eo inuestituram accipere diffiniuit, et ut, nisi a rege laudetur et inuestiatur Episcopus, a nemine consecretur, et quicumque contra hoc decretum esset, anathematis vinculo eum innodauit, et nisi resipisceret, bona eius publicari precepit.[2]

Adrianus, der Papst aber hat mit dem ganzen Konzil Karl dem Kaiser, Gerechtigkeit und Macht zugetragen, einen Papst zu erwählen und den Apostolischen Stuhl zu ordinieren[3]. Dazu haben sie ihm auch des Patriarchen Würdigkeit zugeeignet.[4] Fürderhin alle Erzbischöfe und Bischöfe durch alle Lande vom Kaiser einzusetzen,

---

1 Oldendorp erkennt das Recht zur Investitur entsprechend dem Lehnsverhältnis an.

2 Decr. Conc. Dist. LXIII. C. XXII.

3 einzusetzen. Es ist hier nicht an einen liturgischen Akt im Sinne einer Konsekration gedacht. Diese Stelle bei Oldendorp zeigt andererseits auch deutlich an, dass es sich für ihn auch bei der Ordination der Pastoren nicht um eine Weihe oder Konsekration handelte.

4 Es handelt sich hier nur um einen Teil des Zitats, darum darf man nicht zu viel Bedeutung für Oldendorps Ansichten beimessen, aber es ist ein entscheidendes Stichwort gefallen, die „Würdigkeit" für dignitas. Welch zentrale Rolle diese für das Recht spielt, wissen wir von unseren Grundgesetz. Respekt und Würde sehen jedoch in jeder Rechtsgestalt völlig anders aus, anders im Gnadenrecht, anders im Rechtsverkehr menschlicher Ordnungen, anders im Spiel der intelligenten Maschinen und der Wirtschaft oder geregelter Moral. Damit verbunden ist die Frage der Persönlichkeit, wobei diese im 16. Jahrhundert anders zu stehen kam als bei uns. Für Oldendorp liegt auch hier ein entscheidender Unterschied in Bezug auf die Pastoren, hier des Bischofsamtes: Herrschaft stehe ihnen nicht zu, aber Ansehen. Dass er hier ein Unterschied sah, führt uns zum Zentrum der Reformation: Der Sünder hat bei Gott Ansehen gefunden. Und so kann der Papst auch Würdigkeit und Ansehen zugebilligt werden als Nachfolger Petri, nicht aber irgendeine Macht und Gewalt im Reich Gottes. Wenn es denn eine Kirchenordnung gäbe, dann nur dass jemanden eine dignitas, „werdicheyt thogeegent" werde.

ist einträchtig beschlossen worden, so dass kein Bischof aufgenommen würde, er wäre denn von ihm bewilligt.[1] Und wer so wider das Dekret handelt, den hat das Konzil mit Verfluchung gebunden[2] und falls er nicht bekehrt würde, seine Güter zum allgemeinen Gebrauch hergeben[3] und an (sich) zu nehmen geboten. Und im folgenden Kapitel wird in Bezug auf den Bann auch folgendes geboten:

> Ego Leo quoque, seruus seruorum Dei, Episcopus, cum cuncto clero ac Romano populo constituimus, confirmamus et corroboramus, et per nostram Apostolicam auctoritatem concedimus atque largimur domino Ottoni primo, regi Teutonicorum, eiusque successoribus huius regni Italiae, in perpetuum sibi facultatem eligendi successorem, atque summae sedis Apostolicae Pontificem ordinandi, ac per hoc Archiepiscopos seu Episcopos, ut ipsi ab eo inuestituram accipiant etc.[4]

Und ich, Leo, ein Knecht der Knechte Gottes, Bischof mitsamt der Kleriker und dem ganzen römischen Volk, setze, befestige, bestätige und gestehe durch unsere Apostolische Autorität die Macht zu[5], Herrn Otto, den Ersten, König der Deutschen und seinen Nachfolgern dieses Welschen Reichs zu ewigen Tagen, einen Nachfolger des Apostolischen Stuhls und Papstes einzusetzen[6] und (zu) erwählen, desgleichen auch Erzbischöfe und Bischöfe, dass sie von ihm die Einweisung[7] empfangen. etc.

---

1 Die im 16. Jahrhundert übliche Ordnung sah vor, dass das Domkapitel wählte. Gegen Ende des Mittelalters kamen immer mehr Angehörige nicht nur des Adels, sondern des fürstlichen Hauses selbst in Bischofsämter. Oldendorp verweist hier darauf, dass in früheren Zeiten, vor dem Decretum Gratiani, das Herrscherhaus ein Wort mitzureden gehabt hatte. Ohne die Anerkennung des Papstes blieb der mecklenburgische bischöfliche Administrator nur weltlicher Regent. Eine päpstliche Anerkennung von Herzog Magnus, die für 1532 anstand, war äußerst fraglich, zumal er lutherisch gebildet wurde. Ich bin nicht darüber informiert, ob er die päpstliche Zusage überhaupt anstrebte.

2 „verflöckinge bestricket“ für Anathema.

3 publicieren. In Mecklenburg standen dann in späteren Jahrzehnten Säkularisierungen an. Klostergüter wie Doberan fielen in die Hand des Herzogs, bzw. in Rostock der Stadt.

4 Decr. Conc. Dist. LXIII. C. XXIII.

5 „thotragen“ für largimur.

6 „ordeneren“

7 „ynwysinge“ für inuestura, Einkleidung.

Sieh nun zu und merke wohl an, wie die Geistlichen ihr Dekret und Gelübde gehalten (haben)? Wie sie ihren eigenen Bann und Verfluchung geachtet haben? Es ist zu befürchten, sie sind des wahrhaftigen Anathemas und Verfluchung schuldig, weil sie vom christlichen Glauben und Gottes Wort abgewichen (sind), dem Römischen Reich, Land, Leuten und allen Gehorsam entzogen und die ganze Welt ja auch sich selbst in Verbiesterung, Angst und Not geführt haben, allein um überflüssigen Geldes, Begier und Standes willen.

Merke auch, ob sich nun hier(auf) nicht eigentlich alle Prophetien und Reden des Alten und Neuen Testaments von der geistlichen Gerechtigkeit reimen, dass von daher alles Böse herkommen würde? Willst du es noch auf die neuen Prediger schieben? Wiewohl ich wenig bösen und ungeschickten Prediger, ob neue oder alte entschuldigen will.[1]

Ja, wenn du hörtest, wie jämmerlich und hinterlistig der Papst samt seinen Verbündeten mit der (von) Kaiser Ludwig[2] geschickten Botschaft zu Rom gehandelt und mit was für süßen, losen und falschen Worten er ihm den Gehorsam aus der Hand genommen hatte[3], du würdest dich der Tränen nicht enthalten mögen und dem Papst samt den Seinen nicht viel Lobes darum nachsagen.

Es wäre hier (davon) zu lang zu schreiben.

Lies aber das *c. Cum Adrianus 63. dist.*[4] und *Laurentium vallensem: de falsa et ementita Constantini donatione,*[5] und ob nun (noch) jemand

1 Nicht die Sache an sich macht es, sondern ob die Predigt billig ist, also gut und angemessen, ziemlich. Oldendorp argumentiert hier rein rechtshistorisch, nicht theologisch.

2 Ludwig IV. (1282-1347) starb im Kirchenbann, in dem er fast seine ganze Amtszeit regierte. Papst Johannes XXII. erkannte die kaiserlichen Ansprüche in Reichsitalien nicht an. Johann Oldendorp hatte in Bologna studiert.

3 den Gehorsam also verweigert

4 Schilderung der Vorgänge um Kaiser Ludwig IV. in Decr. Conc. Dist. LXIII. C. XXIX.

5 Lorenzo Valla (1405-1457): De falso credita et ementita Constantini donatione. ! 517 wurde die Schrift durch Ulrich von Hutten in Basel herausgegeben. Vgl. zu ihm Kurt Flasch: Das philosophische Denken im Mittelalter, Stuttgart 2000, S. 588-599. Oldendorp gibt somit Kaiser Ludwig IV. recht. Es wird hier der Zusammenhang der Aufdeckung der Fälschung der Urkunde von der Konstantinischen Schenkung und der Reformation deutlich.

sagen wolle, dass Kaiser Konstantin den Geistlichen Rom und alle Obrigkeit wiederum geschenkt hätte, *c. Constantius 96. dist. c. Futuram 7. q. 1.*[1]
So ist es leider böse genug, dass ihre Herrlichkeit nicht auf Gott, sondern auf einen sterbliche Menschen gebaut ist. Doch fromme, unparteiische, gelehrte Leute wissen wohl, dass vor vielen Jahren sodann (die) vermeinte Stiftung dergestalt, wie sie vom Papst angezeigt wird, als ein lauter erdichtetes Ding mit gutem Grund ersichtlich[2] ausgeredet und bewiesen worden ist.
Doch was ist viel daran zu disputieren?

> *Bar. i principio ff. veteris citat gloss. et Jacob. de bel*: huius sententie fuisse qua verissimia et nec ipse Barto serio ab ea dissentit. Quandoquadem ei liberius pronuntiare sub imperio ecclesiatico Bononie tum agenti sine periculo non fuisset.
> [Diese Ansicht ist überaus wahr, selbst Bartolomeo Platina widerspricht ihr nicht. Eine Zeitlang war es für ihn nicht ungefährlich, frei darüber unter der kirchlichen Herrschaft von Bologna darüber zu sprechen.][3]

Wenn schon sodann die vermeinte Stiftung durch Konstantin geschehen wäre, so schlossen doch die frommsten und gelehrtesten rechtsverständigen Doktoren, dass solche Donation und Veränderung von Rechts wegen nichtig und kraftlos sei. Denn der Kaiser konnte dem Heiligen Reich zu Schaden und Nachteil[4] nicht vergeben, was nicht sein eigen war. Zudem konnten die Geistlichen (eine) weltliche Herrschaft, die ihnen verboten (war), wider Gott und sein Wort nicht annehmen.

> Et ita duplici defetcu tum donantis tum accipientis nulla est donatio.
> Et iterum hic verto stilum ne acerbius scribam. -
> [So gibt es im doppelten Mangel des Gebers und des Empfängers keine Schenkung. Und hier verändere ich wieder meine Schreibweise, um nicht bitter zu werden.]

1 Decr. Pars sec. Causa I. Quaestio III. C. VIII.
2 „apenbar"
3 Gemeint ist Bartolomeo Platina (1421-1481), erster Bibliothekar der Vatikanischen Bibliothek, Verfasser der Papstchronik „Hystoria de Vitis po[n]tificum periucunda". Er verfasste 1471 die Schrift „de principe".
4 „affbröke"

Dass auch die Geistlichen unter der Gewalt der weltlichen Obrigkeit sein sollen, ist aus dem wohl zu ermessen, dass sie alle ihre Freiheit vom Kaiser empfangen, wie verzeichnet im *c. Tributum § Quamuis*[1] *und § Sancimus 23 q. 8.*[2] Nun kann ja der Niederste den Obersten nicht privilegieren[3].
So musst du notwendig die Obrigkeit am Kaiser bekennen.
Wie da auch ein offenbares Bekenntnis vorhanden ist im *c. Magnum quidem 6 q. 1*:

> Magnum quidem est et spiritale documentum, quo Christiani uiri sublimioribus potestatibus docentur debere esse subiecti, ne quis constitutionem terreni regis putet esse soluendam. Si enim censum Filius Dei soluit, quis tu tantus es, qui non putas esse soluendum?[4]

Es ist eine große und sonderliche Bewährung[5] - sagt Ambrosius -, dass niemand gedenke, des irdischen Königs Ordnung aufzulösen oder zu verachten, nachdem als unleugbar (gilt), dass alle Christgläubigen Menschen der obersten Gewalt untertänig sein sollen. Denn solange der Sohn Gottes den Zinspfennig bezahlt hat, wer bist du, der sich so groß und nicht schuldig vermeint, den Zinspfennig zu behalten?
Ambrosius antwortete auf dieses Argument. Ich meine, er trifft den rechten Grund: So mögen sich auch die Geistlichen keines weltlichen Handels annehmen, wie er (sich) recht ausgedrückt hat im *c. Peruenit 86 dist.*[6] *c. Te quidem 6 q 1 c. Clerici 14 q. 4* und durch die ganze *88.*

---

1 Decr. Pars sec. Causa XXIII. Quaestio VIII. C. XXII. Quamuis etiam huiusmodi non uideantur inperialibus exactionibus subiciendi. [Obgleich auch diese Dinge nicht Gegenstand kaiserliche Zwänge zu sein scheinen...]

2 §. 2. "Sanccimus res ad uenerabiles ecclesias, uel xenones, monasteria,... [„Heiligen wir Dinge zu wunderbaren Kirche, Pilgerhäusern, Klöstern,...] Decr. Pars sec. Causa XXIII. Quaestio VIII. C. XXIII.

3 „frygen“

4 Decr. Pars sec. Causa XI. Quaestio I. C. XXVIII.

5 für documentum - Beweis, Zeugnis.

6 Decr. Conc. Dist. LXXXVI. C. XXVI.

dist.[1], welche wahrlich viele bemerkenswerten Texte vom weltlichen Handeln beinhaltet.
So im titulus: Ne clerici vel monachi secularibus negotiis se immisceant[2] - [Man lasse den Klerus oder die Mönche sich nicht in weltliche Angelegenheiten einmischen] - *c. Sed nec.*
Das ist aus dem Concilio Lateranensi genommen, lautend:

> Sed nec procurationes villarum aut iurisdictiones etiam saeculares sub aliquibus principibus et saecularibus viris, ut iustitiarius eorum fiat, clericorum quisquam exercere praesumat. Si quis autem adversus haec venire tentaverit, quia contra doctrinam Apostoli, dicentis: Nemo, militans Deo, implicet se saecularibus negotiis, saeculariter agit ab ecclesiastico fiat ministerio alienus.[3]

Auch soll kein Kleriker Anwaltschaft oder Richtergewalt von Fürsten und weltlichen Leuten in Sachen zu handeln annehmen. Und der Übertreter - nachdem er wider die Lehre Pauli 2 Tim 2(,4) Weltlichkeit vorgenommen - soll vom Amt der Geistlichkeit abgesondert bleiben.
Wie haben unsere Geistlichen das Konzil eingehalten?
Ja, wenn sie noch in vermeinter Freiheit lange geblieben wäre, hätten sie wahrlich allen Ständen des Reichs ihre Richtgewalt entzogen.
Der leidige Teufel aber hat den Geistlichen das rechte Schwert (des Geistes Gottes) genommen und dafür weltliches Regiment und Herrschaft - die er auch Christus selbst in der Versuchung[4] vorgehalten - in ihre geldgierigen Hände gebracht zu großem, unaussprechlichen, ach leider allzu großen Schaden und Schmälerung[5] des christlichen Glaubens und (der) Nächstenliebe.
Denn ihr Schwert ist, nicht mit weltlichen Waffen zu streiten, sondern das geistliche Schwert, warum sie auch geistlich genannt

1 Prohibentur ergo clerici cupiditatis negocia suscipere, non pietatis curam uiduis et orphanis inpendere. [Den Klerikern ist es untersagt, Begierden nachzugehen, sie sollen sich stattdessen um Witwen und Waisen kümmern,...] Beginn von der distinctio LXXXVIII in Decr. Conc.

2 Decretalien Gregor IX. titulus 50.

3 Decretalien Gregor IX. titulus 50 Ne clerici... Cap. IV. Clericus, generalis procurator.

4 „beköringe" - Das Wort Bekehrung wird hier im Sinn einer Entscheidung, einem Wendepunkt verwandt.

5 „affbröke"

werden, also nämlich das Wort Gottes.[1] Damit sollen sie fechten wider den Teufel, Tod und Hölle, allezeit in Anbetracht[2], die christliche Kirche in einträchtigem Glauben zu vermehren.
Was länger ausgeführt wird im *c. Reprehensibilie.*
Et spirituale tantum gladium quod est verbum dei, etc. Cum militum Christi sit Christo seruire.[3] [Und das einzige geistliche Schwert ist das Wort Gottes, etc. Ein Soldat Christi zu sein bedeutet, Christus zu dienen.]
Willst du es nun noch nicht glauben? Wohlan, so muss ich dich abermals dem geistlichen Hauptmann, den Emser zur Hand weisen, der wirft ihre Richtgewalt und Herrschaft gar nieder in seiner Glosse zu Kol 2, wie im ersten Missbrauch angezeigt. Ja, derselbe Emser zerstört auch den ganzen jetzigen Brauch und Stand der Geistlichen in der Vorrede seiner Anmerkungen auf das ganze neue Testament[4] also zum ersten redend:
Nachdem das hochwürdige Neue Testament Christi und (allem) voran sein heiliges Evangelium der echte Grund ist, worauf der christliche Glaube als auf den Fels Christi selbst gebaut (ist) und niemand einen anderen Grund setzen oder legen oder erfinden[5] soll etc.
So Ambrosius in Lk:

> Petra tua fides et fundamentum ecclesiae fides est. Si petra fuerit in ecclesia eris quia ecclesia supra petram est.[6]

Dein Fels oder Fundamentstein ist der Glaube[7], das Fundament der Kirche ist Glaube. Bist du nun der Stein, so wirst du in der Kirche sein, denn die Kirche ist auf solchen Stein gebaut.

---

1 D.h., sie sind nicht als Person Geistliche, sondern das Geistliche an ihnen ist nur das Wort Gottes.

2 „andacht“

3 Decr. Pars sec. Causa XXIII. Quaestio VIII. C. XIX. Dieser Satz steht auf Latein im deutschen Fließtext.

4 Das naw testament nach lawt d. Christl. kirchen bewerte text, corrigiret u. widerumb zu recht gebracht, Dresden 1527.

5 „mach“

6 Ambrosius, Expositio Evangelii secundum Lucam, 6, 98.

7 „loue“ für fides. Die geläufigere Wortform ist substantiviert „geloue“, der Glaube, wie es dann auch im nächsten Satz zu lesen ist.

O Herre Gott, wo bleibt denn, was man auf Papstgesetze gebaut hat? Wo bleibt denn, wovon man bislang gesagt hat: - Et super hanc petram [und auf diesen Felsen], das wäre auf Sanct Peter und seinen Nachfolgern, also Päpsten gebaut? Soll nun Christus, sein Wort und der Glaube als petra und der Fels angesehen werden, ist solches (zu denken) zu weit gerannt.
So bleibt Gottes Wort fest in Ewigkeit, dass alle christgläubigen Menschen geistlichen oder weltlichen Standes an allen Orten der ordentlichen Obrigkeit untertänig zu sein und gehorsam zu leisten schuldig sind.

Der 15. Missbrauch. Von Pfarrkirchen und Lehen der abwesenden Geistlichen

Hier geht es um Residenzpflicht. Rom hat Pfarren „an sich gerissen", um mit ihnen zu handeln und ihren Dienst in dem Sinn zu „rauben", dass die Belehnten ganz anderen Aufgaben an anderem Ort nachgehen als vor Ort in ihrer Kirche oder gar müßig sind. Es ließe sich leicht eine Übertragung herstellen zu „übergemeindlichen" Arbeitsstellen der Kirchenorganisation von heute in Deutschland. Durch „Regionalisierung" und Zusammenlegung von Gemeinden wird die noch in der Nordkirche verankerte Residenzpflicht zunehmend ausgehöhlt. Die Kirchensteuer wird in erheblichem Maß außerhalb der Kirchengemeinde vor Ort eingesetzt. Dass dies auch der Kirchengemeinde zugute kommt, hätte man auch im Spätmittelalter behauptet. Ein kritischer Blick muss auch heute erlaubt sein, denn alles hängt bei der Kirche daran, ob und wie weit Gottesdienste gefeiert werden, sich die Glaubenden unter Christi Namen tatsächlich versammeln.

Das Prinzip der Eigenkirchen bekam in der Reformation neuen Kontext: Nicht ein Herrscher besitzt die Kirchen, sondern die Gemeinde vor Ort braucht diese Kirche dafür, dass sie Gottesdienst feiern kann und ihren Pastor hatte, der sie lehrte und die Sakramente verwaltete. Er wurde zum Ortsbischof, der sich um seine „Herde" nicht nur zu kümmern, sondern mit und unter ihnen leben sollte.

Kirchen mögen Eigentum von diesem, jenem oder sich selbst sein, entscheidend ist der Besitz, und der gebührt der Gemeinde im Sinne der ortsansässigen (getauften) Öffentlichkeit, und zwar nicht im Sinne einer Ansammlung von Rechtspersonen, als rechtliche Gemeinschaft, sondern im Sinne einer Gottesdienstgemeinde. Es handelt sich dabei also nicht um einen handelbaren Besitz.

Im Mittelalter wurden die Kirchen und Klöster samt ihrem Inventar auf ewig gestiftet, also Eigentum aus der Hand gegeben. Die Kirchen standen unter der Schutzherrschaft, dem Patrozinium von Heiligen, was nichts anderes hieß, als des Himmels Eigentum zu sein. Wenn heute kirchenfremde Presse gern von „Gotteshäusern" redet, ist sie der Wahrheit vielleicht näher, als wenn wir Kirchen für denkmalsgeschützte Veranstaltungsorte ansehen, in denen auch hin und wieder und nach Möglichkeit und Gelegenheit Gottesdienste gefeiert werden.

Pfarren galten als unauflösbar. Sie dienten auch nach der Reformation weiterhin ihrem Stiftungszweck, dem fortlaufenden Gottesdienst. Ebenso selbstverständlich wurde dann in den evangelischen Kirchen die Residenzpflicht, wie sie in diesem Abschnitt beschrieben und begründet wurde. Die klare Zuordnung eines Pfarrers zu seiner Kirche und ihrer zugehörigen Öffentlichkeit, der Gemeinde, als deren Teil, nicht Haupt er angesehen wurde, gehört zu den wesentlichen Errungenschaften der Reformation und war bald so selbstverständlich, dass sie in Kirchenordnungen nicht einmal mehr erwähnt zu werden brauchte. Dass sie heutzutage systematisch ausgehöhlt wird, ist nicht nur praktischen Zwängen oder Ideen geschuldet, sondern zeigt ein verändertes Kirchenverständnis an, das vom reformatorischen Verständnis erheblich abweicht. Ein „Pastor für" was auch immer, wäre nach dem Verständnis Oldendorps zunächst einmal ein „abwesender" Pastor. Nach Zeit und Raum gehörte er in eine Gottesdienstgemeinde. Der einzige Pastor mit Sonderaufgaben war der Visitator, aber auch er war an eine Kirche mit Predigtauftrag gebunden.

Konkret für die Stadt Rostock bedeutete dieser Abschnitt eine drastische Reduzierung auf die Finanzierung von wenigen Predigern, geknüpft an die Forderung, an der entsprechenden Kirche zu predigen und vor Ort auch innerhalb ihres Kirchspiels zu leben, also auch konkret dort sozial verortet zu sein. Das war keine Neuerung, sondern dringende Reform. Der Klerus als Stand wurde schlicht aufgelöst. Nicht mehr bis zu 40 Personen bildeten den Klerus an einer große Stadtkirche, sondern ein bis zwei Prediger, sowie einige „Kirchenpersonen", wie es dann in der Mecklenburgischen Kirchenordnung 1552 hieß, gab es dann noch als Küster oder Diakone, allesamt jedoch einfach Bürger ihrer Stadt.

Diese Veränderungen waren theologisch und - wie wir hier sehen - juristisch tief begründet, ganz anders als unsere heutige, „praktisch" und auf Effizienz ausgerichtete Projektkultur, für die Ordnungen etwas sind, was man entsprechend hin und wieder aktualisieren, verändern, einrichten und wieder aufheben kann, je nach Mehrheitsmeinung in Kirchenleitung und Synode.

Zum Fünfzehnten. So sind wir unleidlich und mit großer Wahrhaftigkeit der Seele beschwert, dass die Geistlichen fast alle lehnbare Pfarrkirchen und andere Lehen zu sich nach Rom gebracht, und dort Stallknechte, Köche, Hausmeister, Leibwächter[1] und anderes unnütze Gesinde zum Prall damit belohnen. Diese setzen uns dann einen Kirchherren ihres Gefallens ein, gut oder böse, gelehrt oder ungelehrt, dabei wird wenig bewogen, nur dass sie ihre Pensionen und Beichtgeld[2] daraus bekommen mögen. Und diese eingesetzten Kirchherren befehlen das heilige Predigtamt (wiederum) anderen Kapellanen für schlichte Kost oder wenig Einkunft. Also weist der eine auf den anderen, so dass zum Letzten nichts daraus wird.
Was (an) Unrat und Versäumnisse daraus entstanden in etlichen hundert Jahren ist, gib Rechenschaft. Denn es ist beklagenswert wider Gott und ihr eigenes Recht.

Das Wort Gottes

Dafür, dass die Bischöfe oder Kirchherren im Wort Gottes gelehrt und geschickt auch bei den Kirchen (vor Ort) gegenwärtig sein sollen, hat uns Christus ein gewichtiges[3] Exempel nachgelassen Lk 2(,46), als sie ihn im Tempel mitten unter den Lehrern sitzend fanden, dass er ihnen zuhörte und sie fragte.

> Invenerunt illum in templo sedentem in medio doctorum, audientem illos, et interrogantem eos. etc.

1 „drafanten" - Trabanten.

2 „reseruate" – persönliche Abgaben an die Geistlichen, Ursprung heutiger Kirchensteuer.

3 „tapper" Grimm: „gewichtig, gewaltig, fest, stark, kräftig, tüchtig, bedeutend, bedeutsam, trefflich, wichtig, ansehnlich, stattlich, würdig, schön"

Danach hob er an zu predigen. So Paulus 1 Tim 4(,13).

> Attende letcioni, exhortationi, doctrine.

Befleißige dich am Lesen, Ermahnen und Lehren.
Dergleichen 1 Pet 3(,15) spricht Petrus zu den Kirchherren also:

> Sitis autem parati semper ad respondeum cui libet petenti ut loquamini de ea que in vobis est spe etc.

Und seid allzeit bereit, einem jeglichen genug zu tun, der Grund oder Ursache fordert der Hoffnung, die in euch ist etc.
Wie kann nun ein Bischof oder Kirchherr solche Unterrichtung tun, der nicht zur Stelle oder ungelehrt ist? Aber sie befehlen ihren Statthaltern und Kapellanen, sollte das nicht genug sein? Ja, wenn sie Gott auch befehlen könnten, dass er damit zufrieden wäre.
Christus hat gesprochen:

> Pasce oues meas.[1] Non dixit: pasce per alium.

Hüte meine Schafe! Er sagte nicht: Hüte sie durch einen anderen. Denn ein jeder muss seine Bürde selbst tragen Röm 14.[2]
So (haben) nun die geistlichen Prälaten durch ihre Substituten das Predigtamt ganz verächtlich gemacht. So dünken sich alle Bischöfe, ja auch Pröpste[3] und andere Hochpriester allzu würdig und sind zumeist des Predigens unerfahren. So ist doch nicht Kostbareres auf Erden, denn das Wort Gottes (zu) verkündigen und (zu) predigen. Denn das Wort Christi Jesu ist nicht geringer als sein Leib.[4]

---

1 Joh 21,15.

2 Gal 6,5 und Röm 14,12.

3 Ranghohen Kleriker eines Mönchs- oder Nonnenkapitels (Dom-Propst, Stifts-Propst), denen eine Verwaltung und fiskalische Angelegenheiten unterstanden.

4 Oldendorp nimmt also als Corpus Christi nicht etwa die Institution Kirche, sondern die Wirkung seines Wortes. Im folgenden Augustinuszitat setzt er entsprechend Wort und Sakrament zum „Leib Christi" parallel, eine sehr bildliche Interpretation der reformatorischen Formel von Wort und Sakrament. Wir sind Leib Christi, soweit wir uns im Wort Gottes verstehen. Nichts anderes ist das alte Verständnis von der Heiligkeit, die im Credo als Gemeinschaft der Heiligen angesprochen ist. Es sind nicht die Heiligen des Kalenders, die man zudem im Himmel wähnt, sondern die sich jetzt um das Kreuz versammeln.

Deswegen ist man auch beide (- Das Wort Christi und seinen Leib, das Abendmahl -) mit gleicher Referenz und Fleiß anzunehmen und zu handeln bei ewiger Verdammnis schuldig.
Röm 1(,16) spricht Paulus also:

> Non enim me pudet Evangelii. Virtus enim Dei est in salutem omni credenti, etc.

Ich schäme mich des Evangeliums Christi nicht, denn es ist eine Kraft Gottes, die da selig macht alle, die daran glauben. So Mk 8(,38).

> Qui enim puderit mei ac meorum sermonem in generatione hac adultera et peccatrice, et Filium hominis.

Wer sich meines und meiner Worte schämt unter diesem ehebrecherischen sündigen Geschlecht, dessen werde sich des Menschensohn schämen etc.
Und dies bewährt auch merklich Augustinus im *c. Interrogo 1 q. 1* also:

> Interrogo vos, fratres vel sorores, dicite michi. Quid plus esse videtur, corpus Christi an verbum Christi? Si vultis vere respondere, hoc dicere debetis, quod non sit minus Dei verbum quam Christi corpus. Et ideo quanta sollicitudine observamus, quando nobis Christi corpus ministratur, ut nichil ex ipso de manibus nostris in terram cadat; tanta sollicitudine obseruemus, ne verbum Dei quod nobis erogatur - dum aliud aut cogitamus aut loquimur - de corde puro pereat: Cum non minor reus erit qui verbum Dei negligenter audierit, quam ille qui corpus Christi negligentia cadere permisit.[1]

Ich frage euch, liebe Brüder und Schwestern, sagt mir, welches gedenkt euch würdiger zu sein, der Leib Christi oder das Wort Christi? Wo ihr um der Wahrheit willen antwortet, so müsst ihr bekennen, dass das Wort Gottes nicht geringer ist als der Leib Christi. Und darum, gleich als wir den Leib Christi sorgfältig

---

Die Bestimmung der Kirche nach CA VII als Versammlung der Gläubigen ist mit diesem Verständnis konform. Es ist nur konsequent, wenn darum die Lutheraner nicht nur alle Heiligenverehrung nachgelassen haben, sondern auch den Glauben, dass irgendjemand benennen könnte, dass dieser oder jener schon um Gottes Thron stehen würde. Die Römische Kirche nahm auch hier mit der amtlichen Bestätigung des Heiligenstatus das Jüngste Gericht vorweg.

1 Augustinus: sermo 300,2.

empfangen, dass uns nichts davon auf die Erde falle, so groß Acht müssen wir auch haben, dass von Gottes Wort, das uns verkündet (wird), nichts aus dem Herzen entkomme, derweil wir etwas anderes denken oder reden.
Denn die das Wort Gottes versäumlich hören, sind ja so schuldig, wie die, die den Leib Christi versäumlich fallen lassen. Das ist die Rede von Augustinus.

Das geistliche Recht

All diese Stücke, wie die, dass die Bischöfe und Priester ungelehrt sind und zum Teil nicht bei ihrer Kirche wohnen, nicht selbst predigen, straft ihr eigenes Recht.
36. dist. c. Qui ecclesiasticis[1], da der Papst Zosimus mit vielen trefflichen Gleichnissen und Sprüchen aus dem Alten und Neuen Testament beweist, dass die Priester gelehrt und zum Predigen geschickt sein sollen.
So im *c. Siquis vult*, daselbst konterfeit der Heilige Hieronymus das Amt der Bischöfe und Geistlichen so sehr schön:

> Si quis uult pontifex non tam uocabulo esse quam merito, imitetur Mosen, imitetur Aaron. Quid enim dicitur de eis? Quod non discedunt de tabernaculo Domini. Quid autem ei opus erat? Ut aut a Deo aliquid disceret aut ipse populum doceret. Haec duo sunt pontificis opera, ut a Deo discat legendo diuinas scripturas et sepius meditando, aut populum doceat. Sed illa doceat, que ipse a Deo didicerit, non ex proprio corde uel ex humano sensu, sed que Spiritus sanctus docet.[2]

Will jemand ein Bischof oder Priester werden, soll er nicht allein mit dem Namen, sondern auch mit dem Wesen Mose und Aaron nachfolgen. Was ist von ihnen geschrieben? Dass sie nicht fortgingen vom Tabernakel des Herrn. Mose blieb ständig dort. Was war denn sein Tun? Dass er von Gott etwas lernte oder das Volk unterwies. Dies beides sind Werke eines Priesters, dass sie entweder von Gott lernen sollen, bei sich die Schrift lesend und betrachtend oder das Volk unterrichten. Aber dasjenige sollen sie von sich lehren und predigen, was sie von Gott aus der Schrift angenommen haben und

1 Decr. Conc. Dist. XXXVI. C. II.
2 Decr. Conc. Dist. XXXVI. C. III.

nicht aus ihrem eigenen Herzen oder menschlicher Vernunft, sondern was der Heilige Geist lehrt, etc.
Siehst du nun wohl, wie das gewahrt ist? Dünkt dich auch, dass wir in etlichen vielen Jahren rechte Bischöfe, Schafherde und Priester gehabt haben? Denn war ihr Singen, Lesen und Messehalten - wie sie es gebrauchten - von Wert und ist es Gott angenehm? Das hast du im aufgeführten Missbrauch vom Gottesdienst gelesen.
So ist es im Konzil Lateranensis im *c. Quia nunulli. De cleric. non residentibus* beschrieben, beschlossen und geordnet:

> Quia nonnulli, modum avaritiae non ponentes, dignitates diversas ecclesiasticas et plures ecclesias parochiales contra sacrorum canonum instituta nituntur accipere, ut, cum unum officium vix implere sufficiant, stipendia sibi vendicent plurimorum: ne id de cetero fiat, districtius inhibemus. Quum igitur ecclesia vel ecclesiasticum ministerium committi debuerit, talis ad hoc persona quaeratur, quae residere in loco et curam eius per se ipsam valeat exercere. Quod si aliter actum fuerit, et qui receperit quod contra sacros canones accepit amittat, et qui dederit largiendi potestate priuetur.[1]

So setzen etliche von euch der Gier kein Maß und nehmen viele Prälaturen an, auch Pfarrkirchen wider die heilige, gesetzte Ordnung, obwohl sie doch zu einem einzigen Amt kaum geschickt sind, und suchen nur viel Geld und Gebühren. Damit nun fortan solches nicht mehr geschehe, wollen wir es ernstlich verboten haben.[2] Wenn aber eine Kirche oder ein Kirchendienst verlehnt werden soll, so suche oder finde man sodann Personen, die dort vor Ort[3] wohnen und durch sich selbst Sorge und Amt tragen[4] können. Im Falle, wo anders gehandelt[5] würde, soll derjenige, der da Kirche oder Amt wider das heilige Recht angenommen hat, sogar ihm solches verlehnt ist, beides genommen werden.[6]
O gütiger Gott, wie ist das Konzil eingehalten worden?

1 Decretalium Grogorii papae IX compilationis liber III, Capitulum III.
2 So spricht jemand, der in einer amtlichen Position tätig ist, wie Oldendorp als Syndikus der Hansestadt Rostock.
3 „thor stede“
4 „vorhandeln“
5 „vorgenamen wörde“
6 „schal… beyde erer gerechticheyt vorfallen syn“ für potestate pivetur.

Nun will ich schließlich bei der Wahrheit, die Gott selbst ist, ermahnt und zugeredet haben, dass zwischen Himmel und Erden kein Ding ist, da mehr daran gelegen und mehr Frucht und Besserung daran hängt, als am Evangelium und Wort Jesu Christi unseres Heilandes, es zu verkündigen und rein dem gemeinen Volk zu predigen. Und dass ein jeder, der Hohe mit dem Niederen nach Vermögen seiner fünf Sinnen und Vernunft auch mit Geld und Gut, doch ohne Unstimmigkeit einträchtig, weil es alle sämtlich betrifft, solches zu fordern, vor Gott und der Welt schuldig und verpflichtet ist.[1]
Wo aber jemand wissend und ohne Grund[2] da widerstreben wollte, den wird der Spruch Pauli treffen, Röm 1(,18f.) lautend:

> Palam enim fit ira Dei de caelo adversus omnem impietatem, et iniustitiam hominum, qui veritatem in iniustitia detinent propterea quod id quod de deo, cognosci potest manifestum est illis.[3]

Denn Gottes Zorn vom Himmel wird geoffenbart über alle gottlosen Wesen und Unrecht der Menschen, derjenigen, die die Wahrheit Gottes aufhalten im Unrechten, darum, dass dasjenige, was verkündbar ist an Gott, bei ihnen offenbar ist.
Dazu auch der erschreckende Spruch Christi Mt 10[4] und Lk 10(,1-12)[5]. Da lies, und nimm sie nicht für Scherz, das rate ich treulich.

---

1 Oldendorp geht wie selbstverständlich davon aus, dass die Eintracht in der Vernunft, bzw. Wahrheit zu finden ist. Die Eintracht steht auch im Fokus der Mecklenburgischen Kirchenordnung.

2 „vergeues" - Grimm: „3) ohne äuszern grund, ohne veranlassung, von selbst:"

3 Die hier benutzte Textfassung von Erasmus weicht deutlich von der Vulgata ab, wo es heißt: „...revelatur enim ira Dei de caelo super omnem impietatem et iniustitiam hominum eorum qui veritatem in iniustitiam detinent quia quod notum est Dei manifestum est in illis Deus enim illis manifestavit..." Wichtig für Oldendorps Übersetzung und Argumentation ist dieser Unterschied für Vers 19: Schuldig macht sich, wer sich wider die Wahrheit sträubt.

4 Aussendung der Jünger. Mt 10, 26f.: Denn es ist nichts verborgen, was nicht offenbar wird, und nichts geheim, was man nicht wissen wird. Was ich euch sage in der Finsternis, das redet im Licht; und was euch gesagt wird in das Ohr, das verkündigt auf den Dächern.

5 Lk 10, 7b: Wer arbeitet, hat ein Recht auf Unterhalt: dignus enim est operarius cibo suo.

Der 16. Missbrauch. Von dem Fegefeuer und Fürbitten der Toten

Oldendorp schaute darauf, was der Kirche mehr Geld einbrachte, als die Priester und Kirchen vor Ort benötigten, sowie auf die Berechtigung, diese Mittel einzuwerben.[1] Etwas zu erhalten, wofür man nicht arbeitete, stand von vornherein unter Generalverdacht des Wuchers, einem Verstoß gegen das Gebot der Barmherzigkeit und Nächstenliebe.

Alle Messen, Vigilien, etc., die für Tote gelesen wurden, bezeichnete Oldendorp als „Jahrmarkt", nutzlos. Dabei handelte es sich um Haupteinnahmequellen der Kirchen. Der gesamte Komplex beruhte auf der Fegefeuerlehre. Was bei Dante als eine geniale Göttliche Komödie zu lesen war, nahm man im wahrsten Sinn des Wortes für bare Münze.

Dass überhaupt ein Fegefeuer sei, nimmt Oldendorp als erdichtete Irrlehre, wiederum nicht aus theologischen Erwägungen, sondern aus seinem Rechtsverständnis heraus. Es gibt keinen dritten Weg zwischen Erlösung und Verdammnis. Erlösung lässt sich nicht kaufen. Bei der Fegefeuerlehre handelt es sich um schädlichen Aberglauben, vom Wort her einen Wahnglauben, oder um eine von Oldendorps Redewendungen zu gebrauchen: Am Ziel vorbeigelaufen.

Auch hier handelte es sich nicht nur um verschiedene Ansichten, die man haben kann, sondern um einen schweren moralischen und auch rechtlichen Vorwurf. Ein ganzes Heer von Männern mit niederen Weihen lasen wegen der Fegefeuerlehre in den großen Stadtkirchen gegen Geld Messen und lebten von einem Anteil davon. Nach Einführung der Reformation war von ihnen nichts mehr zu hören. Auch

1 Fundraising definiert Wikipedia mit diesen Worten: „'Mittelbeschaffung'; auch Mittelakquisition bzw. Kapitalbeschaffung) ist der Anglizismus für die organisierte und systematische Beschaffung von Ressourcen, ohne dass der Geber eine Gegenleistung erwartet....Der Begriffsumfang des Fundraising ist wesentlich größer als bei Spende, Sponsoring oder Stiftung... Fundraising ist eine umfassende Marketing-Aufgabe." Fundraising steht heute fest im Programm kirchlicher Fort- und Weiterbildung, niemand stört sich daran. Spenden anzunehmen, Stiftungen zu fördern ist das eine, organisierte und systematische Beschaffung von Kapital ohne Gegenleistung etwas anderes. Wer in diesem Sinn Fundraising betreibt, muss Leistung vortäuschen. Das kann zum Beispiel der Erhalt eines „guten Gewissens" sein. Oldendorp sprach gegenüber der systematischen Geldbeschaffung seiner Zeit treffend vom „Jahrmarkt".

verdankte sich die in den Augen der Reformatoren nicht nur überflüssige, sondern auch ungerechte Pracht der Kirchen diesen Einnahmen, der Stiftung der vielen Nebenaltäre. Wir bewundern sie heute als Kunstwerke, aber liturgisch sind die Nebenaltäre äußerst fragwürdig.

Zum Sechzehnten haben die gemeinten Geistlosen uns und sich selbst ganz hoch beschwert und in Irrtum geführt mit dem Fegefeuer und Fürbitten der Seelen der Verstorbenen. Darauf haben sie gebaut Vigilien, Seelenmessen, Jahrzeit[1], Kalande[2], Brüderschaft, Kollekten lesen und anderen Jahrmarkt, damit haben sie durch Gier weltlichen Reichtum an sich gebracht, dazu haben sie auch so viele Pfaffen und Mönche, damit sie für die Toten bitten, durch Stiftung eingestellt[3], so dass sie selbst ihre Zahl nicht wissen. Da frage die Priester, wie viele Lehen in etlichen Kirchen seien, sie werden es dir nicht so schnell sagen können. Und ein jedes Lehen sollte ja seinen Priester haben.
Derhalben bitte ich dich, frommer Leser, durch unseren Herren Jesum Christum, überspringe doch nicht diesen Artikel, lies ihn ein- oder zweimal und betrachte ihn recht.

Das Wort Gottes

Erstlich, dass es ein Fegefeuer geben solle, darin die Seelen enthalten, gereinigt und auf Fürbitte hin erlöst würden, ist stracks wider die heilige Schrift, die allein zwei Wege anzeigt, einen zur Seligkeit, den anderen zur Verdammnis. Der dritte Weg des Fegefeuers ist ein eitel erdichteter Traum um Geldes willen, den Geistlichen vom leidigen Teufel eingegeben, wofür du in der ganzen bewährten Schrift nicht einen Buchstaben aufzubringen vermagst.
Denn ein jeder, so er von hier scheidet, stirbt von beiden eins, entweder im Glauben oder ohne den Glauben, da findest du kein

1 Gedenktage für Verstorbene mit entsprechenden Opfern.
2 Kaland bedeutet den ersten Tag eines Monats und bezieht sich auf den Brauch der Mitglieder einer Kalandbruderschaft, sich regelmäßig zu Nebengottesdiensten verpflichteten, was ebenfalls mit Geldopfern verbunden war. Gepredigt wurde dabei vermutlich nicht, denn solche Gedenkmessen gehörten nicht zu den Aufgaben der Pfarrherren.
3 „gestyftet und angerümet“ - gestiftet und eingeräumt, zu einem Amt zugelassen.

Mittleres. Stirbt er ohne den Glauben, ist er verdammt und kommt nicht ins Fegefeuer, sondern in das höllische Feuer.
Wie Christus sagt Joh 3(,18):

> Qui vero non credit, iam condemnatus est, quia non credit in nomen unigeniti Filii Dei.

Wer aber nicht glaubt, der ist schon gerichtet, denn er glaubt nicht an den Namen des eingeborenen Sohnes Gottes. Stirbt er auch im Glauben, der kommt in kein Fegefeuer zu Pein oder Gericht, sondern geht durch den Tod ins Leben. Joh 5(,24):

> Amen, amen dico vobis, quia sermonem meum audit, et credit ei qui misit me, habet vitam eternam, et in condemnationem non veniet, sed transiuit a morte in vitam.
> Et nota Emphasim[1] verbi transiuit.
> [Und beachte den Nachdruck des Wortes „transiuit"- überschreiten, hindurch gehen, sterben.]

Wahrlich, wahrlich ist sage euch (spricht Christus), wer mein Wort hört und glaubt dem, der mich gesandt hat, der hat das ewige Leben und kommt nicht ins Gericht, sondern er geht vom Tod zum Leben.
Und obgleich wir alle sündige Menschen sind, so kommt doch unsere Sünde nicht vor Gericht oder zur Pein, sondern wird durch den Glauben bedeckt Ps 32(1ff.). Und Paulus Röm 4(,1-8).[2]
Ja, unsere Geistlichen lesen und singen alle Tage in der Prim, wiewohl sie leider nicht verstehen oder gebessert werden im Gesang von Athanasius:

---

1 „Die Emphase als Wort-Tropus drückt einen genaueren Bezeichnungsinhalt durch einen ungenaueren Bedeutungsinhalt aus." Heinrich Lausberg: Handbuch der literarischen Rhetorik, Stuttgart 2008, § 905, S. 450. Das harmlose und ungenaue transeere verstärkt und präzisiert die Aussage: Der Sterbende macht keinen Umweg durch ein Fegefeuer.

2 Röm 4, 5-8: Dem aber, der nicht mit Werken umgeht, aber an den glaubt, der den Gottlosen gerecht macht, dem wird sein Glaube gerechnet zur Gerechtigkeit. Wie ja auch David den Menschen seligpreist, dem Gott zurechnet die Gerechtigkeit ohne Zutun der Werke: »Selig sind die, denen die Ungerechtigkeiten vergeben und denen die Sünden bedeckt sind! Selig ist der Mann, dem der Herr die Sünde nicht zurechnet!«

Et qui bona egerunt, ibunt in vitam æternam: qui vero mala, in ignem æternum.[3]

Und die gut gehandelt haben, gehen ins ewige Leben, die Bösen ins ewige Feuer.
Die Schrift spricht auch offenbar an allen Orten, dass alle Gläubigen in Christo ruhen und Christus in ihnen. Wie können sie denn gepeinigt und geplagt werden im Fegefeuer? 1 Kor 15(,18).

Igitur et qui dormierunt in Christo.[2]

Wahrlich, du verstehst nicht oder willst nicht verstehen die Kraft und Rechtfertigung des Glaubens, die Paulus die Römer lehrt, (ist) so offenbar als die Sonne, vernehmlich im 4., 5., 6. und 7. Kapitel.[3] So redet Paulus nicht klar[4] 1. Thess 4(,13) dieses Wort:

Ceterum nolumus autem vos ignorare fratres de his, qui dormierunt, ne doleatis quemadmodum et ceteri non habentes spem.
Cur Paulus hic non addit redimendas esse ex purgatorio animas? Immo cur procax ille Emserus hic tacuit? [Warum denn fügt Paulus hier nicht hinzu, dass Seelen aus dem Fegefeuer erlöst werden müssen? Ja, warum hat der unverschämte Emserus hier geschwiegen?]

Wir wollen euch aber, lieben Brüder, nicht vorenthalten von denen, die da schlafen, auf dass ihr nicht traurig seid, wie die anderen, die keine Hoffnung haben, etc.
Hier hat auch der blinde Emser nicht zu glossieren gewusst.

---

3 Im zur Prim gesungenen Symbolon S. Athanasii, das den Lutherischen Bekenntnisschriften dann mit den beiden anderen altkirchlichen Bekenntnissen vorangestellt wurde.

2 1 Kor 15,18: So sind auch die, so in Christo entschlafen sind, verloren. - ergo et qui dormierunt in Christo perierunt - Hoffen wir allein in diesem Leben auf Christum, so sind wir die elendesten unter allen Menschen.
Oldendorp hebt einerseits auf den Todesschlaf ab, andererseits darauf, dass wir auch im Gericht nach dem Tod im Glauben ganz auf Christus vertrauen können, dafür steht das ganze Kapitel 1 Kor 15.

3 Das für Luther in dieser Hinsicht so wichtige Kapitel 3 nimmt Oldendorp nicht auf.

4 Glaubte Paulus an eine Fegefeuer, wäre hier der Ort gewesen, dies zu sagen, darum formuliert Oldendorp, dass Paulus hier nicht klar geredet hätte. Das zeigt seine lateinische Frage, die er nicht im laufenden Text übersetzt hat.

Willst du, armer elender Mensch - der göttliche Weisheit so unbedacht - beurteilen, dass, wenn ein Fegefeuer vorhanden wäre und für die Seelen, die darin enthalten zu bitten nützlich wäre, dass Christus, unser Heiland, der uns alle Notdurft zur Seligkeit gelehrt, vom Fegefeuer auch nicht offenbar sich ausgedrückt haben sollte? Zumal er unsere Erlösung so sorgfältig gesucht, nicht nachgelassen und mit seinem teuren Blut erworben hat: Wirst du doch Gott zuletzt unbedeutend machen?[1]

Im Leben sollen wir alle - niemanden ausgenommen - der eine für den anderen bitten, und es ist die Zeit der Gnade, 2 Kor 6(,2)[2]. Nach dem Tode aber wirst du von den oben genannten zwei Wegen einem folgen müssen. So spricht auch der Prophet David Ps 49(,8f.):

> Non dabit deo placationem suam nec pretium redemtois anime sue.[3]

Er wird Gott nichts Gefälliges[4] geben, auch die Erlösung seiner Seele nicht kaufen.

So Mk 8(,37): Was kann der Mensch geben, dass er seine Seele löse?

Das geistliche Recht

Solches bringt auch ihr eigenes Recht bei.

13.q.2.c. In presenti, da sagt der Heilige Hieronymus einen bemerkenswerten Spruch:

> In presenti seculo scimus siue orationibus siue consiliis inuicem posse nos adiuuari. Cum autem ante tribunal Christi uenerimus, nec Iob, nec Daniel, nec Noe rogare posse pro quoquam, sed unumquemque portare onus suum.[5]

---

1 „Wat werstu doch van Gade thom latesten maken?" „van" als Adjektiv bedeutet vom Lateinischen vanus her nichtig, ungültig, gehaltlos, unbedeutend. (Köbler)

2 Tempore accepto exaudivi te, et in die salutis adjuvi te. Ecce *nunc* tempus acceptabile, ecce *nunc* dies salutis. Paulus zitiert Jes 49,8. Das doppelte „jetzt" ist die Hinzufügung von Paulus.

3 In dieser Fassung, etwas von der Vulgata abweichend, findet sich das Zitat im Decr. Pars sec. Causa XIII. Quaestio II. C. XX.

4 „behechlikes"

5 Decr. Pars sec. Causa XIII. Quaestio II. C. XX.

In dieser Welt wissen wir, dass unsereiner dem anderen helfen kann, entweder mit Beten oder mit Unterweisung. Aber wenn wir vor den Richterstuhl Christi kommen, so können weder Hiob noch Daniel, noch Noah für jemanden bitten, sondern ein jeder wird seine Bürde tragen.

Und glaube man freilich Emsers neu zugefügter[1] Glosse, die er - Mt 12 - den Geistlichen zugute angelogen[2] hat, kommt auch das nicht dagegen an[3]. Denn sollten solche Sophistenargumente gelten, per retortam interpretationem [durch verdrehte Interpretation][4], so würde unser Glaube und das heilsame Evangelium - Lk 2 - und an vielen anderen Orten bald zu Torheiten werden, was ja Gott uns aber nicht erlaube.[5]

Ja, ich will dir eine Stelle anzeigen, wo der Papst selbst an vielen Mönchdistinctionen wegen des Fegefeuers zweifelt und das Urteil dem Leser überlässt, im *c. Quesiuisti De celebratio. missa. in fin. ibi: Verum utrum in hoc articulo locum habeat illa distinctio - etc.*[6]

Nun sprechen etliche: Wenn die Fürbitte den Toten nicht förderlich wäre, so kann es ja auch nicht schädlich sein, man tut es aus guter Andacht etc.

Da widerspreche ich und will dir dreierlei Schaden, der sich so daraus ergibt, klar beweisen.

Zum ersten: Es ist durch solch Seelengepränge eine superstitio, das ist Aberglauben, ja ich mochte wohl sagen, eine ganz heidnische Manier davon aufgerichtet, alles für Gelderwerb[7], nämlich mit vielen Glocken zu läuten, mit Lichtern, mit Vigilien im Hause zu murmeln, da ein Wort dem anderen nicht weichen kann,[8] mit Tafeln im Chor zu behängen, mit Namen abzukündigen, mit drei Messen zu singen[9], aber zwei davon nicht länger, als geopfert wird.[10]

---

1 „unbestendige“ - nicht alt hergebrachte.
2 „angesmeret = fälschen.
3 „will dar nicht halen“ – kommt nicht gegen an. Siehe Köbler, Stichwort halen.
4 durch eine verdrehte Deutung.
5 vorhenge. Oldendorp führt die Fehldeutung von Emser hier nicht weiter aus.
6 Decretalium Gregorii papae IX compilationis liber III Capitulum VI.
7 „geltstricken“ – stricken bedeutet, etwas zusammenzuschnüren.
8 Festgelegte Wortformulierungen wie Zauberformeln.
9 Am 3., 7. und 30. Tag nach dem Tod.

Besonders dem Armen aber wird nichts oder wenig davon zuteil[1] und du meinst, es sei ein köstlich Ding, das doch wider göttliches Wort ist, wie vorhin bewiesen.
Zum anderen ist durch solchen Irrtum des Fegefeuers und der Fürbitte die große Menge[2] an Pfaffen und Mönchen dem einfachen Volk aufgelastet[3], so dass nun daraus große Mühe und Unlust im Volk im Anblick der Wahrheit erwächst.
Zum Dritten hat solch erdichtetes Fegefeuer zu vielen Sünden Ursache gegeben. Denn, ach leider, wie viele Menschen und besonders die reichen haben flugs vor sich hin gelebt, gerissen und verschlagen[4] und entsprechend gedacht: Wohlan, du kannst so ein Lehen stiften oder ewige Seelenmesse machen und zuletzt Gott abbitten lassen, wenn du schon tot bist. So muss dann die Frau oder der Erbe hervor zu den Mönchen und so viele Reisen geloben, so viele Messen, so viele Tage fasten lassen, Seelenbitten stiften etc.
Meinst du nicht, es wäre besser in der Welt mit den Lebenden zugegangen, wenn unsere Geistlichen allein die zwei vorgenannten Wege vorgenommen, die Christus, Paulus und die Apostel gegangen sind: Glaube in Christum so, dass sich der Glaube mit der Liebe deines Nächsten beweisen möge, so wirst du selig, oder wo nicht, auf ewig verloren?
Ob das nicht die Guten mehr anreizen und die Bösen mehr verschrecken sollte, als dein geldgieriges Fegefeuer? Sieh wohl zu, lieber Bruder, sieh wohl zu, dass dich der Teufel mit der Kornstrohschwinge[5] des Fegefeuers nicht verlocke zu dem ewigen Feuer.

---

10 Ich verstehe den Satz so, dass ohne Geldleistung nur eine von drei Messen gesungen wurde. Bestattungen selbst galten im Mittelalter als Werke der Barmherzigkeit, sollten mithin eigentlich frei von Geldleistungen sein. Oldendorp erweist sich hier jedenfalls als nüchtern aufgeklärt, jeder Magie, auch der frommen Art abgeneigt. Ich habe bei ihm auch das Thema der Hexerei nicht gefunden, obgleich es nahegelegen hätte, sich dazu in irgendeiner seiner Schriften zu äußern. In seinem Wörterbuch fehlt das Stichwortwort Magie, bzw. Zauberei, obgleich diese Dinge damals vieldiskutiert waren und man dazu Definitionen hätte erwarten können.

1 „gheschüht nichtes"

2 „trefflike velheyt"

3 Vom simplen Volk „upgenamen" - aufgenommen.

4 „gereten und gespleten" - haarspalterisch.

Gott hat uns durch sein Wort genug gewarnt.

Quid dicemus de kalendis et fraternitatibus, diuitum, pauperum, quinque vulnerum, rosarii, atque id genus propemodum infinitis?
Quarum fratres aut (ut Budeus[1] vocat) coepulones adeo sunt ceci, ut setce sue quantumuis frequentissime originem et nominis rationem prorsus ingnorent.
Nam phratrias appellare debent germano vocabulo quas nunc alias fratertitates alias kalendas gentili more nuncupant.
Quod ut nemo possit negare audimus etiam a plerisque dici confratrias.
Porro Phratrie olim dicte sunt conuentus quidam hominum aut etiam conuenticula, propria sibi sacra habentium, ut Aristoteles in politicis probat. Budeus in Annotatio. ad tit. ff. De offiti. questor.
Olim hoc verbo apud grecos conspirationes significatas esse testatur textus in *c. Coniuratiorium XI. q. 1*, ut interim contemplentur clerici nostri, ex quod honestis principiis eiusmodi fraternitates perduxerint inter Christianos simplicitati laicorum imponentes, ut ipsi crapula et pecuniis pro animabus distribuendis fruerentur perinde Judei olim propter ventrem sequuti sunt Christum, Joh 6.
Egregie imitati sunt gentiles, qui Numa Pompilio autore pontifices habeant ad iusta funebria placandosque manes secundum legem. XII. tabularum.
[Was sagen wir zu den Kalanden und Bruderschaften, Guten Werken, Armut, Fünf Wunden, Rosarien und unendlich anderem dieser Art? Deren Brüder, oder wie Budäus sagt: Mitschmauser, sind so sehr blind, so dass sie in ihrer Sekte, wie zahlreich sie auch sein mögen, die Herkunft und den Grund des Namens überhaupt nicht kennen. Denn sie müssen Phratrien mit einem deutschen Wort benennen, was jetzt Bruderschaften alias Kalanden der Herkunft nach sind. Wie auch niemand zu leugnen wagt, sagt man auch häufig Confratrien.
Übrigens sollte es sich bei den Phratrien einst um bestimmte Versammlungen von Männern oder kleine Versammlungen gehandelt haben, die ihre eigenen Rituale hatten, wie Aristoteles in seiner Politik aufzeigt. *Budäus Consolarii*[2].
Früher wurden mit diesem Wort bei den Griechen Verschwörungen bezeichnet, das ist bezeugt im Kapitel Verschwörungen, als solche können inzwischen unsere Kleriker auch angesehen werden, wegen der Tatsache, dass sie nach ehrlichen Grundsätzen solche Bruderschaften unter Christen hervorgebracht haben, die der Einfachheit den Laien auferlegt wurden, damit sie selbst in Weinrausch und Geld für ihre Seelen sich laben, ebenso folgten die Juden einst Christus wegen ihres Magens, Joh 6.

---

5 Mt 3,12: In der Kornschwinge, einem Korb, wurde nach dem Dreschen die Spreu vom Weizen getrennt.

1 Guillaume Budé (1468 - 1540).

2 Gvlielmi Bvdaei Consiliarii Regii Libellorvmqve Magistri In Praetorio, Altera Aeditio Annotationum In Pandetcas, London 1526.

Die Heiden wurden hervorragend getäuscht, die Priester hatten mit der Autorität von Numa Pompilius zur ordentlichen Beisetzung und zum Gefallen „Schattengeister“ gemäß dem 12-Tafel-Gesetz.[3]]

Der 17. Missbrauch. Von der Freiheit des Evangeliums und den Gelübden

Dazu findet sich im entsprechenden Artikel 27 der CA eine grundsätzliche Formulierung, die wie ein Zitat aus unserem Büchlein von Oldendorp erscheint: „… dass sehr viel darin täglich nicht allein wider Gottes Wort, sondern auch päpstlichen Rechten zu entgegen gehandelt ist.“ Die Nähe beider Texte zeigt sich in besonders klarer Weise, wenn man die CA nicht nur als theologischen, sondern als juristischen Text in eben dem Sinn liest, wie Oldendorp (weitgehend mit Melanchthon) das Miteinander und Gegenüber göttlicher und menschlicher Rechte bestimmte.

Der Grundeinwand Oldendorps gegenüber Gelübden geht dahin, dass diese den Menschen in ihrem Gewissen binden. Das Gewissen ist nach der Schrift von der Billigkeit etwas, was sich beständig neu für seine Entscheidungen an Gott orientiert, dessen Wort ewig ist, während alle Ordnungen notgedrungen zeitlich sind und an Orte gebunden, es ist gewissermaßen das menschliche Organ für Billigkeit. Gutdünken ist dagegen, wonach man dies oder jenes planen mag, also allein von einem Zweck her denkt und beurteilt. Das Gewissen ist an ein Gegenüber, nicht nur an Regeln orientiert, sondern an Gott und am Nächsten. So ist Bürokratie ebenso wie eine Theorie, ob nun Ethik oder Gesetz die Herrschaft des Herrn Niemand, wie Hannah Arendt zugespitzt formulierte. Ein Gelübde ist von daher einem System ebenso wie Nutzerwägungen gegenüber fehl am Platz, also auch in Bezug auf sich selbst oder sein Seelenheil. Das einzig wahrhafte Gelübde des Menschen über jedes konkrete Vorhaben hinaus sind darum Liebe und Glaube. Darin findet sich auch Freiheit, denn Freiheit definiert sich im

3 Das Zwölftafelgesetz. Numa Pompilius war der (sagenhafte) zweite König von Rom. Er soll die heidnischen römischen Gottesdienste gestaltet haben, was Livius aber als Betrug wertete. Über die römischen Bestattungen und die zehnte Tafel zu Bestattungen berichtet entsprechend Cicero in De legibus.

Gegenüber zu allen Ordnungen. Eine Ordnung gewährt in sich gewisse Freiräume, Freiheit gegenüber den Ordnungen selbst - also auf höherer Ebene - jedoch geben allein Glaube und Liebe. Sie brechen die Ordnungen nicht, sondern erfüllen die Intention der Ordnung, des Rechts besser als durch bloße Befolgung des Buchstabens. Eine bloße Unabhängigkeit oder Wahlfreiheit erfüllt noch nicht den Begriff der Freiheit. Das Gewissen ist der Link zwischen Personen untereinander und dem Gesetz, zwischen Gott, Menschen und geltendem Recht.

Das Gewissen, das uns frei vom Gesetz macht, ist mit der Forderung nach Billigkeit verbunden. So sind Gelübde etwas, was uns die Freiheit nimmt, die für die Billigkeit notwendig sind, sie unterwerfen den Menschen einem sich selbst auferlegten Gesetz und behindern damit unter Umständen das Gute. Anders verhält es sich bei einem Ehegelübde, weil es nicht einer Ordnung gilt, sondern einer Person. Entsprechend verhält es sich bei dem Bund Gottes mit dem Menschen. Die Kirchenordnung von 1552 hob dann auf den Eid Gottes ab, dass dem Sünder geholfen werden solle. Im Fokus der Kritik Oldendorps stehen die Gelübde von Menschen Gott gegenüber, bestimmte Dinge zu leisten, sich Ordnungen mitsamt seinem Gewissen zu unterwerfen.

Das Evangelium gibt Freiheit, weil sich in ihm Gott offenbart und er nicht mehr nur hinter einem Naturrecht verborgen ist. So hat wohl jeder Mensch ein Gewissen, aber die Freiheit eines Christenmenschen ist insofern etwas Besonderes, vom Heiden Unterschiedenes, weil es sich am sich ihm offenbaren Gott in Christus persönlich auszurichten vermag.

Das widerspricht jedoch nicht dem gebotenen Gehorsam gegenüber der Obrigkeit, denn Gott will, dass wir in Ordnungen leben, um des Friedens und der Eintracht willen. Aber mit der Forderung nach Billigkeit, und das bedeutet nach dem Guten und Rechten, stellt sich die Frage nach der Regulierung aller von Natur aus veränderlichen Ordnungen.

Das geht beim Heiden durch Rückgriff auf das Naturrecht, die Besinnung auf das Gute in ihm, was er neben aller Verderbtheit in sich trägt, weil er als Mensch Geschöpf Gottes ist, sein Bild. Darin wird sich der Mensch aber immer wieder auch täuschen, so wie es Adam und Eva im Paradies mit der Schlange erging. Als Christen haben wir über das Naturrecht hinaus die Offenbarung Gottes in Christus als persönliches Gegenüber. Er ist der Herr, der die Herzen in befreiender Weise regiert zu ihrer Seligkeit, nicht nur zu äußerem Wohl. In dieser Regierung gilt

Liebe, nicht aber festgelegtes, geschriebenes oder ungeschriebenes veränderliches Recht.

Wir haben es hier also mit einer rechtstheologischen Unterscheidung zu tun, die mit der für die Reformation zentralen Erbsündelehre zusammenhängt. Das Naturrecht unterscheidet sich einerseits vom verfassten Recht, andererseits aber auch von der klaren Offenbarung Gottes. Im Rückgriff auf den Willen zum Guten, also niemandem zu schaden und auf die gottgegebene Vernunft zu gehorchen, haben auch die Heiden ihr Gewissen. Christen aber, die sich auf Gott, der sich dem menschlichen Geschlecht in Christus, den Propheten und Apostel offenbart hat und der im Gottesdienst jedem gegenwärtig ist, der sich da in seinem Namen versammelt, woran im Übrigen die Taufe hängt, haben für ihr Gewissen als weiteres Gegenüber Gott, der ihnen gnädig ist. Dies befähigt sie in besonderer Weise zur Billigkeit und verleiht ihnen die eben beschriebene Freiheit eines Christenmenschen. Den Ruf zum Guten haben alle Menschen in sich, aber sie lassen sich auch sämtlich täuschen und verführen. Das gilt auch für Christen, aber im Glauben erfahren sie dennoch auch Gnade. Darum ist Gen 3,15 ihr Protevangelium.

Johannes Oldendorp hat dieses Muster nicht wie in der Kirchenordnung 1552 entfaltet, aber wenn wir die Dinge in dieser Weise betrachten, erschließt sich uns sein Denken und Argumentieren in glatter Weise. Es ist das Muster, das seinen Ansichten zugrunde liegt.

So darf man sich nicht das Gewissen mit frommen Gelübden selbst binden, wie sie damals üblich waren und die Kirche ihre Struktur damit ausbildete. Mit Gelübden wurde man zum Kleriker, mit Gelübden suchte man sein Seelenheil zu retten und konnte am Gnadenschatz der Kirche, Thesaurus meritorum vel ecclesiae, Anteil gewinnen.

Anders steht es um das Gelübde der Ehe: Es befreit zur Liebe und zwingt nicht in eine Ordnung. Die Ehe ist nicht in diesem Sinn reguliert, es gibt darin keinen Richter. Mönchsgelübde dagegen zwingen in eine Ordnung, so erlebten sie die Reformatoren zumindest.[1] Man kann diesen Einwand gut im Artikel XXVII der CA zu den Klostergelübden nachlesen. In „St. Augustinus Zeiten“ seien die Gelübde noch frei gewesen, sie banden nicht die Seele. Der Artikel der CA zu den Klostergelübden folgt dem Sinn nach den Ausführungen von Oldendorp.

1 Die Wirklichkeit der Ehe und Familie freilich kannte durchaus Herrschaft, aber die paulinische Warnung, darin nur als liebender wie Christus zu „herrschen“ war bekannt.

Die Taufe sah Oldendorp als echtes, d.h. gutes Gelübde an, weil sie das Gewissen nicht bindet, sondern den Menschen befreit. Der Taufe folgen keine Regeln, sondern Glaube, das unmittelbare Verhältnis zum offenbaren Gott.

Im Weiteren hebt CA CCVII auf die Frage der Ehelosigkeit und angeblichen Vervollkommnung durch das Zölibat ab. Das Schlussargument stimmt juristisch mit Oldendorp überein: Beruht ein Gelübde auf falschen Voraussetzungen, ist es nichtig.

Zum Siebzehnten beschweren die Geistlichen nicht allein uns, sondern auch sich selbst, insofern sie Liebe und Gutem widersprechen und verhindern, dass man christlicher Freiheit nach Göttlichem Wortlaut gebrauchen möge und närrische Gelübde abtut, eine gemeine Christliche Kirche halte und sie durch Einigkeit des Glaubens mit Gottes Hilfe täglich vermehre.[1]
Ich rede nicht von fleischlicher Freiheit – falls du danach fragst[2] –, das habe ich schon im Artikel von der Obrigkeit abgehandelt.[3]

Das Wort Gottes

Aber dies ist evangelische Freiheit: Dass niemand mit seinem Gewissen gebunden werde oder sich selbst binde und sündige an Ort[4], Speise, Kleidung oder Zeit, woran (jedoch gar) keine Sünde ist.[5]
Von Speise und Kleidung lies die vorigen Missbräuche.
Vom Ort aber hast du einen klaren Text Mt 24(,23.26) und Mk 13(,21).

Tunc si quis vobis dixerit : Ecce hic est Christus, aut illic nolite credere.
Et paulo inferius:

---

1 Wohlgemerkt: Auch in einer Gesellschaft, in der alle getauft sind, vermag sich die Kirche zu vermehren, zu wachsen, denn Oldendorp betrachtet sie nicht statistisch, sondern als Hören auf Gott in der „Einigkeit des Glaubens", die zunehmen, sich intensivieren kann.

2 „efft du upropen woldest"

3 „de hebbe ick schon wechnamen / do van der öuvercheyt gehandelt wart." Die „fleischliche" Freiheit innerhalb der Ordnungen ist etwas anderes als die Freiheit des Christenmenschen, wie sie Luther formulierte.

4 „stede" - Ich habe dieses Wort in diesem Kapitel mit „Ort" wiedergegeben gegenüber dem Begriff „Zeit".

5 Das bedeutet: An Orten, Speise, Kleidung oder Zeiten ist an sich selbst keine Sünde. Dazu wurden sie nur durch die damals üblichen kirchlichen Vorschriften erklärt.

Si ergo dixerint vobis: Ecce in deserto est, nolite exire. Ecce in penetralibus, nolite credere.

So dann jemand zu euch sagen wird: Sieh, hier ist Christus, oder dort, sollt ihr es nicht glauben. Und bald danach: Wenn sie zu euch sagen werden: Sieh, er ist in der Wüstenei, so geht nicht hinaus. Sieh, er ist in den Kammern[1], so glaubt es nicht.
Hier sieh doch, wie Emser abermals der Geistlichen und aller Mönche Klöster vergessend in seiner Glosse so spricht: Man darf Christus in keinem Winkel noch an heimlichen Orten suchen, sondern in der Christlichen Kirche, die da reicht vom Aufgang bis zum Niedergang der Sonne, etc.
O, lieber Emser, wo bleibt denn die Römische Kirche? Wo bleiben die Klöster und geteilten Orden? Siehst du wohl? So pflegt die Wahrheit zu scheinen, wenn man sie am meisten verdecken will.
Joh 4(,21) spricht Christus also:

Mulier, crede michi: venit hora quando neque in monte hoc neque Hierosolymis adorabitis Patrem etc.

Frau, glaube mir, die Stunde wird kommen, dass ihr weder auf diesem Berg, noch zu Jerusalem den Vater anbeten werdet. So Mal 1(,11):

In omni loco offertur nomini oblatios munda.

An allen Orten wird meinem Namen ein reines Opfer aufgeopfert.
Das ist: Ein jeder Christenmensch soll sich selbst Gott dem Herren zu einem lebendigen heiligen wohlgefälligen Opfer in dem Absterben des Fleisches und Nächstenliebe mit all seinem Wesen und Vermögen übergeben, dabei ihm alle seine Zeit, Liebe, Ehre und Preis opfern.
Solch ein Gelübde haben wir in der Taufe getan, dass wir auch unser Leben lang zu bezahlen und dem Ort zu befleißigen schuldig sind, wie Paulus lehrt und ernstlich vermahnt, Röm 7.
Also soll ein jeder gläubiger Christenmensch frei sein von allen Stricken des Gewissens.[2]

---

1 Mit penetralia bezeichnete man auch innere Gemächer. Oldendorp nutzt dies ebenso wie den Begriff "Wüstenei", um auf die Klöster anzuspielen.

Und wenn du deswegen im Kloster vertrocknest[2] und (dich damit) verdienstlicher vermeinst als da draußen, so beschmutzt du deinen reinen Glauben in Christum den Herrn, der von dir gefordert ist. Du kannst aus dem Mangel an rechtem Glauben[3] nimmer zur rechten Nächstenliebe kommen und bleibst stattdessen in der Düsternis deines fleischlichen Gutdünkens.
So Mt 17(,26):

> Ergo liberi sunt filii.

So sind die Kinder frei.
Versteh dies nicht von der weltlichen Obrigkeit, wie es der blinde Emser verdreht[4], sondern (als Freiheit) von Menschenstricken der Gewissen. Joh 8(,32.36)

> Veritas vos liberabit. Et paulo infra:
> Si ergo vos filius liberos reddiderit vere liberi estis.

Und die Wahrheit wird euch frei machen. Und danach:
So ihr nun die Söhne frei macht, so seid ihr recht frei. So 2 Kor 3(,17):

> Porro ubi spiritus domini ibi libertas.

Wo aber der Geist des Herren ist, da ist Freiheit. Gal 5(,1):

> In libertate igitur qua Christus vos liberauit, state et ne rursus iugo seruitutis implicemini.[5]

So besteht nun in der Freiheit, da uns Christus mit befreit hat und lasst euch nicht wiederum in das knechtische Joch verknüpfen.
Mochte man nicht zu diesen Werkheiligen sprechen mit Paulus Gal 3(,1)?

---

2 Das Gewissen bindet den Menschen zwar auch, ist jedoch durch den Glauben Quelle der Freiheit und dient, ja ermöglicht Billigkeit und damit das Gute. Darin besteht wirkliche Freiheit. Sie ist Quelle der Verbesserung, ganz wie das Ergebnis eines richtenden Prozesses das Überdenken und Umgestalten von Geregeltem ist.

2 „deyst" – Eine Deise war ein Trocknungsgestell.

3 gebreke des rechten ghelouens.

4 calumniert.

5 Vulgata: Gal 4, 31-5,1: qua libertate Christus nos liberavit. State, et nolite iterum jugo servitutis contineri.

O stulti Galate quis vos fascinauit ut non crederetis veritati?
Egregia hic est calumnia Emseri.
[Köstlich ist hier die Verdrehung durch Emser.]

O ihr törichten Galater, wer hat euch bezaubert, dass ihr die Wahrheit nicht glaubt? Und lies doch um Gottes Willen das selbige dritte Kapitel ganz aus.
Ja, sprechen sie, wir müssen ja die Gelübde halten, wie Gott gebot, Ps 75(,12):

Uouete et reddite.

Was du gelobst, sollst du halten. Und Dtn 23:

Cum votum voveris Domino Deo tuo non tardabis reddere quia requiret illud Dominus Deus tuus. Et si moratus fueris reputabitur tibi in peccatum.

Wenn du ein Gelübde tust Gott deinem Herrn, so sollst du nicht verziehen, dasselbe zu geben. Gott, dein Herr will es von dir fordern und wenn du verzögerst, soll es dir zur Sünde gerechnet werden, etc.
Hier könnte ihm aus ihrem eigenen Recht geantwortet werden:

Quod ab initio non valuit, nulla ratione confirmatur.
c. Non firmatur. De reg. iur: lib. VI.[1]

Was im Anfang von Rechts wegen nichtig ist, das mag danach durch andere Weise nicht befestigt werden. Christus will im neuen Testament freiwillige Diener haben und lässt kein Gelübde zu, weder zeitlich noch ewiglich, wie nun erzählt ist.
Wie willst du dich denn wider Gott verbinden und zugleich sein Diener sein?
Doch zu den bewiesenen Sprüchen lies die zweite (unten) folgende Antwort.

1 Maxime aus De regulis juris: Non firmatur VI.[5.13.]18.

Antwort auf etliche Argumente und Einreden, so gegen dies Büchlein geschehen mögen.

Die erste Einrede

> Gutes Recht ist alt und bewährt. Gottes Wort ist hingegen nicht nur alt und bewährt, es ist ohne Anbeginn und bleibt in Ewigkeit, wird aber jetzt verhandelt, gepredigt. Die Botschaft der Reformatoren ist darum nicht neu, weil sie dem reinen Evangelium entspricht. Sie kann nicht der Uneinigkeit Vorschub leisten, weil sie in Gott wurzelt. Entsprachen Oldendorps Analysen der Missbräuche dem Evangelium, darf man diese Ansichten nicht eine Neuerung schelten, sie verwerfen oder für Streit erachten. Auch Christus scheute nicht die Auseinandersetzung, aber nicht um zu spalten, sondern um tragende Einigkeit zu bewirken. Wieder greift Oldendorp zu einem Bild: Einen Baum gießt man vergebens an der Krone, die Wurzeln bedürfen des Wassers. So haben wir das Evangelium in seiner reinen Form um des Friedens willen zu hören. Rechte Besserung geht still zu.
>
> Dieser Abschnitt ist mithin ein offenes Plädoyer für die reformatorische Partei in Rostock und damit auch für ihren Prediger Joachim Slüter. Dieses Kapitel von der Einrede reagiert auf den Streit und Unfrieden, der infolge der reformatorischen Akte in Rostock entstand.

Wo jemand mit sophistischen Argumenten die Wahrheit verdunkeln wollte, dem hat Paulus genugsam geantwortet 2 Tim 2(,14-25) und zu Titus im 3. Kapitel (Verse 1-11). Aber schwachen Gewissen und die oftmals nur aus Unwissenheit heraus klagen, denen sei hiermit Unterricht gegeben.

Erstlich sprechen viele: Was kommt aus diesen neuen Dingen anderes als Widerwille und Uneinigkeit an allen Orten? Auch vernimmt man nicht viel Besserung etc.

Zu den neuen Dingen spreche ich stracks: Nein. Denn Gottes Wort wird jetzt verhandelt, das ist ohne Anbeginn gewesen und bleibt in Ewigkeit. Jes 40(, 8b).

> Verbum domini manet in aeternum.

Man lehrt auch nichts anderes als die Wege Christi und seiner Apostel, die sind alt und nicht neu.
Aber diese oben beschriebenen Missbräuche musst du notwendig für neue, erdachte Sünde achten und nehmen. Darum schmähe[1] Gott den Herren nicht mehr, damit er uns alle, den Schuldigen mit dem Unschuldigen, nicht strafe.
Zur Uneinigkeit und Widerwillen, den du beklagst, sage ich also, dass wir von daher erkennen sollen und eigentlich wissen, dass Gottes Wort wider den Teufel und die Seinen recht verhandelt wird, nicht aber, dass die Schuld solcher Uneinigkeit bei dem heiligen Evangelium, sondern bei den bösen, widerwärtigen, ungläubigen Menschen sei. Denn die Wahrheit in Gestalt eines zweischneidigen scharfen Schwertes verwundet viele Gewissen, macht sie blutig und bitter und greift den Schuldigen hart an mit Strafe. Wie kann das geschehen ohne schweren Widerwillen und Ungunst der Leute?
Wie Paulus Gal 1(,10) bezeugt:

> Nam sic hactenus hominibus placu issem, Christi seruus haud quaquod essem.

Wenn ich den Menschen noch wohl gefalle, so wäre ich nicht ein Knecht Christi.
Und wiewohl der Fall Adams uns alle Gebrechen angeerbt hat, also dies um unserer Begehrlichkeit willen immer da ist[2] und als noch nicht viel Leute auf Erden waren, Totschlag, Verfolgung und Aufruhr entstanden ist, mag auch darum kein sündiger Mensch unsere Bosheit dem heiligen Evangelium oder seinen Dienern zumessen. So ist doch im Alten Testament prophezeit, dass Gottes Wort vielen zu Fall und Zwiespältigkeit würde[3]. Gen 16(,12) und Jes 27[4].

---

1 „honslage“ -Auch Martin Luther gebrauchte diesen Ausdruck: „würde jemand so vergessen sein und Gott und sein heiliges Wort lästern und hohnschlagen“. DWB Grimm, Stichwort „vergessen“ 9).

2 „stedes“ = immer, fortwährend, ständig.

3 „tho eynem falle und twyspaldicheit syn würde.“

4 Das gesamte Kapitel.

Hic eris ferus homo manus eius contra omnes et manus omnium contra eum etc. [Und es wird der ungezähmte Mensch seine Hand gegen alle richten, und die Hand aller gegen ihn, etc.]

So hat auch Christus mit hellen Worten davor gewarnt Mt 10(,34-36):

Ne arbitremini quia venerim ad mittendam pacem in terram. Non veni mittere pacem sed gladium.
Nam veni ut dissidere fariam hominem adversus patrem suum et filiam adversus matrem suam et sponsam adversus socrum suam et inimici hominis erunt hi qui sunt demstici ipsius.

Ihr sollt nicht meinen, dass ich gekommen sei, Frieden zu senden auf Erden. Ich bin nicht gekommen, Frieden zu senden, sondern das Schwert. Denn ich bin gekommen, abzusondern den Menschen von seinem Vater, und die Tochter wider ihre Mutter und die Schwiegertochter wider ihre Schwiegermutter und des Menschen Feinde werden seine eigenen Hausgenossen sein.
So Joh 6(,67), da der Herr seinen Jüngern die Wahrheit lehrte und anbrachte[1]:

Ex eo tempore multi discipulorum eius desciuerunt eo relicto nec amplius cum illo ambulabant.

Von dem an - spricht der Evangelist - gingen seiner Jünger viele von ihm[2] und wanderten fürderhin nicht mehr mit ihm. So Joh 7(,12.43):

Et murmur multus erat in turbis de eo. Quidam enim dicebant bonus est. Alii autem dicebant nos sed seducit populum.

Und es war ein groß Gemurmel von ihm unter dem Volk. Denn etliche sprachen, er ist fromm[3]. Die anderen aber sprachen: Nein, sondern er verführt das Volk.
Daselbst sagt der Evangelist:

Dissensio itaque orta est propter eum.

Also entstand eine Zwietracht im Volk über ihm. So Joh 10(, 19-21):

---

1 „ahnsede“ - ansetzte?

2 „gyngen syner Jünger vele hynder sick“ = kehrten sich ab.

3 für bonus.

Dissensio igitur iterum facta est inter Judeos propter sermones hos. Dicebant enim multi ex ipsis demonium habet et insanit quid eum auditis? Alii dicebant hec verba non sunt demonium habentis.

Da ward abermals eine Zwietracht unter den Juden über diese Worte. Denn ihrer sprachen viele: Er hat den Teufel und ist unsinnig, was hört ihr auf ihn? Die anderen sprachen: Das sind nicht die Worte eines Besessenen etc.
Was geschah, als Christus geboren wurde? Mussten nicht so viele unschuldige Kinder unter zwei Jahren über ganz Bethlehem in ihrer Mutter Armen sterben? Mt 2(,16):

Ac missis satellitibus interfecit omnes pueros qui erant Bethleem et in omnis finibus Bethleemiticis quotquot essent bimuli aut minores etc.

Welch eine Uneinigkeit meinst du, dass gewesen sei, als Christus predigte und so viele tausend Menschen gegen den Willen des Hohepriesters nach sich folgen hatte? Joh 12(,19f.):

Pharisei ergo dixerunt inter se: Uidetis quia nichil proficitis. Ecce mundus post eum abiit.

Die Pharisäer aber sprachen unter einander: Ihr seht, dass wir nichts ausrichten, alle Welt läuft ihm nach.
Im ganzen Neuen Testament ist keine Klage der Juden über Christus so groß, als dass er unter dem gemeinen Volk Aufruhr und Bewegung gemacht haben sollte. Es war aber nicht des Herren, sondern ihrer Bosheit Schuld. Es war auch nicht eine unnütze, sondern eine heilsame Zwiespältigkeit, dass der gemeine Haufen der Juden Tempelmarkt verlassen und Christum folgten.
Mt 27, Mk 15, Lk 23 und Joh 18.[1]
Darum noch heutigen Tags, willst du die rechte Ursache aller Uneinigkeit suchen, so musst du die Geistlichen bitten und ermahnen, dass sie sich zu Gott schicken, sein Wort rein predigen lassen und von ihrem Irrtum abstehen, nicht weiterhin den Glauben aus den Werken, als ob du der Spitze und obersten Teil des Baumes um Frucht willen Wasser geben wolltest, sondern wiederum die Werke aus dem Glauben suchen und lehren, wie man die Wurzeln

1 Die Kapitel von Verhör und Verurteilung. Die angegebenen Kapitel beziehen sich auf die Verurteilung Jesu als Aufrührer.

des Baums wahrnehmen muss, damit er feucht und gesund bliebe, so werden die Früchte wohl folgen.

Röm 10(,17)[1]

Um dies aus der Gnade Gottes zu bekommen, ist vonnöten, das heilige Evangelium lauter und wach zu hören. Sodann wird Uneinigkeit wohl zu heilsamem Frieden kommen.[2]
Lies *c. De occidendis 23.q.5*

> Absit - ait Augustinus - ut ea que propter bonum ac licitum facimus aut habemus si aliquid per hoc praeter nostram voluntatem cuisque mali acciderit nobis imputetur.[3]
> [Es nicht so - sagt Augustinus -, dass etwas uns zugerechnet werden sollte, was wir um des Guten und Erlaubten willen tun oder haben, erwächst daraus gegen unseren Willen Böses.]

Zum Dritten wegen der Besserung, dass man sie noch nicht erfährt[4] aus dem Predigen des Evangeliums etc.
Da mochte vielleicht ein simpler Bauer darauf antworten und sprechen:
Liebe Geistliche, habt ihr doch etliche hundert Jahre her große Arbeit getan, das jetzt böse geworden ist, wie wollt ihr denn anderen in fünf oder sechs Jahren den Handel gut zu machen auflegen? Vergönnt ihnen auch ein wenig Zeit und seht dann, was daraus kommt.
Gott wird die Zeit wohl finden.

> Expecta dominum et viriliter age.
> [Warte auf den Herrn und handle mannhaft.] (Ps 26,14)

---

1 So kommt der Glaube aus der Predigt, das Predigen aber durch das Wort Christi.

2 Dem späteren Optimismus, der aus dem Naturrecht des Rationalismus erwuchs, ging eine andere Hoffnung voraus. Aber die Grundüberzeugung blieb gleich: Angesichts von Wahrheit und Vernunft und der entsprechenden Zustimmung muss es Frieden geben.

3 Decr. Pars sec. Causa XXIII. Quaestio V. C. VIII. (Augustinus Epistulae 47.5)

4 „vornympt"

Jes 28(,23-26)[1] und Ps 24(,2)[2].
Doch ich will glauben, der meiste Teil derjenigen, die also klagen und murmeln, wissen nicht, was christliche Besserung sei.[3]
Denn es wurde Christus gefragt Lk 17, wann das Reich Gottes käme.

> Interrogatus autem a phariseis: Quando venturum esset regnum Dei? Respondens eis et dixit: Non venit regnum Dei cum observatione . Neque dicent: Ecce hic, aut ecce illic est. Ecce enim regnum Dei intra vos est.

Sagte er zu ihnen: Das Reich Gottes kommt nicht mit äußerlichen Gebärden. Man wird nicht sagen: Siehe hier oder da ist es, sondern das Reich Gottes ist inwendig in euch.
Darum: Die rechte Besserung des Menschen geht still zu und die Welt nach dem Fleisch erkennt sie nicht und ist blind. Joh 14(,17)[4] und 1 Kor 2(,14):

> Animalis autem homo non accipit ea qui sunt spiritus dei stultitia siquidem illi sunt.
> [Der natürliche Mensch aber vernimmt nichts vom Geist Gottes; es ist ihm eine Torheit.]

Sie lassen sich dünken, wenn man ein frommes Kleid anlegt oder ein sonderlich äußerlich scheinendes Werk tut, so sind wir bald geistlich. Nein, lieber Bruder, christliche Besserung ist dies: Wenn du Gottes Wort fleißig und wach hörst, ihm gänzlich vertraust und lässt fahren alle Kornstrohschwingen des Teufels mit der Menschen Gutdünken

1 Nehmt zu Ohren und hört meine Stimme, merkt auf und hört meine Rede: Pflügt oder gräbt oder eggt denn ein Ackermann immerfort seinen Acker zur Saat? Ist's nicht so: Wenn er ihn geebnet hat, dann streut er Dill und wirft Kümmel und sät Weizen und Gerste, ein jedes, wohin er's haben will, und Dinkel an den Rand? So unterweist ihn sein Gott und lehrt ihn, wie es recht sei.

2 Mein Gott, ich hoffe auf dich; lass mich nicht zuschanden werden, dass meine Feinde nicht frohlocken über mich. Denn keiner wird zuschanden, der auf dich harret; aber zuschanden werden die leichtfertigen Verächter...

3 Weltliches und geistliches Heil sind nicht identisch, aber stehen nicht beziehungslos nebeneinander. Eine Besserung der Gesetze meint nach Oldendorp nicht Perfektion, denn scharfes Recht ist scharfes Unrecht und jedes Gesetz ist veränderlich, d.h. kann wegen der erforderlichen Billigkeit nicht perfekt sein, auch nicht annäherungsweise.

4 ... den Geist der Wahrheit, den die Welt nicht empfangen kann, denn sie sieht ihn nicht und kennt ihn nicht. Ihr kennt ihn, denn er bleibt bei euch und wird in euch sein.

und daraus weiterhin dich (selig) preist an der Nächstenliebe, darin allein sind die rechten guten Werke, und befleißigst dich in all demjenigen, dem göttlichen Wort gemäß und vermeidest alles, was ihm ungemäß ist.

Röm 13(,8-14)

Lass uns alle Gott bitten, dass er der Welt diese Besserung verleihen möge durch Verkündigung seines heilsamen Wortes.
Und rüge nicht, was daraus kommt, Ketzer, Verleider und dergleichen, die dir selbst wie ein großer Hausbalken auf dem Haupt liegen, und du siehst sie nicht. Mt 7(,1-5).

Die andere Gegenrede

> Ist etwas unbillig, so fällt damit die Verpflichtung, entsprechend zu handeln. Fromme Gelübde lehnt Oldendorp als Verpflichtungen Gott gegenüber ab. Die Billigkeit des Evangeliums löst uns vom Gesetz. Mönchsgelübde sieht Oldendorp als einen Rückfall ins Gesetzliche an. Das wird hier zum Thema gemacht, weil man das Brechen von Ordensgelübden als Sünde ansah.

Zum anderen, wenn die Geistlichen nirgends hinaus wissen, so kehren sie sich ihren Gelübden und getane Eiden zu und sprechen: Wir haben gelobt, wir haben geschworen, das müssen wir ja (schon) einem Menschen (gegenüber) einhalten, wie viel mehr Gott etc.
Antworte ich zu beidem: Nein.
Was unbillig ist, das sollst du weder dem Menschen noch Gott halten.
c. in malis. De reg.iur. 51.6.

In malis promissis fidem non expedit ob servari.
[Bei schändlichen Versprechen ist es nicht angebracht, Wort zu halten.][1]

Gott verbietet dir auch das Schwören und (gebietet) allein mit Ja und Nein zu handeln.

1 Liber sextus Decretalium, Regulae iuris 69.

Willst du (etwa) Christus und seinen guten Werke, die er in dir tut, zuschwören?[1] Damit aber du das siehst, wie unchristlich der Geistlichen Tun ist, so will ich sie gefragt haben, ob ihre Gelübde Werke des Gesetzes oder des Evangeliums sind? So wird (ja) die ganze Bibel von Anbeginn der Welt in die zwei Stücke geteilt.[2] Sprechen sie nun: Es sind Werke des Gesetzes, so verleugnen sie Christum.
Also spricht Paulus Gal 2(, 21):

> Nam si per legem iustitia igitur Christus frustra mortuus est.

Denn so durch das Gesetz die Gerechtigkeit kommt, ist Christus vergebens gestorben.
Und Röm 4(,14):

> Etenim si hi qui ad legem pertinent heredes sunt inanis facta est fides et irrita facta est promissio.

Denn wo sie vom Gesetz Erben sind, so sind der Glaube nichtig und die Zusagen verloren. Lies Röm 3 und Gal 3. Da wirst du Rechtes vom Gesetz finden.[3]
Wollen auch die Geistlichen sagen, ihre Gelübde seien Werke des Evangeliums, so sind sie frei und können niemanden zwingen, weil das Evangelium das Gewissen eines jeden ungebunden haben will, wie Paulus sagt Gal 5(,1).

> In libertate igitur qua Christus vos liberauit state et ne rursus iugo seruitutis implicemini.

So besteht nun in der Freiheit, damit euch Christus befreit hat und lasst euch nicht wiederum in das Joch der Dienstbarkeit verknüpfen.
So auch 1 Kor 7(,23):

> Pretio empti estis nolite fieri serui hominum.

---

1 Was ich nicht mein Werk ist, kann ich nicht geloben. „Zuschwören" bedeutet, etwas feierlich zusichern.

2 Es handelt sich in diesem Sinn nicht nur um Altes und Neues Testament, sondern die Unterscheidung durchzieht die gesamte Bibel, vom Anfang der Welt an, d.h. vom Paradiesgeschehen an, wo wir bereits Gesetz und Evangelium haben, das Speisegebot vom Baum der Erkenntnis und das Protevangelium Gen 3,15..

3 „dar werstu recht vam gesette vinden."

Ihr seid teuer gekauft, werdet nicht der Menschen Knechte. So Kol 2(,20):

> Itaque si mortui estis cum Christo ab elementis mundi quid quasi viuentes in mundo decretis tenemini?

So ihr denn nun gestorben seid mit Christus von den Elementen dieser Welt, was lasst ihr euch denn fangen mit Gesetzen, als lebtet ihr noch in der Welt?
Zu den Sprüchen, die sie angezeigt haben Ps 76(,12a)[1] und Dtn 23(,22)[2], antworte ich also, dass alle, die auf diese Sprüche bauen, von beiden eins sein müssen, entweder rasend oder blind. Denn keine Stelle des Neuen oder Alten Testaments redet von solchen närrischen Gelübden, wie jetzt vorgenommen ewig zu halten, sondern gemeiniglich von zeitlichen Gelübden wie von Opfern, weil das Gesetz des Mose ewige Verknüpfung nicht zulässt, wofür Lev 27 ein klarer Text ist.[3] Das neue Testament aber will kein anderes Gelübde als edle Freiheit des Herzens, wie gesagt im 17. Missbrauch.
Doch wenn unsere Geistlichen und Mönche mit ihren Gelübden ja den Juden folgen und Christus verlassen wollen, so sollen sie doch rechte Juden sein und eines bei dem anderen halten. Denn gleich also geschrieben steht Num 30(,3):

> Si quis virorum votum Domino voverit aut se constrinxerit iuramento non faciet irritum verbum suum.

Wer ein Gelübde tut und verpflichtet sich eines Eides, der soll seinem Wort nicht entgegenstehen. So steht auch Lev 27(,2) dagegen:

> Homo qui votum fecerit et spoponderit Deo animam suam sub aestimatione dabit pretium.

---

1 Tut Gelübde dem HERRN, eurem Gott, und haltet sie!

2 Wenn du dem HERRN, deinem Gott, ein Gelübde tust, so sollst du nicht zögern, es zu erfüllen; denn der HERR, dein Gott, wird's von dir fordern, und es wird Schuld auf dich fallen.

3 Alle Gelübde zu Personen, Tieren, Häusern, Feldern, ebenso die Vorschriften für Erstgeburt, Banngut und Zehnten werden in diesem Schlusskapitel als zeitlich bestimmt.

Ein Mensch, der ein Gelübde tut und verpflichtet seine Seele, der soll es schätzen und mit Geld wieder lösen. Das musste auch ja gehalten sein. Oder man würde sie nicht für gute Juden halten, die das Gesetz nicht ganz hielten.
Aber mein treuer Rat ist, christliche Leser: Du bist geistlich oder weltlich, halte den ersten Eid, den du Gott in der Taufe geschworen hast, werde darin nicht meineidig, halte dich fest an Christus und sein Wort, verlasse aller Menschen Tand, so steht deine Sache recht, doch alles - so viel als es dir möglich ist - ohne Aufruhr und Widerwillen.
Denn, dass Leute sich ärgern und verbittern oder die gegenüber unfreundlich[1] werden um göttliches Wortes willen, die Schuld zu tragen, kommt dir nicht zu.
Paulus Röm 12. Quem pulcre intepretatur [dies schön interpretiert] Gregorius im *c. Inter verba 11. q.3.*[2]

Die Dritte Einrede

Diese Einrede beschäftigt sich mit volkstümlichen Argumenten: Die in dieser Schrift kritisierte Praxis war offenbar bewährt, wurde darum

1 „dyne unfründe werden"

2 Decr. Pars sec. Causa XII. Quaestio III. C. LV. Non hominum linguas, sed conscientias curare debemus:
Inter uerba laudantium siue uituperantium ad mentem semper recurrendum est, et si in ea non inuenitur bonum, quod de nobis dicitur, magnam tristitiam generare debet; et rursum si in ea non inuenitur malum, quod de nobis homines locuntur, in magnam debemus letitiam prosilire.
[Zwischen tadelnden und lobenden Worten muss man stets auf den Sinn zurückgehen, und wenn es nicht das Gute zum Ziel hat, was uns gesagt wird, muss es große Trübsal hervorbringen. Und umgekehrt, wenn nichts Schlechtes beabsichtigt ist, was uns die Menschen sagen, muss es uns zu großer Freude dienen.]
Vgl. Röm 12, 2: „Stellt euch nicht dieser Welt gleich, sondern ändert euch durch Erneuerung eures Sinnes, auf dass ihr prüfen könnt, was Gottes Wille ist, nämlich das Gute und Wohlgefällige und Vollkommene." Wenn Gott uns durch das Gesetz tadelt, schlägt das zu unserem Heil aus. Tadeln uns aber Menschen wegen unserer Treue zu Gottes Gebot, muss uns das nicht grämen.

auch als recht empfunden. Warum musste oder durfte man das ändern? Auch solle und dürfe man sich doch getrost an die Überzeugungen der Mehrheit halten. Schließlich: Niemals verstehen wir alles, warum sollte ich mir die Mühe machen, und den Dingen auf den Grund gehen, zumal es so viel Aufruhr mit sich bringt?

„In göttlichen Dingen, die Seelenseligkeit betreffend gilt weder Meinung noch Gewohnheit, sondern allein das Wort Christi." Gutdünken gehört nicht zum Glauben. Dieser Abschnitt ist als Plädoyer für Verantwortung eines jeden Bürgers anzusehen.

Zum Dritten denken und sagen viele Leute: Ich will dabei bleiben, wobei meine Voreltern geblieben, die mögen auch ja nicht übel gefahren sein. Da der Meisten Haufe und wo es von Alter her gekommen ist, dabei will ich bleiben, etc.

Was die Älteren betrifft[1], hoffe ich auch, Gott will ihre Unwissenheit ansehen und dass sie durch die Geistlichen zu Abwegen verführt (worden) sind, wie Paulus es von sich selbst sieht 1 Tim 1(,13):

> Sed et misericordiam adeptus sum quod ignorans fecerim per incredulitate etc.

Aber mir ist Barmherzigkeit widerfahren, denn ich habe es unwissend getan im Unglauben etc.

Doch uns will die Entschuldigung nicht helfen, da wir jetzt aus milder Gnade Christi Jesu die Wahrheit und unseren alten Irrtum bekennen.

Wie es denn Hebr 10(,26f.) klar ausdrückt ist:

> Nam si volentes peccauerimus post acceptam cognitionem veritatis nos ultra pro peccatis reliqua es hostia, sed formidabilis quedam expetcatio iuditii et ignis vehementia.

Denn so wir williglich sündigen, nachdem wir die Erkenntnis der Wahrheit empfangen haben, wird uns nun kein Opfer mehr nachgelassen, sondern ein schreckliches Erwarten[2] des Gerichtes und des heftigen Feuers.

---

1 „Der öldern haluen"

2 „wachtent" für expectatio.

Darum hat dir Gott in dem Fall verboten, deinen Eltern nachzufolgen, 2. Chr 30(,7) und Sach 2[3]:

> Nolite fieri sicut patres vestri.

Werdet nicht wie eure Eltern. So Ps 94(,10b):

> Et dixi semper hi errant corde etc.

Auch singen und lesen unsere Geistlichen dies alle Tage zur Mette, verstehen es aber nicht[2]: Ich habe gesagt, allezeit irren[3] sie in ihren Herzen etc.

Dass du auch bei der Mehrheit bleiben willst, rate ich dir nicht, lieber Bruder.

Denn Christus, unser Herr und Heiland will, dass du der Minderheit[4] folgst durch seine Lehre und Glauben. Der Weg zur Seligkeit ist eng und auf ihm wandeln wenig, zur Hölle ist es weit und breit, da gehen viele hinein. Mt 7(,13f.): Geht durch die enge Pforte, etc. und Wenige sind ihrer, die ihn finden.

> Intrate per arctam portam quia lata porta et spatiosa via que abducit in exitium multique sunt qui ingrediuntur per illam. Quam angusta porta et arta via quae ducit ad vitam et pauci sunt qui inveniunt eam.

So Lk 18.[5] Paulus 2 Thess 3(,2):

> Non enim omnium est fides.

Denn der Glaube ist nicht jedermanns Ding.

Wenn du nun bei der Mehrheit bleiben willst, so bleibst du beim Teufel und seiner Gesellschaft, die Menschen Blindheit anhängen. Davor Gott uns alle nach seinem Willen behüte und beschirme.

Wegen des alten Herkommens und der Gewohnheit, dass du darauf baust, antworte ich dir also:

---

3 Oldendorp hatte offensichtlich den Kommentar von Hieronymus zu Sacharja in Händen, der diesen Vers aus der 2. Chronik 30 (nicht 3, wie Oldendorp schreibt) zu Sach 1,9 anführt.

2 Der Vers gehört Invitatorium der Matutin des Officiums, Parvum Beatae Mariae Virginis.

3 „dwälen" für errant.

4 „meisten hupen / weynigsten hupen".

5 Das Kapitel erzählt von verschiedenen Bedingungen der Nachfolge.

In göttlichen Dingen, die Seelenseligkeit betreffend, gilt weder Meinung noch Gewohnheit, sondern allein das Wort Christi. Es gelten Gott so viele, tausend Jahre wie eine Stunde. Seinem Wort muss keine Veränderung geschehen, sollte auch die Welt vergehen. Mt 5(,18), Dtn 4(,2) und 12(,1). Koh 3(,14) und Spr 30(,6).

> Amen quippe dico vobis donec pertereat caelum et terra iota unum aut unus apex non preteri erit, etc.
> [Denn wahrlich, ich sage euch: Bis Himmel und Erde vergehen, wird nicht vergehen der kleinste Buchstabe noch ein Tüpfelchen vom Gesetz, etc.]

Demnach, was wir auf Menschen Gewohnheit und Meinung bauen, das nennt Christus auf Sand gebaut. Mt 7(,24-27), wovor uns die Schrift an allen Orten warnt.

Darum, so dir die Sprüche des Heiligen Geistes durch David Ps 115(,2) und Paulus Röm 3(,4) vorgehalten werden, dass alle Menschen lügenhaft sind, und dein Gewissen zusammenbricht[1] und zweifelt, so ist der Glaube weg und du weißt nicht, wo du hinaus oder herein sollst, wie jetzt die mit Missbrauch auf Sand gebaut haben hernieder fallen.

Und derweil nun die Geistlichen und wir alle wissen, dass uns der leidige Teufel durch der Menschen Gutdünken und Klugheit so fern von Gottes Wort und Willen verführt hat, wie es dem ersten Menschen Adam auch geschah und kehren nicht um, sondern handeln immerfort wider Gott, so wird er die Schuldigen aus seinem Tempel jagen, wie wir lesen von den zwei Söhnen des Hohenpriesters Aaron, die darum verbrannten, weil sie sich ein Werk erdachten und taten, was Gott nicht geboten hatte, Lev 10. Desgleichen wurde König Saul vom Königtum verstoßen, weil er ein Werk tat ohne Gottes Befehl, 1 Sam 15.

Das geistliche Recht

So verbot auch der Papst selbst und tat ab alle alte Gewohnheit, die gegen Gottes Wort sind im *c. Cum tanto. De consuetudi*. Item im *c. Mala autem 8. dist.*

1 „fallet dyne conscientie her nedder“

Mala consuetudo, non minus quam pernitiosa corruptela uitanda est, que nisi citius radicitus euellatur, in priuilegiorum ius ab impiis assumitur.[2]

Aber - spricht Nikolaus - eine böse Gewohnheit ist nicht weniger, als sonst anderes schädliches Vornehmen beizulegen und zu vermeiden. Und wo sie nicht bald ausgerodet wird, da nehmen die Gottlosen sie als Freiheit und Gerechtigkeit an.
So daselbst im *c. Si consuetudinem.*[2] Wenn du mir - spricht Gregorius - eine Gewohnheit wolltest unter Augen halten, so merke an, was der Herr redet Joh 14(,6): Ich bin der Weg und die Wahrheit und das Leben. Er sagte nicht: Ich bin eine Gewohnheit, sondern ich bin die Wahrheit.
Lies auch Dtn 13(,1) und 2 Kor 2(17). Item *c. Frustra*[3] *und c. Si solus. Ea: dist. 8.*[4] So findest du wohl, wie man gleich Juden und Heiden mit alter Gewohnheit, Meinung und Gebrauch Gottes Wort widerstehen mag.[5]

Die Vierte Einrede

Oldendorp hat im Kanonischen Recht zahlreich Argumente gewonnen, die seine Ansichten unterstützen, aber es gab darin auch

2 Decr. Conc. Dist. VIII. C. III.

2 Item Gregorius VII. Vimundo Auersano Episcopo. Si consuetudinem fortassis opponas, aduertendum est, quod Dominus dicit: "Ego sum ueritas." Non dixit: ego sum consuetudo, sed "ueritas." Decr. Conc. Dist. VIII. C. V.

3 Decr. Conc. Dist. VIII. C. VII. Hoc plane uerum est, quia ratio et ueritas consuetudini preponenda est. Sed si consuetudini ueritas suffragatur, nihil oportet firmius retineri. [Das ist schlicht wahr, weil Vernunft und Wahrheit der Gewohnheit vorzuziehen sind. Aber wenn die Gewohnheit von der Wahrheit bestätigt wird, muss an ihr festgehalten werden.]

4 Decr. Conc. Dist. VIII. C. IX. Neque enim hominis consuetudinem sequi oportet, sed Dei ueritatem, cum per Ysaiam prophetam loquatur Deus et dicat: "Sine causa colunt me, mandata et doctrinas hominum docentes." [Es ist nicht der Menschen Gewohnheit zu folgen, sondern der Wahrheit Gottes. Um mit dem Propheten Jesaja zu sprechen, wo Gott sagt: „vergeblich dienen sie mir, dieweil sie lehren solche Lehren, die nichts denn Menschengebote sind." (Mt 15,9 nach Jes 29,13)]

5 „wedd' Gades wort bestan mach." - „Bestan" konnte auch heißen „Widerstand leisten, bekämpfen" (Köbler).

gegenteilige Regeln. Doch hatte er sich darum nicht einfach herausgesucht, was ihm zusagte, seine Ansicht unterstützte. Er nutzte das Decretum Gratiani wie das Römische Recht als Rechtsquelle, akzeptierte es aber nicht als geltendes, billiges Recht. Auch darin erwies er sich als Reformator. Wir sehen die Reformation verkürzt, halten wir sie nur für ein theologiegeschichtliches Ereignis. Sie schrieb Dogmengeschichte nicht nur wegen theologischer Einsichten, sondern weil sie die Liturgie reformierte. Zudem änderte sie von Grund auf die Verfassung der Kirche, und dies mit juristischen und historischen Argumenten, anknüpfend an die Kirchenväterzeit.

Diese Seite der Reformation wird gern in die zweite Reihe gestellt, als bloße Folge veränderter theologischer Ansichten. Es handelte sich jedoch nicht nur nebenher um eine Rechtsreform. Der gesamte Korpus des Kanonischen Rechts wurde für etliche Länder entmachtet, zur bloßen Rechtsliteratur. Damit änderte sich auch die Rechtsauffassung im weltlichen Bereich. Gleich der Theologiegeschichte, sie sich ja deutlich von Dogmengeschichte unterscheidet, wird nun dieses, für die europäischen Rechtsgeschichte enorm wichtigen Rechtssystem des kanonischen Rechts neben dem Römischen Recht zur Zeugnissammlung, aus der man sich allerdings nicht beliebig heraussuche, was einem zupass kommt. Es bedurfte dazu eines Maßstabs, und den gewannen die lutherischen Juristen aus den bekannten „fünf solas" - scriptura, gratia, fide, Christus und Deo gloria, die einen Nenner haben, die Gegenwart Gottes. Zu messen ist demnach alles, was im Kanonischen Recht aufgeführt wurde an Gott, seinem geschehenden Wort. Oldendorp hat nicht das Decretum Gratiani als eine der Bibel gleichrangige oder auch nur nachgeordnete Autorität genommen. Er wollte vielmehr zeigen, dass auch dort vieles zu finden ist, was den aktuellen Missbräuchen seiner Zeit entgegensteht. Diese Einstellung hat sich dann auch in dem großen Geschichtswerk der Magdeburger Centurien niedergeschlagen, die 20 Jahre später zu erscheinen begannen. Kirchengeschichte ist nicht einfach eine Erfolgsgeschichte, eine Entwicklung zum immer Besseren. Genauso wenig aber ist sie nur eine Geschichte des Niedergangs. Gott verlässt seine Kirche nicht, wie Oldendorp festhielt.

Oldendorp wusste sich mit allen Rechtsverständigen und Lehrern darin einig, dass „Papstes Gesetze gegen göttliches und natürliches Recht nichtig sind", weil niemand gegen die Wahrheit argumentieren sollte. Hier zeigt sich die Rangfolge nach Oldendorp: Zuoberst steht das Recht Gottes. Dann folgt das „natürliche Recht", das nicht die gleiche

Klarheit besitzt. An beidem ist dann jedes Gesetz, alles Urteilen zu messen, damit es nicht nur recht, sondern auch billig zugehe. An die Stelle des Alten und Bewährten tritt nun zu Beginn der Neuzeit zunehmend das „natürliche Recht", wenn auch unterschiedlich bestimmt. Entscheidend ist Oldendorps Anspruch, dass Billigkeit mehr wiegt als Alter und Gewohnheit. Diese Billigkeit besteht nicht vor allem in Objektivität, sondern in persönlichem Gegenüber, dem Nächsten und Gott gegenüber. Natürliches Recht war für Oldendorp weniger eine Art menschliche Eigenschaft, als vielmehr die innere Verpflichtung, bzw. der Wille zur Güte, die Gott unserem Herzen eingepflanzt hat.

Es gibt für Oldendorp keine Übergänge von Göttlichem zu natürlichem Recht, und von diesen beiden Ebenen zum gesetzten Recht. Er dachte nicht im neuplatonischen Paradigma der Emanation, einer ontologischen Pyramide. Das Naturrecht hängt, mit gewisser Blindheit versehen am Göttlichen, beide sind in ihrem Wesen unveränderlich. Dadurch unterscheiden sie sich von allen Gewohnheiten und Gesetzen grundsätzlich. Das Naturrecht ist Schöpfungsgabe, sein Unterschied zum Göttlichen Recht liegt in den unterschiedlichen Personen. Gott bedarf keines Ratgebers, wir bedürfen des Rates. Uns ist keine Ubiquität eigen, wir überblicken nicht alles und können in niemanden Herzen sehen...

So positiv die hergenommenen Zitate aus dem Kanonischen Recht auch sind, man darf darüber nicht die Intention unserer kleinen Schrift außer acht lassen: Was am Vorabend der Reformation in der Kirche Geltung beanspruchte und mit der Autorität des Papstes versehen war, war im Urteil der Reformatoren von gravierenden „Missbräuchen" durchzogen. Der gemeinsame Nenner der Missbräuche war die Verkehrung der Intention Christi. So bestimmt sich aus der Sicht des Juristen die Bezeichnung Antichrist für den Papst in sachlicher Weise, auch wenn Oldendorp sparsam mit diesem Wort umging. Er wollte keine Propaganda machen, sondern sachlich, rechtlich und in aller Ordnung, wie er sie verstand und definierte, notwendige Veränderungen, Korrekturen ansprechen und nach Möglichkeit in seiner Stadt durchsetzen lassen, an der Seite des reformatorischen Predigers Joachim Slüter durch Beratung des Magistrats als berufener Syndikus. Im Rostocker Rat und bei den zuständigen Landesherren fand er 1529 dabei nur zögerliche Unterstützung. Offene Ablehnung schlug ihm von Seiten der Universität entgegen, allen voran in der Gestalt von Cornelius van Sneek.

Zum Vierten mögen vielleicht etliche sagen:
Ja, du hast aus dem Dekret und geistlichen Recht genommen, was dir diente zu diesen Missbräuchen. Es sind auch wiederum andere Kapitel dort dagegen, die solltest du auch hervorbringen. Willst du das eine annehmen, so musst du das andere auch nicht verwerfen etc.
Dazu antwortet Paulus ganz offenbar: Nein - 1 Thess 5(,21f.):

> Omnia probate quod bonum fuerit tenete. Ab omni specie mala abstinete.

Prüfet alles und das Gute behaltet. Meidet allen bösen Schein.
Der Heilige Geist weist dich an die bewährte Schrift, daran musst du alle Dinge halten. So Jes 8.[1]
Darum, was Gottes Wort gemäß ist, mag man wohl annehmen, es rede denn der Papst oder ein schlichter Priester, sei er gut oder böse. Denn ein übel ungläubiger Mensch spricht auch oftmals die Wahrheit wie Kaiphas, Joh 11(,49f.) und (wir) haben zuvor gehört, wie wach der Wahrheit blinde Emser sie unwissend bekennt in seinen falschen Glossen.
Wiederum, was der Lehre Christi entgegen ist, das sollen wir nicht annehmen, es rede dann wohl, (wer) da will, gut oder böse, Engel oder Mensch. Wie Paulus uns warnt 2 Kor 11(,13f.),

> Si quidem istiusmodi pseudo apostoli operarii dolosi sunt sumpta persona apostolorum Christi. Atque haud mirum quandoquidem ipse Sathanas transfiguratur in angelum lucis. Non magnum est igitur si et ministri illius etc.

dass uns nicht allein Menschen unter dem Schein, als wären sie der Apostel Nachfolger, betrügen können, denn auch der Teufel kann sich in eines guten Engels Gestalt verwandeln.
Hierum müssen wir dem geistlichen Recht und allen Menschen, was die Seele betrifft also Lob geben, wie Plato seinen Zuchtmeister zu loben pflegte und dennoch dabei nach der Ursache zu fragen: Warum.

---

1 Besonders Vers 20: ad legem magis et ad testimonium quod si non dixerint iuxta verbum hoc non erit eis matutina lux. Luther 1535: Ja nach dem Gesetz und Zeugnis. Werden sie das nicht sagen, so werden sie die Morgenröte nicht haben.

Cato puer parebat quidem paedagogo iubenti, sed rogabat quam ob causam id iuberet, Ita, fides habenda auditoribus, si causam idoneam reddiderint. [Cato, der Junge, gehorchte zwar dem Befehl des Pädagogen, aber er fragte, warum er es befahl. So sollte man als Zuhörer Vertrauen gewinnen, wenn man guten Grund dazu erhält.]
Ita ex Plutarcho Erasmus noster.[1]

Was Grund in der heiligen Schrift hat, dem folge, was dagegen oder ohne Grund ist, das lass fahren. Denn der heilige Geist - ob man hier etwas verdrehen[2] wollte! - gibt nichts wider die heilige Schrift und sich selbst ein. Mt 12(,25).

Omne regnum divisum adversus sese desolatur.
[Ein jegliches Reich, in sich uneins, wird wüst.]

Und lass es dich nicht wunderlich dünken, dass (auch) viel Böses ins geistliche Recht gekommen ist. Lies *Hieronymus wider Jovianum in c. Origo 32 q. 4*[3]

Filioli novissimum tempus est et sicut audistis quod Antichristus venturus sit etiam nunc Antichristi multi ceperunt esse.
[Kinder, es ist die letzte Zeit! Und wie ihr gehört habt, dass der Antichrist kommt, so hat man nun viele Antichristen bekommen.]

Und 1 Joh 2(,18) spricht, dass schon bei seinen Zeiten viele Antichristen wären.
So will es auch Augustinus im *c. Non semper malum 11 q. 3:* Gebietet jemand wider Gott, so mag und soll niemand gehorsam sein.

Nos semper malum est non obedire praecepto. Cum dominus iubet ea que sunt contraria deo tunc ei obediendum non est.[4]
[Es ist immer schlecht für uns, dem Gebot nicht zu folgen. Wenn jemand Dinge befiehlt, die Gott widersprechen, dann ist ihm nicht zu gehorchen.]

---

1 Erasmus von Rotterdam übersetzte 1539 die Moralia, zuvor ließ Erasmus 1514 in Basel die Opuscula Plutarchi nuper traducta kommentiert erscheinen.

2 „calumnieren"

3 Hieronymus: Adversus Jovinianum libri duo. Nur das erste Buch hat ein 32. Kapitel, das hier darum nicht gemeint sein kann. Auch hat dieses Kapitel keine Unterteilung 4, was aber im Beginn (origo) des ersten Buches der Fall ist. Dieser Abschnitt ist überschrieben mit Artes diaboli. Virtus apud Ethnicos prae voluptati. Dieser Abschnitt wird Oldendorp im Sinn gewesen sein.

4 Decr. Pars sec. Causa XI Quaestio III. C. XCII.

So im nachfolgenden *c. Si dominus* bezeugt dasselbe der heilige Hieronymus.[1]
Und der Papst Innocentius im *c. Literas De restitu spoliato* bekennt offenbar, dass er oder seine Nachkömmlinge nicht schreiben und dispensieren mögen gegen Göttliches und natürliches Recht, also sprechend:

> Cum in illis dispensari nos possit etc.[2]
> Loquens de gradibus diuina lege prohibitis Lev. 18.[3]
> Et allegat Innocentius Paulum Rom 14.

Derweil das in diesen Dingen nicht dispensiert werden mag.
Und Paulum führt aus, Röm 14(,23):

> Quoniam omne quod non est ex fide peccatum est et quicquid fit contra conscientiam edificat ad gehennam.

Was aber nicht aus dem Glauben geht, das ist Sünde, und alles was gegen das Gewissen geschieht, das baut zur Hölle.

---

1 Item Ieronimus in epistola ad Ephesios. Si dominus iubet ea, que non sunt contraria sacris scripturis, subiciatur domino seruus. Sin uero contraria precipit, magis obediat spiritus quam corporis domino. Et infra: §. 1. Si bonum est quod precipit inperator, iubentis exsequere uoluntatem; si malum responde: "Oportet Deo magis quam hominibus obedire." Hoc ipsum et de seruis apud dominos, et de uxoribus apud uiros, et de filiis apud patres quod in illis tantum debeant dominis, uiris, parentibus esse subietci, que contra Dei mandata non sunt.
[So auch Hieronymus im Epheserbriefkommentar. Befiehlt ein Herrscher, was den Heiligen Schriften nicht entgegensteht, gehorche wie ein Sklave. Befiehlt er wahrhaft im Widerspruch dazu, gehorche man mehr dem geistlichen als dem körperlichen Herren. Und weiterhin: Ist gut, was der Imperator gebietet, folge seinem Willen, wenn es böse ist, antworte: „Es gebührt sich, Gott mehr zu gehorchen als den Menschen." Dasselbe gilt bei Sklaven und Herren, Frauen und Männern, Söhnen und Vätern, so hat man sich Herren, Männern, Eltern sich zu unterwerfen, solange sie nicht Forderungen aufstellen gegen Gott.]
Decr. Pars sec. Causa XI. Quaestio III. C. XCIII.

2 Decretalien Gregors IX liber II Titulus XIII De restitutioni spoliatorum Capitulum XIII.

3 Darin geht es wie im Zitat aus den Decretalien um den ehelichen Verkehr.

O Innocenz, hättest du diese Worte ein wenig tiefer bewogen und der weltlichen Wollust vergessen, wahrlich, du würdest dein ganzes Dekretal ins Feuer geworfen und verbrannt haben.[4]
Derweil (ist) gar wenig darin, was nicht gegen Gott und das Gewissen aufgerichtet und beschrieben ist von Bischofsmänteln, von Prälaten, von Dispensen, vom Lehnsverbot, von Pensionen, von Reservaten[2], Gnadenerlassen[3], Weihungen, Tonsur[4], Kleidern und dergleichen teuflischen neuen Erfindungen.
So beschlossen auch alle Rechtsverständigen und Lehrer einträchtig, dass des Papstes Gesetze gegen göttliches und natürliches Recht nichtig sind, wie Jason[5] bezeugt in *l. Cunctos populos*[6]*. C. De summa trini. et fid. cath. referens astipulatores [beifügend als Zeugen] Johannem Andree Antonium de Prato / Baldum (Padua) et Alexandrum (Piemont), qui in fatiem restitit legato Pape [der dem Papst auf den Tod widerstand]. Bononie (Bologna).*[7]

---

4 Das ist eine deutliche Äußerung, die zeigt, wie Oldendorp auch Luthers Verbrennung der Decretalien 1521 wertete.

2 Reservaten waren vorbehaltene Rechte zur Absolution von bestimmten Sünden.

3 „gratien"

4 „platten" - Papenplatte nannte man die Tonsur eines Geistlichen.

5 Es handelt sich um Caccialupus, Johannes Baptista (1427-1496), den Oldendorp hier als Jason bezeichnet. Der Titel des Buches lautet Repetitio legis Cunctos populos. Die Schrift wurde 1490 in Turin gedruckt als Tractatus diversorum doctorum cum additionibus Ludovici de Bologninis. Die Staatsbibliothek zu Berlin besitzt ein Exemplar.

6 Das Dreikaiseredikt Cunctos populos von 380 erklärte: hoc est, ut se de Bolognacundum apostolicam disciplinam evangelicamque doctrinam patris et filii et spiritus sancti unam deitatem sub parili maiestate et sub pia trinitate credamus. Hanc legem sequentes christianorum catholicorum nomen iubemus ampletci, reliquos vero dementes vesanosque iudicantes haeretici dogmatis infamiam sustinere, nec conciliabula eorum ecclesiarum nomen accipere. [Das bedeutet, dass wir gemäß apostolischer Weisung und evangelischer Lehre an eine Gottheit des Vaters, Sohnes und Heiligen Geistes in gleicher Majestät und heiliger Dreifaltigkeit glauben. Nur diejenigen, die diesem Gesetz folgen, sollen, so gebieten wir, katholische Christen heißen dürfen; die übrigen, die wir für wahrhaft toll und wahnsinnig erklären, haben die Schande ketzerischer Lehre zu tragen. Auch dürfen ihre Versammlungsstätten nicht als Kirchen bezeichnet werden.]

7 Antonio de Prato Veteri (1380-1464 oder 1468) starb in Bologna oder im Exil, verfasste das Repertorium iuris super operibus Bartoli.

Darum kann kein frommer Mensch tadeln, dass man etliche Kapitel den Geistlichen auf ihre Blindheit (hin) vorhalte und die anderen dieser Art[8], so da echt Unbilliges wider Gott darin enthalten, nicht annehmen. Ohnedies bedürfen auch unser Heiland Christus und sein Wort keines Beschirmers oder geistlicher Rechte, er wird sich selbst wohl beschirmen mit der Wahrheit.

Die Fünfte Einrede

Auch hier berührt Oldendorp eine Grundfrage: Alles Recht ist zeitlich, daraus folgt nicht nur, dass man das aktuelle Recht auch der Kritik unterziehen kann und sollte, sondern vor allem, dass manche alte Regelungen wegen ihrer Zeitbedingtheit keine Geltung mehr beanspruchen sollten. Das hatte Oldendorp an verschiedener Stelle betont und in der letzten Einrede auch thematisiert.

In diesem Punkt schlug die allgemeine Ansicht gerade um. Galt im Mittelalter gut, was alt und bewährt war, wurde später das Konservative schnell auch als reaktionär abgetan, bzw. das Neue schon an sich als Wert angesehen. Man sah in der Natur alles als bedingt an, warum dann nicht auch alles in der Geschichte? Ist nicht letztlich auch Jesus von Nazareth nur ein Mann alter Zeiten? Der berühmte „Graben der Geschichte" (Lessing) tat sich auf. Den Wandel kann man gut am Wort „modern" sehen: Dem 16. Jahrhundert war das Wort Vorwurf, im 20. Jahrhundert disqualifizierte man sich, war man unmodern.

Auf der anderen Seite eröffnete die Einsicht der Zeitbedingtheit des Rechtes nicht nur eine erste Einsicht in das, was wir heute mit dem Begriff der Geschichte verbinden. Sie gab auch den Mut, Verhältnisse von Grund auf zum Besseren hin zu ändern. Damit aber auch Christus in diese Sicht der Geschichte einzuordnen und ihn als eine zeitbedingte Erscheinung neben anderen Religionsstiftern anzusehen, ist - mit Oldendorps Worten zu sprechen - zu weit gelaufen. Er nennt die geschichtliche Entwicklung der Kirche im Sinne einer Veränderung nach vorn oder Verbesserung eine „pesthafte" Unterscheidung.

8 „unde de andern / ock de süluigen"

Oldendorp kann man auch nicht heranziehen, will man eine ideale Urkirche sich zum Vorbild nehmen, wie es dann in späteren Jahrhunderten gern getan wurde.

Christus ist und bleibt derselbe in Ewigkeit. Er ist nicht nur der Rabbi aus Nazareth, sondern Gottes Sohn. Jesusromane mag man schreiben können, Christusromane nicht. Jesus von Nazareth war eine Figur menschlicher Geschichte, Christus bekommt man in diesem Muster nicht zu fassen. Ihm wird man nur im Gottesdienst, im Glauben gerecht, der mehr ist als religiöse Ansicht oder Weltanschauung.

Oldendorp und die Reformatoren lehnten nicht einfach alles Alte ab, sondern führten gerade Kirchenvätertexte gegen mittelalterliche Texte ins Feld. Sie wollten aber auch nichts Neues einbringen oder „die Geschichte" irgendwohin vorantreiben. Auf den sie hören wollten, befindet sich außerhalb der menschlichen Geschichte und wirkt dennoch in ihr. Kirchengeschichte ist jedoch nicht einfach Wirkungsgeschichte Gottes in oder an der Menschheit, sondern ebenso eine Geschichte von Irrtum, Missverständnissen und Ablehnung Gottes Wort gegenüber, wie wir an der Bibel ablesen können.

Zum Fünften, wenn es nun wider die helle Wahrheit, Göttliches und auch päpstliches Recht keine gute[1] Antwort gibt, so fallen unsere Geistlichen auf mönchische Distinktionen oder Unterscheidungen herein, so sprechend:

Die alten Konzilien und Rechte, welche in diesen Missbräuchen angeführt sind, haben wohl in der ersten Kirche gegolten, aber nun bei uns und in der gegenwärtigen Kirche sind neue Rechte und neue Konzilien gemacht, etc.

Da antworte ich wie Christus Mt 4(, 10): Weiche Satan, geh weg, du leidiger Teufel mit deinen mönchischen Distinktionen der ersten, zweiten oder dritten Kirche.

> Pestilentissima sane distinctio de primitiva et secundaria aut presente ecclesia. Nichil potuit diabolos ad fallendum efficatius excogitari per otiosos monachos.
>
> [Es ist in der Tat das Pesthafteste, zwischen der primitiven und der sekundären oder gegenwärtigen Kirche zu unterscheiden. Kein anderer als der Teufel konnte sich durch die faulen Mönche Effektiveres als Täuschung ausdenken.]

1 Im Sinne einer klaren, einfachen Antwort.

Mein Artikel des Glaubens hält sich an eine christliche Kirche vom Aufgang bis zum Niedergang der Sonne und vom Tode unseres Erlösers Christi bis zum letzten Tage auf dieser Welt, danach ewiglich bei Gott bleibend und lebendig. Du böser Geist wirst niemals über mich verfügen[1]. Es ist ein Christus, eine Lehre, ein Glaube, eine Kirche darauf gebaut, ewiglich bestehend wider alle Kraft der Hölle und böser Antichristen, Mt 16(,18). Es helfen dagegen nicht all die unzähligen Bücher, die der Teufel durch müßiggängerische Mönche, Emser und andere Böcke zuwege bringt. Denn wisst ihr Geistlichen nicht, dass 1 Kor 1(,19f.) aus den Propheten Jes 29(,9-14) und 33; Ob 1[2] es so geschrieben steht?

> perdam sapientiam sapientium et intelligentium reiitiam. Ubi sapiens? Ubi scriba? Ubi disputator huius seculi huius? Nonne infatuauit Deus sapientiam mundi huius?[3]

Ich will zu Grunde richten[4] die Weisheit der Weisen und den Verstand der Verständigen will ich verwerfen. Wo sind die Weisen? - spricht Paulus - Wo sind die Schriftgelehrten? Wo sind die Erforscher dieser Welt? Hat nicht Gott die Weisheit dieser Welt zur Torheit gemacht?

Darum lass uns diesen und alle vorgeschriebenen Artikel beschließen, wie Paulus an die Gal 1(,8) zusammenfasste[5]:

> Ceterum etiam si nos aut angelus e celo predicauerit vobis Euangelium preter id quod predicanimus vobis, anathema sit. Quemadmodum ante diximus et nunc iterum dico. Si quis vobis predicauerit Euangelium præter id quod accepistis, anathema sit. Bis dicit ut efficatius inculcet.

---

1 „my ansetten"

2 Jesaja 33 und Obadja 1 - die ganzen Kapitel, die von der Untreue des Volkes Israel sprechen.

3 Hier weicht die lateinische Wortwahl von Erasmus stärker von der Vulgata ab. Dort heißt es: Enim perdam sapientiam sapientium et prudentiam prudentium reprobabo ubi sapiens ubi scriba ubi conquisitor huius saeculi nonne stultam fecit Deus sapientiam huius mundi. - "'Ich will zunichte machen die Weisheit der Weisen, und den Verstand der Verständigen will ich verwerfen.' Wo sind die Klugen? Wo sind die Schriftgelehrten? Wo sind die Weltweisen? Hat nicht Gott die Weisheit dieser Welt zur Torheit gemacht?"

4 „umme bryngen" für perdo.

5 „besluth"

Aber ob wir oder ein Engel vom Himmel euch predigen würden, anders, als wir gepredigt haben, der sei Anathema, das ist verflucht.
Wie wir zuvor gesagt haben und jetzt sage ich abermals:
So jemand euch predigte anders, als ich es empfangen habe, der sei verflucht.
Hierum hat auch derselbe unüberwindliche Lehrer Christi Paulus nicht unterlassen, Petrus, den Apostel, der sich allzu viel die äußerlichen Werke stützte, in sein Angesicht vor jedermann zu verurteilen und auf den rechten Weg des Evangeliums zu führen. Gal 2(,14-16):

> Uerum ubi vidissem quod non retco pede incederent ad veritatem Euangelii dixi Petro coram omnibus. Si tu cum Iudaeus gentiliter viuis ac non Judaice cur gentes cogis Judaisare?
> Nos natura Judei, et non ex gentibus peccatores. quam scimus non justificari hominem ex operibus legis, nisi per fidem Jesu Christi et nos in Christum credidimus ut justificaremur ex fide Christi, et non ex operibus legis. Propterea quod non justificabitur ex operibus legis omnis caro.
> [Aber da ich sah, dass sie nicht richtig wandelten nach der Wahrheit des Evangeliums, sprach ich zu Petrus vor allen öffentlich: So du, der du ein Jude bist, heidnisch lebst und nicht jüdisch, warum zwingst du denn die Heiden, jüdisch zu leben?
> Wir sind von Natur Juden und nicht Sünder aus den Heiden; doch weil wir wissen, dass der Mensch durch des Gesetzes Werke nicht gerecht wird, sondern durch den Glauben an Jesus Christus, so glauben wir auch an Christus Jesus, auf dass wir gerecht werden durch den Glauben an Christus und nicht durch des Gesetzes Werke; denn durch des Gesetzeswerke wird kein Fleisch gerecht.]

Dass Gott uns auch allen helfe.
Amen.

Beschlussrede

Diese beschriebenen Missbräuche, daran nicht wenig liegt, sind in diesem Büchlein aus vielerlei Ursachen niedergelegt, damit ein jeder sich vor solchem Irrtum zu verwahren weiß, auch die Geistlichen desto gründlicher bekennen und die ordentliche Obrigkeit gebührliche einsehende Erkenntnis[1] bekommen möge.[2]
So sollen nun diejenigen, denen das Gott befohlen und von ihnen auf einen Richtpfennig hin Rechenschaft gefordert[3], auf das Fleißigste darauf trachten, wie man es wohl schon in geringen Sachen um des Geldes willen tut.

> Non enim frustra gladium gestat. Nam dei minister est.
> [Denn nicht umsonst trägt (die Obrigkeit) das Schwert. Denn sie ist ein Diener Gottes.]
> Röm 13(,4), Ez 3(,20) und 33(,6).

Desgleichen sollen auch die Geistlichen der Wahrheit weichen und von ihren Missbräuchen abstehen, Ärgernisse der Christen und Gottes Zorn vermeiden.
Und im Falle, da jemand vermeinte, etwas Christliches anzubringen, sollte der eine den anderen freundlich hören.[4]

> 2 Thess 2 und 2 Kor 10[5]

Derweil unsere Waffen nicht fleischlich, sondern aus dem Wort Gottes wider die Antichristen zu fechten geistlich sind,

> Sach 11, Dan 9 und Jes 9 de regno Antichristi, [über die Herrschaft des Antichrists.]

---

1 „nakündinge“

2 Damit sind vorrangige Empfänger der Botschaft dieser Schrift klar benannt: der Magistrat und die Geistlichkeit der Stadt Rostock und entsprechende Verantwortliche in anderen Städten und Ländern. Von ihnen versprach sich Oldendorp Änderung und Verbesserung, nicht von der breiten Masse.

3 „eßken“ - Richtpfennig. Eine Mark bestand aus 256 Richtpfennigen, dem kleinsten Gewicht, also auf das Allergenaueste.

4 Diese Bemerkung weist uns bereits an die dritte deutsche Schrift von Oldendorp.

5 Jeweils die ganzen Kapitel, in denen es um die Auseinandersetzung um das Evangelium geht.

und wir nicht der Sache nach unwissend rufen: Ketzer, Ketzer, Ketzer, sondern vielmehr in unser eigenes Gewissen sehen.
Dergestalt würden Irrtum, Neid, Hass, Aufruhr und viele Unlust wegfallen.
Alles Gott, dem Allmächtigen zu Lob und Ehre in Ewigkeit. AMEN.

Gedruckt zu Rostock bei Ludowich Dietz am 6. August.

III.

Von Ratschlägen, wie man gute Politik und Ordnung in Städten und Landen erhalten möge.

Was der Anlass für das Büchlein war, können wir nun vermuten. Naheliegend ist der Gedanke, dass es sich um eine Art Empfehlungsschreiben für sich selbst handelte. Seit Mai 1528 hatte Hamburg einen evangelischen Bürgermeister, Johann Welken. Hamburg wie Rostock waren auf dem Weg, eine reformatorische Ordnung für Kirche und Stadt zu finden. Mit dem abzusehenden Wegfall der Klöster und dem juristischen Einfluss der Kirche von Rom und den Bischöfen aus würde sich auch das politische Leben der Stadt anders gestalten. Ein ganzer Stand, der für das Leben in den Städten maßgebend war, löste sich auf.

Ein weiterer Hinweis ist die Widmung an „mynen gunstiherren", seinen Gönnern und Freunden. Es könnte sich um eine Schrift der Dankbarkeit halber handeln. Es ist denkbar, dass Freunde aus Hamburg den Druck dieser Schrift bezahlt hatten. Die erste Schrift hatte sich an die richtende Obrigkeit gewandt, die zweite die Kirche zum Thema gehabt, die dritte nun behandelt das Ratschlagen, die Grundlage städtischer Regierung.

Die Schrift wurde vier Monate nach dem Augsburgischen Bekenntnis verfasst. Es lagen bestimmte Themen in der Luft. Der Artikel XVI der CA nahm direkt auf „Polizei und weltliches Regiment" Bezug, auf Latein: De rebus civilibus. Das Selbstverständnis der Obrigkeit wurde öffentlich thematisiert, Fragen nach dem Wesen des Politischen stellten sich unter den neuen Vorzeichen, also auch nach dem Verhältnis von Obrigkeit, Recht und Ordnung. Dafür war das Amt eines Syndikus und seine Besetzungen der Stadt überaus wichtig. Eine seiner zentralen Aufgaben war die Rechtsberatung des Magistrats, bzw. Senats, also der Stadtregierung.

Oldendorp hatte verstanden, wie wichtig in solchen Umbruchsjahren nicht nur konkrete, aktuelle Sachfragen waren, sondern Politik in grundsätzlicher Weise gemeinsam zu bedenken war. Wer der Stadt Rat zu erteilen hatte, musste wissen, was er tat. Die Schrift behandelt somit neben Gerichtswesen, was also als recht und billig anzusehen sei, der Kirche mit der Frage nach dem Göttlichen Recht nun die Politik.

Doch auch ohne persönliche Ambitionen auf ein Amt in seiner Vaterstadt sah sich Oldendorp in Verantwortung, mit seinen Erkenntnissen nicht hinter dem Berg zu halten. Zudem kannte man sich im Verband der Hansestädte.

Es war ein bemerkenswerter Zug seiner Persönlichkeit, grundsätzlich die Fragen seines Amtes in Rostock anzugehen. Zudem war damit ein Themenbereich angeschnitten, der grundlegend für Staatsführung überhaupt ist, bis heute hin. Wer bestimmte Fähigkeit besitzt, sollte die Verpflichtung in sich spüren, sie auch zum allgemeinen Wohl und Nutzen einzusetzen. Das reicht von der Wehrpflicht bis hin zur Verantwortung von Presse und Wissenschaft. Niemand wird sich ernsthaft vermessen zu sagen, alle damit anstehenden Fragen hätten endgültige, befriedigende Antworten gefunden, einschließlich der nach dem Verhältnis von Glaube und Politik. Gerade darin kam es damals zu einem Paradigmenwechsel. Es sagt sich leicht, dass es sich nach lutherischer Ansicht um zwei Regimenter und nicht nur um zwei Schwerter in den Händen von Menschen handelte. Es galt nun neu zu bestimmen, was es bedeutete, zwischen dem Reich und Regiment Gottes und der Regierung der Menschen zu unterscheiden. Die Reformation stellte dabei klar, dass die Regierung Gottes und eine Herrschaft des Papstes oder einer im Sinne des Kanonischen Rechts verfassten Kirche nicht identisch waren.

Doch welche Rolle sollte man dem Glauben in der Welt einräumen? Auf jeden Fall nicht nur die einer privaten Gefühlswelt oder Meinung.

Thema der vorliegenden Schrift ist auch, wie Gottes Wort, sein Regiment im öffentlichen Leben zu berücksichtigen ist. Dies war nicht zu trennen von der Frage nach dem, was wir heute Politik nennen. Man hatte aufeinander zu hören. Dem nachzugehen, sah sich der juristisch geschulte Berater und von der Reformation geprägte Syndikus einer der wichtigsten Städte der Hanse berufen.

An den ehrbaren Rat und Gemeinde zu Hamburg.
Durch Johann Oldendorp,
Doktor und Syndikus zu Rostock.

> Malum consilium consultori pessimum.[1]
> [Ein schlechter Rat ist für den Ratgeber am schlechtesten.]
> Prov. XII.[2]

MDXXX [1530]
Torheit macht Arbeit

Den gestrengen, ehrbaren weisen Herren Bürgermeistern und Rat, samt allen Einwohnern der Stadt Hamburg, meinen Gönnern und Freunden Gnade und Heil in Christo.

Gestrenge, ehrbare, ehrsame, weise Herren und Freunde!
Wiewohl ich allen Zweifels frei bin und herzlich erfreut, dass Ihre Ehren mit Ihrer frommen Bürgerschaft samt anderen umliegenden Städten - gottlob - in gutem Stande, sowohl an Lebenskraft wie Gemüt, jetziger Gepflogenheiten und Leben,[3] wie auch kaiserliche Majestät, Kurfürsten, Fürsten und andere Stände hohe, wirkungsvolle[4] Ratschläge zu gemeiner Politik und Wohlfahrt (sich) zweifelsfrei verschaffen und hervorbringen werden.
So habe ich dennoch dies Büchlein von Ratschlägen und guter Ordnung Ihrer Ehren, als der Obrigkeit meines Vaterlandes

1 M. Verrii Flacci Fragmenta.

2 Oldendorp hat vermutlich vor allem an diese Verse in Prov 12 gedacht: Dem Narren gefällt seine Weise wohl; aber wer auf Rat hört, der ist weise. (Vers 15) Und: Die, so Böses raten, betrügen; aber die zum Frieden raten, schaffen Freude. (Vers 20)

3 „beyde an seelen und lyne / ytzunder sytten unnd leuen"

4 „tappere"

zugeschrieben, nicht darum, als wäre meine einfältige Lehre darin vonnöten, sondern aus der Ursache, dass alle frommen Menschen im Weingarten des Herrn Christi ein jeder seinen Weg zu arbeiten und die Wahrheit an den Tag zu bringen, so fleißig sich annehmen, dass ich für mich ein müßiggängerischer, undienstbarer Knecht wäre, in meinem Gewissen nicht wert der Verantwortung, wäre ich doch zum wenigsten nicht träger an mir selbst befunden wäre als der griechische Heide Diogenes.

Cicero lib. off. 1 / Mt 20(,26f.)[1]
Refert Budeus ex Grecis authoribus[2] [berichtet Budé von den griechischen Autoren]:

Weil in den Zeiten, als Philippus, der Vater von Alexander dem Großen, gegen die Stadt Korinth eine große Fehde zurichten ließ und die Korinther sich nicht wenig erschraken, zur Gegenwehr sich furchtsam[3], der eine mit Waffen, der andere mit Mauern, der Dritte mit Türmen und Wällen zu schaffen machten. Diogenes aber, als er solche Mühe und Arbeit ansah und von niemandem dazu aufgefordert wurde, nahm er sich eine unbenutzte Wanne und bewegte sie hin und her. Gefragt, warum er das tue, antwortete er: Ich tue das, damit man mich unter so vielen fleißigen Arbeitern nicht untätig befinden möge.[4]
Ob ich nun auch mit diesem Büchlein und was aus bewährter Schrift der Rechte, Summarien, sich eignet und meine Profession verlangt[5] begriffen habe, gemeiner Wohlfahrt irgend helfen könnte, täte ich es ganz gern,

1 In der Schrift „Von den Pflichten" berät Cicero seinen Sohn Marcus. Im ersten Kapitel begründet er die Notwendigkeit, dafür die Philosophen zu befragen. Mt 20,26f.: So jemand will unter euch gewaltig sein, der sei euer Diener; und wer da will der Vornehmste sein, der sei euer Knecht.

2 Guillaume Budé (1468-1540)

3 „forchfoldich"

4 Ich deute diese kleine Geschichte als Zeichen der Demut: Ich will mich mit dieser Schrift nicht weiter wichtig machen. Auf der anderen Seite war klar, dass Diogenes durchaus weise war, und sein Rat gefragt, wenn auch nicht im Moment und direkt in praktischen Dingen.

5 „hesschet" - erheischt

L. 1. § Aram autem. C. de vet. iur. enuclean. / L. 2. § Primus. ff. De ori. iur. / L. Legis virtus. ff. De legib.

Wo es jetzt nicht zur Einführung oder Verbesserung guter Politik hilft, so möge es doch vielleicht nachmals ihrer Erhaltung gelegen[1] und dienlich sein. Im Falle auch, dass es nirgends dienen könnte, so soll auch wiederum weder Kaiserliche Majestät Ordnung, noch Statuten, noch Gewohnheiten, in Summa: niemand, dem Erbarmen lieb ist, irgendetwas Verfängliches oder Nachteiliges darin befunden werden. Wo es aber die anderen nach Gunst oder Ungunst, ohne die niemand ist,[2] richten werden, das macht mir nicht zu schaffen.

Vorrede des Hieronymus zur Bibel[3]

Allein, das sich Ihre Ehren - sämtlich und sonderlich Gott, dem Allmächtigen empfohlen - meine geringe, gut meinende Arbeit mit Anerbieten meiner Dienste und alles Guten, Wohlgefallen und annehmen sein lassen mögen.

Gegeben Rostock, 9. Oktober im Jahr 1530. Johannes Oldendorp.

1 „nicht weynich anne belegen"

2 „der nemandt anich syn mach"

3 In seiner Vorrede teilt Hieronymus dem Papst Damasus mit, dass es so viele Versionen der Evangelien gebe wie Handschriften. Fast jeder, der von Hand einen so langen oder so komplizierten Text wie die Bibel abschreibt, wird gelegentlich das eine oder andere Wort missdeuten oder beim Versuch, vermeintlich falsche Transkriptionen eines früheren Kopisten zu korrigieren, den Text unabsichtlich verfälschen. Der nächste Schreiber hat dann diese Fehler vermutlich übernommen und wiederum neue produziert. Ein endloser Prozess...

Von Ratschlägen allgemein

Zunächst bietet Oldendorp eine gebildete Einleitung nach Art der Humanisten, warum es gut ist, auf wohlgemeinte Ratschläge zu hören, und dass man ein Narr wäre, sie auszuschlagen. Aber er ist ein rechtskundiger Gelehrter, Doktor, der an einer Universität die Rechte gelehrt hat und dem Rat der Stadt Hamburg seine Dienste mit dieser Schrift nun anbietet. Es mochte auch vom Inhalt her geraten gewesen sein, die Schrift nicht seinem eigenen Rat, wo man sich nur zu gut persönlich kannte zu widmen, sondern einem fremden Ratskollegium.

Es ist nicht leicht, „das Beste zu wählen und das Böseste zu vermeiden". Und es ist eine Notwendigkeit aufgrund der Täuschungen der Menschen, Rat zu suchen, denn niemand ist so perfekt oder weise, dass er darauf verzichten könnte.

Die Art des Rates, die Oldendorp empfiehlt, ist aber nicht das spitzfindige Expertentum eines Wissenschaftlers, Sophisten oder ausgewiesenen Fuchses, sondern der kurze, treffende Rat. Wir wissen aus der Schrift von der Billigkeit, dass Oldendorp die Intention in Ehren hält, in allem stets das Gute zu suchen. Die kleine Schrift steht in der Tradition der „Spiegel", vom allgemeinen Heilspiegel, Jungfrauen- bis hin zum Fürstenspiegel.[1] Diese Literaturgattung gehört zur Lehrdichtung. Für uns ist so etwas Geschichte. An ihre Stellung hat sich im 19. Jahrhundert als Spiegel die Spekulation im Sinne der Philosophie gesetzt, wissenschaftliche Reflexion. Heute sind es Experten, die raten und sich diesen Rat bisweilen gut bezahlen lassen.

Oldendorp nimmt als historischen Grund seines „Spiegels" zunächst Paulus, wonach das Gesetz als Spiegel der Tugend, des Rechten dient. Melanchthon und Luther sprachen in Bezug auf „das Gesetz" vom Zuchtmeister.

Oldendorp wandte sich in seiner Schrift Grundsatzfragen der Politik zu. Es gilt zu bedenken, dass wir uns in der frühneuzeitlichen Stadt erst am Beginn einer Entwicklung befinden, die zu unserem heutigen Politik-, Staats- und Demokratieverständnis über viele weitere Schritte führte. Schlüssel für diese Entwicklung war das aufeinander Hören und gemeinsame Ratsuchen. Das war nichts Neues, aber für ein gutes Regiment grundsätzlich. Regierende konnten, mussten aber nicht auf Räte höre. Einem Syndikus kam da eine Schlüsselrolle zu. Insbesondere

1 1495 hatte zum Beispiel Johann von Steinwert ein Büchlein publiziert mit dem Titel: „Wy men wol ein statt regyrn sol, damytt sy lang bestendig blyb".

für die Neuzeit in Deutschland wurde die Rätekultur wichtig, sie war die Voraussetzung für die allmählich wachsende Erkenntnis der Notwendigkeit von Parlamenten, also Gremien, die nicht direkt herrschten, sondern als Legislative die Art der Herrschaft von Grund auf verändern sollten, lange noch in beratender Vorbereitung, dann selbst als beschließendes Gremium. Die Ausbildung des Rätewesens ist wesentliches Entwicklungsmoment in der Geschichte der Gewaltenteilung. Man bedenke, dass selbst das Gerichtswesen erst im 16. Jahrhundert allmählich von Fachjuristen übernommen wurde. Umso mehr bemerkenswerter ist, dass Oldendorp nicht auf das Fachwissen von Experten setzt, sondern auch dem letzten unscheinbaren Ratschlag Gewicht beimisst, wie wir im Folgenden sehen werden.

Röm 3(,9), Eph 2(,1-10), Gen 6(,5), Ps 116(,11):
Omnis homo mendax. [Alle Menschen sind Lügner.]
l. 2. §.. Si quid C. De vete. iur. enucle.

Obwohl alle Menschen gewöhnlich ihren Weg merken und in sich täglich Irrtum und Blindheit erfahren, so wird doch solches Gebrechen zum allermeisten im Ratschlag als einem Spiegel augenscheinlich befunden.

Sic per legum velut speculum agnoscimus peccata nostra.
[So erkennen wir durch das Gesetz als Spiegel unsere Sünden.]
Röm 3 und 5.

Denn Ratschlagen ist nichts anderes, als Geschehnisse, die auf vielerlei Weise vorfallen, hin und her auf viel Ausgleich[1] hin zu bewegen, damit man über eine beständige Voraussetzung verfügt, um das Beste zu erwählen und das Böseste zu vermeiden vermag.[2]

Wenn nun jedermann selbst in allen Dingen wohl wüsste, was nützt und als Bestes getan oder gelassen, was wäre es dann vonnöten, sich den Kopf zu zerbrechen oder mit anderen Leuten zu beratschlagen? Aber weil wir es nicht wissen und befürchten, fehl zu gehen, braucht man Rat, gerade wie im Dunkeln. Da nimmt man ein brennendes

1 „myddel“
2 „dath men dar uth durch bestendige orsake“ - Grimm: „das wort grund bedeutete nicht ursache, sondern nur boden, ursache noch nicht die schöpferische vorbedingung einer wirkung, sondern die veranlassung zu einem streithandel“

Licht zur Hilfe, damit man nirgend anstößt.
Und es ist absolut[1] notwendig ratzuschlagen. Weil in unserem Verstand von Natur wegen eine große Blindheit verborgen ist, wovor uns alle Schrift warnt, dass wir eigener Klugheit keineswegs folgen mögen, noch darauf bauen, sondern in allen Dingen uns raten lassen sollen, besonders das Gemeinwohl betreffend, woran uns am meisten gelegen ist.

> Röm 12(,16) Ne sitis arrogantes apud vosmet ipsos. [Seid nicht mit euch selbst anmaßend.][2]
> Spr 3(,5) Confide Deo toto corde et prudentiae tua ne innitaris. [Verlass dich auf Gott von ganzem Herzen und verlass dich nicht auf deine Klugheit.]

Demnach lassen sich alle geschickten und guten Regenten oder Räte in ihrem Willen und Gemüt fein zurechtweisen[3], verachten nicht, dem Rat des Anderen im Besten zu folgen, sprechen bedächtig und nicht allzu viel.

> Spr 12(,15) Sapiens consiluum audit. [Der Weise hört auf den Rat.][4]
> Et Prov 10: Qui parce loquitur, sapit. [Wer sparsam spricht, ist weise.][5]

> Spr 12(,15) Via stulti retca est in oculis suis. [Dem Narren gefällt seine Weise wohl; (aber wer auf Rat hört, der ist weise.)]

Wiederum einen törichten, leichtfertigen Menschen kann man nirgends besser erkennen und bemerken, als den, der sich seinen

---

1 „gantz“
2 Röm 12,16: Habt einerlei Sinn untereinander. Trachtet nicht nach hohen Dingen, sondern haltet euch herunter zu den Niedrigen. Haltet euch nicht selbst für klug. Id ipsum invicem sentientes non alta sapientes sed humilibus consentientes nolite esse prudentes apud vosmet ipsos. Erasmus hat statt prudentes das Wort arrogantes gewählt. „Arrogare“ bedeutet, „sich etwas fremdes aneignen, für sich in anspruch nehmen, sich etwas anmaßen“ (Grimm, Neubearbeitung), das entsprechende Fremdwort „Arroganz“ war noch nicht in Gebrauch. Erasmus interpretierte somit das für sich klug sein im griechischen Neuen Testament damit, auf niemanden anderen zu hören.
3 „thobreken“ - abbrechen, im Sinn von korrigieren. Besonders die Räte müssen sich selbst auch raten lassen.
4 Spr 12,15: Dem Narren gefällt seine Weise wohl; aber wer auf Rat hört, der ist weise. Via stulti retca in oculis eius qui autem sapiens est audit consilia.
5 Spr 10,19: Wo viel Worte sind, da geht's ohne Sünde nicht ab; wer aber seine Lippen hält, ist klug. In multiloquio peccatum non deerit qui autem moderatur labia sua prudentissimus est.

eigenen Rat ausnehmend wohl gefallen lässt und viel redet. Und der unbedachte Tor streitet ohne Grund[1], verharrt auf seinem Vornehmen und duldet nicht, auch besseres zu hören.

Tit 1(,10): Sunt enim multi intractabiles et vaniloqui, etc.
[Denn es sind viel freche und unnütze Schwätzer,..]

Er will lieber verharren und riskieren[2], was Ende oder Ausgang der Sache auch bringen mag. Daher kommt das gemeine Sprichwort: Der Narren Zuchtmeister ist das Ende. Denn zuletzt werden sie erstmals klug. Sie erfahren und bekommen aus der Tat zu fühlen, was man zuvor durch zeitigen Rat hätte vorhersehen mögen. Sie fallen in späte Reue, wovon Cicero redet und spricht: Ich hatte es nicht gemeint.

Lib. offi. I[3]

Dafür hasst du unzählig viel und grausame Beispiele von Saul, Holofernes, Julius Cäsar, Nero und anderen, denen ihr eigenes Vornehmen und Anschläge wohl gefiel, das sie auch eine Zeit lang tapfer angegangen waren, zum Ende hin damit aber ganz übel gerieten, sich selbst und anderen zu großem Schaden und Nachteil.

1 Sam 18; Jud 7 und 8.

Ps 36(, 35f.): Vidi impii exaltatum / transiui et ecce non erat.
[Ich sah den Gottlosen erhöht / Ich ging hinüber und siehe, er war es nicht.][4]

---

1 „sake ane grundt"- Grund im Sinn von Gegenstand, er streitet, um des Streites willen. „Grund" darf hier noch nicht im Sinne eines Ziels verstanden werden wie „Ursache", so zeigen es auch die folgenden Sätze an: Der Tor hat keine Ahnung, wohin der Streit ihn führen wird.

2 „wagen"

3 Von den Pflichten I,26: „Einen Beweis dafür hat jüngst das unbesonnene Gebaren des Gajus Cäsar geliefert, der um der Alleinherrschaft willen, die er sich in seinem verkehrten Wahn ausgedacht hatte, alle göttlichen und menschlichen Rechte umstieß" (und darum ermordet wurde).

4 Res vidi impium robustum et fortissimum sicut indigenam virentem et transivi et ecce non erat et quaesivi eum et non est inventus [Ich habe einen Gottlosen gesehen, der war trotzig und breitete sich aus und grünte wie ein Lorbeerbaum. Da man vorüberging, siehe, da war er dahin; ich fragte nach ihm, da ward er nirgends gefunden.]

Unterschied der Ratschläge

1516 hatte Thomas Morus sein Libellus vere aureus, nec minus salutaris quam festivus, De optimo rei publicae statu deque nova insula Utopia [Ein wahrhaft goldenes Büchlein, nicht minder heilsam als unterhaltsam, Von der besten Verfassung des Staates und von der neuen Insel Utopia] verfasst, aus dem Oldendorp an anderer Stelle zitiert. In gleichem allgemeinen Horizont argumentiert Oldendorp. Es gibt Ratschläge, die Privates betreffen, hier geht es aber um das gemeinsame Wohl, das „Beste“, man muss freilich präzisieren: das jeweilige Beste, denn eine Idealordnung lehnt Oldendorp ab. Im Unterschied zu Gott bedarf der Mensch immer des Rats, was jeweils das Regiment „auf andere und bessere Gestalt bringen möchte“. Zudem ist auch Rat vonnöten, soweit es um Erhalt des Guten und Abwendung von Bösem geht. Aber der Gedanke ist gefasst, dass ein Regiment eine jeweils neue, bessere Gestalt erlangen kann. Daran arbeite der Rat, dazu gebe der Ratgeber Hilfe mit seinem Bedenken, aus seiner Perspektive heraus.

Gleich wie in allen anderen Dingen, so ist es auch bei Ratschlägen hilfreich, zu unterscheiden. Denn etliche Ratschläge gehören zu privaten und besonderen Sachen, etliche zu allgemeinen Handlungen.

In besonderen Ratschlägen handelt man von eigener Nützlichkeit, wie Acker, Häuser, Werkzeug, Geld und anderen Gütern oder Rechtsansprüchen[1], die einzelnen Personen zuzuordnen sind. In allgemeinen Ratschlägen aber betrachtet man vieler Leute gemeinsamen Stand, Gedeihen und Wohlfahrt zu Seelen und Leib. Und diese gehören zur Erhaltung guter Politik und Regiment in Städten und Landen, wo sie die Obrigkeit auch zu gebrauchen soll, was unser Thema ist[2].

Von privaten und besonderen Ratschlägen gedenke ich in diesem Büchlein nicht zu reden, ja, es tut auch nicht Not, weil wir durch uns selbst - Gott bessert - allzu tüchtig gelehrt sind, Rat zu finden, wie

1 „gherechticheyden“
2 „wo hyr na folgt“

ein jeder in seinen Sack sammelt, der eine sich vor dem anderen sich durchsetzen[1] mag.

Lk 16 / Mt 6[2]

Und ob wir in der Eile auch etwas vergessen, das pflegt uns der große Abgott Mammon und schlaflose Gier - die Mutter von allem Bösen - zu erinnern helfen. Der unterweist uns, in eigenem Nutzen und Frommen wohl zu raten, dafür braucht es keinen anderen Meister.

§ Consideravimus. In Auc. ut iudic. sine quo. suffra. col. 2

Gemeine Ratschläge aber, wovon jetzt zu handeln ist, sind dreifach.
Etliche geschehen darum, dass man etwas Neues zu gutem Regiment einführe, oder dasjenige, was vorhanden, auf andere und bessere Gestalt bringen möchte, etliches zur Unterhaltung des guten Standes und Gebrauchs, den man erlangt hat, etliches zur Abwendung bösen einbrechenden Missbrauchs.
Weil von Anbeginn kein weltliches Regiment so vollkommen mit Ordnung vorgesehen worden ist, dass nichts daran mangelte, viel weniger beständig so befunden, dass nicht etwas darin abglitte und der Hilfe bedürfte.

Justinianus in auc. Qui mod. natua. fi. effi. legi. in prin. col. VI.
In auc. De his qui ingre. ad appel. colla. V.

Jes 11(,1f.) / Lk 20(,25).
Dtn 4(,2)

Allein Gottes Wort und Regiment bleibt in Ewigkeit, ist vollkommen und will keineswegs Menschenratschläge, Veränderungen zu- oder abzutun dulden oder leiden.

---

1 „vorbreken" - Dies Wort bedeutete beides, selbst zu Schaden zu kommen und auch anderen zu schaden.

2 Oldendorp bezieht sich entsprechend dieser Kapitel darauf, dass jeder schon für sich sorge.

Was zum Ratschlagen nötig

1. Von Personen

Auch wenn, wie üblich, Oldendorp sich zur Monarchie als bester Staatsform bekennt, weiß er doch, dass der Monarch abhängig ist von Ratgebern. Viele Ratgeber sind keine Garantie für das Gute, aber - wie wir es wohl sagen würden - die Wahrscheinlichkeit ist höher, wenn eine tugendsame und möglichst weise Aristokratie regiert im Sinne der Philosophen frei nach Plato gemäß seiner Idee der Gelehrtenrepublik. In Bezug auf das Land lebte man in der Monarchie, in Bezug auf die Stadt in der Form der Aristokratie. Dies ist bei ihm jedoch kein prinzipieller Aufruf für die Herrschaft Weniger, denn auch da gibt es die Entgleisung in üble Oligarchie. Die Besseren sind in allen Herrschaftsformen, die sich auf das Doppelgebot der Liebe stützen, „alles andere ist eitel Irrtum und böse". Liebe ist „ein Ding, das zu einem Anderen gehen und sich recken will". Gewichtiger als die Herrschaftsform ist, dass Ordnung und Recht gelten und auf guten Rat gehört wird.

Parum est enim ius in civitate esse, nisi sint qui iura reddere possint.
[Wie viel Recht gibt es im Gemeinwesen, wenn es nicht diejenigen gibt, die die Rechte wieder herstellen können?][1]
L.2.§. Post originem.ff.. D origi.iur. l. 2.ff. De stat. homi. Instit.. De iur. perso.

So kann ohne Personen als Instrumente nichts beratschlagt, viel weniger, etwas im Rat gefunden, zu Werke gebracht werden. So ist es nötig, zu Beginn vom Umstand[2] der Räte zu sprechen.

Politiae tres sunt species:
Monarchia, regnum seu principatus unius, ad communem utilitatem. Haec cum degenerat ad proprium cum modum, vocatur Tyrannis.
Aristocratia: paucorii optimatium seu magistratum principatus ad publicum commodum, quae ubi privatae utilitate deservit, Olygarchia nuncupatur,

1 Dig. 1.2.2.13 Post originem iuris et processum cognitum consequens est, ut de magistratuum nominibus et origine cognoscamus, quia, ut exposuimus, per eos qui iuri dicundo praesunt effetcus rei accipitur: *quantum est enim ius in civitate esse, nisi sint, qui iura regere possint?* post hoc dein de auctorum successione dicemus, quod constare non potest ius, nisi sit aliquis iuris peritus, per quem possit cottidie in melius produci. (Sextus Pomponius, Liber singularis enchiridii 13. (De nominibus et origine magistratuum).

2 „gelegenheyt"

Timocratia, cum imperium est penes populum scilicet ad tuendos tenuiores adversus potentiam optimatium, quae corupta, Democratia dicitur.
Quas omnes et corruptae politiae species, Romana urbs experta est.
Nos hodie Monarchiam. inter omnes optimam - authore Deo - tenemus.
[Drei Herrschaftsformen gibt es: Die Monarchie, das Königreich oder die Herrschaft eines Einzelnen zum Wohle der Allgemeinheit. Degeneriert sie auf ihre Weise, wird es Tyrannei genannt.
Aristokratie: die Herrschaft einiger Aristokraten oder Beamter für das Gemeinwohl, die, wenn sie privaten Interessen dient, Oligarchie genannt wird.
Timokratie, wenn die Regierung volksnah zu sein scheint, um die Schwächeren vor der Macht der Eliten zu schützen. Ist sie korrupt, nennt man sie Demokratie.
Die Stadt Rom erfuhr all diese korrupten Formen des Gemeinwesens.
Wir haben heute die Monarchie. Wie halten sie kraft der Autorität Gottes für die beste Form.][1]

Und für das erste sind wir daran zu erinnern und dessen zu vermahnen, dass Ratschlagen für das gemeine Handeln förderlich sei, weil es nicht eines Menschen Werk ist. Denn ein Fürst oder Herr kann wohl im Regiment sitzen wie auch jetzt, da das ganze Römische Reich[2] durch Gottes Schickung zu einiger Regierung der Kaiserlichen Majestät gekommen ist. So ist es doch unmöglich, dass ein Mensch alle anfallenden Handlungen und Gebrechen des Regiments genugsam betrachte und ausrichte.

Unus vir nullus vir. [Ein Man ist kein Mann.]
Et Eurioides 1 Heraclides. Vir unus - inquit - haud videt omnis. [Ein Mann, sagt er, sieht nicht alles.][3]

Derhalben mag man vom Ratgeben wahrhaftig sagen: Ein Mann, kein Mann. Und vieler Leute Rat ist besser denn eines Mannes Tat. Denn ein Schiffer, wie erfahren er auch sei, untersteht sich nicht, ein

1 Vgl. Aristoteles Nikomachische Ethik XII.
2 „houetryke"
3 Vgl. Luthers Sprichwörtersammlung Nummer 37: „et merkt an: »Das Zeugniß Eines Mannes ist zur Führung eines gerichtlichen Beweises unzureichend. Lat. Audiatur et altera pars. Dictum unius, dictum nullius.« Ein man kein man. Unus vir nullus vir. Eines mans red ist ein halbe red. Mann sol die part verhören bed. Das findt mann in vnnd an den Rathheusern gemalt vnnd geschrieben: Audiatur altera pars. Ein man kan nit vil erheben noch auszrichten. Ein man kans nit alles sehen." Hg. Ernst Thiele, Weimar 1900.

großes Schiff allein über die See zu bringen, sondern nimmt Hilfe, hört in Windesnöten auf eines jeden gute Meinung. Umso weniger kann das gemeine Beste durch einen allein in mannigfaltigem Gebrechen mit rechtzeitigem Rat gehandhabt und vorangebracht werden.

Plutarch In moralibus.

Spr 11: Salutem - inquit - adferunt multi consultores. [Viele Berater bringen Heil.][1]

Wie einst Salomon lehrte: Wo viele Ratgeber, bringen sie Heil. Gerade, ob er sagen wollte: Niemand soll seiner eigenen Weisheit trauen, stattdessen guten Rat hören und annehmen.

Cicero libro de leg. 3 (14): Ego autem nobilium vita victuque mutato mores mutari civitatum puto. quo perniciosius de re publica merentur vitiosi principes, quod non solum vitia concipiunt ipsi, sed ea infundunt in civitatem.
[Aber ich glaube, dass sich der Charakter einer Nation verändert, wenn sich die Gewohnheiten und die Lebensweise ihrer Aristokratie ändern. Aus diesem Grund sind Männer der Oberschicht, die Unrecht tun, besonders gefährlich für den Staat.]

Weiterhin ist es auch nötig, dass der Rat tugendsam und geschickt sei. Denn sollen die Bauwerke recht gemacht werden, so müssen sie die rechte Schrotwaage[2] haben. Sollen gute Ratschläge erfolgen, müssen die Ratgeber auch gut sein. Wie der Mann, so seine Rede.

So berichtet *Beroaldus in lib. de Opti. statu:*[3]

Darum hat einer, Homulius genannt - meines Bedenkens - recht geredet zum Kaiser Trianum: Er wollte lieber, dass ein böser Herr, denn viele böse Räte im Land wären. Denn viele fromme Leute vermögen wohl einen Bösen zu unterrichten, aber ein Frommer könnte nicht so leicht viele böse Menschen überreden.

---

1 Spr 11,14: Ubi non est gubernator populus corruet salus autem ubi multa consilia. Wo nicht Rat ist, da geht das Volk unter; wo aber viel Ratgeber sind, da geht es wohl zu.

2 Vgl. dazu die Schrift von der Billigkeit, in der dies Bild zentral ist.

3 Filippo Beroaldo der Ältere (1453-1505): Libellus de optimo Statu et principe, Bologna 1497.

Accedit quod Christus Mt 5(,13): Quod si sal (inquit) infatuatus fuerit, quomodo salietur?
Extrema spes est in consultoribus, qui si ipsi fuerint mali, quis dabit bonum consilium?
[Ist das Salz taub, wie kann es salzen?
Die letzte Hoffnung liegt in den Beratern. Sind selbst sie schlecht, wer wird guten Rat geben?]

Von Tugenden, die bei den Räten und anderen allgemeinen Beamten Gestalt gewinnen sollen, haben Aristoteles, Plato, Cicero und viele gelehrte Heiden nicht umsonst geschrieben.

Discrimen inter prophetica et philosophica scripta
[Unterschied zwischen prophetischen und philosophischen Schriften]

Aber weil sie Gott durch den Glauben, Liebe und Furcht nicht recht erkannten, auch wenn aller Dinge eigene Kraft und Weisheit ihnen zugelegt war, so ist es bei ihnen[1] gerade, wie (es bei) den Blinden (zu sein) pflegt, dass sie mit den Händen dem Weg ertasten[2] und oft fehl(gehen) mussten.

1 Petr 2.[3] Nam cui (inquit) non adsunt haec is caecus est et manu viam tentans. [Denn für den (sagt er) diese Dinge nicht vorhanden sind, der ist blind und versucht mit seiner Hand den Weg zu finden.] Und Eph 4.[4]

Denn ein ungläubiger Mensch kann nimmer recht tugendsam oder geschickt sein, viel weniger anderen anzeigen, was recht tugendhaft sei, wenn er auch mit Engelzungen redete.

Spr 12(,7): Industria impiorum fraus est.
[Der Eifer der Ungläubigen ist vergeblich.][5]

---

1 „So ys ene beiegent"

2 „volen"

3 Das gesamte Kapitel, das mit diesem Vers endet: Denn ihr wart wie die irrenden Schafe; aber ihr seid nun bekehrt zu dem Hirten und Bischof eurer Seelen.

4 Eph 4,17f.: So sage ich nun und bezeuge in dem HERRN, dass ihr nicht mehr wandelt, wie die andern Heiden wandeln in der Eitelkeit ihres Sinnes, deren Verstand verfinstert ist, und die entfremdet sind von dem Leben, das aus Gott ist, durch die Unwissenheit, so in ihnen ist, durch die Blindheit ihres Herzens.

5 ...verte impios et non erunt domus autem iustorum permanebit. Die Ungläubigen werden umgestürzt und nicht mehr sein; aber das Haus der Gerechten bleibt stehen.

So müssen wir nun die rechte Tugend von Christus lernen, der als wahrhaftiger Gott und Mensch nicht fehlen kann. Ebenso von Paulus, der uns einen nützlichen, tugendsamen Amtmann fein abgemalt hat.

> Mt 7; 12 und 23. Nam e fructu arbor agnoscitur.
> [Denn an der Frucht wird ein Baum erkannt.]
> 1 Tim 4 und Tit 1.

In aller Kürze ist dies das Hauptstück: Dass alle Tugend auf die Liebe Gottes und des Nächsten gerichtet sein muss, alles, was sich dagegen wendet, ist eitel Irrtum und böse.

> Mt 7 et 22. Item 1 Tim 1; Röm 13.
> *Cicero lib. de fini. V.* Quicquid aget quaeque virtus, id a communitate et ea, quam exposui, caritate ac societate humana non abhorrebit.
> [Deshalb wird jede tugendhafte Handlung dieser Gemeinsamkeit, Liebe und menschlichen Gesellschaft, wie ich sie dargelegt habe, nicht entgegentreten.][1]

Denn alles Regiment, Magistrat, Ordnungen und Gesetze gehören zur Liebe. Nun ist die Liebe ein Ding, das zu einem Anderen gehen und sich recken will. So kannst du wohl annehmen, sollen sich die Ratschläge auch darein finden, so müssen die Personen der Räte zum Nächsten geneigt sein. Und die am meisten Lust dazu haben, die sind auch (besonders) tugendsam und nützlich, um Rat zu geben.

> *Justinianus in Prol. Institut.*: Ex solertia eruditione et fide colligit idoneum administratorem reipublice.

---

1 Cicero: De Finibus Bonorum et Malorum, lib. V. § 66. Der ganze Abschnitt lautet: „Denn die menschliche Natur ist so beschaffen, dass ihr die bürgerliche und staatliche Gesinnung, welche die Griechen politikon nennen, gleichsam angeboren ist, und deshalb wird jede tugendhafte Handlung dieser Gemeinsamkeit, Liebe und menschlichen Gesellschaft, wie ich sie dargelegt habe, nicht entgegentreten, und so wie die Gerechtigkeit selbst durch Hebung sich in die übrigen Tugenden verbreitet, so wird sie auch wiederum diese in sich aufnehmen. Nur ein mutiger und weiser Mann kann die Gerechtigkeit bewahren. In dieser Verbindung und Übereinstimmung aller Tugenden besteht die Sittlichkeit; das Sittliche ist die Tugend selbst oder das tugendhafte Handeln. Wenn das Leben eines Menschen damit stimmt und den Tugenden entspricht, so kann es als das rechte und sittliche und feste, mit der Natur übereinstimmende angesehen werden."

[Durch Geschick, Gelehrsamkeit und Glauben stellt er eine geeignete Verwaltung für die Republik zusammen.][1]

Dazu gehören dann die äußerliche Schicklichkeit wie gutes Reden, gute Lehre, Erfahrenheit und dergleichen, darin jedermann sich befleißigen soll, seine Kinder von jungen Jahren recht unterweisen zu lassen in Universitäten und Schulen, die darum gestiftet sind, wie auch ein Ehrsamer Rat zu Rostock ganz bedächtig gemeinen umliegenden Städten und Landen zugute diese Universität in Besserung zu bringen, sich jetzt mit Gottes Hilfe vorgenommen hat.[2]

1 Tim 3(,10) Atque hii probentur primum et sic ministrent (nullum crimen habentes…)
[Und diese lasse man zuvor prüfen; darnach lasse man sie dienen, (wenn sie unsträflich sind).]
Item Hebr 5(,4) Nemo sibi usurpet honorem.[3] [Niemand maßt sich seine Ehre selber an.]
l. Sed et probari [aber auch zu beweisen] *ff. De ercu. tuto.*
Huc spetcat l*ex Julia de ambitu*.[4]
Solon republicam duabus rebus contineri dixit, praemio et pena.
[Solon sagte, dass eine Republik von zwei Dingen regiert wird: Belohnung und Strafe.]

Wenn dann also die Wahl des Rates und der gemeinen Beamten taugt und (dabei die) Schicklichkeit (der zu Wählenden) beachtet und vorgezogen wird, so folgt, dass ein jeder sich des Besten befleißigt, um solches, so viel Gottes Gnade verleiht, zu erlangen im

---

1 Justinian Institutionen Prooemium. Es handelt sich nicht um ein Zitat. Bei Justinian ist von den Vorschlägen weiser Männer die Rede.

2 Die Universität Rostock befand sich in einer schweren Krise, die auch damit zu tun hatte, dass in ihr nach alter Weise gelehrt wurde, nicht reformatorisch, und das betraf immerhin die beiden Hauptfakultäten, Theologie und Jura in erheblichem Maß.

3 Hebr 5,4 (V): Nec quisquam sumit sibi honorem sed qui vocatur a Deo tamquam Aaron. [Und niemand nimmt sich selbst die Ehre, sondern er wird berufen von Gott gleichwie Aaron.]

4 Das Lex Iulia de maritandis ordinibus wurde 18 v. Chr. durch Augustus zur Verbesserung der allgemeinen Moralvorstellungen erlassen. Im Mittelpunkt steht die These der Familie als Keimzelle der Gesellschaft.

Vertrauen[1] darauf, dass sie zum gemeinen Besten dienen und auch (für des) ehrbaren Lebens Erhaltung dafür bekommen mögen.[2]
Also pflegten einst die Athener und Römer niemanden zu erwählen, der nicht seines guten Lebens[3] und in anderer notwendigen Schicklichkeit bewährt war. Und so lange dies geschah, folgten auch gute Ratschläge zu gemeinem Nutzen. Aber danach, als Richter, Räte und andere Beamte nach Anrechnung des Reichtums benannt wurden, da wurden alle Tugenden und gute Lehre vergessen, wie Plinius bezeugt.

> Posteris - inquit Plinius - laxitas mundi et rerum amplitudo damno fuit. postquam senator censu legi coeptus, iudex fieri censu, magistratum ducemque nihil magis exornare quam census, (postquam coepere orbitas in auctoritate summa et potentia esse, captatio in quaestu fertilissimo ac sola gaudia in possidendo,) pessum iere vitae pretia omnesque a maximo bono liberales dictae artes in contrarium cecidere.
> [Bei den Nachkommen haben die Weite der Welt und die Vielfalt der Angelegenheiten Schaden erlitten, nachdem man angefangen hatte, einen Ratsherren nach seinem Vermögen zu erwählen, als ein Richter durch seinen Reichtum zu seinem Amt gekommen war, als nichts mehr als Schätze eine obrigkeitliche Person und einen Heerführer zieren konnte: So sind der Wert des Lebens und alles, was die freien Künste vom allgemeinen Besten lehrten, in ihr Gegenteil verfallen.][4]

2. Von Gott Hilfe zu erbitten

Erster „Hauptmann" auch für das weltliche Regieren ist Christus. Die Kirche als corpus Christi ist ihm keine Sondergruppe innerhalb einer sie umgreifenden Gesellschaft. Die Christenheit im Land, wie denn in dieser Zeit das „katholisch" [allgemein] im Glaubensbekenntnis in deutscher Sprache zu „christlicher Kirche" geworden ist, ist von einer „Kirche" im Sinn des Klerus oder einer Kirchengemeinde nicht

1 „vortröstunge"
2 „upentholdinge" - Alimentierung der Beamten.
3 Im moralischen Sinn. Schicklichkeit meinte gutes Benehmen, nicht böser Sinnesart.
4 Plinius: Naturalis Historia lib. XIV. 5. Übersetzung von Johann Daniel Denso, Rostock 1764.

abzusondern. Bekannt ist die Formulierung Karl Barths von der Identität der Bürgergemeinde und Christengemeinde in vergangenen Jahrhunderten. Auch Heiden mit ihrer Ablehnung stehen unter der Macht Gottes, weil Christus alle Gewalt im Himmel und auf Erden gegeben ist und Gottes Allmacht nicht von der Zustimmung der Menschen abhängt. Insofern gibt es in diesem Sinn Kirche selbst vor Christus. Gott beschränkt sein Wirken nicht auf die, die an ihn glauben und sich rufen lassen. Auf der anderen Seite gehören die Heiden nicht zur Kirche, weil sie sich nicht „sammeln" lassen, wie es die Kirchenordnung von 1552 nach CA VII formuliert. Im Leib Christi wird Gottes Macht und Herrschaft offenbar und sie wird offen angenommen.

Gottes Regieren endet nicht bei den Menschen, die sich nicht haben taufen lassen. Gottes Reich suchen auch die, die sich nicht wie die Pharisäer die Gebote Gottes an die Ränder ihrer Kleider genäht haben. Man darf diese Bemerkung im Jahre 1530 getrost auch als einen Seitenhieb auf die liturgischen Gewänder des höheren Klerus ansehen, auf denen ganze Bekenntnisse mit goldenen Fäden eingestickt waren, die sich in fromme Schätze hüllten. Das Reich Gottes ist unseren Herzen inwendig, wir können ergänzen: allen Menschen. Zudem muss stets im Blick sein, dass Gottes Tun auch jenseits dessen geschieht, was wir planen oder uns vorzunehmen in der Lage sind. Gott herrscht in den Herzen, „gerade wie ein weltlicher König in seinem Reich". Dieses Regieren zu verstehen, zu erkennen und ihm zu gehorchen, dem dient das Hören auf Gottes Wort. Zum Raten gehört darum Demut, denn Regieren bedeute nicht die Realisation eigener Ideen. Gutes Regiment geschieht in der Nachfolge Christi, im Hören auf ihn. Gehorsam kommt von Hören. Das gleichnamige Buch von Thomas von Kempen von 1425 war auch im 16. Jahrhundert sehr bekannt und populär.

Auch der nächste Gedanke gehört in diese grundlegende Warnung vor einem Missverständnis: Es besteht die Versuchung des Schauspielens, des Rollenspiels. Dann ist es nicht Gott, dessen Wort man nachfolgt, sondern man wird zum Heuchler. Diese Versuchung auszuschlagen gehört zur Demut. Es gehe nicht um Funktionieren, Anerkennung oder Geltungsstreben. Die so handeln, haben corda perversae [verdorbene Herzen].

Die Bezeichnung von Herzenstheologie (Pektoraltheologie) hat man für spätmittelalterliche Frömmigkeit ebenso wie für Pietisten, aber auch z.B. für Theodor Kliefoth im 19. Jahrhundert verwendet. Auf Oldendorp trifft das Bild ebenfalls zu, aber - wie bei Kliefoth - auf höchst nüchterne Weise. Das „Herz" ist der Ort, an dem Entscheidungen geboren und gefällt werden. Aber es geht dabei nicht um ein Selbstgespräch, wie wir häufig Gewissen verstehen. Es ist auch der Ort der Verantwortlichkeit vor Gott. Maschinen haben kein Herz, höchstens eine Art Künstlicher Intelligenz. Schauspieler lassen ihr eigenes Herz außen vor, sie lassen es nur spielen, und wenn Politiker, Verwaltungsbeamte, Verantwortliche dies tun, ist dies überaus gefährlich. Gott spricht nicht mit Maschinen und Rollenträgern. Von Schauspielern in öffentlichen Ämtern wird unser Herz betrogen. Sie scheinen nur dasselbe zu tun wie die, deren Rolle sie verkörpern.[1] Fragt man nach der historischen Entwicklung des Begriffs vom Willen, der eminent wichtig für Politik ist, muss man die Rede vom Herzen mit bedenken.

Timor dei scientiae initium est.
[Gottesfurcht ist der Anfang der Erkenntnis.] Spr. 1(,7)
Joh 15[2]
Justinianus in auc. Quomo. opor. Epsc. §. Nos igitur/ cola. 1. Et de privileg. dot.

Wenn nun gute, fromme Personen und Räte vorhanden sind und man zu einem Ratschlag kommen will, so ist es notwendig und zu erwarten, Gott vor allen Dingen anzurufen, weil er selbst uns ermahnt, dass wir ohne ihn nichts vermögen.
Wie könnten auch unsere Ratschläge christlich geheißen werden, wo Christus nicht die erste Stelle als ein Hauptmann einnähme[3]?
Ach Lieber, - werden etliche sprechen - willst du nichts anderes von Ratschlägen schreiben, dann bleibe mal zu Haus. Das habe ich längst in der Schule gelernt: Trachte zuerst nach dem Reich Gottes. Man soll immer sagen: So Gott will,...

---

1 Das Problem der Simonie, dem Handel mit dem Heiligen Geist, besteht nicht nur darin, dass damit Geld gemacht wird. Craton aus der Johanneslegende suchte der Welt Lob und verachtete gar den Reichtum. Dennoch kam er als Betrüger in der Legende zu stehen. Betrüger können auch die Wahrheit sagen, aber wehe, sie werben um Vertrauen. Wird ein Prediger der Heuchelei überführt, fällt dies auch auf den Glauben zurück. Das gilt auch für weltliche Ämter. Sie müssen nicht etwa verkörpern, was ihr Amt ist, sondern umgekehrt ihr Amt wollen, die Intention muss mit meinem Tun zusammenfallen. „Trachtet zuerst nach dem Reich Gottes und nach seiner Gerechtigkeit, so wird euch das alles zufallen." Der Mensch sei kein Instrument Gottes, sondern sein Bild.

2 Das ganze Kapitel.

3 „gewünne"

Ja, also pflegt unsere stolze Vernunft zu antworten, als wüsste sie alle Dinge selbst wohl. Ich fürchte aber, sie haben oft, wie der alte Adam, einen bösen Schulmeister, der uns viel gelehrt und getrieben hat, so dass wir jetzt entgegengesetzt lernen und handeln müssen. Denn Gottes Reich suchen, Gott fürchten, bekennen und anrufen ist nicht an äußerliche Gebärde, Stätte oder Zeit gelegen, so dass wir am Anfang der Ratschläge mit Gepränge den Namen des Herren im Munde tragen oder in Schrift malen gleich wie die Pharisäer den zehn Gebote am Rande ihrer Kleider.

Gen 3 / Mt 6 / Mt 23 / Jes 29 / Mt 7 und 15[1]

Wie uns denn die genannten Schulmeister und leidigen Teufel auf solch einen Missverstand fein angeführt und uns Gott durch Jesaja, danach durch seinen eingeborenen Sohn Christus gewarnt hat.

Lk 17(,20f.) / Joh 4(,24)

Denn Gottes Reich ist unseren Herzen inwendig. Wenn wir es darin durch sein Wort Gott (gegenüber) bekennen und fürchten, wissen wir, dass wir ohne seine Hilfe nicht Gutes tun oder Rat geben mögen, darum rufen wir ihn allein an. Im festen Glauben trauen und befehlen wir ihm all unser Vornehmen an, nicht daran zweifelnd, er werde uns helfen und guten Rat eingeben. Wir gedenken auch allewege seines göttlichen Befehls und Willens, über aller Menschen Gunst und Ungunst, über alles Geld, Gut und Ehre demütig anzunehmen. Wir wissen das so, als ob die Kaiserliche Majestät in unserem Rat gegenwärtig da stünde, so auch Gott uns viel mehr ins Herz sieht. Wir bitten, dass er uns Gnade gebe, nicht gegen sein Wohlgefallen zu ratschlagen, oder gar vorzunehmen, und sprechen mit Salomo:

Eph 5(,1)
1 Kön 3(,7)[2]

1 Diese Kapitel führt Oldendorp wiederholt an.

2 Et nunc Domine Deus tu regnare fecisti servum tuum pro David patre meo ego autem sum puer parvus et ignorans egressum et introitum meum. [Nun, HERR, mein Gott, du hast deinen Knecht zum König gemacht an meines Vaters David Statt. So bin ich ein junger Knabe, weiß weder meinen Ausgang noch Eingang.] Vgl. den ganzen Abschnitt 1 Kön 3, 1-15.

Ich bin ein unmündiges Kind, weiß meines Regiments weder Ein- noch Ausgang unter so vielem Volk. Darum, o Herr, gib deinem Knecht ein lernbegieriges Herz, das es den Unterschied zwischen gut und böse erkennen möge.
Alsdann regiert und herrscht Gott im Herzen, gerade wie ein weltlicher König in seinem Reich. Und derweil solch ein großmächtiger König nicht träge sein kann und will, weiß alle zukünftigen Dinge im Himmel und der Erde, so wird er auch gute Ratschläge hervorzubringen helfen, wird verschaffen, dass du mit dem Mund nicht anders als mit dem Herzen rätst, lässt die beiden ein Ding sein, hast Ernst und Fleiß bei der Sache, wandelst im Geist der Wahrheit.
So magst du Gottes Reich recht suchen und auch zweifelsfrei finden, denn der Herr will ein wahrhaftiges und demütiges Herz nicht verschmähen.

Ps 1

Dazu soll das Reich Gottes nicht allein im Anfang, so auch in Mitte und Ende des Ratens treulich gesucht werden.

Mt 6 und 12

Summa: Das Herz als ein Haupt des Menschen, dem alle äußeren Gliedmaßen dienen und folgen, woraus Gutes und Böses her kommt, muss durch Gottes Wort und Gnade zuvor regiert sein, so werden Hände und Füße, Ohren und Mund wohl recht und mit Ernst nachfolgen.

Röm 9 und 14.

Wenn nicht, wirst du eitel hypokritische, mit aufgesetztem Herzen[1], lose, unbeständige Ratschläge machen, (auch) wenn du hundert Jahre dir den Kopf zerbrichst. Sie mögen wohl eine Zeit lang gut

---

1 „bauenhertige“ – überherzige Ratschläge, Wortbildung entsprechend dem „Aberglauben“, superstitio.

scheinen, das Ende aber wird Schaden bringen, ohne Leib und Seele. Das hat nun alle Welt versucht, leider mehr als gut ist.

Porro, quicquid ex fide non est peccatum est. Comedi et Tragedi fabularum actores. Mimi imitatores. Pantomimi omnium personarum effictores. Archimimi principes Histrionum. Ethologi, Ethopeique morum et affetcuum effictores uno nomine Hypocrite. Hoc est aliene persone simulatores dicuntur. Latine Hystriones appelare possumus quorum actio est fingere vultum et decipere spetie retci.
[Ich halte dafür, dass was aus dem Glauben kommt, keine Sünde ist. Schauspieler von Komödien und Tragödien, Imitatoren, Pantomimen menschlicher Effekte, Hauptdarsteller, Darsteller, Charakterdarsteller sind in einem Namen Hypokritiker. So nennt man den, der eine andere Person simuliert, nachmacht. Auf Latein nennt man so den - griech. - Hysterion, dessen Handlung darin besteht, Miene und Anblick korrekt nachzuahmen.]
Spr 6 und 10.
Hypokriseos naturam et signa describit *Phi. apud Sal. Prov. 11*:
[Die Natur und Zeichen der Heuchler beschreibt Melanchthon im Kommentar zu Spr 11:][1]
Probitati - inquit - opponit cor perversum, id est Hypocrisin, que de deo male sentit, nos habet retcas opiniones de deo, non vere timet deum, non credit ei, non invocat eum, sed secura contemnit iuditium dei, nec in rebus adhersis novit invocare deum, sed querit praesidia carnalia, confidit aut sapientia aut iustitia carnis aut viribus suis aut alias similibus rebus. Sicut Saul non invocat deum, sed Magos querit et conatur se, non dei misericordia, sed aliis praesidiis munire.
[Die Redlichen widersetzen sich einem verdorbenen Herzen, das ist: dem Heuchler. Der von Gott schlecht denkt, nicht die rechten Ansichten von Gott hat, nicht wirklich Gott fürchtet, ihm keinen Glauben schenkt, ihn nicht anruft, das Urteil Gottes verachtet, nicht weiß, wie er in Herzensdingen Gott anrufen soll, sich über mangelnden fleischlichen Schutz beklagt, der Erkenntnis und Gerechtigkeit des Fleisches vertraut und seinen Tugenden oder ähnlichen Dingen. So, wie Saul nicht Gott anrief, sondern den Magiern vertraute und versuchte, sich und nicht Gottes Erbarmen anzubefehlen, sondern sich anderwärts zu schützen.]
1 Sam 28.
Nota, haec Hypocrita ovium pellibus tetce.
[Bedenke, dass sich die Heuchler in Schafspelze hüllen.]

1 Melanchthon: Nova Scholia, Hagenow 1529, S. 34f. Das Zitat ist nicht wörtlich, sondern sinngemäß ausgeführt.

3. Vom Erkunden der Händel

Der Begriff „handele" ist bei Oldendorp sehr weit gefasst, im Sinn der antiken philosophisch verstandenen vita activa.[1] Es kann je nach Zusammenhang aber auch einfach einen Gerichtsprozess oder einen Handel im Sinne von Geschäft meinen, immer aber bezeichnet das Wort ein Geschehen zwischen Menschen, kaum aber Arbeit im Sinn vom Umgang mit Dingen. Politik, Ratsarbeit und Gericht waren zu Beginn des 16. Jahrhunderts eng miteinander verknüpft. Die Ratslaube von Lüneburg ist Teil des historischen Ratshauses, Rechtsprechung ist Teil der Herrschaftsaktivität und der politischen Ordnung.

Zunächst geht es Oldendorp in diesem Abschnitt um Beratung derer, die zu urteilen haben. Sie sollten auf die Intention achten, den Dingen auf den Grund gehen. Aber der eigentliche Zielpunkt des Abschnittes ist ihm das Hören auf guten Rat. Das Insistieren darauf sollten wir nicht nur als Selbstempfehlung eines sich evtl. um das Amt eines Stadtsyndikus Bewerbenden ansehen. Es geht Oldendorp um rechtes Urteilen und Entschließen, Entscheiden und Erwägen aller Ratsgeschäfte überhaupt. Cicero spricht in diesem Zusammenhang auch das Planen an, das Abzielen auf etwas. Das führt zu Überlegungen vom zureichenden Grund, den verschiedenen Ursachen, die jede vernünftige, überlegte Handlung haben sollte. Der Urteilende muss in verschiedene Richtungen hin reflektieren, bedenken, also auch auf Rat hören. Er braucht Erkenntnis, und die gewinnt niemand nur aus sich selbst. Oldendorp vertritt somit nicht Naturrecht in dem Sinn, dass alle Wahrheit aus sich selbst zu schöpfen sei, dass er aus sich selbst das Gute schon schaffen könne. Der Mensch ist nicht nur lügenhaft, sondern auch in seiner Erkenntnis beschränkt und bedarf des Ratgebers, nicht nur als sachlichen Hinweis, sondern er bedarf anderer Personen, die ihm raten. Oberster Ratgeber in Person ist Gott. Darum der Verweis auf die vorigen Artikel. Der Grund allen Ratschlagens ist das Gute, was bei Oldendorp immer als ein Geschehen zwischen Personen ist.

Nach der Bestallung christlicher, frommer Personen und Räte und auch Anrufung Gottes, des Allmächtigen, lasst uns in seinem Namen fürderhin handeln, was zum Ratgeben dienstbar sein will.

In causa enim seu facto ius esse positum.

1 Vgl. Hannah Arendt, Vita activa, München 1967.

[In Prozess oder Verfahren gilt das gesetztes Recht.]
Alphenus dicit in l. Si ex plagis. §in cliuo. ff. Ad le. acq.[1]

Darum mag nun die Erkundigung der Geschäfte eigentlich nicht ohne Gewissen gemacht werden. So ist es zum ersten notwendig, auf den Handel acht zu haben, dass du ihn mit allen Umständen recht einschätzt. Gerade wie ein Arzt eigentlich gebraucht werden soll, wo man zunächst die Gestalt[2] der Krankheit gut wissen und erfahren muss.
Nun ist zu diesem Stück nicht genug, dass du den Händel anhörst, wie es geschehen sei. Und (dann) wendest du dich fort zur Beratung. Du musst besonders nach dem Verhör des Geschäfts auch fleißig betrachten, ob die Handlung einfach oder vielschichtig[3] sei. Ist er denn einfach, so hat es sein Maß. Ist er aber mannigfaltig, so mach in deinem Gemüt kurze Artikel davon und achte darauf, welches die größten Stücke sind, woran die anderen hängen oder aus ihnen heraus fließen. Sonst würdest du oft das Geringste beratschlagen und das Größte vergessen, wobei zu fürchten ist, das (solches) oftmals geschehen ist.

Ut enim sunt sua signa certantibus, ita causam in scopos redigere oportet, quo dirigatur consultatio.
[Um im Beweis sicher zu gehen, ist es notwendig, den Fall auf die Ziele hin zu reduzieren, auf die die Beratung ausgerichtet ist.]

Et certe - inquit Caius- cuiusque rei potissima (pars principium) est.
[Und sicherlich - sagt Caius - ist der wichtigste Teil von allem der Grund.]
L. II ff. De origine.[4] *Et Ulpinianus in l. Si p. curatorem i princi. ff.*[5]
Manda(tum) dicit uniusque contractus et initium spectandum esse et causam.
[Das Gebot besagt, dass der Beginn und die Ursache eines jeden Vertrages geprüft werden müssen.]

---

1 Publius Alfenus Varus (1. Jh.): Dig. 9.2.52 § 2. - „Respondi in causa ius esse positum."
2 „ghestalt" für ratio, forma, figura.
3 „mennichfeldig"
4 Gaius war römischer Jurist und lebte in der Mitte des 2. Jahrhunderts und gilt als Hauptautor der Institutiones. Das Zitat findet sich bei Justinian in den Digesten I.2.1. Im Zitat Oldendorps fehlen die beiden Worte „pars principium".
5 Dig. XVII.1.8.

Dafür, dass du die Hauptstücke des Händels finden möchtest, so merke wohl an den Anfang, woraus er ursprünglich und in welchem Maße er entstanden ist. Denn der Anfang ist das größte Teil einer Sache und daraus werden alle Händel im Grunde eigentlich unterschieden und festgemacht, recht erkannt.

> In omnibus autem negotiis priusque aggrediare adhibenda est preparatio diligens.
> [Bei allen Geschäften muss jedoch vor Beginn eine sorgfältige Vorbereitung erfolgen.]
> *Cicero lib. offi. I.(73.)*

Nach erfolgter wahrhaftiger Erkundung des Händels, so wende dich zum Ratschlagen, was in einem jedem Artikel nützlich ist und wie das Beste zur allgemeinen Wohlfahrt vorgenommen werden mag, mit Form, Maß und Weise, wie zum Teil vordem, zum Teil hier angezeigt ist. Lies oben vom Unterschied der Ratschläge.
Beispiele:
Willst du etwas Gutes einführen oder das bereits vorhandene Gute erhalten, alsdann ratschlage, wie du die rechte Ursache, woraus dann gute Pflicht folgt, zunächst zu fassen bekommst oder vermehrst.[1]
Wiederum: Willst du etwas Böses vermeiden oder abwenden, so nimm weg die Ursache des Bösen.

> (Quamquam hoc animi,) illud etiam ingenii magni est, praecipere cogitatione futura et aliquanto ante constituere, quid accidere possit in utramque partem, et quid agendum sit, cum quid evenerit, nec committere, ut aliquando dicendum sit: „Non putaram."
> [Jedoch kennzeichnet dieses eine erhabene Haltung, jenes sogar eine große Intelligenz, die Zukunft in Gedanken vorwegzunehmen und bedeutend früher festzustellen, was nach beiden Richtungen hin geschehen kann und was getan werden muss, wenn sich etwas ereignet hat, und es nicht dazu kommen zu lassen, dass irgendwann gesagt werden muss: 'Ich hätte es nicht geglaubt'.][2]
> *Cicero lib. De offi. I*

1 Ursache: causa als Beweggrund. Dieser Satz ist umständlich formuliert. Die Übertragung von 1597 formuliert auch nicht einfacher. Man gelangt besser zum Ziel, wenn man das der Handlung zugrundeliegende Gute klar als Finalursache zu fassen bekommt.

2 Cicero de officiis T (81) Übersetzung Rainer Lohmann.

Dazu bedenke das Ende eines jeden anberaumten Vorschlags, wenn dies oder jenes vorgenommen wurde, was denn endlich daraus folgen möchte. Denn wie wohl Ende und Vollstreckung einer Sache letztlich zu stehen kommt, so muss doch ein Bewegendes und Ratschlagendes aufs erste vorgenommen (worden) sein.[1]

> Omnia probate, quod bonum est, tenete.
> [Prüft alles, das Gute behaltet.] 1 Thess 5(,21)

Weiterhin, weil unter guten Mitteln und Vorschlägen oftmals eines besser ist als andere, unter vielen bösen, die man doch nicht alle meiden kann, eines weniger böse ist als andere, so müssen solche Umstände durch Beratschlagung recht bewogen werden, aus zwei guten das beste, aus zwei bösen, weil nichts Gutes dabei ist, das geringere Böse erwählen.

> Quod si quis absurde a nobis haec constitui putaverit, cogitet longe absurdius constitui neutrum lege.
> [Aber wenn jemand dachte, dass diese Dinge von uns auf absurde Weise festgestellt worden seien, möge er bedenken, dass es weit absurder wäre, nichts zu entscheiden.]
> *Julianus in l. Ita vulneratus. § viti. ff. Ad leg. Acquili.*[2]

4. Vom Bedenken des Rahmens[3] oder der Vorschläge

Das Wort „rame" hat das Bild eines Gestells[4], wie der eines Webrahmens. Am ehesten kommen wir hier der Verwendung des Begriffs mit der Redewendung nahe, wonach man einem Plan einen Rahmen setze. Oldendorp zielt jedoch nicht auf Planung in dem Sinn,

1 Nicht nur der Handel selbst hat einen Grund, der zu erkennen und zu bedenken ist, sondern auch das Ratschlagen, die Durchsetzung des Guten. Das Gute ist der zureichende Grund, das principium rationis sufficientis, des Ratschlagens.

2 Dig. IX. 2.51.2.

3 „rame"

4 Martin Heidegger hat das Gestell als Denkmodell bekanntlich in seiner Weise in den Mittelpunkt seiner Überlegungen gestellt.

dass man sich etwas vornehme und dann auch durchführe, als vielmehr auf die ruhige Reflexion, das Bedenken vor einer Tat, ohne ein Ergebnis vorwegzunehmen. Unser Wort „Plan“ verrät unser anderes Denken: Alles, was geschehen soll, liegt bereits plan, eben und überschaubar vor uns. So baut man Brücken oder Tunnel, aber so geht es nicht in der Politik zu.

Weiterhin solle man sich Zeit nehmen, die Dinge recht abzuwägen. Wie in der Billigkeit eine Entscheidung Gott gegenüber abgewogen werden muss, gehört auch die Zeit dazu, die wir brauchen, um wirklich zu verstehen. Übereilt etwas zu tun, kann ebenso übel sein, wie den Zeitpunkt der Entscheidung zu verpassen.

Eine Entscheidung hat somit ein zeitliches Vorfeld. Möglichst gut ist sie, wenn ihr eine breite Zustimmung nach gründlicher Abwägung zugrunde liegt, sie mit einträchtiger Vollmacht gefällt wird. Im dabei gebrauchten Wort vulbordt steckt die Borte, also wiederum der Rahmen. Der Rat hat Gestalt gewonnen, dazu bedurfte es der gegenseitigen Hilfe.

Für uns sind das selbstverständliche Gedanken, aber in diesem grundsätzlichen Zusammenhang und im Kontext des 16. Jahrhunderts liegt die Betonung auf dem Hintergrund der Erkenntnis der Vergänglichkeit und Veränderlichkeit allen Rechtes. So betrachtet nimmt hier eine wahrhaft geschichtliche Betrachtung Gestalt an. Es geht nicht nur um Tatsachen, sondern der Entwicklungsgedanke bereitet sich vor.

Wenn man nun der Umstände der Handlung im Wesen inne geworden ist und sie verstanden hat,[1] auch einen Rahmen und Vorschläge dazu gefunden hat, so ist es doch nicht undienstlich, sondern ganz nützlich und gut, dass man diese Vorschläge, und besonders, die (noch) etwas ungewiss sind, mehr denn einmal abwägen und bedacht sein lasse, so viel es Zeit und Notwendigkeit immer leiden lassen.

l. Si mulier. §. Exasse. ff. De iur. doti. Delegatione propter nimiam subtilitatem et casus necessitatem minime obtinente, dicit Martianus.[2]
[Beim Erbe wird wegen besonderer Schärfe und Dringlichkeit des Falls schneller entschieden.]

---

1 „des handels gelegenheyt eigentlich yngenamen und verstanden“

2 Dig. XXIII, 3.59.1 Das Zitat stammt nicht von Martianus, sondern von (Gnaeus Cornelius Lentulus ?) Marcellinus.

Niemand lasse sich (wegen) seines fleischlichen Affekts und Begehrlichkeit zur Schnelle überreden[1], zumal in allen Dingen doch vor allem im Ratgeben nichts gefährlicher sein kann als unordentliche Eile. Darum sagt man, und es ist wahr: Schneller Rat ward selten gut. Es ist viel besser, die Handlung zweimal zu erwägen, als einmal das Beste zu vergessen.
Folge den guten Malern, welche erst ein Bild entwerfen, danach sehen sie, wie es steht, was daran mangelt. Wie Apelles[2] seine Gemälde an die Straße zu setzen pflegte und heimlich danach schaute, dass er (nach) Anhörung eines jeden Meinung und Anzeigen der Mängel desto besser verfahren vermochte.

Papinianus in l. Cum unus in princi.ff. De alimen. et cibs. legat Justinianus ipse in auc. hec. constitu. coll. VIII.

Es lässt sich oftmals in der Eile ein Plan oder Vorschlag für gut ansehen, aber im Bedenken und Ratschlagen befindet sich vieles anders. Das machen des Menschen angeborener natürlicher Irrtum und Blindheit, wovon ich im Anfang dieses Büchleins geredet habe.
In diesen Bedenken aber muss Mäßigkeit ohne Gefahr treulich eingehalten werden, nicht zu viel und nicht zu wenig.

Modus est pulcherrima virtus.
[Mäßigkeit ist die schönste Tugend]

Denn gerade wie große Hast Übel treibt, so pflegt auch die Trägheit oftmals den Handel zu versäumen. Ratschläge fallen zuweilen zu spät, und wenn das Gras (doch noch) kommt, ist der Hengst (schon) tot.

Ita civitas Rhodiuorum iniuriam suam sero conquesta fuit.
[So beklagte sich die Stadt von Rhodos verspätet über ihr Unrecht.]
Imperatoribus in l. Civitas. C. de offit. retco. provin.

Man möchte vielleicht um Gunst oder Ungunst mutwillig die Dinge solange verzögern, oder in unnötigem Denken schwärmen, so dass der Stall erst zugeschlossen wird, wenn die Pferde (schon) weggelaufen sind.

---

1 „tho hastigen auer wegen“
2 Apelles war ein Maler zur Zeit Alexander des Großen.

Aut stulti aut iniqui sunt Praetores est rem in tempus pubertatis differe cum summo eius cui consultum (vult).
[Es wäre töricht und ungerecht, wenn die Praetoren die Zeit der Mannbarkeit missachteten.]
dicit Ulpianus in l. Carbonianum. ff. De Carb. edict.[1]
Spr 3 Ne die proximo tuo abi redi cras dabitur cum modo possis gratificari.
[entsprechend dem Sprichwort: Was du heute kannst besorgen, das verschiebe nicht auf morgen.][2]

Darum gebührt allen Regenten und Räten, zur rechten Zeit[3] etwas vorzubringen, damit man anliegenden Fehlern zuvorkäme und einem nicht zuvorgekommen werde, besonders dann, wo aus Gefahren erwachsender Schaden zu befürchten ist, oder wo man sonst etwas Gutes tun kann.
So auch in den Fällen, die man nicht vorkommen lassen will und über aller Menschen Zuversicht plötzlich ankommen und wie Cicero redet: Viele Dinge, die aufs allerbeste bedacht sind, geraten oftmals fehl, doch soll man (sie) dennoch nicht unterlassen,[4] Gott vertrauen und unversäumt ratschlagen, damit der Schaden ausgeglichen werde und ja nicht tiefer einreißen möge.

Optime cogitata saepe male cedunt.
[Bestens erdacht, gehen sie dennoch oft fehl.]

l. Si fideiussor. §. Sicum debitor. ff. mandat.

Alsdann giltst du nach deinem Getanen fleißig und bist vor Gott und aller Welt wohl entschuldigt.

Isocrates ad Demonicum:[5] Delibera diu celeriter vero confice quod decrevisti.
[Überlege lange, aber setze schnell um, was du entschieden hast.]

---

1 Dig. XXXVII.10.3.5. Es geht in dem Abschnitt um die Erbschaft und den dafür wichtigen Zeitpunkt der Mannbarkeit.

2 Melanchthon Nova Scholia (in Proverbia Salomonis), Hagenow 1529, paraphrasierend zu Spr 3, 28: „Sprich nicht zu deinem Nächsten: ‚Geh hin und komm wieder; morgen will ich dir geben', so du es wohl hast." (Ne dicas amico tuo vade et revertere et cras dabo tibi cum statim possis dare.)

3 „flyth" - fleißig

4 „Vele dinge upt allerbeste bedacht / offtmals övel geraden mögen / schal men dennoch nicht underlaten."

5 Isokrates (436-338): Orationes an Demonicum.

Sallustius:[6] Anteque incipias consulto ubi consulueris mature facto opus est. [Bevor du anfängst, ist Überlegung, sobald man überlegt hat, ist rasches Handeln nötig.]

Item Julianus in l. Tutor. §. Si tutor. ff. De adminsitra. tuto.:

Debuit enim - inquit - partibus suis fungi non quidem praecipiti festinatione, sed nec moratoria cunctatione.

[Denn, sagt er, er hätte seinen Teil tun sollen, nicht mit überstürzter Eile, aber auch nicht mit zögerlicher Unentschlossenheit.][2]

Summa:

Wo zeitig Rat sein soll, da muss beiderlei, nämlich Eile und Bedächtigkeit in eins gebracht werden, dass man alle Dinge wohl bedenke, wenn es aber bedacht ist, hastig zu Werke stelle und festhalte.

Dies ist in den zwei Worten zu begreifen, die wir täglich brauchen und vielleicht nicht bemerken, wenn wir sprechen: Haste sachte. Denn das ist so viel gesagt, wie: Vermenge deine Hast mit Langsamkeit. Bedenke lange und handle schnell, was du bedacht hast.

Festina lente. Id est: Tempestivam celeritatem misce cum prudenti tardite ut neque per temeritatem quicquam facias paenitendum, neque rei publice commodum pertinere videatur.

[Eile mit Weile, das bedeutet: Mische angebrachte Schnelligkeit mit umsichtiger Langsamkeit, damit du nicht aus Unüberlegtheit etwas Bedauerliches tust oder den Eindruck erweckst, dass du in der Öffentlichkeit deinen Vorteil suchst.][3]

Testatur Aul. Gel(asius). lib. IX. cap. XI.

Et Suetonius in vita Augusti[4] *tradit dicere solitum:*

Festina lente. Nam certus dux, potior est quam confidens.

---

6 Sallust (86-35): De Coniuratio Catilinae , Kapitel 1.

2 Dig. XXVI. 7.7.1. (Ulpinian, nicht Julian.)

3 Vgl. Erasmus von Rotterdam: Adagia (1500) Festina lente. 3. - „Rursum, si adsit τῷ σπεῦδε βραδέως, h. e. maturitas quaedam ac moderatio simu ex vigilantia lentitudineque temperata , ut neque per temeritatem quicquam faciat poenitendum, neque per socordiam quicquam praetereat, quod ad Reipublicae commodum pertinere videatur." Dort ist auch der Hinweis auf Octavius Augustus und Fabius Maximus zu finden.

4 Possidius von Calama (370-437): Vita Augustini. Sueton war schriftstellerisches Vorbild von Possidius. Das Missverständnis beruht auf den Abschnitt bei Erasmus zu Festina lente, Abschnitt 6. Das folgende Zitat findet sich ebenfalls in der Adagia.

[Eile mit Weile: Das ist ein sicherer Führer, besser als (nur) zu vertrauen.]
Auch Cicero lib. offi I.

Diesen Spruch pflegte Octavius Augustus, der römische Kaiser, beständig zu sagen und auch zu schreiben. Und Fabius Maximus wurde wegen seiner Bedächtigkeit Cunctator [der Zögerer] genannt. Wiederum aber ist Alexander der Große seines Vornehmens derart hastig und unbedacht gewesen, dass er aus geringer Ursache oftmals gegen seine alten, besten Freunde sich zur Ungnade hat bewegen lassen.
Wenn du nun wissen willst, in welchen Sachen viel Bewegens vonnöten ist, so halte diese Regel.

Mimus Publianus[1]. Deliberandum est diu, quod statuendum est semel.
[Man muss lange darüber nachdenken, was ein für allemal gesetzt werden muss.]

In den Handlungen, da man nicht mehr als einmal Beschluss macht, ist es nützlich und gut, lange und wohl (zuvor sich) zu bedenken. Denn solche Geschäfte sind der Art, dass, wenn sie geschehen, so ist der Rat benommen.

Idem Mimus: Deliberare utilia, mora est tutissima.
[Überlegung ist gut, zögern am sichersten.][2]

Darum muss zu solchen Ratschlägen mehr Zeit als zu anderen, die man noch ändern kann, gebraucht werden.

Vestigia huius morae extant
[es gibt Merkmale dieser Verzögerung]
in l. Item veniunt. § Preter heac multa. Et l. si et rem. Et.l. Illum.ff.De petitio. hereditia. Testis etiam est Cice. p. Flacco.

---

1 Lateinischer Mimendichter des 1. Jh., auch Syrus Publilius. Für ihn gibt es mehr als ein Dutzend Namensvarianten. Auch dieser Verweis findet sich bei Erasmus in der Agadia zu Festina lente. Dort lautet das Zitat: Diu apparandum est bellum, vt vincas celerius. [Ein Krieg muss lange vorbereitet werden, damit er schneller gewonnen werden kann.]

2 Wiederum Zitat aus der Agadia von Erasmus.

Also pflegten die alten Römer in ihrer Zeit ihre Ratschläge intensiv zu bewegen und zu planen[1], danach etliche Zeit zu bedenken und alsdann zum letzten mit einträchtiger Vollmacht[2] zu beschließen.

5. Von Exempeln guter Politik

Gute Politik geschieht, wo man sich gemeinsam nach dem Doppelgebot der Liebe richtet, also nicht nur nach der zweiten Tafel des Dekalogs. Und man kommt dabei nicht aus dem Lernen heraus, es gibt keine perfekte Gesellschaftsordnung. Zwar sind alle guten und dem gemeinen Nutzen dienenden Gesetze letztlich aus Gott, aber es bleibt ein Streben auf Christum hin. Beachtlich ist dabei der Satz: „Darum kann Gott wohl leiden, hat auch kein Maß setzen wollen, ob man jüdische, heidnische oder griechische Politik und Ordnung zum äußerlichen Regiment gebrauche, so fern es recht gebraucht werde." Gott regiert in beiden „Regimentern", nicht etwa wir Menschen in dem einen und Gott im anderen. In das Regiment, in dem Gott die Seelen regiert, greife der Mensch mit seinen Gesetzen nicht ein. Aber er agiere in allem nach Gottes Wort. In der Welt regiere und handle er entsprechend. Vor Gott aber halte er sich zurück, lausche, bete und lasse sich bestimmen.

Klarer kann man einem irgendwie heiligem Kirchenrecht (im Unterschied zu einer Kirchenordnung, die das Heilige nur schützt und aus unserem Ordnen heraushält) keine Absage erteilen. So hat dieses Regiment keine Gesetze, sondern Liturgie. Der Unterschied mag zugespitzt und vereinfacht so zu fassen sein: In der Liturgie gibt Gott seine heilsamen Befehle direkt, im weltlichen Regiment erlassen wir als Schüler Gottes unsere Gesetze entsprechend der uns verliehenen Vernunft nach bestem Gewissen und regieren einander, aber nicht um zu herrschen, sondern um einander dienstbar zu sein. Das Recht Gottes, ius divinum, ist liturgisch zu fassen, d.h., wir haben Anteil daran im Hören, Singen, Loben und Danken. Dahinein sind wir von Gott in der Taufe gerufen und an den Abendmahlstisch eingeladen. Hier vergibt er, richtet mit Glauben (Joh 3,18) und lenkt die Herzen.

Die Unterscheidung der beiden Regimenter entspricht bei Oldendorp den Unterscheidungen von Leib und Seele, sowie der beiden Tafeln des Dekalogs. Jesus hält sich heraus aus weltlichem Händel, was aber nichts

1 „beramen"
2 „vulbordt"

darüber aussagt, dass sein Wort die weltlichem Händel nicht beträfe, ganz im Gegenteil. Jesus weist das Amt des Erbteilers zurück, verweist die Händler aus dem Tempel, um Liebe zu predigen, die alles Gesetz übertrifft, denn alles gute Gesetz muss der Liebe dienen. Lassen sich die verstrittenen Erben von Liebe regieren, bedürfen sie keine gerichtlichen Entscheidung mehr. Die Schätze, die Währung des Himmels, lässt sich nicht in Scheunen sammeln noch abzählen, wie man es beim Ablasswesen tat.

Was Oldendorp dabei im besten Willen ausspricht und auch nicht allein seine persönliche Ansicht war, hat in der Neuzeit freilich etwas verstärkt, was sich dann nicht im Sinn der Liebe gestaltete: Das Alte Testament möge der modernen Politik als Vorbild dienen. Wir sehen da sogleich vor unserem geistigen Auge den Absolutismus, wo sich die Souveräne wie David fühlen durften, als Könige in Gottes Namen, eben als sich prächtig gebärdende Fürsten von Gottes Gnaden. Aber es gibt dafür zwei Einschränkungen, die für Oldendorp ein und denselben Einspruch bedeuten: Alles Regieren auf Erden muss mit der natürlichen Vernunft übereinstimmen. Zum anderen gibt es im Alten Testament reichlich Herrschaftskritik, die mit gehört werden muss, richtet man sich wirklich nach dem Alten Testament als Vorbild. Man kann vom alttestamentlichen Königtum nicht sprechen, ohne die bisweilen sehr harschen Äußerungen der Propheten daneben zu halten. Alttestamentliches Regieren war keine Willkürherrschaft. Gottesgnadentum war vom Ursprung her eine höchst anspruchsvolle, den Herrscher überaus verpflichtende Angelegenheit.

In der Liturgie sprechen wir davon, dass Gott durch Christus „lebt und regiert von Ewigkeit zu Ewigkeit", denn Gottes „ist das Reich, und die Kraft und die Herrlichkeit". Das geschieht auch dadurch, dass er unsere Seelen prägt, die dann als Glaubensfrüchte die zweite Tafel des Dekalogs von Herzen zu erfüllen trachten. Umgekehrt diene alles Regieren über alles Äußerliche hinaus dem Wohl der Seele. Das weltliche Regiment soll dem geistlichen ebenso wenig schaden wie umgekehrt. Die Gewaltenteilung, die in der Lehre von den zwei Regimentern angesprochen ist, ist die von Gott und Mensch. Gott aber ist nicht verfügbar, wie Menschen es sind. Er ist nicht zu richten. Gottes Regiment lässt sich nicht durch eine Kirche realisieren, und so doch in Menschenhand nehmen.

„Trachtet vielmehr nach Gottes Reich, so wird euch alles andere zufallen." Er gibt uns dieses Reich, wir bauen es nicht auf. Staaten kann man gestalten, Liturgien muss man empfangen.[1] Hans Dombois sprach

1 Darum nennt die Ostkirche ihre Liturgie von Chrysostomos und Basilius eine Göttliche und wagt kaum eine Änderung an ihr. Das andere Extrem sind unsere weitgehend beliebigen Bausteinliturgien. Ökumene findet man darum nicht vor allem mit dogmatischen Dialoggesprächen von Experten, sondern darin, miteinander sich auf liturgischem Feld zu verständigen.

darum vom Gnadenrecht und hatte damit ein von der Welt unabhängiges Recht zwischen Gott und Menschen vor Augen, auch wenn er es nicht lassen konnte und nach einer Kirche suchte mit einem zumindest halbwegs göttlichen Sonderrecht. Der Wunsch ist verständlich: Zumindest in der Kirche soll es gerechter zugehen, als im Staat. Aber Vergebung durch Gott ist keine Sache des Rechts zwischen Menschen, sie lässt sich wie Gnade weder einklagen noch als Urteil erteilen oder in rechtliche Ordnungen bringen. Umgekehrt muss die Forderung aufrecht erhalten werden, dass in der Welt Gnade und Versöhnung über jedes Gesetz hinaus Raum gewinnen können und ebenso geschützt werden müssen, wie der Raum des Gottesdienstes, den wir täuschend ungenau „Religion“ nennen. Auch unter Menschen gibt es Gnadenrecht. Diese Billigkeit lässt sich jedoch nicht rechtlich in Paragraphen einfangen. Diese Herrin, der es gefällt, Gesetze zu brechen, unterwerfe sich nur in Geduld und Nachsicht den Regeln und der Herrschaft der Ordnungshüter. Sie ist nicht die heilige Anarchie, sie adelt im Gegenteil durch ihre überhobenen Ansprüche kalte Ordnungen und trage sie mit der ihr eigenen Demut. Das Gnadenrecht unter den Menschen lerne von Christus, der es nicht für einen Raub hielt, Gott gleich zu sein,… Phil 2,5-11.

Darum sollen alle Ratschläge, wie auch vorhin gesagt, zu guter Politik und gemeiner Wohlfahrt, auf die Liebe Gottes und des Nächsten gerichtet sein. So ist es nun, um dorthin zu kommen, eine vornehmlicher Weg und große Hilfe, von anderen Landen und Städten, wo ein gutes Regiment ist, sich ein Exempel zu nehmen und dieses entsprechend den Umständen vor Ort, wo man dessen bedarf anzuordnen und zu halten.[1]

> Et haeresis quaedam propositae leges, qua manifestum est ex epistola Antoni pii, quae scripte est comiti Asie universo autem orbi conveniens est, dicit Modestinus in *l. Si duas.ff. De excusa. tuto.*
> Haeresis vocat privatas singulares leges.
> [Und einige Gesetzesvorschläge waren „häretisch“, wofür es ein Beispiel gibt aus dem Brief von (Kaiser) Antonius Pius, die für die Grafschaft Asien verfasst wurden, aber für die ganze Welt gelten, sagt Modestinus. … Häresie nannte man (in der Antike) Partikulare Gesetze.[2]]

---

1 Hier geht es auch um die politische Durchsetzung der lutherischen Reformation, von der sich Oldendorp auch eine deutlich verbesserte Politik verspricht, weil man dann besser auf das unverfälschte Wort Gottes hört.

2 Iura particularia, ius proprium, ius patriae – heimisches Recht. Die Reichskammergerichtsordnung von 1495 wertete Partikularrechte höher als das Gemeine Recht. Erst mit dem 17. Jahrhundert kam es zur Aufwertung der

Denn wiewohl alle Gesetze sich nicht in allen Landen gleichen und jede Stadt ihre Art hat, so ist doch niemals eine gute Ordnung oder Polizei so befremdlich oder undienstlich, dass man nicht etwas Gutes daraus fassen oder dergleichen nachzubessern[1] vermag.

> *l. Apud Julianum.ff.De fidei.heredit. Seneca ad Lucillum.*
> Tamdiu discendum est quamdiu nescias.
> [Solange man etwas nicht weiß, muss man lernen.]

Und wahrlich - niemand hat sich dessen zu schämen, wenn er von anderen im Guten Unterricht bekommt und etwas lernt.

> Mosen porro legem tabulis sculptam, a Deo accepisse, nemo est qui nesciat, a quo tota iuris scripti seges proseritur. Quicquid enim posteri legum scriptores in monumentis reliquere, id totum tanquam Simiae a Mose primum graecis Romani mutuati sunt, Ficino et Eusebio astipulantibus.
> [Es gibt niemanden, der nicht wüsste, dass Moses das auf Tafeln eingravierte Gesetz von Gott erhielt, aus dem das gesamte geschriebene Recht hervorgeht. Denn was auch immer die Nachkommen der Gesetzesschreiber in den Denkmälern hinterlassen haben, alles wurde zuerst von Moses, von den Griechen und Römern übernommen, dem pflichten (Marsilio) Ficino und Eusebius (von Caesarea) bei.][2]

Demnach ist kund und offenbar, dass alle hohen Stände im Anfang der Welt bis auf den heutigen Tag der eine vom anderen ihre Gesetze und Politik erlangt haben. Wie nämlich die Juden von Mose, die Griechen von den Juden, die Römer von den Griechen, Deutsche und andere Landen von den Römern. Wo hat nun Mose seine Gesetze und Ordnungen hergenommen? Von Gott, dem Herrn, Schöpfer aller Dinge, der hat auch das natürliche Recht in aller Menschen Herzen beschlossen, daraus man die Billigkeit ermessen kann, wie ich in einem anderen Büchlein meines geringen Verstandes davon geschrieben habe: „Was billig und recht ist".

Vereinheitlichung des Rechts.

1 „nagyssen"

2 Die beiden Sätze finden sich auch wörtlich ohne Quellenangabe im Lexicon Iuridicum, sive Verborum et rerum ad iuris Rom. civilis simul et pontificii theoriam et praxim pertinentium thesaurus locupletissimus (Auflage 1616 auf Seite 553) von Simon Schard (1535-1573), Mitglied des Reichskammergerichts.

Siehst du nun wohl, wo alle Politik, Regimente, Gesetze und Ordnungen ursprünglich herkommen? Von Gott. Was sie tun sollen? Dem Nächsten dienen. Wohin sie wieder gehören? Zu Gott, wie Paulus sagt.

> Gal 3(,24): Itaque lex pedagogus noster fuit ad Christum.
> [Also ist das Gesetz Zuchtmeister geworden auf Christum hin.][1]
>
> 1 Tim 1(,8): Scimus autem quia bona est lex si quis ea legitime utatur.
> [Wir wissen aber, dass das Gesetz gut ist, so es jemand recht braucht.]

Darum kann Gott wohl leiden, hat auch kein Maß setzen wollen, ob man jüdische, heidnische oder griechische Politik und Ordnung zum äußerlichen Regiment gebrauche, insoweit, wie es recht gebraucht werde, das ist in dem, was wir in Gottes Regiment, die Seele anbelangend mit unseren Gesetzen nicht greifen, seines eingeborenen Sohnes Christi heilsamen Befehle nichts entgegen sein lassen, unsere Politik nach der Bestimmung[2] seines Göttlichen Wortes, und nicht sein Wort nach unserer Politik oder Ordnung lenken und halten.[3]

> Mt 22(,21): Reddite ergo quae sunt Caesaris Caesari et quae sunt Dei Deo.
> [Gebt dem Kaiser, was des Kaisers ist.]
> Item Lk 12(,14): Homo quis me constituit iudicem aut divisorem super vos?
> [Mensch, wer hat mich zum Richter oder Erbschlichter über euch gesetzt?]
> Nihil refert spiritus, quonam externo regimini, modo rationi naturali consono, utamur. Qua in re vetus testamentum, post usum probande fidei Christiana, politicis exemplu maxime servire potest.
> [Nichts liegt dem Geist daran, auf welche Weise wir im Äußerlichen regieren, solange es mit der natürlichen Vernunft[4] übereinstimmt. In dieser

---

1 Itaque lex pedagogus noster fuit in Christo ut ex fide iustificemur. Also ist das Gesetz unser Zuchtmeister gewesen auf Christum, dass wir durch den Glauben gerecht würden.

2 „ende“

3 So möchte einerseits Oldendorp unbedingt die Reformation eingeführt sehen um guter Politik willen, andererseits ist er tolerant auch gegenüber öffentlichen Ordnung der Heiden und Nichtchristen. Entscheidend für das gute Miteinander ist das, was Gesetze nicht fassen können, der gute, an Gott gebildete Wille, das Gewissen. Diese Ansicht schließt zugleich eine fromme Theokratie wie in Münster aus. Entsprechend grundlegend ist eine Kultur der Ratschläge.

Sache kann das Alte Testament nach dem Gebrauch im christlichen Glauben der Politik zum besten Beispiel dienen.]

Soweit dies geschieht, ist es Gott nicht entgegen, wem du in löblicher, gleichmäßiger Sitte, Rechten oder Gewohnheit folgst, was du zu gemeiner Wohlfahrt bestimmst und hältst. Dazu können dir nun das Alte Testament dienen, die Officia von Cicero, die Politik des Aristoteles und andere rechtserfahrene Schriften, deren wir leider etliche Stücke nur fragmentarisch in den Rechtsbüchern - den Pandekten - aufgenommen, befunden haben und so das Beste entbehren müssen.

> Haec autem que antea de antiquitate Roma diximus, quae post dicturi sumus de tempore aut republice Romane aut monarchie eius intelligi volumnus quae Constantinum prinsipem antecessit.
> Que enim in novissimis libris Codicis leguntur nihil fere antiquitatis redolent.
> A Grecis enim sumpta sunt et ob id magna ex parte nos intelliguntur autorum eius temporis penuria. [Übersetzung im folgenden Text Oldendorps.]
> *Budeus*[2] *in Tit.ff. De offi. questo. Adde que de Triboniano scripsi in lib. De iure et aequitate.*

Wenn ich aber vom alten Römischen Staat rede, so verstehe es von der Zeit vor Kaiser Konstantin. Denn die späteren Schriften sind gemeinhin wandelbar, ungewiss, dunkler, auf besondere Stätten (hin) verfasst, zum Teil auch unrecht und der vorigen Politik eben so gleich wie jetzt die neue Münze gegenüber der alten.[3]

---

4 Oldendorp sah nicht die natürliche Vernunft als etwas an, was oberste Richterin letztlich auch der Offenbarung sei. Die natürliche Vernunft war ihm vielmehr eine Gottesgabe, die darin besteht, auf Gott zu hören und an seinem Wort alles zu messen.

2 Guillaume Budé (1486-1540).

3 Die Wertgleichheit des Goldguldens und dem silbernen Guldiner verschlechterte sich durch mangelnde Qualität und Reinheit des Letzteren. So verhält sich die in der Spätantike auslaufende Römische Republik zur älteren Antike, zumindest in der rechtsgeschichtlichen Beurteilung. Die Christianisierung wertet er dadurch nicht ab, aber sie betraf eben nach seiner Ansicht jenen Bereich des ungeschriebenen Rechts, um den es ihm in dieser Schrift ging. Das erklärt auch den folgenden, abschließenden Satz des Abschnitts.

Doch ob etwas Gutes darunter wäre, ist nicht meine Absicht, hiermit vorzulegen.

6. Von der Gelegenheit der Zeit

Vollkommenheit und Ewigkeit sind eins. Das war mittelalterliches Grundempfinden. Der Kreis, das Quadrat, das Ganze, das mehr ist, als seine Teile, galten als Symbole der Vollkommenheit. Unwandelbarkeit ist uns aber nicht gegeben, also brauchen wir in unserer Unvollkommenheit Politik und Gesetze, um der Notdurft zu begegnen. So erteilt Oldendorp (mit Hieronymus) allen Pauschallösungen eine Abfuhr. Einziger Ausweg ist das aufeinander Hören. So gibt Oldendorp eine Begründung für unsere Idealvorstellungen der Demokratie und Politik, die diesen Namen auch verdienen. Die Konsequenz der Überlegungen über Vollkommenheit und Unvollkommenheit ist für die Hansestadt ein „Rat", also ein beratendes Gremium mit offenen Ohren auch gegenüber der letzten unscheinbaren Stimme. Es ist nichts Geringeres als der Gedanke des Parlaments, den Oldendorp der Stadt Hamburg nahelegt, und zwar eines Parlaments, das nicht nach Mehrheitsmeinung geht, sondern immer den besten Rat sucht. Wichtigstes Kriterium ist somit nicht die Wahl, sondern das Hören aufeinander. Das Parlament kann demokratisch gewählt und doch eine „Schwatzbude" (Kaiser Wilhelm II.) sein, bzw. als eine solche angesehen, diffamiert und behandelt werden. Ein im Sinne der Beratung funktionierendes Parlament ist Garant rechter Regierung. So gehört zur Demokratie ein Parlament, wie nach Oldendorp jede gute Obrigkeit des Ratschlagens bedurfte.

Das gilt, weil es die eine unwandelbare Wahrheit gibt, aus der dieser jeweilige Rat geschöpft werden kann wie Wasser aus einem Brunnen, den es zu finden gilt.

Wieder sah sich Oldendorp dazu gerufen, auf das Verhältnis der beiden Regimenter einzugehen, obwohl er die entsprechende Begrifflichkeit der Reformatoren offensichtlich meidet, vermutlich auch, um Missverständnissen aus dem Weg zu gehen, die sich dann auch in den Jahrhunderten nach der Reformation zuhauf ergeben haben. Dem weltlichen Regiment steht die Seelenordnung gegenüber. Eine Seelenordnung aber ist individuell, wie wir von Religionsfreiheit sprechen. Zugleich aber ist sie nicht privat, also abgekoppelt vom allgemeinen Wohl. Gewaltenteilung bedeutet nicht Beziehungslosigkeit, und das Individuelle ist keine Teilmenge der Gesellschaft. Freilich war die „Erfindung" des Individuums im neuzeitlichen Sinn noch nicht gegeben, aber wir sehen bei Oldendorp, wie sich dieses Verständnis anbahnt. Wenn er von einer Seelenordnung spricht, die nicht mit Gesetzen zu greifen ist, betritt er diese Bahn. Jeder steht unmittelbar Gott gegenüber, auch die scheinbare große Mittlerin des Mittelalters zwischen Gott und Mensch, die Kirche, wird in ihre Schranken gewiesen und hat sich ihm als weltliches Unternehmen outen müssen. Aus einer Seelenordnung lässt sich kein Kirchenrecht formen, das geordnet ist wie ein weltliches Gesetzbuch. Ein Kirchenrecht in diesem Sinne würde auch eher der Ordensregel Benedikt gleichen müssen als einer Kirchenverfassung unserer Tage.

In historischer Perspektive formuliert: Das Individuum steht mit einer Freiheitsforderung dem neuzeitlichen Staat gegenüber bei gleichzeitiger Verpflichtung zum äußeren Gehorsam. Bei Oldendorp finden wir einen rechtsphilosophischen Link von der lutherischen Reformation darauf hin. Die Freiheit der Seele wird zum Garant der Erhaltung von Ordnung, der Abwehr von zerstörerischer Anarchie. Um dieses zu gewährleisten, soll aufeinander gehört werden. Das ist bei Oldendorp kein Geschehen am Rande, sondern zentral für gute, gelingende Politik.

Zeit ist bei Oldendorp nicht, was später im Zug der Fortschrittsbegeisterung oder der Niedergangsideologien unter diesem Begriff verstanden wurde. Zukunft ist ihm kein Wert, sondern nur die Herausforderung, jeweils recht und billig handeln zu können. Im Angesicht des ewigen Gottes sei zeitgemäß, das heißt: Ändere, bzw. empfange deinen Rat aus der Quelle der Wahrheit, damit dein Handeln und Reden billig ist. Das Ziel der Geschichte liegt nicht in einer idealen Gesellschaftsordnung oder perfekten Politik, sondern im Glauben, wo Gott vor den Augen des Herzens steht, seine Gegenwart klar und rein wahrgenommen wird. Spiegel der Seele ist die Ewigkeit des Himmels, an dessen Eingang Gottes Gericht steht, hier im Glauben, dort als Jüngstes Gericht. Das von Oldendorp angeführte Zitat von Augustinus beleuchtet die Definition der Billigkeit aus der Schrift von 1529 in einem Satz: Ecce in conspetcu Dei, betrachte dich im Angesicht Gottes.

In den Überlegungen Oldendorps ist wegen der grundlegenden Forderung der Billigkeit zu beachten: Was als Gesetz für alle gut erscheint, kann im Einzelfall von Übel sein. Die jeweilige Allgemeingültigkeit eines Gesetzes ist niemals mit der Ewigkeit des

Gebotes Gottes in eins zu setzen. Geschieht dies, dass - modern gesprochen - Werte für ewig, eisern und allgemein gültig, für alle Zeit und jeden angesehen und erzwungen werden, kann dies Ursache bis hin zu Bürgerkriegen werden, dem Zerbrechen der doch notwendigen Ordnung oder ihrer Pervertierung, wie schon Cicero erkannte.[1]

In allem Ratschlagen will auch wohl bewogen und bedacht sein, dass es mit der Zeit überein kommt.

> Spr 10(,5): Qui colligit in messe prudens est. Et qui dormit in estate confundet.
> [Wer in der Ernte sammelt, ist klug. Und wer im Sommer schläft, geht zugrunde.][2]

Denn wie wir vor Augen sehen und erfahren, dass kein Ding recht wächst und gedeiht, das der Zeit ungemäß behandelt wird wie (es nötig ist beim) Säen, Mähen, Pflanzen, Arznei nehmen, Essen, Trinken, Schlafen, Wachen, Handeln, Wandeln und (allem menschlichen Tun), nichts ausgenommen.[3]

> Accedit adagium quod praecipit uti foro: Ridet apud Horatium ille quod semper pingebat cupressum, etiam in naufragio cum in mari arbores nulle soleant nasci.
> [Es gibt ein weiteren Spruch darüber, sich in die Welt zu schicken: Er lacht über Horatius, der immer eine Zypresse gemalt hat, selbst beim Schiffbruch, obgleich im Meer normalerweise keine Bäume wachsen.][4]

---

1 Dies klingt zunächst wie das Gegenteil des Kategorischen Imperativs bei Immanuel Kant. Aber die Billigkeit des Handelns erfüllt den Sinn des Kategorischen Imperativs im tieferen Sinn: Grundsatz deines Handelns sei Billigkeit, die der Goldenen Regel entspricht.

2 V: Qui congregat in messe filius sapiens est qui autem stertit aestate filius confusionis. Oldendorp liest wieder in der Auslegung von Melanchthon, die gerade in Hagenow gedruckt worden war.

3 „und gar nichts uthbescheyden." Der Sinn des Satzes ist durch den Kontext klar.

4 Aus einem Gedicht von Horaz Ars poetica: Et fortasse cupressum / scis simulare; quid hoc, si fractis enatat exspes / nauibus, aere dato qui pingitur? [Und vielleicht kannst du eine Zypresse darstellen; aber warum, wenn der nach dem Schiffbruch ohne Hoffnung davonschwimmt, der für Geld malt?] Es gilt stets, die Realität im Auge zu behalten und nicht stattdessen steif auf Ideale zu setzen.

So kann auch ein Ratschlag nicht beständig gefunden oder geordnet werden, wenn man nicht auf Gelegenheit der Zeit und des Ortes acht hat, die sich darauf reimen.

> Volubile hoc est et humanum et quod manere in idem numquam valens.
> [Wankelmütigkeit ist menschlich und nichts bleibt sich gleich.]
> *dicit Justinian. in auth. de his qui ingred. ad apell. In princi.*[1]

Zeit bringt Wandel aller Dinge auf Erden, das hat der allmächtige Gott zur Erkenntnis seiner göttlichen ewigen Glorie, also in der Schöpfung bedacht[2]. Wandel der Dinge - hast du wohl zu verstehen[3] - bringt Notdurft, Polizei und Gesetze, die darum aufgerichtet sind, etwas zu verändern.

> *l. Si quenquam C. de Episc. et cleric. et in auth. Quib. mod. natur. effic. legit. §. liceat igitur. coll. 6.*

> Ne uno collyro omnium mederi tentemus, ut Hieronymus dicit.
> [Versuchen wir nicht, alles mit einem einzigen Löffel zu heilen, wie Hieronymus sagt.]

Die Arznei muss ja nach der Krankheit verschrieben werden. Weil in deiner Gewalt nicht steht, dass du der Zeiten und Weltenlauf oder Gottes Willen aufhältst oder nach deiner Ordnung allenthalben drängst, so musst du wiederum deine Ordnungen nach Gelegenheit der Zeit biegen und verändern.

> *§. Sed naturalia. Instit. De iur. na. gen. et civil.*

Ausgenommen (ist), was durch Gottes Wort und der natürlichen darin verfassten Billigkeit gegründet ist, das soll und muss unwandelbar bleiben, wie auch vorhin gesagt ist.

> Aristoteles, *lib. Pol. II* sentit receptas leges non esse mutandas, etiam si quod habeatur incommodi.
> [Aristoteles meint, dass anerkannte Gesetze nicht geändert werden dürfen, auch wenn dies als nachteilig erachtet wird.]
> *Ulpinianus in l. II. De consti. princi.*

---

1 Nov. XLIX praefatio.
2 „behaget“
3 „affthonemen“ - „so viel als vernehmen, entnehmen, deducere, intelligere“ (Grimm)

In rebus (inquit) novis constituendis evidens esse utilitas debet.
[In Sachen neuer Setzungen muss es offensichtliche Vorteile geben.][1]
Et Demosthenes scribit[2], legem fuisse Locris, ut si quis novam legem laturus esset, exponeret eam prius populo, inserto collo in laqueum, qui si lex disciplicuisset statim constrictus authorem none legis strangularet.
[In Locris war es Gesetz, wenn jemand ein neues Gesetz vorlegte, musste er es vor dem Volk erklären, seinen Hals in eine Schlinge legen, und wenn er (selbst) gegen das Gesetz verstoßen hätte, würde er sofort stranguliert werden.]
Herodotus dicit, insanire eos qui patrias leges et patrios mores contemnunt, quia natura ita amemus instituta patria, ut si omnibus hominibus facultas sit eligendi optimas leges, tamen unumquemque electurum esse patrias.
[Herodot sagt, man halte die für irrsinnig, welche die Gesetze des Vaterlandes und seine Sitten verurteilten, weil wir von Natur aus die Einrichtungen des Vaterlandes so sehr lieben, dass, wenn alle Menschen die Möglichkeit hätten, die besten Gesetze zu wählen, doch jeder die seines Vaterlandes wählen würde.]
Taxantur magistratus temere mutantes formam reipublice.
[Die Obrigkeit wird getadelt, die die Form der Republik willkürlich ändern.]
Koh 10(,8): Qui dissipat sepem mordebit eum coluber.
[Wer den Zaun einreißt, den wird die Schlange beißen.] [3]

So sollen nun wohl alte Gesetze oder Gewohnheiten eines jeden Ortes nicht verändert werden, viel weniger (noch) abgeschafft.
Ich rede vom weltlichen Regiment. Zu der Seelenordnung gilt weder Alter noch Gewohnheit, nur allein Gottes Wort. Und wahrlich da haben einstmals alle Rechtserfahrenen fest (ihre Hand) darüber gehalten, dass nichts Ungewöhnliches vorgenommen würde.

L. Align.ff. De offiti proconsu.

Dennoch: Not bricht Eisen, wenn (eine) billige, grundfeste Ursache vorhanden (ist), warum etwas nach Gelegenheit der Zeit zu verändern sei. So wäre (es) eine große Unsinnigkeit und Abbruch des gemeinen Besten, dass du solches in fleißigem Ratschlag zu bessern nicht annehmen, sondern lieber seinen Weg wie ein Schiff ohne Ruder fahren lassen willst.

---

1 Dig. I.1.4.2.
2 Demosthenes: Oratio contra Timocratem
3 Der gesamte Abschnitt ist dem Kommentar Melanchthons entnommen in librum II des Aristoteles CR 16 Sp 433f.

Röm 12(,11) Tempori servientes, … [Schickt euch in die Zeit.[1]]

Darum ermahnt uns S. Paulus, dass wir der Zeit etwas nachgeben sollen. Und Justinian schämte sich selbst nicht, dass er seine eigenen Gesetze nach Gegebenheit der Dinge veränderte und verbesserte.

In auc. Ut fra. fili. in prinsi.colla IX. Et in auc. De nupti. § Nos autem / collati. IIII.

XII.q.II.c.Certe. Ecce – inquit Augustinus – in conspetcu Dei et vestro muto consilium,…
[So sei – sagt Augustinus – im Angesicht Gottes und ändere deinen Rat.][2]

Wie auch Augustinus seine Ordnung vor aller Welt gewandelt und widerrufen hat.

Vale. Tribu. plebsi apud Livium de bello Macedo. lib. IIII.[3]
Ego enim (inquit) quemedmodum ex iis legibus que non in tempus aliquod sed perpetue utilitatis causa in eternum late sunt, nullam abrogari debere fateor, nisi quam aut usus coarguit aut status aliquis reipublice inutilem fecit, sic quas tempora aliqua desideraverunt leges morales (ut ita dicam) et temporibus ipsis mutabilis esse vi deo. Que in pace late sunt plerumque bellum abrogat, que in bello pax. Ut in navis administratione alia in secunda, alia in adversa tempestate usui sunt.
[Denn so wie ich gern gestehe, dass von solchen Gesetzen, die nicht für eine gewisse Zeit, sondern ihres bleibenden Nutzens wegen auf ewig gegeben sind, kein einziges abgeschafft werden müsse, außer wenn die Erfahrung es verwerflich, oder die Lage des Staats es unbrauchbar macht; so sehe ich doch, dass solche Gesetze, welche durch gewisse Umstände nötig wurden, wenn ich so sagen soll, sterblich sind und gerade selbst durch die Umstände abänderlich werden. Die der Friede gab, schafft gewöhnlich der Krieg ab, und die im Kriege gegebenen der Friede: so wie bei Leitung eines Schiffs andre Maßregeln bei günstigem, andre bei widrigem Winde anwendbar sind.][4]

So ist nun dies der rechte Verstand: In guter Politik sind zweierlei Gewohnheiten, Gesetze und Ordnung. Etliche nennt man – ewige –, die so gegründet sind, dass sie nicht ganz abgetan werden mögen.

---

1 Westliche Lesart (D): „Zeit“ statt „Herr“.

2 Augustinus Sermo CCCLV. De vita Moribus clericorum suorum. Der Absatz endet: Malum est cadere a proposito; sed peius est simulare propositum. [Es ist schlecht, vom Ziel abzukommen; aber es ist schlimmer, den Zweck vorzutäuschen.]

3 Titus Livius: Ab urbe condita XXXIV. 6.

4 Übersetzung Konrad Heusinger (1821).

Von diesen ist Rat zu schlagen, wie man den guten Gebrauch im Zwang unterhalten und die geglätteten Fehler[1] wieder verpichten möge.[2] Etliche werden - zeitlich - geheißen, und auch darum angenommen, weil sie der Zeit dienen sollen.[3] Hier kommt dir zum Beratschlagen, was dem gemeinen Nutzen nach Gelegenheit der Zeit förderlich sei oder nicht. Und diese Nützlichkeit darfst du nicht vergessen aus der Mehrheit und nicht aus der Minderheit der Untertanen zu ermessen[4], sonst würde eitel Unrecht, Aufruhr und alle Unlust daraus folgen.

> *Cato apud Livium de bel. Mace. lib. IIII.*
> Nulla lex satis commoda omnibus est: id modo quaeritur, si maiori parti et in summam prodest. [Kein einziges Gesetz ist allen gleich zuträglich: man sieht nur darauf, ob es dem größeren Teile und im Ganzen nützlich ist.] [5]
> *Cicero lib. offi. I.*[6]
> Omnino (inquit) qui rei publicae praefuturi sunt duo Platonis praecepta teneant: unum, ut utilitatem civium sic tueantur, ut quaecumque agunt, ad eam referant obliti commodorum suorum, alterum, ut totum corpus rei publicae curent, ne, dum partem aliquam tuentur, reliquas deserant. Ut enim tutela, sic procuratio rei publicae ad eorum utilitatem, qui commissi sunt, non ad eorum, quibus commissa est, gerenda est. Qui autem parti civium consulunt, partem neglegunt, rem perniciosissimam in civitatem inducunt, seditionem atque discordiam; ex quo evenit, ut alii populares, alii

1 „vorgledene gebreeke"

2 Dieses Bild zeigt die Vorstellung Oldendorps an, die wir auch im Büchlein vom göttlichen Recht und dem Missbrauch sehen: Ein gutes Recht hat durch Missbrauch Brüche erhalten und verkehrt so seinen Sinn. Es muss geglättet und dann wieder fest gemacht werden. An guter Absicht kann sich eine Änderung von Gesetzen vollziehen. Alle Gesetze der Menschen erweisen sich mit der Zeit als brüchig in diesem Sinn, sie werden wegen der Änderung der Umstände brüchig gleich einem Schiff, das Wasser zieht. Das betrifft aber weder das ewige, göttliche Recht noch das Naturrecht, weil sie der reinen guten Absicht gleichen.

3 Nicht alle, aber „etliche" Gesetze sind von vornherein nur dafür bestimmt, bestimmten Zeiterscheinungen gerecht zu werden.

4 „uth de grötesten und nicht ut dem geryngsten talle to ermetende" - aus der größten und nicht aus der geringsten Zahl der Untertanen. Beim Nutzen geht es um das Wohl der Mehrheit. Beim Hören auf den Rat kann allerdings auch der Geringste das Beste beitragen. Das Wohl der Mehrheit ist nicht gleichbedeutend mit der Meinung der Mehrheit.

5 Titus Livius: Ab urbe condita XXXIV. 3. Übersetzung Konrad Heusinger.

6 Cicero De officiis I. (85f).

studiosi optimi cuiusque videantur, pauci universorum. Hinc apud Athenienses magnae discordiae, in nostra re publica non solum seditiones, sed etiam pestifera bella civilia.
[Überhaupt mögen diejenigen, welche sich dem Staate widmen wollen, zwei Vorschriften Plato's beachten: die eine, sie sollen den Nutzen der Bürger so in's Auge fassen, dass sie alle ihre Handlungen auf denselben beziehen, ohne an die eigenen Vorteile zu denken; die andere, sie sollen für den ganzen Staatskörper Sorge tragen und nicht, während sie nur irgend einen Teil ins Auge fassen, die übrigen verabsäumen. Denn sowie eine Vormundschaft, so ist auch die Verwaltung des Staates zum Nutzen derer, die Einem anvertraut sind, nicht aber derer, denen sie anvertraut ist, zu führen. Wer aber für einen Teil der Bürger sorgt, einen anderen vernachlässigt, der bringt das größte Verderben über den Staat, Empörung und Zwietracht, und so kommt es, dass Einige für Volksfreunde, Andere für Anhänger der Vornehmen gelten, nur Wenige aber für Freunde der gesamten Bürgergemeinde. Daher bei den Athenern so viele Beispiele großer Zwietracht und in unserem Staate nicht allein Empörungen, sondern auch verderbliche Bürgerkriege.][1]

7. Von freien Stimmen der Räte

Voraussetzung der von Oldendorp angedachten parlamentarischen Ratsordnung ist Meinungsfreiheit. Es gilt, „ohne Gunst oder Ungunst frei heraus zu reden und die Wahrheit nicht zu verschweigen. Sonst würde er Gottes Befehl und seine Pflicht vergessen." Die Wahrheit zu verheimlichen kommt der Lüge gleich.
Es mag manchem vielleicht heute verwunderlich erscheinen, dass bereits Oldendorp solche modernen Forderungen stellt, obgleich die großen Revolutionen noch lange auf sich warten ließen. Aber er war mit der antiken Tradition wohl vertraut, die freie Rede als Grundlage guter Ordnung ansahen. Rhetorik war Oldendorps Grundgeschäft als Jurist und Stadtsyndikus. Auch passt es nicht so recht in die historischen Betrachtungen der Gegenwart, wenn wir lesen, dass Meinungsfreiheit mindestens seit Christus, aber auch in der Antike, bei den „Heiden", eine Selbstverständlichkeit seien. Die Meinungsfreiheit als christliche Errungenschaft zu preisen, liest man trotz der lutherischen Lehre von der „Freiheit eines Christenmenschen" eher selten. So wie allerdings Oldendorp die Bibel liest, ist dies nahezu selbstverständlich und es fällt

1 Übersetzung Raphael Kühner.

schwer, ihm da nicht zuzustimmen. Er stellt diesen Anspruch auch nicht als revolutionäres oder erst zu erkämpfendes Recht dar, sondern setzt ihn als gegeben und natürlich voraus. Es ist freilich das eine, solches zu wissen, das andere, es auch in breiter Wirksamkeit und Anerkennung walten zu lassen. Die Grenzen werden in jeder Zeit anders gesteckt, aber der Anspruch ist alt. Um im Schema Oldendorps zu sprechen: Der gute Anspruch ist ewig, die zeitliche Gestalt und Wirksamkeit unterschiedlich.

Oldendorp „erinnert" dem Rat von Hamburg die Meinungsfreiheit. Es bleibt immer schwierig, solche Entwicklungen nachzuzeichnen, ebenso wie es nicht selbstverständlich ist, errungene Erkenntnisse in ihrer Wirksamkeit lebendig zu erhalten. Zu sehr sind wir in dem Paradigma von Fortschritt oder Niedergang gefangen. Allezeit gilt es, sich an bereits errungene Erkenntnisse des Guten zu halten, wie Oldendorp schreibt: an die einzige Wahrheit sich zu halten, die in Christus aufleuchtet und so im Angesicht Gottes zu handeln. Oldendorp glaubte wohl kaum an einen gesellschaftlichen Fortschritt, aber bereits gewonnene Erkenntnisse sollte man nicht vergessen, sondern bewahren. Das in freier Meinung Geäußerte muss jeweils abgewogen werden und durch Gründe bewährt werden. Darin gleichen die Meinungen dem bereits festgelegten Gesetz: Prüfet alles, und das Gute behaltet.

Es ist der freie Diskurs, der hier gefordert wird. Eigenwille und Ansehen sind dafür schlechte Ratgeber, Vernunft ist vielmehr die Seele des Diskurses. Und noch ein Weiteres, uns allzu Vertrautes führt Oldendorp mit Worten von Plinius an: Meinungsäußerungen zählt man leider oft nur, wägt sie nicht ab. Bloße Mehrheiten sind kein Wahrheitsgarant. Gleichheit in diesem Sinn verhindert u.U. geradezu das Recht. Es gibt bösen und guten Rat, dies zu unterscheiden hilft keine Mehrheit. In diesem Sinn wertet man Ochlokratie als Entartung der Demokratie und misstraute letzterer, was auch mit der damals absolut defizitären Allgemeinbildung zusammenhing. In der Ochlokratie beherrschen zwar Wenige Viele, aber das ist nur ein gradueller Unterschied gegenüber einer Mehrheitsherrschaft, die Minderheiten unterdrückt. In Zeiten von Oligarchen und Manipulation, systematischer, technisch verwalteter Meinungsbildung durch Institutionen, geschicktem Lobbyismus, verstehen wir dies Problem gut, wissen aber oft nicht recht, wie man ihm wirksam und in geforderter Zeitkürze begegnen kann, ohne in eine ebenso mangelhafte Expertenregierung abzugleiten. Oldendorps Warnung ist gültig, der den Zeitfaktor beim Ratschlagen als essentiell ansah.

Dem Mangel an Allgemeinbildung begegnete die Reformation, indem sie das Volk, angefangen mit der männlichen Stadtjugend, aber auch bis hin zur gesamten Dorfbevölkerung mit dem Katechismus systematisch zu belehren begann. Am Anfang dieser Volksbildungsbewegung stand also nicht das Einmaleins, sondern die Schulung des Gewissens, der Stimme von Bewusstsein und persönlicher Verantwortung, für Oldendorp ein auch politisches Erfordernis.

Freie Meinungsäußerung, insoweit es sich dabei um einen Rat und nicht nur um belanglose private Ansichten handelt, ist somit Christenpflicht. Stimmenfang um der Macht willen dagegen ist von Übel und gehört zur Kategorie von Lüge und Täuschung.

Fernerhin ist auch nicht wenig vonnöten, dass man beim Ratschlagen eines jeden Stimme und gutdünkend[1] frei und unverändert aussprechen lasse[2], damit das aus vielem Bewogene nicht abgetan[3], und was nützlich ist, desto besser gefunden werde.

> Sunt enim qui quod sentiunt, etsi optimum sit, tamen invidiae metu non audeant dicere.
> [Denn es gibt Menschen, die ihre Ansichten, wenn sie auch die besten wären, aus Furcht sich verhasst zu machen, nicht auszusprechen wagen.][4]
> *lib. offiti. I.*

Wenn aber eines Anderen Stimme oder Meinung zu Ungunst oder Schaden verkehrt würde, da bliebe oft das Gute verschwiegen.

> Dolus enim est si quis nolit persequi quod persequi potest.
> [Täuschung ist nämlich, wenn jemand einer Sache nicht nachgehen will, der er nachgehen kann.]
> *l. Dolus.ff.Manda.l.Qui non facit.ff. De regu.iur.*[5]

So muss nun ein jeder christenfrommer[6] Ratgeber, was er zu gemeiner Nützlichkeit und Forderung dienstlich vermeint, ohne

---

1 „gudtbunckent“: Da scheint es sich um einen Druckfehler zu handeln. „Bunk“ ist ein Knochen. Es muss „gudtdunckent“ heißen. Die Ausgabe von 1597 übergeht dieses Wort und lässt es einfach aus. Zum Wort sagt das Grimmsche Wörterbuch: „zusammenrückung der formelhaften verbindung mich (mir) dünkt etwas gut im sinne 'ratsam erscheinen, zusagen, gefallen'“

2 „unvorkerlich syn late“

3 „vorgeten“ - vergessen

4 Cicero De officiis I. (84) Übersetzung Raphael Kühner.

5 Dig. lib. XVII.1.44.

Gunst oder Ungunst frei heraus reden und darf die Wahrheit nicht verschweigen. Sonst würde er Gottes Befehl und seine Pflicht vergessen.

> Uterque reus est et qui veritatem occultat et qui mendacium dicit, uia et ille prodesse non vult et iste nocere desiderat.
> [Beide sind schuldig, der die Wahrheit verheimlicht und der, der lügt, weil man nicht nutzen, sondern schaden will.]
> *Augustinus.*[1]

Denn die Wahrheit wissend verschweigen, wo es Zeit und Ort dazu hat, das ist ebenso viel, wie unwahrhaftige Dinge vor Gott und aller Welt reden.

> Quia nemo ex consilio obligatur etiamsi non expediat ei cui dabit nisi dolus et calliditas intercesserit.
> [Solange nicht Täuschung oder Verschlagenheit sich eingeschlichen haben, ist niemand an einen Rat gebunden, wenn dieser nicht förderlich ist.]
> *l. Mandatum.§.ulti.ff.mandat. Et l. Consilii.ff.De regu. iur.*[2]

Und damit ein jeder solcher Vorwände (zu schweigen sich) nicht ächte und desto mehr (zu reden sich) befleißige, so ist im Recht vorgesehen, dass niemand seines Rates, den er ohne Gefahr mit gutem Gewissen gegeben, in Pflicht genommen[3] oder beschuldigt werden möchte,[4] auch im Falle, dass sodann der Rat nicht nütze oder gut wäre. Denn es ist genug, dass jedermann nach der Gnade, die ihm von Gott verliehen, seinen Fleiß verwende.[5]
Gerade, wenn viele auf einen Punkt zielen,[6] was willst du den verurteilen, der nicht so nahe wie du oder ein anderer dabei treffen konnte?

---

6 „Christen främ" - vram = fromm. Das hochdeutsche Adjektiv „christenfromm" gibt es mindestens seit dem Anfang des 19. Jahrhunderts.

1 In: Decretalium Gregorii Papae IX compilationes liber V, Titulus XX, Cap. I.

2 Dig. XVII.1.2.6.: Quia nemo ex consilio obligatur, etiamsi non expediat ei cui dabatur, quia liberum est cuique apud se explorare, an expediat sibi consilium. [Denn niemand ist an einen Rat gebunden, wenn dieser nicht förderlich ist, denn es steht jedem frei, bei sich selbst zu prüfen, ob der Rat ihm förderlich ist.]

3 „vorplychtet"

4 Freie Übertragung des Zitats aus den Digesten.

5 Mehr kann man nicht von ihm verlangen.

6 „Gerade als wor vele na eynem male scheten"

1 Kor 12 et Eph 3[1]

Wir mögen nicht gleich weise, gleich gelehrt, gleich schnell mit dem Rat sein. Ein jeder halte sich und anderen zugute, so viel wie ihm Gott gegeben hat und gebrauche seine Gottesgabe[2] seinem Nächsten zugute.

1 Tim 4(,12): Nemo tuam juventutem despitiat. [Niemand verachte deine Jugend.]

Demnach soll auch im Ratschlagen einer den anderen gern und freundlich hören, nicht verachten, obwohl er jung an Jahren (sein mag), wie auch Paulus seinen Timotheus der Jugend halber nicht gering[3] achtete.

l. Si sernum Stichum.§.Sequit de eo.ff. De verbo. obliga.
Senectus morbus est. [Greisenalter ist eine Krankheit.]
Item: Bis pueri senes. [Greise sind doppelt Kinder.]

Und Julianus mit Paulus, beide alte, treffliche rechtserfahrene Männer, folgen der Meinung des Celsus, des jungen Gesellen. Alte Leute können auch wohl irren, ja, doch viel schwerer als ein junger, insofern sie nicht leichthin von ihrer Unbeweglichkeit willen abgehen[4].
Es ist alles eins, ob junge oder alte Leute etwas Gutes finden im Rat, wenn es denn gefunden werde. Allein hab acht nicht auf die Person, sondern auf die Stimmen oder den Vorschlag, die guten Grund oder Ursache haben. Gedenke nicht, was für gut vorgetragen werde, sondern warum es gut sein soll.[5]

---

1 Die verschiedenen Gnadengaben Gottes in 1 Kor 12. Eph 3,8-10: „Mir, dem allergeringsten unter allen Heiligen, ist die Gnade gegeben worden, den Heiden zu verkündigen den unausforschlichen Reichtum Christi und für alle ans Licht zu bringen, wie Gott sein Geheimnis ins Werk setzt, das von Ewigkeit her verborgen war in ihm, der alles geschaffen hat, damit jetzt kundwerde die mannigfaltige Weisheit Gottes den Mächten und Gewalten im Himmel durch die Gemeinde."

2 „des suluigen"

3 „unvorkleyneth"

4 „von unwegen willen affstan"

5 Persona ist hier das, was „durchklingen" soll. Die Iustitia hat in diesem Sinn verbundene Augen. Dies bedeutet nicht, dass der Mensch dabei unbeachtet

l. Labeo §. Idem Tubero. ff. De suppel. legat.

Wenn auch mehr als eine Ursache aufgebracht würde, so unterscheide, welche unter ihnen die beste sei. Denn gerade wie ein Münze aus dem Bild erkannt wird, so muss man alle Rede und Vorschläge von ihrer Ursache[1] her beurteilen.

> Sic iurisperiti rationem dicunt esse animam legis.
> [So sagen die Rechtsgelehrten, dass die Vernunft die Seele des Gesetzes sei.]

Darum haben die alten Römischen Räte ihre Stimmen und Vorschläge sich nicht ohne ausgedrückte Ursache vorzubringen so tapfer angenommen, dass sie einem jeden, dem es beliebte, frei nachgegeben haben, seine Meinung schriftlich zu äußern und öffentlich bei der Beratung verlesen zu lassen.

> *Cicero Philip. X.* reprehendes sententiam [den Satz kritisieren zu lassen]. *Q. Fusii*
> Ita enim (inquit) dixisti et quidem descripto etc. [so hast du es gesagt und es ist auch geschrieben.]

> *Plinius in Panayrico.*[2]
> At quis (inquit) antea loqui, quis hiscere audebat, praeter miseros illos, qui primi interrogabantur?
> Ceteri quidem defixi et attoniti ipsam illam mutam ac sedentariam assentiendi necessitatem, quo cum dolore animi, quo cum totius corporis horrore perpetiebantur! Unus solusque censebat, quod sequerentur omnes, et omnes improbarent, in primis ipse, qui censuerat.
> [Wer wagte vordem zu sprechen, wer sich zu mucken, außer jenen Elenden, die man zuerst gefragt hatte? Die anderen schwiegen und waren wie betäubt, zur stummen Zustimmung genötigt, voller Seelenschmerz und zitternd. Und nur einer allein hatte das erwogen, dem nun alle folgten und es alle missbilligten, vor allem, der es selbst erwogen hatte.]

Kaiser Domitian wurde von Plinius fein getadelt und verurteilt, weil er Stimmen der anderen römischen Räte nicht frei (sich äußern) ließ, (geschweige) denn seine Vorschläge gehalten und befolgt haben

---

bleiben soll. Die Intention des Gesagten muss durchaus kritisch bedacht werden.

1 Bei dem Wort Ursache sollte man an das Gerichtsschema denken, weniger an Kausalzusammenhänge. Gemeint ist auch hier, was wir Intention nennen.

2 Plinius d.J.: Panegyricus 76.

wollte, so dass niemand dagegen reden durfte. Wiederum aber lobte Tranquillus Augustus, dass er in wichtigen Handlungen den letzten der Räte ebenso wie den ersten zu fragen pflegte, darum, dass niemand dem anderen zu Gefallen, denn vielmehr ein jeder für sich selbst die Dinge durch gute Ursache wohl bewegen möge.

> Is enim de maiore negotio non more atque ordine sed prout libuisset perrogabat, ut perinde quisque animum intenderet ac si censendum magis quam adsentiendum esset.
> [Zur Abgabe der Stimme bei irgend einem wichtigeren Gegenstande forderte er die Mitglieder des Senates nicht der Reihenfolge nach auf, wie es sonst Sitte war, sondern wie es ihm eben beliebte, um alle stets in gleicher Geistesspannung zu erhalten, als wenn es gälte, nicht sowohl nur dem Vormanne beizustimmen, sondern vielmehr ein eigenes motiviertes Urteil abzugeben.] [1]

Summa: Stimmen und Vorschläge im Rat müssen frei, unverändert und durch Gründe bewährt sein, damit man sie nicht alleine zählen, sondern auch wägen möge. Sonst, wo nur Willkür und Ansehen sie verursachen, sind immer wieder üble Ratschläge die Folge.

> *Plinius iunior:*
> Numerantur enim sententiae, non ponderantur; nec aliud in publico consilio potest fieri, in quo nihil est tam inaequale quam aequalitas ipsa. Nam cum sit impar prudentia, par omnium ius est.
> [Meinungsäußerungen werden gezählt, nicht gewogen. Es kann auf diese Weise in einer öffentlichen Beratung nichts anderes geschehen, als dass in ihr nichts so ungleich ist wie die Gleichheit selbst. Denn obwohl die Klugheit ungleich ist, hat jeder dasselbe Recht.][2]
>
> Sic volo sic iubeo, sit pro ratione voluntas.
> [So will ich, so gebiete ich. Statt der Vernunft gelte mein Wille.][3]

Da haben wir unter vielen anderen drei schöne Exempel von Sätzen oder Stimmen, die in Ratschlägen frei gehört und mit gewichtigen, unvergleichen Gründen bewährt worden sind:
Das erste Beispiel von Gamaliel, (Petrus) des Evangeliums halber ungehindert predigen zu lassen.

> Apg 5(,34-42) In huius autem sententiam pedibus itum est a ceteris,...

---

1 C. Suetonius Tranquillus, Divus Augustus 35.4. (Übersetzung Adolf Stahr)
2 Plinius d.J. Epistulae II, 12 C. Plinius Arriano suo (5).
3 Decimus Junius Juvenal.

[Ihm stimmten die Übrigen zu.]

Das andere von Petrus wegen der Beschneidung und anderer Zeremonien von Mose zu unterlassen.

Apg 15(,22) Tunc placuit apostolis et senioribus cum tota ecclesia...
[Und es gefiel den Aposteln und Ältesten mit der ganzen Kirche,...]
XXXI. distinc c. Nicena.:
Synodusque (inquit) laudavit sententiam eius, et nihil ex hac parte sanciuit, sed hoc i uniuscuiusque voluntate, non necessitate permisit.
[Die Synode, heißt es, lobte seinen (des Paphnutius) Satz, und hat in dieser Hinsicht nichts sanktioniert, aber sie ließ dies durch den Willen eines jeden zu, nicht aus Notwendigkeit.][1]

Das dritte durch Paphnutio, den Ehestand (der Priester) frei und unverboten zu erhalten.
Diese alle drei haben durch gute Gründe ihrer Stimmen und nicht durch sich die anderen im Rat bewogen. Und es sind diese Exempel ohne Zweifel darum in der Schrift so sorgfältig ausgedrückt, damit wir also auch die Stimmen frei, ungehindert gelten lassen und der besten, bewährten Ansicht folgen sollen.
Andere Exempel von bösem Rat hast du Gen 37, 2 Sam 17, 1 Kön 7, 2 Chr 21, Ps 31(,14), Spr 1, 3, 7, 19, Jer 23, 38, Jes 40, Röm 6, 1 Kor 4.
Item von bösen Räten lies 2 Sam 13, 16, Ps 31, Spr 7, Koh 37[2], Jes 19, 30, Jer 18, Dan 6, 14, Mt 7, 22, 26, Lk 20, Joh 6, Apg 4.

8. Von der Ausführung[3] und Vollstreckung der Ratschläge

Nicht nur die legislative, sonder auch die exekutive Seite der Verwaltung bedarf des Ratens. Das wird auf dem Hintergrund der Billigkeit, der Oldendorp so großes Gewicht gibt, sofort einsichtig. Es sind drei Schritte, die miteinander harmonieren müssen: Gesetzgebung, Urteil und Vollstreckung des Urteils. Souveränität, Gesetz und seine

1 Decr. Conc. Dist. XXXI. C. XII.

2 Hier muss ein Druckfehler vorliegen, Kohelet hat nur 12 Kapitel. Passen würde Koh 7.

3 „Van executien“

Ausführung müssen gemeinsam und doch auf verschiedene Weise der Billigkeit entsprechen. Harmoniert dieses Verhältnis, so ist es gottgefällig. Entbehrt es ihrer Harmonie, handelt man gegen Gott und verfällt selbst dem Gericht. So begründet sich der Gehorsam der Obrigkeit gegenüber. Dieser soll gern geleistet werden, weil in der Bewährung der Ordnung der Untertan sich gut aufgehoben weiß. Gehorsam der Obrigkeit gegenüber funktioniert durch Zustimmung. Der sensible Punkt lag bei den Reformatoren nicht so sehr darin, Unrecht erleiden, sondern beim Unrecht mittun zu müssen. Doch wo man hier eine Erwägung des Widerstandsrechts erwarten könnte, findet sich der Rat an die Obrigkeit, dem erwarteten Gehorsam guten Grund zu geben. Überwinde das Böse mit Gutem. Dazu gehört in erster Linie, den zu ermahnen, der das Böse lassen kann. Die Predigt Gottes richtet sich an alle Stände.

Zudem erinnerte Oldendorp an die antike Kontrolle der Gesetze durch besondere Ämter.

Ist der Handel genugsam beratschlagt, so ist auch zu bedenken, wie die Ausführung und Vollstreckung der Verurteilung[1] verfolgt werden möge. Was wäre es nütze, ratzuschlagen und dabei nichts hervorzubringen?

> Duplex est Eunomia.[2] Una quidem retca iuris constitutio, altera vero retce iuri constituto obtemperatio authore. *Aristoteles lib. Poli.. IIII*[3]

1 Im Text steht „des zennen". Für dieses Wort ist die Bedeutung nicht sicher. Reizen, locken bis hin zu Unruhe kann das Wort bedeuten. Vielleicht hat auch die Ausgabe von 1597 recht, die dies für einen Schreibfehler hält und sagt: „desjenigen". Ich vermute aber, es kommt von „zannen", das es auch mit dieser Schreibweise gibt und so etwas wie Wutgeheul, wütend sprechen bedeutet. Gemeint wäre dann ein energischer Urteilsspruch. Unbenommen davon ist der Sinn des Satzes klar.

2 In der Mythologie ist die Hore Eunomia, „die in der Ordnung des Gesetzes Prangende", eine Tochter von Zeus und Themis (Satzung, Gesetz und Ordnung). Sie ist Personifikation der gesetzlichen Ordnung. Nach einer anderen Variante ist sie die Tochter der Vorsicht und Schwester von Schicksal und Überredung oder auch der Eirene, des Friedens und von Dike, der Gerechtigkeit. „Die Horen sind Töchter des Zeus, von dem … die gesamte Ordnung in der Natur ausgeht." Heinrich Wilhelm Stoll, Die Götter und Heroen I, Leipzig 1885 S, 167f.

3 Das Zitat ist mit Quellenangabe entnommen aus den Annotationes von Guillaume Budé, dem Pandetcenkommentar, Spätere Ausgabe Paris 1535 Band 1, S. 85.

[Die gute Ordnung ist doppelt: Zum einen ist es die rechte Verfassung des Gesetzes, zum anderen der Gehorsam gegenüber dieser Verfassung, ihre gewollte Einhaltung.[4]]

Accedit quod dicit Paulus Röm 2.

[Das fällt mit dem zusammen, was Paulus in Röm 2 schreibt.][5]

Denn ein gutes Regiment und Stand hängt an zwei Stücken. Das eine ist, alle Handlungen rechtens zu setzen und zu ordnen. Das andere, das sodann gesetzte und geordnete Recht zu halten. Und beides muss beratschlagt sein. So ist es nicht genug, alleine acht zu haben, wie viele gute Ordnungen im Rat gefunden werden,[6] sondern ob sie dann auch nach Gebühr gehalten werden oder nicht.

Isocrates.[7]

At qui civitates (inquit) retca reipublica ratione constitutas haudquaquam porticus scriptorum plenas habere sed in animis potiuscondita iura tenere expedit. Neque vero decretorum redundanti copia sed compositione morum praeclare urbes habitantur.

[Aber diejenigen Staaten, die durch rechte Vernunft einer Republik konstituiert sind, sollten keineswegs eine Halle voller Schreiber haben, sondern vielmehr in ihren Seelen verankerte Rechte. Städte brauchen keine überbordende Fülle an Verordnungen, sondern ein Gefüge guter Sitten.]

Wenn mit Vielheit der Gesetze alle Dinge wohl ausgerichtet gewesen wären, so hätte man wahrlich in allen Landen jetzt und weiterhin Ratschläge nicht vonnöten. Denn von Anbeginn der Welt sind niemals so viele Gesetze, ja, nicht die Hälfte, wie in diesen Zeiten auf

---

4 Vgl. zum Begriff der obtemperatio und meiner sprachlichen Wiedergabe hier Cicero De legibus I, 42.: Quodsi iustitia est obtemperatio scriptis legibus institutisque populorum, et si, ut eidem dicunt, utilitate omnia metienda sunt, negleget leges easque perrumpet, si poterit, ... Ita fit ut nulla sit omnino iustitia, si neque natura est ea quae propter utilitatem constituitur utilitate alia conuellitur. [Aber wenn Gerechtigkeit Gehorsam gegenüber den geschriebenen Gesetzen und Institutionen des Volkes ist und wenn, wie sie zu demselben Volk sagen, alles am Nutzen gemessen werden soll, wird man die Gesetze missachten und brechen, so man kann. So kommt es, dass es überhaupt keine Gerechtigkeit gibt, wenn es keine Natur gibt, und dass das, was um der Nützlichkeit willen geschaffen wird, durch die Nützlichkeit zerstört wird.]

5 Konkret Röm 2,21ff., aber das gesamte Kapitel ist wohl im Blick.

6 Im Sinne von zutreffenden Paragraphen.

7 Isocrates (436-338) Auch dieses Zitat ist den Annotationes von Guillaume Budé, dem Pandetcenkommentar, spätere Ausgabe Paris 1535 Band 1, S. 86 entnommen.

einmal befunden und aufgerichtet, so dass ich glaube, es mögen jetzt wenig Dinge verhandelt werden, die vorher nicht im Rate gewesen und längst wohl geordnet sind. Aber an der Ausführung und Vollstreckung hat es zumeist gemangelt und mangelt noch heutigentags daran.

> . Athenis Nomophilaces et legum custodes erant, qui apud praefetcus in omnibus publicis conciliis candidis fasciis coronari adsidebant, ut prohiberent ne quid contra receptas leges decerneret.[1]
> [In Athen gab es die Nomophilaken und Hüter der Gesetze, die - mit weißen Schärpen gekleidet - den Präfekten in allen öffentlichen Räten beistanden, um sie daran zu hindern, etwas zu entscheiden, was den erhaltenen Gesetzen zuwiderlief.]

Darum bedünkt es mich, dass die alten Römer und Griechen von Athen - so viel an den Menschen gelegen - dem gemeinen Besten nicht undienstlich nachgetrachtet haben, da sie etliche Magistraten - Zensoren und Areopagiten - hatten, die auf gute Sitte und rechten Gebrauch der Politik zu schauen angesetzt waren, damit da eine lebendige Ausführung ihrer toten und beschriebenen Ordnungen oder Gesetze vorhanden sein mochte.

> *Lege. XII. tabula.* ita cavet, censores populi civitates soboles familias pecuniasque cesento. Caelibes esse prohibento, mores populi regunto, probrum in Senatu ne reliquito.[2]
> Magistratus animata et viva lex est.
> [Zwölftafelgesetz: So ist es geraten, dass es Zensoren des Volkes, der Jugend, der Familien und des Geldes gibt. Ehelosigkeit ist untersagt, die Sitten des

---

1 Das Zitat ist entnommen der Rede Melanchthons „de legibus" von 1525, CR XI Sp. 86. Es handelt sich dabei um den Grundgedanken eines Verfassungsgerichts oder höherer Berufungsgerichte, die später einen Staat auszeichnen sollten. Die Bildung des Reichskammergerichts war auf diesem Weg ein entscheidender Schritt, wonach Recht und Ordnung auch gegenüber Fürsten und damit Rechtssystemen gegenüber zu gelten hatte. Oldendorp war von daher mit dieser Grundauffassung auch für die Entwicklung des ius gentium, dem Völkerrecht wichtig. So gab es bis zur Auflösung des Reichskammergerichts zumindest juristisch eine Einheit Europas. Karl Vollgraff nannte die Nomophilaken in seiner Staats- und Rechtsphilosophie auch „Neben-Regenten". Teil II, Frankfurt a.M. 1864, S. 355.

2 Vgl. auch Cicero de legibus III, 3 (7).

Volkes sind zu kontrollieren, Böse dürfen nicht in den Senat. Die Obrigkeit ist das beseelte und lebendige Gesetz.[1]]

Dennoch haben sie nicht recht getroffen. Unterdessen ist hier die allergrößte und beständigste Ausführung der Ratschläge oder Gesetze angelegt: Dass jedermann weiß und gedenkt, dass im weltlichen Regiment alle Politik und Ordnung der Obrigkeit eine Ordnung des allmächtigen Gottes sei. Und wer dagegen handelt, der handelt gegen Gott und fällt ins Gericht. Darum, wenn er schön heimlich oder in verdeckter Weise dagegen handeln könnte, sollte er sich doch um Gottes willen dessen enthalten und gemeiner Politik nach leben.

Röm 13

Das muss den Untertanen aus göttlichem Wort vorgehalten werden und bewährt sein, dass sie mit Lust treu und pflichteifrig[2] werden, der Obrigkeit löbliche Ratschläge und Gesetze dankbar annehmen und halten.

Illicita decreta per se ruunt.
[Rechtswidrige Verfügungen stürzen von allein.]

So weit aber, wie Menschen dazu beitragen können, ist dies ein Mittel der Ausführung, dass man der Sache wohl acht habe und nicht anders als rechte, billige Ordnungen in Ratschlägen aufrichte, die selbigen danach beschließe, um des Gedächtnisses willen beschreibe[3] und durch etliche dazu passende aufs Förderlichste in Zwang bringen lasse. Wenn ein Gesetz auch einige Mängel aufweist, die nicht zu halten sind, und andere Wege zu beschreiten wären, versuche man es vorläufig mit ihnen und achte sie, damit nach Gottes Willen die Ausführung und das Halten folgen möchte, mit gebührlicher Strafe der frevligen Übertreter.[4]

---

1 Letzterer Gedanke war in Variationen weit verbreitet, es gibt ihn auch bei Luther.

2 „lustich / truwe / und flytich werden"

3 Damit sie jeder verstehe, bewusst, williglich einhalte und sie in Geltung bleiben können.

4 Ich habe diesen Satz sehr frei übertragen. Im Text lautet er: „Efft ock einich mangel / der nicht holdunge befunden würde / dat als denne ander weghe

Consentire aut vel sua sponte debent, vel indice imminente,
[Sie müssen entweder aus eigenem Antrieb zustimmen oder durch dringenden Beweis.]
dicit Julianus in l. Huiusmodi. ff. De lega.1.[1]

Doch über alle Dinge will gewacht sein,[2] sowohl zum Ratschlag als auch zur Ausführung und Vollstreckung der Ratschläge, dass der Ernst[3] ja nicht vergessen werde und so die böse Heuchelei wegfiele.

Lk 12(,1): Primum cavete vobis ipsis a fermento pharisaeorum, quod est hypocrisis.
[Zuerst hütet euch vor dem Sauerteig der Pharisäer, das ist Heuchlerei.]

Exempel eines Ratschlags, wie man gute Politik und Ordnung erhalten möge

Als Hauptgrund für das Scheitern von Recht und Ordnung sah Oldendorp Unglauben und avaritia an, also den Geiz, die Habgier, Todsünde nach mittelalterlichem Verständnis. In der beginnenden lutherischen Beichtpraxis rückte an die Stelle der ins Einzelne gehenden Untersuchung von Sünden, ihrem Aufzählen, das Glaubensbekenntnis als Bekenntnis der Treue zu Gott. Ganz wie bei Oldendorps Rechtsauffassung wollte man der Sünde in ihrer Wurzel begegnen, dem Unglauben. Würde man sich nicht nur der guten Absicht versichern, sondern sein Herz auf Gott ausrichten, ganz ihm Gehorsam leisten, müsste das Handeln beginnen sich zu bessern. Die liturgische Buße im

---

vorgenamen / so lange vorsocht / und dar up gesen werde / dat na Gades willen / de executie und holdynge folgen möge / mith gebörlyker straffe der wreueligen auertreder."

1 Digesten XXX. 84.13.

2 Hier darf durchaus sowohl an das prophetische Wächteramt nach Ez 33 und Barmen erinnert werden, als auch an die später geschaffenen juristischen Kontrollämter, von denen das Reichskammergericht, 1495 eingerichtet, ein erster entscheidender Schritt war.

3 „Ernst" bedeutete auch Strenge, juristische Konsequenz. Im Gegenüber zu „Heuchelei" ist hier aber auch die Wahrhaftigkeit im Blick. Der Heuchler nimmt die Wahrheit nicht ernst.

Sinn der Lutheraner und juristische Billigkeit nach Oldendorps Verständnis sind strukturgleich. Auch so gesehen erweisen sich Oldendorps Rechtsdenken und seine Grundanschauungen von Politik als lutherisch, bzw. in der Denkweise Melanchthons durch und durch reformatorisch.

Im Unglauben nimmt die Liebe ab, Habgier tritt an ihre Stelle als Wurzel des Übels. In Zeiten, in denen das Habenwollen und Anspruchsdenken als Motor der Wirtschaft hochgehalten werden, dürfen wir hier getrost aufmerken und uns aus dem 16. Jahrhundert heraus von Oldendorp raten lassen: „Wir achten Geld und Gut mehr als alle Künste und Lehre, denken eh lieber, mit Geld kann man alle Dinge ausrichten, ja, wollen dem Herren Gott seinen Himmel wohl lassen, wenn er uns den Reichtum und die Wollust dieser Welt nicht nehme." Dabei ist uns klar, dass „Geld" nicht nur ein Zahlungsmittel sondern auch ein Spiel um Vorteil und Ordnungsprinzip unserer Gesellschaft, unseres Rechts und unserer Ökonomie ist. Die Verflechtung von digitaler Kultur und Geld mit allen damit verbundenen Wertstrukturen tut ein Übriges. Auf jeden Fall dämpft dieses Geflecht nicht gerade Habgier oder dem Kampf der Interessen. Gott, der für das Rechtsempfinden Oldendorps grundlegend war, ist nicht in diese Verflechtungen einzupassen, ohne selbst zur Chiffre für bestimmte Interessen zu verkommen. Im Netz der Informationen, der digitalen Kommunikation gibt es keine „rechte Anrufung Gottes", wie sich dann die mecklenburgische Kirchenordnung ausdrücken wird. Vielleicht ist es nicht so sehr die Frage, ob der Gottesdienst noch etwas für die Welt und Zeit austragen kann, sondern, was aus der Welt wird, wenn sie auf Gottes Stimme meint verzichten zu können, wenn diese Instanz fehlt, die Oldendorp als Grundlage von allem Recht ansah.

Als Gegengift der Habgier sah Oldendorp neben dem Glauben Bildung an, anknüpfend an die Philosophenrepublik Platos. Zudem hatte Oldendorp festes Vertrauen darauf, dass Unrecht stets irgendwann in sich zusammenfällt. Das war ein sehr mittelalterlicher Gedanke. Es entsprach dem Grundmuster nicht nur der Märchen, sondern auch der Mysterienspiele, in denen am Ende die gute Seele gerettet wird, aber die Teufel einander selbst zur Hölle werden. Neben die Habgier tritt der Drang, seinen Nächsten zu verurteilen, um selbst gut dazustehen. Diese drei Dinge führt nun Oldendorp aus und macht sie verantwortlich für „Missbrauch, Aufruhr, Widerwille und Verderbnis guter Politik". Sie anzuklagen, ist Bürgerpflicht, dafür muss es Freiheit der Rede, bzw. des Rates geben.

Wohlan! Lasst uns nun unser Ratschlagen in die Praxis bringen und beispielsweise mit diesem Artikel fragen , woran allen Ständen wahrlich aufs Höchste gelegen ist, wie man gute Politik und Ordnung in Land und Stadt erhalten möge.
Hier könnte man nun von Missbrauch bei Handel[1], Ämtern und allerlei Handlungen unzählig vieler Gebrechen artikelweise zusammenbringen und auf jeden Artikel diese oder jene Reform, Satzung und Gesetze anfassen.[2]
Aber darin[3] ist der rechte Grund gemeiner Wohlfahrt noch nicht enthalten. So will ich, ohne jemanden schmälern (zu wollen)[4] meinen einfältigen Rat zum guten Stand auch mitteilen.

> Vide supra De investiganda negotiorem qualitate.
> [Siehe oben: Über die Qualität der Erkundung der Handlung.]

Und dies ist vorhin gesagt, dass allen Ratschlägen nötig ist, den Anfang und Ursprung des Handelns zu erkunden und danach zu abzuwägen, was nützen oder (besser) gelassen sein möge.
So müssen wir der Form und dem Maß auch folgen, wollen wir auf andere Weise[5] recht praktizieren und ratschlagen. Was ist nun der rechte Grund und Ursache, dass sich gemeine Stände aus ihrem Geschick und Politik so weit entfernt haben und die gute Ordnung nicht gehalten werde?

> Philautia, quam Paulus depingit. Gal 6. [Philautia, wie sie Paulus beschreibt in Gal 6.][6]

---

1 „kopenschop“
2 „reformatie / statut / und gesette / begrypen“
3 „yn den stücken“
4 „ane yemandes vorkleyninge“
5 Also nach der Ursache fragen, als nur nach konkreten Veränderungen Ausschau zu halten. Im Hintergrund steht Aristoteles Auffassung der bestimmenden Finalursache, sowie die Stellung der Tugend in der Mitte zwischen Übermaß und Mangel, also der rechte Nutzen.
6 Selbstliebe nach Gal 6 ist keine Selbstverliebtheit: „Brüder und Schwestern, wenn ein Mensch etwa von einer Verfehlung ereilt wird, so helft ihm wieder zurecht mit sanftmütigem Geist, ihr, die ihr geistlich seid. Und sieh auf dich selbst, dass du nicht auch versucht werdest. Einer trage des andern Last, so werdet ihr das Gesetz Christi erfüllen…“ Hier ist gesamte Kapitel in grundsätzlicher Weise im Blick.

Qualis vir talis oratio. Spr 12. [Von dieser Art Mann ist die Rede in Spr 12.] [1]

Ein Sophist oder widerborstiger Mensch möchte hier viel disputierliche Rede führen. Aber aus wahrhaftigem Grund der Schrift sind gibt es für derartiges Böse[2] drei Ursachen[3]: Unglaube, Gier und Unverstand.
Unter der Gier ist Missbrauch der Güter mit enthalten.

Avaritiae comes est luxus. [Gefährte der Gier ist Luxus.][4]

Und wenn auch im Unglauben all das beschlossen ist, so will ich doch um der einfachen und deutlichen Unterrichtung willen unterscheidend von diesen drei Dingen reden.

Sine fide impossibile est placere deo. [Ohne Glaube ist es unmöglich, Gott zu gefallen.]
Hebr 11(,6), Röm 4.[5]

Unglaube bringt Verachtung Gottes und des Nächsten hervor. Denn dann, wenn wir Gott nicht fürchten und ihm misstrauen in hohen, ewigen Dingen, sind wir auch untreu und unserem Nächsten nicht in diesen weltlichen und vergänglichen Dingen geneigt und werden solche bösen Christen, zehnmal ärger als Heiden und Türken befunden.

Non est servus maior domino suo. [Der Knecht ist nicht größer als sein Herr.] Joh 13,(16).

---

1 Auch hier ist das gesamte Kapitel (in diesem Fall besser nach der Vulgata zu lesen als in der Lutherübersetzung, die Oldendorp 1530 ja auch noch nicht vorlag) im Blick: Wer sich gern strafen lässt, der wird klug werden; wer aber ungestraft sein will, der bleibt ein Narr. Wer fromm ist, der bekommt Trost vom HERRN; aber ein Ruchloser verdammt sich selbst...

2 „qwade", im Mittelniederdeutschen verschieden geschrieben, hat ein breites semantisches Feld: Schlecht, übel, verdorben, sündig, schwierig, gefährlich, untauglich, verderbt, von böser Natur,... Wir verkürzen den Sinn, wenn wir bei „böse" nur einen moralischen Gegensatz zu einem abstrakten Guten denken. Uns fehlt im Hochdeutschen unserer Tage ein entsprechendes Wort.

3 Das Böse hat nicht nur Ursachen, es ist auch selbst Ursache auf dreierlei Weise.

4 Die Kardinalsünden werden auch als Wurzelsünden bezeichnet und stehen den sieben Geistesgaben Gottes gegenüber.

5 Das gesamte Kapitel Röm 4.

Si me persecuti fuerint, et vos persequentur. [Wenn sie mich verfolgt haben, werden sie auch euch verfolgen.][1]
Et si quis dixerit, diligo deum et oderit fratrem suum, mendax est.
[Und wenn jemand sagt, er liebe Gott und hasst seinen Bruder, ist er ein Lügner.] 1 Joh 4(,20)

Mt 11[2]

Videte et cavete ab avaritia. [Seht zu und hütet euch vor Geiz.] Lk12(,15)
Si quidem radix omnium malorum est studium pecuniae.
[Denn so ist die Wurzel allen Übels der Geldeifer.] 1 Tim 6(,10a)[3]

Gier leitet uns zu dem großen Abgott Mammon. Der macht uns klug dafür, wie wir alle Gesetze, die uns um Geld und Gut zu bekommen im Weg liegen, überspringen oder heimlich hindurchkriechen können.

Justinian in auc. ut iudi. sine quoq. suffra. § Administrationes colla.II.
Est quoque (inquit) hoc sacrorum eloquiorum mirabile et verum, quod avaritia omnium sit mater malorum, et maxime quando non privatorum, sed iudicum inhaeret animabus. Quis enim sine periculo non furetur, quis non latrocinabitur sine reatu administratorem respiciens? illum namque videns omnia auro vendentem, et praesumens quia, quicquid egerit illicitum, hoc pecunias dando redimet. Hinc homicidium et adulterium et invasiones et vulnera et raptus virginum et commerciorum confusio et contemptus legum et iudicum, omnibus haec venalia proposita esse putantibus, tamquam aliquid optimorum mancipiorum.[4]
[Dies ist auch bewundernswert und wahr von den heiligen Sprüchen, dass der Geiz die Mutter allen Übels ist, und besonders wenn er nicht an den Seelen der Privaten, sondern an den Richtern haftet. Denn wer wird nicht ohne Gefahr stehlen, ohne Anklage rauben angesichts solchen Richters? Denn er sah, wie er alles (Geraubte) für Gold verkaufte, und nahm an, dass er sich für das, was er rechtswidrig tat, für Geld dann loskaufen könne. Daher kommen Mord, Ehebruch, Übergriffe, Verwundungen und Entführungen von Jungfrauen, Verwirrung im Handel und Missachtung

1 Vgl. Mt 5, 10f. Selig sind, die um Gerechtigkeit willen verfolgt werden; denn das Himmelreich ist ihr. Selig seid ihr, wenn euch die Menschen um meinetwillen schmähen und verfolgen und reden allerlei Übles gegen euch, so sie daran lügen.
2 Mt 11, 6 Christus spricht: Selig ist, wer sich nicht an mir ärgert. Aber auch die Verse 20-30.
3 Vulgata: Radix enim omnium malorum est cupiditas. Lies aber auch hier das ganze Kapitel.
4 Nov. VIII.1.

von Gesetzen und Richtern für alle, die denken, dass diese Dinge käuflich und beste Geschäfte sind.]

(Diese Klugheit) lehrt uns auch, wie der eine dem anderen in seine Geschäfte greift und ihm das Brot vor der Nase wegnehmen soll: Gedenke, die Welt ist ein Heuhaufen. Wer raufen kann, der bekommt etwas. Der eine greift die Kunst des anderen auf, leidet er Schaden, richtet er Schaden an.[1] Daraus folgt Missbrauch der Güter zu aller undienstlichen Hoffahrt[2].
Zum letzten werden so alle guten Sitten und Gesetze zerrissen wie ein Spinnengewebe.

Legis telis Aranearum similes. Potentioribus facile cedunt, tenuiores retinent.
[Das Gesetz gleicht dem Spinnennetz: Sie reißen leichter, desto dünner sie gesponnenen sind.]

Unverstand löscht ihnen das Licht völlig aus und gibt Ursache, dass wir uns um rechte Lehre, Erfahrung und anderen Tugenden nicht bekümmern. Wir achten Geld und Gut mehr als alle Künste und Lehre, denken eh lieber, mit Geld könne man alle Dinge ausrichten, ja, wollen dem Herren Gott seinen Himmel wohl lassen, wenn er uns den Reichtum und die Wollust dieser Welt nicht nehme.

Sicut enim Plato de repu. lib. 5[3]
Beatas dicit civitates, quibus contingunt literati magistratus. Ita rursus infelicissima est patria, que neque literatum, neque literarorum amatorem habet principem.
Olim in laudem Taciti Imperatoris acclamatum est a Romanis: Quis melius, quam literatus imperat?
[Glücklich nennt er die Gesellschaft, die eine gebildete Obrigkeit hat. Und umgekehrt ist das Vaterland am unglücklichsten, wenn es weder Gebildete hat, noch einen Fürsten, der Bildung liebt.

---

1 Unrecht gebiert Unrecht. „wol röpen kann de hebbe wat. De eyne fatet de kunst vam andern / nympt schaden / deit schaden wedder."
2 „ydelicheyt" - Eitelkeit.
3 Es geht um die berühmte Herrschaft der Philosophen. Nur dass hier Oldendorp nicht an Philosophen denkt, sondern an den Gehorsam Gott gegenüber. Der „Lehrstand" im Unterschied zum Nähr- und Wehrstand des Mittelalters waren die Theologen. Für Oldendorp greift hier der Gedanke von der Priesterschaft aller Christen.

Einst wurde von den Römern Kaiser Tacitus[1] gelobt: Was ist besser, als wenn ein Gebildeter herrscht?][2]

Omnia venalia urbs quoque ipsa si emptorem invenerit.
[Alles ist käuflich, auch die Stadt selbst, wenn sie einen Käufer findet.][3]

Opes divitis sunt ei vice arcis.
[Das Vermögen des Reichen ist seine Festung.] Spr. 10(,15).[4]
Item Dtn. 32(,15): Incrassatus est diletcus et recalcitravit.
[Der Fette (Reiche) ist teuer und lässt sich nicht beikommen.][5]

Wenn nun Gott und der Nächste lange noch verachtet, alle guten Gesetze verletzt[6], die Lehre und Erfahrung rechter Politik vergessen ist, so beginnt Gott anderen Leuten und uns selbst, solchen Städten übel mitzuspielen[7], und zuletzt fällt der ganze Kram in sich zusammen, das Gute mit dem Bösen, gerade wie ein Haus, das ohne festes Fundament allzu hoch ohne rechte Manier verbaut worden ist.

Dico vobis quod faciet vindictam illorum cito.
[Ich sage euch: Er wird ihnen Recht schaffen in Kürze.] Lk 18(,8).[8]

Ex uno malo nascuntur multa. [Aus einem Übel erwachsen viele.]
§. Consideravimus. In auc. Ut iudic. sin. quoq. suff. colla. II. Et l. Ex diverso. § I. ff. De rei vendic.
Item 1 Kor 5(,8)[9]

---

1 Marcus Claudius Tacitus war von 275 bis 276 römischer Kaiser.

2 Johannes Oldendorp war wohl bewusst, dass die jüngeren Herzöge Mecklenburgs an Universitäten studierten.

3 Sprichwort frei nach Sallust.

4 Vulgata: Substantia divitis urbs fortitudinis eius pavor pauperum egestas eorum. Das Gut des Reichen ist seine feste Stadt; aber die Armen macht die Armut blöde.

5 Vulgata: incrassatus est diletcus et recalcitravit incrassatus inpinguatus dilatatus dereliquit Deum factorem suum et recessit a Deo salutari suo. Luthers Übersetzung 1545: Da er aber fett und satt ward, ward er geil. Er ist fett und dick und starck worden. Und hat den Gott faren lassen, der ihn gemacht hat. Er hat den Fels seins Heils gering gemacht.

6 „toschöret" - verscharrt.

7 „oeuel tho gefallen"

8 Das Gleichnis vom ungerechten Richter: „Wenn der ungerechte Richter der Witwe Recht schafft, um wie viel mehr wird Gott es tun."

9 Der Sauerteig der Bosheit und Schlechtigkeit - in fermento malitiae et nequitiae.

Alsdann wissen wir nicht, was man zu guter Reformation zuerst oder später vornehmen solle, glauben auch nicht, das solche Verbiesterung aus einem gierigen Unverstand ursprünglich flösse, schelten auf diesen und jenen, wissen denn alles Schiefe und Mängel in eines anderen Auge frei zu richten, aber diese großen drei Hausbalken und Gebrechen, wovon ich jetzt rede, kann niemand finden.

> Mt 7(,5): Hypocrita, eice primum trabem de oculo tuo et tunc videbis eicere festucam ex oculo fratris tui.
> [Du Heuchler, zieh am ersten den Balken aus deinem Auge; darnach siehe zu, wie du den Splitter aus deines Bruders Auge ziehst!]

Das sind in Summe die drei Hauptstücke, wodurch im Grunde aller Missbrauch, Aufruhr, Widerwille und Verderbnis guter Politik erwächst. Lasst uns nun im Folgenden im Ratschlag die Mittel dagegen finden und anzeigen, auch mit beständigen Gründen bewähren, wie oben von den freien Stimmen gesagt ist.

Der erste Artikel vom Unglauben

Hier also lesen wir von der Notwendigkeit der Kirche und ihrer Predigt, die nicht nur für die einzelne Seele wichtig ist, sondern nach Johann Oldendorp ebenso notwendig für das Gelingen gesellschaftlichen Lebens. Der gute Staat bedarf der Kirche, aber nicht im Sinne einer Institution als Religionskörperschaft, sondern er braucht die auf Gott hörenden Christen, die Liturgen auf der Kanzel wie in den Bänken, die Jüngerschaft Christi. Er sah darin nicht einen bestimmten Wertekanon, sondern Menschen, die nach Billigkeit streben und auf Grund ihres Glaubens und dem Gehorsam gegenüber Christus als dem Herren aller Welt gegenüber sich mit tiefster Seele für das Gute verantwortlich wissen. Nicht die Religion soll über die Welt regieren, schon gar nicht irgendwelche selbsternannten Stellvertreter Christi, sondern der Glaube diene dem Heil der Seele und damit auch dem Heil der Welt. Die Glaubenden haben dem Weltgeschehen das Beste beizutragen, ohne dass auch bei Einzelnen, bzw. den Predigern selbst irgendein Schein besonderer Heiligkeit zu suchen oder zu finden sei.

Dass sie integre Personen sein sollten, gilt für sie wie für jeden. Freilich wäre es widersprüchlich, führte ein Prediger ein liederliches Leben. Das ist aber lediglich eine negative Abgrenzung, wie sich niemand etwas auf Gute Werke verdienstlicher Weise etwas einbilden solle, so auch nicht auf eine besondere Heiligung oder als einen durch Gott hervorgehobenen Stand.

Die Prediger, von denen Oldendorp das Beste erwartet und er sie wohl gebildet sehen wollte, verdienen so ihre Alimentierung wie andere mit Arbeit mit höchstem Recht, wobei unerheblich ist, ob diese durch die Obrigkeit, Stiftungen oder die Gemeindeglieder geschieht. Die Gleichung, wes Brot ich ess, des Lied ich sing, trifft für einen Prediger nicht zu, denn er singe das Lied Christi und bewahre seine Unabhängigkeit von seinem Geldgeber.

Wie der Ariadnefaden, so führe uns Gottes Wort durch das Labyrinth der Welt. Nicht der Streit zwischen Papst und Kaiser, Kirche und Staat um höhere Macht ist wichtig, sondern das gemeinsame Hören aller Menschen auf den, dem unbestritten die über allem erhabene Majestät zukommt. Die „Allergeschicktesten" mögen Gottes Wort verkündigen, d.h. der Welt raten, nicht die Allerheiligsten oder wer sich dafür halten möge. Kein Wort aber hören wir davon, dass Geistliche auch regieren sollten oder dass es eine Körperschaft wäre, der im Staat irgendeine Macht oder Privilegien zukomme. Kirche habe kein Vorrecht, genieße aber Schutz und Freiheit.

Dieser Abschnitt zeigt in aller Einfachheit und Klarheit das politische Interesse des Syndikus der Hansestadt Rostock auf, warum er die Reformation der Kirche als Notwendigkeit erachtete für den Nutzen aller.

Gegen den Unglauben, der im Herzen ist und wohin äußerliche Ordnungen oder Gesetze nicht reichen und hinlangen können, müssen wir Gottes Wort gebrauchen.
Die Ursache dafür besteht darin: Alleine durch das Hören des Göttlichen Wortes und nicht anders vermögen wir den Glauben mit seinen guten Früchten bekommen.

Paulus Röm 10(,17) citans Jes 53(,1).
Ergo (inquit) fides ex auditu est. Auditus autem per verbum dei.
[Also kommt der Glaube aus dem Hören, das Hören aber aus dem Wort Gottes.]
Ibidem Quomodo autem audiet absque praedicante?

[Wie sollen sie aber hören ohne Prediger?][1]

Und zugleich kann solch Hören nicht recht geschehen ohne rechte, wahrhaftige Verkündigung. So ist es ein notwendiges Mittel und Anfang[2] des glückseligen Standes, dass man nicht durch ungeschickte Leute, und die zu nichts nütze werden, sondern durch Gelehrte, Erfahrene, und getreue Prediger den Untertanen[3] Gottes Wort lauter, rein, klar und aus bewährter Schrift vortragen lasse, und dass sie auch mit Leibes Unterhalt ehrbarlich versorgt werden, damit sie in jeglicher Menschen Gunst oder Ungunst sich zu schicken keine Ursache haben.

> Quod superest autem illud requiritur in dispensatoribus ut fidus aliquis reperiatur. 1 Kor 4(,2)
> [Aber was übrig bleibt, wird von den Verwaltern benötigt, damit jemand gefunden wird, der treu ist.][4]

---

1 Röm 10, 14. Eine andere Lesart hat in Röm 10,17: „Wort Gottes", nicht „Wort Christi", wie es heute die Textkritik festschreibt. Luther übersetzt auditus mit Predigt, auch weil man im Lateinischen dies Wort als Gehör verstand, zu Gehör bringen. Im Griechischen steht hier nicht κήρυγμα. Ebenso steht es um Jes 53,1: Quis credidit auditui nostro et brachium Domini cui revelatum est? [Aber wer glaubt unsrer Predigt, und wem wird der Arm des HERRN offenbart?] Im Hebräischen ist es die Botschaft, für das im Griechischen wie im Lateinischen das Hörensagen, bzw. Gehörte auch eine korrekte Übertragung ist. Im deutschen Wort „Predigt" freilich ist der Hörende selbst in den Hintergrund getreten. Für Oldendorp kommt es jedoch auf beides an. Wir sind ein wenig taub für den Unterschied geworden, aber hier steht nicht „Lehre", sondern Predigt. Auch der gut in Glaubensdingen Unterrichtete, vielleicht sogar theologische Gelehrte bedarf der beständigen Predigt, denn sie ist Teil der Liturgie. Es muss auch ihm wieder und wieder gesagt werden, nicht nur gesagt sein. Es handelt sich um das gleiche Wort, das man daheim oder in der Gelehrtenstube aus der Bibel liest, sich selbst oder durch andere erklärt bekommt und dass man als Lesung und in der Predigt zu hören bekommt, doch dies täuscht. Um es mit den Worten der Reformation vereinfacht zu sagen: Nicht nur das Sakrament braucht das Wort, auch das Wort braucht das Sakrament. In der Liturgie ist das Wort Handlung zwischen Gott und Mensch.

2 „ynghanck"

3 Wir würden heute Bürger oder Menschen sagen. Der Ausdruck zeigt hier an, dass Oldendorp hier aus der Sicht des Politikers oder Ratgebers der Obrigkeit spricht.

4 Oldendorp liest diese Version wiederum wie durchgängig bei Erasmus in dessen lateinischer Übersetzung des Neuen Testaments. Die Vulgata hat diesen

Nam omnes que sua ipsorum sunt quaerunt non que Christi Jesu. Phil 2(,21) [Denn sie suchen alle das ihre, nicht, was Christi Jesu ist.]
Et qui huiusmodi sunt eus in pretio habete. Phil 2(,29b) [Habt solche Leute in Ehren.][1]
Quis militat suus stipendiis unquam? 1 Kor 9(,7a) [Wer zieht in den Krieg auf eigenen Sold?]
1 Tim 5(,18), Dtn 5(,4)

Mt 6(,33)

Dahin gehört der angezeigte Spruch und Lehre Christi: Trachtet zuerst nach dem Reich Gottes und nach seiner Gerechtigkeit, so wird euch solches allzumal zufallen. In unserem Vermögen steht dies ebenso wenig, wie wir uns einen Fingerbreit zu- oder abwachsen lassen können.[2]

1 Kor 14(,2f.) At qui prophetat congregationem edificat. Prophetare vocat enarrare arcana scripture.
[Und wer weissagt, baut die Gemeinde auf. Er ist berufen, die Geheimnisse der Schrift zu erzählen.][3]

So hat Paulus in all seinen Episteln kein Ding so hoch angezeigt, wie die Besserung der Gemeinde durch die Verkündigung und Auslegung des Göttlichen Wortes, das die Prediger auch treulich, willig und gern vortragen sollen.

Ue autem mihi est, nisi evangelisem[4]. 1 Kor 9(,16b)

Text: (sic nos existimet homo ut ministros Christi et dispensatores mysteriorum Dei) hic iam quaeritur inter dispensatores ut fidelis quis inveniatur. [Nun sucht man nicht mehr an den Haushaltern, denn dass sie treu erfunden werden.]

1 Oldendorp liest auch hier bei Erasmus und nicht in der Vulgata.

2 Lk 12,24-32. „Wer ist unter euch, der, wie sehr er sich auch darum sorgt, seiner Länge eine Elle zusetzen könnte?" „Länge" - statura - kann auch die Körpergröße bedeuten.

3 Vulgata statt Erasmus: Nam qui prophetat hominibus loquitur aedificationem et exhortationem et consolationes. [Wer aber weissagt, der redet den Menschen zur Besserung und zur Ermahnung und zur Tröstung.] und im Vers zuvor: Qui enim loquitur lingua non hominibus loquitur sed Deo nemo enim audit Spiritu autem loquitur mysteria. [Denn der mit Zungen redet, der redet nicht den Menschen, sondern Gott; denn ihm hört niemand zu, im Geist aber redet er die Geheimnisse.]

4 Vulgata: „evangelizavero".

[Wehe mir, wenn ich nicht das Evangelium predigte.]

Wo nun Gottes Wort nicht recht verkündet und Einträchtigkeit im Zwang gehalten wird, da ist Unglaube mit allen bösen Früchten, da folgt Hunger, Verbiesterung und Verderben, wenn auch alle Straßen und Häuser voll Korn und Geld, ebenso alle Gesetze der Welt und alle Türme, Mauern und Wälle aus Eisen errichtet wären.

> Am 8(,11f.) Et mittam famem in terram non famem panis neque sitim aquae sed audiendi verbum Dei.
> [(Siehe, es kommt die Zeit, spricht der HERR HERR,) dass ich einen Hunger ins Land schicken werde, nicht einen Hunger nach Brot oder Durst nach Wasser, sondern nach dem Wort des HERRN zu hören.]
> Item Spr 29(,18) Cum deest prophetia, perit populus.
> [Wo Prophetie fehlt, geht das Volk zugrunde.][1]
> Et Ps 127(,1) Nisi dominus custoderit civitatem, frustra vigilat qui custodit eam.
> [Wo der Herr nicht die Stadt behütet, so wacht der Wächter umsonst.]

So ist demnach acht zu haben an den Orten, wo es an Gottes Wort recht zu predigen mangelt oder dort einmal mangeln würde, dass man nicht zuerst von Bauchsachen handle und ratschlage, wie Demetrius und seines Amtes und Gewinns willen einen ganzen Aufruhr in Ephesus erweckte, sondern wiederum lass diesen Artikel und das Mittel vom Göttlichen Wort erst vorangehen, so wirst du die Bauchsachen und Nahrung wohl recht und mit halber Arbeit treffen. Wenn nicht, so werden die Ratschläge nicht länger als der Bauch beständig blieben.

> Apg 19 und 23(,12): Facta autem die collegerunt se quidam ex Iudaeis et devoverunt se dicentes neque manducaturos neque bibituros donec occiderent Paulum.
> [Da es aber Tag ward, schlossen sich etliche Juden zusammen und verschworen sich, weder zu essen noch zu trinken, bis dass sie Paulus getötet hätten.]
> O miseri filii ventris! [O elende Kinder des Bauchs!]
> Phil 3(,18f.): Immici crucis Christi, quorum finis perditio est quorum deus venter.

---

1 Vulgata: Cum prophetia defecerit dissipabitur populus qui custodit legem beatus est. [Wo keine Weissagung ist, wird das Volk wild und wüst; wohl aber dem, der das Gesetz handhabt!]

[Feinde des Kreuzes Christi, deren Ende Verdammnis ist, deren Gott (ihr) Bauch ist.]

Man sagt von einem, Theseus mit Namen, der, als er in eine große Wunderburg[1] gehen wollte, fürchtete aber, sich darin zu verbiestern, nahm den Rat, dass er eine Schnur oder Faden vor dem Eingang der Wunderburg befestigen und das Ende davon in der Hand mit sich führe, danach, wenn er wieder hinausgehen wollte, dem selben Faden bis zum Ausgang folgen solle.
Also müssen auch alle Räte und Regenten Gottes Wort festhalten, damit vorgehen und sich leiten lassen in dieser Wunderburg der unbeständigen Welt, darin so viele seltsame Winkel, Gebrechen, Verführungen, Widerwille und alle Unlust befunden werden.

Et ne accomodet vos ad figura saeculi huius. [Und stellt euch nicht dieser Welt gleich.] Röm 12(,2a)

Natura enim rerum introductum est ut plura sint negotia quam vocabula,
[In der Natur der Rechtsdinge gibt es mehr Aufgaben als (entsprechende) Worte.][2]
dicit Ulpinian in l. Natura. ff. De praescrip. verb.

In auc. De non alie. auc. permut. 3 Sinimus colla II.
Cum nec utique - inquit - multum differant ab alterutro Sacerdotium et Imperium.
[Denn Priestertum und Imperium unterscheiden sich nicht viel.][3]

Darum hat Justinian - wiewohl in wenig hilfreicher Angelegenheit, wie es oft geschieht - recht gesprochen, dass Priestertum und Regiment der Welt nicht weit auseinander stehen. Ulpinian, obwohl unglaublich, nimmt diejenigen, die mit Recht und Billigkeit handeln, wahrhaftige Priester.

l.f.ff. De iusti.et inr.
Jus (ait) est ars boni et aequi, cuius merito quis nos sacerdotes appellat.

---

1 Das Labyrinth von Kreta.

2 Dig. 19.5.4. Im „Spiegel des Rechten 1539 heißt so die Übersetzung des Spruchs ganz am Ende des Buchs: „Jm rechten nit so vil namen sind. Als man auff erdtrich håndel findt."

3 Nov. VII. 2. Oldendorp deutet den Satz in seiner Übertragung nicht dahin, dass Priester gleich Herrschern seien, sondern umgekehrt Herrscher Priestern gleichen, wenn sie sich an Gottes Wort in ihrem Regiment halten.

[Recht ist die Kunst des Guten und Billigen, aufgrund dessen man uns Priester nennt.][1]

l. Titia. §. Cutius. ff. Der legat. II. Vide. XXI. distin. c. Cleros.

Paulus, der Rechtskundige hat Kaiser Alexander einen Allerheiligsten geheißen. Sollte denn die christliche Obrigkeit ihre Beratung nicht anfangen mit Gottes Wort, das ihr das Schwert anvertraut[2]? Ja, er nennt sie Götter und Kinder des Allerhöchsten.[3]

Röm 13, Ps 81(,6) Ego dixi dii estis et filii excelsi imnes.
[Ich habe gesagt, ihr seid alle Kinder Gottes und des Himmels.]

So ist nun mein einfältiger Rat und Vorschlag auf den ersten Artikel gegen den Unglauben und seine bösen Früchte, dass man Gottes Wort als eine Mauer dagegen setze und durch die aller Geschicktesten, so zu bekommen sind, predigen und verkündigen lasse.

1 Dig. I.1.1. / I.1.1.1. Dieser Satz hat grundsätzliche Bedeutung für Oldendorp.

2 „vordrycht" In der niederdeutschen Übersetzung des Neuen Testaments von 1525 (nach Luthers Übersetzung) wird das Wort in 1 Kor 13,7 verwendet: Die Liebe „vordrycht alle dinck", die Liebe erträgt alles. Sonst habe ich keine Verwendung oder Wörterbucheinträge zu diesem Wort gefunden. In der Korintherstelle wird das lateinische „suffert" mit „vordrycht" wiedergegeben, was man auch „darreichen" bedeutet.

3 Die Obrigkeit mag man Götter im übertragenen Sinn nennen, niemals aber Geistliche, denn hier gibt es nicht die Möglichkeit solcher Metapher, sie herrschen nicht. Das war hart gegen den Strich von Rom gebürstet, wo sich der Papst als Stellvertreter Christi auf Erden ansah und Bischöfe Fürsten waren.

Der zweite Artikel von der Gier

Mäßigkeit galt dann in der Frühen Neuzeit als eine besonders geschätzte Kardinaltugend, die gern auch als Allegorie dargestellt wurde. Das hatte man auch der Stoa abgesehen, für die Mäßigkeit Schlüsselbegriff war. Nicht Askese wie in den Klosterorden, nicht Luxus suche man, sondern das rechte Maß, Ausgeglichenheit. Ihr entsprechen Frieden, Recht und Ordnung. Die Nähe von Billigkeit und Ausgeglichenheit liegt auf der Hand. Zur Mäßigung gehört nach Oldendorp auch die Anerkennung der Vergänglichkeit, ebenfalls ein beliebtes Thema in der Frühen Neuzeit. Man raffe nichts, denn nichts kann ich auf ewig bewahren und behalten. Um das tägliche Brot bitten wir. Geiz und Gier sind gefährliche Illusionen, vor allem, wenn man sein Herz daran hängt. Nicht der Gedanke der Todsünde ist beherrschend als Sünde, ewige Strafe fürchtend, sondern die vernünftige Einsicht lehrt, dass Gier nicht gut tut. Gottes Willen entspricht die Vernunft. Auf diese Art und Weise ist die avaritia, die Habsucht, mit Unglauben verbunden, denn sie folgt der Macht des Mammons, was nicht gut ausgehen kann.

Hier sehen wir ein Beispiel des neuen Arbeits- und Wirtschaftsethos, das Max Weber der Reformation zuschrieb: Arbeitseifer ohne zu horten. Ganz und gar nicht kapitalistisch klingt das Zitat aus den Novellen des Römischen Rechts, wonach man nicht das Maß der Ausgaben nach den Besitzmöglichkeiten richten möge. Erfolgreich ist man in der Wirtschaft, wenn man das Gewonnene sogleich wieder investiert. So wird Überfluss angestrebt, ohne ihn für sich haben zu wollen. Prunk oder übersteigertes Lob waren durchaus Grundeigenschaft in der Kulturlandschaft des 16. Jahrhunderts.

Schon die spätmittelalterliche Kirche liebte sich steigernde Pracht. Die Kirchen waren zu Schatzhäusern des Luxus geworden, und das absurder Weise zur Ehre Gottes. Oldendorp hatte dies in seiner Schrift vom Göttlichen Recht als sinnlosen und schädlichen Missbrauch erkannt, vor allem, weil er den Notdürftigen die Mittel entzog. Im Vergleich zum nutzlosen Reichtum der Kirche mussten selbst die „Pfeffersäcke" mäßig erscheinen. Niemand bedarf des Reichtums weniger als Gott. Verhindern konnten freilich solche Einwände den Luxus auch in den Kirchen nicht. An die Stelle der vielen Flügelaltäre trat in den Kirchen, die als Friedhöfe für besonders Begüterte dienten eine ebenso große Überfülle an Epitaphien, „zur Ehre Gottes und Zierde der Kirchen", mindestens jedoch auch zur Ehre und Zierde der Spenderfamilien.

Oldendorp schließt den Abschnitt mit der Einsicht, dass der Überfluss des einen Mangel des anderen ist, Kennzeichen jeder ungerechten Gesellschaft. Wahrhaft guter Rat führt nicht zum Erfolg, sondern zum Leben in gebührender Bescheidenheit und Gerechtigkeit.

Gegen die Gier gibt es zweierlei Hilfe, nämlich Ordnung und Mäßigkeit. Durch diese zwei Stücke kann Magistrat oder Obrigkeit das unersättliche Vorhaben der Gier etwas einschränken[1].

> Omnia decenter et secundum ordinem fiant.
> [Lasst alles geziemend und nach Ordnung geschehen.]
> Non enim est confusionis autor deus sed pacis.
> [Denn Gott ist kein Gott der Unordnung, sondern des Friedens.] 1 Kor 14(,40.33)[2]

Ordnung oder Schicklichkeit liegt an dem, dass ein jegliches Amt, Erwerb oder Handlung unterschieden und gerade wie bei Grenzmarkierungen drum herum abgesteckt werden, darin ein jeder seine Füße hinstrecken möge.[3]

> Uniusque ut eum vocavit dominus, ita ambulet.
> [Der Herr hat einen jeden berufen, damit er (entsprechen) wandelt.] 1 Kor 7(,17) , Eph 4(,1)
> Ne cum in utrumque festinet neutrum bene peragat.
> [Stützt er sich auf beides, wird keines gut gehen.][4]
> *l. ulti C. De asseso. l. His quidem. C.. Qui mili. pos. l. I §. Non licet. ff. De colle. Illici.*
> Item: Negotiatores ne militent. [Geschäftige führen keinen Krieg.][5] *C.lib.XII.*

1 „ynbynden"

2 Es handelt sich wieder um die lateinische Übersetzung des Erasmus, die von der Vulgata abweicht.

3 Es geht mithin um das Thema der Gewaltenteilung im Land, von der die Kirche, wie wir sie heute verstehen, nach Oldendorp ausgenommen ist, denn sie stelle keine eigene Gewalt dar, im deutlichen Gegensatz zur Machtstruktur des Mittelalters.

4 Cod. I. 51. Dort geht es darum, dass Anwalt und Richter nicht ein und derselbe sein sollen.

5 Cod. XII.34.0.

Und wer denn in einem Amt oder Geschick von Gott dem Herrn berufen[1] ist, sei er Bauer, Bürger oder Handwerker, möge er damit zufrieden sein, dies ehrbarlich wahrnehmen, in eines Anderen Gewerbe nicht eingreifen und niemandem zum Schaden[2] im Weg liegen.
Wo denn solches wohl geschieht und pflichteifrig ausgerichtet wird[3] nach Gelegenheit eines jeden Ortes, können die Untertanen besser gedeihen, Nahrung erlangen und wohl zufrieden bleiben.

> Isocrates enim leges appellat cancellos quosdam flagitis hominum circum datos ne transiliant mali, quibus solus lex est posita.
> [Isokrates nennt nämlich die Gesetze Zäune der Begierden der Menschen, die um darum um sie herum gesetzt sind, damit sie nicht ins Böse geraten.]
> Röm 13

So müssen auch die Gierigen - wiewohl ungern - neben anderen in Grenzen und Schickung bleiben. Dahin gehören alle Gesetze und Ordnungen in Stadt und Land, wie man Ämter, Kaufmannschaft und alle Hantierung einteilt und zur Form[4] bringt. Wo das nicht in guter Weise[5] versehen oder gehalten wird, folgen Verirrung und Widerwille unter dem Volk.

> Non enim habemus manentem civitatem sed futuram inquirimus.
> [Wir haben hier keine bleibende Statt, sondern das Zukünftige suchen wir.]
> Hebr 13(,14)

Mäßigkeit gibt es auf zweierlei Art, inwendig und auswendig, beides kann wirksam wider die Gier sein. Inwendige Mäßigkeit liegt im Herzen, wenn ein jeder - wie gesagt - in seinem Amt geschickt (ist), lässt sich daran genügen, was ihm Gott darin zufügt, dem einen mehr, dem anderen weniger.

> Lk 12(,20) Stulte hac nocte animam tuam repetunt abste.
> [Du Narr! Diese nacht wird man deine Seele von dir fordern.]
> Lk 16(,25) Fili, recordare, quod receperis bona tua in vita tua.
> [Gedenke, Sohn, dass du dein Gutes empfangen hast in deinem Leben.]

---

1 „gehesschet"
2 „vorfencklick"
3 „flytiger vorschaffet wert"
4 „uthdeylet / und tho schycke brynghet"
5 „wol"

Mt 19(,23) Amen dico vobis, Dives difficile intrabit in regnum coelorum.
[Amen, sage ich euch, ein Reicher wird schwer ins Himmelreich kommen.]
Et Lk 6(,24) Ue vobis diuitibus, quia habetis consolationem vestram.
[Weh euch, ihr Reichen, ihr habt euren Trost schon gehabt.]

Gedenke, du hast nichts hierher gebracht, wirst auch nichts in die Kuhle nehmen, Notdurft und tägliches Brot sei dir genug. Nimm vor dich die beiden gewaltigen Gleichnisse von den zwei Reichen und andere erschreckende Sprüche Christi, unseres Herren.

Est autem questus magnus pietas cum animo sua sorte contento.
[Es ist eine große Gesinnung, mit seinem Los zufrieden zu sein.] 1Tim 6(,6)[1]
Item: Justus comedit et fit satur. Venter impiorum eget.
[Der Gerechte isst und ist zufrieden. Der Bauch des Ungläubigen darbt.] Spr 13[2].

Und dies ist in Wahrheit ein reicher Mann, der sich so in seinem gottesfürchtigen Gemüt begnügen lässt, wenn er seinen gebührlichen Fleiß dazu getan hat.

Quis dives? Qui nihil cupiat. Quis pauper? Avarus, inquit Bias, ille sapiens Gretie.
[Wer ist reich? Der nichts begehrt. Wer ist arm? Der Gierige, sagt Bias von Priene.][3]

Wiederum aber würde einem unersättlichen Menschen die ganze Welt den Durst des Geldes nicht auslöschen, er ist (von daher) auch wahrhaft ein armer Mann.

Tam deest avaro quod habet, quam quod non habet. Avaro quid mali optes? Ni ut diu vivat, inquit Mimus ille Publianus.
[So fehlt dem Geizigen, was er hat, wie das, was er nicht hat. Der schlimmste Wunsch für einen Geizhals ist: Lebe lang! sagt Mimus (Publius, der Syrer).]

Denn, was er hat, ist ihm nicht genug, gebraucht dessen auch nicht. Und was er nicht hat, dessen kann er auch seines Gefallens nicht gebrauchen, so hat er in Summa nichts.

---

1 So Erasmus. Vulgata: Est autem quaestus magnus pietas cum sufficientia. [Es ist aber eine große Gesinnung, wer gottselig ist und lässt sich genügen.]

2 Erasmus, Proverbia S. 81 nach der LXX Vers 25. In der Hebraica und Vulgata fehlt der Vers.

3 Das Sprichwörterbuch von Karl Friedrich Wilhelm Wander wies diese Aussage Ausonius zu. Bias von Priene war einer der Sieben Weisen Griechenlands.

Mt 6(,32) Nam omnia ista gentes exquirunt. [Nach all dem fragen die Heiden.]
Et Röm 12. Item Eph 4(,18):
... propter ignorantiam quae est in illis, et excaecationem cordis eorum.
[...wegen ihrer Ignoranz, die in ihnen und ihrer Herzensverblendung herrscht.][1]

Deswegen ist des heidnischen Unglaubens kein gewisseres äußeres Wahrzeichen, als wenn sich einer an seiner Nahrung, wozu er von Gott berufen und geschickt ist, neben anderem nicht begnügen lässt.

Divite si affluant, nolite cor apponere.
[Fällt euch Reichtum zu, so hänget das Herz nicht daran.][2]
Item 1 Tim 6(,17): His qui diuites sunt in praesenti seculo praecipe, ne elato sint animo, neque spem ponant in diuitiis (incertis, sed in deo uiuente: qui praebet nobis omnia affatim ad fruendum,)
[Den Reichen von dieser Welt gebiete, dass sie nicht stolz seien, auch nicht hoffen auf den ungewissen Reichtum, (sondern auf den lebendigen Gott, der uns dargibt reichlich, allerlei zu genießen).]

Sonst zufälliger, ehrbarer Reichtum ohne Gier und seinem Nächsten zum besten wird nicht verurteilt. Denn wir vermögen eben so wenig in weltlichen Gütern wie im Stand gleich sein.
Äußerliche Mäßigkeit hängt daran, dass die Güter, die wir in unserem Schicksal und Handel erwerben, nicht zum Überfluss oder zu undienstlichen Dingen gebraucht werden. Denn Notdurft und ziemliches Auskommen können ehrbare Kaufmannschaft, Amt und dergleichen Hantierungen wohl einbringen, aber zu Überfluss oder unnützen Geschäften würde ein ganzes Land nicht genug sein.

Parsimonia magnum vetcigal. [Genügsamkeit ist ein großes Einkommen.]
Opes (inquit Salomon) prodigalita te minuunt et parsimonia augent.
[Pracht (sagt Salomo) macht dich klein, Genügsamkeit erhöht dich.] Spr 13[3]

Darum redet Cicero recht: Mäßigkeit ist ein breiter Strom[4]. Du kannst mit Ziemlichkeit sparen, mehr als mit Gebühren ausrichten. Mancher

1 Textfassung Erasmus.
2 Ps 61,11 nach der Vulgata Clementina: Nolite sperare in iniquitate, et rapinas nolite concupiscere; divitiae si affluant, nolite cor apponere.
3 Erasmus Proverbia S. 73 (Vers 11). Die LXX hat jedoch auch einen anderen Text: Besitz, der mit Ungesetzlichkeit gierig errafft wurde, wird weniger.
4 „grot tolle“ - großer Wasserstrom; Bergbaumine.

hat von hundert Gulden ebenso viel Bequemlichkeit wie ein anderer von Tausenden, das macht Mäßigkeit, sein Zehren nach dem Einkommen zu richten.

> *In auc. ut determina. sit nume. cleri. § Cum vero. colla. I.*[1]
> Nam si non aliquis feret libenter eum, qui ultra substantiam suam expendit, quomodo non de his nobis est cogitandum? Non enim oportet ad mensuram expensarum quaerere etiam possessiones - hoc enim simul ad avaritiam impietatemque perducit - , sed ex his, quae sunt, expensas quoque metiri.
> [Denn wenn niemand den gern erträgt, der über seine Verhältnisse lebt, sollten wir dann für uns selbst nicht auch daran denken? Es schickt sich nicht, das Maß der Ausgaben nach Besitzmöglichkeiten zu richten, - denn das führt zu Geiz und Gottlosigkeit - sondern nach dem Vorhandenen richte man die Ausgaben.]
> Loquitur autem de resecanda immensitate clericorum.
> [Er spricht aber darüber, dem Reichtum der Kleriker Einhalt zu bieten.]

Dies hat Justinian, der Kaiser fein in einem Ratschlag getroffen, zu den Zeiten, als ihm die Geistlichen zu Konstantinopel kläglich anbrachten, alle Personen der Kirche nicht versorgen zu können. Und deswegen hat Justinian diesen Rat gefunden, dass die Kleriker ihre Gebühren nicht nach Anzahl der Personen oder Ausgaben erhöhen, sondern umgekehrt sollten die Personen und Beköstigungen nach der Gebühr lenken und sich (entsprechend) bescheiden.

> Multe olim erant et Grecis et Romanis sumptuarie legis ut XII. tabul. Vale. lib. II. et alii testantur.
> [Viel früher hatten auch Griechen und Römer bereits Ausgabengesetze, wie das Zwölftafelgesetz und andere bezeugen.]

Hierzu dienen nun alle die Gesetze, womit man überflüssigen oder undienstlichen Beköstigungen in Stadt und Land begegnet, was man doch leider vielfach vergessen hat. Aber was wäre nun für ein Rat zu finden, damit solche Ordnungen und Mäßigkeit gehalten werden, ein jeder in seiner Schicklichkeit bliebe und nicht übergriffig werden möge? Das kann nicht anders geschehen als mit guten Beispielen, von oben angefangen und mit ernster Strafe für Übertreter.

> Quod quisque iuris in alium statuerit, ipse eodem iure utatur.

1 Nov. III prol.

[Was man dem anderen als Recht auferlegt, gilt einem selbst.][2]

Frequentia enim delicti, duriorem exigit poenam.
[Die Häufigkeit eines Delikts erfordert härteres Strafmaß.]
l.I.ff. De abigeat.

Von dieser Materie wäre wohl viel zu schreiben, das soll aber diesmal nicht geschehen. Wir klagen über schwere, teure Zeit, die doch jetzt nicht Gott mit allen Früchten der Erde mildert und wir selbst auf uns laden.

Omnia subiecisti sub pedibus eius. [Alles hast du unter seine Füße getan.] Ps 8(,8)
Et Hebr 2(,5-8). Item 1 Kor 15(,27).

So ist nun zu dieser Zeit insgemein mein simpler Rat und Mittel des zweiten Artikels von der Gier, dass man dagegen in Land und Stadt Ordnung und Mäßigkeit anwende.

Nec vero rei familiaris amplificatio nemini nocens vituperanda est, sed fugienda semper iniuria (est).
[Zwar verdient das Streben, sein Vermögen zu vergrößern, sofern es niemandem schadet, an sich durchaus keinen Tadel; nur vermeide man dabei stets Übergriffe auf andere.] *Cice. lib. offi.I.*[2]
Sic neque pupillis neque mulieribus alioque multa gratia in iure donatis permittitur, ut cum aliena iactura locupletentur.
[Daher wird weder Waisenkindern, Frauen noch anderen, denen im Gesetz sonst viel Gnade zuteil wird, erlaubt, dass sie auf Kosten anderer bereichert werden.]
l. Si minoris. ff. de administra. tuto. l. Miles.§. Socer. ff.Ad leg. iuli. de adulte. l. Ut vim.ff.De uisti. et iur. l. Nam hoc natura.ff.De condicti.ineb.
Porro, cum lucrum sine damno alterius fieri non possit, ut dicit Mimus Publianus, certe melius est paucos non lucrari, quod multos damno adfici.
[Ich denke, dass man keinen Gewinn ohne gleichzeitigen Verlust bei jemand anderem erzielen kann, wie Mimus Publianus sagt, darum ist es sicher besser, wenn Wenige nicht (zu sehr) profitieren, damit nicht Viele verlieren.]
l. Jure succursum.ff.De iur.doti.l.At si quis.§.Sed et.ff.De relig.

2 Dig. II.2.0.
2 Cicero De officiis I 25.4.

Der dritte Artikel, vom Unverstand

Noch vor der barocken „Gelehrtenrepublik" (res publica literaria) knüpft Oldendorp an den Staat Platos an, der eine von Philosophen bestimmte Republik zum Ideal erklärte. Aber nicht die Klugen selbst sollten regieren, sondern die Regierenden recht von ihnen beraten werden. Und der Unwissenheit galt der Kampf. Das Zeitalter der Geheimen Räte brach an.

Damit erwies sich Oldendorp auch als guter Humanist, und in dem Rostocker Johanniskloster wurde dann auch gleich nach dem Fortgang der Mönche (und auch Oldendorps) eine Lateinschule errichtet, wie in vielen Städten als eine der ersten Früchte der Reformation. Die Universität Rostocks befand sich in einer schweren Krise, was auch mit den konservativen Lehrkörper tun hatte. Es gab wenig Studenten. Nach der durchgesetzten Reformation in Stadt und Land blühte die Universität neu auf und bekam Studenten aus den vorbereitenden neu gebildeten Stadtschulen Mecklenburgs.

Der Weg aus dem „Unverstand" führte dann später weiter zur Definition Kants von der Aufklärung wider die selbst verschuldete Unmündigkeit. Es geht bei Oldendorp nicht um die Herrschaft, sondern um den guten Rat zum Nutzen aller, der Gesellschaft, sprich: des Nächsten. Nicht das Regieren selbst ist in seinem Fokus, sondern das einander zum Wohle aller raten. Bildung soll nicht nur Neugier befriedigen, sondern hat - mit der Verkündigung des Gotteswortes - politisches Gewicht. Oldendorp sagt in allen seinen Rostocker deutschsprachigen drei Schriften dem Unverstand den Kampf an. Gerichtsurteile sollen billig sein, das heißt, es soll genau hingeschaut werden. Das Wort Gottes soll rein und unverfälscht gepredigt und geglaubt werden können. Im offenen Diskurs, wie wir heute uns ausdrücken, soll das öffentliche Leben aufblühen, weil man aufeinander hört. Dazu bedarf es des Verstandes, der Ausbildung der von Gott gegeben Vernunft. Dem dient dieser Dreiklang von billigem Urteil, Glaube und Vernunft. So haben Gerechtigkeit, Ordnung und Frieden im Land die besten Chancen.

Nicht jeder muss hochgebildet sein, aber es ist nicht gut, die Gottesgabe des Verstandes zu missachten. Wir brauchen sie um des guten Rates willen. Amtmänner bedürfen in besonderem Maß der

Bildung.[1] Sie tragen öffentliche Verantwortung. Auch dieser Gedanke war zukunftsweisend und eng mit dem der Reformation verknüpft, denn Billigkeit als Grundferment der stets notwendigen Verbesserung von Recht und Politik verlangt bewusstes Handeln und waches Bewusstsein. Der Verantwortliche rechnet mit sich nicht ab wie ein Verwalter, der seine Sünden zählen könnte oder die Gesetze ansieht wie jemand, der auch geschickt durch die Maschen eines Gesetzes hindurch rutschen könnte, sondern mit allem, was er tut, ist er Gott direkt verantwortlich. Diese Art der Verantwortung sieht den Menschen in einer Freiheit, die das erfordert, was man später Individualität und Persönlichkeit nennen sollte. Seine Lebensaufgabe ist sein Amt. Bei Oldendorp können wir sehen, was hinter der Erkenntnis sich verbirgt, dass mit dem Luthertum ein neues, vom Glauben geprägtes Berufsverständnis des Laien sich Bahn brach.

Der Abschnitt ist ein Plädoyer für den Diskurs - im Unterschied zu fruchtloser Disputation - um des allgemeinen Friedens willen. Bildung ist hier nicht Wert an sich, sondern dienstbare Notwendigkeit.

> Superius satis probarum est, quod simus naturaliter ingnorantia bonarum rerum praediti.
> Et vere dictum est, hominem omnium inconstantissimum animal esse.[2]
> [Oben ist ausreichend gezeigt, dass wir von Natur mit Unkenntnis des Guten verhaftet sind.
> Und wahrhaftig ist gesagt, dass der Mensch das unbeständigste aller Lebewesen ist.]

Gegen den Unverstand, dessen wir von Natur aus voll sind, hat uns Gott der Herr mancherlei gute Lehre und Künste gnädiglich gegeben, womit wir ihm begegnen und uns helfen mögen.
Es ist offenbar so, dass ein Mensch, der sein Leben lang nicht unterrichtet worden ist, weder schreiben, lesen, eigentümlich reden, noch irgendwelches Werk recht vorbringen kann, in summa nicht anderes weiß als zu essen und zu trinken, und das auch noch zu Unzeiten und ohne Maß.

---

1 Dass Oldendorp wie die meisten seiner Zeitgenossen die Frauen nicht achtete, können wir ihm aus unserer Perspektive leicht zum Vorwurf machen. Wir sind auf anderen Ebenen mit Blindheit geschlagen.

2 Der zweite Satz findet sich in Melanchthons Nova Schola Salomonis, Frühe exegetische Schriften S.449.

Wenn man ihm etwas zu tun zumutet, spricht er: Ich habe nichts gelernt. Und es ist recht geantwortet.
Denn wir wissen nicht mehr, als uns gelehrt worden ist. Das macht unsere natürliche Unwissenheit, die dem Mensch am Hacken hängt. Hierzu dienen nun die Schulen oder Universitäten, so man jetzt sagt - wiewohl Schule ein höherer Name ist - worin die Jugend ihre Unwissenheit wie beim verrostetes Eisen wegpoliert und blank gemacht werden möge.[1]

> Inde schola Platonis et schola Aristotelis dicta est.
> [Daher spricht man von der Schule Platos und der Schule des Aristoteles.]
>
> *Xenophon de republica.*
> Lycurgus autem (inquit) pro servis Paedagogis, quos privatim pueris quisque praeficit, virum praeesse et illis voluit, e quibus maximi magistratus constant, qui quoniam pueros moderetur Paedanomus appellat. Huic vero potestatem dedit, ut et pueros congregaret et quem versute aut nequiter quicquam patrare observaset acerrime cederet.
> [Lykurg (sagt er) wollte, dass ein Mann die Aufsicht über die Pädagogen ausübte, von denen ein jeder privat Aufsicht über die Jungen hatte und sich mit ihnen beschäftigte. Der die Leitung übernahm, wurde Paedanomos genannt, weil er die Jungen kontrollierte. Man gab ihm die Vollmacht, die Jungen zu sammeln und sie dazu zu bringen, sich dem größtem Eifer zu ergeben und sie genau zu beobachten.][2]

---

1 Schule ist der Oberbegriff der Bildung als geistige Prägung der Menschen. Die Lateinschulen zogen die Grundausbildung, die Sieben Künste, an sich. Damit wurde höhere Bildung in der Breite deutlich verstärkt. Was Oldendorp oder Melanchthon an der Universität im frühen Jugendalter lernten, sollte man an den Stadtschulen bereits lernen können. Die Kirchen hatten aus theologischen Gründen höchstes Interesse an breiter und guter Bildung, weniger um Anhänger zu gewinnen, als darum, dass Bildung und Glauben für sie untrennbar waren. Glauben ist eine bewusste Geisteshaltung, die Reflexion verlangt. Wir sollten diese Seite der Beichte nicht unterschätzen, gerade in ihrer lutherischen Weise. Auch Kant war Lutheraner und wusste von Kindheit an darum, dass Reflexion mit Verantwortung eng verknüpft war.
Die Bibel sollte zudem möglichst einmal von jedermann gelesen werden können, auch das war eine der Grundvoraussetzungen für die Wahrnehmung evangelischer Freiheit. Im 16. Jahrhundert freilich war das noch Zukunftsmusik. Die Bibel war Kanon, Richtschnur für die Liturgie, nun sollte sie auch als Kanon für muttersprachliche Predigten und Gottesdienste gelten. Dafür war sie zunächst übersetzt worden.

2 Ich habe dieses Zitat, bzw. diesen Sachverhalt bei Xenophon selbst nicht gefunden. Das griechische παιδονόμος bezeichnet wörtlich den Ordnung

Dessen sind die alten Griechen und Römer damals so begierig gewesen, dass ein jeder, der es vermochte, seinen Kindern einen eigenen Zuchtmeister zu verschaffen, aber danach es für gut und nützlich angesehen, dass gemeine Schulen, um die jungen Leute mit täglicher Übung und Lehre beieinander zu unterweisen, eingerichtet werden mögen.
Wie noch heutigen Tages sodann Schulen - wiewohl der Gebrauch etwas verändert ist - bei uns gefunden werden und mit vielen Privilegien versehen sind.[1]
Nicht, dass wir alle gelehrt sein können oder sollen, wie ein fleißiger Mensch manchmal auch ohne Buchstaben und Lehre durch mannigfaltige Erfahrung, zur Politik nicht undienstlich ist. So soll dennoch niemand die Gnade, so sie ihm Gott verliehen hat, (zumindest) an seinen Kindern (nicht auch noch) mutwillig versäumen.

Per Fredericum Imperatorem in auc. Habita. C. Ne fili. pro pat.[2]

Nun wüsste ich wahrlich nicht, ob es auch weniger unsinnig anzusehen wäre, dass die Eltern ihre Kinder so gar nicht zur Lehre in Schulen anhalten, wenn ich nicht wiederum gedächte, dass die Schuld nicht allein bei ihnen, sondern viel mehr bei den Regenten der Hohen Schulen und bei der Obrigkeit eines jeden Ortes befunden werde.[3]
Nach dem in vergangener Zeit die Form und Art zu lehren in gemeinen Schulen ganz dem rechten Gebrauch entglitten ist und so

---

schaffenden Erzieher und ist noch heute im Neugriechischen für den Pädagogen gebräuchlich. Oldendorp versteht in seiner deutschen Übertragung des Zitates die einzelnen „Pädagogen" als lehrende Hausangestellte. In seiner Schrift De copia verborum et rerum in iure von 1542 wiederholt Oldendorp das Zitat (unter dem Stichwort schola), aber ebenfalls ohne weitere Quellenangabe.

1 „fryheyden begyfftiget synt"

2 Siehe dazu die Anmerkung in: H. Schnell, Das Unterrichtswesen der Großherzogtümer Mecklenburg-Schwerin und Strelitz I, Berlin 1907 S. 112. Die Abkürzung bedeute nach Freybes Auskunft: in auctoritate habita, folgend vom Beginn der angezeigten Urkunde.

3 In der Mecklenburgischen Kirchenordnung 1552 wurden dann die ersten Konsequenzen mit eben dieser Argumentation und einer Ordnung für Lateinschulen gezogen.

weithin unzweckmäßig erschwert wurde, (ist dazu gekommen), dass gar Wenige in blühenden und jungen Jahren, viele auch nicht in fortgeschrittenem Alter zum rechten, wahrhaftigen Grund gekommen sind.

§. His igitur. Instit. De iusti(tia) et iur(e).

Ja, (die Richtung) von Anfang, Mitte und Ende, wo hinein alle Universitäten oder Schulen gehören, ist nicht allein vergessen, sondern allenthalben umgekehrt worden. Dies nämlich war (einst) der Ursprung dafür gewesen, dass man gemeiner Politik, dem Land und den Leuten zugute gelehrte, geschickte Männer, die ihr Amt recht wüssten, zuzurichten vermochte,

> Schole nihil aliud esse debent, quod quam seminarium eorum, qui reipublice deserviant.
> [Schule sollte nichts anderes sein, als ein Seminar von Staatsdienern.[1]]
> 1 Kor 12(,28) Et alios quidem posuit deus in ecclesia, primum apostolos, deinde prophetas, tertio doctores, deinde potestates, deinde dona sanationum, subsidia, gubernatio nes, genera linguarum.[2]
> [So hat Gott die Kirche gesetzt, zuerst die Apostel, dann Propheten, zum dritten Doktoren (Gelehrte), dann Mächtige, dann Heilende (Ärzte), Schützende (Militär, Polizei), Lenker, mancherlei Sprachen[3].]

---

1 Dies wirkt sicher als ein Übersetzungsfehler von mir, aber „reipublica", wie sie im 16. Jahrhundert Oldendorp verstand, kann nicht mit einem Wort unserer anders differenzierten Sprache wiedergeben werden. „Gesellschaft" wäre ebenso irreführend wie „Volk". Entscheidend ist, dass im 16. Jahrhundert – auch durch solche Schriften wie die vorliegende – Volksbildung als genuine öffentliche, förderungswürdige Aufgabe der jeweiligen Regierung erkannt wurde, notwendig für den gesellschaftlichen Frieden und die allgemeine Wohlfahrt, den „gemeinen Nutzen".

2 Textfassung Erasmus. Vulgata: Et quosdam quidem posuit Deus in ecclesia primum apostolos secundo prophetas tertio doctores deinde virtutes exin gratias curationum opitulationes gubernationes genera linguarum. [Und Gott hat gesetzt in der Gemeinde aufs erste die Apostel, aufs andre die Propheten, aufs dritte die Lehrer, darnach die Wundertäter, darnach die Gaben, gesund zu machen, Helfer, Regierer, mancherlei Sprachen.] Auch dies Zitat zeigt, dass Oldendorp die Bibeltexte nicht nur als Jurist gelesen hat, sondern hier keinen Unterschied sieht zwischen Kirchengemeinde und säkularer Gemeinde.

3 Oldendorp lag es fern, darunter Zungenrede zu verstehen, wie es Jahrhunderte später es Pfingstgemeinden praktizierten.

denn Universitäten und Schulen sind gerade wie große Wälder und Holzungen, die auf Vorrat gehegt und in Acht genommen werden, um die Bauwerke und Häuser der Stadt, wenn es nötig wird, zu unterhalten.

Dass man also auch Schulen zur Förderung guter Politik und mancherlei gemeiner Ämter, entsprechend Leute erlangen möge als Prediger, Magistraten, Räte, Beisitzer, Syndikus, Sekretäre, Ärzte und dergleichen.

Darum lehrt und behandelt man in hohen Schulen nicht allein göttliche, sondern auch weltliche Schriften, die zu guter Unterrichtung dienen und notwendig sind.

Gerade wie in anderen Handwerken hat man seine bestimmten Zeiten, damit man die Kunst erfahren und nicht eher ins Amt gestellt werde. So soll auch solch hohes Amt dem gemeinen Besten vorzustehen, nicht geringer geachtet werden.

> Mimus ille Publianus, sophistis omnibus multo sapientior. Nimium (inquit) altercando veritas amittitur. Freno hic opus erat[1], non calcaribus. Cum homines natura ad dissentiendum sint faciles,[2] ut iurisconsultus dixit. Moderate igitur disceptationes exercitii vice adhiberi debebant, more veteris scholae Socratice, ut cum alter dixisset, quod vellet, alter contradiceret modeste, in hoc tantum disserentes, quo magis investigaretur veritas et diversa simul collata facilius intelligerentur.
>
> [Mimus Publianus war der klügste Sophist. Bei zu viel Streit bleibt die Wahrheit auf der Strecke. Die Worte sind Zaum, nicht Sporen,[3] denn Menschen neigen von Natur aus zum Widerspruch, wie der Rechtsratende sagt. Besonnen also müssen die Argumente abwechselnd ausgeführt werden, nach der Art der Sokratischen Schule, so dass, wenn einer etwas gesagt hat, der andere ruhig widerspreche, nur das erörternd, was noch mehr aufspürt. Die Wahrheit und die verschiedenen Dinge zusammen versteht man so leichter.]

So hat man nun in Schulen nicht viel anders als Disputieren und Streiten gelernt, wie doch alle Menschen sonst von Natur aus dazu neigen. Allein, es ist eitel Ehre und Ruhm gesucht, mit scheinbarem

1 Frenos imponit linguae conscientia. *Publius Syrus, Sententia (alphabetisch geordnete Sprüche)* [Das Gewissen setzt der Sprache Grenzen.]

2 Ebenfalls ein Zitat, an verschiedenen Orten als allgemeine Einsicht im Römischen Recht aufgeführt.

3 Das Pferd wird sanft mit dem Zaum gelenkt, mit Sporen nur gewaltsam angetrieben.

Gepränge, nicht Grund und Wahrheit, mit kurzer Unterrichtung. Und demnach hat man keine Leute zum Regiment und Ratgeben ungeschickter, ja auch schädlicher gefunden, als die in Schulen an langweilige Disputation Gewöhnte, die vom rechten Grund der Handlung nichts wüssten.[1] Aber mäßige Unterredung und auf beide Seiten eines Dings (zu schauen) kann oft nützlich und gut sein.

> Multa sunt que degustasse sufficit et quibus velut condimentis non ut cibo utendum est in Scholis.
> [Es gibt viel, was zum Probieren und als Gewürz ausreicht, aber nicht als Nahrung in Schulen gebraucht werden sollte.]

Da denn Eltern an ihren Kindern so merkliche Kosten, Zeit, Mühe und Arbeit als ganz verloren angesehen und dazu bemerkt haben, dass ein ungelehrter, verfahrener Mensch zu allgemeinen Sachen beide, Seele und Leib betreffend - da nicht disputierend, sondern den rechten lauteren Grund und Wahrheit gelten soll - besser als ein großer Gelehrter reden könne, sind sie der Kosten müde geworden und haben mit der Zeit die Hand davon abgezogen.

> Nihil magis contemptum et satietatem parit, quam quod extra modum degenerat in abusum.
> [Nichts bereitet mehr Verachtung und Verdruss, als wenn etwas über alle Maßen in Missbrauch ausartet.]

Das haben in den Zeiten Magistrate bei sich hingehen lassen und sich wahrlich nicht um gelehrte Leuten viel gekehrt, vielleicht gedacht, es mache ihnen nicht (viel) zu schaffen, wussten aber nicht, dass sie den allerhöchsten Schatz gemeiner Wohlfahrt, der ihnen, ihren Kindern und jedermann, Armen und Reichen, mehr als an Essen und Trinken nötig erschien,[2] so jämmerlich versäumten, und hofften nun die ganze Welt zu versuchen, wie viel Unverstand einbringt.[3]

---

1 Unter dem „rechten Grund des Handels" verstand Oldendorp nicht etwa nur hohe Sachkompetenz, sondern in erster Linie die Verantwortung gegenüber Gott: Ich sollte das Gute von Herzen wollen. Hier liegt der ernst zu nehmende Grund für den Vorrang des ausführlichen Religionsunterrichts an den Schulen. Er nahm neben den Sieben Künsten den breitesten Raum ein in der Grundausbildung, später Allgemeinbildung genannt.

2 „nichlick … gelegen war" - Der Satz ist negativ formuliert: Der Schatz erschien ihnen nicht gelegen.

Dem entsprachen auch großer Missbrauch und das Fehlen an Druckwerken, die zu hohen Schulen und Erhaltung aller guten Schriften eigentlich gehören. Diese wurden so ganz ohne Aufsicht und allgemeine Steuer[1] durch Jedermann, der von den Dingen nichts verstand und viel weniger zu solch wichtigem Unkosten und Vermögen hatte, dazu getrieben zu drucken, was einem jeden beliebte.

> Optima medicina extra dosim venenum est.
> [(Auch) die beste falsch dosierte Medizin ist Gift.]

Denn es ist doch mit dem Druckwerk wie mit der teuren Arznei: Wo man derselben recht gebraucht und nach ordentlichem Maß, so helfen sie wohl. Wo nicht, so wird das allerschärfste Gift daraus.
So wäre es nun nütze und gut, dass Druckereien gemeinen Ämtern zugeordnet[2] werden mit besonderer Aufsicht, auch Hilfe und Steuer[3] die Schulen und andere gute Künste von der Obrigkeit mit ernstem Fleiß zum Vorschein gebracht würden, wie ich hoffe und auch eigentlich - gottlob - befinde, dass sich dessen viele Stände unter anderem jetzt gutwillig annehmen.
Demnach, weil die aller Geschicktesten unlängst genug davon geschrieben haben, will ich schließlich alle drei Parteien, nämlich die Eltern ihrer Kinder wegen, die Regenten der Schulen ihrer Lehrer wegen, die Magistrate und Obrigkeiten ihrer verpflichtenden Aufsicht wegen freundlich und treulich in Christus ermahnt und gebeten haben, dass ein jeder zum rechten Weg, der zu guter Politik und glückseligem Stande sich förderlich rechnen und dienen mag, sich selbst weise und schicke, nach Form und Maß der grundfesten

---

3 Sowohl die Fassung von 1597 als auch die Übertragung durch Erik Wolf kamen in diesen Abschnitten nicht ohne Weglassung von Worten und freiere Interpretation aus. Aber der Sinn bleibt klar.

1 „rüggestür“ - Rückensteuer. Hier kommt am Ende wieder der Anfang der Schrift zur Sprache, wo von Hamburger Gönnern die Rede war. Es klingt ganz so, als hätten der Hamburger Rat oder Ratsmitglieder Oldendorp Druckkostenzuschüsse gewährt. Jedenfalls erklärt Oldendorp hier, dass aus dem allgemeinen Steuertopf durchaus auch Mittel in die Wissenschaft fließen sollten.

2 „yngelyuet“ - eingeleibt.

3 „rüggestür“ - Rückensteuer.

Wahrheit, die Gott in diesen Zeiten der Welt mildiglich wieder gegeben hat,[1] und lasse sich seine Gnade nicht eitel oder verächtlich sein.
Uns allen zugute, die wir in einen Schafstall gehören, und Göttlicher Majestät endlich zu ewiger Glorie und Ehre.
Amen.

IV.

Wahrhaftige Entschuldigung Dr. Johann Oldendorps, Syndikus zu Rostock.

Diese kleine Rostocker Druckschrift datiert sich auf 1533. Sie ist an die Rostocker Bevölkerung gerichtet und reagiert auf Schandbriefe, sowie eine Denunziation - „Angabe" - bei Herzog Albrecht VII. Im Mittelpunkt der Anklagen stehen Johann Oldendorp und Levin Rike, ebenfalls ein Gelehrter. Die Ursache bezieht sich auf eine längere Zeit zuvor, so viel geht aus dem Schreiben hervor. Der tiefere Inhalt der Auseinandersetzung wird nicht genannt, es geht nur um den Vorwurf des Aufruhrs, den die beiden verursachen würden, ein überaus gefährlicher Vorwurf, der Gericht oder zumindest den Verlust des Syndikusamtes und schweren Schaden im Ansehen zur Folge hätte haben können. Die Schandbriefe selbst sind nicht überliefert.
Am Ende findet sich ein Satz, der aufhorchen lässt: „Andere Ursache und rechter Grund, warum ich, geringer Diener der Stadt Rostock so jämmerlich verfolgt werde, ist noch nicht Zeit zu schreiben." - „... is noch nicht tidt tho schriuen" Es ist auffällig, dass Oldendorp den Sachverhalt selbst, der Anlass zu den Schandbriefen gab, gar nicht öffentlich weiter diskutieren will. Zudem hatte es anderthalb Jahre zuvor bereits eine entsprechende Auseinandersetzung gegeben, wie aus der Druckschrift hervorgeht.

1 Damit ist die Reformation gemeint.

Gehen wir davon aus, dass die Schrift von den Missbräuchen von Oldendorp verfasst wurde und Cornelius van Sneek zu Recht in ihm den Verfasser erkannte, könnte dies eine einfache Erklärung sowohl für die Schandbriefe als auch diesen Satz Oldendorps sein.
Die Sorge Oldendorps mit Klarnamen sich zu seiner Schrift zu bekennen, erwiese sich somit als überaus berechtigt. Dass es noch nicht die rechte Zeit sei, dazu sich öffentlich zu äußern, wäre dann so zu deuten, dass die allmählich fortschreitende Akzeptanz der Reformation noch nicht weit genug gediehen war. Dass es um die Reformation in der Auseinandersetzung ging, darf als sicher gelten. Um den Ratsbeschluss von 1531 zur Einführung der Reformation in Rostock kann es jedoch nicht gegangen sein, denn dieser war öffentlich und vom gesamten Rat getragen. In Bezug auf die Schrift vom Missbrauch kann es aber so zu stehen gekommen sein, dass die lutherische Partei im Magistrat für die Schrift zur Verantwortung gezogen sein sollte. Im Blick ist offensichtlich etwas, was von Gelehrten verfasst worden ist. Für diese Annahme spricht, dass Levin Rike als Doktor angeführt wird. Wir wissen von ihm weiter nichts. Er wird nicht an der Universität gelehrt haben, dort ist sein Name nicht verzeichnet. Aber es ging augenscheinlich um etwas, was die „Herren Doktoren“ betraf. Die Schandbriefe und die Anzeige werden sich nicht darauf bezogen haben, wer der wahre Autor hinter dem Pseudonym Sebastianus Pol war, sondern auf ihren Inhalt. Cornelius van Sneek beschuldigte die Lutheraner als Aufrührer. Als guter Jurist beschränkte sich Oldendorps Reaktion auf diesen justiziablen Vorwurf, so wie Juristen es gerne tun, wenn sie etwa mit dem Prozessrecht etwas zur Entscheidung bringen können, ohne in der Sache argumentieren zu müssen. Von der Seite des Gegenspielers Oldendorps van Sneek hatte man wohl schlecht die Anzeige dahingehend lauten lassen können, einer der beiden Doktoren wäre vermutlich der Autor jener Schrift, aber mit dem Vorwurf der Verursachung von Aufruhr konnte man beim Herzog offenbar Eindruck machen.
Ich würde nicht so weit gehen, diese kleine Druckschrift als Erweis der Autorenschaft Oldendorps der Schrift von den Missbräuchen anzusehen, aber umgekehrt ergibt unter dieser Voraussetzung die „Wahrhaftige Entschuldigung“ klaren und einfachen Sinn. Auffällig ist auch, dass Oldendorp zwar Levin Rike in Schutz nimmt, aber vor allem in eigener Sache argumentiert. War Oldendorp der Verfasser der Schrift von dem Missbräuchen und es ginge hier in der Sache um sie, wäre es unbillig gegenüber Rike gewesen, sich gemeinsam zu verteidigen,

zumal dieser mit der Sache nichts zu tun gehabt hätte. So wäre Levin Rike durch ihn auch noch in den Händel weiter mit hineingezogen worden.
Oldendorp distanzierte sich nicht von der Sache, für die er angegriffen wurde, aber von dem konkreten Vorwurf der Aufrührerei.[1] Wie er in seinen Schriften öffentlich deutlich gemacht hatte, war in seinen Augen die Reformation das Gegenteil von Aufruhr, denn Oldendorp forderte wie andere Lutheraner auch immer wieder Obrigkeitsgehorsam. Oldendorp drehte den Spieß um, und warf den anonymen Autoren der Schandbriefe Aufruhr vor. Er nannte sie mordgierig, denn Aufrührern drohte der Tod. Wer somit mit einem derartigen falschen Vorwurf durchdränge, wäre dem Recht nach Mörder.[2]

Wahrhaftige Entschuldigung Dr. Johann Oldendorps, Syndikus zu Rostock.

Wider die mordgierigen, aufrührerischen, schändlichen und betrügerischen[3] Kläger.

1533

---

1 Anders als Herzog Albrecht VII. reagierte sein Bruder in Schwerin: „Dieser veränderten Stellung seines Bruders gegenüber bewahrte Heinrich seine ursprüngliche. Der Rostocker Syndikus Oldendorp ist bei ihm Zwinglianischer Ketzerei wegen verklagt; da antwortet Heinrich dem Rat am 4. November 1530, dass er ihn nicht allein der Jrrlehre entgegen, sondern als einen frommen ehrliebenden Christen, der der evangelischen Wahrheit geneigt wäre, erkannt hätte. Besonders aber lobt Heinrich an Oldendorp, dass er "die unsern als der Obrigkeith gepürlichen Gehorsam seines eussersten Vermögens bewegt." Heinrich Schnell, Die Mecklenburgischen Kirchenordnungen. Ein Beitrag zur Geschichte zur Entstehung unserer Landeskirche, in: Jahrbücher des Vereins für Mecklenburgische Geschichte und Altertumskunde, Band 63 (1898), S. 195.

2 Dass es sich nicht nur um eine allgemeine Furcht Oldendorps handelte, zeigt der Aufsatz von Kristin Skottki: Slüters Tod; in: Heinrich Holze/Kristin Skottki:Verknüpfungen des neuen Glaubens, Göttingen 2020, S. S.105-152. Slüter wurde vergiftet. Mordpläne an Oldendorp wurde im Juni 1532 gerichtlich dokumentiert. Der Text, den auch Lisch schon veröffentlicht hatte findet sich auf S. 146 in Anmerkung 98.

3 „falschen“

Wiewohl der leidige Satan durch seine Instrumente fast alles versucht, in der löblichen Stadt Rostock, damit die Ehre Gottes und Nächstenliebe verhindert oder eine Zeit lang aufgehalten werden möge, so hat er zuletzt noch ein Meisterstück versuchen wollen durch etliche ehrlose, aufrührerische Bösewichte und verzweifelte Schalke, dass diese mit erdichteten Schandbriefen hin und wieder in den Kirchen und ganz heimlich ohne Namen ausgelegt, den gemeinen Frieden bedrohen sollten, als auch folgende, solche Mordschriften, die eine nach der anderen flugs hervorgekommen gegen etliche des Rates, gegen Bürger und mich.
Die allermildesten Schmähworte sind gewesen: Dieb, Verräter, Drache, leidiger Hund, Verfolger der Pfaffen und Mönche, mit angehängter Drohung, man wolle eitel Hackfleisch von uns machen, und sonderlich würde man das Herz im Leibe erstechen, so scharf sollte ich nicht tosen, usw.
Und wenn ich sonst nicht wüsste, dass solche Schreiber von des Teufels Kindern zugerüstet sind, wäre doch anzumerken, dass darin unseres Herren Gottes nicht einmal gedacht worden ist, wie zum Beispiel: Meine Pflicht (ist es) zu sagen - mit Hilfe des Allmächtigen - etc.
Nun, ich will auf Gott trauen und lass dem Teufel anhangen, wem es gelüstet - allerdings eines jeden lebenden Menschen Unschuld hiermit in Rechnung gestellt[1] - und danke Christus, meinem einzigen Heiland und Seligmacher vor dem gnädigen Kreuz, dass seine Göttliche Majestät mich in den billigen Religionssachen meines armen, sündigen Madensacks Schmälerung mit Geduld gewürdigt hat, und bitte unter anderem gar inständig, unter dieser bedrohlichen Welt Gastgebot und der hartherzigen[2] lauten Schelte, auch meine leidende, nicht weit reichende Verwandtschaft zu schonen[3]. Und wir müssen alle vor den gestrengen Richterstuhl treten, wo sich Urteil und Strafe dessen, der hier (auf Erden) nicht gestraft[4], wohl finden wird. (Und ich bitte,) dass darum der Himmlische Vater diesen Handel nicht zu meinem Nutzen oder

---

1 „unvorletzet"
2 „unmilden"
3 „ock my lydent/nicht lange mach waren." Mach sind Blutsverwandte.
4 „geraken" - gerächt

Schonung, sondern allein zu seiner Göttlichen Ehre und (seinem) Willen (entsprechend) gnädiglich behandeln[1] wolle. Wie ich denn auch vermerke und guter Hoffnung bin, dass der erwähnte Schandbrief[2] (letztlich doch) zu allem Guten in der löblichen Stadt Rostock besondere Ursache geben werde.

So wird nun ein jedes frommes, mildigliches Christenherz, dem Ehre und Redlichkeit lieb ist, bei sich selbst leichtlich ermessen, ob ich - die anderen mit beschuldigten Herren und Freunde werden sich selbst wohl zu verantworten wissen - nach der Ordnung allen Rechts nicht billig Ursache hatte und noch hätte, meine Ehre glimpflich und Leib und Leben mit höchstem Fleiß gegen meine und des gemeinen Besten Feinde zu verteidigen[3].

Ich habe aber um des Friedens willen fast alle Klagen[4] - nach Art dieser Angelegenheit - unterlassen und nur vor den Ehrsamen Rat gemeinsam vorgebracht[5] und vermeinte nach löblichem Brauch durch den Magistrat, meine Unschuld neben den Anderen gebührlicher Weise aufgedeckt (zu haben), jedermann zu Recht dargeboten und schließlich nichts anderes als Frieden, Leben, Richtigstellung[6] erbeten.

Wie denn ein Ehrsamer Rat mit allen frommen Einwohnern somit bekannt gewesen und hinfort als fromme, redliche Leute freilich als Wahrheit bekennen werden, dass ich in Religion und anderen Sachen auf besonderem Befehl des Ehrsamen Rats mit Bevollmächtigung[7] der ganzen Gemeinde meinen schuldigen Pflichten entsprechend treulich und offenbar gehandelt habe und hinfort - mit Gottes Hilfe - zu handeln gedenke.

Wenn mich aber der genannte Rat und Gemeinde dem geleisteten Eid und Dienst entlassen will, bin ich erbietig, gerne abzustehen.

---

1 „fördern wolde“ - fordern juristisch: vor Gericht bringen

2 Ein Schandbrief war eine Verunglimpfung, die Ehre und Leumund schändeten. Sie diente aber auch als Rechtsersatz kleiner Leute gegenüber Mächtigen.

3 „tho reden“

4 „förderunge“

5 „tosamen gefördert“

6 „underricheit“ - Anweisung.

7 „vorbeleuinge“ - Verleihung

Solange soll mir kein Teufel drohen oder mich einschüchtern[1] und zur Unruhe bewegen.
Der Ehrsame Rat hat auch dieselben Bekenntnisse meiner Unschuld durch äußerliche Dinge bewiesen und über mein Vorbringen, ja Wissen und Willen auf verschiedenem Weg sich bemüht[2], dass die boshaften, aufrührerischen Verursacher[3] der Schandbriefe erkundet würden, wofür ich (mich bei) Ihren Ehrsamen bedanke, vermerke aber, dass Gott der Allmächtige die Zeit noch nicht geschehen lassen will und muss es (solange) seinem gnädigen Wohlgefallen anheim stellen, (bis sie gefunden werden).
Als denn meine und des gemeinen Friedens Feinde mit ihren vorgenommenen Anschlägen, den Schandbriefen gar weit gefehlt haben und uns nicht - Christus sei Lob und Ehre - zur Zwietracht bewegen konnten, haben sie sich an den Durchlauchtigen hochgeborenen Fürsten und Herren, Herrn Albrecht, Herzog zu Mecklenburg, etc. meinen gnädigen Herren, ihre Kunst versuchend aufgemacht und mich so geschwind und lügenhaft angezeigt, dass seine Fürstlichen Gnaden nicht allein in Unkenntnis, als auch ohne Anhörung (in) der Sache in meiner Abwesenheit stracks an den Ehrsamen Rat und die ganze Gemeinde geschrieben, unter anderem die Angelegenheit der Religion belangend, diese ungenaue Meinung[4], dass allgemein gesagt würde, und seine Fürstliche Gnaden hätte sonst lobwürdig erfahren, dass zwei in Rostock, nämlich ich und Levin Rike, etliches gemeines Volk[5] gegen den Rat, die Allgemeinheit und ganzen Stadt Rostock einen Aufruhr erweckt und geführt hätten, mit ernstem Ansinnen, uns beide angesichts auf sichere und rechtmäßige Strafe hin angelegt[6] etc.
In einem anderen Brief bald danach, schreibt seine Fürstliche Gnaden, dass ich insbesondere, nicht allein in Rostock, sondern auch im ganzen Land zu Mecklenburg Aufruhr angerichtet haben sollte, etc.

1 „puchent“
2 „vorsocht“
3 „houetlüde“
4 „ungeferlich dysse meninge“ diese schlecht, falsch wiedergegebene Meinung.
5 „gemyne un gepopel“
6 „intonemende“ - einzunehmende

Ich will in dieser Sache auf dieses Mal hochgedachten, meinen gnädigen Herren Herzog Albrecht gern in Schutz nehmen, weil er nicht mehr von dem Geschehen hier wissen mag, als was von anderen ihm nahegebracht worden ist und habe gute Erfahrung, dass die Fürsten zu Mecklenburg mit einem besonderen tugendsamen Gemüt von Gott dem Herrn begabt sind, ohne Schmälerung des Ansehens von jemandem zu sprechen.
Aber die heillosen Anbringer und Platzmacher[1], die sind die gründliche Ursache dieses ungnädigen Schreibens, die lasse ich auch die Schuld behalten und müssen gewisslich aus dem Haufen der Schandschreiber oder von denjenigen sein, die sich durch Vollmachten und Wohlgefallen gleich schuldig machen, sie schlügen gerne tot, (auch) wenn sie das Heft[2] nicht in der Hand haben dürften.
Ja, solche unbedachten Leute sagen nicht Guten Tag, als bis seine Fürstliche Gnaden mit der Stadt Rostock, Land und Leuten zuhauf geführt und ihr vergifteter Wille gegen Christus und sein heiliges Wort zu Ausrichten allen bösen Gräuels dadurch vorgebracht werden möge.
Mit ihnen rede ich in dieser vorliegenden Entschuldigung[3], nicht (aber) mit Herzog Albrecht, und bitte, alle meine Worte nicht anders zu deuten.
Ich will auch aus christlicher Liebe etliche Stücke anzeigen, woraus seine Fürstlichen Gnaden und alle frommen Menschen wahrhaftig bekennen müssen und - wie man sieht - begreifen[4], dass die erwähnten, gottlosen, unverschämten Buben stets hier in ihrem Vorgebrachten gegen mich nichts anderes, als eitel Unrecht vorgenommen haben.
Erstlich bezichtigen sie mich eines Aufruhrs in und außerhalb Rostocks, wie die Juden sagen, von Galliläa bis hierher. Und sie wissen doch nicht, was Aufruhr sei oder geheißen habe. Ich will (es)

1 Platz bedeutete auch Spiel, Tanz. Der Begriff besagt also, dass jemand etwas öffentlich aufbauscht, sein Spiel treibt.

2 „helve" - Stiel z.B. einer Axt.

3 Eine Entschuldigung bedeutet also hier noch nicht, was wir mit dem Wort verbinden, es ist kein Schuldzugeständnis, im Gegenteil. Er bittet nicht um Entschuldigung, sondern weist seine Unschuld aus, weist die Schuldvorwürfe von sich.

4 „mit der handt ergripen"

ihnen aber - so Gott will - in meinem Büchlein - De suspecti crimine[1] - fein aufmalen.
Dann werden alle Menschen wohl erkennen (können), ob ich ein Aufrührer sein sollte, der solchen jämmerlichen Mutwillen unverschuldet habe erdulden müssen, oder ob diejenigen die Aufrührer sind, die sodann unmilde, lügenhaftige Schandbriefe in diese löbliche, geruhsame Stadt geworfen haben.
Man kann wohl schreien: Aufrührer, Aufrührer! Weg, weg mit Doktor Oldendorp!
Aber das Wörtlein Schandbrief, Schandbrief, kann man (zugleich) nicht verstehen[2].
Und es ist gerade, als ob einer spräche: Du hast geschlagen, oder du bist von anderen geschlagen worden, das gelte uns gleich viel. Du sollst hierunter (gerechnet werden) mit Recht oder mit Unrecht, etc.
Weiterhin wäre es auch wohl wenig zu scharf geredet und mehr als an die Kleider getastet durch meine Ankläger[3], dass die fromme Allgemeinheit zu Rostock und der namhafte ehrenreiche Adel im Lande zu Mecklenburg solche Leute sein sollten, die sich von einem geringen Menschen (wie mich) zu schändlicher Übeltat des Aufruhrs verführen haben lassen.[4]
Zu anderen: So bin ich ein geringer Diener und Syndikus der Stadt Rostock und kenne mit dem Ehrsamen Rat und der ganzen Bürgerschaft nicht anderes als Ehre, Liebe und alles Gute. Sie wären auch selbst mündig genug, so sie Aufrührer unter sich wüssten, diese zu strafen.

---

1 Ich habe diese Schrift bislang nicht auffinden können, auch nicht in den beiden Bänden seiner Werkausgabe. Im Wörterverzeichnis fehlt das Wort suspectio. Aus dem Vorhaben wird aber die Schrift geworden sein mit den beiden Titeln Formula investigandae actiones per quam unusquisque, ius suum in iudicio persequatur, cum deliberatione aequi et boni [Maßstab zur Untersuchung der Handlungen, mit denen jeder sein Recht vor Gericht verfolge mit billiger und guter Entscheidung] und De probationibus item dictorum factorumque [Über Beweise des Gesagten und Getanen], Köln 1535.

2 „faten"

3 „angeuer"

4 Von einem Aufruhr hätte nur die Rede sein könnte, wenn sich jemand von ihm beeindrucken oder anstiften lassen hätte.

Woher kommt uns denn die ungehörte große Kunst, dass sich andere Leute um die von Rostock so hoch bekümmern und tun gerade, als der ein Haus selbst anstecken wollte und stellte sich dann da nicht anders, als ob er gerne helfen und retten wollte?
Ich rede immer noch von den Denunzianten und nicht von Herzog Albrecht.
Wenn denn die Schandgesellen der Stadt Rostock etwas zugute tun wollten, wüsste ich ihnen wohl andere Arbeit zu weisen, die auf Gott und den Nächsten gerichtet wäre, aber mit diesen Taten (von Schandbrief und Denunziation) ist den Rostockern nicht mehr als mit Feuerballen zum Verderben geholfen.
Zum Dritten haben die boshaften Anschwärzer[1] den löblichen Fürsten so geschwinde überredet, dass seine Fürstliche Gnaden ohne jene rechtmäßige Erkenntnis[2] und Anhörung[3] stracks gesonnen hat, meine Absicht[4] allein auf ein loses Sagen hin (zu beurteilen). Denn wenn jene Kunde auf meinen Hals angenommen (werden sollte), so müsste ich ja ein wenig davon wissen und meine Einrede dargetan haben. Und es sollten deswegen die Eselköppe meinen gnädigen Herrn wenigstens die Klauseln[5] mit angegeben haben - was daran sei. Ich habe aber wohl viele beständige und wahrhaftige Kunde, dass ich durch das Wirken Gottes neben anderen frommen Leuten zu Frieden und Einigkeit, dem Aufruhr zuvorkommen, ja auch in Sachen der Schandbriefe offenbar gehandelt haben, will auch trotzen mit all den ehrlosen Spitzbuben und Denunzianten, dass sie nicht ein Stück ihres Erdichteten mehr mit Wahrheit auf mich bringen mögen.
Levin Rike ist fast anderthalb Jahre krank und kraftlos gewesen, so dass er nicht einen Hund aus seinem Haus verjagen, geschweige denn so viel Jammer in der Stadt Rostock anrichten könnte.
Und wenn solches genügsam bezeugt ist, sollte denn nicht einmal - poena talionis[6] - gelten, dass diejenigen (für) Aufrührer gehalten

1 „anbringer"
2 „cognition"
3 „vorbescheyt"
4 „yntonemende" - anzunehmende.
5 Die betreffende Rechtsgrundlage der Anklage.
6 Vergeltungsstrafe.

würden mit ihren Schandbriefen, die mir solches fälschlich angedichtet haben?
Wahrlich, wüsste mein Gnädiger Herr, wie mit mir gehandelt wird, es würde seine Fürstliche Gnaden erbarmen, hätte ich denn auch so viel Böses wie Gutes - unnachweislich[2] - getan.
Zum Vierten betrachte doch ein jeder dies Stücklein: Ich habe im Anfang vorhin davon berichtet, und es ist wahr, dass in den erwähnten Lasterbriefen sieben Personen angeschuldet werden, - Ratsherren, Bürger und Einwohner zu Rostock. Nun aber werde ich allein mit Levin Riken beschuldigt und habe dennoch nicht einen Fuß aus der Stadt gesetzt oder den Mund aufgetan zu reden in der Sache, da die anderen erwähnten Herren und Freunde nicht dabei gewesen sind.
Sollte nun ein Aufruhr erweckt worden sein, so müssten die anderen mitgemacht haben. Wenn nicht, was sie unzweifelbar nie in ihrer Absicht lag, so müsste ich somit (ebenfalls als) unschuldig erkannt werden.
Warum haben denn die lügenhaften Denunzianten mich allein mit Levin Rike aus dem Haufen ausgesondert? Sie haben tapfer beratschlagt und vielleicht dieser Gestalt (sich) bewogen:
Sieh, Doktor Oldendorp und Levin Rike sind ohne (große) Verwandtschaft[3] zu Rostock. Die können nicht viel Beifall erlangen, sonst, wenn wir die anderen sämtlich verklagen würden, möge ihre Verwandtschaft auch daran hängen.
Wenn der Doktor fallen würde, wollten wir mit den anderen wohl Karten spielen[4]. Aber, ihr vergiftete Narren, wo lasst ihr Christus und seinen Beistand, der beiden Doktoren und auch gottesfürchtige Freunde[5] von Steinen erwecken kann?
Ich habe innerhalb und außerhalb von Rostock alle christlichen frommen Leute zum Freund und wollte mir ungern andere wünschen.

---

2 „ane berōment“
3 „unbefründet“
4 mit ihnen fertig werden.
5 „fründ“ - Wortspiel, denn ein „Freund“ war auch ein Synonym für Verwandter.

Zudem, so haben auch meine Feinde über die Maßen sich erdreistet, dass sie vor ungefähr anderthalb Jahren in Gegenwart meines Gnädigen Herrn Herzog Albrecht fast gleichermaßen wie jetzt beratschlagt und angehalten haben, dass ich um Leib und Leben gebracht werden möge.
Gott aber und seine Fürstliche Gnaden hatten es nicht geschehen[1] lassen wollen. Und ich bin stets in diesem und anderem geduldig gewesen. Darum meinen nun meine Verfolger, sie mögen von Doktor Oldendorp wohl einen Fußlappen[2] machen, er werde es alles mögen leiden, gedenke nicht an das Sprichwort, große Geduld bringe große Unduldsamkeit[3], und dass Gott der Armen Kraft wohl sein kann.
Denn wahrlich, wenn es anders nicht sein will, so muss ich auf Christus vertrauen und meine Feinde mit dem Kreuz ins Angesicht schlagen.
Andere Ursache und rechter Grund, warum ich, geringer Diener der Stadt Rostock so jämmerlich verfolgt werde, ist noch nicht Zeit zu schreiben. Bitte aber alle meine lieben Herren und Freunde, innerhalb und außerhalb der Stadt Rostock, einen jeden nach Gebühr seines Standes, sie wollen um Gottes und der Ehrbarkeit willen diese meiner wahrhaftige Entschuldigung und Unschuld sich befohlen sein und (sich) des widerwärtigen, vorschnellen, boshaften Vornehmens erbarmen lassen.
Und (sie mögen) so viel, als einem jeden nach Gelegenheit dienlich, bei meinem angesprochenen Gnädigen Fürsten und Herren vorbitten helfen, dass seine Fürstliche Gnaden meinen und des gemeinen Nutzens Feinde, ihre falschen Denunziationen nicht Glauben schenke und mich dagegen Recht und Billigkeit gnädiglich genießen lassen, dazu auch mein Gnädiger Herr sein wolle. Alles zu Ehren und Lob unserem einigen Heiland Christus Jesus und zur Erhaltung des Friedens, Lebens und der Eintracht, nach diesem kurzen, armen Leben zur ewigen Seligkeit.
Amen.

---

1 „vorhengen“
2 „votwisck“
3 „Grete gedult bringet grote undult.“

V.

Anhang zur Übertragung der Druckschriften

Brief Oldendorps an den Rat der Stadt Lübeck aus Lübeck am 12.4.1534[1]

Auch dieses Schreiben muss im Zusammenhang der Auseinandersetzungen um das Verhalten der Mönche besonders des Dominikanerklosters gesehen werden. Eine Zusammenfassung der Ereignisse finden sich im Mecklenburgischen Klosterbuch II[2]: Das katholische Lager hatte 1525 die Ausweisung des Reformators Joachim Slüters aus Rostock durchgesetzt. Der gereizten Stimmung wegen untersagte der Rat 1531 die Abhaltung katholischer Gottesdienste, die Ordensgeistlichen durften ihr Habit nicht mehr offen auf den Straßen tragen. Es wurde eine „Ratskommission in Religionssachen" eingesetzt. Der Besitz der Klöster wurde inventarisiert, die Gottesdienste der Klosterkirchen durfte nicht mehr öffentlich stattfinden. In all dem standen sich Cornelius von Sneek und Johannes Oldendorp an erster Linie gegenüber. Nach dem Fortgehen von Cornelius van Sneek wurde 1534 im Johanneskloster der Dominikaner eine Lateinschule errichtet. 1532 war es in der Kartause zu einem Zwischenfall gekommen. Es ging um einen „entlaufenen und mehrfach wortbrüchigen Konversbruder", Hans Prange. Wieder spielte Johannes Oldendorp eine wichtige Rolle. Gerhard Schlegel urteilt: „Mit dem Wegzug Oldendorps 1534 nach Lübeck entspannte sich die Lage schlagartig."[3] Allerdings muss man sogleich hinzufügen, dass in diesen Monaten auch sein Rivale, Cornelius van Sneek, die Stadt verließ. Die beiden Gallionsfiguren des reformatorischen Streits hatten die Stadt verlassen, die Reformation

1 Veröffentlicht von Karl Michael Wiechmann: Ueber des Syndicus Dr. Johann Oldendorp Weggang von Rostock,
In: Jahrbücher des Vereins für Mecklenburgische Geschichte und Altertumskunde, Band 24 (1859), S. 156-161. Die Textübertragung hier ist auch hier von mir selbst.

2 Rostock 2016, S. 850f. Bodo Keipke.

3 Mecklenburgisches Klosterbuch II, S.964-966. Gerhard Schlegel.

hatte gesiegt, und in Rostock war sie nicht nur eine historische, sondern ebenso eine juristische Reformation gewesen mit allen Anzeichen revolutionären Umschwungs, nicht aber des Aufruhrs. Hier hatte der Rat, die Obrigkeit auf Stadtebene gehandelt, und Oldendorp berief sich nicht nur auf die legitimierte Ebene örtlicher Obrigkeit, sondern auf den Willen, auf gemeinen Nutzen und allgemeines Wohl der Bürger.

Die beiden hier dazu in sprachlicher Übertragung mitgeteilten Texte zeigen die Perspektive Oldendorps auf, die man auf dem Hintergrund der Schrift von den Göttlichen Rechten verstehen mag. Für ihn handelte es sich bei der Reformation nicht nur um eine neue theologische Ausrichtung, sondern auch um den Kampf gegen Missbräuche im Sinne des guten und billigen Rechts. Die in der Schrift angeprangerten Missbräuche waren in seinen Augen nicht nur theologische Irrtümer, sondern mehrfacher Bruch öffentlichen Rechts.

Meinen freundlichen Gruß und Dienst in Christus zuvor, ehrsame und verständige[1] Herren. Ich achte es als unnötig an, der Länge nach zu schreiben, weil Sie selbst mit angesehen haben, wie mit mir innerhalb und außerhalb Rostocks verfahren worden ist, besonders aber in Religionssachen, in denen ich stets zum Mittelweg nach rechter Wahrheit und Befehl gehandelt habe, und etliche unmilde Leute Schandbriefe über mich gedichtet haben, als sollte ich die Papisten in böswilliger Weise behandelt haben, etc. Die anderen haben daraufhin wiederum (mich) beschuldigt, dass ich allein Drahtzieher[2] aller Handlungen gegen Priester und Mönche wäre und den Bürgern ihre Lehne abziehen wollte.

Ich schweige nun von Herzog Albrecht, der mich um ihrer Sache willen beschuldigt und mir nachgetrachtet hatte ohne alle Unterredung[3] und Ursache. Summa: Ich habe nur im allerbesten Sinn[4] im Namen der Stadt gehandelt, was (nun) auf meinen armen Rücken gelegt und als Übel gedeutet wurde, so dass ich schon lange wohl Ursache hatte, Ihres Dienstes müde zu werden und noch länger

1 „vorßichtige“
2 „ein houetman“
3 „rede“ – siehe dazu die Druckschrift von 1533.
4 „meyninge“

zu bleiben, wie mir wahrlich Gott vom Himmel und Ihr Gewissen wohl bezeugen möge.[1]

So habe ich doch mehr aus Rücksicht[2] (viel) geduldet und Besserung erhofft, mittlerweile viele Püffe auffressen (müssen), wie der Schuh das Schmierfett, und dadurch mein Leib und Leben in Bitterkeit verdorben[3].

Zum letzten aber merke ich an, dass man nicht allein zur Rettung meines Ungefallens wenig getrachtet, sondern auch, dass andere Leute, die doch dem gemeinen Besten und ihren Kindern treulich gedient, meinetwegen geschmäht und ins Elend verjagt worden sind mit aller Verfolgung.
So hat wahrlich solch Jammer mir Schande und Bedrückung verursacht, dass ich lieber weiche als stets zu hadern.
Und ich begehre höchlich, Sie wollen nicht davon abstehen[4], dass ich meines Syndikats und Dienstes jetzt bei Ihnen verlassen habe[5] und frei bleibe.

Denn so viel, was unseren aufgerichteten Beschluss belangt, weil meiner Person und anderen frommen Leuten, die mir treulich Frieden und Wohlfahrt gönnen, Schutz und Sicherheit nicht gehalten wurden, ist es billig, dass auch ich (den Vertrag) zu halten entschuldigt bin,[6] und wir müssten also beiderseits die Schuld dem Teufel und etlichen boshaften Leuten anheim stellen.

Ich hoffe auch, Sie werden ferner und genugsam (noch) meinen halben (Jahres-)Sold anweisen und das Übrige dazuzugeben nicht

1 Diesen langen Satz habe ich dem Sinn nach übertragen.
2 „glympf" - Wiechmann las „glymps"
3 „vorßweketh" - den Zweck verliert.
4 Ich verstehe aus dem Zusammenhang, dass der Satz den Sinn hat, dass der Rat der Stadt Rostock seinen Weggang als ordentliche Vertragsauflösung akzeptiere, das ihm zustehende Geld und Gut zusende und von Forderungen absehe, er also „frei bleibe".
5 „vorlöff hebbe"
6 Sinn gemäße Übertragung.

verweigern[7]. Ansonsten bin ich euch und dem gemeinen Besten zu dienen nicht ungeneigt und begehre eine Antwort.
Lübeck, Sonntag Quasimodogeniti Anno 1534.

Aus dem „Vorrat der Worte und Handlungen im Zivilrecht - De copia verborum et rerum in iure civile"

Der vollständige Titel dieses Nachschlagwerkes von Johannes Oldendorp - gedruckt 1542 in Köln - lautet:

„De copia verborum et rerum in iure civile. Non ex desultoriis commentatorum iurisconsultorum assertionibus, sed ex constantissimis iurisconsultorum sententiis, indices, secundum boni et aequi rationem concinnati.
Omnibus in Republica functionem suscipientibus cum in scholis, tum in foro deseruientes."
[Über den Vorrat an Worten und Handlungen im Zivilrecht, nicht aus den umherspringenden Behauptungen der Kommentare von Rechtsgelehrten, sondern aus den beständigen Sätzen und Entdeckungen der Rechtsgelehrten nach dem Guten und Billigen, mit der Vernunft übereinstimmend.
Für alle, die kritisch auf die Verrichtungen in der Republik schauen, sei es in Schulen oder für die, die in der Öffentlichkeit fleißig dienen.]

---

7 Das Ansuchen nicht verweigern. Vgl. den Dienstvertrag von 1526. Der Lohn für ein halbes Jahr stand ihm nach ordnungsgemäßer Vertragsauflösung zu. Der Brief dient also auch dem Nachweis, dass Oldendorp nicht ohne akzeptablen Grund die Stadt verlassen hat. Oldendorp stand durch seine neue Stellung als Syndikus von Lübeck in hohen Ehren, er schrieb nicht aus der Verbannung, sondern aus einer eher gehobeneren Postion heraus und stellte aus seiner Sicht eine durchaus berechtigte Forderung und den Rostockern bei Erfüllung in Aussicht, in Zukunft trotz der ihn verletzenden Auseinandersetzungen in Zukunft ihnen nicht weiter mehr zu grollen.

Es ist im Rahmen dieser Arbeit nicht möglich, das gesamte Werk von Johann Oldendorp in Augenschein zu nehmen, Entwicklungen nachzuzeichnen, Quellen zu prüfen und nach Auswirkungen zu fragen. Aber um den Kernpunkt der deutschsprachigen Schriften besser zu verstehen, sollen beispielhaft einige Begriffe daraus hier aufgeführt werden. Neben eigenen eingestreuten Definitionen bietet Oldendorp vor allem Zitate aus dem Römischen Recht, die aufs Grundsätzliche gehen. Sein Weg zu den klassischen Quellen führte ihn nicht nur zum unkommentierten Römischen Recht, wie es gerade in Paris nach 1518 erschienen war, sondern ebenso zu einem juristischen Lesen der Heiligen Schrift und zu einer anderen noch weit erhabeneren Quelle, dem ungeschriebenen, aber in der Liturgie und dem Gewissen hörbaren Wort Gottes, aus dem man nicht nur für Veränderungen und Verbesserungen des Rechts schöpfen kann, sondern für alle Billigkeit im Handeln. Es geht dabei weniger darum, Recht zu haben, sondern vor allem darum, Recht zu geben. Oldendorp zitiert auf dem Titelblatt Psalm 81,2f.: „Wie lange wollt ihr unrecht richten und die Person der Gottlosen vorziehen? Schafft Recht dem Armen und dem Waisen und helft dem Elenden und Dürftigen zum Recht." Für Für Johannes Oldendorp waren Glaube, Recht und Gesellschaft untrennbar miteinander verbunden, gerade durch ihre deutliche Abgrenzung voneinander. Er las biblische Verse als Jurist und politischer Berater, als Anhänger der Reformation: Deus stetit in coetu Dei in medio Deus iudicat. [Gott steht in der Gemeinde Gottes und ist Richter unter den Göttern.] (Ps 81,1)
Zu den bedeutenden Quellen seines Denkens gehörte für Oldendorp das Werk von Cicero, weil er das Recht mit Philosophie verband, bzw. die nach dem Guten fragende Philosophie in Recht und Politik, bzw. Rhetorik sich vor Gott und dem Nächsten zu bewähren hatte und nicht nur spekulierend fragte, was die Welt im Innersten zusammenhält. Es wäre ein lohnendes Unterfangen, auszugsweise das lateinische Werk Oldendorps zu übersetzen und zu kommentieren, dem kann hier nicht nachgegangen werden. Ich biete hier nur kleine Ausschnitte, die mir für den Hintergrund des Verständnisses von Oldendorps Denken für die deutschsprachigen Schriften erhellend erscheinen.

Bonus vir, qui innocens est. [Gut ist der Mann, der unschuldig ist.] „Ein frummer unschuldiger man."[1]

Mehr bedarf es nicht, den Zusammenhang mit der Rechtfertigung zu benennen: Anders kann man kein Himmelsbürger werden. Hiermit ist der Bogen vom Paradies zum Himmlischen Jerusalem geschlagen. Gut ist nicht mit einer Perfektion eines Maßes bezeichnet, sondern mit der Freiheit von Schuld. Der Zusammenhang von Glauben und Guten Werken liegt somit auf der Hand: Liebe ist nach dem Neuen Testament vollkommen. „Wer aber sein Wort hält, in dem ist wahrlich die Liebe Gottes vollkommen. Daran erkennen wir, dass wir in ihm sind." 1 Joh 2,5.

---

1 Publilius Syrus: Bonus vir nemo est, nisi qui bonus est omnibus.

Deus, Gott[1]

Neque armis confidendum. neque militibus, neque bellorum ducibus, vel nostro ingenio; sed omnium spem ad solam providentiam reffere oportet summae trinitatis.
[Es ist nicht auf Waffen, Soldaten, Generäle oder unsere eigene Vernunft zu setzen, sondern alle Hoffnung soll sich nur auf die Vorhersehung von Gottes Trinität verlassen.][2]

Oldendorp spekuliert nicht über die Vorhersehung, providentia Gottes. Wir finden bei ihm keine theologischen oder philosophischen Ausführungen dazu, das Stichwort fehlt auch in diesem Nachschlagewerk. Es reicht für das Verstehen dieses Zitats im Kontext des Werks von Oldendorp, dass er Gott gewissermaßen diesen Freiraum zubilligt. Der Akzent liegt also nicht wie bei vielen Theologen darauf, dass Gott jetzt schon wisse, was geschehen würde, sondern im Gegenteil darauf, dass wir es nicht wissen, aber darauf hoffen, dass er es nach seinem guten Willen ausschlagen lassen wird.

DEO primum, deinde hominibus est obediendum. Apg 5(,29) (frei zitiert)
[Du hast in erster Linie Gott, darauf erst den Menschen zu gehorchen.]
Quid hic mussitas [Bedenke]: Stulte, hac nocte repetet animam abs te. Lk 12(,20)[3]
[Du Tor, noch in dieser Nacht wird man deine Seele von dir fordern.]

DEUS res penitus desperatas donare & consummare virtutis magnitudine potest.

---

1 Die Artikel sind alphabetisch geordnet, aber nicht innerhalb eines Buchstabens. Der Artikel Deus findet sich auf S. 170 und beschränkt sich auf den hier angeführten Text.

2 CJ.1.17.1pr.: Imperator Justinianus Deo auctore nostrum gubernantes imperium, quod nobis a caelesti maiestate traditum est, et bella feliciter peragimus et pacem decoramus et statum rei publicae sustentamus: et ita nostros animos ad dei omnipotentis erigimus adiutorium, ut neque armis confidamus neque nostris militibus neque bellorum ducibus vel nostro ingenio, sed omnem spem ad solam referamus summae providentiam trinitatis: unde et mundi totius elementa processerunt et eorum dispositio in orbem terrarum producta est.

3 Oldendorp nutzt hier wie auch sonst die griechisch-lateinische Ausgabe von Erasmus von Rotterdam.

[(Vertrau auf) Gott, der es in seiner Allmacht vermag, in tiefste Verzweiflung zu stürzen und sie zu aufzulösen.]
Constit.ff.I.In princ.[1]

Gott ist nicht Teil von Gesetzen. Die Zitate weisen auf die Unverfügbarkeit und Unberechenbarkeit Gottes hin. Es ist aus dieser Perspektive missverständlich, wenn man den Verweis auf Gott in unserer Verfassung so deutet, als wäre er Teil des Gesetzes. Es ist unmöglich und auch unsinnig, ihn in geschriebenem, also veränderlichem Recht fassen zu wollen. Dennoch ist stets in Bedacht zu halten, dass er nicht nur in unendlichen Fernen, sondern sehr konkret und überaus aktiv im Geschehen des Menschen Instanz ist. Er ist der oberste Richter auch des Richters selbst, sowie der Regent über allen Regenten.

Natura (S. 187f.)

Natura pro humana conditione. [Natur als Bedingung für den Menschen.]
Multas etenim formas edere natura novas deproperat.[2]
[Die Natur beeilt sich, viele neue Formen hervorzubringen.]

Natur wird also nach Oldendorp nicht mit dem Menschen selbst gleichgesetzt, sondern als seine Ursache, Bedingung angesehen. Nur so kann sie Anteil haben an der Unveränderlichkeit und Unendlichkeit, wobei der Grundsatz gilt, den Oldendorp ja auch anführt, dass die Teile nicht das Ganze sind. Hier handelt es sich aber nicht um eine Idee, sondern um Schöpfung durch Gott. Viel Missverständnis rührt daher, dass wir die entsprechenden Zitate Oldendorps entsprechend dem rationalistischem Zeitalter anders lesen, so als wäre der Mensch selbst seine Natur und Naturrecht etwas wäre, was aus dem eigenen Herzen geboren wäre. Die Vernunft sucht danach, der Natur zu entsprechen, also nicht sich selbst, sondern Gott.

---

1 Dig. XVII.1.2.

2 Codex I.17.2.18. Sed quia divinae quidem res perfetcissimae sunt, humani vero iuris condicio semper in infinitum decurrit et nihil est in ea, quod stare perpetuo possit (**multas etenim formas edere natura novas deproperat**), non desperamus quaedam postea emergi negotia, quae adhuc legum laqueis non sunt innodata. [Da aber die göttlichen Dinge zwar höchst vollkommen sind, der Zustand des menschlichen Gesetzes aber immer bis ins Unendliche reicht und es nichts darin gibt, was für immer bestehen könnte (denn tatsächlich bringt die Natur viele neue Formen hervor), verzweifeln wir nicht an der Entstehung einiger Dinge, die noch nicht in Gesetzen gefangen sind.]

Gerechtigkeit (S. 246)

Iustitia est constans et perpetua voluntas, ius suum cuique tribuendi.[1]
[Gerechtigkeit ist der konstante und beständige Wille, jedem sein Recht zukommen zu lassen.]

Oldendorp erklärt dann: Ius suum, hoc est meritum. [Das Recht eines jeden ist Verdienst, Lohn, Schuld.] Der zitierte Abschnitt aus dem ersten Buch der Digesten ist Grundcredo für Oldendorp.
Doch auch hier gilt es, genau hinzusehen: Das Recht des Menschen ist nicht in erster Linie Anspruch, sondern etwas Verliehenes, aber dem Nächsten Entsprechendes, ihm Zustehendes aufgrund von seinem Tun, aber auch von Liebe, die ja mehr ist als unsere Tat. Das Zuteilen von Recht ist nach Oldendorp kommutativ, besteht in Gegenseitigkeit. Gerechtigkeit ist soziales Handeln, von Gott verordnet.

Iustitia munus est, ius suum unicuique tribuere.
[Gerechtigkeit ist die Aufgabe, jedem das Seine zu geben.][2]

Ius naturale est, quod natura omnes homines prima quaedam praecepta et formulas honestatis docuit.
[Naturrecht ist, was die Natur von vornherein lehrt als Gebot und Anstandsnorm.]
Deus enim a natura non distat. [Gott ist nämlich nicht von der Natur getrennt.]

Dabei handelt es sich nicht um eine Gleichsetzung von Gott und Natur wie im späteren Pantheismus, deus sive natura. Gott ist nicht von der Natur zu trennen, was nicht heißt, dass es sich dabei um ein und dasselbe handeln würde. Die Identität von Gott und Natur liegt im Schöpfungsgeschehen. Die Natur ist keine spekulative Zwischeninstanz von Gott und Mensch, sondern es handelt sich um einen Vorgang, das Ereignis der Schöpfung, des Gebens und Gegebenseins.

---

1 Dig I,1.10. Ulpinian fährt fort:Iuris praecepta sunt haec: honeste vivere, alterum non laedere, suum cuique tribuere. Iuris prudentia est divinarum atque humanarum rerum notitia, iusti atque iniusti scientia.

2 BdKV Augustinus, Gottesstaat, Buch XIX.4: Wie steht es mit der Gerechtigkeit, deren Aufgabe es ist, jedem das Seine zuzuteilen (woraus sich im Einzelmenschen eine richtige und naturgemäße Ordnung in der Weise ergibt, dass die Seele sich Gott und das Fleisch sich der Seele und sonach Seele und Fleisch sich Gott unterwirft), stellt sie nicht greifbar vor Augen, dass sie sich an dieser Arbeit immer noch erst abmüht und durchaus noch nicht am Ziel ihrer Arbeit zur Ruhe gekommen ist?

Entsprechend sind auch diese Sätze zu verstehen, die direkt das Recht betreffen und zeigen, wie eng Oldendorp konkrete Gesetze, Ordnungen und Entscheidungen er mit Gott verband:

Lex est donum Dei, urbis commune pactum.
[Gesetz ist eine Gottesgabe, gemeiner Vertrag einer Stadt.]
Donum, id est, noticia divinitus impressa hominibus.
[Eine Gabe, das bedeutet: eine Vorstellung, ein Begriff davon, was Gott den Menschen eingibt.]

Auf Seite 248 schließlich lesen wir eine aufschlussreiche Gegenüberstellung von lateinischen und deutschen Begriffen. Daraus sei zitiert:

Iustus, Gerecht vuarhafft.
Iustificare, Gerecht machen, Mit rechte beschirmen.
Iusticia naturalis, Die natürliche bylligkeyt.
Ius civile, Das gemeine Romische Keyserrecht.
Ius gentium, Ius humanum, Das gemeine volcker recht.
Summum ius vulgo Strictum ius. Die Scherpffe des rechten nach eusserlichen vuorten.
Summo iure agere. Die byllichkeit mit scherpffe vorkeren.

Zum Stichwort **Religion** bringt Oldendorp einen einzigen Satz (S.343) an:

Sub praetextu religionis, vel sub specie solvendi voti, coetus illicitos tentari non oportet.
[Unter dem Deckmantel der Religion oder unter dem Vorwand, ein Gelübde zu lösen, dürfen unrechtmäßige Versammlungen nicht gebildet werden.][1]

Damit ist in einem Satz das für Oldendorp Entscheidende gesagt: Religion bildet kein Sonderrecht. Alles Recht ist menschlich, veränderlich, weltlich, säkular.
So ist zum Stichwort Ecclesia auf Seite 196 zu schauen:

Ecclesia

Ecclesia tenetur contribuere necessitatibus publicis.

---

1 Dig XLVII, 11.2. Es ging um Militärvereine: Nach Ulpian „durften auch die sonst bevorrechteten Veteranen ohne Genehmigung keine Vereinigungen mit sacralen Zwecken eingehen". Hermann C. Maué, Der praefetcus Fabrum, Halle 1887, S. 34.

[Die Kirche ist verpflichtet, zu den öffentlichen Bedürfnissen beizutragen.][1]

Die Kirche betrachtet Oldendorp nicht als einen von der Öffentlichkeit abgesonderten Bezirk. Ihre Aufgabe ist es, den Menschen zu dienen, Kirche trägt ihren Zweck nicht in sich selbst. Von den modernen Vorstellungen der Befriedigung religiöser Bedürfnisse oder einer Selbsterhaltung der Kirche war Oldendorp gleichfalls weit entfernt. So etwas war im 16. Jahrhundert jenseits aller Vorstellungen. Die Kirche ist völlig eingebunden in die Aufgabe, allgemeinem Nutzen, dem Wohl des Volkes und dem Frieden zu dienen.

Ambrosius in Lucam vere definit Ecclesiam:
Petra tua fides est. Fundamentum Ecclesiae fides est. Si petra fueris: in Ecclesia eris. Quia Ecclesia supra petram est.
[Ambrosius definiert im Kommentar zu Lukas die Kirche: Dein Fels ist Glaube. Das Fundament der Kirche ist Glaube. Wenn du zum Felsen wirst, wirst du in der Kirche sein, weil die Kirche auf dem Felsen ruht.]

Der „Fels" ist nicht der Papst von Rom. Kirche ist, was auf Glauben beruht. Sicher hat auch sie menschliche Gestalt, also eine Ordnung, aber was nicht auf Glauben ruht, ist in Bezug auf Kirche im Sinne der Versammlung der Gläubigen unter dem Haupt Christus hinfällig.

Ecclesia Graeca vox est et significat multitudinem, non qualemcunque; sed conciliatam in unam aliquam societatem religionis.
[Auf Griechisch bezeichnet Ecclesia eine Menge, nicht eine Beschaffenheit, sondern ein Zusammenkommen als religiöse Gemeinschaft.]

Auch mit dieser Bestimmung wehrt Oldendorp die Vorstellung ab, die Kirche sei etwas Abgesondertes von der Gesellschaft, eine Gemeinschaft besonderer Qualität, bzw. Dignität. Eine **societas** definiert Oldendorp sehr nüchtern. Unter diesem Stichwort führt er (offenbar mit eigenen Worten) an:[2]

Municipes, pro congregatione hominum, qui simul habitantes munerum sunt participes, ac civitatem constituunt.
[Kommunen für eine Gemeinde von Menschen, die gemeinsam leben, an Pflichten teilhaben und eine Bürgerschaft bilden.]

1 Die Quellenangabe konnte ich nicht verifizieren.
2 S. 357.

Der Mensch ist für Oldendorp ein irrendes Wesen. Aber interessant ist die Bestimmung der Humanität in folgenden zwei Sätzen (S. 218), die er ganz an seinem Begriff der Billigkeit misst:

Humanitas est epipheton Aequitatis egrerium.
[Humanität ist ein Beiname für vortreffliche Billigkeit.]
Inhumanum est, non manere ullam venia rationem.
[Inhuman ist, nicht auf dem Weg der Vernunft zu bleiben.][1]

Diese Gleichsetzungen von Humanität, Billigkeit, also Güte, Tugend und Vernunft weisen weit in die Zukunft der Aufklärung. Man kann dieses inhumanum einfach verstehen als etwas, was man nicht tut, weil es sich nicht gehört oder eines Menschen unwürdig ist, aber man kann den Begriff der Humanität auch zur Grundlage des Denkens, einer Philosophie mit großartigen Worten und Werten werden lassen. Oldendorp aber hat an dieser Stelle immer Gott im Blick, von dem alle Dinge sind und zu dem alles strebe, an dem sich alles Tun und Denken messe. Aufschlussreich ist ebenfalls, was er zum Wortstamm **sacrum** anführt, der im kanonischen Recht so bedeutungsvoll ist.

Sacerdotes, maiestati Dei et sacris vacare oportet. (Paulus)
[Priester: Er hat Muße für die Majestät Gottes und das Heilige.][2]

Die Hinwendung ist eine persönliche. Für Oldendorp war das Priestertum aller Gläubigen selbstverständlich. Das Göttliche Recht hat in Christus seinen Souverän. Kein Hinweis findet sich hier zur Bibel, nicht zum Neuen noch zum Alten Testament. Es geht um ein allgemein menschliches Phänomen. Die Existenz Gottes fraglos vorausgesetzt, geht es nur darum, ihn in rechter oder irriger Weise anzusehen, bzw. ihn „anzurufen“, wie die Kirchenordnung von 1552 formulierte. Das Heilige bildet keine Sphäre zwischen Gott und Mensch. Das gilt auch für heilige Orte:

Sacra loca sunt, quae publice dedicata sunt. [Heilige Orte sind, die öffentlich (Gott) zugeordnet sind.]

1 Ulpianus in l. furti. § Pactus ve. ff. De his qui notan. infani.

2 S. 356. Dig. IV.8.32.4. Der vollständige Satz lautet: Sacerdotio obveniente videbimus an cogatur arbiter sententiam dicere: id enim non tantum honori personarum, sed et maiestati dei indulgetur, cuius sacris vacare sacerdotes oportet. Ceterum si postea suscepit, iste quoque omnimodo sententiam ferre debet. [...Denn der Priester wendet sich der Majestät Gottes zu, gibt seinen heiligen Dingen Raum...] Hier ist nicht der Apostel, sondern der Rechtsgelehrte Paulus gemeint.

Illud notandum est, aliud esse sacrum locum, alius sacrarium. Sacer locus est consecratus. Sacrarium est locus, in quo sacrae res ponuntur.
[Es muss beachtet werden, dass ein heiliger Ort eine Sache ist und ein Heiligtum eine andere. Ein heiliger Ort wird geweiht. Ein Heiligtum ist ein Ort, an dem heilige Dinge aufbewahrt werden.]
Res sacra non recipit aestimationem. [Heilige Dinge entziehen sich der Wertung.][1]

Sakralität bestimmt Oldendorp mit den Worten Römischen Rechts negativ, als Entzug aus dem Handel. Orte und Dinge können geweiht sein, das heißt dem Handel entzogen. Dies sagt Oldendorp aber nicht von Priestern.

Sanctus est, quod ab iniuria hominum defensum et munitum est. (S. 362)
[Heilig ist,was vor dem Übergriff der Menschen zu verteidigen und zu sichern ist.]
Sanctum autem dictum est a sagminibus. [Heilig nennt man auch das Unverletzliche[2].]

Unter dem Stichwort Gebot (**praeceptum** S. 303) zitiert Oldendorp aus dem Römischen Recht den Grundsatz: Ehrenhaft leben, dem Anderen nicht schaden, jedem das Seine zollen. Und dann fasst er in Bezug auf die Bibel zusammen:

Veluti erga DEUM religio, ut parentibus et patriae pareamus.
Quid enim hoc aliud est dictu, quam: Dilige DEUM ex toto corde, ut in priore tabula decalogi, et: Proximum tuum sicut teipsum, ut in posteriore tabula decalogi, vel authore CHRISTO. Patria enim continet in se omnes proximos.
[Religion gegenüber Gott ist ebenso, wie wir den Eltern und dem Vaterland gehorchen. Anders gesagt: Liebe Gott aus ganzem Herzen, wie in der ersten Tafel der Gebote gesagt ist, und deinen Nächsten wie dich selbst, wie es in der zweiten Tafel der Gebote und durch die

---

1 Dig I.8.9.

2 „sagmen“ - „Das Heiligende, das auf der Burg gepflückte und die Fetalien auf der Gesandtschaft heiligende (unverletzlich machende) Grasbüschel, Liv. I.24, 4f.“ Georges Handwörterbuch.
Oldendorp erinnert damit an Zeichen der Unverletzlichkeit der Unterhändler. Auf der anderen Seite gibt es die „Sanktion“ als Verschärfung einer Strafe.

Autorität Christi dargelegt ist. Das Vaterland nämlich enthält in sich alle Nächsten.]

Das Besondere ist an diesem Text, der dann auch im Lexicon Iuris von Pardulphus Pratejus 1567 aufgenommen wurde, nicht die auch aus dem Katechismus bekannte Parallelsetzung von Eltern und Obrigkeit, sondern das Fehlen der Obrigkeit in der Formulierung. Die Obrigkeit gehörte für Oldendorp in seiner Herrschaftsform zum Vaterland, der geordneten Gemeinschaft von einander Nächsten. Hier endlich ist denn auch zu sehen, wie Oldendorp Christus in seinem durch und durch juristisch-politisch geschulten Denken ansieht: Als Autorität, höchste Instanz. Er ist der König, Monarch der Menschheit, bzw. der Kirche durch seine göttliche Autorität. Dem entsprechenden Artikel setzt Oldendorp eine kurze Definition vor: Authoritas publica excusat. - Die öffentliche Autorität macht gut, schützt, entschuldigt. In Bezug auf Christus bekommt diese politische Aussage besonderen Sinn.[1] Sein Gericht ist das Jüngste Gericht. In Christus gehorchen wir Gott. Er vergibt und verleiht Vollmacht. Autorität bedeutet Machtvollkommenheit: Mir ist gegeben alle Gewalt im Himmel und auf Erden, sagt der Taufbefehl.
Im Übrigen fehlen im Wörterbuch etliche Begriffe, die man hätte erwarten dürfen, wie Gnade, Fürst, Monarch, Klerus, Priester (ponitifex), Mönch oder Papst. Dafür hat der Begriff des Magistrats, gewöhnlich mit Obrigkeit gleichgesetzt, breitere Erörterung gefunden. Selbst wenn das Buch sich vor allem dem Römischen Recht zuwendet, hätte man etwas davon auflisten können. Unter dem Stichwort der Politik lesen wir lediglich die übliche Aufteilung der Staatsformen. Im Hintergrund mag man freilich bedenken, dass die „beste" der Staatsformen, die Monarchie in den Hansestädten Rostock, Greifswald, Lübeck und Hamburg - dem Aktionsraum Oldendorps - selbst nur von außen her Wirksamkeit entfaltete, während der Magistrat eher der „schlechtesten" Form zuneigte, der Demokratie, zumindest aber sich als Aristokratie in Selbstverwaltung ansah.
Einerseits ist im Blick zu behalten, dass das Lexikon vor allem eine Lesehilfe für das spätantike christianisierte Römische Recht war, andererseits ging es Oldendorp mit der Beachtung dieser Rechtsquelle durchaus auch um die Gegenwart. Das Lexikon ist nicht nur als eine historische Arbeitshilfe anzusehen, sondern zeigt auch Grundauffassungen von Johann Oldendorp auf.

---

1 Das Stichwort Autorität S. 95-98 nimmt im Wörterbuch des Oldendorp einen breiten Raum ein.

TEIL II –

Johann Oldendorps Rechtsauffassung

Johann Oldendorps Auffassungen in der Forschungsgeschichte

Stintzing, Freybe, Wolf, Dietze und Merzbacher

Den Anfang der neueren Forschung zu Johann Oldendorp hat **Roderich Stintzing** (1825-1883) gesetzt mit einem ausführlichen Kapitel in seinem Buch „Geschichte der deutschen Rechtswissenschaft", 1. Abteilung, München und Leipzig 1880, die Seiten 311-338. Er beginnt: „Die bedeutendste Erscheinung unter den deutschen Juristen um die Mitte des 16. Jahrhunderts ist Johannes Oldendorp, hervorragend über Alle sowohl durch die Macht seiner Persönlichkeit, mit der er in die Kämpfe der Zeit eingriff, wie durch seine Bedeutung als Schriftsteller und Lehrer." Stintzing gibt nach dem Lebenslauf eine inhaltliche Übersicht der lateinischen Schriften. Den deutschen Druckwerken Oldendorps wandte er sich nicht zu.

Gymnasiallehrer Arnold Freybe in Parchim hat 1893 und 1894 die drei deutschsprachigen Druckschriften, die Oldendorp unter seinem Namen in Rostock drucken ließ, also ohne die Schrift von den Missbräuchen als Faksimile mit ausführlichen Einleitungen versehen herausgegeben und damit weiterer Forschung eine solide Grundlage gegeben, da nicht mehr viele Exemplare aus dem 16. Jahrhundert vorhanden waren. Dass auch die Schrift von den Göttlichen Rechten Johann Oldendorp zuzuschreiben sei, hielt er für sehr wahrscheinlich, gab sie aber nicht mit heraus.

Oldendorp war niemals völlig vergessen, aber es war doch überraschend, dass 1939 **Erik Wolf** ihn in die Reihe der „Großen Rechtsdenker der deutschen Geistesgeschichte"[1] aufnahm mit z.B. Eike von Repkow, Althusius und Hugo Grotius. Er hatte die Veröffentlichungen von Roderich Stintzing und Arnold Freybe wahrgenommen und machte aus seiner Bewunderung gegenüber Johann Oldendorp keinen Hehl. 1943 erschien dann in seinen „Lesestücken für Rechtswahrer bei der Wehrmacht", Heft 12 seine Übertragung ins aktuell Hochdeutsche der beiden Schriften „Was billig und recht ist", sowie der Ratsmannenspiegel, allerdings unter Auslassung der zahlreichen Anmerkungen und lateinischen Verweise.

Erik Wolf hatte in Oldendorp den ersten bedeutenden lutherischen Rechtsdenker gesehen, eine ganze Generation vor Althusius. Sein Interesse fiel schon in die Zeit, als sich der zuvor nationalsozialistische Professor dem Widerstand angeschlossen hatte und sich ab 1936 auf Seiten der Bekennenden Kirche engagierte. Die Nähe der Oldendorpschen Vorstellungen von Gott und Recht wurden in der Auseinandersetzung um den Nationalsozialismus für Erik Wolf offenbar deutlich wahrgenommen, wie auch das Problem in den Barmer Thesen von 1934 deutlich benannt wurde: Worauf ruht das Recht? Sicher nicht auf Rassenzugehörigkeit oder dem Willen eines Führers.

Erik Wolf fiel an Oldendorp auf, dass dieser kaum etwas revolutionär Neues in den Diskurs der Rechtsphilosophie einbrachte, aber dennoch als einer der ersten bewussten und bahnbrechenden Rechtsdenker im deutschsprachigen Raum zu bewerten sei. Und er war offensichtlich Lutheraner, was nicht nur seinen privaten Glauben betraf, sondern eminente Folgen für seine Rechtsauffassung hatte. Erik Wolf stellte in dem entsprechenden Kapitel skizzenhaft auch das Rechtsdenken Luthers vor und fand es in Oldendorp wieder. Er erkannte die zentrale Bedeutung der Billigkeit für dessen

1 Erik Wolf, Große Rechtsdenker der deutschen Geistesgeschichte, 3. Auflage, Tübingen 1951, S. 134-175.

gesamtes Rechtsdenken. Die Forderung Oldendorps nach dem Hören auf Gottes Wort verglich er (in der Ausgabe von 1951) mit Karl Barths Rede vom Wort Gottes gegenüber den „Wörtern" der Schrift. Er verwies in diesem Zusammenhang auch auf die mittelalterliche Rechtsprechung mit ihren „Billigkeitshöfen", die gegen die Härte des Gesetzes auftraten.

Erik Wolf urteilte: Oldendorp hat „die lutherische Naturrechtslehre begründet". Das sollte man auch auf dem Hintergrund der Auseinandersetzungen in der ersten Hälfte des 20. Jahrhunderts hören, als man um die Natürliche Theologie stritt, was eine erhebliche Rolle auch in den theologischen Auseinandersetzungen um die Bekennende Kirche spielte.[1] Erik Wolf formulierte: „Sie (Oldendorps Rechtslehre) unterscheidet sich zwar in ihren Grundsätzen vielfach nicht vom älteren antiken und scholastischen Naturrecht." „Ganz ihr eigen aber ist die volkstümlich-praktische Form und die Vermischung scholastisch-humanistischer Gedanken und römisch rechtlicher Sätze mit der lutherischen Gewissensethik. Vom späteren Vernunftrecht individualistischer Prägung unterscheidet sie die Betonung des gemeinen Nutzens, ihr Glaube an die natürliche Schöpfungsordnung Gottes und ihre Ausrichtung nach den Weisungen der Heiligen Schrift."[2] In Bezug auf Kirche und Staat stellte Erik Wolf für Oldendorp fest: Die Kirche „wird weder als Stiftung noch als Verein noch als Anstalt begriffen, sondern als geistliche Gemeinschaft, die mit den Aufgaben oder gar der Lenkung des Staates nichts zu tun hat." Gottes Gebot ist kein „geschriebenes Ius Divinum", sondern „als Mahnruf des Gewissens erfasst".[3] Wir dürfen diese Beurteilung auch auf dem Hintergrund der Debatten um das Wächteramt der Kirche in der Bekennenden Kirche hören.[4] „Aktiver Widerstand" sei gemäß dem gebotenen

---

1 Die Natürliche Theologie stand gegen die Dialektische Theologie. Letztere baute völlig auf den Fakt der Offenbarung und stellte sich gegen die Theologie von Daniel Friedrich Schleiermacher. Es waren vor allem die Vertreter der Dialektischen Theologie, die sich gegen den Nationalsozialismus stellten und den größten Einfluss auf die Barmer Synode von 1934 hatten. Damit erhielt auch die Frage nach einem Naturrecht und dem Wesen der Kirche besondere Aktualität. Beide Fraktionen bezogen sich vehement auf Martin Luther.

2 Erik Wolf, Rechtsdenker S. 154.

3 Erik Wolf, Rechtsdenker S. 155.

Obrigkeitsgehorsam nach Röm 13 Sünde. Oldendorp meidet dieses Wort strikt ebenso wie jeden Verweis auf Martin Luther. Es ist nur von Aufruhr die Rede, der aber verwerflich sei. Von dem grundlegenden Gedanken der Verbesserung von Rechtszuständen bei Oldendorp spricht Erik Wolf nicht. Er verweist stattdessen auf moderne Begriffe der Lutherrezeption wie „Wendung ins Innerliche" und „subjektiver Gesinnungsethik", die Oldendorp „deutlich nachbildet".[1] Erik Wolf machte auch auf den christlichen Personengedanken „augustinisch-thomistischer Herkunft" bei Oldendorp aufmerksam, „freilich umgewandelt durch das lutherische Verständnis der Person als Gemeindeglied", das nur an die Entscheidung seines ‚unter das Wort' gestellten Gewissens gebunden ist."[2]

Erik Wolf meinte, mit den Jahren bei Oldendorp einen sich verstärkenden Einfluss Melanchthons zu erkennen und berief sich damit in der 3. Auflage bereits auf die Arbeit von Hans-Helmut Dietze, über die gleich zu reden ist. Oldendorp spricht in seinen deutschen Schriften in der Tat von „unserem Philipp" und zitiert ihn (im Unterschied zu Luther) ausführlich, allerdings tat er dies von vornherein.

Das vierfache Ursachenschema des Aristoteles fand Erik Wolf in der Wirkweise der Billigkeit nach Oldendorp wieder:

Causa efficiens: Wirkungsgrund ist Gott.

Causa materialis: Naturrecht, ergänzt vom geschriebenen und ungeschriebenen Recht.

Causa formalis: Methode der Billigkeit, bzw. Gerechtigkeit ist die Fähigkeit, die Entscheidung auf den Einzelfall auszurichten.

Causa finalis: Zweckbestimmung der Billigkeit „ist die Pflege des Volkswohls (salus rei publicae) und ihre letzte, maßgebende Bestimmung der Dienst am Reiche Gottes, der ‚gloria Christi'". Dies sei das „System der Billigkeit", der „Wertverwirklichung".[3] Auch

---

4 Die Bekennende Kirche hielt an der Trennung von Staat und Kirche fest, letztere aber sei von Gott mit dem Wächteramt nach Ez 33 betraut, und kein Staat dürfe sich überheben, totalitär, das hieß über die Herzen zu regieren.

1 Erik Wolf, Rechtsdenker S. 156.

2 Erik Wolf, Rechtsdenker S. 160.

3 Erik Wolf, Rechtsdenker S. 164f.

hier kommen moderne Blickwinkel wieder ins Spiel, denn Oldendorp hatte weder ein System im Blick, noch war ihm das hegelsche Muster der Realisation, bzw. der Begriff des (moralischen) Wertes entsprechend wissenschaftlicher Ethik bekannt. Er vertrat so wenig eine bestimmte Ethik wie eine Theologie im scholastischen Sinn. Darum ist auch der Begriff einer Normierung, wie er dann später auch wieder bei Peter Macke in seiner Beurteilung wichtig wird, hier nicht so einfach anwendbar.

Erik Wolf lässt das Denken Oldendorps in einer „Soziallehre als Ganzes" münden. Das Naturrecht ist des Menschen Fähigkeit zu denken und nicht der Instinkt biologischer Natur. Oldendorps Rechtsdenken gipfele in einer „praktischen Ethik des richterlichen Amts". Im „Gewissen des Richters" verschmilzt letztlich alles. Die Zehn Gebote sind keine Rechtsquelle (ius divinum positivum), sondern eine Rechtserkenntisquelle. Das richterliche Amt ist ein göttliches Amt.[1]

Erik Wolf ist wesentlich zu danken, dass man auf Oldendorp in der Fachwelt aufmerksam geworden ist. Im Rahmen seines Buches konnte er natürlich nur eine Übersicht geben. Zwei Hochschulschriften haben diese Ansätze ausgearbeitet, zunächst die von Hans-Helmut Dietze, dann zwei Jahrzehnte später die von Peter Macke. Daneben sind bislang nur Aufsätze oder Abschnitte in weiter gefassten Werken zu Oldendorps Denken erschienen.

„Johann Oldendorp als Rechtsphilosoph und Protestant" überschrieb **Hans-Helmut Dietze** seine umfangreiche Arbeit über Oldendorp. Sie ist die 1933 gedruckt worden auf dem Grund seiner von Ernst Wolgast betreute Dissertation.[2] Allerdings gelten nur etwa 80 Seiten der Dissertation Dietzes dem Werk Oldendorps selbst. Die Arbeit bietet zunächst eine Zusammenstellung von „Grundbegriffen". Der zweite Teil ist dann „praktischen Folgerungen" gewidmet, die sich mit Oldendorps Auffassungen von den Zehn Geboten, der Billigkeit und den Ratschlägen befassen. Neben dem Referat der Gedanken Oldendorps prägt der Zeitgeist diese Arbeit, so im Abschlusssatz des Abschnittes „Werk": „Diese

1 Erik Wolf, Rechtsdenker S. 169f.

2 Hans-Helmut Dietze war dann später auch Autor der Schrift „Die Rechtsgestalt der Hitler-Jugend" (Berlin 1939).

Strahlung seiner Persönlichkeit zu verfolgen, gehört zur Gestaltbeschreibung hinzu, da jene geschichtswirkende Kraft und Mächtigkeit der Person ein Ausfluss ihrer ureigenen Anlage ist."[1] Es finden sich entsprechend in der Dissertation etliche biographische Hinweise und Informationen über die Rezeption des Werks von Oldendorp. Die Deutung seines „Gesamtwesens" lautet: „Sein Werk bedeutet eine letzte große Synthese zweier Geistesrichtungen: eine Vereinung religiösen Glaubens mit rationellem Denken."[2] Dietze fand diese Einheit in der zeitgenössischen katholischen Soziallehre seiner Zeit am ehesten wieder. Oldendorp habe also noch nicht genügenden Abstand zum Katholizismus bewiesen[3], was Dietze aber nicht beklagenswert fand, im Gegenteil. Der Protestantismus habe diesen Zusammenhang eher vergessen. Die Arbeit gipfelt in dem Bekenntnis: „Vernunft und Gefühl, berechnendes Zielen und seelisches Verströmen, menschliches Streben und göttliches Fügen - jener Einheit, zu der sich daher alle zu bekennen vermöchten."[4] So erzählt diese Dissertation, abgesehen von historischen Nachrichten und Zusammenstellung von Zitaten mehr vom 20. als vom 16. Jahrhundert.

Im Aufsatz „Johann Oldendorp und das kanonische Recht" untersuchte **Friedrich Merzbacher** 1959 Oldendorps Verhältnis zum Kanonischen Recht.[5] Er beachtete dabei nicht die Schrift vom Göttlichen Recht, die man ja nicht zu seinen Schriften zählte. Die guten Kenntnisse Oldendorps vom Kanonischen Recht werden durch Friedrich Merzbacher dargelegt und betont, dass er durchaus Vieles im Kirchenrecht hoch achtete, zugleich aber auch in etlichen Punkten abwich, allem voran das Papsttum als Stellvertretung

---

1 Hans-Helmut Dietze, Johann Oldendorp als Rechtsphilosoph und Protestant, Königsberg 1933, S. 142. Im Hintergrund steht die Gestalttheorie der ersten Jahrzehnte des 20. Jahrhunderts.

2 Hans-Helmut Dietze, Johann Oldendorp als Rechtsphilosoph und Protestant, Königsberg 1933, S. 160.

3 Hans-Helmut Dietze, Johann Oldendorp als Rechtsphilosoph und Protestant, Königsberg 1933, S. 166. Vernunft und christliche Offenbarung zusammen bilden die Grundlage der Sozialordnung.

4 Hans-Helmut Dietze, Johann Oldendorp als Rechtsphilosoph und Protestant, Königsberg 1933, S. 173f.

5 Friedrich Merzbacher, Recht - Staat - Kirche, Wien, Köln, Graz 1989 S. 246-274.

Christi selbst ablehnte. Auch Merzbacher fiel auf, dass Oldendorp niemals den Namen Luther erwähnte. Er lehne das Kirchenrecht nicht völlig als schlechten Text ab, zitierte wie in der Schrift vom Göttlichen Recht auch sonst häufig zustimmend aus den Dekretalien.

Merzbacher erwähnte, dass Oldendorp in Bologna auch das Kanonische Recht auf das Genaueste erlernt hatte. Ob er sich, wie seine Gegner behaupteten, in der „Theologie" nicht auskannte, mag man nun auch an der Schrift vom Göttlichen Recht ablesen. Immerhin wurden dort - abgesehen vom Lutherfeind Emser und Nikolaus von Kusa keine Theologen zitiert. Aber zum Beispiel mit Augustinus und in der Heiligen Schrift kannte Oldendorp sich sehr gut aus, was Merzbacher allerdings nicht anmerkt. Theologische Argumentationen lagen Oldendorp in der Tat fern. Er las die Bibel aus seinem juristischen Blickwinkel heraus und nicht im Denkrahmen scholastischer Theologie.

Merzbacher erinnerte weiterhin daran, dass in Bologna das Römische Recht dem Kanonischen untergeordnet angesehen wurde, was zum einen daran liegen mochte, dass letzteres im Unterschied zum ersten in Geltung war, zum anderen hatte das Kanonische Recht das Kaiserlich-Römische Recht der Spätantike der Sache nach weithin in sich integriert. Hier möchte ich hinzufügen, dass genau dies Verhältnis sich im Humanismus und bei den Reformatoren grundlegend änderte. Das spätantike, durchaus schon christlich geprägte Römische Recht wurde vom Kanonischen Recht bei den Humanisten gesondert und als eigene Größe wahrgenommen. So konnte man nun umgekehrt aus dem Kanonischen Recht sich aussuchen, was man für recht und richtig hielt.[1] Man musste nicht gleich das Kanonische Recht verbrennen, wie Luther es tat, aber es war nun bei den reformatorisch Gesinnten nicht mehr anders in Geltung als die Römische Rechtssammlung, als bloße, wenn auch durchaus achtenswerte Quelle für die Rechtsfindung.

1 Vgl. auch die von Merzbacher erwähnte Schrift von Lazarus Spengler, Eyn kurtzer außzug, auß dem Bebstlichen rechten der Decret vnd Decretalen, Jn den artickeln, die vngeuerlich Gottes wort vn[d] Eua[n]gelio gemeß sein, oder zum wenigsten nicht widerstreben, Nürnberg 1530.

Guido Kisch

Wichtig für unseren Zusammenhang ist auch **Guido Kisch** mit seinem Buch „Erasmus und die Jurisprudenz seiner Zeit"[1]. Der für Oldendorp zentrale Satz „summus ius summa iniuria" war auch für Erasmus grundlegend. Der Gedanke der aequitas hat die gesamte Rechtsgeschichte begleitet. Ursprünglich hatte der Satz aus Cicero in der vorkonstantinischen Zeit, den antiken Klassikern nicht die Bedeutung, die er dann später bekam, so Guido Kisch.[2] Der Gedanke der Billigkeit als Lösung des Problems der Gerechtigkeit, des Guten im Recht, kam auch erst später auf. Wie Oldendorp selbst bemerkte, war in der Antike „aequitas" synonym mit „Gerechtigkeit" verwandt worden, was aber nicht gleichbedeutend mit Billigkeit war, wie sie später verstanden wurde. Seine systematische Deutung erhielt der Spruch vom scharfen Recht erst bei Thomas von Aquin.

Die Weise, wie Oldendorp den Satz „summus ius summa iniuria" deutete, findet sich bei Martin Luther in seiner Schrift Ob Kriegsleute auch in seligem Stande sein können (1526):

„Weil es nun wegen des Amtes und Standes an und für sich keinen Zweifel gibt, dass alles recht und ein göttliches Ding ist, wollen wir nun von den Personen und dem Umgang mit diesem Stand handeln. Denn darauf kommt es am meisten an, dass man wisse, wer und wie man mit diesem Amt umgehen soll. Und hier ergibt sich's auch, dass, wenn man feste Regeln und Rechte aufstellen will, so viele Einzelfälle und Ausnahmen auftreten, dass es sehr schwer oder sogar unmöglich ist, alles so genau und zutreffend zu fassen. Wie es denn auch bei allen Rechten zugeht, dass man sie so bestimmt und zutreffend niemals aufstellen kann; es kommen Fälle vor, die eine Ausnahme erforderlich machen, und wenn man die Ausnahme nicht zuließe, sondern folgte streng dem Recht, so wäre es das allergrößte Unrecht, wie der Heide Terentius sagt: Das strengste Recht ist das allergrößte Unrecht. Und Salomo in seinem Prediger lehrt auch, man

1 Guido Kisch, Erasmus und die Jurisprudenz seiner Zeit. Studien zum humanistischen Rechtsdenken, Basel 1960.

2 Vgl. aber die Bedeutung der Billigkeit in der Rhetorik. Dazu weiter unten.

solle nicht allzu gerecht sein, sondern zuweilen nicht weise sein wollen (Spr 7,16)."

Erasmus von Rotterdam hatte in seinen Sprichwörtern ebenfalls die Formel summus ius summa iniuria aufgenommen. Seine Erläuterung von 1500 dazu hatte er in den späteren Ausgaben bis hin zu 1540 deutlich erweitert. Erasmus schrieb in späteren Fassungen, dass man am meisten von der Gerechtigkeit abginge, wenn man am meisten skrupulös an den Worten des Gesetzes haftet" und nicht Rücksicht auf die Absicht des Gesetzes nimmt. „Denn die Worte und Buchstaben sind gleichsam die oberste Haut des Gesetzes."[1]

Guido Kisch weist auf Ioannes Lodovicus Vives (Juan Luis Vives, 1492-1540), einen spanischen Freund von Erasmus von Rotterdam. In der Schrift Aedes legum, 1519/20 in Löwen erschienen, legte er seine Ansichten von der aequitas dar. Er gebraucht als Bild einen Berg der Gerechtigkeit, der lot- und aufrecht steht als das eigentliche Recht. Das sich differenzierende Recht, mit dem sich viel streiten lässt, zeigt sich dagegen als Sumpf zu Füßen der wahren Gerechtigkeit, zu der der Weg der Ungerechtigkeit letztlich führt. Auch er gebrauchte (wie Oldendorp) das Bild der lesbischen Bauleute, aber vom bleiernen Richtscheit, als biegsames Metall, das sich dem Baumaterial anpassen lässt, nicht von der Schrotwaage. Die Norm des Rechts ist das aequum bonumque. Guido Kisch erinnert an die Rechtshierarchie des kanonischen Rechts, wie sie Eugen Wohlhaupter auf die einfache Formel bringt: lex aeterna - lex naturalis - lex humana.[2] Dem entspricht Oldendorps Bild von der Waage: Das Naturrecht versucht, die Gleichung zwischen göttlichem und menschlichen Recht herzustellen. Es ist mithin nicht an ein angeborenes Recht gedacht, das man vom lex aeterna abkoppeln könnte.

Ein weiterer Rechtsgelehrter aus dem Umkreis von Erasmus, der wie sie alle kritisch den Postglossatoren italienischer Schule gegenüberstand, war Claudius Cantiuncula (1490-1549) in Basel.

---

1 Bei Guido Kisch S. 65. Er erinnert in diesem Zusammenhang auf den Bekannten Satz aus Faust von J. W. v. Goethe: „Mit Worten lässt sich trefflich streiten."

2 Guido Kisch Erasmus S. 85. Eugen Wohlhaupt: Aequitas canonica, Paderborn 1931 S. 176.

Seine Gedanken zur Billigkeit sind zunächst 1520 in der Schrift Topica, dann 1522 in De ratione studii legalis Paraensis ausgeführt und später erweitert worden.[1] Nach Cantiuncula sind alle Gedanken zu gut und billig bereits in den alten Gesetzen zu finden und galten ihm als von Gott inspiriert. Damit wurde und wird das Wohl eines jeden und des christlichen Staates befestigt und begründet. Das Christentum führt fort und vollendet, was auch in heidnischen Völkern auf dem Weg ist. Wer secundum naturam handelt, bringt sich nicht in Widerspruch zum Evangelium. Das Gute und Billige bilden den Geist auch des Naturgesetzes. Friede, Liebe und Eintracht sind Zweck aller Gesetze, wer dies nicht tut, missbraucht sie: „Quae si quis non spetcet legibus nun utitur, sed abutitur."[2] Die Bergpredigt redet hyperbolisch, übertreibend, um die Richtung anzuzeigen, erfüllen lassen sich diese Gebote auf Erden nicht. Claudius Cantiuncula galten die Richter als Priester des bonum und aequum. indem sie (richtend) die wahre Philosophie lehren.[3] Wer zu streng oder zu milde ist, sucht wohl eher seinen eigenen Ruhm. Wie bei Oldendorp gehört zur Billigkeit darum das Beachten von Zeit, Ort, Person, Ursache und anderen Umständen. Auch Cantiuncula nimmt das Bild der lesbischen Baumeister.

Erasmus von Rotterdam[4] hatte noch nicht diese Auffassung in der Weise, legte ihr aber den Grund, indem er seine Philosophie Christi entwickelte. Hiernach bildete die Kirche den inneren Kreis um Christus herum. Aufgabe des Staates sei es, für Ordnung zu sorgen,

---

1 Guido Kisch, Erasmus S. 91. 1543 äußerte sich dann Cantiuncula ausführlicher und in systematisch-praktischer Art zur Billigkeit, wobei er betonte, dass er diese Gedanken schon 1529 gefasst hätte, nur nicht zur Veröffentlichung geschritten wäre. Diese Bemerkung bezog sich möglicherweise auf Oldendorps Schrift. Er war in Metz geboren und hatte in Leipzig studiert und verstand somit aller Wahrscheinlichkeit nach ausreichend Deutsch, um die Rostocker Schrift von der Billigkeit zu verstehen. Der Titel seiner Schrift lautete De officio iudicis libri duo und erschien in Basel. Siehe siehe im Einzelnen Guido Kisch, Erasmus S. 260ff. Da hier unser Interesse den beiden Schriften Oldendorps von 1529 gilt (und auch nicht den späteren Veröffentlichungen Oldendorps zu Billigkeit), mag dieser Verweis hier ausreichen.

2 Guido Kisch, Erasmus S. 98f.

3 Guido Kisch, Erasmus S. 100. Bei dieser Satz handelt es sich um einen Gedanken von Domitius Ulpinian (+223 oder 228).

4 Guido Kisch, Erasmus S. 108-132.

wobei er darum auch vom Gesetz Christi abweichen müsse. Leitbild für seine Auffassung waren ihm nicht Waage oder Lot, sondern Plato gemäß der Spiegel: Das reine Urbild spiegelt sich anders im Kristallspiegel oder in der Pfütze. Humanismus war für Erasmus das Übereinkommen der heidnischen Antike nach Plato und der christlichen Lehre. Wiedergeburt, wie sie das Neue Testament nennt, führt den Menschen wieder zu dem, was er als Gottes Schöpfung eigentlich ist. Die reinste Quelle allen Lichtes und aller Unschuld ist Christus. Gesetze haben nicht die Kraft, Gutes zu bewirken, aber sie lassen uns weniger schlecht sein. Da Gesetze eben diesen Zweck haben, misst sich daran auch der Gedanke des Missbrauchs. Das Wort aequitas taucht zwar auf, ist aber nicht bestimmend. Besonders klar äußerte sich zu diesem Themenkreis Erasmus schon im Antibarbari von 1500, dann 1516 in der dem späteren Karl V. gewidmeten Schrift Institutio Principis Christiani, sowie in einem Text, den er der zweiten Auflage seines Neuen Testamentes 1519 beifügte: Ratio seu Compendium verae Theologiae.

Cantiuncula bewegte sich ganz in der Nachfolge des Erasmus.[1] 1520 gab er in Basel die Schrift Topica heraus, die die dogmatischen Überlegungen - wie ein Jahr später bei Melanchthon - in Loci geordnet war. Das ist als wohlüberlegte Ablehnung gegenüber scholastischer Systematik zu werten. Wie auch bei Oldendorps späteren lateinischen Schriften bestand die Schrift zu einem großen Teil aus Zitaten und Verweisen. Das Zwölftafelgesetz spielte dabei eine ebenso fundamentale Rolle wie bei Oldendorp. Grundlegend war dabei die Definition von Celsus: „Ius est ars boni et aequi“, die merkwürdigerweise bei Oldendorp nicht erwähnt wird. Charles Lefebvre machte die Beobachtung, dass das kanonische Recht von den Begriffen der misericordia und benignitas geprägt war, nun aber im 16. Jahrhundert durch den Gedanken der Epikie, der Billigkeit abgelöst würde.[2] Bei Oldendorp tauchen diese beiden Begriffe in der Schrift von Billig und Recht nicht auf. Auch findet sich bei ihm in der Schrift von der Billigkeit nicht die kanonistische Definition: Aequitas est rerum convenientia, quae in paribus causis paria iura desiderat, Billigkeit im Sinne von Rechtsgleichheit, die erfordert, dass gleiche

---

1 Guido Kisch, Erasmus S. 154ff.

2 Guido Kisch, Erasmus S. 39 und 169.

Fälle gleiches Recht verlangen. Oldendorps Schrift zielte in eine andere Richtung.

Gnadenlehre und Rechtfertigung waren zentrale Themen der Reformation. Im menschlichen Recht erscheint Gnade als Ausnahme, im Grunde als Rechtsbruch. Im Kirchenrecht eingebundene Gnade - wie im mit ihr rechnenden mittelalterlichen Bußwesen - verändert ihren Charakter im Grundsatz. Die Reformatoren trennten radikal göttliches Gnadenrecht von allen menschlichen Regeln. Gnade muss von ihnen frei sein, sie darf nicht in Bevorzugung ausarten. Billigkeit im Sinn Oldendorps bevorzugt nicht, sondern gewährt trotz aller Gleichheit vor dem Gesetz der Besonderheit des Falles Raum, um anders als nur mit der Härte und Schärfe des Buchstabens agieren zu können. Die Forderung nach Billigkeit war auch eine grundsätzliche korrigierende juristische Reaktion auf das im Spätmittelalter verbreitete Privilegienwesen. Der Ablasshandel war eine juristische Parallele zum Privileg, einer Ausnahme, was nach Römischem Recht zu Zeit der antiken Republik als rechtswidrig galt, als Gesetzesberaubung.

Gleichheit vor dem Gesetz bedeutet, dass – um ein ökonomisches Beispiel zu nehmen – zwar auch der Reiche zur Rechenschaft gezogen wird. Aber ihn wird eine gleiche finanzielle Strafe ungleich weniger treffen als einen Bedürftigen. Dieser Einsicht folgen heute etliche Gesetze, indem sie Abstufungen zulassen.

Gnade im ansonsten gnadenlosen Recht verändert nicht den unbilligen, ungerechten Rechtssatz, sondern bestätigt und befestigt ihn. Sie ist die Ausnahme, die die Regel bestätigt. Wird Gnade erteilt, wird damit ausgesagt, dass die entsprechende Tat der Regel widerspricht. So schwächt und verstärkt die Gnade zugleich nur das Gesetz und ist keine Förderung von Billigkeit. Einerseits werden im Ablasswesen Sünden bezahlbar, also erscheinen sie lässlich und handhabbar, andererseits wird die Drohung der Fegefeuerstrafe umso drastischer. Die konkreten Androhungen von Fegefeuerjahren waren entsprechend völlig ins Phantastische abgeglitten. Oldendorp lehnte alle Rede vom Fegefeuer ab, sie ergab für das ius divinum absolut keinen Sinn.

Billigkeit ist, was zum menschlichen Rechtswesen gehört. Gottes Gnade darf da nicht hineingemischt werden, bei Gott ist Gnade das Verheißene und nicht die Ausnahme.

Der durch Papst und Bischöfe erteilte Ablass ließ einerseits das Unerträgliche erträglich erscheinen, brachte andererseits auch kleinere Sünden mit erschreckenden Fegefeuerstrafen in Verbindung und machte

Gottes Recht zum schärfsten aller Rechte, und damit nach Oldendorps Denken zum schärfsten Unrecht. Wohlgemerkt handelt es sich hier nicht um theologische Überlegungen, sondern um juristisches Denken.

Die Billigkeit, wie Oldendorp sie verstand, war nicht die des Gnadenrechtes. Billigkeit nach Oldendorps Verständnis war keine Ausnahme wie mildernde Umstände, sondern Recht in dem Sinn, dass der Intention des Rechtes Genüge geleistet werden sollte.

Das Recht der Gnade und Barmherzigkeit Gottes steht auf einem völlig anderen Blatt und ist mit menschlicher Rechtsentfaltung nicht zu greifen. Dem Verdikt gegenüber dem Sündenzählen entspricht die Einsicht, dass Gnade nicht abzurechnen ist. Der Verkauf der Gnade nach Liste und Vergehen machte Gottes Gesetz in der Weise scharf, dass es nicht nur unnachgiebiger Strenge brachte, sondern auch Gott zum Urheber schärfsten Unrechts erklärte. Das führte Guido Kisch nicht so aus, aber dieser Gedanke legt sich nach seiner Lektüre nahe und lässt erahnen, wie es um die Zusammenhänge von Luthers theologischen Gedanken und Oldendorps Rechtsphilosophie steht.

Weiterhin verwies Guido Kisch auf Guillaume Budé (1468-1540).[1] Dieser zitiert Donatus in seinen mehrfach gedruckten Annotationis in quattour et viginti Pandetcarum libros von 1508 mit den Worten: „Ius est, quod omnia retca et inflexibilia exigit; aequitas est, quae de iure multum remittis.“ - Das Recht darf nicht gebeugt werden und ist unflexibel. Billigkeit betrifft, was das Gesetz übrig lässt. Umgekehrt ist das Gesetz für den Notfall geschaffen, wenn umgekehrt ohne das Gesetz nichts anderes übrigbleibt, als nach dem Buchstaben zu urteilen. Daher der Ausspruch: „Meo iure, tuo iure, suo iure.“ - Zu meinem, deinem, seinem vollen Recht. Damit verwies Budé auf die Personenbezogenheit von Recht und Billigkeit. Billigkeit verbessert auch das gesetzliche Recht, indem es das Abstrakte an das Konkrete bindet. Das Gesetz geht immer auf das Allgemeine, aber es gibt immer etwas, was das Gesetz nicht vorgesehen hat.

Gerade also das Allgemeine, wo alles recht umfassend und absolut richtig erscheint, ist in Wahrheit lückenhaft, wie das Sprichwort sagt: Alles wird über einen Kamm geschert. Die zwangsläufige Lückenhaftigkeit ist eine der fatalsten Schwächen der Gesetzlichkeit. Es gibt wohl kaum ein Gesetz, das nicht in der Weise missbraucht

1 Guido Kisch, Erasmus S. 184ff.

wird, dass man es durch Aufspüren von Lücken dazu bringt, Ungerechtigkeiten zu legitimieren: „Nicht alles, was geschieht, kann durch eine und dieselbe gesetzliche Vorschrift erfasst werden."[1] Für Budé galt das lesbische Richtmaß als angemessen, um einen Bau vollenden zu können. Gebraucht man seine Rechte zu strikt, fällt man ins Unrecht, usurpiert man das Recht. Budé zitiert dazu Koh 7,17: Sei nicht allzu gerecht und nicht allzu weise, auf dass du dich nicht verdirbst.[2]

In diesem Zusammenhang sei auch auf die Kürze der Halsgerichtsordnung gegenüber den vielen Bänden des Römischen und Kanonischen Rechts verwiesen, die so eher zu einem Kommentar geltenden Rechts wurden, zu Hilfstexten. Es ist für Oldendorp bezeichnend, dass er in seinen lateinischen Werken fragmentarisch arbeitete, Sentenzen auch unkommentiert gegeneinander stellte.[3]

Aequitas galt Budé als Mark des Rechts und echter Gerechtigkeit. Er setzte sie mit dem Guten gleich. „Daher bezeichnen wir mit aequitas animi die richtige Verfassung des Geistes und eine ruhige Gemütslage, frei von jeder Äußerung des Unwillens, was die Griechen εὐγνωμοσύνη nennen."[4] Es gibt eine Nähe dieses Wortes zum Gewissen, denn conscire bedeutet auch, etwas wohl zu wissen.

Weder Budé noch Oldendorp zitieren je Thomas von Aquin, obgleich dieser sich ausführlich zur Aequitas geäußert hat, auf den

---

1 Guido Kisch, Erasmus S. 187.

2 Guido Kisch, Erasmus S. 200-203 verweist auf die Wichtigkeit gerade dieses Bibelverses, für den er in diesem Zusammenhang auch an Lucas de Penna (1325 - 1390) erinnert, der diese Zusammenhänge bereits hergestellt hatte.

3 Vgl. dazu die Rolle des Fragmentarischen bei den das vor allem späte Mittelalter verklärenden Romantikern. So Novalis in Fragmente 1 unter der Überschrift Der Künstlerphilosoph: „Der rohe, diskursive Denker ist der Scholastiker. Der echte Scholastiker ist ein mystischer Subtilist. Aus logischen Atomen baut er sein Weltall - er vernichtet alle lebendige Natur, um ein Gedankenkunststück an ihre Stelle zu setzen. Sein Ziel ist ein unendlicher Automat. Ihm entgegengesetzt ist der rohe, intuitive Dichter. Er ist ein mystischer Makrolog. Er haßt Regel und feste Gestalt. Ein wildes, gewalttätiges Leben herrscht in der Natur - alles ist belebt. Kein Gesetz - Willkür und Wunder überall. Er ist bloß dynamisch."

4 Guido Kisch, Erasmus S. 192. V. Ch. Fr. Rost übersetzt das Wort: edle Gesinnung, Billigkeit, Güte, Milde, Bravheit; Einsicht, Klugheit.

Guido Kisch doch hier Bezug nimmt. Nach ihm war Thomas der erste, der die Epieikeia mit dem lateinischen Wort Aequitas gleichsetzte.[1] Damit ergab sich eine aus dem Alten geschöpfte neue Deutung des lateinischen Begriffs mit Hilfe der Ausführungen des Aristoteles, was dazu führte, dass aus der Gleichheit und Angemessenheit sich der neue grundsätzliche Begriff der Billigkeit im 16. Jahrhundert bilden konnte, dem wir bei Budé, Erasmus und Oldendorp begegnen.

Auch Ulrich Zasius (1461-1535) beschäftigte sich eingehend mit der Frage von dem Verhältnis von Gerechtigkeit, bzw. Billigkeit und Recht. Guido Kisch nimmt als Quelle seiner Darstellung die posthume Werkausgabe, so dass für mich schwer zu beurteilen ist, was von diesen Gedanken bis 1529 bereits bekannt war. Der von Guido Kisch behandelte Text war 1537 erstmals gedruckt worden. Zasius schrieb:[2] Die Gerechtigkeit teilt jedem das Seine zu und ist somit die Bilderin des Rechts. Wie den Nominalisten nach der Schuh schon im Leder steckt, ist das Recht in der Gerechtigkeit. Sie ist nicht etwa Mutter des Rechts, sondern seine Regel. Recht ist Ausübung der Tugend. „Der Gesetzgeber ist der Hersteller des Rechts, die Gerechtigkeit der Stoff, die menschlichen Handlungen der Bereich." Zasius beschreibt mithin das Verhältnis von Gerechtigkeit, Recht und Handlung nicht zeitlich kausal, wonach dann Recht und Handlung sich der Vollendung von Gerechtigkeit rühmen könnten, sondern - wie wir heute sagen würden - strukturell.

Mithin muss das Gesetz, um nicht streng und ungerecht zu sein, sich beständig verändern. Die Veränderung bezeichnete Aristoteles mit Epieikeia, „id est emendatione legis", Verbesserung des Gesetzes. Sie berücksichtigt die Umstände, will billig und gütig sein. Zasius nimmt den griechischen Begriff aus Aristoteles als Fremdwort und Erklärung der „Gerechtigkeit". Das Recht, das diese Gerechtigkeit annimmt, ist gemildertes Recht, nicht ungerecht strikt. Dann wieder nennt er das Recht, bzw. die Rechtssetzung ars boni et aequi, Kunst des Guten und Billigen. Aequitas ist echte und wahre Gerechtigkeit. Hauptbedeutung der Billigkeit ist für Zasius die Milderung als Mark des Rechtes. Das Gute und Billige sind entgegen

1 Guido Kisch, Erasmus S. 207.

2 Guido Kisch, Erasmus S: 322ff.

anderer Meinungen für Zasius untrennbar. Bei alledem beruft sich Zasius auf Budé. In einem - von Guido Kisch als ungeschickt bezeichnetem - Bild erzählt Zasius gleichnishaft, der Gesetzgeber habe die Gerechtigkeit als rohen, unvollendeten Stoff vorgefunden, den er zu formen hätte. Hier zeichnet sich aber offenbar doch ein deutlicher Unterschied zu den Ansichten Oldendorps ab. Für ihn ist die Gerechtigkeit keine Rohmasse, die durch Gesetze scharf geschliffen würde, gewissermaßen nur ausformuliert. Die Forderung nach Gerechtigkeit steht den Gesetzen lebendig gegenüber, die Gesetze müssen sich an ihr beweisen. Die Juristen sind es, die die Härte des strikten Gesetzes mildern, weil sie die Ungerechtigkeit wahrnehmen: „Da kamen die Juristen, und als sie die Härte des Gesetzes sahen, schufen sie zur Beseitigung dieses Mangels eine mildere und gemäßigtere Regel der Gerechtigkeit, die Aristoteles Epieikeia nennt, das ist eine Verbesserung des Gesetzes."[1] Das klingt wiederum ganz nach Oldendorp mit seinen Regeln zur Billigkeit. Zu bedenken ist dabei alledem die noch andere Rolle der Juristen bis in die erste Hälfte des 16. Jahrhunderts: Sie waren Berater der Richter, nicht die Richtenden selbst. Der Rechtstext war für sich kein Urteil, beides war auch personell deutlich unterschieden.

Zasius folgt in alledem Budé. Guido Kisch fasst zusammen: „Diese Wandlung des strictum ius zur temperata aequitas, der geschichtliche Übergang von der drakonischen Strenge zu zivilisierten Gesetzlichkeit, bildet nach Zasius den Wesenskern der römischen Rechtsentwicklung." So habe man sich der Rezeption des antiken Rechtes im 16. Jahrhundert vorzustellen.[2] Bei Zasius ist die Fortschrittsidee nicht zu verkennen. Nicht nur Lücken werden wie bei Aristoteles gefüllt, sondern es gibt einen zivilisatorischen Fortschritt in der Gesetzgebung.

Oldendorp dagegen vertraut weder auf Fortschritt, noch sieht er es als möglich an, ein perfektes Rechtssystem zu erschaffen. Um es im Sprachgebrauch der Reformatoren zu sagen: Das semper reformandum ist nicht eine Perfektionierung, sondern kennzeichnet die ewige Reformbedürftigkeit aller Rechtssetzung, so fortschrittlich und besser sie auch gegenüber älterem Recht aussehen mag.

---

1 Guido Kisch, Erasmus S: 329.

2 Guido Kisch, Erasmus S. 331.

Auch bei Zasius benötigt das Recht in Zukunft die Mäßigung als ständige Begleiterin, aber die Billigkeit hat bei ihm nicht das Gewicht, das sie bei Oldendorp hat. Das Gute ist bei ihm nicht die diffuse Rohmasse des geschliffenen Rechts. Billigkeit, Gesetz und Urteil wägen gemeinsam ab zwischen dem Guten und der zu beurteilenden Realität. Für Zasius ist das Versagen des Rechtes vor allem ein Versagen gegenüber strenger Logik.[1] Dieser Sicht würde sich Oldendorp 1529 wohl nicht angeschlossen haben, denn in seinen beiden Schriften findet sich kein Lob einer sich perfektionierenden Ordnung, auch nicht des Römischen Rechtes, so weit er sich seiner Grundsätze auch bedient und es hoch schätzt.[2] Oldendorp hat in seinen weiteren Schriften nicht wie Zasius das Römische Recht glossiert und verbessert, sondern es nur als Rechtsquelle genutzt und gelehrt. Auch Zasius wertete die Billigkeit sehr hoch, indem er schreibt: „Ius est ars aequi et boni, ut in omnibus aequitas praeferatur."[3] Die Billigkeit ist auch für Zasius entscheidend und der Subtilität vorzuziehen. Überhaupt müsse das Gesetz der Billigkeit stets einen Spielraum ermöglichen. Insofern erscheint der Unterschied zwischen Oldendorp und Zasius unmerklich und gering zu sein, aber er besteht und wird sich erst weit später in seiner Bedeutung zeigen. Er zeigt sich darin, dass bei Zasius das Naturrecht auch als göttlich angesehen wurde: ius naturale (est) ius divinum.[4]

Zuletzt stellt Guido Kisch Bonfacius Amerbach (1495-1562) in die Reihe um Erasmus von Rotterdam. Auch er gehört nach Basel, wo dann ja auch Oldendorps lateinische Schriften verlegt wurden. Für Amerbachs Auffassung von der Billigkeit gehört er eher in das

1 Guido Kisch, Erasmus S. 334.

2 Darum konnte Oldendorp in seiner Schrift zum Göttlichen Recht auch viele Sätze dem Kanoinischen Recht entnehmen, die er gewissermaßen aus dem Zusammenhang des Kanonischen Rechts riss und damit argumentierte. Der einzelne Satz sträubt sich gegen das System, in das es eingesetzt wurde. Das ließ ihm Cornelius van Sneek nicht durchgehen.

3 Guido Kisch, Erasmus S. 339.

4 Guido Kisch, Erasmus S. 343. Ich kann das für Zasius nicht im Kontext seiner Schriften nachprüfen, aber ich möchte doch in Rechnung stellen, dass Zasius hier noch treu mittelalterlich gedacht haben könnte, wonach der Satz anders zu interpretieren ist: Das natürliche (ewige) Recht ist göttlichen Ursprungs, aber nicht darum mit dem ius divinum identisch.

Kapitel der Wirkungsgeschichte von Johann Oldendorp, obgleich es eine zu seinen Lebzeiten nicht veröffentlichte Vorlesung von 1526 gibt, in der er sich bereits zu diesem Thema äußert. Bei seinen späteren Äußerungen ist Johann Oldendorp als Quelle belegt, dessen Schrift er eifrig annotiert und glossiert hat.[1] Für Amerbach sind (wie für Oldendorp) Epieikeia nach Aristoteles Aequitas „Billigkeit". Allerdings ist für ihn diese Billigkeit „ein Urteil des Geistes, das hauptsächlich aus jener höchsten, in unserer Natur eingeborenen Vernunft stammt und alles Geschrieben, Gesagte oder Getane entsprechend der Art der Umstände, wie sie sich auf ein anständiges Leben beziehen, beurteilt und entscheidet, sodass an die Stelle des Allgemeinen das Urteil tritt", so Guido Kisch.[2]

Hier also sehen wir die Auffassung des Naturrechts, das Erik Wolf bereits bei Oldendorp sehen wollte. Im Urteil der Vernunft, und hier dürfen wir die Linie getrost bis zu den Überlegungen Immanuel Kants ziehen, verschwimmt die menschliche Vernunft mit dem als göttlich angesehenen Recht. Man kann dies freilich in der Nachfolge von Oldendorp als nächsten Schritt sehen, aber der Unterschied ist festzuhalten. Nach der Zeit der Aufklärung steht dann die Alternative wieder deutlich vor Augen: Gibt es überhaupt eine Vernunft, die nicht die des Menschen ist? Sah man in der Aufklärung Vernunft und Gott als identisch an, wurde Zweifel daran laut. Und dies verstärkte dann den grundlegenden Zweifel an Gott überhaupt.

Im Streit zwischen Natürlicher und Dialektischer Theologie wurde dies im 20. Jahrhundert erneut Thema. Beigelegt ist dieser Streit im Übrigen nicht, er ist nur mehr oder weniger ad acta gelegt worden. Wer versucht, Gottes Wort oder Recht wie menschliches Wort und Recht zu betrachten, kommt aus den Aporien nicht heraus, die sich daraus ergeben. Doch zurück zu den Überlegungen Guido Kischs und dem, was sich dafür uns in Bezug auf Johann Oldendorp ergibt:

Amerbach hat Oldendorps Intention insofern übernommen, dass ihm Billigkeit und Recht, also Güte und Gerechtigkeit Urteil war und kein vorhandenes Gut, wie eine platonische Idee.

Das geschriebene Recht wurzelt in der Vernunft, das in dieser Weise zu einem Gut wird. Das Urteil der Vernunft wird aus sich selbst heraus angesichts der Umstände getroffen, nicht in der Abwägung zwischen dem

1 Guido Kisch, Erasmus S. 364.

2 Guido Kisch, Erasmus S. 358.

göttlichen Recht und dem, was zu beurteilen ist. Das göttliche Recht selbst ist nach Oldendorp nicht als fertiges System zu finden, noch ist es eine erst auszugestaltende Rohmasse, sondern Wort Gottes, Luther würde fortführen: des verborgenen und sich offenbarenden Gottes, ein aktuelles Geschehen, Urteil, nicht aber Gesetzestext. Die Vernunft, bzw. ein Naturrecht ist ebenfalls nicht als verborgenes, also letztlich erkennbares System oder Rohmasse anzusehen, weil es an Personen gebunden ist. Dies zu verstehen, verweist uns an den Komplex der Namen, auf deren Werk hier nicht näher eingegangen werden kann. Verwiesen sei auf die Schriften von Pavel Florenskij, Eugen Rostenstock-Huessy, Hannah Arendt und Emanuel Levinas.

Guido Kisch sieht bei Amerbach keinen Unterschied zu Oldendorp, obgleich dieser selbst darauf Wert legte, seine Definition der Billigkeit für originär anzusehen.[1]

Für Oldendorp gab es, wie die Schrift über das göttliche Recht in Verbindung mit der Schrift über die Billigkeit anzeigt, drei Rechtsquellen, das Römische Recht, das Kanonische Recht, aber über allem und in davon unterschiedener Weise sowohl das Naturrecht (ius aeternum)als auch das Wort Gottes (ius divinum). Zwar scheint Oldendorp auch die Heilige Schrift wie einen juristischen Text zu lesen, aber es bleibt das Wort nicht eines Kaisers, eines Papstes oder anderen irdischen Herrschers, sondern Gottes, der lebt und regiert und kein Gesetzbuch erlässt, das geändert werden könnte und dürfte. Es ist die alte Unterscheidung der Kirchenväter zwischen Geist und Buchstaben, die es parallel dazu auch im Judentum gibt, der Grundlage der Allegorie als Auslegungsmethode der Heiligen Schrift.

Die Billigkeit als Richterin entscheidet nicht zwischen Texten oder der eigenen Vernunft und geschriebenen oder ungeschriebenen Satzungen, sondern auf der einen Seite steht Gott, auf der anderen Seite der Mensch mit seinem Tun, dem das Urteil gilt. Billigkeit und Recht sind Werkzeuge für die Abwägung. Nicht zwischen Vernunft, dem Guten oder Gesetz und der Tat wird abgewogen, sondern zwischen Gott und Mensch und unter Menschen. Das Titelbild des 1507 veröffentlichten Entwurfs zur Halsgerichtsordnung zeigt es auf: Die irdische Gerechtigkeit leistet auf unvollkommene Weise, was im Jüngsten Gericht anders offenbar werden wird. Dieses Gericht lässt sich nicht, wie das Kanonische Recht, das Gnade und Barmherzigkeit in sein System einzubauen versucht, vorwegnehmen.

1 Guido Kisch, Erasmus S. 364.

Aber es fordert jetzt schon Billigkeit von uns, die wir hier richten und für Ordnung sorgen müssen. Unsere Entscheidungen und Urteile sollen möglichst billig sein, denn uns ist es geboten, untereinander Liebe zu üben. Sie können aber nicht das Urteil Gottes, das unserer Person, nicht aber den von ihr losgelösten Taten gilt, vorwegnehmen.[1]

Guido Kisch stellte sich auf die Seite von Bonifacius Amerbach, der im übrigen wie Oldendorp Ratssyndikus (von Basel) und Universitätslehrer war. Er meinte, Oldendorp würde sich auf ein „rein formalistisches Schema zur Rechtserkenntnis und Rechtsanwendung" zurückgezogen haben, die ursprüngliche, aristotelische Konzeption der Epieikeia hätte er einseitig „eliminiert".[2] Diesem Urteil kann ich mich nicht anschließen. Sein Bild der „Schrotwaage" war eben gerade nicht formalistisch gemeint, weil es sich bei Gottes Wort nicht um ein formalistisches Gesetz handelt. Versteht man hingegen die Billigkeit als ein Urteil der Vernunft, oder wie Guido Kisch es (mit Erasmus) formuliert, als Philosophia Christi, lässt sich durchaus ein logisches System errichten, „das Recht theoretisch und praktisch mit der Philosophie und dem Gottesgedanken in harmonischen Einklang bringen".[3] Für Martin Luther und Johann Oldendorp wäre schon der Begriff „Gottesgedanke" eine Ungeheuerlichkeit gewesen. Ein theoretisches Rechtssystem lag Oldendorp fern, so systematisch später seine Schriften auch waren. Der Unterschied liegt in dem Adjektiv theoretisch. Zuschauen abstrahiert. Es ging ihm nicht um eine systemimmanente Harmonie, als vielmehr um die Billigkeit als Urteil, das zwischen Gott und Mensch konkret abzuwägen hatte. Das entsprach der Reformation, die als Beichtreform darauf abhob und auf die Unmöglichkeit einer Theorie von richtig und falsch in dieser Korrelation hinwies. In der lutherischen Beichte urteilte nicht der Priester, sondern dieser verwies völlig auf das Urteil und die Gnade Gottes bis dahin, dass nicht eine einzige Sünde von Seiten des Beichtenden aufgezählt werden musste. Der Beichtende konnte dergleichen tun, aber der Pastor war angewiesen, nicht selbst

1 Zu dieser Unterscheidung siehe Hannah Arendt, Über das Böse, München 2023 (2007), S.100-102.

2 Guido Kisch, Erasmus S. 376.

3 Guido Kisch, Erasmus S. 378.

richtend darauf einzugehen, sondern auf Gott zu verweisen. Es galt, in der Beichte das Gewissen zu schulen, das sich Gott zuwenden sollte. Der Pastor erteilte auch nicht die Gnade der Vergebung, sondern verkündete sie nur.[1]

Billigkeit nach Oldendorp ist kein Lückenfüller. Dieses Bild geht davon aus, dass es ein perfektes System des Rechts zumindest theoretisch geben könne, aber genau dies lehnt er ab. Auch wenn die Billigkeit Gesetze zu verbessern vermag, wird sie sich niemals in Gesetzen erfüllen können, denn sie ist keine eigene Größe, sondern Bezugnahme auf Gott. Er ist letzthinniger Richter.

Die Ausführungen von Guido Kisch, auch wenn er in seinem Buch Oldendorp nur ein Kapitel widmete, sind mit Abstand das Tiefste und Wichtigste, was bislang zu Oldendorp erschienen ist.

Peter Macke

1966 legte Peter Macke in Köln eine ausführliche Dissertation zu Johann Oldendorp vor, also an einer seiner Wirkungsstätten. In systematischer Weise stellte Peter Macke das Rechts- und Staatsdenken Oldendorps vor, wobei das Thema Kirchenrecht völlig ausgeklammert wurde. Freilich war damit nicht vergessen, welch immense Rolle in den Schriften das Wort Gottes, bzw. der Glaube spielt. Die Arbeit lässt sich gut als Übersicht und Einführung für die lateinischen Arbeiten Oldendorps lesen. Die systematische Darstellung zeigt ein Raster auf, das hinter den verschiedenen Schriften Oldendorps stehe. Freilich ist hier auch der erste Einwand zu äußern: Oldendorps lateinisches Werk besteht in Mehrheit aus

1 Auch im Mittelalter machte man den Unterschied: Dem Beichtenden wurde in Gottes Namen vergeben. Damit drohte ihm keine Hölle mehr, sondern „nur" noch das Fegefeuer. Dies wurde von den Reformatoren als unsinnig angesehen. Die dahinter stehenden Fragen in Bezug auf die Buße wurden nicht mehr für eine Zwischenzeit zwischen Sterben und Jüngstem Tag behandelt, sondern für das Leben nach der Vergebung, als Lehre über den bekehrten Sünder. An die Stelle der Zeit des Fegefeuers trat die Rede vom „Todesschlaf". Damit entfiel freilich auch die Lehre von den bereits im Himmel befindlichen Heiligen, die kein Fegefeuer nötig hätten. Sie waren den Lutheranern nur noch bereits Verstorbene. Siehe dazu die Kirchenordnung von 1552.

Zitaten und kurzen Sätzen zu verschiedenen Stichworten. Das ergibt eine relativ große Deutungsbreite, aber eben kein in sich geschlossenes logisches Rechtssystem. So findet sich unter anderem das bereits hier aufgeführte Zitat aus dem Lexicon iuris unter dem Stichwort Deus: „Deus a natura non distat." Für Peter Macke bedeutet dies Gleichsetzung von Gott und der Natur. Damit jedoch liest er den späteren Pantheismus in Oldendorp hinein. Nikolaus von Kusa, von dem dies Zitat entlehnt sein könnte, gebraucht eine ähnliche Formulierung in Bezug auf Christus: Haec autem gratia maxima, quae maior esse nequit, non distat a natura, sed cum illa unitur. Die christologischen Definitionen lagen dieser Ansicht zugrunde, also nicht die Aufhebung des Unterschiedes von Gott und Mensch. Dass man bei Gott und die Natur nicht voneinander absehen kann, bedeutet nicht ihre Vermischung oder Ineinssetzung. Auch gibt es eine ganze Reihe ähnlicher Formulierungen bei Thomas von Aquin, die eine Vermischung verschiedener Ebenen ausschließen. Fehlende Trennung ist nicht gleichbedeutend mit einer Gleichsetzung, wie dann Peter Macke schreibt: „Natur (=Gott)".[1] Auch „natura: hoc est, Deus creator omnium" bedeutet nicht eine Gleichsetzung von Gott und Schöpfung. Peter Macke zieht aus den Schriften Oldendorps ein System, und so wird zwangsläufig Gott zu einer Art Grundtext, aus dem dann das menschliche Recht gefolgert werden kann, gewissermaßen ausformuliert. Da dies aber nicht perfekt möglich ist, muss dann stets als Regel der Billigkeit am Lex Dei zu messen sein als einem lex rudus, einem aus menschlicher Sicht groben Urgestein. So hebt Peter Macke dann auch Zitate mit dem Wort normare hervor, Gottes Gebote als Norm. Das passt zu dem Gedanken des Systems. Eine Norm für uns ist der fertige Rahmen, strikt und nicht zu brechen, Gestell[2]. Noscare, von dem das lateinisch norma abgeleitet ist, bedeutet Erkennen, betrachten, prüfen. Darum zweifle ich die Richtigkeit des folgenden Satzes von

1 Peter Macke, Das Rechts- und Staatsdenken des Johann Oldendorp, Köln 1966, S.30f. und öfter.

2 Man darf hier durchaus an den Begriff des „Gestells" bei Martin Heidegger erinnern, denn Peter Mackes Auslegung geschah aus dem Kontext des Denkens im 20. Jahrhunderts heraus. Das Ineinander von Technik und Geist bewegt uns in unserer Zeit in besonderer Weise, das System scheint dabei der gemeinsame Nenner zu sein, zumindest aus der Sicht des Technischen.

Peter Macke an: „Die Ordnung der Rechtsnormen nach der mit Gott identifizierten Natur steht im übrigen im Einklang mit Oldendorps Rechtsbegriff, wonach Recht die Gott gemäße Gesamtheit der Rechtsnormen ist.“[1] Von dieser Auffassung aber ist Mackes Arbeit getragen, alles soll in ein System passen, selbst das Gewissen. System bedeutet hier das Schema von Deduktion und Induktion. Ob Gott dabei eine Person ist, rückt in den Hintergrund, ebenso wie im Rechtsfall, wo der konkrete Urteilsakt eben nur ein „Fall“ ist. Genau dies sah Oldendorp anders.

Der Personenbegriff wurzelt im Gottesbegriff, bzw. der Christologie. Das Wort „Person“ kommt nicht als Stichwort im Wörterverzeichnis Oldendorps vor, aber der Mensch, und dieser wird durch den Unterschied zu Gott, nicht als Teil der Natur oder einer Menschheit bei ihm definiert: Er irrt, ist schwach, ist nicht perfekt,... Ihm ist „alles“ (omnia) von Gott unter die Füße gelegt. Der einzelne Mensch wird also nicht als modernes Individuum gegenüber der Menschheit definiert, auch nimmt Oldendorp nicht das deus sive natura oder das Ein und Alles des Idealismus vorweg, auch wenn man es in den zum Teil antiken Formulierungen bei Oldendorp so zu lesen meinen könnte.

Insofern mögen aus den Geboten oder dem 12-Tafel-Gesetz „Natur“ Rechte wie aus Maximen deduzierbar erscheinen, aber sie wären dann mehr Absichten, Intentionen, nach dem natürlich Guten Strebendes. Aus Gott lässt sich nichts deduzieren, es sei denn, man mache ihn zu einem Begriff innerhalb eines Paradigmas. Gott herrscht in Christus jedoch als Person, im Gegenüber zu ihm suchen wir Billigkeit. Sein Ratschluss ist nicht der (menschlichen) Vernunft unterworfen und bleibt somit unergründbar. Umgekehrt jedoch wurzelt alle Vernunft in Gott, auch wenn wir dies nicht in ihrer Fülle erfassen können, sein Friede ist höher als alle Vernunft. Es heißt dort nicht, seine Vernunft sei höher, sondern sein Friede. Auf diesen Unterschied haben die Kirchenväter mit der Allegorie und der Unterscheidung von Geist und Buchstaben abgehoben.

Menschliche Gerechtigkeit untereinander in der Billigkeit richtet sich nach Ort, Zeit und Gelegenheit, aber auch im Blick auf die jeweilige Person, und damit auch im Blick auf Gottes Gebot. Menschliches Recht ersetzt niemals das Jüngste Gericht, noch nimmt es etwas davon vorweg. Insofern bleibt alle unsere Billigkeit unvollkommen. Billigkeit ist auch kein

1 Peter Macke, Das Rechts- und Staatsdenken des Johann Oldendorp, Köln 1966, S.31.

Werkzeug, um Perfektion zu erlangen, sondern sie ist notwendig, weil uns die gnädige Vollkommenheit Gottes versagt ist. In unseren Händen wird jedes Recht, je schärfer es wird zum Unrecht. Das trifft aber nicht auf Gott zu. Auch Gnade unter Menschen gilt der Person, nicht der Tat.[1]

Auch gegenüber Oldendorp gilt es historisch-kritisch zu denken: Es gab noch keine Infinitesimalrechnung und die damit verbundene Vorstellung der Annäherung. Das bedeutet für das Denken von Unendlichkeit - versus Vollkommenheit -, dass man den Gedanken der Annäherung nicht in der Weise hatte, wie er uns vertraut ist. Auch unsere Fortschrittsvorstellungen bewegen sich in diesem Schema. Ein anderes Bild bestimmte Oldendorp: Das Ganze ist mehr als die Summe seiner Teile, schrieb er und hatte dabei nicht den Gedanken der Annäherung im Sinn.

Die Übereinstimmung, der Einklang von Gott und Mensch ist somit nicht eine Frage von Logik und Sätzen, Texten oder Informationen, die mit Deduktion und Induktion miteinander vernetzt sind, sondern es geht um ein Gegenüber von Person zu Person.

Auch wenn der Mensch unvollkommen ist, ist er doch ein Ganzes. Vollkommenheit im guten Sinn ohne den Schatten böser Schärfe kommt nur Gott zu. Irdisches Recht kann im Unterschied zum Göttlichen Recht zudem kein Heil geben. Heil ist grundsätzlicher als menschliche Gerechtigkeit. Recht ist auch nicht aus Heil ableitbar, dennoch bestimmt die Güte (in ihrem tiefsten Sinn) das Recht.

Es gibt, wie Peter Macke ausführt, eine Hierarchie des Rechtes. Er nennt sie „Rechtsstufenlehre“.[2] Auf oberster Ebene sei es bei Oldendorp Gott selbst, dann das ius divinum, das aus ihm fließt, was wiederum als Naturrecht mit der Vernunft über den gefassten Rechtssatzungen steht, die wiederum in einzelnen Entscheidungen möglichst billig angewandt werden.

---

1 Dass man sich dieses Unterschiedes in der Frühen Neuzeit sehr bewusst war, zeigt ausgerechnet das fürchterliche Hexenrecht. Die, bzw. der Verurteilte konnte bereuen und so Frieden mit Gott machen, was aber nicht vor der Verurteilung bewahrte. Das bittere Unrecht, das wir diesbezüglich wahrnehmen, betrifft die irdische Rechtsprechung, die vor allem auf dem Aberglauben der Richtenden beruhte und insofern bitterstes Unrecht war, unbillig und damit auch gegen Gottes Gebot gerichtet war. Entsprechend erscheint uns dann das Versprechen der Versöhnung mit Gott von den Verurteilten bei zugegebener „Schuld“ als doppeltes Vergehen der Richtenden.

2 Peter Macke, Das Rechts- und Staatsdenken des Johann Oldendorp, Köln 1966, S.146.

Im Mittelalter unterschied man zwischen dem ius divinum und dem ius naturale. Ich sehe keinen Grund, diese Unterscheidung bei Oldendorp als aufgehoben zu betrachten. In der Folgezeit freilich wurde genau dieser Unterschied in der Anschauung aufgehoben, und damit ergaben sich eine Kette an Missverständnissen und etliche Aporien. In der historischen Betrachtung, die von der Vorstellung von Fortschritt und Entwicklung der Geistesgeschichte geprägt wird, wurde dies gelobt und für beachtlich gehalten. Aber es gibt durchaus auch die Geschichte des Verlustes oder doch Vernachlässigung von Erkenntnis. Es ist aber ebenso töricht, solche Vernachlässigungen nur negativ zu bewerten, denn sie können durchaus zu neuen und andersartigen Erkenntnissen führen, wie man bei jedem Paradigmawechsel etwas methodisch außer acht lässt, was vordem wesentlich und grundlegend war. Dafür ist gerade die Entwicklung des „Naturrechts" ein gutes Beispiel. In der betrachtenden Rückschau gilt es, diese Veränderungen aufzuzeigen und daraus dann wiederum Erkenntnis zu gewinnen. Nicht nur Neues wirft sein ihm eigenes kritisches Licht auf das Überwundene, sondern auch das Abgelegte gibt uns die Möglichkeit, Mängel des Neueren kritisch in Augenschein zu nehmen.

Die Billigkeit wiederum sei kritische Rückkopplung auf die jeweils höhere Ebene, indem sie nach der Intention fragt. Diese Rechtsstufenlehre kann ich nicht bei Oldendorp finden, sie würde ihn bereits zu einem Zeitgenossen der Aufklärung machen, für die Gott das Höchste Wesen war. Die Ebenen sind nicht mit den Mitteln von Deduktion und Induktion miteinander so verbunden, so dass sie ein geschlossenes System bilden. Das Denkschema Oldendorps ist vielmehr an zwei anderen Modellen geschult. Zum einen ist es die christologische Formel von ungetrennt und unvermischt, zum anderen das dem zugrunde liegende Muster der Identität im offenen Sinne der Metonomie[1].

So hat ein Rechtssatz, der in sich völlig schlüssig ist, nicht überall und jederzeit billige Geltung, sondern kann sich in Unrecht verkehren. Und so es vorgibt, dennoch Recht im tieferen Sinn zu

1 Nicht im bloßen Sinne einer Vertauschung des Namens oder einer Bezeichnung, sondern als Form der Identifizierung, dem Bezug zweier Sachverhalte unter einer bestimmten Perspektive zueinander. Auch dies gehört zur Allegorie der Kirchenväter, wo alle Geschichte sich auf Christus bezieht, dem A und O.

sein, ist es höchstes Unrecht. Für Oldendorp ginge es bestenfalls um das Einhalten von Ordnung, das gegenüber dem Erleiden von Unrecht im Zweifel Vorrang hat.

Meine Kritik an der Darstellung von Peter Macke besteht also vor allem in der Art der Identifikation des göttlichen und kaiserlichen Rechts. Sie sind zwar nicht voneinander unabhängig, non distant, aber doch nicht Teilbereiche eines einheitlich zu denkenden Rechts. Darum wäre auch der Begriff der Gewaltenteilung noch unangebracht, denn diese geht von einem übergreifenden, allgemeinen Recht aus. Es handelt sich vielmehr, um mit Erasmus zu sprechen, um verschiedene Arten von Gesetzen.[1] So ist der Umgang des protestantischen Oldendorp gegenüber dem Kirchenrecht zu verstehen: Es kann in diesem Sinn kein Kirchenrecht geben, wie später dann Rudolph Sohm zugespitzt sagen wird. Das ius divinum der Predigt, des Evangeliums darf nicht mit dem ius humanum menschlicher Ordnungen vermischt werden. Es sind zwei Regimenter, die wohl zu unterscheiden sind. Sie haben eine vollkommen andere Art von Herrschaft: Gebt dem Kaiser, was des Kaisers ist, Gott aber, was Gottes ist. Und gerade als solch verschiedene Arten von Gesetz stehen sie nicht einander beziehungslos gegenüber, da sie in denselben Menschen wirken und dieselben Herzen betreffen.

Ansonsten ist die Dissertation von Peter Macke eine durchaus gelungene Darstellung des Werkes von Oldendorp. Interessant ist zudem seine historische Beurteilung, die von Erik Wolf abweicht. Er sah Oldendorp als einen Mitbegründer von Juristen betriebener Rechtsphilosophie an. Die religiösen Begründungen, die Oldendorp anführt, beurteilte Macke freilich als „allenfalls nicht-einsehbar, nicht aber widerlegbar“ und verwies diesen Bereich entsprechend aus dem der Wissenschaft und wollte nur das Resultat prüfen.[2] Damit freilich tat er das genaue Gegenteil dessen, was Oldendorp selbst als Anspruch hatte, nämlich alle Urteile an Gott zu messen.

Nachdem Peter Macke bei Oldendorp diagnostiziert hatte, dass bei ihm die Heilige Schrift Norm staatlicher Gesetzgebung sei, kam er zu

1 Erasmus von Rotterdam, Vom freien Willen II a. 5.
2 Peter Macke, Das Rechts- und Staatsdenken des Johann Oldendorp, Köln 1966, S.140.

dem logischen Schluss, dass dies heute „tot“ sei und damit ad acta gelegt werden könne. So etwas gälte höchstens noch für den Einzelnen, nicht mehr für alle, die gemeine Christenheit, wie Oldendorp gesagt hätte.[1] Dass diese Auffassung Mackes den Aussagen der Evangelien völlig widerspricht, liegt auf der Hand. Freilich entstehen an diesem Punkt in unserer Zeit größte Konflikte, weil solche Ansprüche eben nicht tot sind, sondern in Fundamentalismen höchst lebendig sind, die die Ebenen nicht trennen und tun, was Peter Macke für die Ansicht Oldendorps gehalten hatte und alle menschlichen Gesetze unter ein höheres stellen, das aus Gottes Mund käme und nicht zu hinterfragen ist. Oldendorp, Luther und Melanchthon aber waren keine Fundamentalisten.

Der Umgang des Staates mit dem Christentum gehört nach Peter Macke zum Bereich der „Anerkennung höherer Ideale“,[2] auch dies ein Zeichen seines Unverständnisses dessen, was für Oldendorp Religion und Glauben war. Dass freilich der Staat auch über die Eignung von Predigern zu befinden habe, scheint sicher mit Macke als obsolet zu betrachten sein, ist aber dennoch eine wichtige Frage geblieben im Bereich einer internen Kirchenordnung. Wir kommen nicht drum herum, dass wir auf weltliche Art entscheiden müssen, wer sich zum Predigtamt eignet und zugelassen wird. Keine oberkirchenrätliche Regelung kann sich als genuin geistlich verstehen. Jeder Träger der Kirche im äußerlichen Sinn steht vor dieser unlösbaren Aufgabe, über die „Reinheit der Lehre“, wie man unter den Protestanten im 16. Jahrhundert sagte, zu wachen. Kirche und Staat müssen sich gegenseitig in ihrer Andersartigkeit respektieren, aber damit hat sich für die Kirche das Problem nur verschoben, denn nun sind die Grenzlinien zwischen weltlichen Ordnungen und ius divinum erneut - wie im Mittelalter in der sich autonom ansehenden Kirche - zu ziehen. Ich gehe in meinem Buch zur Mecklenburger Kirchenordnung von 1552 diesen Fragen weiter nach.

1 Peter Macke, Das Rechts- und Staatsdenken des Johann Oldendorp, Köln 1966, S.143.

2 Peter Macke, Das Rechts- und Staatsdenken des Johann Oldendorp, Köln 1966, S.144.

Ich gebe hier ein Schema, von dem ich denke, dass Johann Oldendorp die Dinge in etwa so gesehen hat, und wie sie auch in der Kirchenordnung von 1552 zu verstehen sind. Als veränderlich gelten vor allem die weltlichen Ordnungen und die äußere Seite der Liturgie.

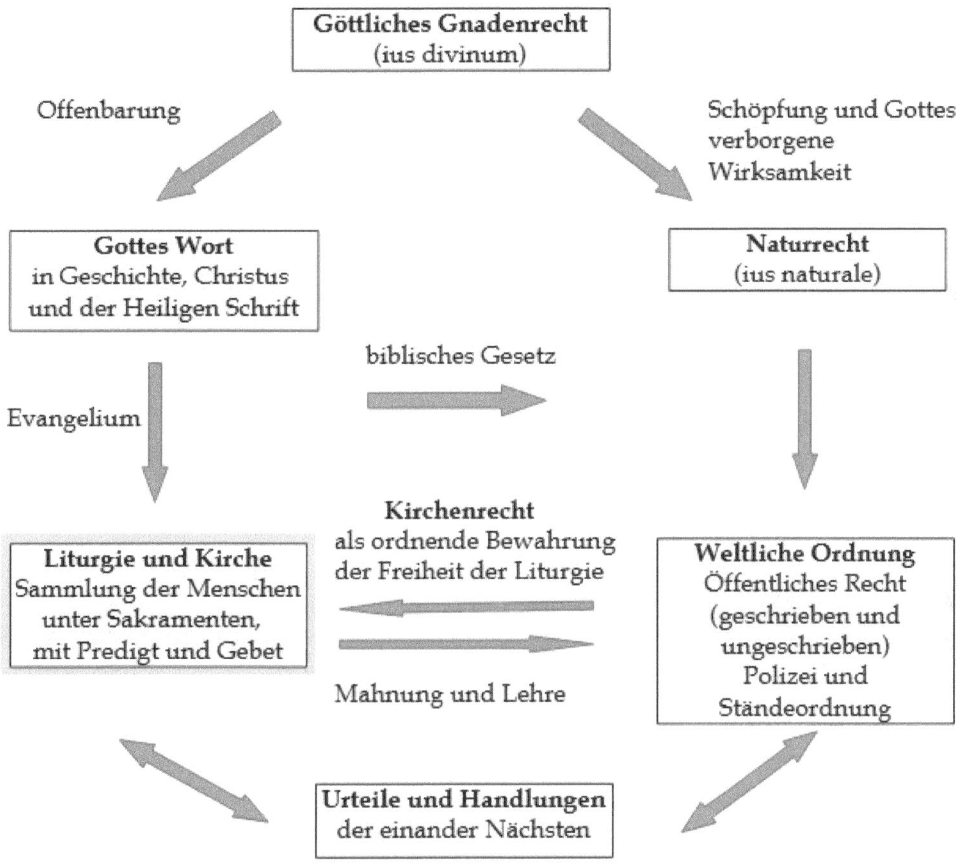

Oldendorp sah nicht ein Recht auf Widerstand im Sinne des Aufruhrs,[1] aber mit seiner Forderung nach Billigkeit hatte er ein kritisches Instrument geschaffen. Man muss hier einwerfen, dass Oldendorp Aufruhr als Verstoß gegen das Ordnungsprinzip ablehnte. Ordnungen verbessert man, man

1 Peter Macke, Das Rechts- und Staatsdenken des Johann Oldendorp, Köln 1966, S.145.

widersteht ihnen nicht. Widerstehen kann man Personen gegenüber und ihren Forderungen. Das ist gegeben, wenn von jemandem gefordert wird, wider Gott zu handeln oder Verbrechen geschehen zu lassen, da war man sich einig. Ein Widerstandsrecht im heutigen Sinn setzt die Vorstellung voraus, dass man die Ordnung selbst für ungerecht hält und um eine bessere Grundordnung wüsste. Solche revolutionären Vorstellungen waren den meisten fremd. Darum reagierten viele wie auch Martin Luther den Bauern gegenüber mit blankem Unverständnis. Die Bauern selbst freilich verstanden sich selbst auch weniger als Revolutionäre, sondern wollten nur das einfordern, was sie dem Naturrecht und dem biblischen Gesetz nach für recht und billig hielten, wenn man das denn in den Kategorien Oldendorps beschreiben wollte. Um eine ganz andere Sache handelte es sich mit Münster oder Genf einige Jahre später, diese Umordnungen lehnte Oldendorp aus anderen Gründen ab.

Abschließend zollte Peter Macke Oldendorp höchsten Respekt mit den Worten, dass er „einer der stärksten Juristen-Gestalten seiner Epoche" wäre.[1] Er erkannte in ihm einen Wegbereiter der Rechtsgeschichte, der Allgemeinen Staatslehre und einen Mitbegründer einer von Juristen betriebenen Rechtsphilosophie.[2] Peter Macke hatte auch die zentrale Rolle der Billigkeit in Oldendorps Werk erkannt und hervorgehoben. Gemäß der systematischen Betrachtung des Rechtsdenkens ordnet Macke die Billigkeit jedoch nur den Normen zu, einmal als Form ihrer Auslegung, d.h. mildernd oder auch verstärkend, dann auch Normen verbessernd. Drittens schließlich kann die Billigkeit auch dazu führen, Regeln aufzuheben, weil es nicht zu dulden ist, wenn das Bedenken der Billigkeit erweist, dass eine konkrete Gesetzesentscheidung „mit der Natur (=Gott) nicht in Einklang" steht.[3] Peter Macke betrachtete diesen Aspekt also unter dem Gesichtspunkt der Rechts- und Normenanwendung, bzw. -bildung. Ich verstehe hingegen Oldendorp so, dass für ihn die Billigkeit, die Güte, Ziel und Intention alles Rechts ist. Es handelt sich also um das

1 Peter Macke, Das Rechts- und Staatsdenken des Johann Oldendorp, Köln 1966, S.165.

2 Peter Macke, Das Rechts- und Staatsdenken des Johann Oldendorp, Köln 1966, S.135-139.

3 Peter Macke, Das Rechts- und Staatsdenken des Johann Oldendorp, Köln 1966, S.64-66.

Prinzip des semper reformandum, dee sich dann entwickelnden anglo-amerikanischen Rechtsvorstellungen entsprechend. Peter Macke dagegen formulierte: „Aufgabe der ratio civilis ist es, aus den leges rei publicae die schuljuristisch saubere Lösung zu erarbeiten."[1] Das ist nicht falsch, doch es kommt auf den Akzent an: Ziel ist nicht Sauberkeit der Gesetzesanwendung, sondern die Zweckmäßigkeit allen Rechts, die Entsprechung des jeweiligen Urteils gegenüber der Rechtsintention. Peter Macke verweist auf die Hierarchie der Rechtsebenen als jeweils höhere Instanz von leges, ratio civilis, ratio naturalis und dann der leges Bibliae. Letzteres ist für Peter Macke so etwas wie ein modernes Verfassungsgesetz, was er dann freilich entsprechend für obsolet, als nicht zu übernehmen ablehnt. Er verkannte, bzw. übersah dabei die persönliche Herrschaft Christi, um die es Oldendorp ging. Die Güte Gottes - des Richters aller Seelen - und nicht sein Gesetz ist die höchste Instanz, Orientierungspunkt der Billigkeit. Die (geschriebenen) leges Bibliae kann Oldendorp ohne Probleme neben das heidnische Zwölftafelgesetz stellen. Das lässt sich auch den Loci communes von Melanchthon ablesen, die Oldendorp ausgiebig und zustimmend zitiert.

Peter Macke verwies weiterhin auf die Staatslehre von Oldendorp, die bis dahin in der Literatur wenig beachtet worden war. Der Staat ist Rechtspersönlichkeit mit Aufgabe, Gott zu dienen, indem er für Frieden und Recht sorgt. Peter Macke fasst definitiv zusammen: „Der Staat ist eine Rechtspersönlichkeit, die, von Gott eingesetzt und an das ius naturae gebunden, dem Willen Gottes gemäße Zustände herzustellen hat."[2] Entsprechend kann sich nun auch das entwickeln, was dann später zum Völkerrecht wurde. Allerdings ließ sich von Nationen im Sinn des 19. Jahrhunderts im 16. Jahrhundert noch nicht

---

1 Peter Macke, Das Rechts- und Staatsdenken des Johann Oldendorp, Köln 1966, S.67. Er zitiert entsprechend Oldendorp: „ratio civilis...ex recepta Legislatorum autoritate proficiscitur". Deutlich zeigt auch dieses Zitat von Peter Macke auf S. 116, wie er Oldendorp deutet und meiner Ansicht nach missversteht: „Die Billigkeit, sagt Oldendorp führt dazu, dass das der Natur (=Gott) gemäße abstrakte ... Normenrecht jeweils auch tatsächlich der Natur (=Gott) entsprechend verwirklicht wird."

2 Peter Macke, Das Rechts- und Staatsdenken des Johann Oldendorp, Köln 1966, S.94.

sprechen. Auch der Gedanke des Staats als Rechtspersönlichkeit mit entsprechender Verantwortung der Polizei wies eher in die Zukunft.

Einen wichtigen Teil der Dissertation von Peter Macke bildet zudem die Untersuchung des Einflusses von Erasmus von Rotterdam auf Oldendorp, den dieser ja auch „unseren Erasmus“ nennt.[1] Bei ihm findet Macke das Bild der grundlegenden Herrschaft Christi vor, und zwar in drei Kreisen. Den inneren bildet die Kirche, den mittleren der Staat mit seinem Recht, den äußeren schließlich das Volk.[2]

Damit ist freilich auch der Unterschied zum protestantischen Denken Oldendorps benannt: Er betrachtet nicht die Kirche als eine Instanz der Herrschaft. Das Bild der drei Kreise entspricht Oldendorp also nicht, auch wenn es so auf den ersten Blick scheinen mag. Christus herrscht auf eigene Weise, nicht in Rechtshierarchie eingeordnet.[3] Darum ist Erasmus auch römisch geblieben, Oldendorp aber nicht. Freilich steht es nicht so einfach um die lutherische Regimentenlehre Luthers, wie Peter Macke sie der Literatur nach darstellte, dass die Heilige Schrift „nach Luthers Auffassung“ die Heilige Schrift „für die Ordnung in dieser Welt und somit für Recht und Staat nichts“ ergibt.[4]

Was Peter Macke in Bezug auf die Billigkeit als Dienerin der guten Norm betrachtet, ist Denken von Erasmus. Er zitiert Erasmus aus der Ratio seu Compendium verae theologiae: „haec quoque servanda regula, ut sensus, quem ex obscuris elicimus, respondeat ad orbem illum doctrinae Christianae, respondeat ad illius (Christi) vitam, denique (ergo) respondeat ad aequitatem naturalem.“[5] [Dies ist auch

---

1 Peter Macke, Das Rechts- und Staatsdenken des Johann Oldendorp, Köln 1966, S.107-119.

2 Peter Macke, Das Rechts- und Staatsdenken des Johann Oldendorp, Köln 1966, S.109f. Dahinter verbirgt sich das Stufenmodell des Thomas von Aquino, auf den Oldendorp niemals Bezug nimmt.

3 Der Geist Gottes weht, wo er will.

4 Peter Macke, Das Rechts- und Staatsdenken des Johann Oldendorp, Köln 1966, S.108. Er korrigiert sich selbst aber einige Seiten später von diesem rigorosen Satz. Dort zitiert er u.a. Luther, wonach jede Rechtsanwendung „der Billicheit als der meysterynn unterworffen“ sein müsse. Nach Peter Macke ist dies aber nur als eine Frage des (persönlichen) Gewissens zu werten.

5 Peter Macke, Das Rechts- und Staatsdenken des Johann Oldendorp, Köln 1966, S.116.

eine zu beachtende Regel, dass der Sinn, den wir aus den Dunkelheiten herauslocken, auf die Welt der christlichen Lehre Bezug nimmt, auf das Leben Christi, und also auf die natürliche Billigkeit.] Festzuhalten ist dagegen für Oldendorp, dass er - obwohl es oft nahe gelegen hätte - kaum oder gar nicht von doctrinae Christianae sprach. Aber die Idee und Forderung nach Billigkeit war auch für Erasmus zentral. Peter Macke findet so einige der zentralen Vorstellungen Oldendorps schon bei ihm.[1] Es gilt jedoch, auch den Unterschied der Sichtweisen herauszuarbeiten.

Die Entstehung der Polizeiwissenschaft

1966 verfasste Hans Maier sein Buch zur „Älteren deutschen Staats- und Verwaltungsgeschichte“, in dem er sich auch ausführlich Johann Oldendorp zuwandte.

Es fällt uns schwer, sich gedanklich vorzustellen, wie das Leben im 16. Jahrhundert in Deutschland organisiert war, wie wir das heute ausdrücken. Spätestens seit den bürgerlichen Revolutionen sind uns Institutionen wie Parteien, Polizei und bis ins Kleinste verfasstes Rechtswesen in Fleisch und Blut übergegangen: Dafür muss es doch ein Gesetz geben! So war es eine anspruchsvolle Aufgabe für Hans Maier, allein das Wort „Polizei“ für die Jahrhunderte nach dem Mittelalter genauer zu bestimmen.[2] Dieser Begriff wurde auch im Augsburgischen Bekenntnis verwandt im Artikel XVI: „Von Polizei und weltlichem Regiment wird gelehrt, dass alle Obrigkeit in der Welt und geordnete Regiment und Gesetze gute Ordnung, von Gott geschaffen und eingesetzt wird, und dass Christen mögen in Obrigkeit, Fürsten- und Richter-Amt ohne Sünde seien, nach kaiserlichen und anderen üblichen Rechten Urteil und Recht sprechen, Übeltäter mit dem Schwert strafen, rechte Kriege führen, streiten, kaufen und verkaufen, aufgelegte Eide tun, Eigens haben,

1 Peter Macke, Das Rechts- und Staatsdenken des Johann Oldendorp, Köln 1966, S.117f.

2 Hans Maier, Die ältere deutsche Staats- und Verfassungslehre, München 1986 (1966).

ehelich sein etc. ..." Der Skopus lag dabei auf dem Gehorsam und der Frage der Verantwortung der Handelnden, bzw. ihrer Sündhaftigkeit, wenn sie dabei ihrer Ämter wegen Gebote übertraten. Konkret ging es dann auch um die Ablehnung der Täufer, die versuchten, einen geistlichen Staat zu errichten. In den Artikeln zuvor wurden Kirchenregiment und Kirchenordnungen thematisiert. In der Apologie zur Confessio Augustana lesen wir, dass der Artikel XVI auf keinen Widerstand stieß, auch wenn die darin geäußerten Gedanken 1530 keineswegs alt und allgemein vertraut waren.

Hans Maier stellt Johann Oldendorps Schrift von den Ratschlägen an den Anfang der Entwicklung der in der Neuzeit sich allmählich entwickelnden Staats- und Verwaltungslehre und behandelt sie darum in seinem Buch besonders ausführlich.

Es ist immer eine gewagte Sache, eine veröffentlichte Schrift zu einer historischen Ursache zu erklären, solange Nachfolgende sich nicht direkt darauf beziehen. Das festzustellen muss aber auch hier nicht unsere Sorge sein. Der genannte Artikel der CA selbst fußte auf früheren Schriften der Reformatoren. Oldendorps Schrift von den Ratschlägen erschien im gleichen Jahr 1530, und es ist nicht zu sagen, ob es dabei eine Abhängigkeit in der einen oder anderen Richtung gab. Wir wissen auch nicht, ob Melanchthon die Schrift vom Göttlichen Recht von 1529 gelesen hatte, können es jedoch vermuten. Eine direkte Abhängigkeit Melanchthons von Oldendorp ließe sich auch kaum beweisen. Auf jeden Fall zeigt die Augsburgische Konfession deutlich auf, wie sehr es in der Reformation auch um eine Neuordnung der Bereiche ging, die Johann Oldendorp in grundsätzlicher Weise in seinen drei deutschen Schriften behandelte. Das waren keine Nebenschauplätze einer vor allem Reformation. Der Hauptkampfplatz, wenn man so will, war zunächst nicht der Streit der Universitäten, sondern der öffentliche Gottesdienst und das gesellschaftliche Miteinander. Die Bestimmung der „Regimenter" änderte sich grundlegend durch die Reformation, und diese Auseinandersetzungen zeitigten auch Folgen für das dann katholisch genannte Lager. Kirche und Staat waren im 17. Jahrhundert ganz anders einander zugeordnet, wir sprechen nicht umsonst von einer neuen Zeitepoche, der Frühen Neuzeit.

Wir sind gewohnt zu fragen, wie weit geistliches Denken dann auch in Gesellschaft und Politik eingeflossen sind und erweisen uns damit als Kinder unserer Zeit. Damals war das Ineinander dieser Ebenen eine Selbstverständlichkeit. Niemand, der um sein ewiges Leben bangte, konnte einen Bereich von dem anderen abstrahieren.

Nach Hans Maier begann im 16. Jahrhundert eine Entwicklung, die dazu führte, dass sich nicht nur die Staaten wie immer mal veränderten, sondern es sich dabei zunehmend auch um eine bewusste Gestaltung handelte, was sich in der herausbildenden Wissenschaft von Staat und Verwaltung zeigte. Dafür waren solch grundsätzlichen Überlegungen, wie sie Oldendorp in seinen Rostocker Schriften anstellte wichtig. Liest man sie aus der Perspektive späterer Entwicklungen, erscheinen viele seiner Äußerungen wegweisend, auch wenn sie im Einzelnen kaum neu zu nennen sind. Es sind Schriften an einem Umbruch, diesen verstärkend. Vielleicht lag Oldendorps Leistung gerade in der Dreiteilung von Jura, Kirche in der Welt und Politik. Der sensible Mittelpunkt von allem ist dabei nicht nur eine Verstärkung und ansatzweise Neudefinierung von „Naturrecht", sondern die Erkenntnis der Rolle des Glaubens, der Art von Gottes Herrschaft in Christus, wie Oldendorp sie wahrnahm. Das mag einer säkularisierten Wissenschaft fremd in den Ohren klingen. Zudem war ja gerade der päpstlichen Kirche für ihren Einfluss auf die „Welt" eine gründliche Absage erteilt worden. Diese Trennung ging zugleich aber, wie den Oldendorpschen Schriften abzulesen, mit einer massiven Wahrnehmung des Glaubens in Form allgemeiner Bildung und damit seiner Wirkung auf die „Welt" einher. Die Prediger sollten die besten überhaupt sein, das sagt er nicht einmal von Magistraten oder Fürsten. Der Obrigkeit ist zu gehorchen, Richter und Räte haben auf Gottes Wort und die Klugheit auch noch des letzten, scheinbar unwichtigen oder machtlosen Menschen zu hören. Und jeder hat auch von Natur aus eine gewisse Ahnung, was recht und billig sei. Jeder einzelne, in welchem „Amt" er auch sei - und das geht seine Seligkeit an - steht grundsätzlicher Weise im Gehorsam Gott gegenüber. Darum war das den Reformatoren eine Grundsatzfrage, ob ein Kriegsmann oder Fürst auch selig werden könne.[1] In allen drei Bereichen geht es darum, wie wir „billig" miteinander umgehen können.

Eine „Person" war im ausgehenden Mittelalter der Mensch in seinem äußeren Umgang. Nun aber vollzog sich gerade daran ein grundlegender Wandel, der später dann zum Gedanken der Individualität führte. Hans Maier beobachtete, wie erst im Ausgang der Neuzeit sich herausbildete, was man dann ab dem 19. Jahrhundert „Gesellschaft" nannte. Man kann es auch anders sagen: Nicht im einzelnen Begriff war Oldendorp originell und revolutionär, sondern er legte das Muster neu mit den beiden Polen des persönlichen Seelenheils, der Rechtfertigung und des Gerichtes durch Gott und des Gemeinen Nutzens auf der anderen Seite. Und die Kraft, die dieser Spannung gerecht wird, ist Billigkeit, die nichts anderes ist als die Auslegung des Doppelgebots der Liebe, bzw. der Herrschaft Christi, die sich im Glauben manifestiert. Diese Harmonie lässt sich nicht festschreiben, sondern muss stets neu errungen werden. Sie lässt sich auch nicht durch Ordnungen erzwingen, wie es die Täufer wollten.

Wesentlich für ein Paradigma ist, was es ausschließt, bzw. zu seiner Ordnung nicht unbedingt braucht. Die Ordnung der Dinge im Mittelalter beruhte auf den Ständen, dem Kaiser und der Kirche als päpstliche, hierarchische Ordnung. All diese Dinge werden von Oldendorp nicht unbedingt verworfen, aber sein Paradigma bedarf ihrer nicht, sie ordnen sich vielmehr ihm auf neue Weise ein.[2]

1 Die Frage stellte sich neu, wenn ein rechtfertigende Instanz wie die von Papst oder kanonischem Recht fortfiel. Letzteres blieb in der römischen Kirche zwar in Geltung, aber verlor seine dominierende Stellung gegenüber den weltlichen Instanzen. Es wurde zu einer Art innerkirchlichem Recht. Solche Unterscheidung gab erst mit der Neuzeit einen Sinn, für die lutherischen Länder gab es diese auch dann noch nicht rechten Sinn, wie die Mecklenburgische Kirchenordnung von 1552 zeigt. Das Kanonische Recht entbehrte in den Augen der Reformatoren jeder göttlichen Autorität.

2 Johann Oldendorp fragt zwar an keiner Stelle die Berechtigung der Ständeordnung an, aber er geht auch nicht auf sie ein. Er sprach wie die CA nur abstrakt von Magistrat, bzw. Obrigkeit als Hüter der Ordnung. Den zweiten mittelalterlichen Ständebaum, die Kirche, gibt es in lutherischen Ländern nach der Reformation schlicht nicht mehr, 1529 hatte Oldendorp ihr das Existenzrecht juristisch bereits abgesprochen. Pastoren und Kirchenleute sind Bürger mit besonderer Aufgabe.

Wissenschaft betrachtet die Welt sachlich in dem Sinn, dass sie elementar in ihrem speziellen Sinn denkt, die Chemie anders als die Physik aufgrund ihrer anderen Sicht auf die Elemente, völlig anders Kunstwissenschaft oder eben auch Staatslehre. Insofern eröffnete die Herangehensweise, auf die bei Oldendorp alles ankommt, auch einen Weg hin zur entsprechenden Aufgliederungen der Wissenschaften. Seine Ausbildung genoss er in der Brutstätte von Staat und Wissenschaft überhaupt in Bologna[1]. Die Reflexion der Dinge ermöglicht einen radikal anderen Umgang mit ihnen. Und die Reflexion bedarf eines kritischen Werkzeugs, dieses ist für Oldendorp die Billigkeit, wie er sie aus dem Kaiserlichen Recht und der damit verbundenen Rhetorik kannte und in einfacher Weise von Heinrich Lausberg herausgestellt worden ist.[2]

Ius in et circa sacra - Johannes Heckel

Johannes Heckel[3] wertete es als rechtshistorischen Fortschritt, dass die juristische Unterscheidung ius in et circa sacra gefunden worden ist, meinte jedoch, dass dies nicht im 16. Jahrhundert, sondern erst im beginnenden 17. Jh. geschah, bzw. zur Geltung kam.[4] Demnach können wir diese Unterscheidung zwischen innerem und äußerem Kirchenrecht auch bei Johann Oldendorp nicht in dieser Weise erwarten. Nun sind Differenzierungen, auch wenn sie zu momentaner Klarheit führen, nicht unbedingt ein Fortschritt im tieferen Sinn, sondern sie engen auch ein, überführen etwas in ein bestimmtes Paradigma, legen fest, ändern etwas. Auch das Vorherige erscheint uns nun zwingend in diesem Muster zu denken. Hier muss

1 Vgl. dazu das Buch von Harold J. Berman, Recht und Revolution, Frankfurt a.M. 1991 (1983).

2 Heinrich Lausberg, Handbuch der literarischen Rhetorik, Stuttgart 2008, 4. Auflage, § 204.

3 Johannes Heckel, Cura Religionis. Ius in Sacra - Ius circa Sacra, Darmstadt 1962.

4 Die Formel selbst entstand Mitte des 16. Jahrhunderts, aber entfaltet wurde die entsprechende Lehre im 17. Jahrhundert.

man darum sehr achtgeben, arbeitet man historisch. Für Oldendorp verlaufen die Grenzlinien an anderer Stelle.

Das Muster vom „ius in et circa sacra“ unterschied Inneres und Äußeres in Beziehung auf das Heilige. Gegen die Intention Oldendorps ist die Unterscheidung von Gott und dem Menschlichen aufs neue auf das übertragen worden, was Oldendorp als rein menschlich ansah:. Die neue Unterscheidung vom ius in et circa sacra ist demnach ein Versuch, den Grundgedanken des Kanonischen Rechts gewissermaßen lutherisch zu interpretieren, indem liturgisches Recht vom Verwaltungsrecht getrennt wurde und letzteres wieder den Anschein des Göttlichen oder Heiligen bekommen konnte. Auch mischte sich mit dieser Unterscheidung noch eine ganz andere Kategorie in die Sache, die der Innerlichkeit. Vom Äußerlichen hatten auch Luther und Melanchthon gesprochen, aber nicht in entsprechender Weise auch von Innerlichkeit, wie es dann vor allem der Pietismus des 17. Jahrhunderts tat. Wenn man zuvor von Innerlichkeit in der Tradition der Mystik sprach, war das Gegenüber des menschlichen Herzens und Gott im Blick. Nun wurde die fromme Innerlichkeit zu einer Eigenschaft des Menschen. Ein Bedeutungswechsel für den Begriff der Frömmigkeit bahnte sich an, der bei Schleiermacher einen Abschluss fand, als er Glaube als Gefühl schlechthinniger Abhängigkeit definierte. Damit kam es zu neuerlicher Vermischung der Ebenen: Einerseits wird die Innerlichkeit als etwas Göttliches im Sinne einer Geisteinwirkung Gottes gewertet, andererseits wird das in sacra eine menschliche Angelegenheit, die Gottes Wort nur wie eine Textquelle behandeln muss. Es tut sich der berühmte Graben der Geschichte auf, den Lessing beklagte. In der Konsequenz wurde aus Christus und Gottes Sohn der fromme Religionsstifter Jesus von Nazareth.

Damit ist auch das Dilemma der Deutung z.B. der Bergpredigt vorprogrammiert. Entweder handle es sich dabei um Innerlichkeit oder Äußerlichkeit. Erst der Mensch in seiner Existenz muss dies wieder zusammenflicken. Dabei ist das Innere im Äußeren und umgekehrt, wie Goethe und Friedrich Rückert es in ihren Gedichten formulierten. Die Ganzheit nicht nur des Menschen, sondern auch der Gesellschaft und der Kirche stehen infrage. Wir sehen, wie diese Unterscheidungen paradigmatisch nicht nur auf Kirchenrecht im engeren Sinn oder auch nur die Theologie betrafen, sondern eingebunden sind in eine sehr weitreichende Kulturentwicklung. Ihr entsprach auch ein Umdenken in Bezug auf das Recht überhaupt.

Das Bild vom Menschen wird zunächst nach wissenschaftlichem Denken auf diese Weise methodisch gespalten. Das aber ist für Liturgie ein fragwürdiger Vorgang. Der Geist Gottes wird missgedeutet als diffuse Innerlichkeit, als ein religiöses Geschehen, wie wir gemeinhin heute dieses Wort verstehen. Das Sakrale wird verstanden als eine menschliche Dimension von Handeln und Denken. Die Reformatoren sprachen vom ius divinum, nicht vom ius sacra. Glaube wird zu einem Verstehensmuster der Welt gegenüber, neben die dann Gott - ebenfalls als Gedanke - tritt. Doch das Sprechen Gottes lässt sich nicht einfangen. Wir *haben* keinen Glauben: Wir gewinnen ihn nicht durch den Gottesdienst oder ein Studium als eine Erkenntnis, die wir getrost im Anschluss als innere Einstellung oder Wissen nach Hause tragen können. Man sollte das Bild vom Pfingstereignis durchaus ernst nehmen, wo wir davon lesen, dass der Geist Gottes sich auf die Häupter der Apostel setzte und sie so von ihm erfüllt waren. Sie blieben es aber nicht in gleicher Weise auch am folgenden Tag. Die Orthodoxe Kirche legt darum größten Wert auf den Sonntag Vormittag als Zeit für ihre Göttliche Liturgie. Man feiert das Abendmahl nicht, wann es einem passt.

Luther und Melanchthon unterschieden nach Heckel „aufs schärfste zwei Regimenter: das regnum spirituale und das regnum corporale. Jenes besteht in der Kirche, dieses im weltlichen Gemeinwesen, in der politia. Beide sind Reiche, regna, und einander aufs engeste zugeordnet. Sie dienen ja demselben Herren, nämlich Gott; sie haben auch dieselben Adressaten, d.i. die menschliche Gemeinschaft und machen infolgedessen zusammen die res publica christiana aus." Politia dient dem irdischen Frieden, der Freiheit und Ruhe, die Kirche dient dem Heil der Seele.[1] Um das Verhältnis recht zu erfassen, behandelt Johannes Heckel die Unterscheidung von wahrer, unsichtbarer und sichtbarer Kirche. Christus als Herr der Kirche bedient sich der Kirche als „Hilfseinrichtung", das ministerium verbi. So übt die Kirche zwar auch Gewalt, aber keine Eigengewalt. Es ist die potestas ecclesiastica, Kirchengewalt, geistliche Gewalt, Kirchenregiment.[2]

---

1 Johannes Heckel, Cura Religionis. Ius in Sacra – Ius circa Sacra, Darmstadt 1962, S.19.

2 Johannes Heckel, Cura Religionis. Ius in Sacra – Ius circa Sacra, Darmstadt 1962, S.23.

Soweit gediehen die Gedanken Oldendorps nicht. Es ist aber durchaus fraglich, ob er diesen Gedanken mehr als im Ansatz hätte folgen wollen. Auch wenn die sichtbare Kirche, nun wieder verstanden als eine Organisation, nicht identisch ist mit der unsichtbaren, möge sie ihr doch so weit wie möglich entsprechen. Damit aber definiert sie unter der Hand die „unsichtbare Kirche", auch wenn sie als etwas von ihr Separiertes erscheint. Sie beansprucht etwas vom göttlichen Glanz. Auch das Verständnis der Kirche als einer Hilfseinrichtung Christi, institutionalisiertes ministerium verbi im Dienste Gottes mutet seltsam an und wäre von Johann Oldendorp wohl nie so ausgedrückt worden.

Die Bedeutung der Reformation nach Eugen Rosenstock-Huessy

Immer noch ist dem Werk von Eugen Rosenstock-Huessy (1888-1973) nicht genügend Beachtung zuteil geworden. In seinem Buch „Die Europäischen Revolutionen" (1931/1951) wandte er sich der deutschen Reformation zu.[1] Johann Oldendorp wird von Rosenstock-Huessy namentlich nicht erwähnt. Aber er verwies darauf, dass das Wirken Luthers nicht von dem Juristen Hieronymus Schurff getrennt zu denken ist. Er verwies damit grundsätzlich nicht nur auf die rechtsgeschichtliche Bedeutung der Reformation, sondern auch darauf, dass die lutherisch gesinnten Juristen eine bedeutende Rolle beim Geschehen spielten.

Im Folgenden möchte ich die Erkenntnisse von Eugen Rosenstock-Huessy mit dem Wirken Oldendorps in Verbindung bringen.

Der Wandel, in deren Mittelpunkt die Reformation steht, geschah nicht nur in dem einen Moment des Thesenanschlags und der Person Martin Luther und einigen theologischen Freunden. Eine Schlüsselstellung bei den Veränderungen kam auch der Bildung der

1 Eugen Rosenstock-Huessy, Die Europäischen Revolutionen, Stuttgart, Köln, 1951, S.207-263.

Universitäten als Landesuniversitäten zu, was bereits vor 1517 begann. Dies bedeutete eine Machtverschiebung von der verfassten Kirche unter dem Papst und seinen Bischöfen hin zu den Ländern und ihrer wachsenden Souveränität. In Worms wurde der Rat der Kaiserlichen Theologen dem des Papstes vorgezogen. Überhaupt spielte besonders in Deutschland das Ratswesen eine entscheidende historische Rolle. Dem Bischofskatheder folgte der Professorenkatheder. Die Zeit, in der der Papst weltliche Mächte unter Bann setzen konnte, endete mit dem 16. Jahrhundert, das galt nicht nur für reformierte Länder. Luther konnte zudem seine Wirksamkeit nur im Rahmen einer von Rom unabhängigen Landesuniversität entfalten. Der Syndikus und Professor Oldendorp war eine Gestalt dieser Neuordnungen, die weder einfach als Ursache noch als Wirkung von Luthers Reformation zu zählen sind, aber untrennbar mit der Reformation verbunden waren.

Der Landesuniversität folgte die evangelische Landeskirche. „Ein zweites ‚Amt' neben dem Pfarramt scheint es seit der Reformation in den Landeskirchen nicht zu geben." Superintendenten waren eher technische Funktionäre.[1] „Übergemeindlich" waren das Land und die Lehre der Landesuniversität, beides weltliche Einrichtungen. „Die Gegnerschaft von Papst und Kaiser hatte sich erledigt."[2] „Verfassungsrechtlich ist die Reformation der Streit um die Ausführung des Wormser Edikts. Das Wormser Edikt selbst aber stellt rechtlich gegenüber dem gesamten Mittelalter etwas Neues dar. Im Wormser Edikt prüft eine weltliche Macht eine kirchliche lehramtliche Entscheidung materiell nach."[3] Zwar war Luther auch in den Augen dieser Theologen im Unrecht, aber nun war ein neues Gericht installiert: Das „Auftreten nichtpäpstlicher Theologen zur Nachprüfung macht Epoche".[4] Martin Luther stand nicht wie Jan Hus vor einem Konzil, sondern vor dem Reichstag.

---

1 Eugen Rosenstock-Huessy, Die Europäischen Revolutionen, Stuttgart, Köln, 1951, S.212.

2 Eugen Rosenstock-Huessy, Die Europäischen Revolutionen, Stuttgart, Köln, 1951, S.217.

3 Eugen Rosenstock-Huessy, Die Europäischen Revolutionen, Stuttgart, Köln, 1951, S. 219.

4 Eugen Rosenstock-Huessy, Die Europäischen Revolutionen, Stuttgart, Köln, 1951, S. 220.

Eben dies geschieht auch rechtsgeschichtlich betrachtet in der Schrift Oldendorps zum Göttlichen Recht. Er prüfte das geltende Kanonische Recht materiell nach, in dem er Missbräuche feststellte, die sich nach juristischen Maßstäben, der Billigkeit und auch dem göttlichen Wort und der besseren Seite des Kirchenrechts verboten. Die Entscheidungsmacht des Papstes ignorierte er schlicht. Oldendorp lehrte in Rostock und Lübeck zwar nicht an einer Universität, aber er war Professor im Amt eines Syndikus. In Marbach schließlich vereinte er das Ratsamt mit dem Katheder.

Johann Oldendorp prüfte in Rostock kirchenamtlichen Gesetze und Gewohnheiten an ihrem Auftrag, dem Guten und Rechten, dem gemeinen Nutzen, also Christus zu dienen. Dieses „Amt“ verlieh ihm kein Kaiser oder Papst, sondern Christus. Oldendorp nahm das Amt des Syndikus als eine Aufgabe wahr, die nicht nur im Gehorsam einem Magistrat gegenüber bestand, sondern weit darüber hinaus dem gemeinen Nutzen zu dienen hatte, denn er sah es als seine Aufgabe an, dem gemeinen Nutzen und der Billigkeit, dem Recht und dem Guten in der Hansestadt zu dienen. Das entsprach der Freiheit eines Christenmenschen, die darin besteht, vor Gott verantwortlich zu sein. Er wollte sich damit nicht in erster Linie das ewige Leben verdienen oder der Hölle entkommen, sondern sein Glaube sollte in seinem öffentlichen Amt Früchte tragen. Diese Früchte der Reformation liegen einerseits am Tage, andererseits sind sie für den Historiker schwer zu fassen, weil Fakten immer mehrdeutig sind. Bei Oldendorp aber haben wir drei deutschsprachige Druckschriften, die von dieser Haltung zeugen und sie auch darlegen.

Künftig unterrichteten Landesuniversitäten ihre Landesherren in Rechtsfragen und die Landeskirche in theologischer Hinsicht. Sie waren die Ratsstube des Fürsten, bzw. brachten die Räte als fürstliche Beamte hervor und bildeten die Prediger aus, die das Volk Gottes Wort vorzuhalten hatten. Das gilt es bei der Schrift vom Ratschlagen zu beachten: Es fehlt jeder Hinweis darauf, auf den Papst oder die Kirche zu hören, aber unbedingt auf Gott selbst. Auf Rechtskundige gilt es zu hören, sowie auf das von Theologen gepredigte Gotteswort, was nicht gleichbedeutend mit einer Körperschaft ist. Eine Körperschaft kann nicht predigen.

Es ist seltsam, wenn heute z.B. die EKD mit „Denkschriften" oder „kirchlichen Verlautbarungen" versucht, es den päpstlichen Enzykliken - wenn auch unter Weglassung der Behauptung der Irrtumslosigkeit - gleich zu tun, bzw. ihnen zu entsprechen. Die Bekenntnisschriften dienten der juristischen Positionierung und der Einheit der Kirche, das war etwas anderes. Die Barmer Thesen dienten der Abwehr von überfremdenden Ansprüchen. Aber im Namen der Kirche, bzw. einer bestimmten, konfessionell verfassten Kirche zu sprechen ist etwas, was aus Sicht der Reformation bedenklich erscheint. So ein Verhalten hatte man gerade bewusst und aus dogmatischen Gründen abgelehnt. Papst oder Bischöfe sollten weder anstelle Gottes, noch der Christenheit sprechen dürfen. So demokratisch die EKD oder eine ihrer Landeskirchen auch aufgebaut sein mag, sie können weder für ihre Mitglieder sprechen noch sollten sie so tun, als ob sie im öffentlichen Raum predigen. So ein Bedenken sagt freilich nichts darüber aus, ob man solchen Denkschriften oder Verlautbarungen inhaltlich zustimmen möchte.

Auf einen weiteren Punkt wies Rosenstock hin: Neben das Reich traten in der beginnenden Neuzeit die Nationen. Sie sind nicht hierarchisch geordnet, sondern jede irdische Obrigkeit steht hier neben der anderen. Und neben diesen stehen die Professoren der Landesuniversitäten wie die Räte, der Syndikus der Stadt Rostock, Lübeck oder Hamburg und ihre Prediger neben den Magistraten. Die Hierarchie war nicht nur innerhalb der evangelischen Kirche aufgelöst. Es gab auch weiterhin eine weltliche Ständeordnung, aber die Heerschildordnung war nun Vergangenheit geworden: Im Mittelalter waren die Fürsten Ritter, Militär. Ihnen standen Bischöfe gegenüber, die selbst zumeist auch Ritter waren und militärisch als Fürsten agierten. Nun trugen die Landesherren Zivil und es stand ihnen kein Bischof gegenüber, sie selbst waren Bischöfe ihrer Landeskirchen in einem nur weltlichen Sinn. „Die deutsche Nation ist seitdem eine geistlich begründete Fürstenrepublik" mit Religionsparteien, horizontal und nicht hierarchisch gegliedert.[1]

So fand auch in Rostock die Reformation auf verschiedenen Ebenen statt, einmal im Gottesdienst, dann aber auch mit der Stadt gegenüber Landesherren, Reich und Papst, in der Universität, die

1 Eugen Rosenstock-Huessy, Die Europäischen Revolutionen, Stuttgart, Köln, 1951, S. 222.

vorreformatorisch zugrunde ging und nahezu neu begründet wurde mit reformatorisch gesinnten Universitätslehrern wie David und Nathan Chyträus. Man kann diese grundsätzlichen Veränderungen an Rostock ablesen, vergleicht man die Konstellationen ihrer Auseinandersetzungen Ende des 15. Jahrhunderts und die während der Reformation. Die Koordinaten des Rechts haben sich verschoben. Kein Papst spricht da wirksam mehr einen Bann aus.

Rosenstock schreibt in Bezug auf die Reformation: „Erst urteilt die Kirche. Dann vollstreckt die weltliche Obrigkeit. Die weltliche Obrigkeit ist dem Gewissen verpflichtet, das zu vollstrecken, was die Kirche ihr als rechte Lehre mitteilt und überliefert."[1] Wobei „Kirche" nicht Bischof bedeutet, sondern Gutachten der Landesuniversität. Die neuen Zivilfürsten sind auf die konfessionelle Lehre in Zukunft festgelegt. Reformation bedeutete also noch keine Loslösung der Regierung von Kirche im Sinn von Gottes Wort. Aber die Kirche als Institution ist keine Exekutive mehr.

„Das Neue seit Luther ist, dass religio nicht länger eine soziologische Tatsache innerhalb des Klerus ist, sondern innerhalb aller Seelen, die vor Gott im Fegefeuer und Gericht sich behaupten müssen. Die Gleichheit aller Seelen vor Gott schafft eine Gleichheit aller, ob Priester oder Laien, im Amt, im allgemeinen Priesteramt."[2] Hat man diese Beurteilung der Reformation im Sinn, versteht man das Anliegen von Oldendorp. Man muss bei der historischen Beurteilung von Texten immer auch darauf achten, was ein Autor nicht sagt, obgleich es nahegelegen hätte. Oldendorp macht in Bezug auf die Verantwortung des Menschen keinen Unterschied zwischen Fürst, Obrigkeit und Bürger und Volk. Seine Auffassung von der Billigkeit als Verpflichtung dem Guten und Gott gegenüber ist die rechtliche und politische Antwort auf die Rechtfertigungslehre der Theologen.

---

1 Eugen Rosenstock-Huessy, Die Europäischen Revolutionen, Stuttgart, Köln, 1951, S. 226.

2 Eugen Rosenstock-Huessy, Die Europäischen Revolutionen, Stuttgart, Köln, 1951, S. 228. Religio bezeichnete im Mittelalter das Zusammenleben des Klerus, ihre abgesonderte Existenz. „Cuius regio eius religio" bedeutete mithin mehr als nur eine Konfessionszugehörigkeit. Die Reformation wirkte mit ihren Prinzipien weit über lutherische oder reformierte Länder hinaus.

„Die gesamte Hierarchie in der Kirche: Papst, Kardinäle, Bischöfe, Priester fällt also dahin."[1] Das bedeutet nicht, dass alles nun bereits freiem Meinen hingegeben ist. Das Gewissen richtet sich nicht nach privatem Gefühl oder einer bestimmten Philosophie, einer „Weltanschauung" wie im 19. oder 20. Jahrhundert, sondern nach Gott. „Christliche Fides steht fest. Religio Christiana steht nicht fest, sondern muss von dir geordnet werden."[2] Besser kann man das Anliegen auch Oldendorps nicht beschreiben. Die Ordnungen ändern sich und müssen auf die Meisterin Billigkeit hören, Christus gehorchen. Gott ist mehr als einer irdischen Macht zu gehorchen. „Es gibt kein Wachs in die Ohren gegen die Posaunen des Jüngsten Gerichts."[3] Darin liegt nach Oldendorp die staatliche Aufgabe, gegen den Unglauben anzugehen. Die Herrschaft Christi steht über allem, aber nicht im Sinn einer fundamentalistischen Theokratie, in der der Buchstabe über dem Geist zu stehen kommt. Damit ist auch weniger an eine bestimmte Weltanschauung im späteren Sinn gedacht, als an die letzte und unausweichliche Verantwortung jedes Menschen vor dem Guten, bzw. vor Gott. Die Reformation wandte sich nicht nur an die Öffentlichkeit, sie schuf sie sich in neuer Gestalt. Mit Oldendorp gesprochen: Die Bildung des Volkes ist unabdingbar. Die Obrigkeit trägt dafür ebenso die Verantwortung wie die Eltern und man selbst.[4]

Rosenstock unterscheidet Seele und Person in der Reformation: „Seele – da sind alle Menschen gleich; Person – da ist jeder verschieden. An jedem Ort und in jedem Rang ist jedermann mit anderen Aufgaben belastet. Diese verschiedenen Rechtspositionen

1 Eugen Rosenstock-Huessy, Die Europäischen Revolutionen, Stuttgart, Köln, 1951, S. 229.

2 Eugen Rosenstock-Huessy, Die Europäischen Revolutionen, Stuttgart, Köln, 1951, S. 229.

3 Eugen Rosenstock-Huessy, Die Europäischen Revolutionen, Stuttgart, Köln, 1951, S. 229.

4 Wir lesen die Auslegung Luthers und das in der Reformation selbstverständliche Denken gegenüber dem Vierten Gebot als etwas, was für uns obsolet ist: Man gehorche nicht der Obrigkeit wie den Eltern als Gebot Gottes. Der Akzent der Auslegung jener Zeit lag jedoch auch darauf, dass die Obrigkeit Verantwortung vor Gott gegenüber den Untertanen hatte. Die Betonung galt dem Bild des Landesvaters, das dem verantwortlichen Hausvater entsprach.

heißen damals ‚Person', also etwa das, was wir Funktion nennen würden."[1] Auch dies ist beachtlich an den deutschen Schriften Oldendorps: Er liest die Bibel unmittelbar als Jurist, d.h. als ein Mensch, der sich um das Gute und Billige kümmert, der „nach dem Reich Gottes trachtet", und das nicht nur als Seele, sondern auch als Person, ohne darum von einem Idealreich auf Erden zu träumen oder es gar als seinen Plan zu betrachten. Einer theologischen Zwischeninstanz scheint er nicht bedürftig zu sein, zumindest nicht, was die Person im genannten Sinn betrifft. Theologie möge sich um die Seele kümmern, das ist nicht sein Geschäft, da lässt er sich predigen, denn in Bezug auf die Seele sind sich die Menschen gleich. Aber als Person sind wir von Gott mit unserem Namen berufen, die gibt es nicht neben der Welt.

Dieser Unterschied ist für uns schwer zu fassen, weil sich für uns der Akzent dahingehend verschoben hat, dass wir Seele für etwas „nur" Privates halten, da sei unsere „Religion" anzusiedeln. Dieser Begriff jedoch hatte im 16. Jahrhundert geradezu entgegengesetzte Bedeutung. So ist auch die „Seele" im damaligen Sinn nicht privat in dem Sinn, dass damit die religio als Ordnung des Lebens nicht betroffen wäre. Seele und Person sind miteinander verbunden wie Gewissen und Billigkeit. Heuchlerei nennt Oldendorp es, wenn beides nicht zusammenklingt. Zugleich bedeutete die Gleichheit der Seelen nicht Gleichheit der Personen, wie es die Bauern in ihrem Krieg sehen wollten. Das heißt auch, dass Gott unterschiedlich wirkt, einmal in Bezug auf jede Seele, dann wiederum in der Ordnung der Menschen, dem „weltlichen Schwert". Das Heil ist nicht im Äußeren zu suchen, aber das Äußere ist dennoch dem Ziel unterworfen, dem Guten, Rechten und Billigen zu dienen.

Rosenstock schreibt weiterhin in der Mitte des 20. Jahrhunderts: „Der deutsche Beamtenstaat ist nirgends in der Welt so vorhanden wie bei uns. Bis in die unterste Schicht des Volkes hinein ist der Beamte das höhere Wesen. Der Ratstitel war auch für den Anwalt (Justizrat), Arzt (Sanitätsrat), Philologen (Geh. Regierungsrat) Ziel."[2]

1 Eugen Rosenstock-Huessy, Die Europäischen Revolutionen, Stuttgart, Köln, 1951, S. 233. Hannah Arendt wird in ihrem Revolutionsbuch darauf zu sprechen kommen. Siehe dazu unten.

2 Eugen Rosenstock-Huessy, Die Europäischen Revolutionen, Stuttgart, Köln, 1951, S. 245.

Die Schrift Oldendorps vom Ratgeben war eine der ersten grundsätzlichen Reflexionen zu diesem Thema auf dem Boden der Reformation. Er selbst sah sich in der Funktion als Syndikus von Rostock und dann Lübeck in seiner Funktion einer Obrigkeit gegenüber, deren einzige Aufgabe es war, dem Guten und gemeinen Nutzen zu dienen. Darin lag ihre Legitimation. Herrschaft war nur Mittel zum Guten, dem gemeinen Nutzen. Das war ja auch die klare und höchst einfache Lehre, die man der Antike mit ihren Herrschaftsformen ablas: Sobald sich das Herrschen in den Vordergrund drängte, wurde zum Beispiel aus der Monarchie die Tyrannei. In der Kirche aber herrsche überhaupt niemand, das ist allein das Amt Christi. In der Welt muss der Ordnung wegen regiert und gehorcht werden, nie aber um der Macht willen. Kirche ist darum auch nichts Eigenes, wie die Mecklenburgische Kirchenordnung von 1552 ausführt.

Die Pastoren waren Ratgeber allen Volkes. Sie schöpfen ihren eigenen Rat nicht aus dem antiken Römischen, Kaiserlichen, weltlichen Recht, sondern aus Gottes Wort, dem reinen Evangelium. Darum sollten sie den höchsten Anforderungen genügen, denn Christus herrscht ohne auch nur den geringsten weltlichen Machtanspruch, dennoch gebietet er Fürsten und aller Welt, nämlich dem Guten und dem Frieden dienstbar zu sein. Als Regierender Christus zu gehorchen ist gleichbedeutend mit der Selbstverpflichtung, Gott und dem Nächsten in seinem Amt zu dienen, aber nicht sich selbst und seinem „Bauch“, wie Luther gern sagte.

Luther, Melanchthon und Oldendorp - John Witte Jr.

John Witte Jr. ist Professor an der Emory University School of Law in Atlanta, Goergia und Direktor des dortigen Studienzentrums für Recht und Religion. 2014 hat er sich in einem Aufsatz ausführlich

Johann Oldendorp als lutherischem Juristen zugewandt.[1] John Witte Jr. geht in seinem Aufsatz den verschiedenen und doch sich einander annähernden Auffassungen von Recht und Glauben bei Luther, Melanchthon und Oldendorp nach, wobei er auch auf die persönliche Beziehung von Melanchthon und Oldendorp hinweist. Sie widmeten einander in späteren Jahren jeweils Schriften einander, was für ihre gegenseitige Hochachtung spricht. John Witte betrachtet Melanchthon in seinem Aufsatz vor allem als Philosophen und Rechtsgelehrten. Als gemeinsamer Ausgangspunkt von Oldendorp und Melanchthon gilt bei der Betrachtung des Naturrechts für sie das Zitat aus Röm 2, 15, wonach gilt: „The law (is) written on the hearts of all men." Wittes Darstellung fasst den bisherigen Forschungsstand in Kürze zusammen, doch ohne die bisherigen Beurteilungen Oldendorps einer Kritik zu unterziehen, was in der im Aufsatz gegebenen Kürze auch schwer möglich gewesen wäre.

Witte erkannte auch, dass Oldendorp von Melanchthons Umgang mit der theologischen Systematik in Form der Behandlung von „Loci" wichtig war und diese Ansicht auch für seine juristischen Bücher so übernahm, womit beide jedoch, wie wir gesehen haben einerseits Erasmus folgten, andererseits von der grundsätzlichen Skepsis Luthers gegenüber einer systematisierenden Theologie. Die Gründe dafür werden im Aufsatz nicht aufgeführt und weiter beachtet.

Bemerkenswert ist Wittes Hinweis auf Oldendorps Stellung zum Kanonischen Recht. Es gilt dabei zunächst eine Unterscheidung mittelalterlichen Denkens zu beachten, die leicht übergangen wird, die Unterscheidung von ewigem und göttlichem Recht. Allerdings betrachtet auch Witte dem zum Trotz beides als „Quellen", also vor allem im Textsinn. Darum kommt es für Witte so zu stehen, dass Oldendorp die Schöpfungsordnung mit ihrem ewigen Naturrecht als nur durch die Sünde gebrochene und verdunkelte Quelle ansieht. Darum versteht er das göttliche, d.h. geoffenbarte biblische Recht als Klarstellung des allem zugrunde liegenden Naturrechts, als Gesetz

1 Erschienen ist der Aufsatz in Wim Dekock, ed., The Legal Teachings of the Protestant and Catholic Reformations, Göttingen, 2014, S. 231-265. Er trägt den Titel „The Law Written on the Heart": Natural Law and Equity in Early Lutheran Thought. Ich zitiere aus dem im Internet veröffentlichen Draft.

des Herzens. Witte betrachtet die Offenbarung als den Text, der das lebendige ewige Recht korrigiert und so gleich einem systematisches Recht das Gewissen steuere. Somit bleibt John Witte Jr. in den Bahnen bisheriger Beurteilung von Oldendorps Werk und beachtet nicht die von Oldendorp angemahnte persönliche Komponente der Billigkeit in Bezug auf den lebendigen Gott.

Den Magistrat, also die Obrigkeit bezeichnet Oldendorp auch als „vicar Dei“, worauf Witte hinweist. Dies ist wichtig festzuhalten, denn eine solche Ehrenbezeichnung kam kirchlichen Amtsträgern nicht zu, was Witte allerdings nicht aufgefallen zu sein scheint. Solch Autorität gebührt offenbar nicht den Verkündern der Klarstellung in Bezug auf wahres Recht und Billigkeit. Zudem ist, wie Witte schreibt, zu bedenken, dass nach Oldendorp trotz der irdischen Autorität weltlicher Obrigkeit kein Zivilgesetz letztlich bindend ist, weicht es denn von Recht und Billigkeit ab. Die irdischen Autoritäten bleiben Diener des Rechts. Die daraus resultierende Erkenntnis, dass es keine Regel für die Anwendung einer Regel gäbe, sieht Witte erst bei Immanuel Kant auf den Punkt gebracht. Jede Rechtsentscheidung sei auch eine Gewissensentscheidung.

Diesen Punkt benennt Witte als „simple piety“, einfache Frömmigkeit. Die letzte Entscheidung läge in der Person des Menschen (aber nicht Gottes), ohne dass es dafür eine Formel gäbe. Darin folgt Witte Dietze und Macke. „In order to discern what is equitable, the individual jurist, having exercised his or her legally-trained civil reason to the maximum degree, must then study the Bible, pray to God, and search his or her conscience for instruction.“ Witte bezeichnet dies als „fromme Methode“. Dagegenzuhalten wäre das von ihm eingangs erwähnte Pauluszitat in voller Länge: „Sie beweisen damit, dass des Gesetzes Werk in ihr Herz geschrieben ist; ihr Gewissen bezeugt es ihnen, dazu auch die Gedanken, die einander anklagen oder auch entschuldigen, an dem Tag, an dem Gott das Verborgene der Menschen durch Christus Jesus richtet, wie es mein Evangelium bezeugt.“ Das Gericht Gottes geschieht im Glauben durch Christus, denn Recht ist Werkzeug von Herrschaft, und das Reich, die Regierung Gottes, ist in Christus bereits Gegenwart und geschieht nicht erst am Jüngsten Tag, sondern vollendet sich dann nur. Nicht klar im Blick scheint mir bei John

Witte Jr. wie bei seinen Vorgängern, dass es sich auch auf dieser Ebene um einen Rechtsvorgang handelt, den Hans Dombois „Gnadenrecht" nennt. Nicht ein Text korrigiert das schlagende Herz, sondern der lebendige Gott, dem wir uns im Glauben zuwenden, für den das geschriebene Wort des Gottesdienstkanons, die Bibel nur der Buchstabe, nicht aber der gegenwärtige Geist Gottes ist. Von außen betrachtet, kann man dies natürlich einfach als piety, Frömmigkeit bezeichnen, aber damit ist gerade das nicht ausgesagt, worum es den Reformatoren ging, ob nun die Theologen oder Juristen unter ihnen. Aber wir haben uns vermutlich schon zu sehr daran gewöhnt, Frömmigkeit von der Liturgie abzukoppeln und letztere nur für eine Ausübung unserer Frömmigkeit zu halten, bestenfalls noch für eine Erinnerung an das, was Gott einst einmal sagte.

Witte zitiert zusammenfassend Melanchthon (1531): „It is impossible to uphold civil discipline without religion, and jurisprudence is shaped most by religious doctrine."[1] So freilich erscheint die Religion als ein - wenn auch notwendiger - Zusatz. Festzuhalten ist mit Witte, dass der Teil der Gerichtsbarkeit, der vor allem dem Kanonischen Recht zukam und wir als den moralischen Teil des Rechts bezeichnen würden, in der Reformation als weltliche Angelegenheit angesehen wurde. Mit der Auflösung des Kanonischen Rechts in Bezug auf die Kirche als Klerus kam zwangsläufig dieser Rechtsbereich in weltliche Hände. Die Übereinstimmung mit der Predigt muss freilich gegeben sein. Aber das entscheidende Missverständnis, dem wir gewöhnlich unterliegen, findet sich darin, dass wir „Religion" mehr oder weniger in Abwesenheit Gottes verhandeln. Er ist uns maximal eine eher sachliche Instanz. Oldendorp aber, und das gilt auch für Melanchthon und Luther, war Gott ein höchst lebendiger, anwesender Richter und himmlischer Vater. Es geht bei der Frage mithin nicht nur um Rechtsgebiete, sondern um Autoritäten und Gegenüber. Das eben ist als entscheidender Unterschied wahrzunehmen zwischen ewigem und Göttlichem Recht: Das ewige Recht liegt im Menschen, das Göttliche in Gott. Ohne Beachtung

1 CR 11, 210f.: Nec vero civilis disciplina sine religione retineri potest; et juris scientia plurima a doctrina religionis mutuatur.

dieses gewaltigen Unterschieds der höchst lebendigen und anwesenden Personen verliert Oldendorps Denken sein Fundament.

Einen geistlichen Vikar Gottes auf Erden gibt es nicht. Diese Einstellung mag man von außen als eine fromme Methode ansehen und bezeichnen, dem Selbstverständnis der Reformatoren entspricht so eine Sicht von außen in keiner Weise.

Historische Vorbilder Johann Oldendorps

Marsilius von Padua

Johann Oldendorp zitiert zustimmend Marsilius von Padua (1285/90 - 1342/3). Er gehört zu den Autoren, die vieles von dem, was wir bei Oldendorp lesen, bereits ausgeführt hat. Beispielhaft soll hier etwas von seinem Denken angeführt werden. Oldendorp bewegte sich sich durchaus im Strom von Bekanntem und Akzeptierten, besonders von humanistisch gesonnenen Denkern. Eine Untersuchung zu den Quellen der Schriften Oldendorps steht aus und kann hier auch nicht geleistet werden. Bislang wurden diesbezüglich nur Erasmus von Rotterdam, Martin Luther und Philipp Melanchthon in den Blick genommen. Besonders aufschlussreich wäre wohl der Vergleich von Oldendorps Werk mit dem von Guillaume Budé (1468-1468), genannt Budaeus.

Hier seien nur beispielhaft einige Gedanken aus der Schrift Defensor Pacis (1324) des Marsilius von Padua angeführt, die Johannes Heckel in einem Aufsatz darstellt.

Der Maßstab des Rechts ist das „bene et sufficienter vivere“.[1] Das gilt für das Irdische wie für das Himmlische. Das Recht sorgt sich um das Gute und das Leben auf gutem Grund in hinreichender Genügsamkeit.

1 Marsilius von Padua und Martin Luther, in: Johannes Heckel, Das blinde, undeutliche Wort „Kirche“, Köln, Graz 1964, S.49-110, S.59.

Die christliche Welt ist „communitas fidelium", in das die Völker (civitati) eintreten. Die Kirche sieht Marsilius einerseits an als einen sakramental verfasste Versammlung (congregatio), als Taufgemeinschaft (geistlich), andererseits als eine Gemeinschaft menschlichen Rechts, zeitlich und weltlich geordnet. Nur die erstere entspricht freilich der lex evangelica.

Es geht nicht um zwei verschiedene Sozialkörper, sondern um den „doppelten Rechtsstand der christlichen Bürgergemeinde".[1] Gottes Willen ist eine causa remota [zurückliegende, entfernteste Ursache]. Marsilius unterscheidet zwischen weltlicher und kirchlicher Gemeinschaft:

Die communitas civium ist das imperium mit dem Kaiser an der Spitze. Seine Kompetenz beschränkt sich auf das, was in der Partikularmacht nicht geregelt werden kann. Er übt also keine Weltmonarchie aus. Als solcher hat er auch die Aufgabe einer advocatio ecclesiae universalis. Die communitas fidelium ist die „universitas fidelium credentium et invocantium nomen Christi" / „ecclesia universalis". Sie ist die „Kultusgemeinschaft für den Rechtsstand künftigen Lebens". Dafür ist das Konzil die höchste Instanz im geistlichen Sinn, im weltlichen Sinn der Papst. Weiterhin unterscheidet Marsilius die ecclesia universalis und die ecclesia particularis, die sich gewöhnlich mit der civitas particularis räumlich und persönlich deckt.[2] Beide Bereiche verschränken sich ineinander. Gehorsam im weltlichen Bereich fördert die sittliche Hebung des gemeinen Lebens: „Lex divina lata fuit convenienter propter hominum melioracionem, tam in presenti seculo quam venturo." [Das göttliche Gesetz wurde zur Verbesserung der Menschen sowohl in der gegenwärtigen als auch in der kommenden Zeit angemessen erweitert.]

Öffentliche Ruhe und Frieden, Sicherheit (pax) sind erste Sorge der weltlichen Ordnung. Die geistliche Ordnung zielt dagegen auf den Willen. Man muss unterscheiden, ob eine Aktivität auf das irdische oder ewige Heil gerichtet ist: pro statu vitae praesentis vel futurae. Letzteres kann nur im Christentum zum Ziel kommen. Für das

1 Johannes Heckel, Marsilius S.67, verweist hier auf Karl Barth: Christengemeinde und Bürgergemeinde 1946

2 Johannes Heckel, Marsilius S.69f.

Irdische hat Gott dem Menschen sein Tun freigestellt. Im Alten Testament hatte Gott auch hier Weisungen erteilt, dies aber gilt nicht mehr. Entsprechend gibt es keine Theokratie pro statu vitae praesentis. Marsilius rechnet die Verantwortung dem Gesetzgeber zu, nicht dem Richter. Im Unterschied zur mittelalterlichen Zweigewaltenlehre sucht er die Einheit des politischen Regiments.

Die Kirche ist eine Gemeinschaft pro statu vitae futuris, lebt in statu vitae praesentis, ist auf jedoch auf Zukunft hin ausgerichtet. Sie soll nicht Nebenbuhlerin des politischen Regiments werden. „Politisch" bedeutet die Frage nach dem Gemeinwohl.

Wesentlich an der Kirchenverfassung ist alles, was Christus angeordnet hat, nicht-wesentlich sind entsprechende Ordnungen. Kirchliche Zuchtmaßnahmen, die in den Bereich des gegenwärtigen Lebens reichen, wertet Marsilius als Missbrauch. Auch der Kirchenbann muss daher in weltlicher Obhut liegen, freilich nach Beratung durch die Priester. Dieser ist lediglich gleich einem Arzt „doctor aliquis operativus, ut medicus."[1] Er hat Lehrgewalt, übt Sakramentsverwaltung und Seelsorge (consilia docere) aus.[2] Das Priestertum ist das einzige kirchliche Amt Göttlichen Rechts. Er repräsentiert das priesterliche Amt Christi: Per (caracterem sacerdotalem) secundum veritatem Christi representatur officium.[3] Ein sacerdotium maius et simplex unterscheidet Marsilius nicht, es gibt keine Hierarchie göttlichen Rechts. Auch gegenüber Laien besteht kein verfassungsrechtlicher Vorrang. Auch Nichtkleriker sind viri ecclesiastici. Kirche ist eine societas aequalis. Zugleich verpflichtet das Amt den Priester zu einem vorbildhaften Leben.

In der christlichen Bürgergemeinde wirken Vernunft und Offenbarung einträchtig zusammen. Christliche Religionspflege gehört somit zu den vornehmsten Aufgaben der Herrscher. Die entsprechende Regelungskompetenz im Bereich des Gegenwärtigen bis hin zur Zulassung zur Ordination findet ihre Grenze erst am göttlichen Kirchenrecht.

1 Johannes Heckel, Marsilius, S. 79 Anm. 181.

2 Johannes Heckel, Marsilius, S. 80 Anm. 187.

3 Johannes Heckel, Marsilius, S. 81. Wohlgemerkt: Der Priester repräsentiert nicht Christus, sondern dessen Amt.

Jedes Gesetz hat zudem zwei Elemente: doctrina (Unterweisung) et praeceptum (Zwangsgebot). Das göttliche Recht hat auf Erden nur doctrina und zieht keinen Rechtsnachteil nach sich, dieser geschieht erst im Jüngsten Gericht. Kirche in diesem Sinn ist mithin kein Zwangsverband, sondern die freiwillig dem Haupt Christus folgende Schar. Die Herrschaft des (irdischen) Gesetzes hat als Typus eine ethisch-politische Aufgabe. Das ewige Heil lässt sich so nicht verdienen. „In der Gemeinschaft des menschlichen Rechts ist das Gesetz die Lebenskraft des Sozialkörpers."[1] Das menschliche Gesetz verlangt Billigkeit, die lex evangelica ist indispensabel. Es sind verschiedene Arten von Gesetz. Das menschliche Gesetz muss beschlossen werden, das göttliche kann nicht beschlossen werden. Ein Göttliches Naturrecht gibt es für Marsilius nicht, auch nicht eine systematische scholastische Rechtslehre á la Thomas von Aquin.

Stoßen Göttliches und menschliches Recht gegeneinander, ist Gott mehr zu gehorchen. Verbietet das menschliche Recht das Göttliche, ist Widerstand angesagt. Heckel bedauert, dass Marsilius den Inhalt des göttlichen Gesetzes nicht systematisch entfaltet, statt dessen versuche er, dies aus Bruchstücken zusammenzusetzen.[2] Es darf gefragt werden, ob dies Marsilius nicht gar nicht gewollte hatte.

Ein Herrscher hat sein Gesetz dem Gebot der Billigkeit anzupassen: secundum legem precipere iusta et *honesta*. Negativ ausgedrückt: malicia vel ignorancia, schlecht und ignorant ist es, auf die Billigkeit keinen Wert zu legen.[3] „Wenn sich das Gemeindeleben nicht mehr an dem Maßstab der Gerechtigkeit und des allgemein Besten ausrichtet, muss es zugrunde gehen; denn es hat das göttliche Weltgericht gegen sich."

Marsilius nimmt nur die zweite Tafel des Gebotes für die Christen als geltendes Recht.[4] Diese habe Christus bestätigt und zum Bestandteil der lex evangelica erhoben. Wann ein Krieg gerecht sei, entscheidet die lex divina. Offenbar unterscheidet Marsilius

1 Johannes Heckel, Marsilius, S. 90f.

2 Johannes Heckel, Marsilius, S. 97f. Hier sei jedoch an die Loci Melanchthons erinnert, sowie an die Fragmenttheorie der Romantiker, die damit der systematischen Philosophie Hegels widersprachen.

3 Johannes Heckel, Marsilius, S.99 (Anm. 308).

4 Folgt man der Logik des hier Dargestellten, wäre dann die Erste Tafel darum nicht als jüdisch abzulegen, sondern in anderem Sinn als Recht zu betrachten.

zwischen der lex divina, die für alle gilt und der lex evangelica für die Getauften.[1]

Diese Ausführungen zeigen deutlich, wie sehr sich Johann Oldendorp auch als Anhänger der Wittenberger Reformation in damals bekannten Gefilden bewegen konnte, wie überhaupt die Reformation nicht einfach als Teil der Frühen Neuzeit anzusehen ist, sondern noch mit beiden Füßen in mittelalterlichen Anschauungen und entsprechenden historischen Gegebenheiten stand.

Die Vorrede des Jütisches Low

Fragt man nach einem Vorbild der Grundgedanken der Schrift Billig und Recht, so sollte man nicht die alte Vorrede des Jütische Low, des Dänischen Rechts außer acht lassen, das im gesamten Norden Europas bekannt war und in Dänemark seit 1241 bis ins Jahr 1900 in Geltung war. 1486 erschien die gedruckte niederdeutsche Übersetzung. Hier sei die originale mittelalterliche Vorrede gemäß der niederdeutschen (amtlichen) Fassung von 1593 wiedergegeben.[2] Johann Oldendorp wird diese Vorrede, die einer Präambel, bzw. einer Vorform späterer Verfassungen gut gekannt haben und seinen Schriften gemäß wird er ihr Anliegen geteilt haben. Die Vorrede mit ihrer grundlegende und einprägsamen Rechtsauffassung sei hier in hochdeutscher Textübertragung von mir wiedergegeben. Sie gehört zum historischen Kontext der Auffassungen Oldendorps.

> Land und Leute erhalte man mit Recht und Gericht. Wollte aber jedermann an dem Seinen sich genügen lassen und einer dem anderen lassen, was das Seine wäre, so hätte man keiner Rechte nötig, jedoch ist keinem Recht so gut zu folgen wie der Wahrheit.
> Fällt aber zwischen das Recht und die Wahrheit ein Zweifel oder Übles ein, so soll das Recht forschen und suchen, was Wahrheit und recht ist.

1 Johannes Heckel, Marsilius, S.100f.

2 Die niederdeutsche Fassung weicht etwas von der dänischen Fassung ab. Der dänische Rechtsbereich reichte bis an die Tore Hamburgs nach Altona.

Gäbe es kein Recht im Land, so hätte der Gewaltigste das meiste (Recht). Darum soll Recht gemacht werden, jedermann zu Nutzen und Gutem, auf dass der Gehorsame, Fromme und Unschuldige gleich und mit Recht geschützt behandelt werde, damit durch Recht und Gericht der Untugend und Ungerechtigkeit gewehrt und die Bösen gestraft werden mögen.

Recht ist es und billig, dass diejenigen, die Gott fürchten, und die ehrbar das Gute tun, es nicht reizen kann, wenn die Obrigkeit sie durch Zwang und Schärfe der Rechte und des Vaterlands - das die Gemeinde angenommen und sich darin verbunden hat – ihre Missetat strafe und dem Bösen wehre.

Das Recht soll ehrlich, heilig und leidlich sein nach des Landes Sitte, passend, deutlich, klar und offenbar, dermaßen, dass jeder es versteht und wissen kann, was das Recht haben will. Nicht geschrieben nach des Mannes Kopf oder sonderlicher Meinung, sondern zu jedes Mannes Nutzen und Besten denen, die im Lande wohnen.

Auch soll niemand anders Urteil sprechen, als das Recht es vorschreibt und haben will, welches der König gegeben und das Land eingeräumt und angenommen hat.

Dem Recht, das der König gibt und das Land annimmt, soll niemand Abbruch tun, noch etwas daran ohne Zustimmung der Landschaft verändern, es wäre denn offenbar wider Gott.

Des Königs Amt ist auch – und aller seiner gewaltigen Häupter, die im Land wohnen – Recht zu sprechen und auszuüben, zu beschützen und retten alle, die Gewalt leiden, als da sind Witwen, Waisen, Pilger, Ausländer und arme Leute, denen gemeinhin Gewalt angetan wird und die unterdrückt werden, und (andererseits) die Missetäter und die sich an Schicksal und Recht nicht genügen lassen im Land nicht leben lassen:

Denn der ist Gottes Diener und ein Beschirmer der Rechte, der das Böse straft und das Gute handhabt.[1]

Und wie die heilige christliche Kirche durch den Papst und die Bischöfe regiert wird, so sollen Land und Leute durch Könige, Herren und Fürsten und die unter Amt mit dem Recht administriert, geschützt und behandelt werden.[2]

---

1 In der Ausgabe von 1593 gesperrt gedruckt.

2 Die weltliche Macht nahm sich hier die kirchliche Regierung zum Vorbild, wie das damals noch neue Kanonische Recht schließlich auch zu einem Grundlagentext für das weltliche Recht der Neuzeit werden sollte.

Dagegen ist auch jedermann, der im Land wohnt der Obrigkeit - wie sie bei Schicksal und Recht in gutem Frieden erhalten werden, also auch - gehorsam, Pflicht und Folge zu leisten verpflichtet und schuldig.[1]
So mögen auch alle Gewaltigen, denen das weltliche Regiment auf dieser Erde gegeben ist wissen: Gott hat ihnen Gewalt und Macht der Obrigkeit gegeben. So hat er ihnen damit (auch) befohlen, der heiligen christlichen Kirche wohl vorzustehen, sie zu schützen und zu beschirmen vor allem, was ihr ankommen konnte.[2]
Würden sie dies vergessen oder versäumen und ihnen nicht recht wohl vorstehen, die Kirchen bei dem ihren und das Land in Ruhe und Frieden nicht erhalten? So sollen sie dafür Rede und Antwort geben dem Allmächtigen Gott am Gestrengen und Jüngsten Gericht Gottes.[3]
Die nun dies Buch sehen, hören oder lesen, denen soll hiermit kund sein, dass König Woldemar II. - des ersten Woldemars Sohn - und Hlg. Kanut, Herzog zu Ringstedt Geschlecht - der Zeit, als sie Könige gewesen 32 Jahre, und da man schrieb nach Gottes Geburt 1280 im März, dies Buch schreiben ließ und dies Recht gab zu Warinborch in dänischer Sprache mit Rat seiner Söhne, die bei ihm waren, König Erik, Herzog Abel, Junker Christoph und Owe, damals Erzbischof zu Lund, Bischof Niels in Seeland, Bischof Juer in Füne, Bischof Jens von Hedeby, Bischof Peter zu Aarhus, Bischof Gunder zu Viborg, Bischof Jens in Vendsyssel mit samt seiner königlichen Majestät besten Räten und Mannen, die zu der Zeit im Reich waren.[4]

---

1 Es ging mithin nicht nur um einen sachlichen Lehnsvertrag, wonach äußerlicher Schutz die Untertanen verpflichtete, sondern die Leistung des Fürsten bestand vor allem in der Aufrechterhaltung der Ordnung.

2 „ankamen kan"- Aus diesem Rechtsempfinden heraus konnte Oldendorp auch die „Missbräuche" der Kirche anprangern und beklagen.

3 Alles Recht hat sich vor dem lebendigen Gott zu verantworten und nicht nur gegenüber einem Bibelbuch.

4 Sieben Bischöfe waren beteiligt, und damit floss auch ihr Rechtsverständnis ein.

Billigkeit

Vorweg: Das Emblema zur Billigkeit bei Mathias Holtzwart[1]

Einige Jahrzehnte nach Oldendorps Schrift zur Billigkeit greift Mathias Holtzwart den auch von Oldendorp zitierten Spruch aus Erasmus „conscientia mille testes“ übertragen als „Ein gutes Gewissen ist über Silber und Gold“ auf und bringt ihn in ein Bild, ein Emblem, begleitet mit lateinischer und deutscher Erklärung.

Ausgeführt wird dabei das „böse“ im Unterschied zum guten Gewissen. Das Bild zielt auf den, der etwas getan hat, von dem ihm das Gewissen sagt, er hätte es nicht tun sollen, man dies aber entweder nicht vor sich zugibt, oder es einem unbewusst bleibt. Zu sehen ist auf der Abbildung ein Hund, von alters her ein Bild des Gehorsams, dem man eine Blase mit trockenen, klappernden Erbsen an den Schwanz gebunden hat, und der darum sich wie toll gebärdet. In diesem Bild erscheint somit als Gewissen als das, was man später in der Psychologie das Unbewusste oder Überich nannte. Mein Ungehorsam gegenüber dem Guten ist dem Menschen halb bewusst. Im 16. Jahrhundert hätte man dies anders benannt: Das Gebot macht uns unsere Missetat deutlich und hängt unserem Gewissen an. Das Gewissen macht uns verrückt, indem es uns anhängt.

Im Hintergrund steht das Bild der Sünde als Befleckung (2 Kor 7,1; 1 Tim 6,14). Im Lateinischen Text ist der weltliche Stand als göttlicher Befehl aufgefasst. Consc(ient)ia recti tibi mens, das Gewissen zeigt auf, was richtig, recht ist. Wer darauf hört, vermag ruhig, ohne Furcht und fröhlich zu sein. Bei Oldendorp jedoch ist das Gewissen weniger etwas, was uns anhängt oder in uns „schlägt“ wie das Herz, sondern der Wille, vor Gott zu bestehen, bzw. auf seinen Rat, sein

1 geb. 1530, „Emblematum tyrocinia ... Eingeblümte Zierwerck oder Gemälpoesie“... 1581. Faksimiledruck, Leipzig. Eblema 59: conscientia mille testes – Ein gutes Gewissen ist über Silber und Gold S, 136f.

Gebot zu hören, weil man weiß, dass in Gott kein Schatten des Bösen zu finden ist.

Das Wesen der Billigkeit bei Johann Oldendorp

Aequitas war nichts Unbekanntes in der mittelalterlichen Rechtsgeschichte. Peter Landau hat in einem Aufsatz gezeigt, wie bestimmend sich das Prinzip der Billigkeit als Weise der Barmherzigkeit durch das Kanonische Recht zog.[1] Es war das Mittel, das dem Recht die Schärfe im Sinne einer Ungerechtigkeit nehmen konnte, wie es auch Oldendorp beschreibt. Aufschlussreich ist die Bemerkung von Peter Landau, dass die Katholische Kirche niemals ein lex fundamentalis gleich einem staatlichen Grundgesetz akzeptiert habe. Dies freilich gab es auch nicht für das Römische Recht, wenn ihm auch Prinzipien zugrunde lagen, wie auch der Zweck jeder Rechtssetzung in der aufgeführten Vorrede des Jütischen Rechts thematisiert wurde.[2] Um diese Prinzipien ging es Oldendorp. Seine Schrift von der Billigkeit ließe sich auch als Kommentar zur Vorrede des Jütischen Rechts lesen.

Die Überlegungen von Johann Oldendorp zielen auf die Ebene der Rechtsgrundlagen, es geht um weit mehr als nur um die Auslegung einer Unterkategorie des Rechts, wie Billigkeit heute im Rechtswesen zu stehen kommt. In der mittelalterlichen Auffassung war Billigkeit mit dem Amt verbunden, in erster Linie an das des Papstes.[3] Es geht also in erster Linie dabei um die Person, sowohl des Urteilenden und sein Gewissen, als auch um die zu Beurteilenden. Die Überlegungen zur Billigkeit im Kanonischen Recht führten gegenüber dem Geschriebenen, Strengen nicht sogleich zu einer Veränderung des

---

1 Peter Landau: Aequitas in the Corpus Iuris Canonici, in: Peter Landau, Europäische Rechtsgeschichte und kanonisches Recht im Mittelalter, Badenweiler 2012, S.285-293.

2 Das Lübische Recht hatte solche Vorrede nicht aufzuweisen.

3 Peter Landau: Aequitas S. 290f. Das hat vom modernen Rechtsdenken her seine Logik: Wer Gnade übt, muss über dem Gesetz stehen, darf nicht selbst davon betroffen sein.

Rechts. Während im weltlichen Recht Billigkeit eher der Situation geschuldet war, war sie im geistlichen Bereich mit Gnade verbunden.

Hier aber zeichnen sich schon die Unterschiede zur Lage eines Juristen unter dem Einfluss lutherischer Reformation ab. Der Papst und die römische Amtsauffassung waren obsolet geworden. Kirchliche Amtsträger hatten gar kein eigenes Urteil mehr zu sprechen. Auch Bischöfe waren nicht mehr Richter über ihr Volk, weder als Fürsten noch als Beichtväter. Die lutherische Reformation lehnte ein heiliges neben dem weltlichen Recht ab. Darum konnte und wollte sie mit der Täuferrepublik oder reformierten Verhältnissen wie in Genf nichts gemein haben.[1]

Billigkeit ist im höchsten Maß personell zu denken. Gnadenrecht ist nur als solches anzusehen. Es gibt zwar die sachliche Nachsicht, aber der tiefere Sinn von Billigkeit betrifft allein die Personen. Nachsicht in Bezug auf Dinge ist nicht Gnade.

Stand im Mittelalter eine Untat unter zweifachem juristischem Urteil, einmal als Sünde, zum anderen als Verstoß gegen weltliche Ordnung, war nun nur das letztere juristisch zu beurteilen. Das „Sündenzählen" blieb aus. Man kann nicht sagen, dass moralische Vergehen im Allgemeinen nicht mehr als Sünde „gezählt" worden sind, aber im Zuge der Reformation und ihrer Wirkung wurde die Moral schrittweise wie säkularisiert.

Juristisch lässt sich der Wegfall kirchlicher Gerichtsbarkeit an den Hexenprozessen im Jütischen Gesetz nachreformatorischer Zeit zeigen: Durch den Wegfall des bischöflichen Gerichts galten diese Fälle nun nicht mehr vor allem als Häresie, sondern in erster Linie als Kriminalverbrechen, für die lediglich Gutachten von theologischen und juristischen Fakultäten eingeholt werden konnten.[2] Als diese Prozesse endlich abgeschafft worden waren, blieben moralische Urteile zur Sache übrig. Das kehrte den Prozess um: Moralisches Fehlverhalten wurde nicht nur als Sünde angesehen, sondern was Sünde sei, wurde mehr und mehr mit

---

1 Eine scheinbare Ausnahme bildeten Ehe und Schule, doch siehe dazu meine Ausführungen zur Mecklenburgischen Kirchenordnung. Es gab für sie keine „Kirche" als Institution, der dies hätte anvertraut werden können.

2 So sind wohl in lutherischen Ländern Hexenprozesse geführt worden, aber nicht von lutherischen Kirchen. Diese waren nicht inquisitorisch tätig.

jeweils geltenden moralischen Kategorien gemessen. Die (sich beständig verändernden) Normen traten als Ordnungen an die Stelle von Gottes Wort, bzw. vermischten sich mit ihm nach gerade geltender Interpretation.

Billigkeit im Sinn Oldendorps mochte zwar Regeln gehorchen, aber es handelt sich dabei nicht um etwas per Gesetz Regelbares.[1] So wie Billigkeit im Mittelalter an ein Amt gebunden war, musste es nun an der Person hängen, und zwar nicht eines Geistlichen, sondern an jedem Christenmenschen. Personifikation der Billigkeit in diesem grundsätzlichen Sinn ist Christus. Das wahrhaft billige Gericht ist das Jüngste Gericht, bzw. geschieht im Glauben, der Liturgie in ihrem umfangreichen Sinn.

Oldendorps Überlegungen zur Billigkeit waren nicht unbedingt neu. Auch gab er keinen besonderen Beitrag zur Naturrechtslehre, der „Fortschritt" in der Sache gebracht hätte. Das Neue und Beachtenswerte bewegt sich auf anderer Ebene. Der Hinweis von Peter Landauer auf die Rolle des Papstes in der mittelalterlichen Vorstellung von Billigkeit ist dafür hilfreich: Es geht nicht vorrangig um die Sachebene, was denn Aequitas sein mag, sondern um die Personenebene: Da sind der Richtende, die zu Beurteilenden und Gott. Das Gewissen ist etwas, was nicht mit dem geschriebenen oder ungeschriebenen Recht allein zu erfassen ist oder auszuschöpfen wäre. Das reformatorisch verstandene Priestertum aller Gläubigen bringt es mit sich, dass alle Christenmenschen nun in die Position des Papstes geraten: Bei ihnen liegt die Forderung, sich recht und billig zu verhalten, ohne dass ihnen jemand per Amt dies abnehmen könnte oder sollte.

Das Büchlein vom Recht und der Billigkeit schließt seine Vorrede mit diesen Worten:

Doch das will ich Gott und der Obrigkeit befohlen haben und es ist mir genug, diese Gebrechen anzuzeigen und gebührlicher Weise zu vermelden.

---

1 Billigkeit kann Gesetze verbessern und ist für ihre Anwendung wichtig. Auch kann ein Gesetz mehr oder wenig billig erscheinen. Aber sie ist - wie Oldendorp sie versteht - per definitionem zugleich das, was dem Recht gegenübersteht wie zuvor der Papst der Welt und dann noch der Fürst seinem Volk.

Demnach, christlicher lieber Leser, lass dir diese meine einfältige Erklärung von der Billigkeit angenehm und befohlen sein, zu dem Ende, dass uns alle löbliche Ordnung des weltlichen Regiments in Gehorsam, Friede und Einigkeit auf Christus weise, ihm allein zu Lob und Ehren in Ewigkeit. AMEN.

Oldendorp wendet sich nicht an die Gelehrtenwelt, obgleich er ihr den grundsätzlichen Vorwurf macht, trotz aller Differenzierungen an einem entscheidenden Punkt gefehlt zu haben. Der „christliche Leser“ ist der Adressat. Gewidmet ist die Schrift einer Person der Obrigkeit. Denkbar ist, dass der lutherisch gesinnte und gelehrte zum Bischofsadministrator bestimmte Fürst eben hier seine Bedenken hatte: Was geschieht mit mir, wenn gemäß der Reformation meine spezielle Funktion hinfällig werden wird? Ist nicht die kirchliche Hierarchie mit dem Papst an der Spitze mehr die Instanz der Gnade, der Billigkeit gegenüber der Härte des Gesetzes, wer dann? Ist es jedermann, so muss er in seiner Muttersprache dazu belehrt werden.

Emil Brunner sprach 1938 von der „Wahrheit als Begegnung“. Er fand für unser Personensein die Bezeichnung „responsorische Aktualität“.[1] Damit rückt die Geschichtlichkeit des Glaubens in den Blick. Um es im Kontext der Überlegungen von Johann Oldendorp zu sagen: Billigkeit ist nicht Teil des Gesetzes und ersetzt es nicht, aber das Recht bedarf ihrer wie von außen her.

Recht entsteht im Gewissen des Menschen, der von Gott erschaffen wurde. Oldendorp insistierte dabei darauf, dass Recht und das Gute ineinander verflochten sein müssen. Billig ist recht und gut, und scharfes Recht ist unbillig und tendiert zum Unrecht. Recht entwickelt sich im Gegenüber der Menschen untereinander und erweist sich im Miteinander der Menschen als Grundlage der Ordnung. Aber das Recht ist wie die Sprache nicht etwas nur

1 Emil Brunner: Wahrheit als Begegnung, Zürich 1963 (1938) S.35. Seine Überlegungen verdienen in dieser Beziehung Beachtung, auch wenn er in seiner Dogmatik für mein Empfinden weit über das Ziel hinausgeschossen ist, wenn er die altkirchliche Trinitätslehre und Zweinaturenlehre als Theologoumenon und nicht als Dogmatik betrachtet und entsprechend dem Gottesdienst seine zentrale Funktion absprach und stattdessen auf die Rhetorik der Evangelisation setzte.

Sachliches: Das scharfe Recht wird scharfes Unrecht, ordnet man den Menschen einem Recht unter. Das formulierte, positive Recht ist zeitlich bedingt, in steter Veränderung begriffen. Obgleich die Grundlage des Rechts ewig ist, wie man es im Mittelalter sah, gibt es eine Rechtsgeschichte. Treibende Kraft ist dabei neben wechselnden Gegebenheiten die Forderung nach Billigkeit, also auch Gott mit seinem ius divinum. Nicht nur die Kirche ist semper reformanda, sondern das menschliche Recht überhaupt. Dabei ist der lebendige Gott die treibende Kraft, denn er will das Gute und Rechte überhaupt und in jedem Fall. Es geht bei der beständigen Reform der Kirche nicht in erster Linie um eine kirchenrechtliche Einsicht, denn „Kirche" war für die Reformatoren Christenheit, wie allein schon aus der deutschen Formulierung im Glaubensbekenntnis als „christliche Kirche" ersichtlich. Das weltliche Recht ist da nicht nur auch einbezogen, sondern Zielpunkt aller Verbesserung. Das Moment der beständigen Veränderung, Reformation war für Oldendorp gemäß antikem Denken die Billigkeit, und die Kirche hatte eben diese zu predigen. Gottes Wort kündet von Gottes Liebe, die allem Gesetz nicht ablehnend, sondern konstruktiv verändernd gegenübersteht. Damit ist ein Entwicklungsgedanke gegeben, der nicht auf eine Perfektion, sondern auf eine fortlaufende Anpassung hin orientiert ist, Anpassung freilich nicht im Sinn einer Assimilation, sondern darum, Personen und Gegebenheiten gerecht zu werden.

Der „allein Gute" und Vollkommene ist Gott und die (andere, abbildhafte) Perfektion der Menschheit ist allein im Himmel hinter der Wasserscheide des Jüngsten Gerichtes zu finden. In diesem Sinn wird dann auch Jahrhunderte später Theodor Kliefoth auch den damals neuen Begriff der Heilsgeschichte bestimmen, obgleich die Sache selbst alt ist wie die Heilige Schrift und die Theologie der Kirchenväter.

Oldendorps erster Erzieher in dieser Sache war Albert Krantz, der für die Entwicklung der Geschichtsbetrachtung von großer Bedeutung war. Billigkeit bringt gegenüber dem abstrakten Gesetz und alle menschliche Ordnung das Recht in historischen Zusammenhang, in „responsorische Aktualität" jedes Christenmenschen. Uns ist der Begriff der „Verantwortung" eines jeden selbstverständlich und grundlegend. Bekannt ist der Satz von

Leopold von Ranke: "Jede Epoche ist unmittelbar zu Gott, und ihr Wert beruht gar nicht auf dem, was aus ihr hervorgeht, sondern in ihrer Existenz selbst, in ihrem Eigenen selbst."[1] Dies beruht wesentlich auf dem reformatorischen Fundament der Verantwortung des Einzelnen, der nicht mehr nur nach einem Gesetz abgeurteilt wird, sondern gemäß der Rechtfertigungslehre Luthers mit seinem Gewissen vor Gott steht, der nicht nur sachliche Instanz, sondern Person ist. Kein Text soll das Gewissen in seinen Stricken binden, wie die Reformatoren gerne sagten.[2] Entsprechend endet die Schrift von der Billigkeit auch mit dem Bibelzitat: „Mit welcherlei Gericht ihr richtet, mit dem werdet ihr gerichtet werden. Und mit welcherlei Maß ihr messt, werdet ihr gemessen werden.“

Jede Anwendung des Rechts verlangt Billigkeit, um nicht ungerecht zu werden. Solch eine Forderung scheint einfach und selbstverständlich zu sein, aber geht tief: Recht ist kein Selbstwert. Es diene nur, ebenso wie eine Kirchenordnung letztlich nur dem Gottesdienst zu dienen hat. Das Recht diene dem Frieden der Menschen. Der Mensch wird nicht durch Recht allein bestimmt zu dem, was und wer er ist, sondern im Gegenüber zu Gott und anderen Menschen, bzw. einem Stand, der Gesellschaft.

Im zentralen Bild der Schrotwaage tritt das Gesetz in den Hintergrund. Da ist mein Gewissen, bzw. meine Entscheidung, da sind die Personen, um deren willen zu entscheiden ist, und da ist Gott. Juristisch ausgedrückt: Es geht nicht um eine Art zivilrechtlichen Ausgleich, sondern um Verantwortlichkeit Gott gegenüber. Das entspricht auch der Gesetzeslage um 1530 in Rostock: Es gab mehr oder weniger kurze Sätze, die in Rostock Rechtsgeltung hatten, das weite Rechtsfeld aber lange nicht umfassten. Daneben gab es eine unüberschaubare Menge an Gewohnheitsrecht und zwei sehr umfangreiche Rechtsquellen, das Kaiserliche Gesetz und das Kanonische Recht.

---

1 Über die Epochen der neueren Geschichte, Vorträge dem Könige Maxmillian II. von Bayern im Herbst 1854 zu Berchtesgaden gehalten. Vortrag vom 25. September 1854. Historisch-kritische Ausgabe, hg. v. Theodor Schieder und Helmut Berding, München 1971, S. 60.

2 So auch Johannes Bugenhagen in seinem Brief an de Rat der Stadt Rostock vom 24. November 1531 in: O. Vogt (Hrsg.), Dr. Johannes Bugenhagens Briefwechsel, Stettin 1888, S. 107-114.

Bei Johann Oldendorp sehen wir, wie eng seine Rechtsauffassung mit reformatorischen Einsichten verbunden waren. Das „reine Evangelium" orientiert mich direkt an Christus, der Billigkeit von allen am Rechtsprozess Beteiligten fordert, über jedes Gesetz hinaus. Es ist ein auffallendes Kennzeichen der Überlegungen Oldendorps, dass er sich in Bezug auf Billigkeit und Ratschlagen nicht allein auf die entsprechenden Amtshandlungen bezieht, sondern dem entsprechenden Geschehen allgemeine Relevanz zugesteht.

„Wo kein Kläger, dort kein Richter." Das galt im mittelalterlichen Recht ggf. selbst für Mord.[1] Für die Kirche aber war es nicht so: Der Teufel ist der Ankläger aller Sünder. Ohne Gottes Gnade würden wir alle zur Hölle fahren. Die Kirche verhielt sich wie Gottes Staatsanwalt in Bezug auf die Sünde von Einzelnen, aber auch ganzen Körperschaften gegenüber, wenn sie z.B. eine Stadt wie Rostock um 1500 auch mal unter Bann legte. Mit diesem Rechtsverständnis wurde die Kirche Vorbild des modernen Staates, nur dass dort dann schließlich als Gesetzgeber und moralische Instanz das Volk in seiner Gesamtheit mit ihren gerade geltenden Normen und Werten an die Stelle Gottes trat, wozu man denn unter anderem auch die Bibel mit ihren Geboten zur Sprache kommen ließ.

In dieser Entwicklung muss auch Johann Oldendorp gesehen werden. Was muss geschehen, wenn Papst und Klerus als Ankläger mit einem entsprechenden Rechtskorpus wegfallen? Die große, weit klaffende Rechtslücke musste gefüllt werden. Oldendorps Antwort hieß Billigkeit und Ratschlagen, nicht aber die Vision des herrschenden Fürsten wie bei Macchiavelli.

Die mittelalterliche Kirche meinte, im Namen Gottes „Gnade walten lassen" zu können, in der Person des Papstes mit Ablass beurkundet als (bezahltem) Nachweis. Damit war Gottes Gnade Teil menschlichen Rechts geworden. Dem widersprach die Reformation, indem sie diesen Rechtsanspruch ablehnten. Der Papst und mit ihm die Kirche mit Bischöfen und Klerus beanspruchten eine Generalverantwortung für alle Menschen, die durch die Taufe ihnen zu eigen geworden wären. Papst und Kirche wurden juristisch zum Vorbild moderner Staatsbildung. Hier wurde nicht nur wie schon

1 Der „Staatsanwalt", wie wir ihn kennen, verbunden mit einer Polizei, wie sie uns Selbstverständlichkeit ist, wurde erst im 19. Jahrhundert etabliert.

einst im Alten Orient der Blutrache dadurch gewehrt, dass eine herrschende Macht das Strafen an sich zog. Nun hatte man mit den Bußkatalogen das Leben der Menschheit regulieren wollen. Man hatte sich nicht nur ein Rechtssystem erdacht oder entwickelt, sondern machte sich zum Herren der Gewissen. Dieses Recht mochte man bestreiten, aber die Frage war gestellt: Müssen nicht alle Menschen Verantwortung tragen gegenüber dem Guten? Diese Frage war allein schon durch den Glauben an das Jüngste Gericht nicht beiseite zu schieben. So führte Schritt für Schritt hin zur mündigen allgemeinen Verantwortlichkeit eines jeden. Hatte die mittelalterliche Kirche noch das Gewissen der Menschen verwalten wollen, verwiesen die Reformatoren darauf, dass dies rechtlich und theologisch keinen Sinn ergibt.

Anstelle von Regeln oder frommen Gesetzen sah nun Oldendorp in Predigt und Billigkeit als der persönlichen Verantwortung eines jeden vor Gott den Weg, der zu beschreiten wäre. Billigkeit würde menschliche Gesetze nicht aufzuheben haben, aber ihnen doch stets das Maß der Gerechtigkeit, des Guten gegenüberstellen.

Im Unterschied zum Ablass, einem Gnadenregen, dient die Billigkeit der Besserung im Sinne biblischer Bekehrung, wie es dann die Mecklenburgische Kirchenordnung 1552 ausdrückte. Vergebung, die etwas anderes ist als Nachsicht, bleibt Gott und den Schuldigern direkt vorbehalten. Billigkeit selbst ist kein Urteil, aber ihr unabdingbares Element der Gerechtigkeit wegen.

In diesem Perspektivwechsel bekommt dann auch das Naturrecht einen neuen, veränderten Kontext. Es erscheint nun zunehmend als etwas, was sich zum geheimen Richter des Menschen entwickelt: Dies und das darf der Mensch nicht tun, weil es inhuman ist. So hat auch dieser Teil der Überlegungen Oldendorps mit dem zu tun, was uns umtreibt. Das Nürnberger Tribunal verurteilte Verbrechen gegen die Menschlichkeit. Bei Oldendorp hatte der Begriff des Humanen bereits die rechtliche Bedeutung, die später grundlegend wurde.

Mittelalterlich gesprochen handelt es sich dabei um das ewige Recht, das uns unser angeborenes Gewissen lehrt. Das Naturrecht, nicht das Gebot Gottes im Sinn von Offenbarung, wird zum lex rudis, im Sinn eines Wurzelgrunds von positivem Recht. Auch bei diesem geht es um Personen, die einander gegenüber stehen. Das

Naturrecht ist nicht etwas, wie eine platonische Idee, sondern es gehört zur Geschöpflichkeit der menschlichen Herzen. Bis zu einem gewissen Grad reicht dies auch hin für den gesellschaftlichen Frieden und den gemeinen Nutzen, wie man nach Oldendorps Ansicht an den heidnischen Völkern sieht, wo es den Menschen bisweilen besser als in christlichen Landen geht.

Was unterscheidet jedoch das ewige vom Göttlichen Gesetz, anders gefragt: Gibt es überhaupt eine Notwendigkeit für die Offenbarung? Aus der Sicht des Menschen gibt es sie nicht, wohl aber aus der Perspektive Gottes, des Schöpfers, denn er will zum einen, dass allen Menschen geholfen werde und sie zur Erkenntnis der Wahrheit kommen, andererseits verheißt er den Himmel, und für den reicht das ewige Naturrecht nicht hin. Dazu bedarf es Gnade und Erlösung. Das Göttliche Recht, also dass Gott es sagt, was Recht ist, verbessert nicht das ewige Recht, noch vervollkommnet es menschliche Ordnung, sondern bestätigt sowohl das Naturrecht, lässt es klarer erscheinen, fördert gesellschaftlichen Frieden, aber vor allem ist im Göttlichen Recht Vergebung zu finden, was als gültiger und echter Rechtsakt anzusehen ist. Es ist also anderer Art als das Naturrecht und darum auch unersetzbar.

Glaube bringt Gute Werke hervor, aber nicht unbedingt bessere. Es geht nicht darum, ob das Göttliche Recht etwas anderes sagt als das Naturrecht, sondern darum, dass hier Vergebung geschieht und der bekehrte Mensch, der Vergebung erfahren hat, sich anders im öffentlichen Leben verhalte. Dazu sprechende Gleichnisse sind das vom Schalksknecht und das vom Verlorenen Sohn. Dem vergeben wurde, der *will* das Gute uneigennützig aus vollem Herzen tun. Die Reformation ist ein entscheidender Schritt in Bezug auf die Entwicklung des freien Willens.

Es erscheint ein geringer Unterschied zu sein, wer sagt, dass dies oder jenes gut sei, und doch kommt es auf genau diesen Unterschied an. Das Naturrecht zielt auf das Miteinander von Menschen und ist grundlegend für die Würde des Einzelnen. Das Göttliche Recht begnadet darüber hinaus den Einzelnen und bereitet ihn so für das Himmelreich. Als Bürger des Himmelreichs auf Erden zu leben gibt dem Menschen nicht nur Recht und Unversehrtheit, sondern verleiht ihm Heil. Dieses Heil ist jedoch keine irdische Eigenschaft, sondern erfüllt sich im Gegenüber zum lebendigen Gott. Das Heil ist nicht mehr gegenüber dem Wohl des Menschen, sondern etwas anderes als dieses, so wie es einen Unterschied macht, ob ich mich diesem oder einem anderen Menschen zuwende. Das Heil wird mir allein im Gegenüber zu Gott zuteil. Menschen können es mir nicht geben, ich kann es auch nicht in mir selbst finden.

Vgl. dazu Giorgio Agamben:[1] „Sämtliche Vorstellungen von der Offenbarung gehen von deren Heterogenität gegenüber der Vernunft aus. Damit ist, auch wenn die Kirchenväter auf diesem Punkt so beharrt haben, nicht bloß gemeint, dass der Inhalt der Offenbarung der Vernunft notwendig absurd erscheinen muss. Der Unterschied ist weit radikaler... Es ist die radikale Differenz der Ebene der Offenbarung, welche christliche Theologen zum Ausdruck bringen, wenn sie sagen, der einzige Inhalt der Offenbarung Christus selbst, also das Wort Gottes, ist... Der Inhalt der Offenbarung ist keine Wahrheit, die kraft sprachlicher Aussagen über das Seiende (und sei dies auch das höchste Seiende) ausgedrückt werden könnte, sondern vielmehr eine Wahrheit, die die Sprache selbst betrifft, die Tatsache als solche, dass es Sprache (und mithin Erkenntnis) gibt." Dies gilt es zu beachten, und Peter Macke z.B. tat dies nicht im Ansatz. Bezieht man dies auf das Recht, mag man die Differenz verstehen, auf die es bei Oldendorp ankommt. Das Wort Gottes lässt sich nicht in ewiges oder zeitliches Recht übersetzen, beeinflusst dieses jedoch erheblich. Kirchengeschichte lässt sich als Rezeptionsgeschichte von Gottes Wort durch den Menschen verstehen. Das unterscheidet sich von dem einfacheren Muster einer ursächliche Beeinflussung des Menschen durch Gott, als eine Art Erfolgs- oder Misserfolgsgeschichte. So erzählen auch die Evangelien nicht nur von einer immer frommer werdenden Jüngerschar, sondern durchaus auch von Missverständnissen.[2] Liebe ist nicht als Kausalverhältnis zu fassen.

Oldendorp bezog sein Denken wesentlich wie Humanisten und Reformatoren von der christlichen Spätantike, auf die Agamben hinweist. Beachtet man die theologische Differenz des Offenbarungscharakters nicht, missversteht man Oldendorp zwangsläufig und deutet seine Rede von Gott als religiöse Vorstellung, die illusionär zu werten und ins immanent Menschliche zu übersetzen sei. So aber dachte Oldendorp mit großer Sicherheit nicht.

1 Die Idee der Sprache. In: Die Macht des Denkens, Frankfurt a.M. 2013, S. 27f.

2 Eugen Rosenstock-Huessy, Die Frucht der Lippen, 1964.

Mit beiden Paradigmen, der Kausalbetrachtung oder dem systematischen Muster, in dem sich alles auseinander ableiten oder zusammenfassen lässt trägt man etwas an Oldendorp heran, was ihm nicht unbekannt, aber doch nicht bestimmend war.

In kausaler Geschichtsbetrachtung steht man vor der Frage, ob nun Luthers Theologie als eine Ursache anzusehen ist für eine veränderte Rechtsauffassung, oder ob diese Theologie bereits eine Wirkung des Sinneswandels jener Zeit sei. Diese Frage jedoch trägt nicht allzu viel Gewinn dafür aus, Oldendorp in seiner Eigenart zu verstehen. Man wird entsprechend schwerlich exakt ausmachen können, welche konkrete Rolle Oldendorps Überlegungen bei den Paradigmenwechseln der Frühen Neuzeit gespielt hat, zumal wir nicht ermessen können, wer seine Schriften wirklich gelesen hat. Bekannt war Oldendorp allemal. Festzuhalten ist, dass mit der veränderten Einstellung zum Bösen und der Sünde durch Luther sich auch das Rechtsverständnis der Gesellschaft ändern musste. Allerdings darf man nicht so weit gehen, und die Rechtfertigungslehre, die in anderen Teilen Europas noch über Jahrhunderte abgelehnt wurde, zur Ursache dieses neuen Verständnisses zu erklären.[1] Die Thesen Luthers zur Beichte hätten noch ein halbes Jahrhundert zuvor vermutlich nur wenige berührt. Aussagen zu historischen Kausalurteilen sind immer gewagt, denn Geschichte ist stets äußerst komplex, und gerade Geistesgeschichte muss hier äußerst vorsichtig vorgehen. Umso wichtiger ist die jeweilige Datierung, um nicht zu Fehlschlüssen zu gelangen.

In Bezug auf die Schrift von der Billigkeit Oldendorps ist zu sagen, dass es in jener Zeit notwendig erscheinen musste, mit den veränderten Auffassungen vom Menschen in Renaissance, Humanismus und der Rechtfertigungslehre sich in Bezug auf das Rechtsverständnis neu zu besinnen. Zudem war auf die Fragen zu reagieren, wie sich ohne Papst, bzw. mit dem sich vorbereitenden neuen europäischen kaiserlichen Recht und der sich abzeichnenden Staatenbildung öffentliche Ordnung zu begründen und verstehen

1 „Staatsverfassungen lassen sich nicht auf Menschen, wie Schößlinge auf Bäume propfen. Wo Zeit und Natur nicht vorgearbeitet haben, da ist's, als bindet man Blüten mit Fäden an. Die erste Mittagssonne versengt sie." Wilhelm von Humboldt, Gesammelte Schriften, ed. A. Leitzmann, Bd. 1, Berlin 1903, S. 80.

sei. Oldendorps Schriften sind mithin als ein Mosaikstein in der breiten Entwicklungsgeschichte von Recht, Kirche und „Polizei" in neuartigen Zusammenhängen zu werten. Die beiden Rechte, kodifiziert als antikes Kaiserliches und Kanonisches Recht wurden nun zu historischen Rechtsquellen für neue Rechtssysteme. Dabei lag Fragen obenauf, worin denn Recht überhaupt bestehe, wie weit es gelte, wo seine Grenzen liegen, was Gott damit zu schaffen hat und wie es um seine Veränderlichkeit bestellt ist. Entsprechend folgten die Fragen, die für die Aufklärung grundlegend wurden: Worin besteht Vernunft, was ist ein Naturrecht, wie könnte eine Staatswissenschaft aussehen,...? Johann Oldendorps Schriften befinden sich gewissermaßen an der Eingangspforte für diesen europäischen Diskurs.

Zwei Grundregeln beschäftigten Oldendorp: die Billigkeit und das Ratschlagen. Beides war für ihn nicht zu trennen von der persönlichen Verantwortung gegenüber Gott, die nicht im Allgemeinen besteht, sondern im konkreten Glaubensdialog eines jeden, der Liturgie mit Wort und Sakrament.

Die Überlegungen Oldendorp sind auch heute bedenkens- und beachtenswert. Für die Kirche, die nun auch im evangelischen Bereich in Deutschland, dem Vereinigten Königreich und Skandinavien entgegen dem Votum der Reformatoren Kirchen sich als groß angelegte Organisationen entwickelt haben, stellen sich die Fragen Oldendorps in größter Schärfe. Mit der Trennung von Kirche und Staat hat sich die Kirche hier wiederum als eine nun am Staat orientierte Körperschaft öffentlichen Rechts etabliert und ist damit von dem zentralen Anliegen der Reformation abgewichen. Sie steht in der Gefahr, zur bloßen Organisation als „Kirche" zu werden, die vor allem auf Selbsterhalt und Selbstbehauptung aus zu sein scheint, eine offensichtlich veraltete Lehre unter vielen anderen in einer pluralen Gesellschaft verkündet oder sich um private Spiritualität und Lebenshilfe kümmert. Es geht mit unserem Taufauftrag jedoch weit wichtiger darum, aus welchem Grund und mit welchen Zielen wir Recht und Ordnung, Gesellschaft und Staat gestalten und verändern, jeweils erneuern. Bürokratie, Technokratie und totalitäre Regierungsformen des 20. Jahrhunderts mit ihren Ideologien waren nur Übungsfelder für das, was nun mit uns geschieht, und von dem wir noch kaum wissen, was wir damit in Gang gesetzt haben. Was bedeutet Gottes Wort für das „menschliche Geschlecht"? Das war die grundlegende Frage der Kirchenordnung von 1552. Und sie blieb mit ihrer darauf gegebenen Antwort nicht im Allgemeinen stecken, sondern ordnete Beichte und Gottesdienst.

Sehen wir Offenbarung im Sinne der Kirchenväter, wie Agamben sie beschreibt für gegeben an, können wir uns als Kirche nicht gemütlich in einer Ecke für religiöse Bedürfnisse einrichten, sondern müssen wie bei der Bekennenden Kirche unser Wächteramt nach Ez 33f. wahrnehmen, ohne im Kompetenzgerangel nur einen uns gerade noch eingeräumten Platz im Chor der Spezialisten und Berater einzunehmen oder groß nach Erfolg und Bestandserhalt zu fragen. Dies passt nicht zu unserem Verständnis von Gott.

Sündenbewusstsein ist im Schwinden und ein Wegfall der Chiffre Gott[1] für die Mehrheit stellt die Frage nach der Billigkeit - und heute entsprechend nach dem Menschenrecht - aktueller denn je. Um im Bild der Schrotwaage zu bleiben: Was tritt an die Stelle Gottes? Gerade die Menschenrechte und die Forderung nach dem „gemeinen Nutzen", der nicht nur nach Mehrheit geht, verlangen nach einer ausgesprochenen und nicht nur behaupteten Begründung, die außerhalb dieser Axiome selbst liegt. Ohne Einsicht und den Willen zum Guten bricht jedes Recht früher oder später in sich zusammen. Uns kommt nicht nur ein Verständnis für ein ius divinum, sondern möglicherweise auch für Naturrecht, mittelalterlich gesprochen das ewige Recht abhanden. Damit bricht wohl möglich auch ein Verständnis für ein Recht auf Menschlichkeit zusammen. Der Ersatz des Menschenrechts durch biologisches Recht, das „nackte Leben", wie Agamben an anderer Stelle beklagt, wäre katastrophal. „Wir können's ja nicht lassen, dass wir nicht reden sollten, was wir gesehen und gehört haben," (Apg 4,20) sagten Petrus und Johannes zu den „Obersten des Volkes und ihr Ältesten von Israel".

Leer bleibt der Raum Gottes im Herzen der Menschen nicht. Wird an die Stelle der Person Gott etwas Sachliches oder gar geschriebenes, irdisch positives Recht gesetzt, hat dies erhebliche Folgen für das Gewissen und das Selbstverständnis der Menschen. Verantwortlichkeit wird weitgehend versachlicht, im strengen Sinn

1 Begriff bei Karl Jaspers.

dieses Wortes. Damit droht jene Billigkeit, die zur Liebe gehört, sich im positiven Recht zu verlieren, das jederzeit - frei nach Cicero - zum höchsten Unrecht werden kann.

Johann Oldendorp hat einen Vergleich genutzt, um auf die Dringlichkeit des Wesentlichen aufmerksam zu machen:

Sic item laudabilis est pharmacopolae opera, ut multas componat midicanarum species, quae ad futuram necessitatem sunt statim paratea. Verum medicantis ars in comaxime versabitur, ut morbum diligenter cognoscat, cum omnibus suis accentibus: et tum illigat pharmaca, quae praesentissimae deserviant languenti naturae hominis.[1]
[So sind die Werke des Apothekers lobenswert, wenn er viele Arten von Medikamenten zusammenstellt, die sofort für einen künftigen Bedarf bereit sind. Wahrhaft gibt die Kunst des Mediziners ihr Bestes, damit er die Krankheit mit all ihren Besonderheiten kennenlernt: und dann wendet er die Medikamente an, die der schmachtenden Natur des Menschen am unmittelbarsten dienen.]

Unmittelbar ist Glaube. Verkündigung ist keine Vermittlung von Inhalten, sondern sei Achtung und Hinführung direkter Begegnung von Gott und jedem Einzelnen in der Gemeinschaft der Glaubenden, wie auch das Elterngebot deutlich macht, das in erster Linie auf Glaubensweitergabe abzielt.[2] Das war eine der Kernaussagen der Reformation, dass sich keine Gnadenmittler zwischen Gott und Mensch mehr schieben sollten. Zum ius divinum gehört das liturgische Geschehen. Recht ist nicht so sehr, was auf Papier geschrieben ist, sondern was gewährt wird und billig Urteil spricht. Dies ist Kirche, nicht aber eine Organisation, in deren Tätigkeitsfeld denn auch unter anderem Gottesdienste gehören.

1 Zitiert bei Dietze, S. 89f. aus de iure et aequitate p.45.
2 So die Auslegung von Benno Jacob in seinem Exoduskommentar zum Dekalog.

Das Wort Billigkeit

Für Johann Oldendorp steht das Wort im Zentrum seiner Rechtsphilosophie. Entscheidend für das Verständnis bei ihm ist sein Gebrauch, nicht unbedingt, wie es heute Sprachwissenschaftler etymologisch sehen. Dennoch ist ein Blick auf die Sprachgeschichte erhellend, zumal der Begriff heute (abgesehen vom Rechtsverkehr) nur noch im Kontext von Preisen und als ein eher abwertender Begriff lebendig ist. Die alte Bedeutung hat sich im Niederländischen eher noch erhalten im Sinn von gerecht, redlich und angemessen. Das deutsche Wort redlich deckt sich zum Teil mit der alten Bedeutung des Wortes billig. Das Grimmsche Wörterbuch nimmt in der Neubearbeitung als erste Bedeutung „einer positiven Norm entsprechend", was von Oldendorp gerade nicht im Sinn war. Für ihn stand das lateinische Äquivalent im Vordergrund, was in diesem Fall bedeutete, auf die antiken Quellen zu schauen, die er zitierte, allem voran der genannte Abschnitt aus der Ethik des Aristoteles und die Zitate aus Cicero. Thomas von Aquin, bei dem die aequitas Thema war, hingegen erwähnte Oldendorp nicht. Auch wird das Griechische bei Oldendorp nicht weiter bedacht.

Im älteren Deutsch ist die auch für Oldendorp typische Verbindung des Wortpaares wichtig: Etwas ist recht und billig, bzw. gut und billig. Was billig ist, geschieht zu Recht. Eine andere Verbindung ist „ziemlich und billig". Angemessen, entsprechend und passend entspricht ebenfalls dem Begriff. Dass sich das Wort dann für den angemessenen Preis einer Sache anbot, lag in seiner Logik, ebenfalls die „billige Entschädigung".

Eine andere Bedeutungsebene ist die „von Rechts wegen" und das in der Philosophie so schillernde „eigentlich" und damit eine Verbindung zum Wahrheitsbegriff. In Simplicissimus von Grimmelshausen heißt es: Da ich nun dergestalt dem Tod entronnen, hätte ich billig am Ufer auf die Knie fallen sollen. Wahrheit und Eigentlichkeit sind hier weniger Übereinstimmung von Aussage und Wirklichkeit, als vielmehr die zu wünschende Übereinstimmung, Stimmigkeit, „so sollte es sein".

Damit wird das Wort (adverbial) auch zum Maßausdruck: „eher, mehr, besser, am besten".[1] Auch dieser Gebrauch spricht von einem Ziel, etwas Wünschenswertem, etwas, was sein sollte.

Die bei Grimm unter 3. angeführte Bedeutung „von geringem Preis, günstig" ist als sekundär, abgeleitet zu betrachten. Die entsprechenden Textbelege im Wörterbuch sind denn auch neueren Datums. Im 16. Jahrhundert hatte man dieses Wort so noch nicht gebraucht. Das gilt auch von den weiteren Bedeutungen: schlecht, einfach, minderwertig, bequem,…

Das Verb billigen hat sich in seiner Bedeutung eher erhalten: etwas gutheißen, befürworten, zugestehen, erlauben. Wenn sonst ein Vorgang, also das Verb häufig die ältere Bedeutung wiedergibt, scheint es hier anders zu sein. Die ältesten Belege verbaler Verwendung sind nach dem Deutschen Rechtswörterbuch (DWB) erst im ausgehenden Mittelalter anzutreffen. Gesetze werden gebilligt, so sagt man auch heute. Etwas wird billig in Kauf genommen. Luther schrieb: Es ist zu viel, dass wir das Toben des Papstes billigen und vergönnen. Gemeint ist hier das Gutheißen, nicht der rechtliche Vorgang der Zustimmung.

Das Abstraktum Billigkeit ist geradezu synonym mit Gerechtigkeit, so gebraucht es Oldendorp, aber bei ihm geht sie nicht einfach im Begriff der Gerechtigkeit auf. Gerecht ist nur, was auch billig ist.

Rechtlich ist dann der Begriff der Billigkeit so definiert worden: Es ist das „Prinzip der Verhältnismäßigkeit, dem Einzelfall und dem natürlichen Rechtsempfinden angepasste Gerechtigkeit", was sich durchaus sehr genau verschriftlichen lässt und damit einklagbar wird. „Angepasste Gerechtigkeit" geht von dem Bild aus, dass Billigkeit aus bestimmten Rücksichten heraus mangelnde Gerechtigkeit einfordern würde. Oldendorp dachte genau umgekehrt in der Tradition der Bibelauslegung: Wahrhaft gerecht ist nur, was nicht dem Buchstaben, sondern dem Geist entspricht. Auf der anderen Seite wird Billigkeit verstanden als „Gegensatz zum formalen (geschriebenen) Recht". Das DWB zitiert Luther von 1533 ganz im Sinn von Oldendorps Schrift: Etwas „soll nicht das scharfe (geschriebene, definierte) Recht, sondern Billigkeit" haben, um mehr Unrecht zu verhüten. Billigkeit bedeutete im 15. Jahrhundert

1 Grimm 2a.

Rechtmäßigkeit, Berechtigung. Das DWB führt eine Quelle von 1414 an: So wollen wir ihm tun wie einem anderen, was wir ihm von Billigkeit wegen tun sollten. In diesem Sinn nimmt Oldendorp als biblischen Beleg für Billigkeit die Goldene Regel: „Was du nicht willst, das man dir tu, das füg' auch keinem andern zu." Die Moderne spricht hier von Gleichberechtigung, der Gleichheit verschiedener Rechtssubjekte in einem Rechtssystem. Damit zeigt sich ein kaum merklicher, aber wichtiger Unterschied an: Oldendorp und seine Zeit dachten die Billigkeit vom Recht des Nächsten her, nicht vom jeweils eigenen zu beanspruchenden Recht. Nicht: Der Andere kann auf sein Recht pochen, sondern: Ich behandle ihn so, wie auch behandelt werden möchte.

Ein bislang in der Literatur zu Oldendorp nicht beachteter, von ihm selbst auch, soweit ich es überblicke, nicht ausdrücklich benannter Bereich ist das nordische Recht. Greifswald, Schwerin, Lübeck und Hamburg standen im engen Kontakt zu Skandinavien und dem dort geltenden Jyske Lov, dem Jütischen Recht, das wiederum das angloamerikanische Rechtssystem in seinen Ursprüngen entscheidend beeinflusste. Dort ist bis heute equity eines der zentralen Säulen der Rechtsauffasung. In die Muttersprache Oldendorps, dem Mittelniederdeutschen ist das Gesetzbuch übersetzt worden und 1486 in Lübeck als Jutisch Lowbok erschienen und war in Herzogtum Schleswig bis zum Inkrafttreten des Bürgerlichen Gesetzbuches in Kraft.

Im englischen Recht gehört die equity zu den Grundsätzen der Rechtssprechung und ist dem Verfahrensrecht zuzuordnen. Besonders der König, an den man sich wenden konnte, sollte über Ausnahmefälle entscheiden und damit als persönlicher Garant für die Geltung der Gerechtigkeit sorgen, indem er ggf. auch gegen geschriebenes Gesetz den Geboten von Moral und Gewissen entsprach. Gesetz im engeren Sinn ist dort nicht das Buch mit seinen Texten, sondern das gefällte Urteil. Seit dem 12. Jahrhundert entwickelte sich als eine zweite Rechtssprechung das Court of Chancery mit ihrem Equity Law als Gegengewicht zur formalen Strenge des Gesetzes. Im Deutschen sprechen wir bezeichnender Weise von Einzelfallregelung, womit die umgekehrte Denkweise deutlich wird. Im Englischen Recht entwickelte man allerdings auch für die equity ein geschriebenes Regelwerk. Die entsprechende Verantwortung war bereits im 16. Jahrhundert vom König auf den Lordkanzler delegiert worden, zuerst an niemanden anderen als an Thomas Morus (1478-1535). 1516 erschien sein „Utopia“ (De optimo rei publicae statu deque nova insula Utopia), das von dem Gedanken der Billigkeit durchdrungen ist.[1] Eine Welt, die von dem Gedanken der Billigkeit durchdrungen ist, schafft eben jene Utopie im Gegensatz zur Welt, in der jede Spur von Gerechtigkeit und Billigkeit sich verloren hat, so heißt es im zusammenfassenden Schluss dieser Schrift. Man darf davon ausgehen, dass Oldendorp diese (lateinische) Schrift nicht unbekannt war. Vergleicht man die Ausführungen von Morus besonders zur Religion in Utopia mit seiner Schrift zum Göttlichen Recht, sieht man in diesem Grundsatz große Übereinstimmung. Von einer rechtlich perfekten Utopie freilich will Oldendorp nichts wissen.

Für die Reformationsgeschichte ist gerade der Aspekt der Korrektur des Rechtes um der Billigkeit wegen entscheidend gewesen, weil die Reformation sich gegenüber dem Kaiser auf das Instrument der Gravamina stützte. Gravamina gehörten zum Kirchenrecht. Mit ihnen konnte der Primarklerus, das heißt das Domkapitel einer Diözese gegen verschiedene römische Entscheidungen vor der weltlichen Instanz Einspruch einlegen. Für die Institution der Gravamina nationes germanicae war das Wiener Konkordat von 1448 entscheidend, das zwischen Kaiser Friedrich III. und Papst Nikolaus abgeschlossen wurde. Es mag dahingestellt werden, inwieweit es dann tatsächlich für die Durchsetzung der Reformation ausschlaggebend gewesen sein mag, aber man konnte sich zumindest durch dieses Konkordat dazu ermächtigt fühlen, sich in Glaubenssachen innerhalb der Deutschen Nation an den Kaiser zu wenden. Er wurde auf diese Weise als Vertreter der Geistlichkeit gegenüber der Kurie wahrgenommen. Es gibt nicht nur eine Überschneidung der theoretisch getrennten Sphären von geistlichem und weltlichem Recht, sondern aus Sicht des einen konnte das andere Recht wechselseitig als unrecht erscheinen. Von Seiten des Kirchenrechts war das bei jedem päpstlichem Bann Praxis, aber

1 Vgl. Louis W. Karlin, Jordan D. Teti: A trace of equity in Utopia? On Raphael's reformulation of classical equity, in: Moreana 54 (Number 207) Issue 1.

umgekehrt ließ der Papst solchen Einspruch ungern gelten und zeigte somit den Anspruch seines Primats an, der aber immer weniger toleriert wurde.

Die von Oldendorp aufgelisteten „Missbräuche“ des geistlichen Rechts widersprachen sämtlich der Aequitas, der Billigkeit. Dies ist der gravierendste inhaltliche Grund für die Annahme seiner Autorenschaft. Man kann die Schrift als Anwendung seiner Schrift von der Billigkeit lesen, die zwei Tage zuvor beim selben Drucker erschienen war. Die weltliche Hand, in diesem Fall ein urteilender „kaiserlicher“ Jurist, legte mit dem Argument der Unbilligkeit Einspruch ein gegen landläufige Praxis des Kirchenrechts. Die Missbräuche mussten darum logischerweise auch gegen die Intention des Kirchenrechts verstoßen. Wahres Kirchenrecht konnte aus innerer Logik heraus nicht unbillig sein, da es sich auf Gott berief.

Kirchliche Rechtsäußerungen müssen und wollen dem Wort Gottes entsprechen. Das päpstliche Unfehlbarkeitsdogma von 1870 liegt ebenso in dieser Linie, wie die Relativierung von 1964, die sich dann auf Bischofskollegium und die Gesamtheit der Gläubigen bezog. Viele Glaubensrichtungen, allen voran evangelikale Gruppen und religiöse Fundamentalismen folgen derselben Logik. Sie alle betrachten im Gegensatz zu Oldendorps Verständnis der Billigkeit dabei Wahrheit und damit Billigkeit als Grundlegung als eine Art Text im tieferen oder auch oberflächlichen Sinn, der aus Gott kommend unfehlbar sei. Eine säkulare Variante war der sogenannte wissenschaftliche Kommunismus mit seinem Atheismus. Auch er ging von der Unumstößlichkeit seiner Grundlagen aus, die in der Natur der Welt angelegt sei. Bei dem Verständnis von Oldendorps „Billigkeit“ aber geht es um permanente Kritik an allem, was der Mensch tut, nicht nur trotz relativer Billigkeit von Gesetzen, sondern wegen des überhobenen Anspruchs von Recht und Moral, billig, das heißt gut und gerecht sein zu wollen. Gott und sein Wort wird dabei zur Rechtfertigung eigenen Tuns herangezogen und dafür ein Schriftbeweis im weitesten Sinn gegeben, vom Text zur Handlung. Damit kann, wie bei den Missbräuchen unübersehbar, selbst Gottes Wort in die Gefahr geraten, zum höchsten Unrecht zu werden. Beispiel dafür ist die Versuchungsgeschichte Jesu, wo selbst der Teufel mit Gottes Wort argumentiert.

Unbedingt ist jedoch der Gebrauch der Billigkeit im Paradigma der Rhetorik zu bedenken. Rhetorik wurde den Studenten im mittelalterlichen Grundstudium gelehrt. In der Antike galt sie als Kunst der Politik und der Rechtskunde, also genau für jene Konstellation, in der wir uns befinden, wenn wir die deutschsprachigen Werke Oldendorps lesen. Billigkeit, aequitas nahm dabei einen fest definierten Platz ein. Heinrich Lausberg hat uns in seinem Handbuch der literarischen Rhetorik[1] den Prozessverlauf aufgezeichnet, wie er durch die Regeln der Rhetorik bestimmt war. Der Vorgang wies drei Stufen, Grade auf. Zunächst ging es um die Handlung selbst mit Täter und Ereignis, dem Faktischen. Dann erfolgte der Prozess mit dem Richter, der zu einem Richterspruch (sententia) führte. In einem dritten Grad schließlich ging es um die Reflexion des Geschehens, die ggf. zur Veränderung des Gesetzes führte. In der britischen Rechtsprechung erkennt man dieses Denkmuster bis heute besonders deutlich: Jedes Urteil führt zu einer gewissen Veränderung des Gesetzes, bereichert oder korrigiert die Gesetzeslegung (legumlatio). Hier finden wir also schon einmal einen der Grundgedanken Oldendorps wieder, der von der beständigen Veränderlichkeit der Gesetze spricht. Die uns mehr vertraute deutsche Art der Gesetze, die von einem festen Text ausgeht, den es nur recht zu interpretieren, anzuwenden gilt, fußt in der Tradition der Kommentare, der Annotationen des Römischen Rechts, hatte im 16. Jahrhundert aber noch nicht die Rechtswirksamkeit späterer Jahrhunderte. Sie gehörte noch mehr in den Bereich der Rechtserkenntnis als in den der Anwendung.

Die drei Phasen, Grade, haben auch in sich selbst jeweils diese Struktur, in der zunächst der Handelnde steht, ob er nun der Verursacher der Tat ist, der Richter oder Legislator, Gesetzgeber, dann das Urteil und schließlich seine Infragestellung durch die Billigkeit. Es handelt sich also um eine grundlegende Sicht von Handlungen überhaupt.

Im Ergebnis der drei Handlungen wird in der Rhetorik, bzw. dem antiken Rechtshandeln jeweils unterschieden zwischen der materiellen Seite, dem Richterspruch und dem (ggf. veränderten) Gesetz, lex, bzw. dem eigentlichen Urteilsspruch (lex interpretata)

1 4. Auflage, Stuttgart 2008, §§ 69-138 und § 204.

einerseits und dem Willen auf der anderen Seite, der nie ausgeklammert werden kann. Das „Gesetz" steht somit hier nicht als Text am unberührbaren Anfang, sondern am Ende als Zielursache. Der jeweils letzte Schritt wird mithin jeweils ebenfalls unterteilt in das Getane, Gesagte oder Geschriebene auf der einen und den Willen (voluntas) auf der anderen Seite. Beim Täter besteht der Wille in der Absicht, für den Richtenden, bzw. das Urteil ist es die Billigkeit (aequitas).[1] Die Billigkeit ist jeweils der letzte Schritt im Prozess, aber nicht als Anhang, sondern als Ziel, auf das alles ankommt.

Wir finden hier also in der juristischen Struktur, wie sie die Kunst der Rede, die Rhetorik, lehrt, die Schlüsselbegriffe Oldendorps wieder, von der Absicht der Tat bis hin zur Urteilsverkündigung. Billigkeit gehört zur Kategorie der voluntas[2], steht jeweils am Ende des Prozesses und nimmt Bezug auf den Anfang vor allem, den Willen des Verursachers des Geschehens. Der gesamte Prozess versteht sich als einen kritischen Vorgang. Eine Tat, ein Geschehen, wird beurteilt, ist zusammengenommen eine Handlung. In diesem Kontext kommen im Begriff der (Ver-)Handlung - wie Oldendorp das Wort gebraucht - Absicht, Tat und Urteil zueinander.

Mit dem Willen ist die Frage nach der Nützlichkeit (utilitas) verbunden. Sie stellt die willentliche Seite des Faktischen dar. Darum ist der gemeine Nutzen für Oldendorp das Pendant der Billigkeit.

Weiterhin steht dem Willen im Urteilsprozess das Schriftliche (scriptum) gegenüber. Gesetzeskenntnis ist Teil der Kunst der Kritik, reicht allein aber nicht aus. Bei aller Kritik, die durch Gesetzeskenntnis gegeben ist, „dient die aequitas als Richtschnur, die dem scriptum (vox) der lex eine voluntas beigibt".[3] Billigkeit ist mithin eine feste Größe, das bestimmende Moment aller Kritik. Die Struktur der juristischen Kritik ließ sich auch auf andere Gebiete des Handelns übertragen, so auf Literatur, politische Rede oder den allgemeinen Sprechakt. Das hier Gesagte kann also auch auf das Ratschlagen, modern gesprochen den Diskurs bezogen werden, Grundlage aller Demokratie.

1 Heinrich Lausberg, Handbuch § 204.
2 Vgl. dazu die Überlegungen von Hannah Arendt, Über das Böse, München 2023 (2007), S. 109-115.
3 Heinrich Lausberg, Handbuch § 204.

Maßgebender Teil der Rhetorik und des Gerichtsprozesses war die Beachtung der Wortbedeutungen. Der Urteilende muss die Bedeutung im Sinne der voluntas, des „Willens" der Worte des Gesetzes mit der Tat fragend (quaestio) in Beziehung setzen. Gesetz und reales Geschehen müssen in Beziehung zueinander gesetzt werden. Das geht nur, wenn die Intention des Gesetzes mit der Absicht des Handelnden abgeglichen wird. Dafür muss die Absicht des Geschriebenen, bzw. die ursprüngliche Bedeutung, der Wille des Wortes erkannt und beachtet werden. Auch in (vermeintlich) guter Absicht werden böse Dinge getan. Kritik bedeutet auch Klärung von Begrifflichkeiten, und gerade daran war Oldendorp immer wieder gelegen. Eines seiner wichtigsten lateinischen Werke war sein Wörterbuch, und man kann auch die übrigen Werke als Explikationen von Begrifflichkeiten weithin deuten und verstehen.

In Bezug auf klärendes Fragen gibt es zudem die Unterscheidung der quaestio infinita et finita. Die unendliche, unbegrenzte Frage gebiert die These, quaestio generalis, Abstraktion. Dies ist der Bereich der Philosophie. Darum gehörte diese Wissenschaft im Mittelalter zur Rhetorik und war nicht etwa Königsdiziplin aller Wissenschaften wie im 19. Jahrhundert.

Königsdisziplin war im Mittelalter die Theologie, nicht weil sie die anderen Wissenschaften unter einem irrationalen Glauben knechten wollte, sondern weil alle Weisheit aus Gott geboren ist. Aus ihr ließen sich nicht andere Wissenschaften deduzieren, sondern sie hatten sich an ihr zu messen, weil es – wie Agamben über den Begriff der Offenbarung schreibt – in ihr um die Rede von Gott geht, der allem Wissen vorausgeht. Es geht um „eine Wahrheit, die die Sprache selbst betrifft, die Tatsache als solche, dass es Sprache (und mithin Erkenntnis) gibt... Der Mensch sieht die Welt durch die Sprache, aber er sieht nicht die Sprache."[1] Die Theologie war mithin in einem anderen, aber doch vergleichbaren Sinn Mutter der Wissenschaften als die Philosophie im 19. Jahrhundert oder Wissenschaftstheorien, Naturwissenschaften oder Logik in unseren Tagen es mit ihren Paradigmen für sich beanspruchen.

Die Verallgemeinerung in der Rede (amplificatio) war beliebtes Mittel der Rhetorik, d. h. auch der Täuschung. Dagegen ist die

1 Giorgio Agamben, Die Macht des Denkens, Frankfurt a.M. 2013, S. 28.

begrenzte Frage, quaestio finita oder specialis Hypothese, eine konkrete Rechtssache, die causa. Die quaestio infinita ist Hilfsmittel der Wahrheitsfindung, nicht Ziel, Erklärung, Erkenntnisgewinn. Das ist ein Grundzug bei Oldendorp: Ziel ist nicht das perfekte Gesetz, sondern der gemeine Nutzen. Bei allem christlichen Platonismus des Renaissancehumanismus war es für Oldendorp nicht so, dass er von einer idealen Theorie rechten Lebens ausging, der man sich durch Weisheit annähern könnte. Die Billigkeit war ihm in umgekehrter Weise, womit in der Realität allgemeine Werte oder Regeln korrigiert werden sollten. Eine (abstrahierende) Theorie des gemeinen Nutzens hätte ihm widerstrebt, weil auch dafür der Einwand gegolten hätte: summum ius summa iniuria.

Lenken wir den Blick zurück auf die Struktur des Rechtsprozesses: Es gibt einen ständigen, wechselseitigen Prozess von Allgemeinem und Konkretem. Der Billigkeit kommt dabei eine Schlüsselfunktion zu, sie ist so etwas wie die Wahrheitswächterin. Es zeigt sich dabei im Hinblick auf Oldendorp, dass er gerade das verschriftlichte, zum Text gewordene Allgemeine, das scriptum nicht für ewig und perfekt hält, obgleich es allgemein ist und so dem „ewigen Recht" zu entsprechen scheint. Das Gesetz ist im Verlauf der Zeiten stetiger Veränderung, Verbesserung, permanenter Kritik ausgesetzt. Ewig und unveränderlich dagegen ist Gott. Das Naturrecht, wie Oldendorp es versteht, hat seine Dignität und Unveränderlichkeit aus Gott. Die Natur ist jedoch nur Hinweis auf das Göttliche, das in ihr waltet, sie ist nicht selbst Gott, wie Peter Macke deutete.

Zugleich aber will man mit dem Ganzen, das mehr ist als seine Teile, also die quaestio infinita, im Recht sein und hat zumindest eine Ahnung dessen, was wahrhaft ewig ist. Das Gesetz hat den Anspruch, dem Göttlichen Willen möglichst gerecht zu werden und verhält sich zur Wahrheit doch nur wie in Platos Höhlengleichnis als schemenhaftes Abbild. Es kann diesen Willen zu höchster Erkenntnis aus Prinzip nicht verwirklichen in dem Sinn, dass er ein perfekt und für alle Zeiten brauchbares Gesetz kreieren könnte. Der Mensch ist und bleibt lügenhaft, bzw. vermag nicht, wie Gott zu sein, wie Oldendorp schreibt. Er kann nur am Baum der Erkenntnis naschen.

Wer also die Intention dieser Begriffe, des Guten im Blick hat, sollte prüfen, ob das Konkrete ihm auch entspricht. Die Billigkeit ist somit das Kardinalwerkzeug aller Kritik, weil sie das Gesetz selbst nicht nur gebraucht, sondern auch prüft und verbessert. Oldendorp möchte dies aber nicht auf abstrakter Ebene tun, sondern lenkt den Blick auf Personen: Gott und die Menschen, den Urteilenden selbst und den Nächsten. Darum sind nicht etwa Gebote oder Bergpredigt das, was das Christentum abhebt und auszeichnet vor allem Naturrecht, anderen Religionen oder Weltweisheit, sondern die Königsherrschaft Christi. Ihm gegenüber finden wir unsere Verantwortlichkeit, er fordert von uns Billigkeit in einer Weise, die kein Gesetz, kein scriptum, keine theoria ersetzen könnte. Billigkeit ist die Kritik aller Festsetzungen und Urteile, sie misst sich am Nächsten und an Gott als ansprechbare Person, dessen Wille Gnade ist. In der Kirchenordnung von 1552 wird immer wieder an den „Eid" Gottes erinnert, das Heil auch des Sünders zu wollen.

Billigkeit nach Michail Michailowitsch Bachtin

Oldendorps Art und Weise, Recht zu verstehen, lässt sich auch gut aus der Perspektive von Michail Bachtin (1895-1975) nachvollziehen.[1] Es geht Oldendorp wie Bachtin um den Menschen als verantwortungsvoll miteinander handelnde Wesen. Er ist in seiner Einzigartigkeit als Person anzusehen und nicht als Teil eines Systems. Handlung in dieser Konstellation und nicht im Sinne der Sachlichkeit soll die Grundlage der prima philosophia bilden. Die Frage lautet nicht, warum überhaupt etwas ist, sondern warum wir überhaupt sind. Und diese zweite Frage ordnet sich nicht etwa der ersten unter oder sei von ihr ableitbar. So gesehen sind Billigkeit, Gottes Wort, sowie Hören und Raten Themen, Loci, bzw. Handlungen (res) von allerhöchster Priorität, prima philosophia.

In dem, was bei Oldendorp Billigkeit ausmacht, wie Ort und Zeit, ist der Mensch zu beschreiben: „Es gibt keinen Menschen überhaupt,

1 Vgl. Maja Soboleva, Sein und Sollen beim „frühen" Michail Bachtin, in: Die Philosophie Michail Bachtins, Studien und Materialien zur Geschichte der Philosophie Band 79, 210, S.13-28.

es gibt mich, es gibt einen konkreten Anderen"[1] Unser Handeln transzendiert uns ins Sein. Michail Bachtin verneint jede kulturelle Gesamtbedeutung. Wirklichkeit ist konkretes Geschehen. Bei Oldendorp: Billigkeit ist die Grundlage des Rechtes, und sie lässt sich nicht in abstrakter Rede fassen. Das „Gesollte" (zadannosti), wie Bachtin sich ausdrückt, lässt sich mit dem Begriff der Billigkeit bei Oldendorp vergleichen, denn Aequitas versteht sich bei ihm als Aufgabe, Auftrag, dem entsprochen werden soll. Nicht ein Plan, ein hegelscher Entwurf soll realisiert werden, sondern Verantwortung geschieht. „Diese Welt ist eine Welt der Personennamen, dieser Gegenstände und bestimmter chronologischer Lebzeiten. In dieser Welt des Lebens wird alles beurteilt und bewertet nur in Bezug auf den konkreten Menschen und von seinem Standpunkt aus."[2] Was Oldendorp zum Verhältnis der beiden Rechte (göttliches und kaiserliches) schreibt, gilt für Bachtin für das Verhältnis von Menschen und Kultur: Sie ist „nicht nur ein unveränderlicher Orientierungskontext für menschliche Handlungen". Von den Menschen wird verlangt, „sich selbst in diesem Kontext zu finden und mit Hilfe der Kulturmechanismen zu formen. Dadurch wird die Kultur zur Aufgabe für die Menschen."[3] Bei Bachtin ist es vor allem die Kunst, die in diesem Sinn gestalterisch tätig ist, sich also nicht einordnet oder Ausdruck von Ideen ist, sondern umgekehrt diese beständig verändert. Für Oldendorp ist dies Leben aus dem Gebot Gottes heraus. Hier wird deutlich, dass Oldendorp im Blick hat, dass das geschriebene oder geltende Recht nicht nur wesentlich veränderlich ist, sondern sich weiter entwickelt, aber nicht in additivem Fortschritt, sondern ein Maß hat, das jede geschriebene Ordnung von vornherein übersteigt. Gute Rechtsordnungen entsprechen dem Wort Gottes mehr oder weniger, schon weil sie Ordnungen sind, allerdings auf unvollkommene Art. Dennoch bedeutet Fortschritt kein Zuschreiten auf eine Perfektion hin, die sie so oder so nicht erreichen kann. Fortschritt im guten Sinn bedeutet fortlaufende Annäherung an das Göttliche Recht, das aber keinen Endzustand meint. Oldendorp hat nicht das Bild der

1 Maja Soboleva, Sein und Sollen, S.19.
2 Maja Soboleva, Sein und Sollen, S.23.
3 Maja Soboleva, Sein und Sollen, S.24.

Infinitesimalrechnung im Sinn, sondern nur den Satz, dass das Ganze mehr ist als seine Teile. So ist Fortschritt nicht etwas, was etwas beständig hinzurechnet. Unbenommen muss man damit rechnen, dass es stets auch Rückschritte, Abweichungen vom Guten gibt. Das jeweils neue Recht oder Urteil, das billiger sein sollte als das zuvor noch unbilligere Gedachte, erweist sich aufs Neue als unbillig in anderer Gegebenheit. Das göttliche Gesetz ist kein Text, sondern die ihm entsprechenden Texte, (nach Oldendorp) die Gebote und das Zwölftafelgesetz bieten gleichsam die Regeln für die notwendige fortlaufende Arbeit der Entsprechung. „Für und für" sagte man damals gern, nicht „wieder und wieder" oder „nie zuvor".

Die Weisheit Gottes, das Wort des lebendigen Gottes bildet die andere Seite der stets neu zu bildenden Aequitas. Sie selbst ist kein Text. Hier unterscheidet sich Bachtin nach Maja Soboleva grundsätzlich von Heidegger und Gadamer, weil es nicht um eine rezeptive Hermeneutik geht, „die sich am Verstehen oder der Auslegung bereits vorhandenen Sinns orientiert und in der der Dialog als eine technische, meist fiktive Prozedur der Sinnauslegung" verstanden wird."[1] Gottes Weisheit kann durch keine Systematik erfasst werden, und wenn sie die Gründlichkeit eines Thomas von Aquin aufwiese. Es lassen sich eben nur „topoi" der Dogmatik, Regeln gleich, entfalten. Dogmen sind nicht Theologie, sie bilden vielmehr ein Regelwerk zum Dialog mit dem lebendigen Gott, sie sind methodisch. Ihr Weg kann jedoch nicht nur gedanklich beschritten werden. Nicht über Gott, auch nicht nur von ihm, sondern mit ihm soll geredet und auf ihn gehört werden. Entsprechendes gilt für den Menschen, der mir zum Nächsten wird. Und das Recht ist von Übel, das von der realen Gegenwart der Menschen als Theorie absehen will und so zwar eine widerspruchsfreie Klarheit gewinnt, aber gerade wegen seiner Schärfe unbillig wird.

---

1 Maja Soboleva, Sein und Sollen, S. 27. Das Fragment К философии поступка wurde von Bachtin 1919 verfasst und blieb zunächst unveröffentlicht. In ganz ähnlicher Intention entwickelte Eugen Rosenstock Huessy dann seine Soziologie. Eugen Rosenstock-Huessy, Soziologie, 2 Bde. 1956/58. Die Grundanschauung dieses Werkes wurden in seinen vorangehenden Schriften jedoch schon weitgehend entwickelt.

Melanchthon und die Billigkeit

Guido Kisch hat in seinem Buch „Melanchthons Rechts- und Soziallehre“ (1967) das für uns Wesentliche von Melanchthons Billigkeitsverständnis zusammengetragen. Die Untersuchungen geben uns zudem einen Einblick, wie breit und bewusst die Debatte um Grundfragen von Theologie und Recht in der ersten Hälfte des 16. Jahrhunderts geführt wurde, auch wenn dies in den gängigen theologischen Darstellungen der Reformationsgeschichte zumeist nur am Rande behandelt wird. Die Rechtsauffassungen mussten im Zentrum des Interesses stehen, denn auf der einen Seite drängten die Forderungen von Aufständigen, auf der anderen Seite hatte sich die evangelische „Partei“ rechtlich gegenüber Reich und Rom zu positionieren.

Recht und Staat wurden von Melanchthon wie von Oldendorp als gottgewollte Ordnung angesehen. Kaiser, Könige und Papst standen seit Jahrhunderten in Spannung zueinander, beide Mächte rangen darum, als oberste Instanz angesehen zu werden. Die neue evangelische Seite jedoch beanspruchte keine kirchliche weltliche Macht für sich und lehnten dieses Ansinnen für eine „Kirche“ überhaupt ab. Da sie aber nicht daran zweifelten, dass eine Ordnung der Welt gottgewollt sei, war der Gehorsam gegenüber dem Kaiser oder allem Magistrat im Grundsatz unausweichlich. Man berief sich dafür auf Paulus, dessen Kaiser sogar ein Heide war.

Mit der Einrichtung des Reichskammergerichts 1495 und der Einführung der Halsgerichtsordnung[1] war man dabei, ein weltliches einheitliches Rechtssystem für das Kaiserreich zu schaffen, während man das Kanonische Recht für die Länder der Reformation schlicht beiseite legte, das bislang eine erste europaweite, ökumenisch gedachte Rechtsordnung darstellte. An seine Stelle traten dann lokale Kirchenordnungen, für die die reformatorischen Bekenntnisse, allen voran die Confessio Augustana die rechtlich öffentliche Grundlage bildeten. Sie bildeten die juristische Grundlage für Religionsfragen in

1 1498 wurde die Bildung einer solchen Ordnung beschlossen, 1507 wurde sie unter Leitung von Johann Freiherr von Schwarzenberg verfasst, 1530 auf dem Reichstag beschlossen und 1532 in Kraft gesetzt.

den jeweiligen Ländern und traten somit rechtlich an die Stelle des Kanonischen Rechts, das dort jede Geltung verlor. Noch mehr: In diesen Herrschaftsbereichen hörte eine Kirche als rechtliche Organisation auf zu existieren. Kirche als Körperschaft öffentlichen Rechts, wie wir sie kennen, bildete sich erst mit der schrittweisen Trennung von Kirche und Staat im 19. und 20. Jahrhundert heraus.

Mit dem Wegfall einer eigenen Gesetzlichkeit der Kirche musste das gemeinsame Bekenntnis demnach zentrales Thema der lutherischen und reformierten Länder sein. Der bald gefundene Grundsatz „Cuius regio, eius religio" spricht nicht in erster Linie aus, dass jeder zu glauben habe, was im Land an Bekenntnis gilt, sondern zeigt an, dass nun die gesamte „Landschaft" sich als Kirche gleichen Bekenntnisses ansah. Obrigkeit und Untertanen bildeten gemeinsam Kirche, verstanden sich als Christenheit in einem bestimmten Herrschaftsbereich.

Melanchthon war, wie Guido Kisch darlegt, zunächst noch der Ansicht, dass das mosaische Recht, soweit es nicht kultisch war, dem antiken Römischen Recht vorzuziehen sei. Nach 1530 jedoch änderte er hierin seine Meinung. Oldendorp hatte sich dazu nicht geäußert, er stellte die Rechte eher nebeneinander. Für ihn waren 1529 und 1530 von Melanchthon vor allem zwei Schriften entscheidend: die Urfassung der Loci Communes von 1521[1], sowie die Oratio de legibus (1523-25)[2].

Zum einen sehen wir weitgehende Übereinstimmung zwischen Melanchthon und Oldendorp. Göttliches und Natürliches Recht sind nicht zu trennen oder gegeneinander aufzuspielen. Doch dann treten markante Unterschiede auf, vor allem in Bezug auf das geschriebene Recht. Billigkeit ist bei Melanchthon Lückenfüller, er gesteht ihr nicht die grundlegende Bedeutung zu, die Oldendorp (mit antiken Autoren, nicht zuletzt Aristoteles) ihr beimisst. Melanchthon scheute sich nicht, Aristoteles gerade in diesem Punkt sogar verändert zu

---

1 Die Zitate aus den Loci Melanchthons bei Oldendorp entsprechen der Urfassung. Veränderungen in der Ausgabe von 1522 fallen hier nicht ins Gewicht.

2 Der Text ist bei Guido Kisch auf den Seiten 189-209 abgedruckt. Die weiteren Schriften Melanchthons zum Thema sind jüngeren Datums, fallen für uns hier also nicht ins Gewicht.

zitieren,[1] um seine Ansicht zu untermauern, nach der die Billigkeit gegenüber dem geschriebenen Gesetz zu weichen hat, weil dieses der Billigkeit nach zu verfassen sei, Billigkeit also durchaus zu verschriftlichen sei, und ihr dabei Genüge getan werden könne. Guido Kisch nennt dieses Unterfangen kritisch eine Form der Theokratie.[2] Diesen Vorwurf kann man Oldendorp nicht machen.

Der die Oldendorpsche Schrift prägende Satz „summus ius summa iniuria" wurde (nach Kisch) gern zustimmend von Martin Luther zitiert, nicht aber von Melanchthon, der diesen Satz als nicht zutreffend kritisierte. Wird ein Gesetz in der Anwendung ungerecht, ist es seiner Ansicht nach nur falsch ausgelegt. In Verschriftung und allgemeiner Geltung liegt seiner Ansicht nach keine Tendenz zum Unrecht. Dennoch oder gerade auf diese Weise sah Melanchthon in den vom jeweiligen Magistrat erlassenen Gesetz auch Gottes Liebe wirken, und damit die Menschen ihrer Verantwortung gerecht werden. Um es zugespitzt zu formulieren: Ganz wie es die Scholastik sah und versuchte mit ihren Summen und Glossierungen, lag für Melanchthon der Grund des Rechtes in den Axiomen, die nicht bewiesen, als Natur- bzw. Gottesrecht dann aber den Gesetzen der Systematik gemäß ausgelegt werden können. Offenbarungen sind nicht zu hinterfragen. Martin Luther billigte dem Naturrecht solche Divinität in dieser Konsequenz nicht zu. Naturrecht ist nicht mit den Offenbarungen Gottes gleichzusetzen, auch wenn der Wille, es recht zu machen, dem Menschen von Gott ins Herz gegeben worden ist. Der Unterschied liegt im Gegenüber von Gott und Mensch als Offenbarung, nicht in der Sache begründet. Göttliches und ewiges, natürliches Recht stimmen überein, sind aber dennoch zu unterschieden.

So gab es neben allen Übereinstimmungen zwischen Melanchthon und Oldendorp (bzw. Luther) in Bezug auf das Recht im tiefsten Grund auch Dissens, den Oldendorp 1529 in seinen kleinen Schriften auch hervorhob. Das „lesbische Maß", bei Oldendorp die

1 Guido Kisch, Melanchthon, S. 168-184.

2 Es nimmt daher nicht wunder, wenn Melanchthon ausgerechnet Irnerius und Bartolus um 1537 eine Lobrede widmete. Bei Guido Kisch, Melanchthon, abgedruckt auf den Seiten 214-220. Oldendorp dagegen äußerte sich in seinen Schriften im Grundsatz kritisch gegenüber allen Glossatoren.

Schrotwaage, misst die Billigkeit nicht nur nach dem inneren Gesetz, sondern am lebendigen Gott. So bestimmte auch Martin Luther das Gewissen. Von hierher lassen sich dann auch Linien ziehen zu den Auseinandersetzungen im lutherischen Lager in der zweiten Hälfte des 16. Jahrhunderts.[1] Dass beide Seiten unmöglich ahnen konnten, wie weit dieser Dissens der Geburtsstunde der Reformation über die Jahrhunderte reichen würde, liegt auf der Hand. Damals erschien dies vermutlich den Verfassern noch als eine Meinungsverschiedenheit. Allerdings ist auch zu sehen, wie scharf man in der Sache auf beiden Seiten klar blieb. Praktisch wurden die Konflikte anders gelöst, einmal in der gewaltsamen Niederschlagung der Aufstände und im Kompromiss der Bekenntnisschriften.

Der entscheidende Punkt ist in der Frage zu sehen, ob mit der geschehenen Offenbarung diese als Text von dem Sprecher als gelöst anzusehen ist und so des Urhebers der Offenbarung letztlich nicht mehr bedarf. Dies ist nichts weniger als die Definition des Deismus mit all seinen Folgen für Glaube, Kirche und Welt. Einerseits erscheint diese Sicht das größte Gotteslob zu beinhalten, wenn das Werk den Meister preist, die Natur das allerhöchste Wesen, das nun nicht mehr als Person in Erscheinung treten muss, sondern in Natur und Recht aufgegangen ist.[2] Andererseits verliert so die Offenbarung ihr Wesen, denn nun ist sie völlig innerweltlich geworden, wenn auch unbegründbar. Zwischen Christus und der Kirche zu bestimmter, anderer Zeit tut sich der Graben der Geschichte als unüberwindbarer Abgrund auf. Gott verschwindet hinter der Unendlichkeit des Kosmos in unerreichbarer Ferne, als Ersatz gibt es nur das Gefühl schlechthinniger Abhängigkeit. Anders stellt sich die Sache dar, wenn wie bei Oldendorp in Bezug auf die Billigkeit Gott in Christus oder bei Luther im lebendigen Gewissen das lebendige Gegenüber bleibt. Gott hat sich nicht in dieser Weise offenbart, dass er nun abschließend alles mit den Geboten gesagt hätte, was der

1 In den Antinomistischen und Majoristischen Streitigkeiten. Der Konflikt wurde mit Kompromissformeln im Konkordienbuch beigelegt, aber das Problem nicht beseitigt.

2 Wer von der Heilsgeschichte als eine solche Verwandlungsgeschichte lesen möchte, findet dies exemplarisch bei Johann Christian Konrad von Hofmann, Weissagung und Erfüllung im alten und neuen Testamente, 1841.

Menschheit zu sagen wäre. Er behält seinen Namen, mit dem er ist, was er sein wird. Christus ist als Sohn Gottes im Geist weiterhin gegenwärtig, überall, wo man sich in seinem Namen versammelt. Das nicht nur als symbolischen Akt misszuverstehen, war Oldendorp, Melanchthon und Luther selbstverständlich.

Das geschrieben und ungeschriebene Recht ersetzt nicht das Urteil, es lässt sich nicht einfach abrufen wie eine Automatenantwort, das wäre unbillig. Das gilt auch und in höchstem Maß für den Glauben.

Es ist überaus bemerkenswert, wie zurückhaltend sich Oldendorp gegenüber den Predigern und ihrem Amt verhielt. Als es in Rostock zu Streitigkeiten in Bezug auf die Privatbeichte kam, hätte er einfach selbst Stellung beziehen können. Er ließ stattdessen die bekanntesten Theologen der Reformation schriftlich zu Wort kommen. Das, was als Antwort kam, hätte er vermutlich auch selbst sagen können. Aber er zog eine klare Grenze von Recht und Theologie, auch in seinen Werken. Beständig zitierte Oldendorp die Bibel, aber er argumentierte nicht theologisch im Sinne eines Verkünders des Evangeliums, auch nicht in der Schrift vom Göttlichen Recht. Diese Grenze lag in der Verschiedenheit der Ämter begründet, also wieder in Personen.[1]

In der Rostocker Kirchenordnung von 1530 wurde die uns unglaublich erscheinende Forderung aufgestellt, dass die Prädikanten der Stadt sich zweimal in der Woche zu intensiven Gesprächen über ihre Verkündigung zu treffen hätten. Ein Theologiestudium an der Universität reicht nicht aus, auch nicht die Studierstube des einsamen, einmal Ordinierten. Der Versammlung der Gläubigen im Gottesdienst entspreche der Dialog der Verkündiger untereinander. Genauso dürfen Gebet, das gemeinsame Singen, beständige Beichte und Abendmahl nicht im Gottesdienst fehlen.

---

1 Unsere Unterscheidung von einer Funktion im Dienstverhältnis und davon weitgehend unabhängig Privatmeinungen zu pflegen ist für das 16. Jahrhundert wohl nicht zu übertragen. Religion zum Beispiel als „Privatsache" anzusehen, setzt ganz andere historische Gegebenheiten voraus.

Übrig geblieben ist davon bis ins 20. Jahrhundert das Ordinationsversprechen, sein Leben lang weiter zu studieren, Theologie zu treiben. Heute ist dies der dienstlichen Verpflichtung gewichen, an Fort- und Weiterbildungsprogrammen teilzunehmen. Man sehe sich solch ein aktuelles Studienprogramm einmal an, um zu verstehen, was sich da verändert hat. Von vornherein Sonntagsgottesdienste ohne Abendmahl zu planen, wäre bei den Reformatoren auf völliges Unverständnis gestoßen. Auch wenn im Spätmittelalter viele Menschen nur selten das Abendmahl besuchten, wurde es doch sonntäglich durch den Klerus begangen. Die lutherisch verstandene Beichte, Fundament der Reformation, ist unserer Kirche mehr oder weniger gänzlich abhanden gekommen, sie wird auch im „Kirchenvolk" kaum noch verstanden, oder man hält sie gar gemeinhin für „katholisch".

Würde Gottes Wort in einem Text aufgehen, könnte man sich dies alles sparen. Um im Gleichnis Jesu zu sprechen: Der Herr ist außer Haus, die Haushalter handeln anstelle des Herrn. Das Gleichnis aber begrüßt dies nicht als gegebene Situation, sondern macht deutlich, dass stets so zu handeln ist, als wäre der Haushalter gegenwärtig. Wird Gott in seinen Gottesdiensten als nicht gegenwärtig angesehen, hat die Kirche sich ihres Fundaments beraubt. Das gilt auch, wenn sie in halbwegs esoterischer Weise „spirituell" agieren will, „Spiritualität"[1] für einen Wert hält und Gottesdienst als Frömmigkeitsübung ansieht. Im Gedankenschema Oldendorps ist Gott „außer Landes", aber hat Haushalter berufen, im öffentlichen, rechtlichen und politischen Leben. Der Haushalter muss sich stetig fragen, wie der Herr selbst gehandelt hätte, bzw. was in dessen Sinn steht. Im Unterschied zum Gleichnis aber ist Gott im Glauben nicht nur irgendwie im Geheimen anwesend, sondern spricht in klarer Weise im Wort und Heiligen Geist mit uns. Dafür hat er in Christus

1 Wikipedia erklärt den Begriff Spiritualität so: Sie ist „die Suche, die Hinwendung, die unmittelbare Anschauung oder das subjektive Erleben einer sinnlich nicht fassbaren und rational nicht erklärbaren transzendenten Wirklichkeit, die der materiellen Welt zugrunde liegt. Spirituelle Einsichten können mit Sinn- und Wertfragen des Daseins, mit der Erfahrung der Ganzheit der Welt in ihrer Verbundenheit mit der eigenen Existenz, mit der \`letzten Wahrheit\` und absoluter, höchster Wirklichkeit sowie mit der Integration des Heiligen, Unerklärlichen oder ethisch Wertvollen ins eigene Leben verbunden sein." Die entsprechenden dort im Artikel folgenden Erklärungen lassen sich denken.

die Kirche gestiftet und seinen Heiligen Geist gesandt, damit der Buchstabe nicht ohne seinen Geist bleibt, das Wort nicht ohne seinen Sprecher. Es geht um persönliche Verantwortung nicht einer Anweisung, sondern einer Person gegenüber.

Vom Freien Willen nach Erasmus von Rotterdam

Mit zwei Grundzügen haben wir es bei Oldendorp zu tun, die einer Erklärung bedürfen. Zum einen erwähnt er niemals Martin Luther mit Namen, zum andern meidet er auffälliger Weise jede theologische Argumentation, während er zugleich an biblischen Verweisen nicht spart. Hinzugefügt werden muss allerdings, dass auch Martin Luther selbst, und mit ihm viele Theologen der Reformation sich in ihren Schriften wenig mit den Scholastikern direkt auseinandersetzten.[1] Dieses Schweigen bei Oldendorp betrifft nicht nur Luther selbst, sondern auch Theologen überhaupt, sieht man von Kirchenvätern und Päpsten ab. Letztere werden wie Melanchthon auch nicht als Theologen zitiert, sondern nur insofern sie sich juristisch äußern oder ihre Sätze juristisch belangvoll erscheinen. So wird auch Melanchthon aus seinen Äußerungen zum Gesetz gehört, nicht aber aus anderen Kapiteln seiner Loci.

Für eine Antwort darauf mag ein weiterer Hinweis auf Erasmus von Rotterdam hilfreich sein, besonders seine Schrift De libero arbitrio - Vom freien Willen (1524), in der dieser sich mit Martin Luther kritisch auseinandersetzt. Schon ein erster Blick in diese Schrift zeigt, dass Erasmus, den Oldendorp ja ganz offensichtlich hoch schätzte, ebenfalls hier sehr viele biblische Stellen mit einfachem, offenbarer Verständnis anführte, doch scholastische

1 Das betrifft insbesondere die deutschsprachigen Schriften. Ein praktischer Grund mag auch darin gelegen haben, dass man dafür die lateinischen Sätze der Scholastiker zunächst hätte nicht nur übersetzen, sondern auch deutsch hätte denken müssen. Auch für die theologischen Fakultäten der dann evangelischen Länder war Latein noch bis an die Grenze des 19. Jahrhunderts obligatorisch, auch Bibelkommentare verfasste man auf Latein. Allerdings zog man als Literatur auch dann die Kirchenväter den Scholastikern zumeist vor.

Texte, die er von Haus aus als Theologe kannte, weitgehend hintenan stellte. Er tat dies ganz im Sinn Oldendorps, wenn dieser vom Recht sprach: Auch zugespitzte Theologie kann sich als schärfste Unwahrheit oder Täuschung erweisen. Maßhalten erschien beiden hier in eigener Weise geboten. Unser Wissen erreicht Gottes Weisheit nicht. Wir können nicht zu Gottes Ratgebern werden. Mit der Besinnung auf Plato, bzw. Sokrates wurde auch der Gedanke wichtig, dass es Grenzen der Logik nach außen hin gibt, die auf ganz andere Art gezogen sind als in der Unendlichkeit abstrakter Systeme.

Wer dagegen aus konkreter juristischer Perspektive Texte der Bibel liest, sieht diese Texte in lebendigem Kontext und nicht nur abstrakt theoretisch. Zu bedenken ist stets, was wann zu wem gesagt wird.[1] Spreche ich allgemein davon, so Erasmus, dass es keinen freien Willen gäbe, kann dieses dem Übeltäter als billige Entschuldigung dienen. Umgekehrt kann die Betonung auf dem freien Willen auch zu dem führen, was Luther zu Recht fürchtete, dass es an unseren Leistungen läge, ob wir errettet würden oder nicht. Um es in Abwandlung zum Motto der Schrift Oldendorps von der Billigkeit zu sagen: Die Summe der Theologie kann zum glatten Unglauben, bzw. Häresie führen. Uns ist es nicht gegeben, mit höchster Präzision über Gott zu reden, ohne kräftig zu irren. Ungeachtet der Differenzen von Luther und Erasmus in der Sache, gibt es also hier eine methodische Übereinstimmung der beiden, indem sie das Thema nicht abstrakt logisch betrachteten.

Oldendorp klammert in der Schrift von den Missbräuchen im Unterschied zur Augsburgischen Konfession alle scholastische Argumentation ganz aus, obwohl er im gleichen Zug jede Menge an biblischen Zitaten anführt, sowie Sätze der Kirchenväter und des Kanonischen Kirchenrechts. Friedrich Merzbacher war aufgefallen, dass Oldendorp gern Päpste zitierte. Sie hatten eine klare rechtliche Stellung, waren im Amt. Zitate von scholastischen Theologen sucht man vergebens in seinem Werk. So diskutiert er auch die entsprechenden Abschnitte von Thomas von Aquin zur Billigkeit

1 So nimmt es auch nicht wunder, dass auch Eugen Rosenstock-Huessy als Rechtshistoriker seine Soziologie und Sprachphilosophie unter diesen Ansatz stellte.

nicht, obgleich dies nahegelegen hätte und sie ihm vermutlich auch nicht unbekannt waren.

Oldendorp benannte auch bei den Stellen aus dem Römischen Recht in der Regel den, der dies oder jenes gesagt hatte. In einer späteren Schrift für seine Studenten gab er ihnen Informationen über die Autoren des Römischen Rechts. Es war ihm offensichtlich wichtig, wer wann sich äußerte. Er betrachtete das Römische Recht aus geschichtlicher Perspektive, nicht als systematische Konstruktion. Seine juristischen Argumentationen in den Rostocker Schriften stellte er uns weitgehend als ein Gespräch, einen Diskurs verschiedener Rechtskundiger ganz unterschiedlicher Jahrhunderte dar. In allen seinen deutschsprachigen Schriften befindet er sich im Gespräch mit einem Leser. Oldendorp mied genau den Eindruck zeitlosen Systematik, als den uns Peter Macke sein Werk vorstellt.

Liest man die Schrift über den Freien Willen von Erasmus aus der Perspektive Oldendorps, gewinnt man den Eindruck, dass letzterer dem großen Humanisten diese Schrift betreffend lückenlos hätte zustimmen können. Erasmus selbst sah sich, wenn er auch nicht den Schritt zum lutherischen Lager gehen wollte, Luther in einigem in seinen Absicht verwandt: „Es ist mir alles zuwider, was sich mit dem Evangelium nicht verträgt". (IV.17.)[1] Den Intentionen Luthers war Erasmus durchaus gewogen. Für Erasmus und Oldendorp waren Intention und Wille nichts Adiaphorisches, Nebensächliches, im Gegenteil. Entsprechend dem Muster antiker Rhetorik kamen sie in der Billigkeit als lenkende Gewalt und Ziel aller Handlung zum Tragen.

Oldendorp hatte gute Gründe als Nichttheologe Theologie zu meiden, aber, und auch das ist ein bemerkenswerter Zug der neuen „Evangelischen" Kirche, wie man sie später nannte, dennoch als Christ öffentlich und vernehmlich zu sprechen, mit der Bibel in der Hand und in seinem Beruf.[2]

1 Erasmus von Rotterdam, Vom freien Willen, verdeutscht von Otto Schumacher, Göttingen 1940, S. 89.

2 Erasmus von Rotterdam, Vom freien Willen, verdeutscht von Otto Schumacher, Göttingen 1940, S. 20 (I b. 4 und 5.): Gott teilt seinen Geist nicht nur Menschen mit Amtsweihe seinen Geist mit. Er offenbart auch jedem einfachen Laien, was er vielen Gelehrten nicht offenbart hat. - Der Begriff des Laien wandelte sich mit der Reformation. Als Laie galt nun nicht vor allem der

Erasmus möchte „untersuchen, nicht richten, nur prüfen, nicht entscheiden, bereit, von jedem beliebigen zu lernen".[1] So könnte man auch Oldendorps Intention seiner deutschen Schriften fassen. Man kann von direktem Einfluss von Erasmus auf Oldendorp sprechen. Er nutzte durchgehend dessen Ausgabe des Neuen Testaments und bediente sich der Adagia. Erasmus unterscheidet drei Arten von Gesetz, das Gesetz der Natur, das Gesetz der Werke und das Gesetz des Glaubens. Das Gesetz der Natur ist allen Völkern eingeprägt und lehrt, nicht zu schaden, auch ohne besondere Offenbarung Gottes und ohne das Licht des Glaubens. Mit dem „Gesetz der Werke" meint Erasmus das befehlende und strafende Gesetz. „Es vermehrt die Sünde und bewirkt den Tod, nicht weil es böse wäre, sondern weil es das gebietet, was wir ohne Gnade nicht leisten können. Das Gesetz des Glaubens, das zwar noch schwierigere Gebote gibt als das Gesetz der Werke, macht dennoch, wenn die Gnadenfülle hinzukommt, das an sich Unmögliche sogar angenehm, nicht nur leicht. Der Glaube also heilt die Vernunft, die durch die Sünde zu Schaden gekommen ist; und die Liebe hilft dem geschwächten Willen voran."[2]

Wenn wir nicht nur von Gesetz und Evangelium in theologischen Kategorien denken, sondern den Begriff „Gesetz" durch „Recht" ersetzen, wie Erasmus und Oldendorp es verstanden haben mögen, bekommt das Zitat einen veränderten Sinn für uns. Der Glaube betrifft das Rechtsverhältnis Gottes zu uns mit seinem Gebot und Gnadenrecht. Die „Guten Werke" betreffen dagegen unsere Rechtsverhältnisse untereinander. Verhalten wir uns unbillig zueinander, werden wir auch Gott gegenüber schuldig und sind auf dessen Gnade angewiesen. Der Glaube wiederum gründet in uns den festen Willen, billig auch Miteinander zu agieren. So heilt der Glaube unsere Vernunft und stärkt den Willen zum Guten, zur Billigkeit.

Nichtkleriker, sondern der Laie als Unwissender einer Wissenschaft gegenüber.

1 Erasmus von Rotterdam, Vom freien Willen, verdeutscht von Otto Schumacher, Göttingen 1940, S. 12 (I a. 6.)

2 Erasmus von Rotterdam, Vom freien Willen, verdeutscht von Otto Schumacher, Göttingen 1940, S. 27. (II a 6.)

Naturrecht und Politik

Das Naturrecht bei Johann Oldendorp

Erik Wolf hatte 1939 Oldendorps Werk als wichtige Etappe bei der Entwicklung des Naturrechts gewürdigt. Für diese These hatte die 1933 veröffentlichte Rostocker Dissertation von Hans-Helmut Dietze den Grund gelegt. Dieser führte als Definition des Naturrechts Oldendorps an: Ius naturale est, quod natura omnes homines prima quaedam praecepta et formulas honestatis docuit. Deus enim a natura non distat. [Naturrecht ist, das die Natur die Menschen gewissermaßen von Anfang an die Gebote und die Normen der Tugend lehrt. Denn Gott ist nicht getrennt von der Natur.] Entsprechend sei dem Naturrecht Unveränderlichkeit eigen. Freilich war das keine neue Erkenntnis von Johann Oldendorp, sondern mittelalterliches Denken mit der Unterscheidung von Göttlichem und ewigem Recht. In der Neuzeit verschwamm diese Unterscheidung zunehmend. Dafür ist Oldendorp nicht als Zeuge aufzurufen, wie wir gesehen haben. Den Historiker, der am Fortschritt die Bedeutung misst, mag das enttäuschen. Wichtig erscheint mir darum, nochmals darauf zu verweisen, dass wir bei Oldendorp noch nicht vom späteren spinozistischen „Deus sive natura" her denken dürfen. In diese Richtung deutete Hans-Helmut Dietze aber den Satz „Deus enim a natura non distat", indem er erläuterte: „In dieser Formel ist zugleich die Ansicht erhalten, dass alles natürliche Recht von Gott kommt, der es unserer ratio einpflanzte und durch das Gewissen zu uns reden lässt."[1] Und gedacht ist die Fortsetzung, dass es keiner weiteren Einflussnahme Gottes bedürfe, weil ja damit alles im Grund bereits in uns gesagt wäre. Das wäre bereits Denken in den Mustern der Aufklärung. So auch Dietzes Formulierung „die Natur, d.i. Gott", die Peter Macke übernahm. Oldendorp zitierte jedoch Justinian für die Unveränderlichkeit des Naturrechts und blieb innerhalb dessen

1 Helmut Dietze a.a.O. S. 99.

Auffassung. Justinian kann nun sicher nicht für die aufklärerische Naturrechtsauffassung in Anspruch genommen werden, wenn es von ihm heißt: „Sed naturalia quidem iura, inquit Iustinianus, quae apud omnes gentes peraeque observantur, divina quaedam providentia constituta semper firma atque immutabilia permanent.“ [Aber das Recht ist natürlich, sagt Justinian, das bei allen Völkern ganz gleich beachtet wird und als göttliche Fürsorge stets fest und unveränderlich Bestand hat.][1] Die Normen sind nach Oldendorp in Herz und Gewissen von Gott eingeschnitten. So kann das Naturrecht Quell und Grund aller Gesetze sein. Das war somit noch kein neuer Gedanke. Der Unterschied liegt in Bezug auf die Aufklärung darin, dass in ihr die providentia nur noch als verborgenes Handeln Gottes verstanden wurde, nicht aber als unbedingt notwendige Begegnung mit dem lebendigen Gott. Providere bedeutet auch, von fern her ansichtig werden, nicht nur eine Vorhersehung oder eine allgemeine Vorsorge.

In der Schrift zur Billigkeit findet sich der Satz: „Denn natürlick recht und byllicheyt ys eyn dinck.“ Dietze interpretiert, dass demnach „aequitas und ius naturale aus gleicher Quelle hervorströmen und dadurch zu sinnvoll sich bildender Einheit werden lässt.“[2] Im Zweifelsfall, der durchaus entstehen kann, muss dann der Mensch auf Gottes Offenbarung zurückgreifen. Dietze deutet somit für Oldendorp die Gebote als Korrekturtext, ja im Grunde als noch weniger, denn der Mensch erkenne die Richtigkeit der Gebote eigentlich schon kraft seines natürlichen Rechtsempfindens. Damit erscheint Oldendorp als Vorreiter des Naturrechtsverständnisses der späteren Aufklärung. Die Gebote setzte Oldendorp neben das Naturrecht, beides ist gottgegeben, göttlichen Ursprungs. Ihm kam aber nicht in den Sinn, dass man darum Gott selbst in der Folge kausalen Denkens ad acta legen könnte als eine zurückliegende, bzw. von seinem Werk nun erübrigte Ursache. Was braucht man noch den Autor, hat man sein Buch! Dem Glaubenden ist Gott nicht nur hinter seinem Werk verborgen wie bei dem Natürlichen Recht des Deismus, sondern ist mit der Kirche gegenwärtig und als Sprecher seiner Offenbarung

1 Helmut Dietze S. 99, bzw. Oldendorp, Eisagoge p.8. - Institutes Lib. I, titulus II.
2 Helmut Dietze S.100.

und Richter all unseres Tuns unser lebendiges Gegenüber. Das ist Sinn der Liturgie, dass nicht nur etwas von Gott vorgelesen wird, sondern dass er gegenwärtig ist, sein Wort an uns richtet und in Beichte und Abendmahl uns als Person Vergebung zuspricht. Gottes Gebot, seine Offenbarung und das natürliche Rechtsempfinden von Gottes Kindern sind nicht auseinander zu differenzieren, sondern in ihrer Übereinstimmung zu bewundern. Gottesrecht bestätigt das Naturrecht, die Gebote geben der Stimme des Herzens recht, dann ist es gut um das Gewissen bestellt. Aber die ganze Billigkeit bedarf dennoch auch des Schauens auf den Nächsten und Gott. Das Doppelgebot der Liebe ist das vornehmste aller Gebote, und damit keine theoretische Angelegenheit.

Januar und Mai 1529 waren der Kleine und Große Katechismus Martin Luthers erschienen. Im Beschluss des Kommentars zum Dekalog im Großen Katechismus lesen wir, was auch nach Oldendorp natürliche Vernunft und Gebote vereint: „Also lassen wir diese Gebote bleiben in dem gemeinsamen Verstand, dass erstlich geboten sei, dass man des Nächsten Schaden nicht begehre, auch nicht dazu helfe noch Ursache gebe, sondern gönne und lasse, was er hat, dazu fordere und erhalte, was ihm zu Nutz und Dienst geschehen mag, wie wir wollten uns getan haben.“ Besser lässt sich nicht die Auffassung Oldendorps wiedergeben mit dem Zusammenklang natürlichen Rechts und Gottes Gebot. Hier ist nichts gegeneinander auszuspielen. Den Unterschied zwischen natürlichem Recht und den Geboten benannte Luther im Beschluss der Gebotserklärung, und da sind wir wiederum sehr nahe an dem Bild von der Schrotwaage. Alles käme bei den Geboten „aus der Kraft des ersten Gebots“. Es geht im Dekalog nicht nur darum, sich ethisch recht zu verhalten, (wie es die Natur des Menschen auch so gebietet), sondern dass man es täte „allein Gott zu Liebe und Gefallen“. Die Gebote sind nicht „Menschentand, sondern der hohen Majestät Gebot“. Das erste Gebot ist „das Haupt und Quellborn“, „dass End und Anfang alles ineinander geknüpft und gebunden ist“. Zum Gesetz gehört die lebendige Autorität des Gesetzgebers.

Gott ist hier nicht der philosophische Gott, sondern Gegenüber des Menschen. Gott bestätigt das Naturrecht nicht nur in den Geboten, er gibt sich als Schöpfer und Geber des Naturrechts als Person zu erkennen, um dessen willen wir uns gut und anständig zu verhalten haben. Das Gewissen ist nicht etwas, was zwischen Sätzen oder Erkenntnissen abwägt, sondern Gott und dem Nächsten gegenüber schlägt. Diese Ebene hatte Hans-Helmut Dietze bei seinen Überlegungen kaum im Sinn. Für ihn war offenbar auch das Gewissen eine Art Gesetzbuch der Seele, er beurteilte die Sätze Oldendorps als Rechtsphilosoph.[1] Oldendorp aber sollten wir in erster Linie als glaubenden Christenmenschen ansehen, wie es Anfang und Schluss seiner Schrift von Recht und Billigkeit in aller Deutlichkeit zeigen.

Die alles bestimmende dogmatische Grundlage des Rechtsverständnisses von Johann Oldendorp zeigt sich auch bei dem Thema des Völkerrechts, dem ius gentium. Dieses war noch kein Thema in den Rostocker Schriften, es kam erst später bei Oldendorp zum Tragen. Weit in die Zukunft weisend und zugleich ganz auf der Theologie der Kirchenväter beruhend ging Johann Oldendorp von dem Begriff der Christenheit aus. Damit folgte er dem Grundanspruch auch des Kanonischen Rechts, das sich universal für alle Völker verstand. Man muss nicht wie Hans-Helmut Dietze in den Schriften Oldendorps danach suchen, wo und wie er dazu kam, dass die Völker nicht vor allem einzelne Souveräne waren, sondern ein Recht anzunehmen sei, dem sie sich alle zu beugen hätten. Die Vorstellung einzelner, juristisch in sich souveräner Mächte ist neuzeitlich, nicht mittelalterlich. Dem entsprach auch schon die Übersetzung des katholikos im Glaubensbekenntnis mit „christlich“: „Ich glaube an die Christliche Kirche“. So war es 1529 im Großen Katechismus zu lesen zum 3. Artikel des Glaubensbekenntnisses: „Darum soll es auf recht Deutsch und unserer Muttersprache heißen ‚eine christliche Gemeine oder Sammlung‘ oder aufs allerbeste und

1 Dietze war dem Nationalsozialismus zugeneigt. Die „Theologie“ des Nazismus galt der Biologie, dem nackten Leben. Vgl. Giorgio Agamben, Die Macht des Denkens, Frankfurt a.M. 2013, S. 365-376: Heidegger und der Nazismus. Da gibt es auch eine Parallele zur Weltanschauung Lenins in „Materialismus und Empiriokritizismus“ und seiner Anschauung vom „Rad der Geschichte“ mit dem entsprechenden „wissenschaftlichen Atheismus“. Da ist jeweils das Naturrecht, unabhängig, ob es nüchtern angesehen oder quasi-religiös überhöht wird völlig frei von jeder personalen Begegnung. Es gibt kein ius divinum, damit aber auch kein Gnadenrecht.

klärste ‚ein heilige Christenheit'." Auch wenn die „Heiden, Türken, Juden oder falsche Christen und Heuchler" so von der christlichen Gemeinde geschieden sind, so befinden sie sich doch als Menschheit auch im Herrschaftsbereich Gottes. Das Naturrecht gehört zur providentia, wie Oldendorp auch Justinian zitiert, in den allgemein menschlichen Auftrag der Heiligung. „Alle Menschen Weisheit, Sinn und Vernunft gehet und schwebet" im „göttlichen Wesen, Willen und Werk". Soweit Luthers großer Katechismus. Dass es also ein Recht geben muss, dass alle Völker umfasst, war nicht eine Besonderheit in Oldendorps Werk, sondern reformatorisches Allgemeingut. Diesen Teil des alten europäischen, ökumenischen Selbstverständnisses der Vätertheologie gab man nicht auf, sondern betonte man im Gegenteil. Nichts lag den Reformatoren ferner, als die Christenheit, also die Kirche zu spalten.

Hans-Helmut Dietze kritisierte an Arnold Freybe, dass dieser aus theologischer Perspektive an Oldendorp herangegangen wäre, was ihm unsachgemäß erschien. Da er selbst von Ernst Troeltsch geprägt war, bezeichnete er Oldendorp als „Künder der Sozialphilosophie", die schon Jesus von Nazareth vertreten und zur Bildung der Kirche geführt habe.[1] In Verbindung mit der Religionsphilosophie von Johann Peter Steffes (1883-1955) und seinen Ansichten zum „Naturrecht"[2] kam Dietze zu diesem Schluss: Hier fände sich eine Gleichheit zu Oldendorps Naturrechtsphilosophie: Auch im Katholizismus erhält „die Naturrechtslehre noch eine besondere Stütze durch die Offenbarung und das Dogma, die der Naturrechtslehre nicht nur eine festere Unterbauung, sondern eine genauere Inhaltlichkeit..." Offenbarung als Grundlage und das Dogma als Werkzeug für Präzisierung des menschlichen Rechts, solche Vorstellung ist weit entfernt von den Vorstellungen Luthers, Melanchthons oder Oldendorps. Dazu passen denn eher Muster der Aufklärung, nach denen in Gottes Providenz mehr Zusehen und Steuerung aus unendlicher Ferne gesehen wurde.

Oldendorp ließ sich wenig über die Erbsündelehre aus und mied das Wort Sünde, vor allem in Bezug auf Verstöße gegen das

1 Helmut Dietze S. 167.

2 Johann Peter Steffes: Das Naturrecht in metaphysischer und religiöser Weltsicht, Augsburg 1932.

Naturrecht. Selbstverständlich ging er wie alle in jener Zeit von der Sündhaftigkeit, der Gefallenheit des Menschen aus, aber er zieht keine Gleichung zwischen Missetaten und Sünden. Richter urteilen nicht über die Sündhaftigkeit des Menschen. Luther lehnte das Sündenzählen nicht etwa nur ab, weil es so schwierig sei, sondern aus dem tieferem Grund, der uns etwas an Oldendorps Rechtsverständnis deutlich werden lässt. Sünden lassen sich nicht zählen, weil sie sonst Teil eines wie auch immer gearteten Rechtssystems wären. Dieser Unterschied markiert präzise die Grenze zwischen den beiden Regimentern. Nach menschlichem Recht, ob nun Naturrecht oder positivem Recht ist Totschlag ein definierbares Vergehen, das geahndet werden muss. Es ist zugleich eine Sünde, dies aber stellt nicht der Richter mehr fest. Um Sünde geht es in Bezug auf Gott, um Rechtsbruch und das Böse im Bezug der Menschen untereinander. Beides steht darum nicht unverbunden nebeneinander, im Gegenteil. Die Rede von der Sünde betrifft das Gewissen Gott gegenüber, schuldig werden wir dem Nächsten oder vielen Menschen, und weil Gott alle Menschen liebt, so auch ihm gegenüber. So wird Schuld auch als Sünde gerechnet, ist aber nicht einfach mit ihr identisch. Umgekehrt bewirkt Sünde auch Schuld, denkt man an die zweite Tafel der Gebote. Der Unterschied wird am letzten Gebot deutlich: Neid ist noch keine Schuld, kann aber dazu führen. Umgekehrt im Ersten Gebot: Es ist keine Schuld an Gott, ihn nicht zu lieben, aber Sünde, wenn wir dies Gebot gering achten oder für überflüssig halten.

Klarheit kann uns hier die Confessio Augustana 1530, bzw. ihre Apologie 1531 durch Philipp Melanchthon geben, denn schon bald ergaben sich Missverständnisse in Bezug auf die Erbsündelehre, auf die CA II abhob. Dieser Abschnitt durfte nicht fehlen, weil es sonst sofort noch weitere Widersprüche und Verständnisschwierigkeiten in Bezug auf Artikel III, die Rechtfertigungslehre gegeben hätte. Melanchthon wies darauf hin, dass sich die Erbsünde auf die erste Tafel der Gebote bezieht, was nicht bedeutet, dass dies ohne Auswirkungen auch auf die zweite Tafel der moralischen Gebote bleiben würde, im Gegenteil. Die Erbsünde bildet den Widerspruch zum Naturrecht, er ist Ungehorsam Gott gegenüber, und damit dem Guten in uns. Seit Adam, also von Anfang an, ist dem Menschen nicht nur das unveränderbare Naturrecht eingegeben, das es auch Heiden ermöglicht, einen Staat zu errichten, dem der Einzelne zu gehorchen hat, selbst wenn er im Unterschied zu einer heidnischen Obrigkeit Christ wäre. In ihm wohnt auch der Wille zum Ungehorsam. Dieser Widerspruch ist Ursache von Bösem, von der Verderbnis des Guten im Menschen. So ist die Erbsünde auch wirklich im Sinn der Wirksamkeit Sünde, Ursünde, wenn man so will. Entmythologisiert - nimmt man diesen belasteten Begriff einmal hier zur Hand - heißt dies: Nicht nur das gute Naturrecht liegt im Menschen als Gottesgabe, sondern auch der Widerspruch dazu. Schwerer jedoch wiegt die andere Seite der Erbsünde: Der Mensch hat „keine wahre Gottesfurcht, keinen wahren Glauben an Gott." Für diese Seite der Erbsünde bringt man kein Verständnis auf, wendet man sich dem Problem nur in Bezug auf die „natürlichen" Eigenschaften des Menschen zu. Für die Reformatoren aber war dies fundamental wichtig. Ins biblische Bild gebracht: Außerhalb des Paradieses ist das Gegenüber, die Unmittelbarkeit zu Gott nicht mehr gegeben. Diese gibt es erst wieder im Himmlischen Jerusalem, wo kein Tempel (und keine Kirche mit Altar) notwendig und die Hütte Gottes bei den Menschen ist. Wir verstehen die Rede von der Erbsünde erst dann, wenn wir in ihr nicht nur einen Mangel an Gutem oder Widerspruch dazu sehen, sondern vor allem den „Ungehorsam", die Abwendung von Gott. Sie ist das Gegenstück zur Gottesliebe.

Melanchthon berief sich in der Apologie auf die Scholastiker, um zu zeigen, dass er nichts Neues erfunden oder hinzugetan hätte. Sie sprachen von der iustitia originalis, zu der auch gehörte, Gott zu lieben, zu fürchten und sich auf ihn zu verlassen. Dies tun nun die Heiden ganz sicher nicht. Gott hat sich uns offenbart, um unsere Gottvergessenheit zu überwinden. So heißt es in CA II: „Damit werden die verworfen, die die Erbsünde nicht für eine Sünde halten, damit sie die Natur fromm machen durch natürliche Kräfte, in Verachtung des Leidens und Verdienstes Christi."

Aufgabe der Kirche ist das Feiertagsgebot, wie es der Große Katechismus unmissverständlich sagt. Sie bekämpfe die Erbsünde im Menschen als Wurzel des Bösen, indem sie der Offenbarung Gottes entspricht, sich zur Unmittelbarkeit Gott gegenüber bekennt. Darum war die Mittlerschaft eines Klerus der Reformation so ein Dorn im Auge. Das Feld der Kirche ist die erste Tafel der Gebote, und das hieß auch die „reine“ Wahrnehmung des Evangeliums, der Offenbarung Gottes in Christus.

Das bleibt selbstverständlich nicht ohne Auswirkung auf das Gute und Rechte, das so im Menschen weit besser zu seinem Recht komme. Die Bergpredigt ist somit nicht als Verschärfung oder Vervollkommnung des Naturrechts im theologischen und moralischen Sinn zu sehen, sie tut gegenüber dem Naturrecht und dem Willen zum Guten nichts hinzu. Aber sie packt den Menschen an seiner Wurzel, spricht unseren Gehorsam an. Der Mensch macht es nicht nur gut, sondern die reinen Herzens sind, werden Gott schauen, darin besteht unsere Seligkeit, beatitudo.

Es ist Gott selbst, der zu uns offenbar und in aller Klarheit des Geistes spricht. Diesen Zusammenhang meinte Melanchthon, als er die Erbsünde als eine „angeborene Lust“ dachte und sagt, „dass aus natürlichen Kräften kein Mensch vermag Gott zu fürchten oder ihm zu vertrauen“. Das erklärt denn auch die lutherische Form der Beichte. Es geht nicht um eine Abrechnung einzelner Sünden, sondern um die Zuwendung Gottes, seine Gnade, die wir annehmen dürfen.

Dies bedeutet, dass Verstöße gegen das Naturrecht, bzw. das aus ihr resultierende positive Recht aus theologischer, bzw. liturgischer Perspektive auch als Sünde wahrgenommen werden, weil sie Gott und dem Nächsten schaden. Verstöße gegen das ewige Naturrecht sind Verstöße gegen das Gute und damit gegen Gottes Wille, das bleibt bei alledem unbenommen. Aber es ist auch klar, dass jedes Recht, das aus dem Naturrecht abgeleitet wird, auch durchaus unbillig sein kann und auch ist, zumal wenn es „scharf“ genommen wird. Auch darum bringt das Sündenzählen nichts ein. Aus den Geboten der Offenbarung sollte man darum keine Kasuistik entwickeln, auch wenn zum Beispiel Ungehorsam gegen die Obrigkeit - um ein provokatives Beispiel zu wählen - prinzipiell als Sünde erscheint. Die Frage nach der Sündenhaftigkeit unseres Tuns bezieht sich direkt auf unser Verhältnis zu Gott und indirekt zu unserem Nächsten, zur Gemeinschaft der Menschen, nicht auf Texte oder positives Recht. „Prüfet alles, das Gute behaltet“ bezieht sich nicht nur auf Dinge oder Verhältnisse, sondern auch uns selbst. Darum fährt der Text im 1 Thess 5 fort mit den Worten: „Meidet das Böse in jeder Gestalt."

Gut und Böse

Solange es Philosophie und Theologie gibt, wird darum gerungen, wie es um gut und böse steht. Immer wieder werden dazu schon geäußerte Gedanken neu aufgegriffen, gewendet und auch angewandt in Verhalten, Bildung, Ordnung und Gesetz. Es geht dabei um weit mehr als um ethische Spezialfragen. Auch die drei deutschsprachigen Schriften Oldendorps kreisen darum, was gut, recht und billig ist, bzw. unbillig und das Gute verderbend und aus welcher Quelle wir darüber gewiss werden können.

Es ist oft hilfreich, das Besondere an einer Schrift in der Geschichte zu erkennen, indem man ihr ein Textgefüge anderer Zeit, aus anderem Kontext über Zeitenwenden hinweg gegenüberstellt. Dies hat nichts mit geheimen Zusammenhängen zu tun und will auch nicht Kausalzusammenhänge behaupten. Das Werk von Hannah Arendt bietet sich für das Verständnis von Gut und Böse bei Oldendorp an. Der Einfachheit halber nehme ich dafür zunächst einen kurzen und zusammenfassenden Aufsatz von Frederike Rese zur Hand:[1] In Bezug auf Adolf Eichmann stellte Hannah Arendt fest, dass das Böse dadurch banal werden kann, wenn Menschen dem Gesetz in der Weise gehorsam sind, dass sie ihre eigene Verantwortung zurückstellen. Damit sind wir sogleich im Themenbereich der Überlegungen Oldendorps, der darauf beharrte, dass verfasstes Recht nicht Verantwortlichkeit ersetzen darf. Böse

1 Frederike Rese, Hannah Arendts Geschichtsverständnis – Über den Zusammenhang von Denken, Urteilen und Handeln. In: Geschichte denken: Perspektiven von und zu Hannah Arendt, Trumah. Zeitschrift der Hochschule für Jüdische Studien, Heidelberg, Band 20, S. 13-30. In der Vorlesung zur Frage der Ethik: Über das Böse, München 2023 (2007) diskutiert Hannah Arendt genau die Problemlage, mit der sich Johann Oldendorp auseinandersetzt.

und gut werden nach Hannah Arendt zu fruchtbaren Begriffen, wenn sie im Kontext der Geschichte gesehen werden, im Gegenüber von Personen. In dieser Perspektive wird deutlich, dass es bei Oldendorp ein verborgenes Thema gibt, das nicht direkt benannt wird, aber seinen Texten ein überaus interessantes Ansehen gibt. Oldendorps Ziehvater war Albert Krantz, der große Historiker kurz vor der Reformation. Ein Kardinalthema der Reformation und des Humanismus, der Renaissance war die Erkenntnis, dass sich Missbräuche eingeschlichen haben. Somit war ein gezieltes Interesse an Geschichte erwacht, das nicht nur chronologisch Ereignisse aufzählte. Es bildete sich in Ansätzen der Entwicklungsgedanke. Es ist kein Zufall, wenn das große, Epoche machende Geschichtswerk der Zenturien von einem Lutheraner jener Jahre in Angriff genommen wurde.[1] Die Menschen wurden wahrgenommen als Wesen, die sich gut oder böse, recht oder unrecht verhielten, durch Bildung oder fehlende Bildung auszeichneten und Gesellschaft, Staat und Kirche gestalteten. Das thematisierte und reflektierte Oldendorp und verhielt sich damit urteilend zur Geschichte. Das zeichnet Oldendorps deutschsprachige Schriften aus: Es geht in ihnen darum, die Fähigkeit zum Urteilen auszubilden, zu befördern und zu reflektieren.

Für Hannah Arendt liegt das Böse „in der Unfähigkeit, eigenständig denken und urteilen zu können, begründet."[2] Genau um diesen Punkt geht es bei Oldendorp mit dem Wort Billigkeit. Es geht ihm um die Fähigkeit, recht und billig urteilen zu können. Der Urteilende sagt, ob etwas gut und recht ist, das betrifft den Handelnden wie den Richter. Der nicht urteilt, also gewissenlos handelt, entgeht dem Bösen nicht. Im Urteil, der Frage nach der Billigkeit, lateinisch aequitas als Begriff der Rhetorik, schließt sich der Kreis der Handlung, berühren sich Intention und Urteil, Wille

1 Ecclesiastica Historia integram ecclesiae Christi ideam quantum ad locum, propagationem, persecutionem, tranquillit., doctrin., haereses, ceremonias, gubernationem, schismata, synodos, personas, miracula, martyria, religiones extra ecclesiam : singulari diligentia et fide ex vetustissimis et optimis historicis, patribus et aliis scriptoribus congesta per aliquot studiosos et pios viros in urbe [Hrsg.: Matthias Flacius, Johann Wigand, Mattheus Judix, Martin Köppe]. Basileae: Oporinus 1559–1574.

2 Frederike Rese, Hannah Arendts Geschichtsverständnis, S. 18.

und Gericht. Hierin berühren sich auch Gott und Mensch, und das Jüngste Gericht allein vermag dann auch die Erlösung herbeizuführen.

Für Hannah Arendt stellt sich als eines der Hauptprobleme nicht nur des Totalitarismus, sondern unserer Zeit überhaupt das Niemandsein heraus. Jemand sind wir aber nur im Gegenüber. Hier erkennt man auch die Relevanz des Glaubens, wenn Gott mir als Person begegnet und ich somit kein Niemand mehr sein kann. Als Urteilende sind wir Akteure und nicht bloße Zuschauende. Alle drei Schriften Oldendorps sprechen von dem, was wir heute Verantwortung nennen. Dieses Wort kam als Übertragung der lateinischen apologia im 15. Jahrhundert in Gebrauch, stammt also aus Juristischer Praxis. Frederike Rese spricht im Blick auf Hannah Arendt von der „moralischen Integrität der einzelnen Person". So kann man in einem modernen Ausdruck genau das bezeichnen, was bei Oldendorp mit den drei besprochenen Schriften intendiert ist. Hannah Arendt selbst spricht von einem „wurzelschlagenden Denkprozess". Das ist es, was nach Oldendorp Billigkeit, und damit Güte und Recht ausmacht. Diese Wurzel ist ihm nicht nur die gottgebene Natur des inwendigen Menschen, sondern darüber hinaus Gott selbst, der zu uns in seinem Wort spricht, und an dem wir abwägen können, was zu tun oder zu lassen ist, über den Buchstaben des Gesetzes hinaus. Dies ist auch die Intention der Gesetze in all ihrer notwendigen Veränderlichkeit. Dass Oldendorp als Humanist und Jurist Gesetze als veränderlich begriff, war ein wesentlicher Schritt hin zu historischem Bewusstsein. Es gibt seiner Einsicht nach kein perfektes Gesetz. Dieser Versuch würde zum höchsten Unrecht verführen. Moralisch integer sind wir, wenn wir unser Tun, Raten und Urteilen denkend an Gott messen, von Person zu Person, dem Nächsten, aber vor allem Gott gegenüber, der unser Richter ist.

Dass wir von Gott als einer Person sprechen, ist also kein Anthropomorphismus. Hier mag im Übrigen unser Verstehen der Inkarnation ansetzen. Christus ist die Erfüllung des Gottesnamens, wie die alten Exegeten wussten, allerdings nicht im einfachen Muster von Verheißung und Erfüllung, also als vereinfachte Form der Kausalität, bzw.

im Muster eines Plans, von Vorankündigung und Realisierung. Altes und Neues Testament haben Eigenwert und sind nicht einem übergreifenden System unterzuordnen.

Reformation und Revolution

Der Begriff der Revolution erhielt erst im Zuge der Umwälzungen Englands im 17. Jahrhundert den Sinn gesellschaftlicher grundsätzlicher Umwandlungen. Eugen Rosenstock-Huessy, der dann im Rückblick auf das 11. Jahrhundert von der Papstrevolution sprach und auch die Reformation als eine solche ansah, definierte diesen Begriff anders als Hannah Arendt 1963 in ihrem Buch "Über die Revolution"[1]. Nach ihrem Verständnis handelt es sich weder bei den Veränderung im 11. Jahrhundert noch bei der Reformation um eine Revolution. Dennoch hilft uns ihr Verständnis von Revolution zu verstehen, um welche Art von Wandel es bei der Reformation ging, besonders im Hinblick auf Oldendorps Schriften.

Ein erster Gesichtspunkt der Revolution nach der Begriffsbestimmung durch Hannah Arendt ist Freiheit. Die Reformation betrachtete sich selbst nicht als eine Befreiung, diese sahen sie durch Christus in seiner Herrschaft als gegeben an, man musste sie nur für sich im Glauben begreifen. Dass es sich dabei nur um eine innere Freiheit handelte, mag man mit Hannah Arendt im alleinigen Hinblick auf die Theologen der Reformation, insbesondere Luther glauben. Sieht man freilich auf Oldendorp, stellt es sich anders dar. Es ging nicht um eine neue Innerlichkeit, sondern um ein neues Gesellschaftsverständnis, das freilich wie bei der inneren Freiheit des Glaubens von den Reformatoren selbst nur bedingt als neu empfunden und gewertet wurde. Sie empfanden sich nicht selbst als Urheber dieser Freiheit, sondern sahen als gesichert an, dass Gott als Regent dieser Welt der geschichtlich Handelnde der Reformation war.

1 Vergleiche zum Folgenden Hannah Arendt, Über die Revolution, München 1986 (1963), das 1.Kapitel S.23-72.

Hannah Arendt verweist auf die Isonomie, die Platon dem Kreislauf der Regierungsformen entgegengesetzt hatte, die politische Gleichheit aller Vollbürger einer Polis vor dem Gesetz. Das schwebte Oldendorp nicht vor, aber nach ihm relativiert Recht alle Regierungsformen. Er ging nicht von einer Gleichberechtigung aller Bürger aus, sondern von gleicher Verantwortlichkeit vor Gott und einander, dem Doppelgebot der Liebe.

In Oldendorps Schrift von den Ratschlägen findet sich die Vorstellung eines Parlaments, in der Beratung und Suche nach dem Gemeinen Besten das Regieren bestimme. Damit knüpfte Oldendorp an die Stadtverfassung an, die als Selbstverwaltung der Bürger zwar Fürsten und Kaisern unterworfen war, aber in einem gesteckten Rahmen eine gewisse Demokratie entwickeln konnte. Dafür war der Glaube keineswegs nur begleitende Innerlichkeit, sondern es galt, dem Guten und damit auch Gott in Christus mit seinem Gewissen in persönlicher Verantwortung zu gehorchen, mehr als dem Kaiser. Dieser Gehorsam bedeutete Freiheit, denn alle Freiheit beruht auch auf Gehorsam, auf Berechtigung und Vollmacht. Sie wurde nicht bestimmt durch äußere Rechte, die man beanspruchen konnte, sondern durch Rechtfertigung vor Gott. So brachte die Rechtfertigungslehre auch eine Freiheit, die nicht nur sich auf Innerlichkeit beschränkte, sondern für die so Glaubenden durchaus auch öffentliche Berechtigung bedeutete. Man erfuhr sich im unmittelbaren Gegenüber zu Gott in persönlicher Verantwortung. Der von den Reformatoren erwartete Obrigkeitsgehorsam war nicht blinde Schicksalsergebenheit, sondern gewollt und in Wahrheit Gehorsam Gott gegenüber, selbst wenn dies Leiden zur Folge hatte.

Nicht gleiche Rechte untereinander galt es zu behaupten oder zu erringen, sondern Gott und dem Nächsten gerecht zu werden. Aber man erfuhr sich voreinander gleichberechtigt im Angesicht Gottes. Im Bereich des Göttlichen Rechts gab es für sie keine Abstufung, das war schon im Mittelalter klar: „Als Adam grub und Eva spann,…" Diese Einsicht wurde durch die Reformation durch die Abschaffung der kirchlichen Hierarchie massiv verstärkt und zur Alltagserfahrung. Keine Abstufung in Bezug auf unterschiedliche Heiligkeit trat mehr zwischen Gott und Mensch. Dieser Wandel im Denken griff auch im Römisch-Katholischen Raum, wie das

Theaterstück von Pedro Calderon von 1655 zeigt. Der Gedanke war nicht neu, aber nun wurde er in aller Öffentlichkeit und auch auf politischer europäischer Ebene geäußert und festgehalten.

Als Folge stellte sich auch die soziale Frage im Ansatz neu. Innerhalb der Selbstverwaltung in den Kommunen gab es durchaus bereits gemeinsames Eigentum, aber Armen- und Krankenpflege oblag den Kirchen. Das Eigentum der Kirche wurde von Oldendorp nun als öffentliches Eigentum betrachtet, das neben der Finanzierung von Kirchgebäude und Predigttätigkeit zu Armenfürsorge und Bildung zu verwenden sei. Der „Gemeine Kasten" der Reformationszeit war mehr als eine Vereinskasse. Die Kollekten der lutherischen Kirchen waren bis weit ins 19. Jahrhundert sämtlich durch die Armenfürsorge zweckbestimmt. Beim Glauben ging es mitnichten um bloße fromme Innerlichkeit. Die „Christliche Liebestätigkeit", wie Gerhard Ulhorn 1890 sie bezeichnete, wurde öffentliche Aufgabe, gemeinsam mit Gottesdienst und Kommune, was nicht das Gleiche ist wie Kirche und Staat.

Anders als die spätere Ansicht, nach der der Wille des Volkes Gesetzen Legitimität geben würde, sah Oldendorp gemäß spätantiker Tradition die Legitimität im Amt, in der Verantwortung eines jeden Christenmenschen Gott und dem gemeinen Nutzen gegenüber. Gott verpflichtet als Herr der Welt Menschen in ihren Ämtern oder „Berufen". Darin unterscheiden Kaiser und Magd sich nur graduell. Die Aufgabe der Kirche war es, die Menschen an diese Herrschaft Gottes in Christus zu weisen und dafür ihren Glauben lebendig zu halten. Kirche diente nicht nur auch damit dem Gemeinen Nutzen, sondern sollte dies in bester Weise tun, indem sie den Willen dazu bereitete und verstärkte. Das Besondere, die Kirche auszeichnende Aufgabe bestand nicht darin, die besten Ratschläge bereit zu halten, sondern die Verantwortung gegenüber Gott mit der Nächstenliebe zu lehren und zu befestigen. So waren Rahmen und Struktur gegeben. Die Kirche mahne Sonntag für Sonntag die Billigkeit an. Damit war zum Einen der Gesellschaft gedient, zum anderen dem Seelenheil, denn jeder ist in allem Gott als seinem Schöpfer und Erlöser gegenüber verantwortlich.[1]

---

1 Dies ist keine Theokratie in dem Sinn, dass Gott herrschen wolle über die Menschen. Gott dient den Menschen bis in das Geheimnis des Kreuzes hinein.

Hannah Arendt verwies in diesem Zusammenhang auf Niccolò Machiavelli (1469-1526). In gewisser Weise stimmt Oldendorp mit seinem weit kürzeren Ratmannsspiegel dem Fürstenspiegel Il Principe (um 1513) überein, wo es heißt: „Kein Gesetz ist vor Gott und den Menschen lobenswerter als die Ordnung, die eine wahre, einige und heilige Republik begründet, in der man frei beratschlagt, klug diskutiert und das Beschlossene getreulich ausführt."[1] Auf der anderen Seite liegt Oldendorp eine Trennung von Moral, Glaube und Politik fern, wonach es zur Souveränität[2] gehöre, sich um das Gute oder Gott nicht zu scheren. Ebenso weit unterscheidet sich Oldendorp aber auch von den theokratischen Täufern in Münster, die aus dem Gebot Gottes ein scharfes Gesetz machten, anstatt aus dem Wort Gottes das Gebot der Billigkeit zu gewinnen.

Auf Oldendorp mag man beziehen, was Hannah Arendt so beschreibt:[3] Eher konservativ denn revolutionär im Sinn von „progressiv" erscheint der Typus, „der mehr daran interessiert ist, die Errungenschaften zu erhalten und sie gegen den Ruin der Zeit zu sichern, als neue Dinge, neue Entwicklungen, neue Ideen zu begünstigen und voranzutreiben." Solch Mensch setzt den Tendenzen seiner Zeit etwas entgegen. So wollte die Glorreiche Revolution in England „den Prozess des Absolutismus rückgängig machen und eine Ordnung restaurieren, welche zu Beginn der Neuzeit verlorengegangen war",[4] also zur Zeit Oldendorps. Auch Verlorenes wiederzugewinnen, kann „neu" wirken. Immer, wenn etwas Neues entsteht, geht auch Altes unter, rücken andere Dinge in den Vordergrund. Dabei sind solche Entwicklungen selten monolithisch. Nicht alles setzt sich gleichermaßen durch und Begonnenes wird auch verfälscht.[5] Doch erst im 18. Jahrhundert

---

Seine Herrschaft ist Dienst. Und dient der Mensch Gott und seinem Nächsten, steht er in der Nachfolge Gottes.

1 Zitiert bei Volker Reinhardt, Machiavelli oder Die Kunst der Macht. Eine Biographie. München 2012, S. 338.

2 Die spätere französische Übersetzung von magistratus.

3 Hannah Arendt, Über die Revolution, München 1986 (1963), S.50.

4 Hannah Arendt, Über die Revolution, München 1986 (1963), S.53.

5 Als Beispiel für die Reformation mag der Umgang mit der theologischen Systematik gelten: Lehnte Luther eine solche gänzlich ab, entwickelte Melanchthon sie zumindest in Form der Loci, während dann Johann Gerhard

„entstand auch ein Bewusstsein davon, dass es das absolut Neue auch im Politischen geben könne".[1] Entsprechend komplex ist die Frage, wie man Oldendorps Schriften historisch beurteilen, einordnen sollte.

Für Oldendorp waren Menschenrechte, wie wir sie verstehen kein Thema. Rechte wurzelten ihm nach in der Natur und damit in Gott. Das war kein neues Denken, aber in dieser Radikalität rückte der Personenbegriff auf eine neue Ebene. Der Mensch war für Oldendorp nicht mehr vor allem von Geburt und Stand bestimmt, davon sprechen die drei Schriften mit keinem Satz. Alles Geschehen bewegte sich für ihn im Rahmen der Vorsehung Gottes, also nicht als Aktion der Menschheit, die ihm im besten Fall Christenheit war. Das „Pathos des Neuen" ging Oldendorp ab. Das „Neue" der Reformation beschrieben die Reformatoren selbst als Gnadenhandeln Gottes, nicht als ihre Ideen, auf die sie hätten stolz sein sollten oder könnten. Gott ließ noch einmal Gnade walten, das heißt er trieb nichts voran, sondern zog die Notbremse, um Walter Benjamins bekannten Spruch zur Revolution zu zitieren.

Ein Geschichtsbegriff als Veränderung der Menschen durch die Menschen und ihre Ideen oder Umwälzungen war im 16. Jahrhundert nicht bekannt, bei solcher Art historischer Einordnung handelt es sich also um eine spätere Beurteilung. Eine andere Frage erhob sich in der Folge der Französischen Revolution für Kirche und Glauben: Was kommt Gottes Wort und Handeln noch zu, wenn der Mensch die Geschichte in die Hand genommen hat? Auf der anderen Seite erlebt sich der einzelne Mensch auch dann ohnmächtig. Hannah Arendt formuliert im Blick auf die Französische Revolution: „Was sie zum Narren hielt, war die Geschichte und die historische Notwendigkeit. Seither ist die Revolution von dem Unheil des Genarrtwerdens befallen, dem die Freiheit zur Notwendigkeit wird und die Erfahrung des Handelns und Gründens untergeht im Gefühl einer furchtbaren Ohnmacht."[2] Bei Oldendorp liegt das Ziel guten

---

1610-1622 eine lutherische Dogmatik schuf und damit das Fundament für die lutherische Orthodoxie legte. Für die Rechtsgeschichte und die Ausbildung des modernen Staates lassen sich dafür Parallelen ziehen.

1 Hannah Arendt, Über die Revolution, München 1986 (1963), S.57.

2 Hannah Arendt, Über die Revolution, München 1986 (1963), S.72.

Handelns nicht in einer allgemeinen Zukunft, sondern in der Gegenwart. Der einzelne Mensch erscheint darin nicht ohnmächtig, sondern im Gegenteil zur bewussten Tätigkeit jetzt herausgefordert. Wir dagegen haben stets in Bezug auf Geschichte und Gegenwart Zukunft im Sinn. So fragen wir beständig danach, was man noch halten, bewahren oder fördern sollte um einer Zukunft willen. Besonders wahnwitzig ist diese fragende Einstellung in Bezug auf den Gottesdienst, der sich der Ewigkeit zuwendet, was aber nichts damit zu tun hat, blind in irgendeine Zukunft hinein zu stolpern. Zukunft ist ein weltlich Ding, dem eine entsprechende andere Achtung entgegen gebracht werden muss.

Beurteilen wir vergangene Kultur nach diesem Muster der Verhaftung in einer vermutlichen oder berechneten Zukunft, gehen wir mithin an deren eigenem Interesse, bzw. der Denkweise z.B. Oldendorps vorbei. Er entwarf kein Muster für eine zu gestaltende Zukunft, sondern wandte sich der Gegenwart zu. Es ist fragwürdig und ziemlich fruchtlos, mit Peter Macke zu fragen, was von Oldendorps Gedanken „heute noch gilt" oder bewahrenswert erscheint. Um Gewinn aus der Betrachtung zu gewinnen, sollte man vielmehr nach der altkirchlichen Methode der Allegorie verfahren, wonach man die Vorstellungen und Konstellationen verschiedener Epochen einander gegenüberstellt, um historisch kritisch sich selbst gegenüber sein zu können. Bewahrt an Oldendorps Werk kann abgesehen von den schriftlichen Urkunden nichts, aber neu bedacht können sie werden, und das in für unsere Gegenwart fruchtbarer Weise. Im guten Fall hilft dies uns, von diesem oder jenem auch Abstand zu nehmen, was wir sonst gedacht oder getan hätten. Gottesdienst und Kirche jedenfalls sind nicht wie Technik ein zu erneuerndes Ding, Feld für Erfindungen oder Anpassungen. Es ist ein für unser Denken typisches Missverständnis, wenn wir das reformatorische Prinzip semper reformandum so verstehen. Dieses Prinzip ruft nach dem genauen Gegenteil, es handelt sich dabei um eine beständige Rückrufaktion, die Kirche darf sich mit dem Gottesdienst nicht an die Welt verlieren, nur dann kann sie sich der Welt auch entgegenstellen, wo diese sich verläuft.

Jeder Paradigmenwechsel vernachlässigt etwas von dem, was zuvor wichtig und grundlegend war. Damit ist in abgelegten

Paradigmen stets ein Kapital zu finden, das die Beschränktheit des Aktuellen deutlich werden lässt und Potential zu neuen Veränderungen, bzw. Heilungen bereithält. Der verworfene Stein kann zum Eckstein eines neuen Gebäudes werden. Oldendorp hatte in seiner Schrift zu den Missbräuchen der Kirche das Paradigma der Hierarchie und Kanonischen Kirchenrechts verlassen und die Kirche an „weltlichen" Maßstäben, nach Billigkeit beurteilt, was für ihn jedoch auf geistlicher Grundlage ruhte. Er verwies für seine Kritik auf die ursprüngliche Intention des Kirchenrechts. Die drei deutschen Schriften Oldendorps bilden durchaus so etwas wie ein Paradigma[1] für die Sicht auf Kirche, Recht und Gesellschaft. Wir dürfen uns dabei an das für Billigkeit wichtige Bild des lesbischen Maßes bei Oldendorp erinnern, durch das ungleiche Dinge so zueinander geordnet werden können, dass eine aequitas entsteht. Dieses Maß zu finden, erscheint heute durchaus wichtig und hilfreich, unter der Voraussetzung, dass es dabei nicht nur verschiedene Ideen, Programm oder Sachverhalte geht, sondern vor allem um Personen, allem voran der Eine Gott, demgegenüber das menschliche Geschlecht nicht in Rassen oder Kulturen zerfällt, sondern als mögliche „Christenheit" eine Perspektive des Friedens aufrichtet.[2]

Wir leben nicht nur in aufeinander folgenden Paradigmen, sondern bewegen uns in einer Vielzahl von nebeneinander geltenden Mustern, Ordnungen. Wird diese „Postmoderne" freilich zur Beliebigkeit, gehen wir genarrt der Wahrheit verlustig. Was das Miteinander der Kulturen betrifft, lässt sich auch auf ihr Nacheinander anwenden. Vor Gottes Ewigkeit sind unsere Jahrtausende wie Tage. Im Himmelreich begegnen einander die

1 Paradigma im Sinn von Thomas S. Kuhn als Grundauffassung, die vorzeichnet, welche Fragestellungen wissenschaftlich zulässig sind und was als wissenschaftlich befriedigende Lösung angesehen werden kann.

2 Dies soll nicht dergestalt missverstanden werden, dass alle Menschen möglichst bald zu Christen werden müssten, um Frieden zu erreichen. Es geht um die Ausrichtung auf eine Menschheit auf dem einen Planeten, die sich als eine Friedensgesellschaft verstehe. Gott will keine Anhängermassen als fromme globale Fangemeinde, sondern Frieden aller Menschen. Dafür ist seine Offenbarung unaufgebbare Hilfe, aber nicht die Selbstdarstellung einer sich aufblasenden Heldengestalt.

Generationen, die Zwölf Tore Jerusalems bleiben offen. Es gilt, einander zu achten, alles zu prüfen und das Gute zu „erhalten", um einen zentralen Ausdruck der Reformation zu gebrauchen. Man kann anders malen, aber nicht besseres als die Mona Lisa von vor 500 Jahren, anders, aber nicht perfekter komponieren, als Bach es tat. Von Oldendorps Schriften zu lernen, bedeutet, aus ihren Kontexten heraus Fragen zu erlauschen, die innerhalb unserer Paradigmen allein nicht zu stellen wären.

Oldendorps rechtstheologisches Paradigma hat sich nicht vollständig, aber doch in ähnlichen Weisen verschiedentlich durchgesetzt. Er hatte es aufgrund der Einsichten des Humanismus und der reformatorischen Theologie gebildet, die sich ihrerseits verschieden entwickelte und Schulen bildete. Ein allgemein geltender wissenschaftlicher Abgleich von „Polizeiwissenschaft" oder protestantischer Rechtsauffassung fand nicht statt, ebenso wenig, wie sich eine (west-)europäische Grundordnung für Staat, Recht und Kirche ergab. Was für die Offenheit in Bezug auf die direkten Ursachen oder Quellen für diese Schriften gilt, gilt auch für die Vielfalt an Wirkungen, die niemals nur dem Sinn des Verursachers stehen. Auch das ist Merkmal jeder Revolution. Um im rhetorischen Modell der Aequitas zu sprechen: Die Güte der Intention garantiert noch nicht die Billigkeit des Urteils. Und jedes neu gefundene Urteil bedarf im nächsten Fall (res) des erneuten Abgleichs mit Situation und Personen.

Das fünfte Kapitel des Buchs von Hannah Arendt Über die Revolution ist überschrieben mit „NOVUS ORDO SAECLORUM"[1]. Hannah Arendt nimmt dabei die neue Ordnung der Dinge nach den Revolutionen von Frankreich und Amerika in den Blick. Es geht mir nicht darum, Oldendorp zu einer historischen Ursache späterer Revolutionen zu erklären, aber der Blick aus der veränderten Welt nach den großen Revolutionen zurück auf Oldendorp kann uns

1 Hannah Arendt, Über die Revolution, München 1986 (1963), das 5.Kapitel S.232-276. „Eine neue Ordnung der Zeitalter" ist eines der beiden lateinischen Mottos des Siegels von Amerika. Es handelt sich dabei um ein Zitat aus Vergils IV. Ekloge und bezieht sich auf ein erhofftes Goldenes Zeitalter. Mit dem Zitat verbindet sich eine reiche Geschichte der Auslegung auch im christlichen Sinn von Heilsgeschichte.

deutlicher werden lassen, wie anders oder auch ähnlich er bereits gedacht hatte.

Hannah Arendt diagnostizierte für die Französische Revolution, dass in ihr Macht und Gewalt wenig getrennt wurden, das Volk zu herrschen begann, indem es die angeborenen Privilegien des Adels nicht mehr akzeptierte. An die Stelle der Privilegien trat die Vorstellung eines Naturzustands aller. Hannah Arendt spricht von der Vorstellung „präpolitischer Naturkräfte" der Menge. Macht errang man durch Gewalt. Anders verhielt es sich in Amerika. Hier beruhte die Macht auf gegenseitiges Vertrauen von Regierenden und Regierten auf Grundlage des Rechts. Auf dem Alten Kontinent zeigte sich solches Vertrauen nur in Verschwörungen oder Geheimgesellschaften. Nicht so in Amerika, wo die Privilegien des Adels von vornherein nichts galten, gegen die man sich hätte behaupten müssen.

Man hat den rechtlichen Zustand des ausgehenden Mittelalters auch als ein undurchschaubar gewordenes Konglomerat von Privilegien bezeichnet. Einem Unterschied von Macht und Gewalt entsprach im 16. Jahrhundert bei der Hanse in spezieller Weise das Gegenüber von Stadt und Landesherr. In der Stadt genossen die Privilegien nicht Einzelne, sondern eine ganze Schicht an Menschen, die Bürger, die gegenseitiges Vertrauen auf Grundlage von Recht aufbringen mussten, auch wenn sie gemeinsam einem Landesherren untergeordnet waren. Auch die Kirche nach Kanonischem Recht beruhte auf der Anerkennung ihrer Privilegien. Die Anschauungen Oldendorps ignorierte regelrecht diese Privilegien und hielt als einzige Legitimität die friedliche Ordnung zum gemeinen Nutzen fest. Diesen zu garantieren gab es Fürst oder Stadtregierung, zusammengefasst im Begriff „Magistrat", Obrigkeit. Gewalt und Macht hatten dieser Aufgabe zu dienen, und zwar durch Recht und Amt.

Autorität und Legitimation beruhten in Amerika nicht auf der besonderen Geburt Einzelner, sondern auf der Anerkennung des Rechts: „Das Autoritätsproblem musste sich den Männern der Revolution in Gestalt eines sogenannten ‚höheren Rechts' zur Legitimation des positiven gesetzten Rechts stellen, insofern sie ja bei der Begründung von Republiken davon ausgingen, dass von nun an die Gesetze und nicht die Menschen herrschen sollten."[1]

Im noch gleichzeitigen europäischen Absolutismus als Gottesgnadentum spiegelte sich dagegen eine bestimmte Vorstellung von der Herrschaft Gottes, wie in der mittelalterlichen Kirche die Stellvertretung Christi auf dem Thron in Rom. Solch Vikariat billigte die Reformation eben nicht mehr der Kirche, sondern nur der weltlichen Obrigkeit zu, aber nicht als Freibrief für Willkür und das, was wir unter Absolutismus verstehen, sondern als Amt, das dem Frieden zu dienen habe. In der Französischen Revolution galt entsprechend der Satz, dass „das Gesetz der Ausdruck des Allgemeinwillens ist".[2] Anders liegt der Akzent in der Amerikanischen Revolution. Da kam es auf die Anerkennung eines höheren Rechts an, nicht auf einen allgemeinen Willen, der sich durchzusetzen habe.[3]

Johann Oldendorp sprach nicht vom Willen gegen oder gegenüber anderen. Der heute so bestimmende und auch gefährliche Faktor in unseren Demokratien von Interessen, spielt beim Buch über das Ratschlagen keine Rolle. Es kam ihm alles auf das Recht, die Billigkeit und den Gemeinen Nutzen an, das Wohl aller oder zumindest der Mehrheit. Das Recht des Einzelnen auf ein würdiges Leben war ihm eher eine Selbstverständlichkeit, dem jedes andere Recht, bzw. Urteil zu dienen hatte. Seine Vorstellungen von einem natürlichen Recht zielte also weniger darauf, Macht zu beanspruchen. Ziel war ihm der gemeine Nutzen auch gegen das Interesse Einzelner, der allgemeine Wohlstand und eine entsprechende Freiheit, denn Freiheit und Besitz fielen noch im 18. Jahrhundert Europas zusammen.[4]

In den beiden Revolutionen vor 1800 legitimierte das Gesetz die Herrschaft. Hannah Arendt zitiert Rousseau mit dem Satz: „Das große Problem in der Politik, das ich dem Problem der Quadratur des Zirkels in der Geometrie vergleichen möchte, … heißt: Wie kann

1 Hannah Arendt, Über die Revolution, München 1986 (1963), S. 236.
2 Erklärung der Menschen- und Bürgerrechte von 1789.
3 Hannah Arendt, Über die Revolution, München 1986 (1963), S. 237.
4 Hannah Arendt, Über die Revolution, München 1986 (1963), S. 234.

man eine Staatsform finden, die das Gesetz über den Menschen stellt."[1] Dies macht die Notwendigkeit einer Verfassung aus.

Oldendorp zitierte aus dem Römischen Recht wiederholt Worte des Proömiums der Römischen Institutionen. Alles komme auf die Grundsätze des Rechts an, wobei uns bereits wieder unsere Sprache verrät: Für uns sind es Grundsätze. Für Oldendorp war es das Prinzip der Billigkeit, die sich selbst in Grundsätzen im Sinne eines auslegbaren Grundgesetzes nicht festschreiben ließe.

Es ging beiden Revolutionen wie bei Oldendorp dabei wesentlich auch um Gott. In der Französischen Revolution versuchte man es mit dem Gott der Philosophen, der nach Hannah Arendt sich freilich so lächerlich machte wie ein Zirkusclown, er „war noch nicht einmal imstande, eine Amnestie zu erlassen und so ein wenig Milde zu erweisen, von Erbarmen ganz zu schweigen."[2] Davis Jefferson hingegen berief sich auf „die Naturgesetze und den Gott der Natur". John Locke hatte formuliert, was Oldendorp schon gesagt hatte, wenn auch mit einem entscheidenden Unterschied: „Gott selbst habe dem Menschen das Prinzip seines Handelns eingepflanzt." Für John Locke hieß das, der Mensch bedürfe darum Gottes nicht mehr.[3] Dies sah Oldendorp gründlich anders. Es gehörte für ihn zum Naturrecht, nach Gottes Wort zu fragen, um billig handeln zu können. Dass dieses für ihn etwas anderes war als eine Art angeborener Religiosität, versteht sich von selbst, denn Gott war ihm nicht irgendwer oder irgendwas, den Entsprechungen von Niemand und Nichts. Gottes Wort war für Oldendorp nicht etwas, was man schwarz auf weiß nach Hause tragen kann. Die altkirchliche Exegese machte den Unterschied zwischen Buchstaben und Geist. In der Neuzeit und eigentlich schon seit dem 11. Jahrhundert bis hin zum 19. Jahrhundert bemühte man sich, auch diesen Geist zum Buchstaben zu machen als Summen-Theologie oder philosophisches System. Judentum und östliche Orthodoxie wissen oder ahnen zumindest, warum sie zögern, sich dieser Methode anzuschließen, und Luther wusste es ebenso wie Johann Oldendorp.

---

1 Hannah Arendt, Über die Revolution, München 1986 (1963), S. 238.
2 Hannah Arendt, Über die Revolution, München 1986 (1963), S. 238f.
3 Hannah Arendt, Über die Revolution, München 1986 (1963), S. 240.

Hannah Arendt beurteilt es als historischen Irrtum, wenn John Adam überzeugt war, dass man auch in der Antike allgemein der Meinung gewesen sei, „dass nur die Gottheit hinreichend sei, das wichtige Geschäft, den Menschen Gesetz zu geben, zu übernehmen." Recht zu setzen, ohne davon selbst betroffen zu sein, war in der Antike ein Zeichen von Tyrannei. Der griechische Gesetzgeber war nicht über das Gesetz erhaben. Zudem war νομος im Gegenüber zur φυσις gedacht.[1] Für die Antike stellt Hannah Arendt einen weiteren Unterschied fest, den zwischen dem griechischem νομος und lateinischer lex. Der Gesetze im Sinne der vertraglichen lex bedurfte es erst, wenn Verschiedenheiten ausgeglichen werden mussten. Die alten Latiner, des Saturns Volk, brauchten weder Zwang noch Gesetz. Das Gesetz bedurfte keines Gottes, sondern Menschen, die sich einigten. Der Fokus liegt auf dem, was wir unter dem Begriff des Gesellschaftsvertrages nach Jean-Jacques Rousseau verstehen.

Bei Oldendorp lagen die Dinge anders. Ihm entsprach am ehesten das Denken Montesquieus, wie Hannah Arendt es darstellt, wenn auch hier mit markantem Unterschied: Alles Gesetz ist Verhältnis, auch das Naturrecht, verstanden als Übereinstimmung von Gott und Welt. Recht ist Relation zwischen Dingen oder Ebenen, es gibt überhaupt kein „höheres Recht" als einer absoluten Autoritätsquelle.[2] Das gilt auch für das Denken Oldendorps, aber für ihn war Gott selbst diese höhere Autorität, nicht als Quelltext, sondern als Person, Richter jedes Einzelnen. Er hat zwar geoffenbart, was im Naturrecht oder den Geboten nachzulesen ist oder gefühlt werden kann und in Schriften oder Texten sich ausdrückt, aber vor allem offenbarte er sich selbst in Christus. Nicht nur ein Quelltext, sondern Gott als lebendiges Gegenüber verhilft uns zur Billigkeit. In diesem Sinn schlage unser Gewissen, auf diese Weise erweist sich die gesellschaftliche Wichtigkeit, ja Notwendigkeit von Glaube und Kirche als Versammlung der Glaubenden. Diese Vorstellungen bilden das Fundament der bemerkenswerten Mecklenburgischen Kirchenordnung von 1552, die Melanchthon als Musterordnung von Kirche schlechthin erschien.

1 Hannah Arendt, Über die Revolution, München 1986 (1963), S. 240f.

2 Hannah Arendt, Über die Revolution, München 1986 (1963), S. 244.

Über viele Jahrhunderte hing nach Hannah Arendt „alles Politische von der Sanktion der Religion und der Kirche“ ab, die weltlichen Gesetze erschienen „also lediglich als der nur-weltliche Ausdruck göttlich-offenbarter Gesetze“.[1] Gesetz war in den Jahrhunderten vor der Aufklärung gebunden an das aus dem Hebräischen stammende Gebotsverständnis. Dann aber geriet der lebendige Gott in den Hintergrund. Das Naturrecht war zwar göttlich sanktioniert, ob nun als Stimme des Gewissens oder im Licht der Vernunft, aber es stand gewissermaßen offen im Raum. Es ließ sich nicht ergänzen, sondern nur differenzieren, ins Einzelne deduzieren. Das Recht blieb noch mit der Lehre der unsterblichen Seele Verantwortung vor Gott, aber Gott hielt sich persönlich aus dem Leben heraus, wie es der unter den Gebildeten allgemein gewordene Deismus sah. Das war wohlgemerkt das Denken der Jahrhunderte nach Oldendorp. Fremd war ihm ganz sicher noch die Vorstellung eines unpersönlichen Gottes. Darum ist es zu weit gezielt, wenn man Oldendorp für einen Vorläufer des Naturrechtsgedanken der Aufklärung hält. Auf der anderen Seite gilt es zu bedenken, dass der Abkehr von einem persönlichen Gott eine Hinkehr zur Vorstellung menschlicher Individualität entspricht. Hannah Arendt zitiert John Adams: „Könnte es wirklich geschehen, dass die Regierungen der Völker Leuten in die Hand geraten, die das trostloseste aller Glaubensbekenntnisse predigen, dass Menschen den Glühwürmchen gleichen und das All keinen Vater hat? Ist dies der Weg, für den Menschen als solchen Achtung zu erzwingen? Ist es nicht vielmehr das sicherste Mittel, das Morden so gleichgültig zu machen wie das Schießen von Spatzen und die Ausrottung des Rohilla Volkes so unschuldig wie das Verschlucken von Milben auf einem Stück Käse“?[2]

Die Reformation machte im Rückgriff auf die Kirchenväter den Blick des Einzelnen auf Gott als den ihm gnädigen Gott frei, der ihn

1 Hannah Arendt, Über die Revolution, München 1986 (1963), S. 244.

2 Hannah Arendt, Über die Revolution, München 1986 (1963), S. 247. 1774 besiegte die Britische Ostindienkompanie vernichtend den afghanischen Volksstamm Rohilla und annektierte ihr Gebiet. Über die erschreckende Aktualität dieser Äußerung Hannah Arendts müssen wir nicht viele Worte verlieren.

persönlich unter Ausschluss der Vermittlung durch Kirche, Stellvertreter oder Heilige rechtfertigt oder verdammt. So ein Denken bleibt nicht ohne Folgen für den, der sich so von Gott angesehen weiß. Hier wird der theologische Grund für das aufkeimende Selbstbild des Menschen als Individuum der Neuzeit sichtbar. Die Reformation entdeckte Gott in dieser Weise nicht neu, man findet auch im Mittelalter solche Gedanken, aber es geht in der Geschichte auch um das, was allgemein wurde, an Wirkung gewann. Was man für eine Person ist, entscheidet sich daran, wem man wie gegenübersteht, was immer auch eine rechtliche Dimension hat. Der Einzelne in seiner Gottunmittelbarkeit definiert sich in seinem tiefsten Sinn an Gott, und es bildet sich in dieser Folge das Bild des Menschen als ein Individuum. Auch hier gilt, dass sich das Neue nicht nur im Gegensatz zum Alten bildet, sondern etwas nur hervorgehoben wird, was schon bereitlag.

Es geht nicht an, den Individualismus der Neuzeit schon in Oldendorp hineinzulesen, aber zu bemerken ist, dass er seinen Fokus auf den billigen Umgang der Menschen zueinander lenkt. Es gilt seinem Nächsten und der Gemeinschaft im Sinne des gemeinen Nutzens gerecht zu werden und dafür auch auf den letzten Rat noch zu hören. So wie Oldendorp die Bibel als „Jurist“ las, so sah er den Menschen in seinem Rechtsverhältnis gegenüber Gott und anderen Menschen an.

Grundlegend für die Amerikanische Verfassung sind Sätze mit axiomatischer Evidenz, „unabhängig von Beweisführungen oder politischer Überzeugungskraft“. Hier dürfen wir uns dann auch an Oldendorps Gedanken erinnert fühlen, der (mit dem Proömium der Römischen Institutionen) von dem durch Gott dem Menschen eingepflanzten axiomatischen Willen sprach, keinem zu schaden, was indirekt einer Verpflichtung zu gemeinem Nutzen entspricht.

Ein weiterer Punkt, den Hannah Arendt anspricht, mag erhellend für unsere Betrachtung von Johann Oldendorps Denken sein. Sie schreibt: „Für Gebote und Verbote bedarf es einer Gottheit, des Gottes, der die Natur erschaffen hat, wenn man sich naturrechtlich orientierte, oder einer göttlich geleiteten Vernunft, wenn man ‚rationalistisch‘ dachte. Dennoch blieb dies in der Neuen Welt doch mehr oder weniger eine nur theoretische Angelegenheit."[1] Das ließe sich auch von Oldendorp sagen. Für ihn blieb die Autorität Gottes in Bezug auf Gebot und Gesetz nahezu nebensächlich, in dem Sinn, dass er dies als schlicht gegeben ansah. Den Druck jedoch, gut handeln zu wollen, fand er im Einzelnen selbst. Wie Luther in seinem Großen Katechismus galt ihm als Grundlage die Liebe zu Gott, bzw. die Verantwortlichkeit ihm gegenüber. Anders ist es nicht zu erklären, dass Oldendorp der Ansicht war, dass die Prediger die hervorragendsten Menschen der Gesellschaft sein sollten, andererseits aber weder Politiker noch juristische Berater sein sollten. Diese Haltung muss man der Ansicht entgegensetzen, dass er das ewige Naturrecht im Menschen auch in Heiden voraussetzte. Warum dann die Notwendigkeit, die besten (Männer) im Land als Prediger einzusetzen? Weil sie der Offenbarung dienten, sie den Einzelnen und der Gemeinschaft bewusst machten, sie in der Berufung ihrer Taufe wach hielten, ihnen ihr Christenamt vorhielten.

Die Französische wie die Amerikanische Revolution basierte zudem auf der Liebe zum antiken Recht. In diesem Punkt war Oldendorp mit anderen Juristen seiner Zeit wirklich wegweisend, indem sie auf ihren Lehrstühlen dieses Recht allen heranwachsenden Juristen als das ABC des Rechts ans Herz legten. Hannah Arendt weist auf die geradezu religiöse Verehrung gegenüber der Verfassung in Amerika hin, die auch ohne einen Glauben an einen geoffenbarten Gott und ohne jüdischen Gehorsam auskomme.[2] Den grundsätzlichen Wille zum Guten rechnete Oldendorp auch den Heiden zu. Die Legitimität der Gesetze fand er vor allem in der Achtung des Prinzips vom gemeinen Nutzen. Es liegt ganz in der Linie von Oldendorp, wenn es das amerikanische Denken (Alexander Hamilton) ausmacht, dass „die Majestät nationaler Autorität sich im Medium der Rechtsprechung manifestieren müsse, in den Gerichtshöfen", „dass die Justiz eben weder Macht, noch Gewalt besitzt, ‚weder Kraft noch Willen, sondern nur Urteilskraft', und daher, vom Standpunkt der Macht gesehen, ‚den bei weitem schwächsten Arm der drei Staatsgewalten' darstellt."[3] Ein Amt für

1 Hannah Arendt, Über die Revolution, München 1986 (1963), S. 252.
2 Hannah Arendt, Über die Revolution, München 1986 (1963), S. 255.
3 Hannah Arendt, Über die Revolution, München 1986 (1963), S. 257.

die Klärung dessen, was gut und recht ist, muss machtlos sein. Oldendorp ging da noch einen Schritt weiter. Er wünschte sich die Besten der Gesellschaft nicht für übergeordnete juristische Gerichtshöfe, die es zu seiner Zeit - abgesehen vom Reichskammergericht - auch noch nicht gab, sondern für den Predigtdienst, deren Beamte überhaupt keine Macht oder Gewalt besitzen dürften. In Oldendorps grundsätzlichen Überlegungen spielt Gewaltteilung eine Schlüsselrolle. Es muss jeweils eine Einrichtung geben, die außerhalb der Interessen der Beteiligten steht. Dies waren bei ihm der (richtende) Rat, aber in höherem Maße noch die Kirche als Gottesdienst, wobei letztere den Gehorsam nicht einem bestimmten Gesetz oder Begriff des Rechts gegenüber, sondern die Billigkeit selbst zu lehren hatte im persönlichen Gehorsam und in Verehrung Gott gegenüber. Keine Instanz ist neutraler, allen gleichermaßen wohlgesonnen als Gott. Zugleich nimmt sie in radikaler Weise Partei, nämlich für das Gute. Eine größere Unabhängigkeit von den Spielen der Mächte auf der einen Seite und doch das größte Interesse am Wohl jedes Einzelnen als Gott ist nicht vorstellbar.

James Madison hielt die unabhängige Rolle der Justiz für „den einzigartigen Beitrag Amerikas zur politischen Wissenschaft", wogegen Hannah Arendt daran erinnert, dass dieses „Council of Censors"[1] bereits auf das antike Amt des Zensors zurückgeht. Oldendorp hatte dieses Amt ebenfalls schon in Erinnerung gerufen, sich selbst in seiner Rolle als Jurist und Syndikus daran orientiert und dafür allgemein am Römischen Recht geschulte Juristen empfohlen. Man kann seine gesamte Schrift vom Ratschlagen von diesem Amt her verstehen.

Der Oberste Gerichtshof Amerikas verstehe sich als eine Art verfassungsgebende Versammlung, die in Permanenz tagt, so Hannah Arendt.[2] Die grundlegende Funktion der Billigkeit bei Oldendorp für alles Recht und für alle Politik verfolgt das gleiche Ziel. Alles Recht ist vergänglich, veränderlich, stetig zu verbessern durch Billigkeit, der Überprüfung an dem, was hier und jetzt gut und recht ist. Die römische Trennung von Macht und Autorität

1 Aus dem amerikanischen „Zensorenrat" wurde dann der Supreme Court.

2 Hannah Arendt, Über die Revolution, München 1986 (1963), S. 258.

(potestas in populo, auctoritas in senatu) erfuhr in Amerika eine Verschiebung. Im Rom bedeutete „alicui auctorum esse" jemandem etwas zu raten. In Amerika bedeutete dies Auslegung im Sinne eines Wachstums an Einsicht.[1] Besonders an dem Gründungsakt der Vereinigten Staaten war nach Hannah Arendt, dass er sich nicht auf eine Kontinuität berufen konnte und trotzdem legitim war.[2] Dazu bedurfte es eines direkten Rückgriffs auf ein Rechtsfundament. Diese Art zu denken finden wir auch bei Oldendorp, wenn er sich an allen Traditionen vorbei auf das dem Menschen von Gott eingegebene Rechtsempfinden stützt und den Respekt gegenüber der Herrschaft Gottes in Christus anmahnt, das allen irdischen Regimentern aller Zeiten gleichermaßen gegenübersteht.

Auch die Selbstbezeichnung der amerikanischen Gründerväter als „maiores"[3] kann uns an Oldendorp erinnern, der sich wie sie weitgehend am Römischen Recht orientierte. Der Begriff des Magistrats im 16. Jahrhundert bei den Reformatoren bezeichnete sehr allgemein „Obrigkeit". Schon dass die Reformation mit diesem römischen Begriff vom Kaiser bis letztlich zum Familienvater einen solchen Begriff nutzten, spricht eine deutliche Sprache. Sie sind nach Recht und Ordnung Regierende, die sich raten lassen sollten. Mit einem einzigen abstrakten Begriff sind sie zusammengefasst und nicht nach Ständen voneinander differenziert. In den Rechtserklärungen des späteren Oldendorp wird auch wenig bis gar nicht auf solche Unterscheidungen Wert gelegt. Aufruhr sucht Gewalt um der Herrschaft willen und ist somit von Grund auf verwerflich. Der Begriff der Obrigkeit bildete gegenüber der mittelalterlichen Heerschildordnung den wegweisenden neuen

1 Hannah Arendt, Über die Revolution, München 1986 (1963), S. 258. Einzuwenden dagegen ist aber die Übersicht bei Heinrich Lausberg in seinem Handbuch der Rhetorik in Bezug auf die aequitas. Demnach ist der Gedanke vom Wachstum zumindest als Weiterentwicklung des Rechts und der Erkenntnis ebenfalls schon antiken Ursprungs.

2 Hannah Arendt, Über die Revolution, München 1986 (1963), S. 260f. Wie wesentlich in der Geschichte solches Basieren auf Vergangenem schon in der Antike war, mag an dem Beispiel der Kaisermutter Helena ablesen, die in Israel das Heilige Kreuz und heilige Stätten aufsuchte, um ihrem Sohn und dem Reich die Legitimität eines christlichen Kaisertums geben zu können.

3 Hannah Arendt, Über die Revolution, München 1986 (1963), S. 261.

Gedanken: Es gibt Herrschende und Beherrschte, das ist Grundzug menschlicher Ordnung. Herrschaft bezeichnete dabei die ordnende Gewalt. Die nun nur noch weltliche Ständeordnung ist nur eine Form dieses funktionalen Grundsatzes, der bei Oldendorp explizit ausgeführt ist. Das Thema vornehmer Geburt spielt bei ihm schon keine Rolle mehr.

Im Weiteren schaut Hannah Arendt auf die Frage des Anfangs.[1] Revolution ist die Gründung eines novus ordo saeclorum, sie bedarf von daher auch der Begründung dieses Anfangs. Hannah Arendt verweist dafür auf Vergils Geburtshymne der Vierten Eckloge und deren Auslegung durch Augustinus, die im Mittelalter allgemein bekannt war, daneben auch auf den Exodus des Alten Testaments. Eine Macht von außen muss wie bei einer Geburt Pate stehen. Ergänzen könnten wir dazu die Ursprungsgeschichten aller mittelalterlichen Orden. Immer ist es eine Geschichte, die man erzählen kann, die einer klösterlichen Ordensneugründung zugrunde liegt. Wir sprechen heute vom Narrativ eines gesellschaftlichen Paradigmas, für das die Frage nach der Historizität einerseits enorm wichtig, andererseits unerheblich ist. Alle Heiligengeschichten sprechen eine ähnliche Sprache, durch das Erzählte wird aus einer beliebigen Person eine Heilige.

Betrachtet man von dieser Perspektive her die Reformation, so ist eine erste Beobachtung, dass immer wieder - und so auch bei Oldendorp – auf evangelischer Seite davon die Rede war, dass Gott es gefallen habe, in dieser Zeit neu zu den Menschen zu sprechen. Im Mittelpunkt dieses Geschehens steht eine Person, Martin Luther.[2] Dies verstärkt den Gedanken, dass Gott selbst als Akteur der Reformation wahrgenommen werden möge, ähnlich wie bei Heiligen- oder Ordensgründungslegenden, aber ohne damit Martin Luther zum Heiligen zu erklären. Der Anfang der Reformation richtete sich an die gesamte Christenheit, sie sei insgesamt zu

1 Hannah Arendt, Über die Revolution, München 1986 (1963), S. 262-276.

2 Vergleicht man die Reformation mit den Ordensgründungen, ist es völlig normal, die Person Luthers als innerkirchlichen Gründungsnarrativ zu verstehen. Eine neue Kirche zu gründen, lag allen Reformatoren ja fern. Sie glaubten an die „christliche" Kirche, die für sie nicht „katholisch" im ausschließenden Sinn war, sondern die gesamte Christenheit zu umfassen hatte.

erneuern, es ging nicht nur um eine unter anderen Reformbewegungen, wie es sie im Mittelalter in Bezug auf einzelne Orden immer wieder mal gab. Johann Oldendorp macht damit ernst, indem er ausgehend von der Reformation sich grundsätzlich über die Billigkeit als Grundprinzip des Rechts und der Frage nach der rechten politischen Entscheidung beschäftigt: So sollte es in der Christenheit eigentlich sein, so wirke Kirche gegenüber aller Welt, auch den Heiden gegenüber. Das Kirchenrecht als ein über das Menschliche hinaus erhabenes, besonderes, heiliges Recht dagegen weist er ab. Die Reformation zeigt sich bei Johann Oldendorp als eine neue, bzw. wiedergefundene Ordnung der Christenheit. Wie bei dem späteren Naturrecht rückt dabei die Menschheit in den Fokus.[1] Christus ist der Heiden Heiland. Was in der Kirche gepredigt wird, bildet kein Sonderrecht für die Mitglieder einer letztlich weltlich abgrenzbaren Größe. Auch Muslimen oder Juden werde diese Billigkeit entgegen gehalten. Auch damit knüpfte Oldendorp am spätantiken Recht an, das selbstverständlich - sich christlich verstehend - das gesamte Erbe des heidnischen Rechts für sich beanspruchte und eins in das andere integrierte. Zielpunkt der Inkarnation Gottes ist nicht die Sammlung Auserwählter, wie dann später viele sich das dachten, sondern die erlöste Menschheit, und das musste also gravierende Folgen auch für das Rechtsdenken haben. Oldendorp schlussfolgerte daraus jedoch nicht wie die Täuferrepublik eine besonders strenge Ordnung der Gläubigen, sondern die verbindliche Verpflichtung auf Billigkeit hin, der gegenüber Praktiken der Papstkirche sich ihm als Missstände herausstellten, und um deretwillen man auf Ratschlagende hören müsse. Eine „strenge" Ordnung erschien ihm als „scharf" und unbillig. Dass es außer der Kirche kein Heil gebe, bezieht sich mithin nicht darauf, dass man Mitglied einer zwangsläufig weltlich geordneten Organisation sein müsse, sondern dass außerhalb des hier Verkündeten Heil nicht zu erwarten ist.[2] Dass manche

1 Auch dieser Gedanke ist nicht neu gewesen. Alle mittelalterlichen Chroniken sind so verfasst. Die Geschichte der Welt erscheint als Gottes Geschichte mit dem menschlichen Geschlecht.

2 Dies zielt in zwei Richtungen: Zum einen auf die spätere allgemeine Geltung von Menschenrechten einerseits und andererseits auf ein Verständnis von

heidnische Gesellschaft billiger handle als eine sich christlich nennende Herrschaft, widerspricht diesem Grundsatz nicht, weil es immer auf jeden Einzelnen ankommt. Die so als christlich verstandene Ordnung gründet sich durch Gott vom Einzelnen und seinem Gewissen, der Predigt, dem Gottesdienst her, wie das Lutherlied „Nun freut euch, liebe Christen g'mein" von 1523 zeigt.[1]

Das Gewissen, um das es in der Beichtreformation von Wittenberg geht, hat nicht nur Konsequenzen auch im Weltlichen, sondern zielt von vornherein auf das ganze Leben der Menschen miteinander. Der Rechtfertigung der einzelnen Seele entsprechen die Guten Werke als Früchte des Glaubens. Dem Heil der Seele entspricht der Wille zum gemeinen Nutzen. Mit Oldendorp gesprochen: Was dem gemeinen Nutzen in der Kirche widerspricht, ist Missbrauch. Das Ziel der Kirche im Sinne der Christenheit[2] ist nicht nur das Heil der Seele des Einzelnen, sondern das Wohl der Menschheit, der gemeine Nutzen. Den um Rechtfertigung vor Gott ringenden und bittenden Menschen muss es am Herzen liegen, billig und gerecht miteinander und allen Menschen umzugehen. Gemeinsam suchen sie in Verantwortung nach rechtem Rat, einer guten Politik. Dafür äußerlich und mit Recht und Gewalt zu sorgen, obliegt der Obrigkeit.

Die Reformation war keine Revolution im Sinne einer Erhebung oder gewaltsamen Befreiung. Aber sie wollte die Verhältnisse im Rückgriff auf die Antike grundsätzlich neu ordnen, einmal im Blick auf das Neue Testament und die Kirchenväter, zum anderen auf das Römische Recht in der Fassung der spätantiken christlichen Kaiser, allen voran Kaiser Justinian, der das heidnische Recht christlich beerbt hatte. Wie alle anderen Revolutionen - fasst man diesen Begriff allgemeiner als Hannah Arendt, wie Rosenstock-Huessy es tat - ging sie davon aus, dass etwas wieder zurecht gerückt werden müsse. Missbrauch und Verkehrung hätten verschüttet, was einst

---

Kirche, die nicht nur ökumenisch im Sinne der Konfessionen ist, sondern Mission nicht (nur) als Mitgliedervermehrung ansieht.

1 Man lese dazu das ganze im Erzählstil von Luther 1523 gedichtete Lied, im Evangelischen Gesangbuch Nummer 341.

2 Man sprach später, besonders im 19. Jahrhundert, auch in Entsprechung von der Judenheit. Dieser Wortgebrauch zeigt, dass hier nicht an ein „Christentum" gedacht wurde, sondern wie ursprünglich bei dem Begriff „Landschaft" die Gesamtheit von Menschen einer bestimmten Gesellschaft im Blick war.

bereits auf einem besseren Weg gewesen war. Dieses Schicksal freilich blieb der Reformation selbst auch nicht erspart. Und wie bei jeder Revolution oder Erneuerung handelt es sich nicht einfach um eine Wiederherstellung von Vergangenem, sondern um eine partielle Aufnahme alter Gedanken. In dieser Weise wirkte und wirkt die Reformation auch selbst weiter, unter anderem auch in Amerika 250 Jahre später oder eben auch bei der Theologischen Erklärung von Barmen 1934.

Naturrecht und Offenbarung

Für die Beurteilung Oldendorps ist es grundlegend, zu fragen, wie er zur Offenbarung stand, auch wenn er dies nicht selbst thematisierte. Der Grund für diese Frage liegt auf der Hand, bedenkt man, dass für spätere Jahrhunderten wegen der Annahme eines Naturrechts und dann der natürlichen Theologie im 20. Jahrhundert die Offenbarung nahezu überflüssig oder nur als Bestätigung erschien.

Im Alten Testament wird von verschiedenen Ereignissen der Offenbarung Gottes erzählt. Mit der direkter Offenbarung Betraute bezeichnete man in der Kirche Propheten, darum rechnete man mit großer Selbstverständlichkeit auch Mose zu ihnen. Im Neuen Testament ist alle Offenbarung in Christus als Person zu finden, in ihm hat Gott nicht nur einmal etwas gesagt, sondern sich selbst ausgesagt und offenbart, wie wir in Hebr 1,1 lesen. Darum rechnete man dann als letzten Propheten im vollen Sinn Johannes den Täufer, danach wurde bestenfalls prophetisch gesprochen, was nicht dasselbe ist. Für die Kirche war die verheißene Gegenwart Christi der Versammlung der Glaubenden in seinem Namen und die Verheißung des Heiligen Geistes als ausreichende Offenbarung vorbehalten. Die Kirchenväter haben mit der Lehre von der Allegorie zwischen Buchstaben und Geist der Schrift unterschieden, wobei der Ort dieser Auslegung vor allem die Liturgie war, vom

Kirchengebäude bis hin zur Homilie. Die Heilige Schrift und selbst die Gebote sind im Sinn der Metonymie Gottes Wort, freilich nicht im Sinn des Synonyms, wie dies Wort heute oft erklärt wird, sondern als besondere Form der Identität, wie sie die genauer differenzierende antike Rhetorik verstand. Anders verhält es sich mit Christus selbst. Seine Gegenwart ist nicht durch Ämter oder Stellvertretung gegeben, sondern er ist als Auferstandener in der Versammlung der Glaubenden, in Gebet, Verkündigung und Sakrament gegenwärtig. So sind wir betend im Geist Gottes beieinander,...

Wie viel ist dagegen dem Menschen von Gott bereits ins Herz gegeben an Gewissheit in Bezug auf das Rechte und Gute? Kann er von sich aus Gott erkennen, bedarf er überhaupt einer gesonderten Offenbarung, um gut und fromm zu handeln? Er ist schließlich mit einem Gewissen ausgestattet, und auch - um mit Schleiermacher zu sprechen - mit einem Gefühl schlechthinniger Abhängigkeit. Er vermag das Heilige als mysterium tremendum (Rudolf Otto) offenbar auch ohne Heilige Schrift oder gesonderte Offenbarung zu spüren. Die geschichtliche Offenbarung Gottes wäre dann höchstens Hinweis auf das in uns Vorhandene, Präzisierung religiöser Erfahrung oder gar die Abfrage des Gehorsams, die abschließend im Jüngsten Gericht darüber entscheidet, ob wir des Himmels würdig sein werden.

Warum hat sich Gott Menschen offenbart? Das ist nicht nur eine theologische Frage, sondern sie betrifft das Verhalten und Selbstbild des Menschen überhaupt. Auf das Rechtsleben bezogen: Ist der Mensch mit seinem natürlichen Rechtsgefühl und Gewissen auf die Offenbarung Gottes angewiesen?

Es war Johann Oldendorp aufgefallen, dass auch die Gebote in ihrer moralischen Tafel nichts hatten, was nicht auch Heiden von sich aus klar sein konnte. Man kann darum in seinem Sinn sagen: Nicht im Text des Offenbarten liegt die Besonderheit des Christentums, sondern in der Gegenwart und Fürsorge Gottes. Gott hat nicht nur etwas, sondern sich geoffenbart, das verbindet Mose am Dornbusch, den Tempel, Christus und den Heiligen Geist. Es geht um die Personalität der Offenbarung Gottes.

Im sachlichen Denken gibt es nachweisbaren, protokollierbaren Erkenntnisfortschritt. Das gilt nicht für die Offenbarung, diese ist in Christus vollkommen, „ein für allemal". Sie wird dennoch nicht vorrangig als etwas schon Geschehenes gedacht, sondern als Vorgang, dem ich mich jeweils stelle. Sie geschah nicht nur einst mit Anderen, nun längst nicht mehr Lebenden, sondern ereignet sich jetzt, nicht nur in meinem Denken, sondern umfassend in meinem Leben. Nicht das Naturrecht ist der Schlüssel für die Beurteilung der Religion, sondern umgekehrt, Gottes Gegenwart und geschehenes Wort in seinem Geist lehrt uns, das Naturrecht von dem Einfluss der Erbsünde zu unterscheiden. Es gilt, den Gehorsam wieder zu gewinnen, den Adam und Eva aufgekündigt hatten. Das Ziel dieser Erkenntnis ist nicht eine perfekt logische Systematisierung der Theologie, eine immer ausgefeiltere Erkenntnis Gottes, sondern mein Handeln, der tätige Gehorsam Gott gegenüber. Dafür muss Gott in unser Blickfeld kommen. Güte kennt zudem keinen Fortschritt. Ob nun ein geschriebenes Gesetz, Rechtsgelehrsamkeit oder eine ausgefeilte Ethik, sie garantieren nicht die Billigkeit.

So verwies auch Luther beständig in seinen Erklärungen der Zweiten Tafel auf die Erste. Da gibt sich Gott uns zu erkennen, und das Wort Gottes in Christus mit allen seinen Implikationen ist der Weg dorthin. Billigkeit gibt es zwar auch in Bezug auf Gesetze und systematische Erkenntnis, auf konkrete Umstände hin, die zu bedenken sind, aber das alles erübrigt nicht die direkte Verantwortung gegenüber den Beteiligten und ihrer Person im Angesichts Gottes. So entwickelte Johann Oldendorp zwar keine Lehre des Individuums, aber er stellte die Personalität des Einzelnen juristisch fest.

Beim Glauben handelt es sich nicht um ein extravagantes Erleben. In ihm erleben wir uns sehr nüchtern als Menschen im Gegenüber zu Gott, wie Paulus schreibt: „Dann werde ich erkennen, wie ich erkannt bin." (1 Kor 13,12) Gnade, Erbarmen, Zorn Gottes, das alles entzieht sich nicht von ungefähr positivem Recht. Wandelt man es zum positiven Recht, hat man ihm die Mitte genommen. Ein Recht auf Gnade ist keine Gnade mehr. Gnadenrecht und positives Recht sind nicht in eins zu setzen.

Es gibt eine Parallele zum Abendmahlsstreit der Reformationszeit: Behauptet man, das Brot sei nun verwandelt und auch noch Christi Leib extra usum, ist genau das geschehen, was Luther schmerzhaft als grundsätzlichen Irrtum seiner Kirche erkannte. Das Ewige würde im Zeitlichen gefangen. Mit Hegel gesprochen: Man hätte die wahre Unendlichkeit für schlechte Unendlichkeit eingetauscht. Das Ganze aber ist mehr als seine Teile, wie Oldendorp zu sagen wusste. Bestände die Kirche vor allem oder in erster Linie aus konsekrierten Priestern, könnte man weiterhin Fronleichnam feiern und Gott als Reliquie in der Monstranz gefangen umhertragen, um mit ihr zaubern zu können. Auch das andere Extrem erschien Luther verwerflich: Beim Abendmahl handele sich nur um ein Gedächtnis, eine Erinnerung von einst Geschehenem. In beiden Fällen spielt die wirkliche Gegenwart Gottes keine wesentliche Rolle mehr, sie würde in den Hintergrund gestellt sein, hätte ihre Unmittelbarkeit eingebüßt.

In Bezug auf das Recht bedeutet dies: Ob Naturrecht oder Gebot, es ist nur ein Text, ins Herz oder auf Papier geschrieben, an das ich mich halte oder nicht, an dem ich gemessen werde und das im strengen oder ungünstigen Fall sich auch zur Ungerechtigkeit verkehren kann. Wende ich mich jedoch an den lebendigen Gott, aus dem alles Gute fließt, und frage nach dem Wohl und Wehe des Nächsten, bzw. der Gemeinschaft der Menschen meiner Zeit, urteile und handle ich billig und recht. Das ist niemals ein Automatismus, sondern hier gilt es, im Vertrauen zu handeln. Der Wille zur Billigkeit impliziert den möglichen Irrtum, schon weil er sich ausdrücklich auch kritisch gegenüber einem in sich gerechten Gesetz verhält. Billigkeit ist Wagnis, nicht Sicherheit. Sie gewinnt ihre Gewissheit im lebendigen Gegenüber, nicht aus einem klugen Text. Das vielzitierte Gewissen der Reformation gewinnt seine Kraft aus dem Glauben an Gott im lebendigen Gegenüber, nicht gegenüber dem „Buchstaben“ oder aus der bloßen Kenntnis einer theologischen Lehre, ob nun in lateinischer Perfektion oder populärwissenschaftlich in einfacher Version fürs Volk. Glaube ist weder mangelndes Wissen noch eine Art Überwissen, sondern unser Rechtsverhältnis zu Gott, das abstirbt, wenn ihm keine Begegnung entspricht.

Der Unterschied erscheint gering, ist aber - die Seele betreffend - groß: Hätte ich der Liebe nicht, so wäre ich nichts. Eugen Rosenstock-Huessy ist in seinem vielgestaltigen Werk diesem Unterschied immer wieder nachgegangen und hat darauf aufmerksam gemacht, wie anders etwas werden kann, wenn man im Wort vom Sprechenden wie vom Hörenden absieht. Zum Wort Gottes gehört, dass Gott als Sprechender wahrgenommen wird. Zum Wort Gottes gehört somit auch die hörende und lernende Kirche, sie ist der Leib Christi, und zwar nicht als Anhang oder im Sinne eines ausführendes Organs. Der Leib ist nicht von Haupt zu trennen. Die Verbindung ist das Ereignis der Gnade, nicht etwa nur ein theoretisches Wissen darum. Sie ist kein Sachverhalt, sondern personales Geschehen. Die Rede vom Leib Christi ist nicht statisch, sondern als Ereignis zu verstehen, in usu, nicht extra usum.

Es war kennzeichnend für die Reformation, dass sie Theologie und Glauben auch rechtlich verstand im Sinn des rechtfertigenden Geschehens durch Gott selbst. Vor jedes Abendmahl setzte sie die Beichte, wobei es – wie auch in Rostock damals diskutiert – weniger relevant ist, ob es sich um eine allgemeine oder private Beichte handelte. Das Bekenntnis der Sünde, das Glaubensbekenntnis und das erlösende Wort Gottes setzt den Christenmenschen in eine Rechtsposition auch gegenüber seinen Nächsten, verleiht ihm Freiheit, was damals stets als Berechtigung verstanden wurde, nicht nur als Lossprechung. Aber vor allem ging es um den Rechtsvorgang zwischen dem Einzelnen und Gott, dem Prozess der nicht einforderbaren Rechtfertigung. Diesen mag man theologisch beschreiben und vor Missverständnissen schützen, aber sie ist nichts, geschieht sie nicht, wie auch Recht nichts ist, wenn es nicht im Urteil geschieht. Es wird nicht nur „angewendet", als wäre es etwas an und für sich, sondern Recht darf nicht von dem Guten getrennt werden, das ebenfalls nichts an und für sich ist, sondern als Geschehen aufzufassen ist, das man verfehlen kann.

Sprechen wir heute von gegebenen, natürlichen Voraussetzungen des Menschen, haben wir Veranlagung im Sinn. Diese sehen wir auf unterschiedlichen Ebenen: biologisch, kulturell, verschiedene Gegebenheiten, ganz wie sie Oldendorp in Bezug auf die Billigkeit differenziert hatte. Wenn Oldendorp von Naturrecht sprach, handelte es sich um eine rechtstheologische Aussage, nicht um so etwas wie eine quasi biologische Veranlagung. So wie er Recht auch sonst weniger von der Seite einer Berechtigung, als vielmehr von der Seite der Verantwortlichkeit her ansah, war ihm auch das Naturrecht die uns gegebene Befähigung, dieser Aufgabe gerecht zu werden. Naturrecht im späteren Sinn berief sich in Bezug auf die Billigkeit eher auf das Gefühl oder auf ein zu eruierendes positives Recht, von einer Berechtigung, vom philosophischen Ich ausgehend. Die Betrachtung des Menschen bedeutete mehr und mehr Selbstreflexion. Das Muster lautete: Ich und die Welt (und Gott). Der Einzelne steht dem Universum gegenüber, der Andere ist nur ein weiterer Einzelne neben mir.[1]

Von alledem ist bei Oldendorp (noch) nichts zu spüren. Bei ihm ist Billigkeit nicht ein das Ich verpflichtende Gesetz, sondern eine mit Gottes Willen übereinstimmende kritische Instanz für und gegenüber aller Ordnung. Sie ist eine Urteilskraft, in der die Güte Herrin der Vernunft ist und nicht umgekehrt.

Dass die lutherischen Kirchen sich dann nicht von allem lösen konnten, was zum Beispiel Luther so vehement ablehnte, zeigt sich u.a. in der für die Lutherische Orthodoxie grundlegende und folgenreiche buchstäbliche Inspirationslehre: Gottes Geist habe sich gewissermaßen im Buchstaben materialisiert. Für die altkirchliche und für die Liturgie so wesentliche Allegorie verlor man das Verständnis. Unter Allegorie verstand man nur noch eine Art prophetische Vorhersage. Jeder Buchstabe der Heiligen Schrift sei Gottes Wort, uns gewissermaßen übergeben, überlassen. Wie so oft waren sich die Urheber dieser Lehre noch des Problems bewusst, aber unter Abzug der Bedenken dieser Theologen blieb, was nicht beabsichtigt war: Aus dem Evangelium wurde das neue Gesetz. Der Glaube wurde in erster Linie eine Lehre, aus der man dann Frömmigkeit oder Ethik ableiten könne. Das Gnadenrecht wurde in ein Frömmigkeitsgesetz eingearbeitet, das in der Kirche dann praktiziert, angewendet wurde.

Verbunden mit dieser Problemlage ist auch die heute so akute Frage nach Laie und Experte. Betrachten wir Naturrecht oder

1 Die Kritik daran war der Ausgangspunkt für die Philosophie von Emanuel Levinas.

Offenbarung als im rechtlichen Sinn positiv, als gesetzte Sprache, Institution, hat der Experte das Wort. Der Glaubens- oder Rechtsexperte versagt an entscheidender Stelle jedoch gerade in seiner Exaktheit. Er hat (in seinem System, bzw. Paradigma) nicht unrecht, aber er wird unter Umständen unbillig. Er kann über den Glauben reden, als ob es ihn selbst nichts anginge.

Der Prediger ist nach Oldendorp nicht der Wissenschaftsexperte für eine richtige Theologie. Hätte Oldendorp dies so gesehen, hätte er die theologischen Wissenschaften gepriesen, doch davon ist bei ihm nichts zu finden. Er selbst las, zitierte und argumentierte reichlich aus der Bibel heraus, ohne danach zu fragen, was berühmte Theologen dazu gesagt hätten. Im Gegenteil, den zweifellos versierten Theologen Emser kritisierte er ohne irgendeinen Verweis auf einen anderen Theologen. Petrus war Fischer und hatte nicht die intellektuellen Fähigkeiten des Thomas von Aquin. So unendlich viel war im Beginn der Kirche noch lange nicht durchdacht worden. Und doch ist Thomas dem Petrus nicht im Glauben überlegen. Es handelt sich nicht um ein Glaubensdefizit bei dem Apostel, denn die Vollkommenheit des Glaubens liegt nicht in ihm und seinem Denken, sondern allein in Christus, bzw. in der Liebe. Ihr gegenüber gibt es Fehlverhalten, was sich aber von einem Defizit unterscheidet, das von einem rechnerischen Ganzen ausgeht. Sünde und Böses sind nicht Defizite wie in einer Rechnung, die von einem Gesamtbetrag ausgeht. Theologie ist eine Hilfswissenschaft des Glaubens, nicht ihre Königin. Nicht die Summe des Aquinaten bildet das Ganze des Glaubens, sondern nach 1 Kor 13,12 das Gegenüber zu Gott: „Wir sehen jetzt durch einen Spiegel in einem dunklen Bild; dann aber von Angesicht zu Angesicht. Jetzt erkenne ich stückweise; dann aber werde ich erkennen, gleichwie ich erkannt bin."

Die Naturrechtsfrage ist alt. Auch alle Varianten des Verhältnisses von ungeschriebenem und geschriebenem Recht waren bereits in der Antike und außerhalb des Christentum bedacht. Ernst Wolf formuliert in der dritten Auflage der RGG:[1] „Demzufolge kennt die Geschichte der Naturrechtslehre keinen kontinuierlichen Fortschritt, nur eine Wiederkehr der gleichen Sachprobleme und -fragen." Die lex nova hat bei Martin Luther aufdeckende Funktion, sie lässt den

1 RGG III, IV; Sp. 1356. 1363.

Sinn des göttlichen Gesetzes aufleuchten, der im Dekalog verborgen war. Der Geist Gottes, der weht, wo er will, begibt sich nicht in die Gefangenschaft eines Textes. Die Bergpredigt aber kündet von Gott. Man versteht sie erst dann recht, wenn im Blick bleibt, wer sie spricht.

Einige Zitate aus Oldendorps lateinischen Texten mögen aufzeigen, dass meine Ausführungen nicht an seinem Werk vorbei gezielt haben:

Quid est igitur Ius gentium? Est multorum populorum authoritas. Quid Ius Civile? Est unius populi iussus. Qui scies an utrumque; retce sit receptum? Ex norma naturae ceu fonte. Ubi est illa norma? In corde & consientia hominis a Deo insculpta. Quid si multi dissentiane circa hanc normam, nec recte de ea iudicent? Recurrendum est ad tabulas Divinas, in quibus renovatum & descriptum est Ius vel Lex naturae tam certo testminonio, ut variari non potest.[1]
[Was ist also das Recht der Völker? Es ist Königssatzung vieler Völker. Was ist Zivilrecht? Es ist die Verordnung eines Volkes. Wie weißt du, ob beides recht angenommen sei? Gleichwie aus einer Quelle der Richtschnur der Natur. Wo liegt jene Norm? In Herz und Gewissen des Menschen, von Gott eingeprägt. Was ist, wenn viele dieser Richtschnur nicht zustimmen und nicht richtig darüber urteilen? Es ist auf die göttlichen Tafeln zurückzugreifen, in denen das Recht und natürliche Gesetz erneuert und beschrieben ist mit so sicherem Zeugnis, dass es nicht verändert werden kann.]

Quid sit summum ius. Summum ius bifariam accipitur, alias proprie, alias improprie. Proprie summum ius dicitur, certa honestatis sententia, quae suo generaliter officio in Republica fungi potest, sive a naturali, sive a civile Ratione petatur.[2]
[Was das höchste Recht sei. Das höchste Recht nehmen wir auf zweierlei Weise, als eigentliches und uneigentliches. Das eigentliche höchste Recht nennt man eine gewissen Meinung der Anständigkeit, die im allgemeinen Dienst der Öffentlichkeit ausgeführt werden kann, ob nun aus natürlicher oder ziviler Vernunft.]

---

1 De iure naturae – de iure civili im Epilog. Es gibt noch keine moderne Druckausgabe der Werke Oldendorps, so dass Seitenangaben schlecht möglich sind

2 De iure et auquitate in ius civ. Tit. IV.

Natura enim non potest non esse bona, nec potest esse iniqua. In hac itaque propria iuria significatione falsissimum ist, quod vulgo dici solet, SUMMUM IUS, SUMMA INIURIA, quoniam in genere loquendo, est iustissima ratio, vel naturalis vel civilis : tantum abest quod censeri possit iniuria, donec non torqueatur specialiter ad aliquam facti inconuenientem circumstantiam... Nulla iuris ratio aut aequitatis benignitas patitur : ut quae salubriter pro utilitate hominum introducuntur, ea nos duriore inetrpretatione contra ipsorum commodum producamus ad servitatem.[1]
[Natur kann nicht nicht gut sein, denn sie kann nicht unbillig sein. Im eigentlichen Sinn ist das höchste Recht nicht Unrecht, weil es von allem Umständen absieht. Für das uneigentliche scharfe Recht aber gilt dies nicht. Weder das Gesetz noch die Billigkeit erlauben es uns, die nützlichen Maßnahmen, die zum Wohle der Menschen erlassen wurden, streng auszulegen und zu erschweren.]

Das Göttliche Recht

Das Göttliche Recht und die Kirche in der Welt

Recht ist wesentlich Verhältnis von Person zu Person. Das Verhältnis von Gott und Mensch findet seine äußere Ordnung in dem Gottesdienst, der Liturgie. Im Unterschied zu den Menschen untereinander, übt der Mensch in keiner Weise Herrschaft oder Macht über Gott aus, rät ihm nicht einmal. Umgekehrt ist die Herrschaft Gottes über den Menschen total und äußert sich im Jüngsten Gericht. Wer glaubt, ist gerichtet. Das Gesetz, das da gilt, ist das der Liebe, und die beiden Seiten sind einander nicht gleich.

Das Verhältnis der Menschen untereinander ist von Natur her nicht unterschieden zwischen Menschen, die glauben, getauft sind und denen, die dies nicht sind. Ein besonderes, von menschlicher Rechtssetzung gesondertes Kirchenrecht gibt es demnach nicht. Ebenso wenig wie die Salbung den Reformatoren als Sakrament gilt,

1 De iure naturae – de iure civili im Epilog.

steht es um das Kirchenrecht: Gott hat es nicht gestiftet, Christus es nicht befohlen. Von solchen Gedanken findet sich bei Johann Oldendorp keine Spur. Darin besteht ein fundamentaler Unterschied von Altem und Neuem Bund: Letzterer besteht nicht aus einem gesonderten Volk, sondern ist mit Menschen aller Völker geschlossen. Die Taufe ist nicht exklusiv, ihr Fokus liegt auf der Offenheit allen Völkern gegenüber, sie ist Lehrauftrag.

Ein gesondertes Kirchenrecht in dem Sinn einer extra Begründung durch das ius divinum neben dem Naturrecht sahen die Reformatoren nur für die Liturgie, nicht aber als ein „Neues Israel". Das gilt höchstens als eine allegorische Redewendung. Gegen solche Judaisierung hatten Kirchenväter oft angestritten, und man darf das nicht als Antisemitismus werten. Ein aussonderndes Kirchenrecht verlangte eine Begründung, die es nach reformatorischen Ansichten nicht gibt. Christen sollten sich untereinander nicht anders verhalten als sie es jedermann gegenüber tun. Die diesbezüglichen Unterscheidungen des Alten Testaments zwischen Juden und Heiden sollte man nicht auf die Kirche übertragen.

Unter den Jüngern, sprich: Getauften soll es nicht sein wie in der Welt, wo einer des anderen Herr ist. Eine hierarchische Kirchenordnung wie das Kanonische Recht musste also fallen. „Herrscher" in der Kirche ist allein Christus. Er hat für das entsprechende Recht keinen Vikar, sondern die Sakramente. Sein Gericht geschieht im Wort, in Glaube und Gnade, der Versammlung des Gottesdienstes und dem Abendmahl.

Am ehesten ließe sich noch die Klosterordnung wie die von Benedikt als Kirchenrecht anführen. Aber wir verstünden sie falsch, wenn wir sie als eine Versammlung von Auserwählten oder besseren, heiligeren Menschen ansähen. Ihre Regeln, sieht man von den Evangelischen Räten ab, sollten durchaus allgemein gelten können.

Wir haben uns dagegen daran gewöhnt, Kirchenrecht als eine Art Vereinsrecht anzusehen, am Staatsrecht orientiert, weil Christus ja alle Menschheit im Blick hat, mit der Voraussetzung von Taufe als einem unter Menschen geltenden und unterscheidenden Rechtsakt des Eintritts in diesen Rechtsbereich und einem trotz konkreter Glaubensbekenntnisse immer auch schwankender und heute zunehmend verschwimmender Glaubenseinstellung. Doch die Gemeinsamkeit in den Glaubensansichten der „Mitglieder“ dieser Organisation ist schwach ausgebildet. Entsprechend marginal und vorsichtig agiert in den evangelischen Landeskirchen das Lehramt. Kritisch gesehen lässt sich sagen, die Kirche profitiert von unsicherer Identifikation, die besser nicht einfach mit der Unterscheidung von sichtbarer und unsichtbarer Kirche verdeckt werden sollte. In Auftrag gegebene soziologische Umfragen über den Glaubensstand und die seltsame Möglichkeit, aus der Kirche „auszutreten“ sind Konsequenzen dieser Rechtsauffassung. Hans Dombois gab seinem Unbehagen darüber in seinem dreibändigen Werk „Das Recht der Gnade“ beredten Ausdruck und suchte einen Mittelweg zwischen dem radikalen Zweifel an einem Kirchenrecht und der Römischen Kirchenrechtsauffassung, den er am überzeugendsten noch in der Verfassung der Anglikanischen Kirche fand. Wie die Reformatoren dies selbst sahen, zeigte sich modellhaft in der Mecklenburgischen Kirchenordnung von 1552, die besonders Philipp Melanchthon ausdrücklich begrüßte.

Menschen, und wenn es der Papst wäre, haben sich nicht in das rechtliche Verhältnis von Gott und dem Einzelnen zu mischen. Gott bedarf weder einer menschlichen Legislative noch einer Exekutive. Die Römische Kirche praktizierte jedoch genau dies und gründete ihr Kirchenrecht auf das Beichtrecht, das Luther in seinen 95 Thesen und lebenslang vehement bestritt.

Der Große Bann, die völlige Exkommunikation zeigte an, dass die Kirche sich für befugt ansah, jemanden von sich aus aus dem Heilsanspruch völlig auszuschließen. Dieses Recht lehnten die Reformatoren ab und lehnten damit zugleich einen Rechtsanspruch in Bezug auf ein ausschließendes Kirchenrecht ab. Der Kleine Bann, zeitweilige Exkommunikation, sollte nur dazu dienen, Verhältnisse wieder ins rechte Licht zu rücken, um die Gemeinschaft der Glaubenden nicht zu zerstören. Die Eintracht unter den Glaubenden wurde als zentral angesehen. Innerhalb der evangelischen Rechtsräume sollten Predigt und Katechismus, bzw. Landesuniversität für Einigkeit sorgen. Wenn ein offenkundiger Sünder die Beichte nicht in dem Sinn akzeptiert und nicht vollziehen will, dass er von offenkundiger Sünde nicht Abstand nimmt, muss man ihm zunächst die Absolution und damit die Abendmahlsgemeinschaft entziehen. Dagegen allerdings muss der so Ausgegrenzte Rechtsmittel einlegen dürfen. Dass er aber doch zur Abendmahlsgemeinschaft gehören will, wurde vorausgesetzt. So wurde zumindest theoretisch, also rechtlich dafür gesorgt, dass so Unfrieden vor den Altar in den Hohen Chor, der nun alle Schranken fallen ließ getragen wird. Aber schon dieses Recht beanspruchte nicht mehr, im Namen Gottes zu geschehen. Man konnte gegen den Kleinen Bann dann beim (später gebildeten) Konsistorium zu Rostock Berufung einlegen und es musste unter Menschen darüber entschieden werden. Diese seltenen Vorgänge zeigen aber auch an, dass dieses „Kirchenrecht" weltlicher Art ist. Der Bann selbst ist kein liturgischer Akt, sondern nur Ablehnung von liturgischem Geschehen. Er wird nicht im Namen Gottes vollzogen.

Damit Unfriede nicht in die Kirche als Abendmahlsgemeinschaft einzog, legte die lutherische Kirche in ihren (stets liturgisch gedachten) Ordnungen eine untrennbare Einheit von Beichte und Abendmahl fest. Der Kleine Bann wurde verhängt, so jemand den Glauben verleugnete, Gott somit offenbar nicht als seinen Richter und Herrn anerkannte und auf seiner Sünde bestand. Auch dieser Kleine Bann war nicht leicht auszusprechen, denn er durfte nicht als Gottesurteil[1] über die Sünde ausfallen. Der Große Bann, der eben dies vollzog, fiel in den evangelischen Kirchenordnungen weg. Dem Gericht Gottes haben wir nicht hineinzureden. Dazu fehlt uns jede Vollmacht.

Dass wir jemandem Sünden, bzw. richtiger: Schuld vergeben oder ihnen behalten, betrifft den Bereich des Zwischenmenschlichen. Jesu Zusage, dass dies dann auch im Himmel gelte, kann aber nicht als Begründung dafür gelten, dass eine Amtsperson diese Aufgabe gleich einem Richter übernehme. Versöhnung untereinander ist von liturgischer Absolution klar zu unterscheiden. Ich kann nur dem vergeben, der mir gegenüber schuldig

1 Von „Gottesurteilen" sprach dann nur die weltliche Gerichtsbarkeit in ihren Hexenprozessen. Diese abergläubischen Handlungen sollte man nicht den Reformation, bzw. der Kirche zur Last legen. Allerdings widersprachen die Theologen auch nicht. Als „Kirche" hatte sie freilich auch keine Stimme mehr. Es gab nur Ansichten von Pastoren und Gutachten von Theologen dazu, was nicht „die Kirche" war.

geworden ist. Gegenseitige Versöhnung gilt auch vor Gott, die fehlende Versöhnung unter uns bügelt auch Gott nicht glatt. Vor Gott finden wir nur Frieden, so Gott dem Bereuenden vergibt. So Gott dem vergibt, der mir gegenüber schuldig geworden ist, heißt dies nicht, dass ich das als Versöhnung zu akzeptieren habe, solange wir untereinander keinen Frieden gefunden haben. Niemand kann oder sollte Vergebung einfordern, sie kann nur erbeten und geschenkt werden. Sie darf auch ohne schlechtes Gewissen verweigert werden und ersetzt auch nicht automatisch ein gerichtliches Vorgehen. So aus verständlichsten Gründen jemand einem anderen nicht vergeben kann, ohne sich selbst zu belügen, mag er dies Gottes Gericht anheim gegeben. Dieser Bereich gehört dem menschlichen Gnadenrecht an und verträgt keine Vermischung mit rechnendem Recht. Dass unsere Vergebungen untereinander im Himmel zählen, bedeutet, dass er die vergebene Schuld nicht noch als Sünde anrechnen will.

Die liturgische Vergebung durch Gott, die wir einander zusprechen, ruht im Glauben, denn Gott will uns zu unserem Heil vergeben. Da vergibt nicht der Priester, sondern spricht die verheißene Vergebung Gottes zu. Wer sich diese erschleichen will, ob nun aufgrund irgendeines Verdienstdenkens, Argumenten oder mit bloßer Selbstentschuldigung „isst das sich das Brot des Abendmahls zu Gericht". Die Vergebung durch Gott lässt sich in keiner Weise erkaufen. Beichte und Abendmahl sind eschatologische, aber dennoch auch juristisch zu verstehende Vorgänge. Die Rechtfertigung, die für die Reformation so zentral ist, ist ein Rechtsvorgang. Weil sie aber das Gnadenrecht Gottes, das ius divinum (und nicht ein wie auch immer geartetes Kirchenrecht) betrifft, hat dies Oldendorp ebenso wenig wie die Kirchenordnung von 1552 thematisiert.

So gibt es kein gesondertes Kirchenrecht als minderes Göttliches Recht. Dem Naturrecht entspricht das urteilende Recht in herrschaftlicher Ordnung. Dem Göttlichen Recht entspricht kein Kirchenrecht in auch nur ähnlicher Art. Dem Göttlichen Recht entspricht nur die Liturgie, wo es keine andere Herrschaft als die Christi gibt.

Bei Johann Oldendorp fehlt jede Spur eines solchen vom weltlichen Recht gesonderten Kirchenrechts. Das ist die Botschaft der Schrift von „Sebastianus Pol". Die behandelten Themen sind Missbräuche, weil sie gegen Gottes Wort sind, das allen Menschen ohne Ausnahme gilt. Die Missbräuche widersprechen zwangsläufig dem, worauf sich das Kanonische Recht beruft, denn die Intention des

Kanonischen Rechts ist die Entsprechung zu Gottes Wort. So war sich Oldendorp sicher, im Kanonischen Recht die entsprechenden Widersprüche auch aufspüren zu können.

Die herrschaftsfreie und damit auch rechtsfreie Auffassung von Kirche ist keine Erfindung der Reformatoren. Rechtsfrei bedeutet hier nicht anarchisch, denn ihre „Ordnungsmacht" ist Christus, und seine Herrschaft ist die Liturgie, die Versammlung der Glaubenden in seinem Namen. Diese Grundanschauung findet sich in der Heiligen Schrift und den Auffassungen der Alten Kirche.

Benedikt suchte mit seiner Regel nach einer Einheit von geistlicher und weltlicher Ordnung. Die Reformation knüpfte daran an, freilich ohne die „Evangelischen Räte". Während die Mönche eine Einheit hinter Klostermauern auch institutionell gefunden zu haben meinten, fanden die Reformatoren einen anderen Zugang. Es galt, in weltlichen Ordnungen als Bürger des Himmelreiches zu leben. Das hatten bereits verschiedene Bewegungen des Spätmittelalters versucht, so gab Martin Luther mit großer Hochachtung das Buch „Theologia Deutsch" 1518 heraus. Das eigentliche Vorbild aber war dabei Christus selbst, der als Sohn Gottes, dessen Reich nicht von dieser Welt ist in der Welt, dem Kaiser gegenüber im Gehorsam lebte. Angestrebt wird keine irdische Sondergemeinschaft mit eigenem Rechtsstatus, sondern die Überschneidung der Rechtsgebiete von Liturgie und Welt ist eben die Billigkeit, auf die Oldendorp abhebt, und die er als recht und gut definiert. Den Gehorsam einer „geistlichen" Autorität gegenüber, die Keuschheit nach Gelübde und die Armut als Flucht aus den irdischen Wirtschaftsverhältnissen dagegen erschienen als Missbrauch, bzw. unerlaubte Vermischung von göttlichem Gnadenrecht und sich aus dem Naturrecht ergebenden weltlichen Rechtsverhältnissen. Gehorsam gebührt dem Untertan der rechtmäßigen Obrigkeit gegenüber. Für die Sexualität ist die Ehe die gottgewollte Ordnung. In Bezug auf Eigentum ist allen Menschen das gleiche Gebot gegeben. Das Evangelium gilt aller Christenheit und mit ihm sollten keine Sekten oder Sondergemeinschaften gebildet werden.

Es gebe keine geistliche Herrschaft, keinen geistlichen Besitz, die Ehelosigkeit der Pastoren ist von Übel. Die Amtsträger leben in ihren Gemeinden, gehorchen wie alle ihrer weltlichen Obrigkeit und werden durch Stiftungen und Öffentlichkeit alimentiert. Alle geistlichen Besitzungen sind somit im tieferen Wortsinn säkularisiert. Alle Ordnung der Kirche diene der Freiheit des Gottesdienstes. So wäre es unverzeihlicher Raub, den Kirchen vor Ort das dazu notwendige Gut zu nehmen. Es ist von Übel, den Priestern Ehe und Familien zu untersagen und ihnen in die Verkündigung hineinzureden. Dies muss in einer Kirchenordnung festgeschrieben und als weltliches Gesetz von der Obrigkeit verkündet werden. Das Dominikanerkloster des Hauptgegners der Reformation in Rostock, dessen Prior Cornelius van Sneek war, wurde zur öffentlichen Schule mit täglichem Gebet. Dies zeigt beispielhaft die juristische Veränderung an, die mit der Reformation einherging.

Oldendorp unterscheidet nicht Kirchenrecht und außerkirchliches Recht, sondern göttliches und Kaiserrecht. Beides sind Herrschaftsbezeichnungen. Gott ist nicht die ferne Macht, vor die sich etwas vermittelnd schieben müsste, nichts ist direkter als sie, denn sie spricht unmittelbar zu Herzen. Das weltliche Recht muss sich vom „göttlichen" Recht bestimmen lassen, wenn es gut sein will. Die Offenbarung des Guten Rates ist Christus selbst. Gottes Forderung an alle Menschen ist, dass sie billig miteinander umgehen.

Bei den weltlichen Gesetzen ist nach Oldendorp das geschriebenes Recht dem ungeschriebenen nicht vorzuziehen. Das gilt in anderer Weise auch für das Göttliche Recht: Gottes unabänderliches „Wort" ist Christus selbst, Gott in Person, von dem das Evangelium im weiteren Sinn kündet. Der althergebrachte Kanonbegriff bezog sich auf seine liturgische Verwendung und ist nicht als eine Art Gesetzestext misszuverstehen.

So ist im Judentum die Tora der Grundtext für den Sabbatgottesdienst, der Psalter das Gesangbuch und aus den Propheten ist nur die Haftora gezogen. Entsprechend steht im Mittelpunkt des christlichen Gottesdienstes das Evangelium, und mit ihm darauf bezogene Lesungen aus dem Alten Testament und den Episteln. Es ist allein hieraus bereits ersichtlich, dass die Allegorie der Kirchenväter liturgisch verstanden werden muss und nicht etwa als exegetische Idee, die danach fragt, was denn da eigentlich gemeint sei zum Beispiel bei der Dornbuschgeschichte oder dem Wasserwunder beim Exodus. Auch die Dogmen beziehen sich auf die Liturgie: So mag gebetet werden, betet man anders, schleichen sich

Missverständnisse ein. Alles zielt auf das aktuelle Gegenüber von Gott und Mensch.

Das Göttliche Recht zeigt sich im Gebot, das sich vom Gesetzbuch unterscheidet. Es darf ja auf keinen Fall in Unrecht umschlagen, wie es bei unseren Gesetzen und Geboten beständig und aus Prinzip der Fall ist. Dieses nicht in Definitionen und Systemen einzufangende, nur in Evangelium und Gebot zu Kündende liegt allem menschlichen Recht zuvor, bietet ihm Grundlage, Begründung. So wurde bei der Reformation „die Kirche“ im rechtlichen Sinn nicht etwa aufgelöst, sondern wieder ganz in „die Welt“ gegeben, aber ohne sich in ihr aufzulösen und zur bloßen menschlichen Angelegenheit zu werden.

Der Aussage bei Oldendorp, dass Naturrecht (von Gott ins Herz gegeben) ewig und unveränderlich sei, hat ihren Fokus in der Aussage, dass alles verfasste Recht eben nicht unveränderlich und ewig gelten kann, obgleich es immer diesen Eindruck erwecken wird, schließlich ist es ohne Terminierung von nun an in Geltung. Ohne billigen Grund kann es keinen guten Zweck haben, hat es aber eine Grundlage in diesem Sinn, kann es nicht ohne die Richterin Billigkeit bestehen, bis hin zu seiner Aufhebung, wenn es sich als nicht mehr billig erweist. Verliert das Recht seine Verankerung in ihrer tieferen Begründung von billig und recht, gleitet es leicht in Unrecht ab.

Aus dem Kanon der Heiligen Schrift, deren Ort und Zweck der Gottesdienst ist, war die Kanonistik geworden. Es hatte sich aus dem Gottesdienst heraus eine Organisation gebildet, theologisch wohl begründet, mit einem ganzen System um die Dogmatik herum. Diese Hierarchie hatte sich nicht geschämt, sich als Stellvertreterin Christi und Gottes auszugeben. Sie vertrat Gottes Stimme auf Erden als „Kirche“, als hätte sie ewige Vollmacht dazu. Vollmacht aus göttlichem Recht muss jedoch stets neu geschenkt und von Gott gegeben werden. Kein Prediger sollte sich von seiner Ordinationsurkunde täuschen lassen. Sie ist fortlaufende Verpflichtung, kein Ausweis einer Fähigkeit. Die Vollmachten von Taufe, Absolution und Abendmahl bleiben auf die Liturgie beschränkt. Zieht man sie ins Weltliche aus als Mitgliedsrecht, Bußkataloge oder religiöser Verein, hat man das göttliche Recht verlassen und begibt sich in die Gefahr der Selbsttäuschung.

Kirche als Institution hatte keine Sünde zu vergeben, das durfte und darf sie nur im liturgischen, Gott dienenden Vollzug. Sie ist keine Heilsanstalt. Sie hat kein anderes Privileg, als auf Gott im Gottesdienst zu hören. Das Wort Gottes ist im Vollzug der Liturgie lebendig, weil sein Sprecher gemäß Christi Verheißung gegenwärtig ist. Es lässt sich nicht in einem Buch, in Wissenschaft separieren, vom Sprechenden sachlich loslösen. Es geht um den alten Unterschied, ob etwas allgemein gesagt sei, oder ob jemand die gleichen Worte vollmächtig spricht. Es sind verschiedene Aussagen, wenn ich meinem Kind sage, es solle nicht stehlen, es im Gesetzbuch steht oder Gott es sagt.

Luther verbrannte nicht aus Trotz ein wertvolles Kirchenrechtsbuch, sondern aus tiefer Einsicht, dass genau hiermit Schluss gemacht werden müsse. Er spürte das Unrecht des geltenden Kirchenrechtes an eigenem Leib. Luther hatte vor Gott etwas als Recht erkannt, was ihm nun durch eine weltliche Instanz als Unrecht zur Last gelegt wurde. Das war mehr als nur Uneinigkeit in der Sache, Luther zweifelte die Legitimität dieser Rechtssprechung selbst an. Die gesamte Kasuistik, der Welt gegenüber als Richterin aufzutreten und die Gewissen zu binden, das war im Sinne des göttlichen Rechts verwerflich. Die Kirche bekam für die Reformatoren Anführungsstriche, sie erschien in ihrer Rechtsgestalt ihnen als Anmaßung. Sie stahl in den Augen Luthers Gott das Amt, und beanspruchte eine ihr selbst völlig unangemessene Würde und scheinbare Göttlichkeit.

Es sollte und durfte fortan in der Kirche der Reformation kein Kirchenrecht, sondern nur eine Kirchenordnung geben. Diese Kirchenordnungen ließen gegenüber der heutigen Verfassung völlig das vermissen, was für unsere „Ordnungen" evangelischer Kirchen Hauptgegenstand zu sein scheint: Wir finden in ihnen keine Organisationsstruktur, keine unterscheidende Ämterlehre, wie wir sie aus der Römischen Kirche kennen. Alles diene allein dem Gottesdienst. Was auf der anderen Waagschale heutzutage in den modernen Kirchenverfassungen in wenigen Sätzen der Präambeln zu lesen ist, machte den Hauptteil der Kirchenordnungen aus.

Unsere Präambeln wissen durchaus um diesen Mangel ihrer Ordnungen und setzen immerhin einen Verweis auf historische Schriften, die man dann auslege wie die Heilige Schrift selbst, in der Art der Auslegung auf der Kanzel und im Unterricht und auf je eigene Weise in Hörsälen, Buchveröffentlichungen, Synoden und Amtsstuben, wobei letztere „kirchenamtlich" sich in der Sache selbst in der Regel lieber zurückhalten, um nicht durch endlosen Debatten handlungsunfähig zu werden. Daneben gibt es in möglichst wenig kontroverser Weise eine Flut erbaulicher Medien, die den Gottesdienst bisweilen zu ersetzen scheinen. Es hat sich erneut eine Kirche in Anführungszeichen gebildet, nun nicht mehr als göttliche Institution, sondern als durchaus weltliche Angelegenheit, aber doch mit dem Schein des Religiösen als einer Art Schutzraum. Die Rede von der „unsichtbaren Kirche", die man repräsentiere, gibt dem Vorschub.

Ein schlagendes Beispiel ist die sexuelle Missbrauchsdebatte: Nicht nur die einzelnen Priester und Diakone gelten in der Öffentlichkeit als Schuldige, sondern „die Kirche", was angesichts des Gnadenrechtes Gottes offenen Hohn bedeutet. Nicht Schonung, sondern verschärftes Strafrecht sollte nach unserem Rechtsempfinden ausgeübt werden: Sie haben ihre Verbrechen mit Gottesdienst vorsätzlich gedeckt.

„Kirche" heute ist eine Organisation, nicht Leib Christi. Sie versucht, beides miteinander zu vereinigen. Eben dies hatte die mittelalterliche Kirche mit ihrem Kirchenrecht vergeblich versucht und sich selbst damit getäuscht. Die Reformation hatte deutlich gemacht, dass dies nicht möglich ist. Auch eine verbindliche theologische Systematik, ungenau als Dogmatik bezeichnet, und sei sie noch so ausgefeilt, in sich stimmig und richtig, vermag nicht diese Gleichung aufzurichten. Weder Theorie mit Lehrautorität noch Institution vermögen Kirche im Sinn der Jüngerschaft zu sein oder auch nur abzubilden. In der Liturgie werde die unsichtbare Kirche sichtbar, aber in den Ordnungen würde sie zum Gespenst, würde sie als Institution Billigkeit einzufordern, als menschliche Ordnung sich gegenüber anderen menschlichen Ordnungen als besser oder gar irrtumslos hervorzutun. Doch auch im Gottesdienst selbst haben wir uns zu bescheiden und dürfen uns nicht selbst in den Vordergrund rücken mit eigensinniger Weisheit oder repräsentativer Frömmigkeit. Legen wir im Gottesdienst eine Performance hin, haben wir Gott ausgeladen.

Das Wort Gottes ist in seinem Kern ungeschrieben, muss es bleiben, um viva vox zu sein. Es ist legitim und auch notwendig, sich theologisch zu äußern, Sachverhalte abzuwägen, mit der Bibel kritisch umzugehen und sich in einer Dogmenentwicklung zu sehen.

Aber es ist nicht legitim, diese Worte von dem geschehenden Wort im Dialog von Menschen und Gott mehr als methodisch zu lösen, zu abstrahieren, von der Liturgie abzuheben und zu denken, dies sei mit Gebet und Sakrament gleichwertig oder gar darüber irgendwie erhaben, so dass der Gottesdienst nur noch als praktische Anwendung systematischer Theologie erscheint.

Das Wirken der Kirche

Wie wirkt der Geist Gottes? Nicht mittels Organisation, so kühn würde wohl kaum jemand argumentieren wollen. Gottes Wirken in der Gegenwart ist Wesen und Geheimnis des Gottesdienstes. Nicht, dass der Geist Gottes außerhalb des Gottesdienstes nicht wirke, doch Klarheit und Glaubenserkenntnis gewinnen wir in Verbindung des Gottesdienstes in direkter Begegnung mit Gott. Das ist Sinn und Zweck der Kirche, wie es unsere lutherischen Kirchenverfassungen heute natürlich nicht vergessen haben: der Auftrag der Verkündigung des Evangeliums auf der einen Seite, auf der anderen die Zuwendung des Menschen zu Gott und umgekehrt, die wir um der Billigkeit wegen brauchen und die uns und der Gesellschaft zugute kommt.

Es sind verschiedene Aussagen, ob man dessen brauche, ob ich oder wir es als notwendig ansehen oder ob Christus es uns, den Reben, nach Joh 15 sagt: Ohne mich könnt ihr nichts tun. Diese Aussagen sind nicht einfach unter das Abstraktum Notwendigkeit zu bringen. Es wird zu wenig beachtet, dass zu jedem Wort linguistisch gesprochen nicht nur der Sender, sondern auch der Empfänger gehört. An der Gottesbegegnung hängt alles wie Liebe nicht einseitig ist und als Theorie schön aussehen kann, aber darum nicht schon wahrhaft „der Liebe hat“. Das gilt auch für Gottes Wort, wir sind Teil dieses Geschehens. Die alte Ausdrucksweise „glauben in Gott“ gibt dieses Verständnis besser wieder als „glauben an Gott“, beides unterscheidet sich jedenfalls von „glauben, dass…“ Im Glauben erfahren wir ein Gnadenrecht, wie es auf Erden nur in der Liebe erlebbar ist, aber bei Gott gilt es nicht nur einigen, wie unter uns Menschen, sondern allem menschlichen Geschlecht. Das vermögen wir nicht nachzutun, wir können keine „Millionen umschlingen", aber unser Herz bedarf der Begründung, auch den fremden Nächsten zu lieben gegen die Logik eigener Interessen. Darum ist Feindesliebe zentral für unseren Glauben.

Es ist hilfreich, auch diesen Komplex im Paradigma der Rhetorik zu betrachten. Als Jurist war Oldendorp bestens mit der Rhetorik vertraut, denn sie bildete das Handwerk des Richters. Sie bestimmte weithin nicht nur sein Denken, sondern auch ganz direkt seine deutschsprachigen Schriften mit Missbrauch, Einreden, Abwägen der Argumentationen, usf.

Gegenüber den Loci Communes lobt Oldendorp einmal dessen Anwendung eines Enthymems. Dabei handelt es sich eigentlich um einen Scheinsyllogismus mit Hilfe des Gegenteils, also etwas, was uns eher als ungesicherte Aussage erscheinen mag. Aber in Bezug auf gut und böse, recht und unrecht sieht es anders aus. Gut ist, was nicht böse ist, und gerade das Gewissen funktioniert in dieser Weise, dass es unbestimmt auf das Gute beharrt, auch ohne exakt zu wissen, was denn gut und billig ist. Es handelt sich dabei um einen syllogismus ex consequentibus.[1] Böses und Gutes erweisen sich, wie der Gottesnamen es in Ex 3 sagt: Ich bin, als der ich mich dir gegenüber erweisen werde.

Rhetorik besteht wie das Recht im lebendigen Gegenüber von Personen. Die Logik ist dabei der Teil der Rhetorik, der am meisten von diesem Gegenüber abstrahieren, absehen kann. Das macht sie für vieles brauchbar, zugleich kann sie auch in demselben Sinn täuschen, wie scharfes Recht zum höchsten Unrecht werden kann. Was allgemein gilt, kann als Aussage unbeabsichtigte Folgen zeitigen. Im strengen Syllogismus als begriffliches Denken wird auf reale Begegnung verzichtet. So kann man Theologie in Gelehrtenstuben ohne Gottesdienst betreiben und vom Katheder aus verlesen. Doch diese exakten Formulierungen überheben sich, halten sie Urteil oder Gottesdienst nur für beliebige Anwendungen. Abstraktion folgt im Gegenteil dem realen Geschehen. Aequitas ist logisch ungenau, in ihrer Konkretion jedoch treffsicher. Sie beruht als Enthymem darauf, dass sie nicht im Sinne eines Beweises klar ist, wie wir dies Wort heute verstehen, sondern sich als gut und billig

1 Heinrich Lausberg, Handbuch § 372.

erst erweist.[1] Wir wissen stets besser, was nicht gut ist, als dass wir das Gute völlig ermessen könnten. So steht auch Gottes Frieden über der Vernunft. Genauigkeit im logischen Sinn muss von jeder Ausnahme absehen. Im Recht und im Glauben geht es jedoch um Personen, die von ihrem Wesen her allesamt Ausnahmen sind.

Erinnert werden darf hier auch an die Lehre von der Verborgenheit Gottes bei Luther und seinem Zögern gegenüber jeder Dogmatik. Auch bei den „Loci" communes von Melanchthons handelt es sich um Bezeichnung eines ähnlich unsicheren rhetorischen Mittels. Für den Bereich der vis et natura omnium rerum gibt es zwecks praktischer Orientierung topoi, loci. Dies entspricht im Unterschied zur quaestio infinita, der „abstrakt-generell-theoretischen"[2] der quaestio finita, auf die Person ausgerichteten Unendlichkeit. Entsprechend gehört zur natura die aequitas, die Billigkeit. Sie entspricht dem Charakter der loci: ausgerichtet auf Sachverhalte und Personen, indem sie nach Cicero das beschreiben, worin für Oldendorp die Billigkeit besteht, also im Ansehen von Person, Ursache, Zeit und Ort,...[3] Die Form der loci für die Theologie ist keine (in sich geschlossene) Systematik im Sinne einer quaestio infinita. Loci gibt es a persona et a re, über eine Person oder eine Sache, also eine der Theologie im Sinn der Reformation angemessene Form, wenn denn Gott verborgen ist und kein empirischer oder logischer Untersuchungsgegenstand. Die Parallelität dieses Problems für Recht und Theologie liegen auf der Hand, denn es geht bei der Frage der Billigkeit und des Glaubens jeweils um etwas, was sich der exakten Logik auch entzieht, bzw. wo sie der Realität nicht völlig gerecht werden kann.

Nach Cicero und Quintilianus, die entscheidend auf die Humanisten gewirkt hatten, gab es die drei Bereiche, bzw. Aspekte Naturrecht, Gewohnheitsrecht und Gesetz, ganz wie wir es bei Oldendorp lesen. Gerade in schwierigen Fällen entschied schon für die Antike das Naturrecht die Sache, das mit der aequitas geradezu

1 Im 16. Jahrhundert sah man im Unterschied zu uns als Beweis im Allgemeinen praktische Beispiele an und nicht einen quasi mathematischen Nachweis.

2 Heinrich Lausberg, Handbuch, § 69.

3 Heinrich Lausberg, Handbuch, § 374. Er zitiert dazu Cicero inv. 1,24.

gleichgesetzt wurde.[1] Bei Oldendorp steht Recht in der Spannung von scharfem Recht und Billigkeit. Es zeichnet letztere aus, dass sie nicht eine quaestio infinita ist. Darum taugt sie zum konkreten Urteil. Die scheinbar unvollkommene Billigkeit vermag im konkreten Fall mehr als die in sich völlig schlüssige und an das Vollkommene grenzende Allgemeingültigkeit.

Entsprechend dem Denkmuster der alten Rhetoriker war Natur – im Unterschied zur landläufigen Ansicht heute - der Raum, der sich der völligen Erklärbarkeit entzieht. Mit der Anwendung des stringenten Syllogismus gerade auf die Natur in den sich in der Neuzeit bildenden exakten Naturwissenschaften kehrte sich das Denken darüber um, nichts wurde so erklärbar und schlüssig wie die Natur der Dinge und schließlich auch des Menschen. Alles schien aus Ursachen heraus erklärbar zu sein. Für einen handelnden Gott blieb so kein Raum mehr. Das naturwissenschaftliche Denken schließt alles aus, was nicht Teil der Natur ist. So wird aus Gott entweder der in Ausnahmen, Lücken, handelnde Wundermann, den es eigentlich nicht geben kann oder er ist ganz außerhalb von allem zu denken. Ist Gott außerhalb von allem, wird es gleichgültig, ob man seine Existenz annimmt oder nicht, Agnostizismus ist logische Konsequenz. Auch das Gute wäre somit etwas, was - völlig in den Händen der Menschen - für jemanden von Nutzen wäre, bzw. als schön und angenehm, gefällig erschiene.[2] Den Schleier des Nichterkennens löst dann nicht Gott von Angesicht zu Angesicht, sondern die Erkenntnismöglichkeit, eine Angelegenheit der Zukunft, die niemand je selbst ganz erleben wird und in kollektiver Hand liegt. Da wir entsprechend auch nicht an die Auferstehung glauben, ist aller Glauben in den Bereich einer evtl. nützlichen, aber doch täuschenden Illusion zu verweisen. Nur was im strengen Syllogismus zu denken ist, gibt es, was im (nach Aristoteles) populäreren Scheinsyllogismus des Enthymem liegt, gilt nur als scheinbar wahr, bzw. Wunschvorstellung.

---

1 Heinrich Lausberg, Handbuch, § 123.

2 Vgl. Hannah Arendt, Über das Böse, München 2023 (2007), S. 137ff. Diesbezüglich zu Immanuel Kant und sein Verhältnis von Ästhetik, Moral und Erkenntnis.

Nun jedoch lobt Oldendorp gerade diesen Scheinsyllogismus. Gott gilt ihm wirksam, auch jenseits klarer Offenbarung. Nichts geschieht ohne Gottes providentia, obgleich in der Welt so viel gegen seinen Willen geschieht. Das hat zu seinen Zeiten wohl kaum jemand anders gesehen. In keinem Moment zweifelt Oldendorp an der Auferstehung und damit auch an dem Jüngsten Gericht, denn dieses ist durch die Verbindung von Gott und dem Guten geboten. Man kann dies aus späterer Sicht seinem Unvermögen, streng wissenschaftlich zu denken anlasten und damit für sich selbst abhaken als fromme Illusion, die uns unsere intellektuelle Redlichkeit eigentlich verbietet.

Nun aber widerspricht Oldendorp und mit ihm die Reformatoren der Herrschaft gerade des strengen Syllogismus, der seit der Papstrevolution seinen Siegeszug im Denken und Handeln der Menschheit mit ihrer Rechtssystematik und der Scholastik antrat. Das scharfe Gesetz sei scharfes Unrecht. Die alles beherrschende Logik wird der Forderung nach der Güte und Liebe nicht gerecht, soll sie nicht als Ausnahme und demnach Fehlerhaften ihr Dasein fristen.

Billigkeit ist demnach auch das Wesen Gottes und Grundlage wirklicher Gerechtigkeit. Adam und Eva haben mit dem Paradies nicht nur den schönen Garten verlassen müssen, sondern auch das unbefangene Gegenüber Gottes, der in ihrem Garten wandelte, wie er nach dem Ende aller Zeiten seine Hütte im Himmlischen Jerusalem gleich einem Nachbarn hat, so die biblischen, auf ihre Weise exakten Bildern. Es ist unser Glaube, dass Gott Liebe ist, also in den Worten Oldendorps die pure Billigkeit. Wir sind zum Bild Gottes erschaffen, das heißt zur Liebe bestimmt, die bisweilen unvernünftig im Sinne des Gesetzes (als das Reich des strengen Syllogismus) sein muss. Liebe ist kein mangelndes Wissen, sondern gerade ihre scheinbare Unvollkommenheit gibt uns ein Bild dessen, wie Gott der Welt Sinn verleiht. Liebe weiß um das Besondere, folgt keinem abstrakten Paradigma, denkt nicht systematisch. Sie will dem Nächsten gerecht werden, der anders nicht nur als ich, sondern auch als alle gleichmachenden Muster ist. So ist auch Sünde keine Fehlerhaftigkeit einem abstrakten Ideals gegenüber, sondern bedeutet, schuldig zu werden. Glaube mahnt uns durch Gottes Gebot zur Billigkeit unserem Nächsten gegenüber.

Das Wirken der Kirche bezieht sich nicht auf eine Institution, sondern auf den Einzelnen und sein Wirken in der Gesellschaft unter Mitmenschen, wie Oldendorp sie denn auch als als Menge der Nächsten bezeichnet. Der Fokus liegt weniger auf der eigenen Seligkeit wie im Spätmittelalter unter der drohenden Fegefeuerlehre. In der Beziehung lässt man Gott wirken und vertraut ihm. Es geht in Bezug auf die Wirksamkeit der Kirche nun vor allem um die Zunahme der Billigkeit im menschlichen Geschlecht. Gottes Barmherzigkeit beschränkt sich nicht auf das ewige Heil, sondern er will Frieden und Wohl aller Menschen auf Erden. Dafür hat er sich in Christus als Liebe und Gnade offenbart und nimmt uns darin in die Schule des Herzens.

Allegorie und Kirchenrecht

Theologie und das Kirchenverständnis der Alten Kirche beruhte auf der Allegorie, die in der Neuzeit im Zuge der sich entwickelnden wissenschaftlichen Exegese in Verruf gekommen ist und auf das Muster von Verheißung und Erfüllung reduziert in den Geruch einer nahezu esoterischen Missdeutung der Heiligen Schrift geraten ist.

Die Wirkungsbreite der Allegorie geht weit über eine bestimmte Schriftinterpretation in Gelehrtenstuben hinaus. Die Liturgie, wie sie nach uralter Weise in der Orthodoxie gefeiert wird, und deren verkürzte Form wir auch in unseren Kirchen pflegen, beruht auf ihr. Die kirchliche Kunstgeschichte ist ein weiteres Feld ihrer Wirkung. Die Werke der Kirchenväter atmen durchweg den Geist recht verstandener Allegorie, aber auch die grundlegenden mittelalterlichen Ordensregeln. Das Selbstverständnis der im Mittelalter verfassten Kirche begründete sich mit ihr, allerdings bereits mit charakteristischen Verschiebungen ihres Sinns. Da die Reformatoren auf die Zeit der Kirchenväter zurückgriffen und die Veränderungen des Mittelalters kritisch sahen, zugleich sich aber nicht auf die Allegorie im alten Sinn verstanden, soll dieses Thema hier in Augenschein genommen werden.

Mit unserem Begriff von Wissenschaft haben wir uns in den rhetorischen Mustern auf einen Teil konzentriert und reduziert, der mathematisch und systematisch-logisch verwendbar erscheint und auch in den Naturwissenschaften in der dafür nötigen exakten Weise brauchbar ist.[1] Die Denk- und Argumentationsweise der Allegorie im Altkirchlichen Sinn hat darin keinen Platz mehr oder wird zumindest missverstanden.[2]

Inzwischen gibt es eine ganze Reihe von ernst zu nehmenden Einwänden besonders in den sogenannten Geisteswissenschaften gegenüber dem Monopolanspruch von bestimmten Mustern exakter Wissenschaften, aber nicht nur dort. Es wird auf verschiedensten Gebieten mit Bildern und Modellen, Paradoxien und Metaphern gearbeitet. Auch andere Sprachformen der Rhetorik sind nicht minder exakt, nur auf andere Weise, und es ist nicht immer hilfreich, sie erklärend auf die uns gewohnten Muster zu reduzieren, bzw. in sie zu übersetzen. Bei meiner Untersuchung der Ästhetik des Kreuzaltars in Cismar/Ostholstein[3] bin ich aufmerksam geworden auf den signifikanten Unterschied von Metapher und der allgemeineren Metonymie bei Sicard von Cremona. Mit vielen Bildern und ihren damit verbundenen Geschichten wurde ein Bedeutungsgeflecht nach bestimmten Regeln erstellt, womit wiederum eine eigene Aussage getroffen wurde. Damit ergab sich auch ein äußerst komplexes Verhältnis zur aktuellen Realität, im Falle von Cismar mit dem dortigen Benediktinerkonvent.

Es gab mehrfache historische Verschiebungen im Gebrauch dessen, was man unter Allegorie verstand. Aus einem offenem

1 In der Theologie des 20. Jahrhunderts wurde man sich dieser Einschränkung bereits bewusst und schaute auf die Muster des Paradoxons und der Metapher, auch auf ästhetische Kategorien wie das Narrativ oder das Theater insgesamt, allerdings stets im Versuch, dies auf die logischen, exakten Muster herunterzubrechen.

2 Eine rühmlicher Ausnahmen bildet das Werk Henri de Lubacs, aber auch von gänzlich anderer Seite her die Neuentdeckung der Ikone bei Paver Florenskij.

3 Martin Grahl, Der Flügelaltar von Cismar, 2023. Vgl. auch Martin Grahl, Das Wort Gottes und seine allegorische Auslegung: Der Kreuzaltar des Münsters von Doberan, 2011.

Bezugsmuster wurde eine Form der Identität, mit der eines mehr und mehr zur Eigenschaft des anderen wurde. Während die Allegorie zu trennen wusste, kam es nun zu immer mehr Vermengungen und zu einer Verschiebung des Zentrums. So kam es zum Unverständnis der Neuzeit gegenüber der altkirchlichen Allegorie. Sie wurde in der Theologie schließlich auf das Schema von Verheißung und Erfüllung reduziert, bzw. in einer unangemessenen Weise mit anderen Identifizierungsmustern verwechselt und so als falsch empfunden. Der Beginn des 16. Jahrhunderts war die Zeit, als man sich vom alten Verständnis der Allegorie zwar trennte, sie aber noch in gewisser Weise das Denken prägte.

Allegorie im altkirchlichen Sinn unterscheidet nicht nur die vier Schriftsinne, sondern zeichnet sich dadurch aus, dass sie die verschiedenen Ereignisse der Heiligen Schrift, aber auch der Liturgie, Kirchen- und Weltgeschichte auf Christus bezieht und dadurch einen Sinn erkennt, der sonst nicht gegeben ist. Sinn entsteht durch Bezugnahme. Die Metonymie identifiziert in einem anderen Sinn, als es unsere Wissenschaft mit Reduktion, Induktion oder gemeinsamem, beides überwölbendem Paradigma tut. Die Identifizierung im Sinne der Metonymie geschieht wie bei dem Einssein von Frau und Mann: Sie bilden zwar ein Paar, tragen auch einen gemeinsamen Namen, bilden nach der Bibel ein Fleisch, bleiben aber ein Gegenüber von selbstständigen Personen.

Wenn wir nach der Bedeutung des Wortes Kirche fragen, handelt es sich um eine ganze Reihe von Identifikationen, wie zum Beispiel die eines geweihten Kirchengebäudes oder eben einer Institution dieses Namens. Die mittelalterliche Kirche in einem Dorf ist heute wie vor Jahrhunderten die gleiche, aber das semantische Feld auch diese Bezeichnung hat sich mehrfach gründlich geändert und ist auch in derselben Zeit nicht einheitlich. So ist auch die „Kirche" heute etwas völlig anderes als für die Menschen des 12., 16. oder 21. Jahrhunderts, weiterhin unterschieden für Länder, Kulturen oder Personen. Wir hätten gern eine eigentliche, „Richtige" Erklärung des Begriffes. Entsprechend unterschiedlich fällt auch die rechtliche Stellung oder ihr angenommener oder tatsächliche Charakter aus.

Sprechen wir von einer Kirche im Dorf, ist es mehr als nur ein Gebäude wie andere auch. Die Weihe markierte den Unterschied:

Nun ist das Gebäude Christus gewidmet. Es ist dadurch nicht geheiligt in einem esoterischen oder nur funktionalistischen Sinn, sondern bildet etwas ab, wird selbst zum liturgisch zu nutzenden Gegenstand, also in usu zum Teil der Liturgie. Auf andere Weise meinten Klerus und Papst Kirche zu sein. Mit der Definition der Kirche 1530 in CA VII wurde auch indirekt gesagt, was Kirche für das evangelische Lager nicht war. Positiv gesehen stimmte die Bestimmung mit dem Wesen der Allegorie überein. Die Herleitung des Wortes von Κυριοσ war bekannt. Zentrum von allem war Christus, und zwar weniger als eine historisch weit zurückliegende Person, sondern als der gegenwärtige Auferstandene. Entsprechend besonders musste ein „Kirchenrecht" aussehen, das von der Herrschaft Christi ausging, in die sich keine menschlichen Herrschaftsstrukturen zu mischen hatten. Bei der Allegorie gewinnen alle Vorgänge durch ihren Bezug auf Christus, und mit ihm Gott eine bestimmte Bedeutung, die ihnen ohne diesen Bezug abginge. Der Pantokrator verleiht allem Geschehen eine Bedeutung in der Geschichte des Heils. Insofern ist die Kirche Abbild Christi, aber nicht im Sinn einer Begrenzung, und genau darauf verwiesen die Reformatoren. Angesprochen ist jeder Mensch. Gottes Reich ist kein Teilbereich dieser Welt. Im Bild der Offenbarung gesprochen: Die Tore des Himmlischen Jerusalems bleiben offen.

Eine bestimmte Bildtheologie ist somit weiterer Schlüssel für ein bestimmtes Kirchenrecht, bzw. Selbstverständnis der Kirche. Das ist im Grunde wenig überraschend, denn schon mit dem Corpus Christi haben wir es mit einem Bild zu tun, einschließlich anderer biblischer Gleichnisse und aller damit verbundenen Missverständnisse.

Bei Chrysostomos gibt es die bekannte Identifikation der Kirche mit der Engelswelt. Die altkirchliche, sich nicht theologisch, sondern dogmatisch verstehende Exegese der Kirchenväter ist voll von solchen Bildern, ob nun Himmelsleiter, Arche oder Tempel Gottes, nicht zuletzt auch die reichhaltige Mariologie. In den Mustern „westlichen" Denkens sind diese Bilder sämtlich nicht relevant oder eben nur „bloße" Bilder, weil wir wenig Verständnis für die Bildtheologie des 1. Jahrtausends haben, für die die östlichen Ikonen nur einen Sonderfall bilden.

Bei der Identifizierung von Kirche als Versammlung der Glaubenden, als Institution, handelt es sich um eine Form der Identifizierung, die nicht messbar ist. Wir selbst sind Bild Gottes, „wenig niedriger als Gott", und doch nur der „Madensack eines Sündenlümmels". Kirche als Gottesdienst ist eine ungleich intensivere Identifikation als eine rechtlich wohlgeordnete Institution, aber nicht der Grad der Intensität ist entscheidend, denn alles hängt an dem Bezugspunkt, dem Haupt der Kirche. Kirche ist in diesem weiten Sinn auch das Seufzen der Kreatur.

Im späten Mittelalter kippte die Allegorie in Bezug auf das Selbstverständnis der Kirche. Das Bezugszentrum verschob, bzw. verdoppelte sich. Man stellte die Kirche mit ihrem Papstverständnis denn auch schon kritisch bildlich dar als Monstrum mit zwei Köpfen. Die Kirche schien nun zwei Häupter haben zu sollen, Christus und den Papst, so die Kritiker. In einem Kirchenrecht, mit dem sich die Hierarchie gewissermaßen verselbstständigte, hatte man sich vom eigentlichen Haupt Christi auch losgelöst, ihn qua Amt ersetzt. Man übernahm von ihm das Recht der Vergebung und des Banns, des göttlichen Urteils.

Dies ist darum meine These und Annahme: Die Reformatoren - und mit ihnen Oldendorp in expliziter Weise - korrigierten dieses Missverständnis auf zweierlei Weise:

Zum einen korrigierten sie die missverstandene Allegorie, Identifizierung der Kirche, durch die Christus aus dem Zentrum in einen transzendenten Hintergrund gedrängt wurde. Im Bild der Engelshierarchie gesprochen: Missverständlich wird die klerikale Hierarchie als ihr von Gott eingesetztes Abbild angesehen. Gedacht war die altkirchliche Engelshierarchie in umgekehrter Richtung. Alles hat im Pantokrator sein Zentrum, wenn auch nicht als neuplatonische Seinspyramide. Das Zentrum ist von dem Umgebenden auch getrennt und wohl unterschieden. Nach reformatorischer Anschauung repräsentiert die „Kirche" nicht den Himmel, so wenig wie der Papst oder ein Priester beim „Opfer" Christus.

Für Johann Oldendorp waren Fürst und Obrigkeit verantwortlich eingesetzt für die Erhaltung von Recht und äußere Ordnung. Der Papst mit seinen Bischöfen aber wollten die Gewissen regieren und daraus auch Nutzen und Gewinn für sich selbst ziehen. Dies war Missbrauch und im höchsten Grad unbillig. „Gewinn" in Bezug auf die Gewissen ist bestenfalls das Himmelreich, die Seligkeit. Somit war die Kirche dem Simonismus verfallen, dem Handel mit Gottes Geist.

Das Amt des Papstes als Haupt einer weltweiten Hierarchie mit Namen Kirche nimmt Christus das Amt, eine Formulierung die sich des öfteren bei den Reformatoren findet. Die Reformation verweist also korrigierend auf die altkirchliche Theologie zurück. Im althergebrachten Allegorieverständnis liegt der Kern der oft beobachteten Nähe der Reformatoren zu den Kirchenvätern. „Wir verwerfen die falsche Lehre, als gebe es Bereiche unseres Lebens, in denen wir nicht Jesus Christus, sondern anderen Herren zu eigen wären, Bereiche, in denen wir nicht der Rechtfertigung und Heiligung durch ihn (- selbst - d.A.) bedürften." Dieser Satz aus der These 2 der Barmer Theologischen Erklärung von 1934 mag uns deutlich machen, für wen die Reformatoren Papst und Bischöfe damals hielten, für eben jene „anderen Herren", die sich die Christen zu eigen machen wollten, indem sie mit ihrer Beichtlehre deren Gewissen banden. Dieses Zitat mag uns zudem deutlich werden lassen, welche Bedeutung es hatte, wenn Oldendorp das Kirchenrecht nicht nur an Gottes Wort und daraus geschöpften Äußerungen des Kanonischen Kirchenrechts selbst maß, sondern letzteres schlicht als menschliches Recht ansah. Mit eben denselben Kriterien maß er auch jedes Obrigkeitsrecht.

Zum anderen aber verlor sich - spätestens bei den unmittelbaren Nachfolgern der Reformatoren - auch das Verständnis altkirchlicher Allegorie. Im 15. Jahrhundert hatte sich die Bilderwelt in den Kirchen derart verselbstständigt, dass man sich von davon radikal trennen wollte. Die Überfülle der Bilder wies mehr auf sich selbst als auf das, worauf sie demütig hätten weisen müssen. Nun machte sich bemerkbar, dass man die Erkenntnisse der Bildtheologie des 1. Jahrtausends im Westen zu wenig rezipiert hatte. Auch brachen sich die neuen Muster des Denkens Bahn, in denen solche Differenzierung wie die von Metonymie und Allegorie in den Hintergrund traten. In der Römisch-Katholischen Kirche wird das Verständnis für altkirchliche Allegorie erst im 19. Jahrhundert wieder zu stärkerer Wirkung kommen und neu bemerkt werden. Autoren wie Henri de Lubac haben mit ihren Untersuchungen zur Alten Kirche im 20. Jahrhundert wie Wiederentdecker gewirkt.

Sieht man Kirchenrecht als geistliches Recht an, das in irgendeiner Weise göttliches Recht in menschliches gießen will, sitzt man einem Irrtum auf, bzw. einer Anmaßung. Das göttliche Recht ist kein Text, sondern jeder menschlichen Rechtsausübung das Gegenüber, denn Ordnung gehört der Erde an und ist da nötig, wo die Erbsünde regiert. Davon ist auch keine „Kirche“ und kein Klosters ausgenommen. Das Himmlische Jerusalem bedarf dagegen keiner Gesetze.

Zur einer Ordnung, einem Paradigma, gehört immer etwas, was sich nicht einordnen lässt, es lebt von Vernachlässigung. Versucht man, göttliches Recht zu einem „scharfen“ Paradigma zu machen, kürzt man es und das hundertste Schaf verirrt sich in den Bergen. Aber das ius divinum ist kein Paradigma, weil es nichts vernachlässigt, sondern die gesamte Welt umgreift. Menschliches Recht dagegen muss, wie Oldendorp schreibt, dem gemeinen Nutzen den Vorrang vor dem Recht des Einzelnen geben. Himmlisches Recht verfährt anders. Das göttliche Recht ist nichts anderes als Gott in Person. Das ist Sinn der Inkarnation, der Menschheit diesen universalen Bezugspunkt zu geben. In Christus sind Mensch und Gott unvermischt und doch ungetrennt. Das Zentrum der Allegorie ist dieser Grenzpunkt.

Als das allegorische Denken seine Klarheit verlor, musste es in irgendeiner Weise ersetzt werden. Der „Kirche“ als Monstrum mit den zwei Köpfen musste etwas entgegengesetzt werden. Es kann nur ein Haupt der Kirche geben, die nun als „Christenheit“, bzw. zu errettende Menschheit angesehen wurde. Christus ist auf grundsätzlich andere Weise als der Kaiser Herr der Welt. Nur so kann der Widerspruch gelöst werden. Herrschaft im Sinn des kaiserlichen Rechts kann nicht die Art der Herrschaft Christi sein. Die Ablehnung der Hierarchie der Kirche bedeutete auch eine Ablehnung der Ansicht, dass weltliche Herrschaft eine geistliche Hierarchie sei. Zu dieser Problemlage äußerte sich Johann Oldendorp in seinen Rostocker Schriften. Recht bedarf der Billigkeit,

Göttliches Recht darf nicht in abusus geraten, jeder Magistrat bedarf des Rates.

Oldendorp betrachtete in den „Missbräuchen" die Kirche als weltliche Institution. Unter den Jüngern, also in unserem Kirche-Sein soll es keine Herrschaft geben. Menschliche Ordnung ist jedoch von Herrschaft untrennbar. Der Sinn jeder Herrschaft ist es, Bösem zu wehren, Urteile zu sprechen und Ordnung zu erzwingen. Wenn Kirche herrschaftsfrei sein soll, braucht sie auch keine dem Weltlichen gleiche Gesetze, denn ein scharfes Recht wird unweigerlich auch zum Unrecht, und das darf im Namen Gottes nicht geschehen, es ist nicht mehr göttliches, sondern menschliches Recht. So steht die Berechtigung eines Kirchenrechts im Sinne des kanonischen Rechts überhaupt infrage. Nicht die Kirche braucht ein Recht, sondern die Kirche, in der allein Gott Recht spricht, Richter und Gnadengeber ist, braucht den ihr gebührenden Schutz innerhalb weltlichen Rechts. Es ist der alte Asylgedanke, der hier greift: Die Kirchenmauern, bzw. der Friedhof darum herum ist wie diplomatisches Gelände aus der „Welt" ausgegliedert, aber in ihm werde kein bloß anderes irdisches Recht gesprochen. Dieser Raum ist immateriell, Bild des Himmels, liturgischer Raum. Kirchen sind in diesem Sinn wie exterritorial. In ihren Mauern gebe es kein anderes menschliches Gesetz, sondern nur Gottesdienst.

Johann Oldendorp hat das Römische Kirchenrecht nicht ausdrücklich und argumentativ bestritten, aber es gibt in seinem gesamten Werk auch kein Anzeichen dafür, dass er es befürwortet hätte. Er ignorierte es gewissermaßen. Auf der anderen Seite hatte der Rostocker Magistrat in seiner Verfügung von 1530 unter Oldendorps Federführung durchaus eine skizzenhafte und verbindliche Ordnung gegenüber der Kirche erlassen, die als Einführung, bzw. Geltung der Reformation in der Hansestadt angesehen werden darf. Es handelt sich dabei um eine Verpflichtung der Kirchen der Stadt auf ihre eigentliche Aufgabe. Dies geschah mit weltlicher Autorität. Die Verordnung argumentierte nicht mit Bibelstellen, theologischen Sätzen oder kraft eines kirchlichen Amtes. Diese Kirchenordnung, wenn man denn diesen Begriff für den knappen Erlass überhaupt anwenden möchte, ist eine erste Lösung für den Fall, dass es Kirchenrecht im kanonischen Sinn nicht gibt.

Oldendorp sah in jeglichem Recht das Werkzeug, um Ordnung herstellen zu können, die kritischen Rates bedarf. Nimmt das Regeln überhand, verstummt das Ratschlagen, wird Billigkeit verhindert. So hängen die drei Rostocker deutschsprachigen Schriften aus Engste zusammen.

Billigkeit in der Kirche bedeutet nichts anderes als das Hören auf Gottes Wort, denn Urteile werden hier nicht von Menschen über Menschen gefällt, sondern Sinn der Kirche ist es, auf Gottes Urteile zu lauschen. „Billig und recht ist es", mit diesen Worten begann die gesungene Präfation zum Abendmahl in deutscher Übersetzung, wie sie bis in meine Kindheit gesungen wurde. Verstanden habe ich diese schönen Worte damals freilich nicht.

In der Kirche als Versammlung Glaubender muss jedes Regeln über die liturgischen Texte und Muster hinaus auf ein Minimum reduziert werden. Hören und Verkündigung von Gottes Wort bedarf eines Freiraums, den es nur bekommt, wenn darauf achtgegeben wird, dass sich nicht fremde Stimmen hineinmischen. Gott spricht in unsere Sprache hinein und verändert sie, umgekehrt gibt es diese Veränderung nicht, braucht es sie nicht geben, sonst wäre Gott nicht Gott. Die Reformation sprach darum vom „reinen Evangelium", das zu Gehör zu bringen sei. Selbst zu sagen, in eigener Sache, hat die Kirche nichts. Sonst sinkt das Evangelium zu einer Meinung herab. Diese Abstinenz bedeutet nicht Weltfremdheit, im Gegenteil. Gottes Urteilen ist höchste Aufmerksamkeit einzuräumen.

So hat die Kirche nicht fromme Gefühle zu bedienen, braucht nicht nach Mitgliedszahlen zu jagen, sondern hat schlicht Gottesdienste zu feiern, sozusagen das Ohr Gott gegenüber wach zu halten. Um die Liturgie herum sollte sich sichtbar immer eine Gemeinschaft von glaubenden Menschen bilden, deren Merkmal nicht eine gesonderte soziale Gruppierung, sondern ihr Glaube ist, wofür es in der Welt kein Äquivalent gibt.[1] Diese überaus offenen und veränderlichen Gemeinden bilden sich, wo Menschen einander das Evangelium

1 Judentum, Heidentum oder Islam erschienen den Christen im 16. Jahrhundert als irrende Menschen, weil sie auf verschiedene Weise am wahren Gott vorbei lebten, ihn nicht recht erkannten. In den Augen der Reformatoren gesellte sich der päpstliche Teil der Kirche zu ihnen und wurde darum als Gefahr für die Christenheit, bzw. Menschheit angesehen.

verkünden, bzw. miteinander darauf hören. Dies tut man nicht mit bloßen Worten, sondern auch mit seinem Leben, als Person, einschließlich persönlichen Verhaltens. Die reformatorische Forderung nach einem Wohlverhalten der Pastoren hat nicht den Hintergrund besonderer Heiligkeit. Es ging darum, dass das öffentliche Verhalten der Prediger nicht ihre Predigt konterkarierte. Bloße Funktionäre haben Simon Magus als Heiligen. Freundschaften und Seelsorge gehören dagegen zur Kirche wie Rauch zum Feuer, sind aber nicht Kirche selbst.

So verhält sich nach Oldendorp Kirche zur Welt, göttliches Recht zu weltlichem Recht: als Korrektiv, das man nicht auf Dauer einarbeiten kann. Gott ist eben nicht selbst Natur oder eine quasi innerweltliche Person unter anderen. Der Charakter der Kirche muss dem Rechnung tragen und kann kein extra Recht haben, das sie aus der Gesellschaft herausheben würde. Ein solches gesondertes geistliches Recht würde Gottes Gnadenrecht verweltlichen. Darum waren die Reformatoren so behutsam und vorsichtig und ließen kein anderes Sakrament gelten, das nicht von Christus selbst nachweisbar eingesetzt wurde.

Für die Wissenschaft, wie sie sich heute versteht, ist Kirche Lyrik, und zwar in dem Sinn, dass sie sich nur imstande sieht, Religion analytisch als menschliches Phänomen von außen zu betrachten. „Gott" ist für sie nichts, was in ihre Paradigmen passt, es sei denn durch menschliches Denken und Verhalten, das sich an einer Fiktion orientiert. Karl Jaspers sprach von Gott als einer Chiffre. Chiffren in der Literatur sind Wörter, „die als verrätselte Symbole in einem Text in einem Zusammenhang mit meist komplexen Bedeutungen aufgeladen sind" (Wikipedia). In dieser Weise kann auch Wissenschaft von Gott reden. In dieser Weise jedoch sollte Theologie keine Wissenschaft sein wollen. Selbst, wenn man in diesem Muster des Denkens es für möglich hält, dass es „Gott" wirklich außerhalb von allem Sein oder als seinen Inbegriff „gibt", ist dies für wissenschaftliches Denken nur insofern Gegenstand, als es den Menschen betrifft, der dies „glaubt". Der Begriff des Glaubens hat sich seit der Neuzeit radikal und mehrfach geändert. Wir sagen, dass die Menschen im alten Griechenland an Zeus geglaubt hätten, für die Menschen damals wäre dies eine unsinnige Aussage gewesen. In oder an Gott zu glauben, wie es Oldendorp oder Luther verstanden haben, ist etwas anderes, als seine Existenz zu behaupten. Die Frevler der Psalmen waren für Luther zum Beispiel die „Gottlosen“, denn sie leugneten das Gute, nicht „Gott“, sondern unsere Verantwortlichkeit ihm gegenüber. Ein moderner Atheismus oder Agnostizismus war für sie absurd und unvorstellbar.

Theologie beeilt sich, „wissenschaftlich“ mit Gott umzugehen und nimmt so die Liturgie in die Hand, betrachtet das Gebäude wie die Institution „Kirche“ analytisch von außen und wundert sich schon lange nicht mehr, dass Gebet so ihr nicht mehr zugehört. Mit logischen Konklusionen betet man nicht. Aus der Gemeinde der Glaubenden wird eine Weltanschauungsgemeinschaft, die man mit rücksichtsvollen Ausnahmeregelungen, um die Gewissen und ihr Recht auf seltsame Ansichten nicht zu verletzen, gemäß menschlichem Recht behandelt. Man verlangt, dass sie ihre Belange selbst rechtlich regeln. Sollen sie getrost in der Einbildung leben, sie hätten eine andere Art von Recht, für ihre Rolle innerhalb des Staates ist dies unerheblich. Theologen verhalten sich wie Experten, die mehr vom Glauben verstehen als „Laien“ im Sinne ihrer Wissenschaft. So belehren sie mehr, als dass sie lehren. Dies darf liturgische Predigt niemals tun. In diesem Sinn aber ist Theologie längst „weltlich“. Parallel verhält sich geltendes Kirchenrecht. Es erhebt gar nicht mehr den Anspruch, anders als weltlich zu sein, insofern laufe ich mit meinen Argumenten wohl eher offene Türen ein, aber das Problem liegt darin, dass kirchliche Verwaltung über Gottesdienste entscheidet wie ein Verein über seine Veranstaltungen und zugleich nach außen der Eindruck erweckt wird, Gottes Organisation in der Welt zu sein.

Nach Johann Oldendorp bildet die Kirche kein eigenes göttliches Recht neben dem weltlichen aus, sondern hält Gottes Stimme der Welt entgegen, nicht als Besserwisserin, sondern um der Billigkeit willen. Gottes Gebot ist kein besonders gutes Gesetz, sondern Korrektiv aller sich beständig ändernden Rechtssysteme.

Gottesrecht und Menschenrecht nach Hans Dombois

Hans Dombois (1907-1997) hat in seinem Aufsatz „Politische und Christliche Existenz“ 1956[1] Johann Oldendorp mit keinem Wort erwähnt, aber es ist für uns erhellend, stellen wir seine Überlegungen, bzw. rechtshistorischen Erkenntnisse Johann Oldendorp gegenüber.

Staatlich-politische Existenz hat nach Hans Dombois bestimmte Merkmale:[2]

- das Amt der Herrschaft,
- das Gesetz,
- das Gericht.

Wir befinden uns mithin bei dieser Analyse von Hans Dombois beim Thema der Billigkeit, wie wir es bei Oldendorp beschrieben sehen. Der richtende, bzw. entscheidende Mensch sieht sich konfrontiert mit dem Anderen, dem Gesetz und der Frage nach Billigkeit, wie gerecht eine Entscheidung ist. Dafür kommt nach Oldendorp zudem nicht nur die besondere Situation in den Blick, sondern auch Gott, vor dem ich meine Entscheidung, mein Handeln letztlich zu verantworten habe. Letzteres ist Thema des Aufsatzes von Hans Dombois. Er schaut in Bezug auf die Frage nach dem göttlichen Recht historisch weit zurück: Ein Priesterkönig handelte priesterlich gegenüber Gott, politisch gegenüber den Menschen. Er tritt hinter den Tempelvorhang und gerät damit in gefährliche Verantwortung beiden Seiten gegenüber. Der Ordnung des Volkskönigtums folgte der Lehnsstaat. In ihm schied die Masse des bäuerlichen Volkes aus der Heeresfolge aus und verlor damit ihre politischen Rechte. Klerus und Ritterschaft blieben dagegen in der Heerschildordnung: Von der verleihenden Gnade des Königs kamen

1 Politische und Christliche Existenz, in: Macht und Recht, Berlin 1956, S. 98-147. Auch in den drei Bänden Das Recht der Gnade, Witten 1961-1983, taucht der Name Oldendorps nicht auf. Dieser Abschnitt hier beschäftigt sich somit nicht mit den Kirchenrechtsvorstellungen von Hans Dombois, sondern mit seinen Ansichten zum weltlichen Recht.

2 Politische und Christliche Existenz, in: Macht und Recht, Berlin 1956, S.121f.

alle Güter und Rechte her. So war der Lehnsstaat hierarchisch gedacht. Ihm folgte der Ständestaat: Nun stellten sich die Mächte auch nebeneinander. Hinzu kamen als neues Element die Stadtbürgerschaften. Der Fürst war nun nicht mehr nur Oberhaupt, sondern auch gleichsam ein Stand für sich. Es entstand besonders in der Übergangszeit vom Mittelalter zur Neuzeit hin ein Dschungel an Privilegien.

Dies ist die historische Situation, in der sich Johann Oldendorp befand. Die Reformation war nicht nur eine innerkirchliche, theologische, weltanschauliche Veränderung. In ihrem Zentrum stand die Rechtfertigungslehre, die wir missverstehen, sehen wir in ihr nur eine mehr oder weniger private Frömmigkeitsfrage. Die Gedanken um Recht und Gnade, Gottes- und Menschenrecht, waren eminent politisch, wie wir es an den folgenden Überlegungen von Hans Dombois sehen können. Wie man den Menschen, seine Macht, sein Recht ansah, war von entscheidender Bedeutung für die Stellung von Bauern, Bürger, Obrigkeit und Kirche. Worauf Reformation (und Gegenreformation) zielten, war eine neue grundsätzliche Klärung der Rechtstheologie, denn es ging der Kirche um die Bestimmung des Verhältnisses nicht nur des Einzelnen und seines privaten Gottes, sondern um Gott und Mensch überhaupt, und damit auch der Menschen untereinander als Geschöpfe Gottes, denen seine Offenbarung und sein Heilshandeln gilt. Der Mensch als Wesen geriet in den Fokus der Betrachtung nicht nur von einzelnen Gelehrten, sondern aller Glaubenden durch breite Predigttätigkeit und wachsende Volksbildung, wie sie auch Johann Oldendorp als notwendig ansah.

Die Überwindung des Durcheinanders der durch zahllose Privilegien geprägten spätmittelalterlichen Gesellschaft wirkte befreiend, auch wenn sie schwere neue Schatten warf. Es entwickelte sich der fürstliche Absolutismus. Das Volk war nunmehr weniger politisch als sozial gegliedert. Der Fürst war von der Zustimmung der Stände gelöst. Er geriet in eine gottähnliche Stellung und wurde unnahbar. Die Staatstheorie der Zeit schrieb dem großen Vater eines Landes Prädikate zu wie Allmacht, Voraussicht, Gerichtszorn und Gnade. Das war Rechtstheologie in direktem Sinn. Hans Dombois diagnostizierte eine Parallele zwischen der Offenbarung Gottes und dem geschichtsmächtigen Handeln von den Fürsten auf ihren jeweiligen Thron.

Das Herrscheramt war in alter Zeit als besonderes Charisma angesehen worden. Doch nun brach Rationalität herein. Damit zerfielen alte Ordnungen ein für alle mal. Eine neue musste an diese Stelle treten, der monistisch-finale Staat. Alles war nun auf die Staatsidee ausgerichtet, als Selbstbehauptung auf Zukunft hin. Dieser Anspruch auf Einheit brachte wiederum das Problem der Gewaltenteilung mit sich. Nun wurde Staat zum System. Er wurde zur Organisation.

Das Staatsbild prägt, so möchte man hier schon einmal einwerfen, auch die moderne Kirche. Auch sie versteht sich monistisch-final: Ihr in der Kirchenverfassung erklärtes Ziel ist die Verkündigung des Gottesreiches. Sie stellte sich das Ziel der weltweiten Mission in dem Sinn, dass nicht nur überall Christus gepredigt, sondern auch möglichst alle Menschen zu Christen werden sollten. Wie der monistisch-finale Staat sieht sie sich in Selbstbehauptung auf Zukunft hin ausgerichtet. Gegenwart versteht sich in diesem Denken als Durchgangsphänomen einer Zukunft, die Vergangenheit wird zur bloßen Vorgeschichte. Eschatologie wird nicht mehr - wie heute noch in der Orthodoxen Kirche - vor allem als etwas neben den Zeiten angesehen, sondern als ein ausstehendes Phänomen einer nicht greifbaren Zukunft.

Das ist auch in Bezug auf Johann Oldendorp zu beachten: Wir dürfen in seine Schriften keine dieser Struktur entsprechende Fortschrittsidee hineinlesen. Seine Verbesserungen durch Billigkeit haben keine Annäherung an eine irgendwie perfektere Zukunft zum Ziel. Gerade einer vermeintlichen Perfektionierung stand er kritisch gegenüber.

Die absolute Monarchie war nach Hans Dombois die letzte Form der alten und zugleich die erste der neuen Staatsform. Völlig durchgesetzt hatte sie sich nicht. Historische Abfolgen mögen ja abrupte Übergänge zeigen, aber die Vorstellungen auch vergangener Zeiten erledigen sich nicht sogleich mit einem äußeren Wandel. Der absoluten Monarchie fehlte das Gegenüber. Damit bildete sie das Vorbild für den „zweckhaft ausgerichteten modernen Einheitsstaat“. Ich ergänze: Der sich selbst erklärenden Vernunft, deren Wissenschaftlichkeit sich per definitionem nichts gegenüber stellen kann. Sie ersetzte in den Vorstellungen der Menschen das, was für Oldendorp noch Gott war.

Der absoluten Monarchie entsprang die - ebenso monistische - Demokratie der einen Nation. So wurde der Fürstenstaat zwar ersetzt, aber unter Beibehaltung der Staatsstruktur. Im ersten Schritt kam es zur konstitutionellen Monarchie. Der Fürst hatte nicht mehr nur Berater seines Willens. Entscheidend wurde allmählich die Entwicklung des Einheitswillens durch Volksvertretung.

Auch hier möge man ergänzend daran denken, auf welche Weise so ein Einheitswillen verantwortlich werden kann. Mehrheitswillen und Verantwortlichkeit decken sich nicht von vornherein. Volksbildung wird notwendig. Der Begriff der Nation wird unausweichlich als eine Art korporativer Person mit Verantwortung und Gewissen. Unser moderne Kirchenbegriff orientiert sich daran, indem sich die Kirchen als Körperschaften Öffentlichen Rechts definieren. Diese Sicht der Dinge hat nichts mit dem zu tun, was Oldendorp, Luther, Melanchthon oder die Kirchenordnung von 1552 als Kirche ansahen. Wollen wir sie verstehen, müssen wir von diesen Vorstellungen absehen.

Angesichts der immensen manipulativen Möglichkeiten unserer Zeit sieht sich die Demokratie in schwerer Krise, denn ein Mehrheitswillen ist nicht gerade das jeweils Ratsamste. Ein Volk lässt sich schwer raten. Die Vierte Gewalt wird zur Notwendigkeit, eine andere Art von Öffentlichkeit bildet sich. Ein Ausweg scheint sich in der freien Entfaltung der Wissenschaft und dem Hören auf Experten zu eröffnen. Das alte Thema der Gelehrtenrepublik bekommt neue Aktualität. Wir ringen im Abwägen zwischen wirtschaftlichem Erfolg, wissenschaftlichen Einsichten und dem Beharren auf Freiheit und Wohlstand mit Parteien und Medienmacht im öffentlichen Meinungsstreit.

Oldendorp fand die Idee des Philosophenstaates nach Plato durchaus bedenkenswert, wie seine Schrift vom Ratschlagen zeigt. Aber er hätte nicht auf die eigene Vernunft bauen wollen, sondern auf die Billigkeit in Bezug auf den Nächsten und auf Gott. Vereinfacht gesagt: Seine Vierte Gewalt sah er in der Kirche und der Predigt, der Gewissensbildung. Diese aber sollte nicht herrschen, sondern allein und unabhängig beraten. Was sollte sich dafür mehr eignen als Gottes Wort?

Schließlich kommt nochmals der Zeitfaktor ins Spiel. Entscheidungen des Willens zielen auf das Kommende. Mit dem 19.

Jahrhundert sprach man entsprechend von Fortschritt oder Niedergang, und das hatte eminente politische und gesellschaftliche Folgen vor allem im 20. Jahrhundert.

Hans Dombois stellte 1956 fest: „Man regiert fortschrittlich, man verwaltet konservativ."

An diesem Punkt können wir heute eine bedeutende Veränderung feststellen, wofür die beiden ideologischen Diktaturformen des 20. Jahrhunderts wegweisend waren: Wir verwalten zunehmend auch progressiv. Wir haben eine Projektkultur entwickelt. Obgleich ein Projekt nach dem anderen nicht nur scheiterte, durch neue, bessere ersetzt werden müssen oder gar sich als schädlich erweisen, haben Projekte heute einen großen Glaubwürdigkeitsbonus. Sie machen stets irgendetwas besser als Bisheriges. Und sie haben das Privileg eines Versuchs. Es ist ja nur ein Projekt, noch keine wirkliche Veränderung, zumindest scheint es so zu sein. Freilich sind viele Ergebnisse von Projekten durchaus irreversibel.

Auch hier ist wieder ein Vergleich heutiger Kirchenvorstellung mit den Ansichten Oldendorps erhellend. Die Kirche heute möchte mehrheitlich nicht nur einem kulturellen Fortschritt dienen, sondern sieht sich auch selbst als Kirche in einer Entwicklung, mit welchem Ziel auch immer. Ein solches Denken war für das 16. Jahrhundert schlecht vorstellbar. Kirche sollte sich gerade nicht verändern, sondern der sich verändernden Welt wie eine feste Burg entgegenstellen, denn sie sah sich als nicht von dieser Welt an, und gerade als solche sah sich in höchster Weltverantwortung. Das ist auch nicht mit einer Wertedebatte zu vergleichen. Eine Rede von ewigen Werten hätte Oldendorp der Kategorie des Naturrecht zugerechnet. Der Kirche im engeren Sinn ging es zwar auch um die Bestätigung des Naturrechts anhand des Dekalogs, aber weit mehr um die persönliche Verantwortung der Menschen Gott gegenüber, wenn auch nicht im Sinne einer Innerlichkeit, sondern durchaus in öffentlicher Existenz.

In der von Hans Dombois geschilderten historischen Entwicklung scheint Kirche - und mit ihr auch der Einzelne - auf der Strecke zu bleiben: „Die Aktualität des Glaubens und der ethischen Entscheidung wurde in die Innerlichkeit des Geistlichen verwiesen (säkular in den Bereich des Sittlichen)."

Zwei neue Formen beherrschen nach Hans Dombois die Demokratie-Gegenwart (von 1956): das liberale und das homogene Modell. Der Pluralismus besteht im formalen Nebeneinander und erschien damals in seiner Leistungsfähigkeit eher schwächer. Die stärkere Zusammenfassung aller Kräfte auf ein Ziel hin wirkte durchsetzungsfähiger, aber ist mit menschenverachtender Konsequenz verbunden. Oldendorp hatte dieses Prinzip deutlich benannt, indem er erkannte, dass das, was für die meisten gerecht erscheint, für den Einzelnen durchaus ungerecht sein kann.

Zu ergänzen ist, dass in diesen Mustern alle Parteiungen unter permanentem Erfolgsdruck stehen. Eine Regierungspartei muss stets den Spagat vollbringen, sowohl dem sachlich Dienlichem als auch Populären Rechnung zu tragen. Der (gute) Volkswille ist durch Überzeugungsarbeit zu erzeugen. Das irritiert und schaut nach Bevormundung aus. Wie soll sich diesbezüglich Kirche verhalten? Auch sie scheint auf Zustimmung angewiesen zu sein, was ihrem Auftrag nicht gerade dienlich ist. Aus dem Wichtigsten bei Oldendorp, dem Hören auf Gott wurde gegenüber einer allgemeinen Vernunft eine Nebensächlichkeit, etwas zu Vernachlässigendes. Das provoziert die Gegenbewegungen, den religiösen Fundamentalismus wie den Populismus. Beide scheren sich wenig um echten Rat, der ihnen unbequem erscheint und sich ihren Interessen querstellt.

Auch die Kirche versucht, ihre Zukunft selbst in die Hand zu nehmen. Aus dem Evangelium wird dann schon mal leicht ein Programm. Kirchengemeinden sollen ein „Leitbild" entwerfen und danach ihre Entscheidungen treffen. Niemand scheint sich an so etwas zu stören. Was war Christi Leitbild, bzw. was ist Gottes Leitbild für uns? Das Reich Gottes ist nichts, was man mit solchem Begriff zu fassen bekommt. Das Evangelium ist nicht unser „Programm", etwas „Vorgeschriebenes". Um solche Irrtümer zu vermeiden, ist es nützlich und hilfreich, in die Geschichte wie bei Oldendorp zurückzublicken, deren Vorstellungen ohne solche Muster auskamen. Die Grundidee einer Projekt- oder Leitbildkultur war Hegels Dialektik, auch wenn er sich selbst am Ende der Geschichte wähnte. Vorschriften, Programme, Leitbilder, Visionen, die Idee der Realisation sind im Sinne Oldendorps sämtlich Gesetze, die in ihrer Schärfe stets unbillig werden. In der Welt brauchen wir sie, aber nicht in der Kirche, die wesentlich Gottesdienst ist.

Nicht nur kluge Dinge werden produziert, sondern auch Gesellschaftsstrukturen „gestaltet", was ein netteres Wort ist, aber nicht verleugnet, dass hier etwas bewirkt werden soll, von dem zunehmend unklarer wird, was als gut und recht zu gelten hat, da noch gar nicht geschieht, wovon die Rede ist und wofür die Kräfte gebunden sind. Um ein Beispiel aus der Technik zu nehmen: Heute erscheint die Umstellung aus

E-Autos als ethisch geboten, aber niemand weiß, welche Rohstoffkämpfe damit verbunden sind und welche Auswirkungen diese Umstellung sonst noch haben wird. So erschienen auch die Entdeckungen von Dynamit oder Atomkraft zunächst als „gut" und geboten.

Wie im Mittelalter schon mal als gut galt, was alt und bewährt erschien, gilt heute schon mal als vermutlich besser, was neu und unbewährt ist. Es hat das Argument der Kritik durch Verbesserung auf seiner Seite. Dass man noch nicht wirklich weiß, welche Auswirkungen es haben wird, wird positiv bewertet, statt Misstrauen zu erregen. Kirche möchte „mit der Zeit gehen", „zeitgemäß" agieren. Nicht nur für sie erscheint „Zeit" als eine eigenständige, fast personale Größe, wenn nicht sogar als Mammon[1].

Da sieht man sich dann auch in der Pflicht, etwas „gegen die träge und uneinsichtige Masse mit heiliger Überzeugung" durchzusetzen, von dem man glaubt, es sei vermutlich gut und recht, schon weil es das verändert, was offensichtlich nicht so ganz gut und recht ist. Das dem zugrunde liegende kausal determinierte physikalische Weltbild war allerdings schon vor einem Jahrhundert als ungenügend erkannt worden:

„Eine Kausalitätsvorstellung, die den Menschen als Subjekt oder als Objekt, nicht aber im Wechselbezuge sieht, ist heute unmöglich geworden." So Hans Dombois. Man macht dem Volk weis, man müsse nur den Richtigen wählen. Das System lässt den Parteien auch keine Wahl, sich anders zu verhalten. „So entsteht Personalität ohne Geschichte und Geschichte ohne Personalität." Der z.T. immer noch angestrebte Einheitswillen erweist sich als Mythos.
Hans Dombois unterscheidet mit Gerardus van der Leeuw nicht Gemeinschaft und Gesellschaft, sondern Gemeinschaft und Bund: In die Gemeinschaft bin ich geboren, den Bund wähle ich.
Das hieße für die Kirche: Weil es die Kindertaufe gibt, ich von Gott berufen bin, bzw. die Taufe uns zum Volk Gottes werden lässt, bildet sie auch Gemeinschaft, nicht nur einen Bund. Dombois unterscheidet: „Gemeinschaft geht von einer objektiven, vorgegebenen Ordnung aus, Bund (dagegen) von der subjektiven freien Entscheidung des Einzelnen."

Kirche tendiert heute gern in die Richtung eines Bundes nach der Terminologie gemäß van der Leeuw. Zumindest wird sie zumeist als ein

1 Das Wort meint Besitz und Vermögen, das sich aber bei näherer Betrachtung als Unwahrheit und Täuschung erweist.

solcher von außen her angesehen, weil die Existenz Gottes eher zweifelhaft erscheint. In ihren Augen ist der von der Kirche angegebene Gemeinschaftsgründer fiktiv.

Es handelt sich jedoch nach Oldendorp bei der Kirche weder um einen Bund von Menschen untereinander, einer Art Weltanschauungsgemeinschaft, noch um ein Volk Gottes, das sich vom Rest der Welt abheben sollte. Es gibt eine Parallele zwischen dem mittelalterlichen Klerus als Kirche im eigentlichen Sinn und der Rede vom Volk Gottes in der Römisch-Katholischen Kirche des 20. Jahrhunderts. Damit entsprach das 2. Vatikanische Konzil einerseits dem Anliegen der Reformation. Der „Christenheit" entspricht das „Volk Gottes". Andererseits ist dieses „Volk Gottes" eine Gemeinschaft von Menschen mit einer eigenen Ordnung, dem Kirchenrecht mit göttlicher Autorität und einem Papst als Oberhaupt, Monarch und einem Parlament, dem Konzil. Dies wiederum widerspräche dem reformatorischen Anliegen. Kirche ist nach der Terminologie von Hans Dombois doch eben eine Gemeinschaft, allerdings keine sich absondernde. Eschatologisches Ziel ist, dass „alle Menschen zu Erkenntnis der Wahrheit kommen", ihnen allen geholfen werde, was nicht heißt dass wir jeden Menschen unbedingt und um Gottes Willen zu taufen hätten. Gott kann auch ohne Taufe und Christlichen Glauben Menschen in den Himmel heben wie selbst Adam und Eva oder die Propheten.

Kirche sieht sich heute juristisch als „öffentlich-rechtliche" Gemeinschaft von Menschen an. Ein Volk als Gemeinschaft hat nach Hans Dombois grundsätzlich drei Bereiche: eine politisch-nationale, eine ökonomisch-soziale und eine religiöse Dimension. Erst in der Aufklärung rutschte der religiöse Bereich in den des Bundes von in einer bestimmten Hinsicht Gleichgesinnten und wurde so zu einer Frage subjektiven Bekenntnisses. Seit Kaiser Konstantin galt die Gleichung: Ein Land = ein Kultus. Sieht man Kirche als einen Bund subjektiver Bekenner an, rücken mit gleichem Anspruch Philosophie oder Weltanschauungen daneben, heute umfassender und unbestimmter als Kultur bezeichnet, dem Herkommen und der Rolle nach Religionsersatz.

Der Staat musste nun diesem gegenüber neutral werden, wobei er das Wesen der Kirche nicht begreifen kann und nach Dombois auch unfähig ist, dies Wesen rechtlich auszudrücken. Das bedeutet eine große Schwierigkeit, die an den Satz von Rudolf Sohm gemahnt, dass Kirchenrecht dem Wesen der Kirche widerspräche. Die Kirche kann vom Staat nur missverstanden werden, bis schließlich die Kirche sich auch selbst missversteht.

Für den Pluralismus gilt nach Hans Dombois, dass es keine konstruktive Verbindung zwischen den Gruppen gibt. Hier müsste freilich weiter gedacht werden und zum Beispiel auf die ersten Erfahrungen des interreligiösen Dialogs geschaut werden, wofür der jüdisch-christliche Dialog beispielgebend ist.

In Bezug auf den Ständestaat, wo die verschiedenen Bereiche von politisch, sozial und religiös zusammenfielen, stellte Dombois fest: „Der Sinn der früheren Ordnung ist vollständig unverständlich geworden." Das bedeutet dann wohl auch, dass wir große Schwierigkeiten haben, die Reformation aus heutiger Sicht zu verstehen. Zugleich bringt die Beschäftigung damit mit sich, dass wir unsere eigenen Gegebenheiten zumindest im Ansatz wie von außen sehen.

Luther unterschied im Sermon vom großen Abendmahl „die Lehre von den drei ordines, dem ordo politicus, oeconomicus und ecclesiasticus und stellt fest, dass jedermann in allen drei Ständen zugleich lebe." Zugleich aber gehörte jeder einem der Bereiche vorzugsweise an: Wehrstand, Lehrstand und Nährstand. „An Stelle jener objektiven Zusammenordnung der Lebensbereiche finden diese ihren Vereinigungspunkt nunmehr ausschließlich im bewussten Willen des Individuums; es allein muss auf sich selbst gestellt sie zu einer Einheit verarbeiten. Diesen Zustand nennt man Freiheit."

Die drei genannten Bereiche des Menschen greifen ineinander. Dieselbe Ordnung hebt die Freiheit auch wieder auf. Das sah Hans Dombois als die Existenznot auch der Moderne an. Da der Mensch in dieser Spaltung nicht leben kann, sucht er sich in Einheitsmythen zu flüchten. „Der Mensch ist zu definieren durch die Stellung zwischen Gott und dem Nächsten. Eben dies aber ist keine innerweltliche, säkulare, menschliche Möglichkeit. Der Prüfstein dafür ist der Kultus, der Gottesdienst, die völlig zweckfreie Gemeinschaft der Anbetung, des Lobens und Dankens und damit die konkrete, sichtbare Kirche." „Wir haben erlebt, dass wir Gleichheit nicht in der Freiheit, und Freiheit nicht in der Gleichheit zu haben vermögen. Die Freiheit vermag keine Gleichheit herzustellen, und die Gleichheit keine Freiheit zu gewährleisten. Es zeigt sich, dass die antichristliche Trinität der ‚Freiheit durch die Gleichheit in der Brüderlichkeit' in Wirklichkeit eine sehr unheilige Dreiuneinigkeit ist, die die Welt in tödliche Gegensätze treibt."

Alle Vorstellungen von einem metaphysischem Geschichtssinn erweisen sich nach Hans Dombois als Mythen, die man besser entmythologisiert.

Sieht man aus diesem Blickwinkel auf die biblische Eschatologie, wäre zu sagen, dass sie das Gegenteil eines metaphysischen Geschichtssinns ist, denn das Heil der Geschichte liegt nicht in der Zukunft, sondern mitten in und zugleich jenseits aller Zeiten. Das Ziel der Zeit ist Gott und nicht ein Punkt auf einer Zeitskala.[1] Theologische Ausrichtungen haben im hohen Maß auch rechtliche und politische Konsequenzen, das zeigt sich auch an den Schriften Oldendorps. Die Frage nach dem Gewissen, um die es bei ihm in der Frage nach dem Guten und Billigen geht, betrifft nach Hans Dombois auch die Staatslehren. Er unterscheidet:

1. Die **pelagianische Staatslehre** geht von einer Mitwirkung am Heil aus. Ihr entspricht die scholastische Dreistufung von positivem, natürlichem und göttlichem Gesetz[2]. Thomas von Aquin: „gratia naturam non tollit, sed supponit et perficit". [Gnade hebt die Natur nicht auf, sondern unterstützt und vollendet sie.]

---

1 Die Einordnung der Eschatologie in eine Zeitschiene, die Gottes Kommen als den Tag X am Ende der Zeit beschreibt und damit aus der Gegenwart, unseren Lebenstagen verbannt, ihn zum Tag Nimmerlein erklärt, sollte man unter die gefährlichen Irrlehren rechnen. Besonders krass ist die entsprechende Auslegung, nach der Jesus und seine Jünger sich darin geirrt hätten, dass ihre Naherwartung nicht eingetroffen sei, Christus mithin sich in völligem Irrtum befunden hätte.

2 Hans Dombois stellt die drei Rechtsbereiche von unten nach oben dar wie ein Steigerung. Man kann die Struktur ebenso umgekehrt sehen, und so sah es wohl Oldendorp. Zugrunde liegt allem das ius divinum, dann gibt es das ewige Naturrecht, das aber von dem ersten ebenso unterschieden ist wie Gott und Mensch. Schließlich gibt es zeitlich das positive Recht, das um der Billigkeit aufgerichtet wird und möglichst dem Naturrecht in der Verantwortung vor Gott entsprechend sollte, also billige Entscheidungen ermöglichen soll.

Hier sind wir also mitten in dem Thema, das Johann Oldendorp umtrieb: Handelt es sich beim positiven Recht um die Explikation des göttlichen Gesetzes?

Der bürgerliche Staat versucht, die böse Macht durch die Verteilung auf verschiedene einander kontrollierende Organe unschädlich zu machen: Gesetzgebung, Verwaltung und Rechtsprechung. „Dies bedeutet die Übertragung der Metaphysik der lückenlosen Kausalmechanik in die politische Wirklichkeit." - Voraussetzung ist dabei die Anerkennung der Vernunft, des Gottes der Philosophen. An die Stelle des Heils im biblischen Sinn tritt das Wohl der Menschen.

Nach Oldendorp hat das Streben nach Heil auch seine Wirkung in Bezug auf das Wohl des Menschen, aber es ist nicht damit in eine gemeinsame Ordnung zu bringen. Auch im Unglück vermag man das Heil zu erlangen, was aber nicht bedeutet, dass das Streben nach Heil mit dem äußeren Wohl zu verwechseln sei. Für das Wohl bedürfen wir der Vernunft, für das Heil Glauben. Dem Wohl dienen sowohl das Naturrecht als auch das positive Recht. Heil können sie nicht bringen. Der aber nach dem Heil aus Gottes Hand strebt, dem liegt auch das Wohl des Menschen am Herzen. Das dazu passende Gleichnis ist das des Reichen Kornbauern mit den anschließenden Versen, das wir nicht ohne die Bergpredigt lesen sollten: Trachtet nach dem Reich Gottes, so wird euch zufallen, wessen ihr bedürft.

2. **Chiliastische Staatslehren**

Dies Problem weiter zu erklären, erübrigt sich uns nach dem 20. Jahrhundert und den ideologischen Diktaturen, die Hans Dombois auch in diesem Zusammenhang benannte. Als Kirchenrechtler sah er, dass dazu immer eine Art Prädestinationslehre gehört. Es gibt kaum einen höheren Zwang als den, dass es so kommen muss, wie von den Regierenden gewollt. Die Ideologien steckten nicht nur Ziele ab, sie argumentierten mit der Unausweichlichkeit einer bestimmten Entwicklung, die sie diagnostizierten.[1] Neuere Varianten kennen wir

---

1 „Hegel war der erste, der das Verhältnis von Freiheit und Notwendigkeit richtig darstellte. Für ihn ist die Freiheit die Einsicht in die Notwendigkeit. ‚Blind ist die Notwendigkeit nur, insofern dieselbe nicht begriffen wird.' Nicht in der geträumten Unabhängigkeit von den Naturgesetzen liegt die Freiheit, sondern in der Erkenntnis dieser Gesetze, und in der damit gegebnen

als Fundamentalismen, die allesamt in irgendeiner Form pseudoreligiös sind. Mit Gott aber ist kein Staat zu machen. Gott kann und will nicht ungerecht sein, und das zu vermeiden gelingt keinem Staat, auch keiner irgendwie staatsrechtlich geordneten „Kirche".

Für eine vermittelnde Lösung griff Hans Dombois auf die Hegelsche Staatstheorie zurück, nach der Sittlichkeit und Freiheit voneinander abhängig sind und eine untrennbare Einheit bilden. Den Staat definiert Georg Wilhelm Friedrich Hegel als die selbstbewusste sittliche Substanz, die Vereinigung des Prinzips der Familie und der bürgerlichen Gesellschaft. Der Staat ist das an und für sich Vernünftige, in dem die Freiheit zu ihrem höchsten Recht kommt, wobei dem einzelnen Menschen die höchste Pflicht zukommt, Mitglied des Staates zu sein. Liebe und Einheit, Freiheit und Pflicht halten das Staatswesen zusammen. Der Staat ist mit anderen Worten Vernunft. Das ist politische Romantik, die die Probleme der beiden aufgeführten Arten nicht aufhebt, so urteilte Hans Dombois.

Für unsere Ohren heute kaum zu glauben, die wir uns in der Kirche in der uns zugewiesenen Nische des Zusätzlichen und Privaten gut eingerichtet haben, stellte Hans Dombois dem allen die lutherische Lehre von den beiden Reichen entgegen. Dabei greift er weit in die Geschichte zurück: Das Konzil von Chalcedon 451 gibt mit der christologischen Formel dafür den Hinweis und notwendigen Begrenzungen:

- Die Vermischung der Naturen tritt ein, wo wir glauben, das Göttliche im Menschen zu haben.
- Die falsche Trennung beider Bereiche verbannt Gottes Wort in das Private und sucht es so wirkungslos zu machen.

Hans Dombois spricht darum in Bezug auf die zentrale Frage der Rechtstheologie von impliziter Definition, „d.h. dem Denken von Grenzwerten her". „Es fordert also die politische Existenz, um durchgehalten werden zu können, die christliche, nicht als ein Mittel, sondern als ein Kontrapunkt. Beide können nicht getrennt werden,

---

Möglichkeit, sie planmäßig zu bestimmten Zwecken wirken zu lassen."
Friedrich Engels im Anti-Dühring 1877.

so wie sie nicht zusammenfallen." Damit hat er die Haltung Johann Oldendorps getroffen, wie sie sich uns in den Rostocker Schriften darstellt.

Kirche als Überstaat geht demnach ebenso fehl wie der Staatskatholizismus von Hegel. Staat ohne Kirche schafft sich selbst immer neu eine Ideologie, die das ersetzen muss. Umgekehrt ist das Christentum als Ideologie einer Herrschaft ebenso schädlich.

Religion und Ideologie spielen heute nicht mehr ihre tragende Rolle. An ihre Stelle tritt der bloße Entwurf, bzw. der Schein eines undurchführbaren Programms. Um dem allgemeinen oder schlecht verborgenen Eigeninteresse der auf Zeit Herrschenden Zustimmung zu verschaffen, werden alle möglichen Einflussmethoden gewählt. Die bessere Seite bemüht sich um praktische Wissenschaftlichkeit. Man greift zurück auf Erkenntnisse von einzelnen Denkern, wissenschaftlichen Tendenzen oder auch Einsichten der beobachtenden Medien und versucht so den Problemen Herr zu werden. So regieren nun tatsächlich häufig genug Räte, und es zeigt sich, was geschieht, wenn diese ihre Position verlassen und selbst zu Regierenden werden. Zum anderen greift das Phänomen der Unregierbarkeit um sich, nicht nur in gewissen Ländern, in denen offene Anarchie, bzw. Willkürherrschaft nur noch mit Gewalt den Anschein einer Regierung gibt. Die globale Ökonomie organisiert sich selbst nach Erfolgs- und Gewinnprinzipien. Dem mit Enthusiasmus vor Jahrhunderten begrüßten Naturrecht gehorcht der Kapitalismus ebenso wenig wie den Geboten Gottes, so funktioniert keine Maschine, so lässt sich auch keine Künstliche Intelligenz programmieren. Die Verantwortung der Maschine ist nur eine scheinbare, damit allerdings entspricht sie auch einer Institution, die höchstens eine juristische, aber keine persönliche Verantwortung haben kann.

Dass die alte staatstragende Rolle von Religion oder auch Ideologie passé zu sein scheint, bedeutet nicht, dass etwas Neues an ihre Stelle getreten wäre. Wissenschaft kann nicht aus sich selbst aus ihren Erkenntnissen heraus Verantwortung und Gewissen tragen. Die Notwendigkeit der Predigt, nicht um des Selbsterhaltes der Kirchen, sondern um aller Menschen wegen besteht nach wie vor, aber in anderem Kontext, in einer sich beständig verändernden, sich umstrukturierenden Welt. Diese Aufgabe freilich wirkt heute besonders missverständlich, da man weithin von einer Religion für den Privatbedarf ausgeht oder im Gegenteil mehr oder minder fundamentalistisch theokratischen Ambitionen folgt. Obgleich es gegensätzlich erscheint, gehen beide Richtungen nur allzu häufig eine Symbiose ein.

Fehlt die kritisch-bedenkende Ausrichtung der Predigt - im weitesten Sinn - auf Kultur, Gesellschaft und Staat, machen sich Surrogate breit, die freilich oft bedenkenswerter sind als die Kirche. Es bedarf des „guten Willens". Auch ein Grundgesetz muss getragen werden, um wahrhaft zu gelten. Recht aber kann sich nicht selbst begründen. Fehlt diese lebendige Begründung, wird das Recht irgendwann nicht mehr akzeptiert und für bloße, umstößliche, antastbare Tradition angesehen, die irgendeiner aktuellen Nützlichkeit im Wege ist und die man beliebig modifizieren, sich anpassen kann. Dann ist auch die Würde des Menschen nicht nur „antastbar", sondern wird einfach missachtet.

Hans Dombois sprach im Blick auf Reformierte des 16. Jahrhunderts von einer „Verkündigungstheokratie", die zwangsläufig durch Fehlurteile auffällt. Dies darf man auch in unseren Tagen getrost als Gefahr ansehen, für die allerdings alle Konfessionen gleichermaßen anfällig sind.[1] Dombois führt als Bild den Begriff der Amfortaswunde an: d.i. die Wunde, die nur durch den heiligen Speer zu schließen ist.[2] Es gibt keinen Ersatz für Verantwortung und Gewissen. Im Bild von Oldendorp: Maß zu nehmen gilt es für die Billigkeit an Gottes Wort, aber nicht im Sinn des Buchstabens, sondern als Person. So wendet sich Hans Dombois zu guter Letzt der Demokratie zu, die nicht an und für sich schon das Heilmittel eines guten Staats ist.

Demokratie erschien zunächst als Aufhebung von Herrschaftlichkeit:[3]

„Alle politischen Akte werden gesetzlich gedeutet und umgestaltet; durch die Übereinstimmung mit dem allgemeinen Gesetz, dem allgemeinen subjektiv-vernünftigen oder freien Willen ist das

---

1 Unsere Kirchen sind nicht fundamentalistisch, aber sie sind auf diesem Auge blind, wenn sie sich selbst für Experten moralischer Werte halten und Gottes Wort gleich einer politische Meinung einbringen.

2 Daher kommt der Ausdruck „offene Wunde".

3 Dennoch ist sie selbst ebenfalls eine Herrschaftsform. Eine Mehrheit regiert über eine Minderheit. Dass eine gute Demokratie Minderheiten schützt, der Freiheit auch des Widerspruchs Raum gibt bis hinein ins Parlament und auf guten Rat zu hören weiß, zeichnet sie aus. Das freilich sollte nach Oldendorp auch schon für einen guten Fürsten gelten.

Handeln des Staatsmannes entschuldet, entschuldigt und gerechtfertigt."

Die persönliche Verantwortung wird damit freilich auch mal ausgeschaltet: Die Regierung wird zum Vollzugskomitee. „Der Vollzug des objektiven Weltsinns ist niemals schuldbeladen; die Übereinstimmung mit dem allgemeinen freien Willen macht den Irrtum entschuldbar." Gute Verwaltung darf zudem nicht mit gutem Regieren verwechselt werden. Das bringt Verdrängung echter personaler Verantwortung mit sich. Es lässt sich gut ins Gesetz flüchten. Der Staat steht in dieser unheilvollen Spannung: „Der Liberalismus ist ein Irrtum; der Totalitarismus ist eine Perversion."

In Bezug auf das Gerichtswesen steht es um die Alternativen nicht besser. Hier scheint die Alternative zu bestehen zwischen Tribunal und Auflösung der Strafe in Pädagogik. Das Gericht „hebt also die Ambivalenz von Schutz und Strafe, von Gewährung und Versagung, von Binden und Lösen auf." „Rechter Staat ist also dort, wo weder die Gleichsetzung zwischen politischem Handeln und Willen Gottes behauptet, noch die Unablösbarkeit politischer Existenz mit allen ihren institutionellen Folgerungen angetastet wird." Auch die Billigkeit nach Oldendorp ist nicht Gleichsetzung von Handeln oder Rechtsetzung und Gott, sondern das Anstreben der Billigkeit im verantwortungsvollen Gegenüber. Definitiv erreicht oder festgeschrieben kann sie nicht werden, was nicht heißt, dass wir prinzipiell zur Unbilligkeit verurteilt sein würden.

Der Rechtsstaat stehe also nach Hans Dombois zwischen Gesetzesstaatlichkeit und Dezisionismus. Auch Letzteres ist nicht im Sinn Oldendorps, wonach die konkrete Entscheidung das Wesentliche wäre. Der entsprechende Fragenkomplex war mit Wilhelm von Ockham (1288-1347) und Gabriel Biel (1410-1495) nicht nur für Luther, sondern auch für Oldendorp präsent. Die Entscheidung steht nicht über dem Gesetz, hebt es nicht auf, sondern behält sich vor, das Gesetz (in dessen eigenem Sinn) nicht immer und überall in aller Schärfe anzuwenden. Strafgewalt muss sich zwischen Terror und Pädagogik zu halten wissen. Demnach reicht nicht eine rein individualethische Stellungnahme, das überfordert jeden Christenmenschen. Auch ist der bloße Verweis auf Situationsethik unzureichend, die ganz auf Allgemeingültiges verzichtet.

Wie ist demnach das Verhältnis von Staat und Kirche, bzw. von göttlichem und menschlichem Recht zu bestimmen? Hans Dombois fasste zusammen: „Der Staat lebt nicht nach den Weisungen der Kirche, sondern von den Früchten ihrer geistlichen Existenz." Damit traf Hans Dombois, worauf es Johann Oldendorp ankam.

Die Kirche bewahrt den Staat davor, „sich selbst zur Pseudokirche und Heilsgemeinschaft zu machen", ermöglicht ihm, weltlich zu sein. Sie ist ihm ein notwendiges Gegenüber. Der Staat braucht es, dass seinen Absolutheitsansprüchen entgegen gewirkt wird. Es gilt Freiheit zu bewahren gegenüber Einheitstendenzen und -mythen. Die Erfahrung der Barmer Erklärung schlägt hier durch. Kirche ist herausgenommen aus der Welt und zugleich in sie eingebunden. Die Inkarnation Gottes in Christus gibt das Muster der Existenz der Kirche, Christus ist ihr Haupt.

Die Kirche stellt also eine Person einzigartiger Weise dar. Ihr Haupt ist nicht von dieser Welt, also darf sie sich auch nicht als jemand geben, der von ihr wäre. Dennoch ist sie in der Welt, und alle Glieder sind von der Welt und können dem auch nicht entkommen, solange sie leben. Ebenso haben Christen bereits himmlisches Bürgerrecht. Kirche bildet so etwas wie einen Grenzposten. Sie ist nicht „Person" im rechtlichen Sinn, auch wenn sie von Seiten des Staates so behandelt werden muss, weil dieser sie nicht anders einzuschätzen und zu behandeln vermag. Weder Papst noch Kirchenleitung oder Synode sind ihr Haupt. Ihre Seele ist der Gottesdienst, das Fenster zur Ewigkeit. Die Kirche als Organisation muss wissen, dass sie eine weltliche Angelegenheit ist, wenn auch dem Geistlichen zugewandt und dessen Schutz bemüht zu sein hat. Für sie als Institution gilt in hohem Maße, dass sie sich nicht in die Predigt mische und sich selbst als Veranstalterin missverstehe. In Bezug auf Gott ist sie keine Person. Darum muss sie sehr achtsam sein, wenn man sie in der Gesellschaft als eine solche ansieht. Sie spiegelt nicht den Leib Christi, sie entspricht ihm auch nicht. Ein überaus sensibles Amt ist darum das der Predigt, mehr noch als das Amt der Sakramentsverwaltung, das nach Ritus abläuft. Da spricht nicht Christus, der Prediger hilft auch nicht Gottes Wort auf, sondern es handelt sich dabei in erster Linie um ein hörendes Amt, das höchste Zurückhaltung und Demut verlangt. Genauso wie dabei auf Gottes Wort zu hören ist, muss die Befindlichkeit der Mithörenden geachtet werden. Um mit Oldendorp zu sprechen: Billigkeit soll eingeübt werden. Es gilt bei der Schrotwaage des Gewissens auf Gott zu hören, nicht damit der Prediger über die Zuhörer oder die Welt urteilt, sondern die sich so bildende Öffentlichkeit der Gemeinde sich billig verhalten will und mag, gut und recht eben.

Nach Johann Oldendorp gibt nicht Christus die Begründung des Rechts. Diese liegt im Naturrecht, der Schöpfungsordnung. Christus ist vielmehr der Richter, der im Unterschied zu unserem Recht dezisionistisch handelt, nicht aus Willkür, sondern aus Liebe. Er ist an kein Gesetz gebunden, kein Gesetz vermag seinem Urteil nachzukommen.[1] Das heißt nicht, dass wir auf Erden ohne Gesetz auch nur versuchen sollten, die Gesellschaft zu ordnen.

Liturgie und Recht

Die Propositiones de missa von Philipp Melanchthon

Verfasst sind die Thesen Melanchthons zur Messe bereits um 1521. 1525 erschienen sie auch in deutscher Sprache, vielleicht von Bugenhagen übersetzt. Damit haben wir unabhängig von Wörterbüchern einen steten Vergleich, an welche lateinischen, bzw. deutschen Begrifflichkeiten man damals dachte.

Ich füge diesen Exkurs ein, weil Melanchthon in diesen Thesen der Frage nachgeht, wie es sich konkret um die Wirkung von Gottes Wort auf den Christen, bzw. die Kirche verhält. Wenn man der Frage nachgeht, wie sich die beiden „Regimenter" dem Wollen der Reformatoren gemäß zueinander verhalten, sollte man nicht nur nach theoretischen Mustern oder allgemeinen Definitionen Ausschau halten, sondern den Fokus auf das Herzstück der Kirche richten, das sonntägliche Abendmahl mit der dazugehörigen Wortverkündigung.

1 „Das Gute ist das Gute, weil Gott es in seiner Allmacht so wollte. Er hätte auch anders entscheiden können, sonst wäre er nicht allmächtig", so sagte es Wilhelm von Ockham sinngemäß.

Melanchthon unterscheidet innerhalb des Evangeliums - nicht im konkreten Sinne der vier Evangelien, sondern des Begriffs von der Offenbarung Gottes in der Menschheit - Glaubenslehre, Glaubensfrüchte[1] und die Zeichen der Verheißung, bzw. Glaubensworte. Diese Zeichen (signa) sind weder Gerechtigkeit noch Früchte der Gerechtigkeit, sprich: des Glaubens. Es sind nicht unsere Zeichen, sondern sie sind der Verheißung, der Zusage zuzuordnen. „Wort des Glaubens" aus These 1 ist kein genitivus subjectivus. Nicht der Glaube spricht hier, er selbst ist somit nicht mein Werk. Die liturgischen Zeichen sind also weder gute Werke noch Opfer, mit denen wir Gerechtigkeit zu erlangen trachten sollten, wie es damals verstanden wurde. Die Messe sah man ja üblicherweise als Werk und Mittel zur Erlangung der Vergebung an, was die Reformatoren jedoch von sich wiesen.

Die Zeichen sind dinghaft (res), wodurch wir erinnert werden, nicht mit denen wir erinnern. Wir werden durch sie erinnert und versichert (certificamur). Das ist die passive Seite des Glaubens. Das muss heute wieder betont werden, denn gemeinhin versteht man auch heute den Glauben in erster Linie als Glaubensentscheidung, den Akt des Annehmens, sich auf etwas einzulassen. Das Tun Gottes tritt dabei leicht in den Hintergrund. So nehmen wir das „Wort" eher als etwas uns zur Verfügung Stehendes wahr, nicht als Sprachereignis. Das lateinische res bedeutete im 16. Jahrhundert wie auch bei Oldendorp nicht nur ein Ding, sondern ebenfalls einen Vorgang, ein Geschehen, Verhandlung, eine Sache im aktiven Sinn, wie der weit später aufkommende Begriff der „Tatsache". Im Glauben spricht Gott mit seinem Wort, dessen werden wir kraft der (äußerlichen) Zeichen erinnert. Im Sinn hatte Melanchthon (These 7) die beiden Sakramente Taufe und Abendmahl. Letzteres nennt er „Genießung (an) Gottes Tisch".

Die „Erinnerung" (admonere) zielt auf das Herz. Das sind die beiden Endpunkte des Glaubensgeschehens: Gottes gnädiger Wille und das Herz des Menschen, nicht sein Verstand. Das Herz, bzw. unser Wille ist das Gegenüber von Gottes Willen. Das sollte man auch bedenken, fragt man nach der Kulturgeschichte des freien Willens.

1 „doctrina operum" - Der Begriff wird auch in CA XX verwendet.

Melanchthon vergleicht die Zeichen mit einem bevollmächtigenden Siegel, das für sich nichts ist, aber im Rechtsverkehr alles. Das Zeichen des Kreuzes erinnert mich an den Tod Christi, es ist aber kein gutes, also verdienstliches Werk, es anzuschauen. Ebenso ist die Sonne uns ein Zeichen für das Evangelium oder Christus (Mt 5, Joh 8). Sie ist uns zum Zeichen geworden, gesetzt, allerdings im Unterschied zu den Sakramenten nicht von Gott selbst mit Worten verbunden. Die Einsetzung (instituere) der Sakramente ist ein juristischer Begriff, und eben darum geht es hier auch: Die Sakramente sind von Gott „aufgesetzt" (tradere) und können so „gewisslich anzeigen", „dass mir die Gnad geschenkt sei". Diese Zeichen tragen nicht das Siegel, sie sind es.

These 14 fasst zusammen: „Die Zeichen, die von Gott aufgesetzt sind,... versichern das Herz des Menschen dem Willen Gottes." In These 15 zeigt Melanchthon, dass er sich dessen durchaus bewusst ist, hiermit die gesamte Bilderfrage in den Blick zu nehmen, weicht aber zugleich aus: „Damit lobe (probo) ich nicht die Bilder." Angesichts der immensen Rolle der Bilder im liturgischen Geschehen des Mittelalters galt ihm hier die Vorsicht, die es bei den Reformatoren auch gegenüber der Frage gab, welche der Sakramente denn wirklich von Christus eingesetzt wurden. Die Bildtheologie des 1. Jahrtausends wurde bei den Lutheranern nicht gebührend wahrgenommen, aber auch nicht (freilich bei weitgehender Unkenntnis) rundweg abgelehnt wie bei den Reformierten. Diese Vorsicht zeigt, wie sehr es ihnen bei dem Wort Glauben um das Tun Gottes ging und nicht um menschliches Meinen oder urteilend für wahr Halten.

Die nächste These nimmt das Unbehagen Lessings voraus: „Ich wollte Gott gern glauben, wenn er selbst mit mir redete wie mit den Vätern (des Alten Testaments)." Am Beispiel der Opferung Isaaks - eine der alttestamentlichen Bezugsgeschichten zum Abendmahl - nimmt Melanchthon als das entsprechende Zeichen nicht das Wort an Abraham, sondern den zu opfernden Widder. Dem Glauben steht das „Misstrauen (diffidentia) des Herzens" entgegen, darum kommt zum Wort das Zeichen hinzu.

Dies lässt an das mittelalterliche Argument denken, dass Bilder Sprache der Analphabeten seien, aber dafür setzten die

Reformatoren nun die Predigt an erste Stelle.[1] Melanchthon denkt als Pädagoge: Es gilt, den Menschen in seinem Herzen offen werden zu lassen für das Reden Gottes und somit auch für die im Glauben folgende Annahme von Gottes Willen.

Als Beispiel nimmt Melanchthon das Zeichen des zweifelnden und unsicheren Gideon, der ein Zeichen begehrt und Gott lässt dann auch für ihn das Vlies nass werden. Gott versichert den Menschen durch das Zeichen.

Die Zeichen des Neuen Testamentes haben - ganz wie bei Lessings Unbehagen später schon für Melanchthon - den entscheidenden Mangel, dass die zugrunde liegenden Ereignisse lange her sind, weil sie nicht „eigentlich anzeigten, dass Gottes Gnade *uns* anginge" (These 20). These 21: „Darum ist das der einig Brauch der Messe, dass man dadurch den Glauben des Herzens versichere." - Unus ergo ac solus hic missae usus est, certificare fidem cordis per eam.

Der Brauch des Zeichens ist unserem Gewissen nötig, denn „wie lieblich verstehen die rechten Christen leichtlich" (spirituales facile intelligunt). Damit ist ein neuer Begriff eingeführt, das geistliche Verstehen. Hier zeigt sich auch, dass „Gewissen" (conscientia) mehr meinte als ein inneres Gefühl für das Rechte. Von Freude (laetitia) des Gewissens ist die Rede, weil es Übereinstimmung erlebt. Gewissen und Herz erscheinen hier ebenso synonym wie Glaube und Verstehen. Gewissen definiert Melanchthon als Übereinstimmung mit dem Willen Gottes: „Wenn so das Gewissen nicht versichert wird des Willens Gottes, so kann es nicht bestehen." - Nisi certificetur conscientia de voluntate dei, impossibile est eam subsistere. (These 24)

Nun wendet Melanchthon ein: Dieses Verstehen oder Zustimmen rechtfertigt den Menschen vor Gott noch nicht, weder das Anschauen des Kreuzes noch das Vlies des Gideon, und auch nicht die Messe. Die Genugtuung der Sünden geschieht nicht durch das

1 In den Heilsspiegeln und Armenbibeln war das Gegenüber der Bilder Grundlage der sich daraus ergebenden Predigttätigkeit. Mit der Reformation änderte sich der Umgang mit den Bildern. Hier ist jetzt nicht von Heiligenbildern die Rede, sondern von Abbildungen von biblischen Ereignissen, also einer Betrachtungsform von Geschehen. Waren sie im Mittelalter eine der Verkündigung zugrunde liegende Sprachform, wurden sie nun eher zu Illustrationen, ordneten sich dem gesprochen Wort unter.

Zeichen. Die Messe ist kein Opfer: Sic nec missa sacrificium est. (30) „Denn das einig Opfer und die einige Genugtuung ist Christus selbst und außerhalb des Christi ist kein äußerlich Opfer." - Unicum sacrificium, unica satisfactio Christus est, praeter hunc nullum est externum. (31) Zu beachten ist hier die Gegenwartsform, in der Melanchthon spricht: Die Geschichten der Väter liegen lange zurück. Das Opfer Christi, also er selbst, liegt dagegen nicht lange zurück. Es ist uns gegenwärtig. Um mit den Worten Lessings, bzw. Paulus zu sprechen: Der Beweis der Kraft und des Geistes besteht im instituierten Sakrament.

Verwenden wir den Ausdruck des (nur) Äußerlichen, bestimmt uns sogleich die Wertung von etwas Unwichtigem, einer auswechselbaren Hülle. Die CA ist an der im protestantischen Bereich verbreiteten Geringschätzung der Äußerlichkeiten nicht unbeteiligt, aber wir sollten im Entstehungsprozess das lateinische Wort im Sinn behalten, das sonst eher mit „auswändig" (externum) wiedergegeben wird. Es meint etwas außerhalb, das mit dem Internen zwar verbunden ist, aber nicht mit ihm identisch ist. Das beherrschende Bild von Kern und Schale ist dagegen späterer Denkart verpflichtet. Externes bedeutete auch das Fremde, vom Wesen getrennte, Andere. Das Opfer Christi und die Messe sind zwei voneinander entfernte Dinge, aber miteinander in direkte Beziehung zu setzen. Das externe Ereignis in diesem Sinn scheint beliebig zu sein, ist aber durch Einsetzung der Rechtsakt festgelegt, mithin schwindet die Beliebigkeit. Es gibt nur das eine Opfer, die Messe ist es nicht. Sie ist das eingesetzte Zeichen dafür. Das Siegel eines Kaisers kann es hundertfach geben und hätte auch anders aussehen können, durch den Rechtsakt aber ist es unverwechselbar und unersetzlich geworden. Der Kaiser hinter diesem Siegel bleibt derselbe, einzige Regent.

Hier setzten freilich neue Debatten um das Abendmahl ein, in deren Vorfeld sich unsere Thesen erst bewegen. Das Fell zeigt Gideon die Gnade Gottes an, ist jedoch nicht selbst Gnade. So zeigt uns das Abendmahl - wiederum „Genießung Gottes Tisch" (participatio mensae) genannt - , „dass uns die Gnade Gottes in seinem heiligen Evangelium gegeben ist" (nobis in Evangelio donatam gratiam). (These 33) „Evangelium" schließt das gesamte

Heilshandeln Gottes mit ein, als dessen Zentrum und Schlüssel Christus anzusehen ist.

Weder Gideon noch die Messteilnehmer opfern etwas. Auch das Brot des Abendmahls wird nicht „geopfert". These 38: „In Christus ist die Ertötung unseres Alten Menschen das Opfer und Speiseopfer." (In Christo mortificatio vetustatis nostrae sacrificium et oblatio.) Diese „Ertötung" ist unsere Rechtfertigung. Wir werden also in die Opferhandlung Christi miteinbezogen. Die Gegenwärtigkeit Christi ist keine wundersame Erscheinung, sondern hängt an uns, so wie es zum Wortgeschehen gehört, dass es jetzt von uns aufgenommen, wahrgenommen wird. Die Kreuzigung Christi geschah ein *für* allemal, eine mehrfach gehaltene Messe fügt nichts hinzu (These 39), wie ein einmaliger kaiserlicher Erlass vielfach an Etlichen Wirkung zeigen kann.[1] Es ist ein Geschehen wie in der Taufe: „Eben als ein jeder allein für sich getauft wird, also genießt ein jeder allein für sich des Gottes Tisch." - Sicut pro se quisque baptizatur, ita pro se quisque participat mensae. (These 40)

Hier eröffnen sich natürlich Fragen: Wie steht es um den Leib Christi nach Röm 12? Melanchthon war gegenüber diesem Topos eher reserviert, denn in der Römischen Kirche verband sich damit großes Gehabe, man rechtfertigte dadurch viel Pomp und Hierarchie. Man hatte den juristischen corpus „Kirche" für den Leib Christi erklärt. Gesetze haben die Doppelnatur des Zeitlichen: Sie sind einerseits veränderlich, andererseits als Status unabänderlich. Gesetz und Ordnung sind wie ein geschriebener Text oder ein Gebäude scheinbar zeitlos, eben Status. Gottesdienst hingegen hält nicht an, geschieht wieder und wieder, oder „für und für", wie man damals sagte. Er hat seine Zeit, und zwar eine sehr besondere Zeit als Begegnung von Gott und Mensch, der Offenbarung, die Gegenwart Christi und bindet sich gerade in seiner spürbaren Vergänglichkeit an das wirklich Ewige und nicht nur Andauernde. Kirche ist eine Versammlung, keine Institution. Das Institut von Abendmahl und Taufe ist nicht

---

1 Dies ist nicht zu verwechseln mit unserem Denkmuster der beliebigen sachlichen Anwendung, denn ein persönlicher Erlass eröffnet viele rechtliche Vorgänge, die zwischen dem Kaiser und dem jeweiligen Untertan stattfinden. Bei der Rechtfertigung kommt es auf die Bedingungen der Annahme und die liturgische Zusprechung an. Sie ist jedoch kein Mittel in Händen von Geistlichen, von dem sie Gebrauch nach eigener Wahl oder Entscheidung machen könnten.

festzuhalten, es ist Geschehen, Ereignis. Auch das Evangelium ist nicht nur Text, sondern geschehende Verkündigung, Ort und Zeit des Evangeliums ist Liturgie, Gottesdienst.

Das Abendmahl dient nach Melanchthon der Bekräftigung und Stärkung des Glaubens (ad confirmandam fidem). (These 41) Gott erzieht durch sein göttliches Gesetz und und befestigt den Glauben mit Wort und Sakrament und bildet ihn sich zum Bilde seines guten Willens.

Nicht nur, der das Abendmahl als Priester oder Kirche zweckentfremdet, sich anmaßt, damit für andere ein Opfer zu bringen verfällt der Sünde, handelt wider Gottes Gebot, sondern auch der, der in diesem Sinn am Abendmahl teilhat: „Der sündigt, der darum Gottes Tisch genießt, dass er Gott damit etwas opfern will." - Peccat, qui participat in hoc, ut deo aliquid offerat. (These 41) Die Messe dient der Erinnerung der verheißenen Gnade und des Willen Gottes. Es ist eine „Erinnerung des Herzens" (These 43), nicht eine bloß gedankliche Erinnerung an Vergangenes. Dem dient auch die Predigt, dazu bedarf es ihrer. Ohne sie ist die Messe immer unnütz (semper inutiles). Melanchthon geht so weit, dass er die Predigt unvergleichlich mächtiger (incomporabiliter potius) ansieht als das Zeichen. (These 44f.) Im Bild von These 9 gesprochen: Abendmahl und Taufe sind ohne Predigt wie ein Siegel mit leerem Brief. Die Predigt spricht nicht nur deutend von Vergangenem, sondern in ihr spricht Gott zu dem im Glauben wachsenden, theologisch gesehen: zu dem seiner wahren Natur sich nähernden Menschen. „Des Zeichens kannst du entbehren, aber Gottes Wort kannst du nicht entbehren." - Carere signo potes, verbo non potes. (These 46) Die Predigt deutet (significare) nicht eine alte Schrift, sondern das sakramentale Geschehen. (These 47)

Damit war für Melanchthon erwiesen, dass es sich mit der Praxis der Messe im Spätmittelalter um Missbrauch (abusus missae) handelte, der abgetan, aufgehoben (tollere) werden musste, und zwar – nota bene - durch die Obrigkeit (magistratus). (These 48) Wie selbstverständlich legt Melanchthon hier die ordnende Macht in die Hände weltlicher Obrigkeit, auch eine Konsequenz daraus, dass es für die Reformatoren keine kirchliche Obrigkeit mit entsprechendem

Kirchenrecht mehr gab, bzw. geben sollte.[1] Alttestamentliche Könige, Hiskija und Josija, die anders als heidnische Herrscher aus Glauben heraus handelten, führt Melanchthon dafür als Beispiele an. So wurden dann auch die Kirchenordnungen, wenn auch weithin aus der Feder von Theologen, von regierenden Fürsten als Gesetze erlassen. Schon die Kirchenvisitation in Sachsen 1525 sollte auf Drängen Luthers mit der Autorität des Kurfürsten durchgeführt werden. Melanchthon bezeichnete die Visitation als Gewissenspflicht[2], nicht aber als Glaubensaufsicht eines hierarchisch höher stehenden Amtes.

Als vollends missbräuchlich galt Melanchthon die Verflechtung der Messe für Andere mit Geld, aus Zwang oder wenn jemand unverständig die Messe hielt, was damals vielerorts traurige Regel war. Dazu gehörte auch das Ansinnen, die Messe als Genugtuung für Sünden, als verdienstliches Gutes Werk oder eigenes Opfer anzusehen. Die ist heuchlerisch (hypocritae - Schauspieler, These 51) Entsprechend haben auf diese Weise auch die Laien teil am Missbrauch. (These 52) Sie sollen vielmehr das Abendmahl als ein Zeichen im oben genannten Sinn für sich betrachten.

Melanchthon sah die Sakramente für eine besondere Sprachform Gottes an, die zu hinterfragen sich der Mensch nicht vermessen sollte. So wäre auch die Predigt ohne vollzogenes Sakrament nur halb, zumal dann der Prediger das verlöre, worauf er als gegenwärtiges Geschehen zu weisen hatte. Predigt ist liturgisches Geschehen, keine Vorlesung oder weisheitliche Rede eines Geistlichen.

Gegenüber der im mittelalterlichen Sichtkommunion mit Monstranz oder Gregorbildtafeln wandte Melanchthon ein, das würde nicht mehr helfen, als eine gemalte Tafel anzuschauen Essen ersetzen könnte. Gott straft nach Melanchthon solchen Missbrauch

---

1 Es wäre ein Missverständnis, dies so zu deuten, dass die Reformatoren das Kirchenrecht in die Hände der weltlichen Obrigkeit legten. Der Magistrat hatte für Ordnung unter den Menschen zu sorgen, was auch den religiösen Bereich einschließt, was aber nicht heißt, dass er nun anstelle des Papstes göttliches Recht auszuüben befugt wäre.

2 Melanchthon Studienausgabe 1. Band S. 215.

„mit Krieg und Pestilenz", Elend[1] und Blindheit. Num 15 diente ihm als Beleg für diese Behauptung.[2]

Es fällt uns heute leicht, dies zu verstehen: Die Betrachtung des Sakraments als Monstranz ist nicht dasselbe wie der Genuss des Abendmahls, das kommt uns als Evangelische fast lächerlich vor. Katholische Glaubensgeschwister sehen das natürlich ganz anders. Aber besteht dazu ein großer Unterschied, wenn wir unseren Glauben vornehmlich als Religion verstehen, der wir weitgehend ohne Gottesdienst anhangen, auch nicht viel und regelmäßig beten und das Ganze eher „theoretisch" als Weltanschauung oder innere Überzeugung, beides statisch, ansehen und behandeln? Das trifft auch zu für die Mitgliedschaft in einer religiösen Vereinigung. Recht unter Menschen gibt es nur im statischen Sinn, auch dies lässt mit Rudolph Sohm fragen, ob sich Kirchenrecht mit dem sakramentalen Charakter der Kirche überhaupt und grundsätzlich überein bringen lässt.

Schließlich wendet sich Melanchthon mit zwei kurzen Thesen (61f.) dem Gebet zu. Das Gebet des Priesters ist nicht wertvoller oder besser als das des Laien, denn wir alle sind Priester. Verantwortlich für das Aufkommen des Missbrauchs der Messe macht Melanchthon Thomas von Aquin und Duns Scotus. Für das Anhalten des Missbrauchs tragen die „Bischöfe und hohen Schulen, dass sie dem gottlosen Wesen der Messen nicht Widerstand leisten" Schuld.

Wir wissen nicht, ob Johann Oldendorp diesen Text Melanchthons gekannt hat, aber er bezeichnet genau die reformatorische Bahn, in der er sich bewegt hat. Im Allgemeinen wird angenommen, dass Johann Oldendorp seine reformatorische Wende in seiner Greifswalder Zeit vollzog. Seine persönliche Bekanntschaft oder auch Freundschaft zu Hermann Bonnus (1504-1548)[3] mag dabei

1 Die deutsche Fassung lässt das Wort miserrimus aus.

2 Wie streng hier Melanchthon urteilte, bzw. er die Sache ernst nahm, mag man an Num 15,30f. ablesen.

3 Bernhard Spiegel, Hermann Bonnus. Erster Superintendent von Lübeck und Reformator von Osnabrück nach seinem Leben und seinen Schriften dargestellt, 2. Auflage, Göttingen 1892. Dort (S.15) wird dessen enger Kontakt zu Johannes Äpinus (1499-1553) in Stralsund erwähnt, der Oldendorp ebenfalls nicht unbekannt gewesen sein kann. Er war 1524–1528 Rektor einer Privatschule in Stralsund. 1532 wurde Äpinus, der 1520 in Wittenberg promoviert hatte, Superintendent von Hamburg. Die beiden miteinander eng

wichtig gewesen sein, einem jüngeren akademischen Lehrer, später dann in Lübeck in der Zeit Oldendorps dort erster evangelischer Superintendent (seit 1531). In Greifswald wurde unseres Wissens nach in der Zeit Oldendorps dort noch nicht evangelisch gepredigt. Ob also ein Kontakt mit Hermann Bonnus für Oldendorp ausschlaggebend war, wissen wir nicht und sei hier dahingestellt. Nur weil Hermann Bonnus der Theologe unter ihnen war, muss er nicht Oldendorp zum Lutheraner gemacht haben, sondern als Student, der zuvor in Wittenberg studiert hat, in dem 16 Jahre älteren Juradozenten einen Gesinnungsgenossen gefunden haben. Die persönliche Vermittlung eines bestimmten Theologen musste in jenen Zeiten nicht vonnöten gewesen sein. Es gab genug Schriften von Erasmus, Melanchthon, Luther und Bugenhagen, die Oldendorp neben verschiedenen persönlichen Kontakten eigenständig bedacht haben mag.

Weltliche und christliche Frömmigkeit nach Philipp Melanchthon[1]

Der Begriff der Frömmigkeit war weniger auf Denken und Fühlen eingegrenzt, als vielmehr auf das gesamte Verhalten, so mag man auch von weltlicher Frömmigkeit sprechen. Das Wort war im 16. Jahrhundert nicht auf religiöses Gebiet eingeschränkt, sondern

---

verbundenen Hansestädte Stralsund und Greifswald liegen nur etwa 30 km voneinander entfernt. Die Schriften von Bonnus und Äpinus freilich sind sämtlich jüngeren Datums. Johannes Äpinus hatte zum November 1525 in Stralsund dem Rat eine erste evangelische Kirchenordnung vorgelegt, was für Johannes Oldendorp ganz sicher von hohem Interesse gewesen sein muss. Auch Johannes Bugenhagen wird von ihm mit wachen Augen gesehen worden sein, der in jenen Jahren in seiner Vaterstadt Hamburg reformatorisch tätig war, einst in Greifswald studiert hatte und wie sein Ziehvater Albert Krantz au gleichem Feld historisch tätig war und 1518 dem pommerschen Herzog Bogislaw X. die Chronik „Pomerania" übergeben hatte.

1 Philipp Melanchthon, Unterschied zwischen weltlicher und Christlicher Frömmigkeit, 1527. Der Text ist so kurz, dass ich auf Seitenverweise bei den Zitaten verzichten konnte.

gehörte in erster Linie zur weltlichen Ordnung und bezeichnete: „äußerliche Zucht, Ehrbarkeit, Gebärden, Sitte und Brauch", den Bereich allgemeiner Vernunft. Zugleich war jedoch auch die Entsprechung mit Gottes Willen durchaus im Wortsinn enthalten, ganz es der Grundhaltung Oldendorps entspricht, alles ist an Gott und seinem Wort zu messen.

Die weltliche Frömmigkeit ist nach Philipp Melanchthon „der Vernunft von Gott eingepflanzt, wie dem Baum eingepflanzt ist, dass er diese oder andere Frucht trage. Alles ist im Menschen eingepflanzt. Dieser Verstand, dass er (es für richtig) hält, man solle niemanden beschädigen, man solle gemeinen Frieden erhalten, man solle Zucht erzeigen vor Jedermann. Also weit erstreckt sich menschliche Frömmigkeit, als (wie) weit Vernunft von ihr selbst (es) sehen mag." Aus dieser Sicht ergibt sich ein Naturrecht, wie es Melanchthon gesehen hat und wie es sich auch nach der Lektüre des allseits bewunderten Erasmus von Rotterdam und seinem Enchiridion militis Christiani von 1503 ergab. „Der Mensch bringt dazu die Anlagen mit, so dass sein freier Wille mit der göttlichen Gnade zusammenwirken kann. Die ´Philosophia Christi` stimmt mit den Morallehren der antiken Philosophie überein."[1]

Was dem Menschen jedoch nach Melanchthon grundsätzlich fehlt, ist die „Gewissheit vor Gott" in dieser natürlichen Vernunft. Dazu gehört das Erschrecken vor seinem Gericht und das Denken, „die Hölle sei nicht heiß". Noch weniger kann die Vernunft von sich aus fassen, dass Gott vergeben mag. Zorn und Güte, Gesetz und Evangelium kann der Mensch nicht von sich aus erkennen, ebenso wenig wie die Nähe Gottes und seine Fürsorge uns gegenüber. Für den natürlichen Menschen hat Gott keine Ohren zu hören und keine Augen zu sehen (Ps 115,6). So steht es um das bloße Wissen um den Gott der Philosophen als unbewegter Beweger. Entsprechend ist es der Vernunft nicht erfasslich, dass „Gott seinen Sohn ins Fleisch geworfen". Unserer Blindheit hilft der „Heilige Geist, damit wir in wahre Erkenntnis Gottes kämen. Dazu helfen keine unserer Werke oder Verdienst." Die „christliche Frömmigkeit" wirkt Christus in uns. Sie besteht im Erschrecken vor Gottes Zorn wegen unserer Sünden und dem Empfangen des Trostes. Ihn empfangen wir durch

1 Peter Meinhold: Melanchthon, Berlin 1960 S. 10.

den Heiligen Geist und gewinnen eine „sichere, fröhlich herzhafte Zuversicht" und die Erkenntnis, dass Gott auf uns schaut und um uns wirkt, „erneuert, handhabt, alle Kreatur erhält". Der Heilige Geist ist im Herzen Gottes und gibt uns so Zeugnis von Gott, völlige Gewissheit. Die christliche, göttliche Frömmigkeit in uns ist Erkenntnis Gottes. Joh 17,3: „Dies ist das ewige Leben, dass man den Vater und Christum erkennt." Gott wirkt diesen Glauben. Dazu Hab 2,4: „Der Gerechte lebt seines Glaubens." Will der vernünftige Mensch das Gute und den Frieden, so kann der Glaubende einfach nicht anders, er kann sich dessen nicht enthalten, er muss einfach jedermann dienstbar sein. Das Gebot ist uns ins Herz geschrieben. Das ist die lebendige Frömmigkeit, die in uns ist. Dem gegenüber sind gute Werke äußerlich und verdienen nichts. Das Leben ist nicht in den Dingen, sonder in uns. Heuchelei ist somit, wenn man zwar dies oder jenes tut, damit aber die fehlende Frömmigkeit in sich selbst nur vortäuscht oder damit zu ersetzen glaubt.

Entsprechend - könnte man fortfahren - können Heiden aus freiem Willen und Vernunft heraus Gutes bewirken und Frieden halten, aber sie haben dennoch nicht das ewige Leben in sich.[1] Melanchthon spitzt den Gedanken noch zu, indem er nicht vom schönen Frieden schwärmt, sondern Gehorsam und Zucht in den Fokus stellt. Äußerliche Frömmigkeit verschmilzt mit der weltlichen, die ihm nur Paidagogia ist, „Kinderzucht". Sie bewahrt vor „groben Sünden". „Was das Schwert nicht fordert, lässt Gott frei, doch das man der Liebe auch da diene, als wo Kinder oder schwach Gewissen sind, dass man denen diese in ihrer Blödigkeit (Gebrechlichkeit)."[2]

Melanchthon schließt seinen kurzen Text ab mit der Auflistung der Zehn Gebote. Gott „fordert Liebe", fordert sie heraus. Gerade die letzten beiden Gebote (der damals üblichen Zählung) „fordern ein reines Herz von allen fleischlichen Begierden. Solche Reinigkeit bringt mit sich der Heilige Geist."

1 Es darf der Verdacht ausgesprochen werden, dass in dieser Linie das fromme Herz wichtiger erscheint als der Frieden unter den Menschen. Dass dies kein hergeholter Gedanke ist, zeigt die Geschichte des Pietismus.

2 Ein Seitenblick auf die ignatianischen Exerzitien zeigt, dass eine Fokussierung des Glaubens auf Innerlichkeit keine evangelische Besonderheit war. Im Unterschied dazu aber hält Melanchthon von vergleichbaren Übungen nichts und nimmt sie als äußerlichen und täuschenden Ersatz.

Diesem Muster schließt sich Oldendorp nicht an. Wir lesen bei ihm nichts von der pädagogischen Bedeutung des weltlichen Gesetzes, auch nichts davon, dass es vor allem auf die Reinigkeit des Herzens ankäme. Seine Gedankenausrichtung schlägt den umgekehrten Weg ein. Der (göttlich) fromme Mensch will und muss von Herzen Gutes tun und dem Frieden dienen, soweit mochte Oldendorp zustimmen. Bei Melanchthon gewinnt man den Eindruck, als käme alles auf das Herz des Frommen an, nicht so sehr auf die Erhaltung des Friedens und das Wohl des Nächsten. Der Fokus bei Melanchthon in Bezug auf die Liebe liegt eher auf dem Liebenden, denn auf dem Wohl dessen, dem diese Liebe gilt. Die Welt erhält Gott auf undurchschaubaren Wegen. Der Heilige Geist aber erreicht sein Ziel schon in der Umgestaltung des Herzens. Hier bekommt die liturgische Fürbitte einen angesichts des Seufzens der Kreatur bedenklichen Sinn, wenn es heißt, wir mögen ein gottgefälliges Leben im Frieden führen können. Anders herum liegen die Dinge bei dem Rotterdamer Humanisten: „Für Erasmus besteht die Aufgabe der christlichen Religion darin, die Menschheit zu Gesittung und Kultur zu führen."[1] Dem mochte sich Johann Oldendorp eher anschließen.

Das Wesen der Kirche und die Auslegung der 10 Gebote durch Oldendorp

Kirche kann sich nicht selbst als Kritikerin in der Gesellschaft betätigen, sondern nur diese der Stimme von Gottes Wort aussetzen, sie mit der Herrlichkeit und dem Anspruch des Himmels konfrontieren. Sie urteilt nicht mit „Stellungnahmen", im Sinne von opinio, Meinung oder gutachterlicher Tätigkeit von Experten. Pastoren sind keine Räte im Sinne des Ratschlagens. Sie halten Gottes Gebot den Menschen vor, und damit auch immer sich selbst. Sie sind ja nicht Meister oder Autoren der Liturgie. Predigt wagt sich

1 Peter Meinhold: Melanchthon, Berlin 1960 S. 10.

zu weit vor, wenn sie aufhört, liturgisch zu sein. Der Prediger gehört zum liturgischen „Wir“. Sonst spricht man nicht mehr in der Kirche, sondern als jemand, der aus dem Gottesdienst ins Freie getreten ist.[1] Die Kanzel hat Ort und Zeit in der Messe, das war eines der wichtigsten liturgischen Korrekturen der Reformation. Im Mittelalter wurde irgendwann im Kirchenschiff gepredigt, unabhängig vom Gottesdienst und dem Abendmahl in einer verkürzenden Nebenliturgie.

Die Kirche befreit die Welt vom Anspruch einer Sakralität durch ihre Liturgie. Die Reformation machte nicht die Welt zum Kloster, sondern öffnet ihre Tore einladend zur Welt. Kirche schließt sich nicht ab, sondert sich nicht ab. Die Liturgie macht das Gegenüber von Erde und Himmel deutlich, vermischt beide Ebenen aber nicht. Sie markiert die Grenze, an die wir uns betend, singend und hörend begeben. Sie bildet aber kein Grenzland, keine Mark, um im mittelalterlichen Sprachgebrauch zu reden. Im Abendmahl lädt uns Christus an seinen Tisch, aber hier können wir keine Hütten bauen, es hat Zeit und Stunde wie bei der Verklärung. Das weltliche Brot wird im Vollzug des Sakraments zum Manna, der Wein zum Zeichen des Gedächtnisses an den, in dem Gott und Mensch ungetrennt und unvermischt eines war.

Gott spricht jedoch auf vielerlei Weise, vgl. den Anfang des Hebräerbriefs, also nicht nur im Gottesdienst. Die gesamte Schöpfung ist die Frucht seines Wortes. Er versammelt sich die Menschen, sie versammeln sich um sein Wort. Dies geschieht um der Menschheit willen. So sind Kirche und Christenheit nicht ein numerischer Teil der Gesamtkultur oder Menschheit, sondern es geht um die viva vox dei, die lebendige Stimme Gottes in der Welt. Wo sie ertönt, zeigt sich jene Grenze, die wir nicht übertreten können, aber die Gott seinerseits durch die Offenbarung durchschritten hat.

---

1 Dies bedeutet natürlich nicht, dass man außerhalb des Gottesdienstes nicht Gottes Wort verkündigen dürfte. Aber sobald er dies tut, muss er im Liturgischen bleiben, also eine Situation zu einem liturgischen Geschehen werden lassen, zum Beispiel mit größter Vorsicht zum Beispiel in der Seelsorge. Der gängigere Weg ist der Verweis auf das liturgische Geschehen selbst und wie man im Leben versuchen soll, ihm gerecht zu werden, also sein Verhalten im Angesicht Gottes zu prüfen.

Die Offenbarung Gottes beschränkt sich nicht auf etwas, was offenbar wird, in die Hände der Menschen kommt, ihnen anvertraut wird. Das Wesentliche an Judentum und Kirche ist die Zuwendung zum Offenbarenden selbst.[1] So mag man den Gedanken Oldendorps gut folgen können: Gott offenbart den Menschen nicht etwas, was ihnen ihre - nennen wir sie mit Vorsicht eine innere - Stimme nicht auch sagt. Im Odem Gottes, der unsere Seele ausmacht, liegt auch der Wille zum Guten, der sich gegenüber Bösem zu behaupten hat. Die Gegenwart Gottes, die Erfahrung nicht unserer Abhängigkeit, sondern der Liebe Gottes ist Sache des Glaubens. Hinter dem natürlichen Gesetz zeigt sich uns in Christus der Herrscher und Richter aller Welt.

Mit einem Gesetz ist es unter uns nicht getan. Wir leben jeweils im Gegenüber zum Anderen. In der digitalen Welt zeigt sich - noch deutlicher als im Buchstaben des Gesetzes -, was gesichtslose Herrschaft bedeutet.[2] Im Judentum und Christentum wusste man von jeher, dass man auf den Geist des Buchstabens achten muss, der Buchstabe nur als Weg zum Geist gesehen werden sollte. Die Verbindung von Christus, die Einheit von Sohn und Geist ist darum nicht wegzudenken. Die Erfüllung des Gottesvolkes von Abraham an ist in Christus gegeben, von nun an fällt alle Abgrenzung eines Volkes von allen Völkern fort. Was mit Abraham begonnen hat, sich ausbreitete, hat in Christus sich wieder eingefaltet - mit Hans Urs von Balthasar gesprochen -, um dann den Weg in die Völker

1 Der Unterschied wird schön erzählt und deutlich an der Übergabe der Gebote an Mose. Die Tafeln erhält das Volk und führt sie im Bundeszelt mit sich, aber nur Mose stand im Angesicht der Herrlichkeit. Der Tempel hat somit beides, die Tafeln des Gesetzes und den Ritus der Begegnung mit Gott. Christus hat uns sein Evangelium hinterlassen, ist aber als Auferstandener „mitten unter uns“ in unseren Versammlungen.

2 Die von einem „Pfarrteam“ in einer digitalen Welt reden, wissen nicht, was sie tun. Ein Team zeichnet sich durch Gesichtslosigkeit und beliebige Ersetzbarkeit aus. Ein Gemeindeglied aber hat Gesicht und Namen und ist nicht für jedermann, sondern seinen Nächsten ansprechbar. Ein „Pfarrteam“ entzieht sich der Gemeinde und erklärt diese zu seinem Seelsorgebezirk, ein anderes Wort für Region. Damit wird auch das Gemeindeglied zu einem Etwas in einem Kreis, einem Gebiet, Areal. Dem Anonymen gegenüber wird man selbst auch zwangsläufig anonym. Das widerspricht dem Wesen der Kirche.

anzutreten. Er ist das Haupt seiner Kirche im Sinne eine Sammlung[1] quer durch alle Völkern, ohne dass sich eine Gruppe von Menschen absondern müsste. Kirche ist nicht nur Gott zugewandt, sondern ebenso aller Welt, ist nicht von ihr getrennt, sondern Welt unter dem Aspekt Gottes, in seiner Perspektive. Sie ist von dieser Welt und zugleich nicht von dieser Welt.

So gibt es keine Sonderoffenbarung, weder für einen ausgesuchten Teil der Menschheit, noch für eine wie auch immer separierte Kirche, sondern allen gilt Christi Wort: „Ein neues Gebot gebe ich euch: Liebt einander! Wie ich euch geliebt habe, so sollt auch ihr einander lieben." (Joh 13,34) Der Offenbarende gibt sich als Licht in die Welt, so dass wir aus Glauben heraus die Geister scheiden können. Unser Glaube verbreitet keine Sonderlehre, sondern ihm liegt zugrunde, was König Salomo nach Spr 1,7 sagt: „Die Furcht des HERRN ist der Weisheit Anfang. Wahrhaft klug sind alle, die danach tun. Sein Lob bleibet ewiglich." Der Dekalog ist – besonders in seinem zweiten Teil - nicht der überraschende Text, auf den Menschen nicht von sich aus gekommen wären, aber es ist die Botschaft, dass es Gottes Wille ist. Schöpfung und Erlösung schließen sich ineinander. Was sich der Mensch nicht ausdenken konnte, ist die tatsächliche, sich ereignende Erlösung. So etwas konnten sich Menschen vielleicht denken oder ausmalen, aber sie können es nicht vollbringen.

Es gibt einen klaren Unterschied zwischen einer gegebenen Ordnung, seinen Ämtern und der Person. Die Einzelperson muss sich die Ordnung gefallen lassen. Die beamtete Person steht gewissermaßen vor zwei Herren. Zum einen muss er seinem weltlichen Herren gehorchen, zum anderen aber auch in einer inneren Unabhängigkeit von ihm Gott mehr gehorchen. Dem weltlichen Herren schuldet er Befehlsgehorsam, Gott aber gegenüber schlägt sein Gewissen. Das alles gilt jedem Menschen in seiner Berufung, seinem Amt.

Martin Luther schreibt: „Der Leib ist ein Figur oder Bild der Seelen, also ist auch die leiblich Gemein ein Furbild dieser christlichen geistlichen Gemeine; dass gleichwie die leiblich Gemein ein leiblich

---

1 „Versammlung" wird in CA 7 mit dem lateinischen Wort congregatio übersetzt. Es ist das Bild der sich sammelnden Herde im Sinn, um ihren Hirten herum.

Häupt hat, also auch die geistlich Gemein ein geistlich Häupt hat."[1] Die Kirche soll den Menschen als Vorbild dienen, das tut sie als betende Gemeinde. Ihr Haupt ist Christus, aber das unterscheidet sie nicht von der Welt, denn Christus ist auch Pantokrator. Die Gemeinde ist sich dessen nur bewusst. Kirche und Gesellschaft, bzw. Staat sind nicht in einen Nebeneinander zu scheiden. Für das Mittelalter gilt eigentlich nicht für eine abgesonderte Kirche, sondern für die Christenheit: Corpus mysticum, cujus caput est Christus.[2]

Der private Mensch muss nach Oldendorp, Melanchthon und Luther zwar zwei Herren dienen, aber nur scheinbar, denn in allem dient er Christus, gerade der Herrscher auf Erden ist wie kaum ein anderer in Wahrheit ein Dienender. Oldendorp bezeichnet ihn gar als vicarius Christi. Eine Herrscherpersönlichkeit wird vor allem in seiner Würde, dignitas angesehen, weniger als Privatperson im Amt. Er repräsentiert sein Volk, er „ist" sein Volk.[3] Die Vorstellung, dass die Herrschaft ihr Mandat von Gott hat, ist vollständig bereits mittelalterlich und damit auch die Vorstellung, dass der Monarch dem Wohl des Volkes unterstellt ist und ihm zu dienen habe, man also durchaus auch schon eine gewisse Vorstellung von Volkssouveränität hatte. Aber sie war nicht einzuklagen, man konnte sich nur vorstellen, dass ein anderer Herrscher die Aufgabe eines ungerechten Herrschers übernahm. In der spätmittelalterlichen Stadt hingegen lagen die Dinge bereits anders. Es hat von daher eine gewisse Logik, dass es vor allem Hansestädte waren mit ihrer hoch entwickelten Selbstverwaltung, in denen die Reformation sich zeitlich noch vor Fürstentümern durchsetzte. Niemand war dort von Geburt her Magistrat, Obrigkeit. Die dezidierte Vorstellung der Verantwortlichkeit des Einzelnen vor Gott und ein entsprechendes Amtsverständnis zeichnet die Reformation aus. Otto Gierke verwies unter Berufung auf Marsilius von Padua, dass man sich gerade in den Städten als „universitas fidelium" fühlte und keinen Unterschied zwischen Kommune und Kirche machte.[4] Nicht nur der Einzelne,

1 Bei Karl Holl, Aufsätze, Band 2 Martin Luther, S. 324, Anm. 3.
2 Otto Gierke, Althusius und die Entwicklung der naturrechtlichen Staatstheorien, Breslau 1880, S. 133.
3 Gierke, Althusius S. 137.
4 Gierke, Althusius S. 139.

sondern auch die „universitas“ wusste sich Gott gegenüber verantwortlich. Ratende und Richtende hatten billig zu handeln in Bezug auf den gemeinen Nutzen, aber auch stets Gott gegenüber, denn das Haupt der universitas fidelium war nicht Fürst oder Bürgermeister, sondern Christus. Die spätmittelalterliche Konzilsbewegung, die gegen den Papst und seine Kirchengewalt in Anschlag gebracht wurde, schlug um in ein Selbstbewusstsein der Bürger als Christenheit. Mit der Durchsetzung der Reformation erlosch der Wunsch dort nach einem allgemeinen Konzil. Es gab auch keine entsprechenden Bestrebungen auf protestantischer Seite, sieht man von dem Willen nach Einträchtigkeit im Glauben ab.

Das Grundmuster, das wir bei Oldendorp herausgearbeitet haben mit direkter persönlicher und öffentlicher Verantwortung vor Gott, der Forderung nach Billigkeit, fügt sich nahtlos in diese Veränderungen ein. Klar zeichnet sich auch die Funktion des Gottesdienstes, bzw. der Religion für die öffentliche universitas fidelium ab. Diesen Begriff dürfen wir getrost auch der congregatio fidelium gegenüberstellen. Beides ist Kirche, aber eine organisierte Kirche mit eigenem Kirchenrecht, also Herrschaftsstrukturen dazwischen erübrigt sich.

Die Kirchen- und Staatsrechtslehre der Reformatoren beruht auf der Erbsündelehre. Sie ist das Pendant zur Entwicklung des Naturrechts. Mit ihr wird festgestellt, dass der Mensch weder von Natur gut oder böse ist, sondern dass er zwar gutes Geschöpf Gottes ist, aber in vererbtem verdorbenen Zustand. Jeder hat Anteil am Fall des Paradieses. So wird die Aussage, dass er Bild Gottes ist zu einer Finalursache seines Heils, freilich nur mit Hilfe von Gottes Wirken und Wort.

Oldendorp schreibt in seiner Gebotserklärung[1] zum Feiertag, dass der Mensch darum der Verkündigung, also der Kirche bedürfe. Bei der Gebotsauslegung von Oldendorp fällt auf, dass er gerade die 1. Tafel der Gebote für ein Allgemeingut der Völker hält, weniger die 2. Heute würde man genau dies umgekehrt sehen. Das Wissen um das Gute ist kein Sondergut der Christen. Es handelt sich bei der Kirche auch nicht um eine Auslese einer Menschengruppe. Das Wort heilig sollte man nicht zu steigern versuchen, wie auch im strengen Sinn

1 Isagoge, Titulus IV.

„besser" keine Steigerung von „gut" ist. Die Gemeinschaft der Heiligen des Glaubensbekenntnisses ist nicht mit der Gruppe derer zu verwechseln, die Rom in einem Gerichtsprozess für heilig erklärt. Glaube ist Gericht, sich dem Urteil Gottes stellen. Wer glaubt, ist gerichtet. Die Justitia Göttlichen Rechts trägt keine Binde vor Augen, sie sieht die Person an, ihr ins Herz.

Kirche ist in dieser Hinsicht eine Ansammlung von Menschen, die aus der Erfahrung des corpus Christi heraus sich in der Welt verhält und spricht. Karl Holl sagt: Zur weltlichen Gemeinde gehört man auch wider Willen, zur Kirche nicht.[1] So sind es verschiedenartige Verbände, so dass nicht eines Teil des anderen ist. Kirche ist nur Teil von Staat oder Gesellschaft aus der Sicht und in den Kategorien weltlichen Rechts. Die Trennung von Staat und Kirche reicht tiefer als nur die Trennung von Bereichen. Für Oldendorp sind es verschiedene Funktionen innerhalb der Christenheit, eine Art Gewaltenteilung. Die „Gewalt" der Kirche ist keine äußere, so etwas für sich in Anspruch zu nehmen, davor muss sie sich gemäß dem Rangstreit der Jünger hüten, wie Oldendorp wiederholt anführt.

Entsprechend sieht Oldendorp keinen Anlass, ein gesondertes evangelisches Kirchenrecht zu entwickeln.[2] Das landesherrliche Kirchenrecht spannte dann zunächst nur den Rahmen, in dem Verkündigung ihre Freiheit bekommen sollte und damit die Sakramente recht verwaltet, ad-ministriert[3] werden konnten. Eine moralische Kasuistik, die man dann später gern jesuitisch nannte, würde aus der Gnade Gottes Gesetz in Menschenhänden werden lassen. Die Grundpfeiler des kanonischen Rechtes fielen somit dahin.

---

1 Karl Holl, Gesammelte Aufsätze zur Kirchengeschichte, Band 2, 1927, S. 344.

2 Man bedenke Oldendorps Studium in Bologna. Schaut man auf die eindrucksvolle Auflistung der Lehrenden dort und die von ihnen angebotenen Kurse, ist leicht zu erkennen, dass Kirchenrecht dort die vornehmste Fakultät darstellte. Vgl. Umberto Dallari, I rotuli dei lettori legisti et artisti dello studio Bolognese, Vol. I. Bologna 1888, S. 199ff. Die Juristen der Reformation wie Oldendorp hätten jedes denkbare Rüstzeug gehabt, eine solche Ordnung zu erstellen, sie haben es nicht getan. Stattdessen überließen sie es Theologen und Fürsten, Kirchenordnungen zu formulieren und zu erlassen, in denen das Kanonische Kirchenrecht mit seinen Themen schlicht nicht vorkam.

3 Administration ist vom Wort her Hilfsdienst, keine Herrschaft, keine „...kratie".

Zur Frage einer Gemeindebildung hat sich Johann Oldendorp nicht geäußert. Dazu gab es damals keinen Anlass, denn Bürgergemeinden und Kirchengemeinden waren identisch. So waren Kirchen und Prediger die Kristallisationspunkte von Gemeinden. Das Parochialsystem entsprach dem. Worauf Oldendorp allerdings großen Wert legte, war die permanente Anwesenheit des zuständigen Priesters am Ort seiner ihm gebotenen Wirksamkeit.

Zu den Zentralthemen der Debatte um das Wesen der Kirche im Reformationszeitalter gehört die Verhältnisbestimmung von Gesetz und Evangelium, in Bezug auf die Gebote das Verhältnis der beiden Tafeln der Zehn Gebote. Für Johann Oldendorp bilden die Gebote einen Zentraltext, denn an ihnen macht er die Brücke (und nicht den Unterschied) zu den Heidenvölkern mit dem Zwölftafelgesetz fest. Dekalog und das Zwölftafelgesetz waren ihm direkter Ausdruck des Naturrechts. Er nimmt gewissermaßen das Zwölftafelgesetz als Beweis für die Gottesgabe an alle Menschheit. Oldendorp misst ihren Wert an Gottes Wort, nicht umgekehrt, wie wir geneigt sein mögen, gehen wir von einem Naturrechtsverständnis späterer Zeiten aus. Da hieße es dann, dass ja die Gebote Gottes auch nichts anderes aussagen würden, als was die Menschen auch ohne das Ereignis vom Sinai schon wüssten mit der Schlussfolgerung, dass man letztlich Gottes Wort nicht mehr nötig hätte, weil die Vernunft bereits alles sage. Die Konsequenz ging noch einen Schritt weiter: Es erschien eine Rede von Gott unnötig, bis dahin, dass man Gottes Wort für von Menschen nur erdacht erachtete und im nächsten Schritt dann auch die Hypothese „Gott" fallen lassen konnte. Die Reformatoren setzten solchem Optimismus von vornherein die Erbsündelehre entgegen. Zum guten Gesetz gehört auch der Gehorsam, und dieser ist personal. Alles messe sich an Gottes Wort, dem Licht der Welt, nicht umgekehrt, wie das Bildwort von der Schrotwaage deutlich macht. Der Dreieinige Gott erweist sich in den Geboten nicht nur als Urheber auch des Naturrechts, er ist das personale Gegenüber des menschlichen Geschlechts wie des einzelnen Gewissens. Das Gute und Rechte liegt nicht nur in der Natur des Menschen, sondern wir sind dafür persönlich vor Gott verantwortlich, er ist unser aller letzthinniger Richter.

Exkurs: Die Auslegung der Zehn Gebote bei Benno Jacob

Nun könnte es ja sein, dass wie bei dem Wort von den Zwei Schwertern es sich bei dem damaligen Verständnis des Dekalogs im 16. Jahrhundert um eine sehr zeitgebundene Auslegung handelt, wie es am Beispiel des Katechismus und dem 4. Gebot bei Luther sich zeigte, als er die Eltern mit der Obrigkeit auf eine Ebene brachte. Entsprechend könnte man dann heute dazu sagen, wir haben eben eine andere, wissenschaftlich klügere Auslegung und Bibelexegese überhaupt, also ist auch das, was die Reformatoren in Bezug auf die Zwei Reiche lehrten passé.

Darum möge hier in einem Exkurs die jüdische wissenschaftliche Auslegung von Benno Jacob wiedergegeben werden, die jenseits jeden Verdachts steht, in irgendeiner Abhängigkeit von Luthers Verständnis sich zu befinden, um dann jeweils zur Stelle aus dieser Perspektive danach zu schauen, ob man an der Argumentation Oldendorps festhalten kann. Gemäß den Reformatoren frage ich nicht wie Macke danach, was heute noch an ihm wichtig wäre, wo wir so viel mehr wissen und weitergehende Erfahrungen besitzen, sondern danach, wie weit sein Denken mit Gottes Wort und Gebot übereinstimmt.

Der Dekalog wird im Judentum anders als bei Luther gezählt, die Gebote 1-5 bilden dort die erste Tafel, denn das Elterngebot wird anders als bei Luther und der mittelalterlichen Kirche vor allem im Zusammenhang der Glaubenstradition gedeutet.

Benno Jacob macht darauf aufmerksam, dass die erste Tafel sich in erster Linie an das berufene Volk Israel als Ganzes richtet, zu dem der Einzelne gehört, wie in der zweiten Tafel umgekehrt der Einzelne im Volk Gottes in erster Linie angesprochen ist.

Im 16. Jahrhundert bekamen weltliche Herren auch Obhut für das Halten der Religion, ius circa sacra, also über die erste Tafel der Gebote. Mit dem ius in sacra dagegen individualisierte die Kirche die erste Tafel der Gebote, indem in der Neuzeit der Glaube mehr und mehr zu einer Privatangelegenheit wurde, was wiederum die Kirche in eine neue Position brachte. Die zweite Tafel dagegen betrachtete man als Grundlage staatlicher Gesetze oder allgemeiner Ethik bis hin zum Kategorischen Imperativ Kants. Es kam also zu einer Umkehrung der Adressaten der Gebotstafeln. Die erste Tafel wurde nun gelesen als eine Botschaft an den Einzelnen, die zweite bildete die Grundlage der Gesetzgebung für alles Volk. Damit hängt auch unsere Schwierigkeit zusammen, den Grundsatz „Cuius regio, eius religio" zu verstehen, er erscheint uns als Missachtung von der Freiheit des Einzelnen.

Für Johann Oldendorp stellte sich das noch anders dar. Er hatte Kirche nicht als einen sich separierenden Teil der Menschheit angesehen, sondern die gesamte Christenheit im Blick, ob nun unter einem weltlichen Haupt einer Landschaft oder in ganz Europa oder der Welt. Die erste Tafel der Gebote sah er an als an die Menschheit gerichtet. Ihr steht Gott gegenüber. Die zweite Tafel hingegen richte sich an das Gewissen des Einzelnen. Dass er dies so sah, entsprach auch dem mittelalterlichen Rechtsverständnis, das noch nicht unser Denken kannte, wonach man bei allem möglichen fordert, dass man dies oder jenes schnell verbieten und strafrechtlich verfolgen müsse, also unterwegs ist nach einer Ordnung, die möglichst alle Dinge regelt, ob nun per Gesetz oder Algorithmus.

Nach der Auslegung von Benno Jacob (1862-1945)[1] richtet sich Gott mit der ersten Tafel der Gebote selbstverständlich nicht an Kirche und Christen, für das Sabbatgebot und den Verweis auf den Auszug aus Ägypten liegt dies auch auf der Hand. Wir brauchen also einen hermeneutischen Schlüssel, um uns diese Gebote zu eigen zu machen. Dafür ist die altkirchliche Allegorie das angemessene Muster: Unser Sabbat „ist"[2] der Sonntag, unser Exodus mit dem Passahfest Christus mit dem Abendmahl.

Gott spricht zu Mose, der wiederum zum Volk spricht. Nach Dtn 4, 10 versammle[3] Mose das Volk, dass sie Gottes Worte hören und ihn fürchten lernen. Wir sind damit nahe an den Debatten der Kirche im 16. Jahrhundert. Mose ist nach Benno Jacob nicht Gottes Stellvertreter, ebenso wenig wie Aaron, Propheten oder Engel es sind. Sie reden anstelle Gottes, aber das ist kein Habitus. Namen von Engeln spielen zumeist keine Rolle. Anders verhält es sich mit Christus, dessen Name hervorgehoben wird.[4] Das Volk Gottes wird im Dekalog als Gegenüber zu Ägypten definiert, dem verführerischen Sklavenhaus. Die Gebote werden nicht durch die Schöpfung begründet, sondern durch die Befreiungstat Gottes. „Der

1 Benno Jacob, Exodus, Stuttgart 1997, S.552-600.

2 Über die besondere Form der Identität in der Allegorie gemäß den Kirchenvätern muss an anderer Stelle gesprochen werden. Die einfache Formel lautet: Beziehe alles auf Christus. Ist Christus das fleischgewordene Wort Gottes, ist er der Schlüssel für unsere Glaubenserkenntnis. Allegorie als bloße historische Erfüllung der Verheißung zu sehen, ist ein grobes Missverständnis der Neuzeit, in der man auch Figurinen der Tugenden als „Allegorien" bezeichnete.

3 LXX: ekklesia; V: congregatio.

4 In anderer Weise muss von den Namen der Apostel gesprochen werden. Jesus ist der Christus, die Apostel nur seine Abgesandten, unter dessen Namen sie zu handeln haben. Vgl. Phil 2,9-11.

Dekalog wird Israel verkündet, weil er aus dieser Volksgeschichte erwachsen ist."[1] Kirche ist Volk Gottes wiederum nur im allegorischen Sinn. Es hat darum auch nicht Israel, bzw. das Judentum als Volk Gottes abgelöst.

Das lässt an das erste Kapitel der dogmatische Konstitution Lumen Gentium des 2. Vatikanischen Konzils über das Mysterium der Kirche denken. Sie begründet die Rede vom Volk Gottes mit der Heilsgeschichte von der Erschaffung über Christus zur Kirche im Horizont der Menschheit unter Umgehung der Befreiung aus dem Sklavenhaus. Das Konzil nimmt Christus als Gründer der Kirche. Das Alte Testament wird auf diese Weise zur Vorgeschichte des Anfangs in Christus. Damit freilich verkennt man die universale Bedeutung, die im Ersten Wort angesprochen ist. Gottes Horizont ist immer das gesamte menschliche Geschlecht.

Benno Jacob: Ägypten „war ein Haus der Knechte! ER aber hat den Menschen zur Freiheit geschaffen, zu der Freiheit, die nur in seinem Dienst zu finden ist." Das sollte auch über den Portalen der Kirche zu lesen sein. Zu dieser (anderen) Art, ein Volk zu sein, sind wir gemeinsam berufen.[2] Diese Freiheit kann nicht nur die eines sich im Privaten verschanzenden Individuums sein. Es handelt sich mit Christus bei der Kirche im Gegenüber zum Herren der Geschichte um eine neue Auffassung von Menschheit, die sich der Offenbarung Gottes verdankt. Der Knechtschaft wird der willige Dienst gegenüber gesetzt.

Im Zweiten Wort: „Du sollst keine anderen Götter haben neben mir", ist die Botschaft von der Rechtfertigung angelegt. Es handelt sich hier nach Benno Jacob nicht um eine dogmatische Belehrung, sondern das Bild der Ehe prägt dieses Wort. Es richtet sich an das Volk Gottes, nicht in erster Linie an den Einzelnen. Auch in unseren Gottesdiensten bitten wir darum, dass Gott sich unser erbarme, nicht nur des Einzelnen. Völlig ist das nicht voneinander zu trennen, um mit dem Jonabuch zu sprechen: Gott erbarmt sich der Stadt, denn ihm tun die 120.000 Menschen und das Vieh leid. Wenn nur zehn Menschen in Sodom und Gomorrha gerecht wären, wäre ihnen das Gericht erspart geblieben... Gott ändert nicht, sondern erweitert durch Christus sein Treueverhältnis zu seinem Volk, das nun in zweifacher Weise existiert.

Benno Jacob deutet den „Götzen" als als das Abbild eines visionären Bildes: „Du sollst dir nicht ein pessel machen und dir keine temuna

1 Benno Jacob, Exodus S.554.

2 Selbst das Judentum, für das die Zugehörigkeit durch die Geburt eine so eminente Rolle spielt, verdankt sich insgesamt uund in erster Linie der Berufung durch Gott, nicht durch biologische Abstammung.

(ausdenken und danach ein pessel) machen."[1] „Um so tiefer wäre die Verirrung, je weiter sich das Abbild von dem über den Himmel thronenden lebendigen Schöpfer entfernt." Sich vor selbst Angefertigtem niederzuwerfen, „hieße das Geschöpf mit dem Schöpfer verwechseln." Benno Jacob zitiert paraphrasierend Joh 4,24: „Soll das Bild den Gott auch nur den Sinnen nahebringen, so wird er, wenn du Gott vor dem Bilde verehrst, bald selber der Gott werden. Du sollst eben Ihn nur im Geiste und in der Wahrheit und nicht in einem Ersatz anbeten." Es ist an solch einem Satz zu sehen, wie wichtig die Klarheit ist, die die Alte Kirche im Bilderstreit gewonnen hatte. Bei der Verehrung der Bilder in der Kirche musste gewahrt bleiben, dass es nicht zum Bruch mit dem Gebot kam.

Das Bilderverbot ist mehr als nur ein historischer, auch zu vernachlässigender Anhang des im Katechismus abgekürzten 2. Gebotes. Benno Jacob rechnet unter die Götzen auch, was aus „Kategorien" wie „religiösen Prinzipien, Systemen, `Weltanschauungen´" fließt. Nur Gott kommen ihnen gegenüber sittliche Eigenschaften zu. Kategorien, Systeme, denkende Maschinen können nicht nicht sittlich sein, aber zu Götzen können sie auf verschiedene Weise den Menschen werden. Ihnen gegenüber ist Gott „eifervoll". „knh" ist nach Benno Jacob nicht eifersüchtig, sondern die beleidigte Liebe, „der durch begründeten Argwohn geweckte Eifer für die Ehre des Weibes, das sich durch Untreue selbst entehrt und wegwirft." Das Wort drückt die heftige Gemütsbewegung aus, die durch den Verlust einer Person ausgelöst wird.[2] Auch hier liegen die Ausführungen Oldendorps nahe, wenn er den entscheidenden Unterschied macht zwischen dem Festgeschriebenen und der persönlichen Verantwortung, der Billigkeit gegenüber Gott und dem Nächsten. Juristisch denkt auch Benno Jacob, wie überhaupt im Judentum der Rabbiner in besonderer Weise als Jurist spricht, handelt und entsprechend die Schrift liest. Für den Satz von Vergeltung und Gnade Ex 20,5b unterscheidet er wie Oldendorp irdisches und göttliches Gericht. „Sämtliche Vergehen sind Antragsdelikte." Für vieles jedoch sind menschliche Gerichte weder befugt noch berufen. Benno Jacob weist darauf hin, dass das Wort „pqd" im Sinne von Richten nur in Bezug auf göttliches Gericht verwandt wird.[3]

---

1 Benno Jacob, Exodus, S. 556-563.

2 ThWAT VIII Sp.53.

3 Wird das Wort für Geschehen unter den Menschen gebraucht, hat es zum Inhalt, jemanden zu mustern, sich um ihn zu kümmern. ThWAT VI Sp. 708-723.

Dieses Gebot ist wie die gesamte erste Tafel des Dekalogs eng mit unserem Gottesdienst und also auch der Kirche zu verbinden. Es ist die Liebe Gottes, die uns im Gottesdienst begegnet. Im Glauben geschieht unser Gericht. Nur dem lebendigen Einen Gott gebührt Liturgie in ihrem tiefsten Sinn. Bilder im Gottesdienst sind nicht mimetisch zu sehen, sie bleiben in der Offenheit allegorischer Identität, sie sind Metonomie. Die Rechtfertigung geschieht durch Gottes Gnade. Er ist eifervoll im Sinne des hebräischen Wortes. Die Befolgung dieses Gebotes ist das liturgische Geschehen. Es ist Abkehr von der Welt, die in der Hinwendung zum lebendigen Gott geschieht.

Wir haben gesehen, wie sehr dies alles der Intention von Johann Oldendorp verwandt ist, der Billigkeit nicht an einem Text, sondern am Gegenüber von Gott und dem Nächsten misst.

„Gott spricht von sich in der dritten Person" in Dritten Wort.[1] Dies gehört auch zu den Sprechweisen der Liturgie. Wenn wir in der Liturgie von Gott sprechen, bedeutet dies nicht seine Abwesenheit.[2]

Benno Jacob unterscheidet konsequent den NAMEN und Gott, zwischen JHWH und den Elohim. Diesen macht unsere Liturgie ebenfalls, wobei an die Stelle des NAMENS die Dreieinigkeit Gottes tritt. Die Trinitätstheologie muss eine Theologie des Namens sein, des anzusprechenden und sprechenden Einen Gottes. Im Namen des Sohnes sprechen wir zum Himmlischen Vater. Verlieren wir die Bedeutung des Namens, wie das im Judentum noch lebendig ist, entfällt uns sowohl die Bedeutung der Trinität als auch der Kern des Liturgischen selbst, denn Begriffe kann man nicht anbeten. Auf diesen Punkt aber kam Oldendorp alles an, dass wir uns um der Billigkeit, um des Guten und Rechten an Gott als Person wenden.

Ein Name ist dazu da, ihn auszusprechen. Benno Jacob zitiert Dtn 10, 20f.: „Du sollst bei seinem Namen schwören. Er ist dein Rühmen und dein Gott." Darauf bezieht sich auch der Christushymnus im Philipperbrief 2, wo es heißt, dass Gott Christus erhöht habe und alle in dessen Namen ihre Knie beugen sollen. In der Septuaginta (Dtn 10,20) heißt es „to onomati", Paulus fügt hinzu „en to onomati". Es ist allerdings eben bei Paulus von Christus und nicht von JHWH die Rede. Durch den Sohn wird der Vater verehrt (Joh 5,23 und dann Offb 5, 12f.).

Das Gebot zielt gegen die Entweihung des Namens dadurch, dass man ihn auf das Wahnhafte trage (Buber), bzw. dass er ins Leere, in die

1 Benno Jacob, Exodus, S.565.

2 Wir haben keine Erfahrung damit, wie einst jemanden in der dritten Person anzusprechen. Dies war zunächst Ausdruck hohen Respekts, verkehrte sich jedoch in Herablassung.

Täuschung führt. Jacob übersetzt: „Nicht sollst du erheben SEINEN, deines Gottes Namen zu Nichtigem." Auch ermöglicht der Name, dass man von Gott erzählen kann. (Ex 9,16) Dies Gebot zielt auf Gottesdienst. Die Thematisierung des Namens Gottes richtet sich auf das Ansprechen Gottes wie auf das Erzählen von ihm. Schlimm ist es, wenn es ausgerechnet da zur Täuschung, zum Betrug kommt. Es ist Sünde wider den Heiligen Geist (Mt 12, 31f.). Ehrfuchtsloser Missbrauch des Namens ist eine Seite, gewichtiger ist irreführender Gottesdienst, der an der mächtigen Realität Gottes vorbeigeht und ihn und seine Gegenwart ignoriert, seinen Namen nur im Munde führt. Glaube ohne Gottesdienst und Gebet verliert Gott aus dem Blick. Darum ist Gottesdienst grundlegend für die Billigkeit von Handeln, Recht und Urteil, weil wir uns in ihm auf Gott ausrichten, nicht nur äußerlich, sondern mit Herz und Seele.

Benno Jacobs Exegese zum Vierten Wort, dem Feiertagsgebot besteht in erster Linie - wie so oft bei ihm - in genauer Beobachtung. So heißt es nicht: Heilige den Siebenten Tag der Woche! Es heißt: Gedenke des Tages Sabbat, ihn zu heiligen! Das Gebot bezieht sich somit auf einen erfahrenen Tag, und das ist nicht der siebente Schöpfungstag. Erstmals erwähnt wurde der Tag in Ex 16, der eigentlichen Einsetzung des Sabbats. So beziehen sich Brot und Wein des Sabbats auf den Tag mit dem zweifachen Manna. Es geht um diese Erinnerung. Damit sind wir auch den Ereignissen des Triduums nahe: Tut dies zu meinem Gedächtnis.[1] „Der Sklave hat nicht zu entscheiden, ob und wann er aufhören darf zu arbeiten, und die Gestirne nicht, wann sie aufhören wollen zu kreisen. Diese Freiheit haben nur zwei: Gott und der in seinem Ebenbilde geschaffene Mensch."[2] Der Sabbat ist nun nicht mehr nur einer der Tage, sondern steht den anderen sechs „paritätisch" gegenüber. An die Stelle der Arbeit tritt die Tätigkeit des Menschen im Heiligen, Kiddusch (aus der Ruhe heraus). Religiöse Pflicht ist mithin nicht nur Heiligung des Sabbats, sondern auch die Arbeit. In Bezug auf die Freiheit sagt Benno Jacob: „Für den Knecht ist der Ruhetag ein Anspruch und Lohn nach erzwungener sechstägiger Arbeit, für den Herrn ist die Arbeit an sechs Tagen die Grenze der Zulassung, und im Sabbat begegnen sich beide." Dieses direkte Gegenüber und der gegenseitigen Ergänzung finden wir bei Oldendorp in der Entsprechung von Göttlichem und Kaiserlichem Recht bei Oldendorp. Der 7. Tag ist im Gebot charakterisiert: „Sabbat IHM, deinem Gotte." Gott tat dreierlei: er

1 Die Auslegung Benno Jacobs entstammt zwar dem 20. Jahrhundert, aber vorausgesetzt, er hat recht mit seinem Verständnis, dürfte das auch Jesu Verstehen entsprechen.

2 Benno Jacob, Exodus, S.573-578.

ruhte, segnete und heiligte ihn. „Das göttliche Schaffen und Ruhen ist ein Ideal, dem nur nachgestrebt werden kann." „Aus echter Religion fließt ein Segen, den weder Wissenschaft, noch Humanität, noch Zweckmäßigkeit hervorbringen können." Nach Benno Jacob hat sich der Sabbat „als das lauterste, sicherste und dauerhafteste Gefäß des Monotheismus bewährt, das zur Aufnahme heidnischer Gedanken und Sitten am wenigstens geeignet war." Die Gemeinschaft der Feiernden muss sich den Sinn des Sabbats „immer von Neuem zu eigen machen, und zu dieser geistigen Beschäftigung gehört Zeit und Muße. Der Sabbat gibt sie jedermann, die Gemeinde wird zur Schule, der Gottesdienst zum Unterricht in den wahren Lebensfragen, den jeder bis zum Ende seines Lebens besucht."[1]

Zum Feiertag gehört mithin auch die Frage der aus Gott geborenen Geistigkeit, die sich vom „Geist der Wissenschaften" unterscheidet, der zur Kategorie der Arbeit gehört. Sie ist weiterhin zu unterscheiden von der Sphäre der menschlichen Geistigkeit von Muße und der Zeit, die in der Kunst herrscht und sich ausgestaltet, auch wenn diese Sphären des Geistes dem Sabbat schon deutlich verwandter sind. Hier liegt die Unterscheidung in der Ausrichtung, kurz gefasst in den zwei Worten: „Sabbat IHM." Der Geist Gottes unterscheidet sich von unserer kommunikativen Geistestätigkeit, weil er nicht einer von uns ist und das Andere des Nächsten noch übersteigt. Der Ruhe als Negation der Arbeit entspricht das Hören und Lauschen auf Gott und sein Tun. Ruhe in diesem Sinn ist Heiligung und Segen: Den Namen Gottes auf sich ruhen zu lassen. Sie ist keine Zustandsbeschreibung, sondern ein Ereignis, Tag, Ereignis.

Der Sonntag widerspricht nicht dem Sabbat, sondern erkennt die historische Präsenz Gottes in der Menschheit in Christus an.[2] Die Liturgie bewege sich in diesen Dimensionen: Segen, Heiligung, Ruhe. Für uns sind es nicht unbedingt die 24 Stunden, die den Feiertag ausmachen, sondern das Gedenken des Triduums, worum sich ein ganzer Tag schließt wie der Vorhof das Allerheiligste umgab.[3] Wir haben es hier nicht mit einer

---

1 Wenn man meint, die Schule auch digitalisieren zu können durch Maschinen, verkennt man den Charakter des Menschen. Kinder lernen nicht nur von ihren Lehrern, sondern vor allem auch an ihnen.

2 Wir sehen auch an den Geboten, dass wir ohne die von den Kirchenvätern gefundene Kunst allegorischer Auslegung dem Alten Testament gegenüber in viele Probleme, Aporien und Missverständnisse geraten.

3 Es erscheint dem modernen „westlichen" Menschen gleichgültig, wann, wo und wie er Gottesdienst mit dem Abendmahl der Gemeinde feiert. Die Orthodoxie hat sich die besondere Zeit am geweihten Ort und damit einen liturgischen Reichtum bewahrt. Oldendorp wehrte sich zwar gegen die vielen Zeitregulierungen der Kirche, aber er wäre niemals auf den Gedanken

irdischen Ordnung zu tun, auf die sich Menschen einigen, sondern mit dem ius divinum, das vom irdischen Recht Akzeptanz und Schutz verlangen kann, besonders wenn es sich bei dem betreffenden Land um eine universitas fidelium handelt.

Im Fünften Wort geht es um „die Eltern". Hier weichen die reformatorischen Auslegungen von der Benno Jacobs deutlich ab, dennoch gibt es tiefe Übereinstimmung, wie wir sogleich sehen werden. Benno Jacob formuliert: „Zeugen und Gebären sind Analogien des Erschaffens." „Das lebendige Ebenbild Gottes ist der Mensch, und an der Spitze stehen die Eltern." In diesem Gebot wird der Mensch auf den Erdboden, Adama, hingewiesen, den Gott ihm gibt: „Deine adama" ist das jeweilige Stück Erde, das Gott ihm gegeben hat. „Adama ist die Gesamterde." Ursprung und Folge der Gottesfurcht ist: die Eltern ehren. Nur wer die Eltern ehrt, kann ohne Besorgnis selber Kinder wünschen. Hier ist Kanaan im Blick, die erste Tafel schlägt den Bogen von Ägypten bis zum Gelobten Land.[1]

In diesem Verständnis gehört das Fünfte Wort zur Ersten Tafel. Für die Völker ist nicht ein Land, sondern die Ökumene das anvertraute Land, nicht als unbebaute Wüste, sondern als Kulturland. Dies Gebot beinhaltet somit auch unsere ökologische Verantwortung. Und diese ist nicht losgelöst zu betrachten von der Sorge um die Menschheit. Es geht nicht einfach um eine „Umwelt", die vom Menschen getrennt zu betrachten wäre.

Wir richten gern unsere Aufmerksamkeit bei diesem Gebot auf den sozialen Aspekt und sehen kritisch auf die Einbeziehung der Obrigkeit bei der Auslegung Luthers. Dies Gebot erscheint auf diese Weise als weniger wichtig. Für heutige soziale Verhältnisse sind Eltern eine Privatsache. Im Alten Testament waren sie die Einbindung des Einzelnen in den Stamm, in das Volk Gottes. Der im 16. Jahrhundert und dann darüber weit hinaus gängige Bezug auf ein Vaterland hatte somit durchaus Anhalt an der ursprünglichen Bedeutung. Verbunden war damit auch der Hinweis auf Glaubensvermittlung. Und nach Benno Jacob gibt dieses Gebot auch den Verweis auf den Gedanken, der dem Naturrecht zugrunde liegt: Wir selbst seien auch einander eine Gottesgabe. Ohne dies Gebot bräche der Dekalog in sich zusammen. Es zeigt unsere Wurzel in Gott auf. Die nächsten drei Gebote lassen sich überschreiben mit dem Satz: Was du nicht tun wirst.

„Nicht wirst / sollst du morden, ehebrechen, stehlen!"

---

verfallen, die Wochenordnung durch den Sonntag als Abendmahlstag zu relativieren und Terminkalendern unterzuordnen.

1 Benno Jacob, Exodus, S.578-580.

Es sind Garantien des Vertrauens. Sie nicht zu befolgen, ist Missachtung Gottes, der ein allsehendes Auge hat. Ihn können wir nicht hintergehen. „Der Ton liegt also weniger auf der ‚rechtswidrigen Aneignung' einer Sache als auf der Täuschung der Person, und zwar zum Zweck der Aneignung, auf der Heimlichkeit des Vergehens hinter dem Rücken des Eigentümers."

In der Logik von Oldendorp gesagt: Wegen der Billigkeit schaue ich nicht nur auf Umstände, den Nächsten und frage nach dem gemeinen Nutzen, sondern wende mich auch an meinen, unseren Richter, dem nichts entgeht. Predigt und Verkündigung sollten im Fokus haben, was Vergehen, bzw. positiv das Befolgen gegenüber Gott bedeuten. Gottes Wort verhilft uns, der Gerechtigkeit nachzustreben.

Das Neunte Wort von der Wahrheit erklärt Benno Jacob mit Lev 5,1: „Wenn jemand damit sündigt, dass er den Fluch aussprechen hört und Zeuge ist, weil er es gesehen oder erfahren hat, es aber nicht anzeigt und damit Schuld auf sich lädt..." Ging es zuvor beim Diebstahl um das nicht gesehen werden, ist es hier das Hören. Der lügt, täuscht nicht nur, sondern nimmt den Nächsten und Gott für taub, ohnmächtig oder gleichgültig. Hier ist vom „Nächsten" in den Geboten die Rede, und damit auch von der Gemeinschaft: „Am Sinai soll die Abstammung zu einer solchen des Bundes mit Gott erhoben werden." Eine Gemeinschaft besteht „im Zusammenschluss der Herzen und freudigere und intensiver Förderung". Mit den Worten Oldendorps: Er handelt unbillig. Es geht dem Gebot nicht nur um ein unerlaubtes Gefühl, das man denn auch schlecht bestrafen kann. Positiv gesehen leuchtet hier der Begriff der gehörten und wahrgenommenen Wahrheit auf. Christus ist die Wahrheit. Gemeinschaft und Frieden werden durch das Hören auf Gottes Wort und Gebot, in Gottesfurcht gestärkt.

Johann Oldendorp und die Frage einer politischen Theologie

Im 20. Jahrhundert wurde die Frage nach der Rolle des Glaubens für die Politik aufs Neue gestellt, und im Mittelpunkt der Debatte stehen die Überlegungen des umstrittenen und dennoch vielfach bewunderten Staatsrechtlers Carl Schmitt (1888-1985). Das Problem hat sich an entscheidender Stelle gegenüber dem 16. Jahrhundert verschoben. Es ist offenbar nicht mehr die Frage, wie und ob der Eine Gott den Menschen, seine Natur und die Gesellschaft beeinflusst, sondern wie sich der Glaube des Menschen an ein solch behauptetes Wesen, eine monotheistische Religion oder Weltanschauung auswirkt. Der von Nietzsche verkündete Tod Gottes wurde weithin akzeptiert.[1] Mit wissenschaftlicher Betrachtung geht man ohne die wissenschaftlich nicht zu haltende Hypothese „Gott" zur Tagesordnung der Gesellschaftsgestaltung und Philosophie über. Die Kirche scheint sich weithin in diesem langen Schatten eines eher ehemaligen Glaubens ebenfalls eingerichtet zu haben. Mit der Trennung von Staat und Kirche geht eine Haltung einher, nach der Weltgeschehen und Gottes Wirken auf mehr oder weniger verschiedenen Ebenen gesehen werden. Die Kirche kümmert sich um das Heil des Einzelnen, Privaten und versucht bestenfalls, sich auf dem Markt der moralischen Ansichten zu behaupten. Auf der anderen Seite sehen viele - besonders unter Evangelikalen und fundamentalistisch Denkenden - hinter allem Geschehen eine mehr oder weniger geheime, unsichtbare, planende Hand Gottes, der man gern zu Hilfe kommt. Der Deismus mit seinem Denkmuster wirkt so auf seine Art weiter, wonach entweder Gott sich völlig zurückhält oder uns als Marionetten führt. Versuche einer anderen Sicht von „Heilsgeschichte", wie sie im 19. Jahrhundert durch Theodor Kliefoth und Gottfried Thomasius angemahnt worden ist und sich auf die Theologie der Kirchenväter stützen, haben es nach wie vor schwer.

Umso interessanter dürfte für unseren Zusammenhang die kleine Schrift des jüdischen Philosophen Jacob Taubes (1923-1987) sein: „Ad Carl Schmitt. Gegenstrebige Fügung", Berlin 1987. Er hat sich als gläubiger Jude mit Carl Schmitt über lange Zeit und grundsätzlich auseinandergesetzt, der wie Martin Heidegger im Nationalsozialismus nicht nur äußerlich bestens integriert war. Es ist bereits vielfach der Verdacht untermauert worden, dass beiden Denker eine innere Nähe zur Nazidiktatur aus philosophischen, pseudotheologischen Gründen vom Grundsatz her eigen war. Das

1 Der ältere Text hierzu ist die Rede des toten Christus vom Weltgebäude herab im Siebenkäs von Jean Paul.

muss uns hellwach werden lassen, denn wenn Denker dieses Formats nicht nur anfällig für diese schreckliche Diktatur waren, sind es unter Umständen auch ihre Bewunderer. Um es in einfachster Form zu sagen: Das Denken von Martin Heidegger und Carl Schmitt lässt sich in keiner Weise mit der Barmer Theologischen Erklärung von 1934 in Zusammenklang bringen.

Jacob Taubes nennt Carl Schmitt einen „Apokalyptiker der Gegenrevolution". Er verwies auf Max Weber, der feststellte: „Ein Gebilde wie das kanonische Recht kennt nur der Okzident", das mit „streng juristischen Schemata und Denkformen des römischen und des daran geschulten okzidentalen Rechts" vorgeht. Carl Schmitt fährt in diesem Sinne über die Rechtswissenschaft fort: „Ihr Vater ist das wiedergeborene römische Recht, ihre Mutter die römische Kirche."[1]

Wir sind also direkt bei dem, was Johann Oldendorp umtrieb und was für Eugen Rosenstock-Huessy und Harold J. Bermann wichtig war. Das Kanonische Recht, von Eugen Rosenstock-Huessy Papstrevolution genannt, führte zum modernen Staatsgedanken, in dem es das Recht systematisierte. Ein System ruht in sich selbst. Alles darin wird zum Begriff, so auch Gott und Mensch. Weder Philosophie, Recht oder Theologie sehen zumeist darin ein Problem. Sie haben sich zudem schon lange zu jeweils eigenständigen Paradigmen gemausert, von denen jedes jedoch meint, alles aus eigener Sicht heraus zu umfassen. Recht und Philosophie beruhen so ganz auf dem „nackten Leben", der biologischen Tatsache, wie Giorgio Agamben beobachtet. Diese Systeme oder Paradigmen beinhalten den Menschen, es gibt keine Instanz, die widersprechen könnte. Freiheit ist nur noch Einsicht in eine - behauptete und aus dem Faktum der Natur abgeleitete - Notwendigkeit. Faschismus, „Wissenschaftlicher Kommunismus" und totalitäre Systeme waren und sind keine Ausrutscher der eigentlich nach Freiheit strebenden Geschichte. Sie machen im Gegenteil der Geschichte ein Ende und setzen an ihre Stelle einen Ablauf der Dinge, dem man sich besser füge. Dahinein sind wir geworfen, und es ist kein Gott, der uns daraus befreien würde. Wir gehorchen nicht Gott, sondern dem

---

1 Jacob Taubes, Ad Carl Schmitt. Gegenstrebige Fügung, Berlin 1987, S. 12f. Das Zitat stammt aus Martin Heidegger, Ex Captivitate Salus. Greven, 1950.

Schicksal, einem Fortschritt, den Erfordernissen, Idealen oder Interessen,...

Oldendorp hält allem systematischen Recht und allen Wünschen den lebendigen Gott ebenso wie die Billigkeit gegenüber jedem einzelnen Menschen entgegen. Dieser ist kein „Einzelfall", sondern Gottes Kind, unsere Verantwortlichkeit ihm gegenüber ist direkt verbunden mit unserer Verantwortlichkeit Gott gegenüber, dessen Perspektive die Menschheit ist.

Betrachtete man das Werk Oldendorps unter der Prämisse, dass die Rede von Gott nur etwas für private Frömmigkeit sei, wird er zum Vorreiter der Naturrechtslehre der Aufklärung, indem er dem Naturrecht eine so hohe Bedeutung zukommen ließ als Grundlage allen Rechts und aller Billigkeit. Man kann offenbar Oldendorp in die Reihe setzen, die über Hegel und Nietzsche zu Carl Schmitt führt. Zum anderen aber lässt er sich auch in der entgegengesetzten Reihe betrachten, die in Rosenstock-Huessy, Jacob Taubes und der Barmer Theologischen Erklärung mündet.

Für Johann Oldendorp war Gott keine Hypothese. Er legte das kanonische Recht ad acta und übergab es dem weltlichen Arm, ohne aber an Macht und Herrschaft Gottes zu zweifeln. Göttliches Recht spiegelten sich für ihn in den Zehn Gebote und das Zwölftafelgesetz, wobei gerade Letzteres ihm als deutlicher Erweis dafür galt, dass allen Menschen als Geschöpfen Gottes eigen sei, den Nächsten gerecht und gut behandeln zu wollen, auch wenn die Erbsünde in ihm eine Gegenkraft dazu bildet. Aber weder mit Naturrecht oder verfasstem Gesetz, so perfekt es auch ausgeklügelt sein mag, ist das Recht vollständig beschrieben. Es gehören stets der dazu, der damit urteilt, handelt, sowie, der, den es als Nächsten betrifft. Rosenstock-Huessy hat in seiner Soziologie darauf verwiesen, in dem er mit der aufkommenden Linguistik darauf abhob, Sprache nicht ohne Sprechende und Hörende zu betrachten.

Für Carl Schmitt galt das Recht als Werkzeug von Herrschenden. Für ihn rechtfertigte der „Ernstfall" in seinem Freund- und Feindschema Gewalt auch über das Gesetz hinaus. Für Oldendorp tritt der „Ernstfall" in jeder zu treffenden Entscheidung in aktueller Billigkeit ein, dem strikten Abwägen in Verantwortung, Güte und Nächstenliebe gegenüber dem lebendigen Gott, dessen Güte endgültig richtet.[1] Alle Feindschaft ist durch Güte zu überwinden. Alles geschriebene, ungeschriebene, angewandte Gesetz hat sich der Billigkeit unterzuordnen. Damit erhob er diesen – im Gesetz heute eher als Spezialfall angesehenen – Grundsatz der Billigkeit zum Grundmuster und Ziel allen Rechtes und relativierte damit nicht nur einzelne Rechtsordnungen, sondern Gesetzlichkeit überhaupt.

Nach Carl Schmitt lässt sich ein allumfassendes, totalitäres Rechtsverständnis entwickeln, nach Oldendorp ist genau dies vom Grunde her ungerecht. Alles Recht bedarf des lebendigen Gottes als seines Herren, nicht nur als seine Quelle. Gott hat keine Feinde, wie wir sie haben. Sein Feind ist das Unrechte, Böse, Verderbte. Diese Theokratie ist grundverschieden von allem, was man heute so nennt: Sie lässt sich nicht in ein System, eine Ordnung gießen. Soweit reicht kein noch so ausgefeiltes Rechtssystem, das Herrschaftsinstrument von Menschen ist. Dass Ordnung vonnöten ist, ist unbestritten. Der grundlegende Unterschied der beiden Denker in dieser Frage liegt zu Tage: Nach Oldendorp ist Recht nicht Instrument der Herrschaft von Menschen. Herrschaft ist um der Ordnung und des Friedens nötig. Seine Auffassung von Theokratie bedeutet – zugespitzt ausgedrückt – Herrschaftslosigkeit des Menschen. Gottes Wille ist, dass allen geholfen werde, nicht dass irgendetwas ihm nütze. Christus nahm es nicht als Raub an, Gott gleich zu sein, sondern nahm nach Phil 2 Knechtsgestalt an. Damit ist einerseits das Recht bestätigt, andererseits ist ihm jede Absolutheit genommen. Gebt Gott, was Gottes ist, dem Kaiser aber nur, was des Kaisers ist. Dieses Recht darf kein Gewissen binden. Das Gewissen darf umgekehrt im Umgang mit dem Recht trotz allem gebotenen Gehorsam nicht schweigen.

So ist das Wort Gottes, das sich in keinen Paragraphen fangen lässt, immer eminent politisch relevant. Es geht nicht um eine Trennung einer Institution „Kirche“ vom Staat, sondern um eine

1 Zur Güte eines Urteils gegenüber einem Täter gehört auch der Blick auf das Opfer. Im Bild der Offenbarung nach Johannes gesprochen: Dort, wo kein Schatten des Bösen das Licht Gottes verdunkeln darf, leben die Menschen beieinander. Sie bedürfen des Rechts und der Gebote nicht mehr, weil sie in völliger Billigkeit miteinander leben. Unsere Eschatologie hat nicht das Bild erlöster Seelen gleich unabhängig voneinander schwebenden Sternen.

grundsätzliche Verhältnisbestimmung von Gottes Wort und allem menschlichen Handeln. Fällt dabei der lebendige, nicht einzurechnende, verborgene Gott fort, bleibt nur der lange Schatten einer übriggebliebenen Frömmigkeit, letztlich eine entweder private unpolitische oder eine gefährliche politische Pseudotheologie. Verstiege sich Glaube dazu, sich selbst oder seiner Vernunft die Rolle Gottes zuzuschreiben, gebärdete er sich totalitär, absolut.

Die Scheidelinie verlief im 16. Jahrhundert dort, wo sich Menschen, welchen Amtes auch immer, anmaßten, das Recht ohne mit Gottes Richteramt zu rechnen, aber in Gottes Namen in die eigene Herrscherhand zu nehmen. Dies wertete Oldendorp als Missbrauch des Rechtes durch die päpstliche Kirche. Sie bediente sich für ihre Macht des Göttlichen Rechts, indem sie die Handhabung des göttlichen Gnadenrechts für sich beanspruchten. Mit ihrem Beichtrecht, der damit verbundenen Hierarchie und dem Heiligkeitsanspruch der Kleriker meinte man, göttliches Recht in das menschliche hineinziehen zu dürfen.

Carl Schmitt schrieb: „Alle prägnanten Begriffe der modernen Staatslehre sind säkularisierte theologische Begriffe." Und noch bekannter: „Souverän ist, wer über den Ausnahmezustand entscheidet." Schmitt fürchtete den „säkularisierten messianischen Pfeil des Marxismus"[1], setzte dem aber im Grunde nichts anderes entgegen, als selbst ein Apokalyptiker der Gegenrevolution zu sein.

Wie verquer die Linien laufen, mag die Beobachtung Jacob Taubes' belegen, der Zeuge davon wurde, dass man bei der Vorbereitung einer Verfassung des Staates Israel auch das Werk von Carl Schmitt zu Rate zog.[2] Bedenkt man das Rechtsverständnis des Judentums, erscheint ein säkularer jüdischer Staat zwar praktisch, aber nicht im rabbinischen Sinn wirklich denkbar. So sieht es zumindest das Orthodoxe Judentum, das einem jüdischen Staat misstraut. Der jüdische Saat ist säkular, zugleich aber argumentiert er durchaus religiös, was katastrophale Auswirkungen hat. Entsprechend gibt es auch keinen „christlichen" Staat und wir sollten uns hüten, religiös für ihn zu argumentieren, so gut und nützlich wir ihn auch finden. Dass alle Herrschaft vom Volk ausgeht und es in seiner Verantwortung vor Gott und den Menschen regiere, ist nicht nur als gute

1 Jacob Taubes, Ad Carl Schmitt, a.a.O. S. 15f.
2 Jacob Taubes, Ad Carl Schmitt, a.a.O. S. 19

Lösung anzusehen, sondern beschreibt vielmehr die Spannung, in der alle Rechtssetzung steht. Ein Problem wird daraus, wenn die betreffende Gesellschaft nicht gerade einen Teil der Christenheit darstellt, bzw. alle möglichen Vorstellungen von „Gott" oder Religion damit verbunden sind. Eine „allgemeine", Religionen und Philosophien übergreifende Definition des Gottesbegriffes ist unmöglich und irreführend. Aller Staat muss als säkular angesehen werden. Ihm gegenüber ist nicht religiös im Namen Gottes oder „christlich" zu argumentieren, sondern rein säkular, aber aus dem Glauben heraus, der all unser Handeln vor Gott rechtfertigen muss. Dies ist kein Verschweigen der Handlungsquelle, denn auch Gott selbst mit seinem Gebot hat zum Ziel das Wohl aller Menschen, nicht aber die Bildung eines Klubs ihm höriger Leute. Die andere Seite der Billigkeits-Schrotwaage ist das gemeine Wohl. Da bewährt sich Gottes Gebot, weil er es ist, der in uns das Naturrecht gepflanzt hat.

Carl Schmitt war fasziniert vom kanonischen Recht mit seiner Wissenschaftlichkeit, ganz anders als Oldendorp. Jacob Taubes sieht - für uns eher überraschend - im Denken von Walter Benjamin, Carl Schmitt und Ernst Bloch eine Gemeinsamkeit: Theokratie hat für sie keinen politischen, sondern rein religiösen Sinn.[1] Sie haben Gott in Bezug auf das Recht des Platzes verwiesen.[2] Religiös bedeutet für sie - wie von Schleiermacher von Seiten der Theologie freimütig zugestanden - eine Einstellung des Menschen, als wäre da ein Gott, wobei unerheblich zu sein scheint, ob er tatsächlich da, abwesend oder nicht existent wäre.

Das scheint auf den ersten Blick auch für Oldendorp zuzutreffen, der selbst Kirchenrecht säkularisiert, weil er aus Gott zwar keinen Begriff werden lässt, aber ihn in ein juristisches Prinzip einbindet. Aber für ihn war diese Rücksprache mit Gott mehr als eine Beratung, sie war ihm ein echter Rechtsakt, und den gibt es nicht in Fiktion. Im Gewissen jedes Menschen fordert Gott für jede Entscheidung Rechenschaft. Die Herrschaft Christi stand für Oldendorp außer Frage. Dem Rückzug Gottes aus dem säkularisierten Recht steht die

1 Jacob Taubes, Ad Carl Schmitt, a.a.O. S. 28.

2 Jacob Taube gebraucht dieses Bild in Bezug auf die Wirkung von dem Ideologen Carl Schmitt auf amerikanische Denker mit den Worten: „Die Reform bestand - auf eine Formel gebracht - in der Abschaffung des Fußballteams und der Einführung des Thomismus." Jacob Taubes, Ad Carl Schmitt, a.a.O. S. 17.

viva vox im Gewissen der Menschen und der Verkündigung seines Wortes gegenüber, das der Welt Woche für Woche öffentlich entgegengehalten wird. Gott lässt sich nicht integrieren, er steht dem Recht gegenüber und ist somit alles andere als des Platzes verwiesen.

Die „Freiheit der Kinder Gottes im paulinischen Sinn" sieht Jacob Taubes als „Ausdruck einer sich vollendenden Reformation" an[1] und nimmt damit Bezug auf die Reformation des 16. Jahrhunderts.[2] Sowohl Luther als auch Oldendorp lehnten die Theokratien der Schwärmer ebenso ab wie das systematisierte Kanonische Recht, aber ohne Gottes Gebot darum für rein „religiös" in eine private Ecke zu schieben. Gottes Gebieten ist politisch im höchsten Maße relevant, aber eben nicht ins menschliche Recht zu übersetzen wie man es mit dem Text der Bibel zu tun vermag.[3] Alle Herrschaft, alle menschliche Erkenntnis ist am lebendigen, sprechenden Gott zu messen, dessen Friede alle Vernunft übersteigt. Die Vollendung der Erkenntnis geschieht nicht im Ordnen der Fragmente, wie der kleine Kai es im eiskalten Schloss der Vernunft bei der Schneekönigin Hans Christian Andersens tun soll, sondern im Angesicht Gottes.[4] Dieses Gegenüber zum lebendigen, nicht stummen, sondern in Christus und dem Heiligen Geist redenden Gott, ist, was der Jurist Oldendorp mit Billigkeit, der Setzwaage, meint. Dazu braucht er kein Theologe sein, denn in der Reformation wurden nicht alle Laien zu Geistlichen, sondern selbst die Geistlichen zu Laien.[5] Mit der Abschaffung des Kanonischen Rechts hörte der Klerus auf, als Rechtsperson eigenen, geistlichen Rechts zu existieren. Der Prediger ordnete sich in die

1 Jacob Taubes, Ad Carl Schmitt, a.a.O. S. 29.

2 Carl Schmitt ordnet sein eigenes Denken historisch in der Politischen Theologie II, Berlin 1969, S. 11 folgendermaßen ein: „Die sach-thematische Weiterführung meiner Schrift Politische Theologie von 1922 verläuft in einer Gesamtrichtung, die beim ius reformandi des 16. Jahrhunderts ansetzt, bei Hegel einen Höhepunkt findet und heute überall erkennbar ist: von der Politischen Theologie zur Politischen Christologie." Schmitt wie Taubes sahen also aus ihrer gegensätzlichen Perspektive die Reformation als relevant für die aktuelle Debatte an.

3 Im Vergleich: Das lebendige Wort Gottes Christus lässt sich nicht ins Deutsche oder Englische übersetzen.

4 Gerda, die Kai im Märchen rettete, tat dies mit einer überaus einfachen Handlung, sie bete mit ihm das Vaterunser.

5 Eugen Rosenstock-Huessy, Die europäischen Revolutionen, S. 227-234.

Gemeinschaft der Gemeinde, der liturgischen Gemeinschaft, dem allgemeinen Priestertum ein.

Ein Pastor stehe den Leuten nicht vor, noch leite er sie. Der Gedanke einer Kirchenleitung war der lutherischen Reformation fremd.[1] Vorbild dafür waren die älteren geistlichen Orden: In ihnen (soweit es sich um Männerkonvente handelte) gab es keine ihnen gegenüber gesetzten Priester, sondern nur Prioren und Äbte. Sie waren nicht die Leiter ihrer Klöster, sondern nur verantwortlich für die Gehorsamsübung des Konvents, der wirkliche Gehorsam galt Christus, dem alleinigen Herrn jedes Klosters, so ist es in der Ordensregel Benedikts nachzulesen. Die Regel, dass die Klöster den Bestimmungen der Bischöfe entzogen waren, trug dem Rechnung. Dass die Orden direkt dem Papst unterstellt waren, sollte eigentlich ihre Unabhängigkeit garantieren. In lutherischen Landschaften nun brauchte es gar keine geistlichen Überordnungen mehr geben.

Die klösterliche Gemeinschaftsordnung wurden nun im 16. Jahrhundert nicht nur äußerlich säkularisiert. Die Pfarrer, nun im Sinn von pastores, Bischöfe und Hirten ihrer Weide, mussten lediglich alimentiert werden, das musste zwar rechtlich geklärt werden, aber eine besondere Verdienstlichkeit oder irgendwie heiligere Stellung wird ihnen nicht zugeschrieben. Der Sinn von Alimentierung besteht in der Nivellierung von Rang oder Leistung.[2] Der Gegensatz von Klerus und Laien sollte fortfallen. Es ist kein Zufall, dass dann das Wort „Laie" seinen Sinn veränderte und zum Synonym von „ungebildet" wurde. Wissenschaft und Bildung übernahmen die Rolle der Geistlichkeit. Der Mensch hebt sich gern hervor, doch ein Narr ist, der sich als Geistlicher hervorhebt, ganz gleich ob besonderer „religiöser Fähigkeiten" als Vorbild, eines Amtes, seines Studiums oder seiner Gelehrsamkeit wegen.

Gott schickt man auch vom Platz der Geschichte, indem man es einfach mal offen lässt, ob es ihn denn nun gibt, er wirkt oder nicht. Man kann durchaus den Eindruck eines frommen Katholiken oder evangelischen Christen erwecken, wie es Carl Schmitt zu Beginn

1 Nicht so aber den Reformierten in der Schweiz und den Niederlanden.

2 Dass Beamte dann auch wieder ihre Rangordnung erhielten und damit Unterschiede auch im Einkommen sich breit machten, widerspricht dem Begriff der Alimentierung, der sich an der Bitte für das tägliche Brot orientieren sollte. Wer Karriere im Sinne einer Karriereleiter in der Kirche machen möchte oder so etwas für normal hält, hat das Wesen der Kirche nicht verstanden.

seiner Politischen Theologie II von 1969 tat, aber sich auf der anderen Seite wenig darum schert.[1] Um die Argumentation von Oldendorp zu verdrehen: Die Gebote sagen ja auch nichts anderes als die Zwölftafelgesetze. Der Kunstgriff besteht darin, Theologie so zu behandeln wie die kanonische Rechtssetzung, als eine geschriebene Argumentationsfolge, Rhetorik des Denkenden. Lässt sich „Gott" auch nicht beweisen, kann man doch mit Thesen, Titeln und Argumenten mit ihm umgehen, sein Wort dialektisch behandeln, ohne die Setzwaage des Glaubens und der Billigkeit als Person zu gebrauchen. So kommt Carl Schmitt allen Agnostikern der Gegenwart gut entgegen. Er stellte der Rechtswissenschaft nicht Gott, sondern die Theologie entgegen. Auf diese Weise war es Carl Schmitt in seiner Politischen Theologie II kein großes Problem, seine Gegner gegeneinander auszuspielen. Er konnte davon ausgehen, das Gott selbst nicht einmal ein Argument ist. Vielleicht sitzt er ja auf der Zuschauerbank, das weiß man nicht. Er wird irgendwann vielleicht sogar richten, aber wen schert es hier auf Erden, solange man der eigenen oder schlüssigen Vernunft gehorcht? Hier muss geherrscht und regiert werden, hier gibt es Freund und Feind, so als gäbe es Gott nicht oder wäre nur eine Denkfigur des Menschen. Wer aber Gott säkularisiert und profanisiert, sakralisiert zugleich Welt und Ordnung, denn ohne tieferen Grund lässt sich kein Recht behaupten. Auf der Ebene der Wissenschaften, dem Menschenwitz, wie Luther gesagt hätte, lässt sich trefflich streiten und der jeweils Klügere oder Mächtigere gewinnt und ist dem Feind über, nicht aber unbedingt, wer nach dem Gut und Rechten fragt.

1 An dieser Schrift kann auf seltsame Art und Weise faszinieren, wie Carl Schmitt leichthin über die Zeit des Nationalsozialismus daherredet, als wäre er nicht dabei gewesen. Er zog sich mit gelehrter Argumentation aus der Affäre.

Kirche als Zivilreligion oder die Herrschaft Christi

Johann Oldendorps Ansichten mögen als eine Vorahnung der Zivilreligion anmuten, wie sie Robert N. Bellah forderte, bzw. in allen Staatsformen als in irgendeiner Form gegeben ansieht. Jede Gesellschaft bedarf einer normativen Prägung, die - um mit Oldendorps Gedanken zu sprechen - der Gesetzgebung oder Ordnung der Gesellschaft vorausgeht, ihre Intention bildet. Oldendorp nennt sie die natürliche Vernunft. Eine wirklich gewisse Grundlage ist diese jedoch nur in begrenztem Maß. Dennoch tragen gemeinsame, geteilte Überzeugungen eine Gesellschaft, stiften Identität und helfen dazu, dass Gesetze akzeptiert werden.

Die Rede von Zivilreligion ist eine soziologische Sicht, in der sich verschiedene Religionen und Konfessionen in einem Begriff subsummieren lassen, mit dem sich so etwas wie ein gemeinsamer Nenner bilden lässt. Mit der These einer Zivilreligion sind Vorstellungen verbunden wie die vom clash of cultures nach Samuel P. Huntington. Damit lassen sich ein gewisser Pluralismus und Religionsfreiheit mit privater Glaubensfreiheit, Sonderrechten und Gleichbehandlung entsprechender Vereine und Körperschaften rechtlich gut fassen. Bedingung dafür ist, dass sich die betreffenden Glaubensgruppierungen bis zu einem gewissen Grad über einen Kamm scheren lassen. Die Gesellschaft bedarf eines Bereichs, wo verschiedene Intentionen gemeinsamen Handelns miteinander abgewogen werden können. Umgekehrt werden damit säkulare Verhaltensmuster bis zu einem gewissen Grad sakralisiert. Mithilfe des soziologischen Begriffs der Zivilreligion werden so Menschenrechte zu einer Art Glaubensfrage.[1] Auf diese Weise verschwimmt allzu leicht die Grenze von Religion und Wissenschaft,

1 Wenig beachtet scheint mir die Entsprechung dieser amerikanischen Vorstellungen zu der gleichzeitigen Ideologie des Ostblocks im Kalten Krieg, die mit einer Art verordneter, pseudowissenschaftlicher Zivilreligion ihren Staaten eine innere Ordnung überzustülpen versuchte. Gern arbeitete die staatliche Agitation mit dem Zitat Friedrich Engels: „Freiheit ist Einsicht in die Notwendigkeit." Das Volk sollte „überzeugt" sein von der Richtigkeit der „wissenschaftlichen Weltanschauung".

denn zur Zeit gut begründete Ansichten werden zu Überzeugungsfragen. Glaube erscheint als niedere Populärform von echtem, bewiesenem Wissen.

Spätestens damit mag klar werden, was Oldendorp von der Vorstellung christlichen Glaubens als Zivilreligion abhebt. Der Begriff ist geschickt gewählt und wirkt unangreifbar, denn so kann man jede Religion einordnen und öffentlich beherrschen. Religionen treten dann ein in den Reigen von Weltanschauungen, Ideologien oder Theorien, wie die politische Theologie frei nach Carl Schmitt. Das scheint auch z.B. der auch der Evangelischen Kirche eine Perspektive zu geben, die darauf bauen möchte, als Körperschaft mit Sonderrechten anerkannt zu bleiben. Man scheint sie doch noch zu brauchen und hat selbst bei schwindender Mitgliederzahl eine gesellschaftlich beachtete Position gefunden, die man ihr gerade noch zusteht.

Oldendorp stand dem Heidentum zwar zu, ebenfalls aus gottgegebener, natürlicher Vernunft das offensichtlich Gute zu suchen, aber der entscheidende Unterschied lag für ihn in der Regentschaft Christi und der Erkenntnis, dass es nur ein Recht geben könne. Ein Nebeneinander von Religionen unter dem Dach einer allgemeineren Zivilreligion wäre ihm absurd vorgekommen. Das hat nicht unbedingt mit mangelnder Toleranz zu tun, sondern damit, dass dem Kaiser nur zu geben ist, was des Kaisers ist. Staat und Politik gehören entsakralisiert.

Mag man Normen aus den Geboten, wie dem Zwölftafelgesetz entwickeln, sie befinden sich auch als ungeschriebene oder nur zum Teil akzeptierte Gesetze im Wandel, auch wenn sie sich von unveränderlichen Grundsätzen leiten lassen. Gott und Christi Herrschaft sind keine Texte, weder geschrieben noch ungeschrieben. Kirche ist mithin keine Normengeberin. Glaube ist keine Weltanschauung oder Glaubensethik, sondern Antwort auf Gottes Wort. Seine Offenbarung ist Christus, Gott in Person.

Wolfgang Ullmann, ehemaliger Kirchengeschichtsdozent, dann Minister in den letzten Monaten der DDR, Mitbegründer von Bündnis 90 und Europaabgeordneter, verwehrte sich dagegen, Christentum und Kirche als Zivilreligion anzusehen. In einem Brief an Bischof von Hildesheim Dr. Josef Homeyer formulierte er 1995:

Die Kirche verbaut sich „von vornherein den Weg in die gesellschaftliche und politische Wirklichkeit, in der Kirche im sakramentalen Sinn des Wortes, d.h. in der Taufe beruht und in der Eucharistie lebt, gerade nicht als Religionsgesellschaft, sondern als eine Alternative zu allen Gesellschaften - einschließlich der Religionsgesellschaften! - existiert und ihren Auftrag an alle Völker ausrichtet."[1] Alle Versuche, Christus in unsere Paradigmen einzubauen, zu subsummieren, müssen nicht nur scheitern, sie ziehen den Frieden Gottes in unsere begrenzte und veränderliche Vernunft herab. Höher als unsere Vernunft wäre er dann nur noch als eine Art behaupteter Übervernunft. Um ein Missverständnis abzuwehren: Die „Alternative zu allen Gesellschaften", wie Wolfgang Ullmann formulierte, ist keine andere Gesellschaft, sondern bezeichnet das Gegenüber Gottes der Schöpfung und Menschheit gegenüber. An ihm messen wir uns nicht in einem nur anderen Paradigma, sondern in der Liebe dem Nächsten in aller Welt gegenüber.

Kirche hat den Auftrag, die Völker zu lehren, und zwar auch Menschen anderer Religionen und auch ohne sie zum eigenen Glauben bekehren zu wollen. Das vermag sie nur, wenn sie sich nicht als Zivilreligion ansieht. Das bedeutet im Übrigen keine Absage jeglicher Mission.[2] Es ist nur äußerst bedenklich, wenn sie den Auftrag, die Völker zu lehren darauf beschränkte, Mitglieder oder als Institution an Einfluss gewinnen und Menschen vom rechten Glauben überzeugen zu wollen. Das produzierte nur weitere Spielarten des Fundamentalismus. Die „Stadt auf dem Berge" lädt ein durch ihre „guten Werke", die den Vater im Himmel preisen.

Es muss zwischen den Religionen Dialoge geben, und jeder dieser Dialoge verlangt eigene, andere Regeln. Der offene Dialog aber zwischen Gott und Mensch kann nicht anders als gottesdienstlich, liturgisch erfolgen. Er ist von Gott her eröffnet und sehr ernst zu nehmen. Johann Oldendorp und mit ihm andere Reformatoren wagten, Kirche nicht als eine Sondergesellschaft zu verstehen und schränkten jedes Organisationsrecht in Bezug auf sie drastisch auf

---

1 Wolfgang Ullmann, Geduld, liebe Dimut!, Leipzig 1998 S. 176.

2 Auch das Judentum wusste immer von ihrer weltgeschichtlichen Aufgabe, ohne darum um Proselyten zu werben.

ein Minimum ein. Rudolph Sohm und Hans Dombois haben dies wahrgenommen und sind mit ihren grundsätzlichen Bedenken mitnichten widerlegt, nur weil sie historisch auch Fehlurteile gefällt haben mögen.

Recht und Kirche

Peter Landau hat seine Kritik an dem Werk von Rudolf Sohm mit dem vernichtenden historischen Urteil zusammengefasst, dass es die Kirche der Spätantike, wie sie Sohm beschrieben und herausgestellt hatte, so nicht gegeben hatte.[1] Diese für das „Kirchenrecht" Sohms[2] grundlegende Darstellung habe sich somit als Fiktion erwiesen. Doch darum ist noch nicht der Schluss widerlegt, mit dem Rudolf Sohm in der ersten Auflage seines großen Werks beendete und einer grundsätzlichen Spannung von Recht und Kirche Ausdruck gab. In der Folge Sohms sprach dann Hans Dombois von epikletischem und transzendentalem Kirchenrecht[3]. Diese Auffassung lehnte Peter Landau ebenfalls ab.

Die Augsburgische Konfession behandelt diese Fragen im letzten ihrer Artikel „Von der Bischofen Gewalt", De potestate ecclesiastica. Wie bei Johann Oldendorp handelt es sich vor allem um negative Aussagen, was der Kirche nicht erlaubt sei. Vollmachten wie in Ehesachen, seien den Bischöfen nur von weltlicher Hand geliehen. Kirche hat zudem kein liturgisches Recht in dem Sinn, dass sie selbst Liturgie setzen dürfte. Sie vermag eine Kirchenordnung aufrichten, doch „nicht damit Gottes Gnade zu erlangen, auch nicht damit für die Sünde genugzutun oder die Gewissen zu verbinden." Wie man es mit dem liturgische Recht sah, zeigt die Deutsche Messe, bei der man versuchte, alles Zugesetzte, nur Angefügte, über die Einsetzung hinaus Reichende abzutun. Es sollte das reine Evangelium verkündet

1 Peter Landau: Sakramentalität und Jurisdiktion S. 17-47.
2 Rudolph Sohm, Kirchenrecht, 2 Bände, München 1892/1923.
3 Hans Dombois, Das Recht der Gnade, 3 Bände, Witten 1961-1973. Die Epiklese ist die Bitte um die Herabsendung des Heiligen Geistes in der Abendmahlsliturgie.

werden und das Abendmahl in möglichst ursprünglicher Form gefeiert werden. Erlaubt sei nur, was in diesen strengen Bahnen verbleibt.

Die Reformation setzte nicht nur die Hierarchie außer kraft. Im Artikel XXVIII der CA von der Bischofen Gewalt findet sich der klare Satz: „Sankt Peter verbot den Bischöfen die Herrschaft, als hätten sie Gewalt, die Kirche, wozu sie wollten, zu zwingen." Der Kirche fehlt somit im Unterschied zu weltlichen Mächten jede Souveränität. In der Kirche ist dagegen lediglich Christus das Haupt. Hier gibt es die Theokratie, die im Weltlichen weder gut noch möglich ist. Das ist der theologische Grund für die Aufhebung einer innerkirchlichen Hierarchie und auch für die Ablehnung aller Theokratie in der Welt. Die Kirche hat der Welt nichts vorzuschreiben, aber ihr zu predigen, was sie von Gott gehört hat, wie die Apostel vor Gericht bezeigten: „Wir können's ja nicht lassen, von dem zu reden, was wir gesehen und gehört haben." (Apg 4,20)

Peter Landau nun ist dagegen der Ansicht, dass die Grundauffassung von Hans Dombois, „d.h. eines Kirchenrechts, das primär an liturgischen Grundvollzügen orientiert ist, als klassifizierende Begriffe für den Westen unanwendbar" sei.[1] Damit ist jedoch nicht nur eine Kritik an Hans Dombois geäußert, sondern auch an der Confessio Augustana.

Versucht man, so etwas wie ein Wesen, eine grundlegende Rechtsbegründung der Kirche zu erkennen, muss sie für die gesamte Kirchengeschichte relevant sein. Es geht nicht an, dass man eine heile Kirchenverfassung für eine Epoche annimmt, wie es Rudolf Sohm mit der offenbar nun als Fiktion erwiesenen altkatholischen Kirche versucht hat. Auch die lutherische Kirche im direkten Schatten der Reformation war keine ideale Kirche, genauso wenig eine idealisierte Urkirche. Schon die Evangelien erzählen uns reichlich von Missverständnissen auf Seiten der Jünger. Es wird auch keine wunderbare Idealkirche der Zukunft geben. Kirche war und ist stets eine gemischte Angelegenheit, das heißt ein weltlich Ding und zeitlich wie jedes Gesetz, jede Ordnung. Aber es gab und gibt immer

1 Peter Landau, Sakramentalität und Jurisdiktion, S. 37. Bezeichnend ist für Landau die Erwartung, dass es für das Kirchenrecht „klassifizierende Begriffe" geben müsse. Damit freilich kommt man in Bezug auf die Liturgie nicht weit.

auch die „wahre" Kirche bis hin in Konfessionen, die nur allzu deutlich in Irrtum verfangen sind. Diese ist jedoch weder in einer rechtlichen Gestalt fassbar, noch sachlich definierbar. Ihre Wahrheit ist nach Joh 14,6 und Joh 15,1-8 personal, Christus. Unsichtbar ist sie nicht, denn es gibt geschehende Liturgie.

Oldendorp und die Reformatoren sprachen von Missbräuchen, was im Umkehrschluss heißen mag, dass es rechten Gebrauch stets auch gegeben hat. Dieser Herrschaftsbereich Gottes in der Kirche hat seinen Ort nicht nur unsichtbar in den Herzen, sondern offen im Liturgischen, dem Gottesdienst. Entfernt sich die Gestalt der Kirche von diesem Geschehen, entgleist sie, wird ihrem Wesen untreu. Es handelte sich somit nicht um eine Nebensache, wenn die CA im genannten Artikel größten Wert darauf legte, dass die Kirche nicht eigenmächtig den Gottesdienst verändern dürfe. Das sprach ausgerechnet die Reformation aus, als sie erhebliche Änderungen am Gottesdienst veranlasst hatte und die „Deutsche Messe" einführte. Sie brachte nach ihrem eigenen Verständnis damit das Verderbte wieder zurecht. Indem sie Liturgie von der Messe bis zur Beichte reformierte, reformierte sie die Kirche.

In der Römisch-Katholischen Kirche ist neuerdings von einer Transformation des Gottesdienstes die Rede. So auf der Homepage des Erzbistums Trier (abgerufen am 11.10.2023): „Es ist ein großer Satz, der fast beiläufig gefallen ist. Beim Diözesanen Forum 2021 sagte Msgr. Dr. Michael Bredeck: ‚Es geht nicht um Optimierung, sondern um Transformation der Kirche'." Bei der EKD ist wenigstens nur von einer Transformation *in* der Kirche die Rede. Kirche oder Gottesdienst wolle man umwandeln, umbilden? Mit welcher Autorität soll dies geschehen? Diese Zitate zeigen, dass man, spricht man von „Kirche", vor allem und ziemlich ausschließlich ihre organisierte Gestalt vor Augen haben. Soll man wirklich annehmen, dass Michael Bredeck eine Transformation der Kirche durch Gott im Blick hatte und die EKD die Kirche als Subjekt einer Selbsttransformation nur in Bezug auf ihre weltlichen Seite ansieht? Diese Interpretation scheint mir zu gutwillig. Kirche für die Zukunft fit machen? Vielen ist die Hybris allein dieses Gedankens nicht mehr bewusst.[1]

Das grundsätzliche Missverständnis Peter Landaus an Rudolph Sohm und damit auch der Reformation gegenüber sehe ich in der

1 Vgl. Martin Grahl, Die organisierte Kirche der Zukunft, Hamburg 2023.

Gleichsetzung von Kirche und Jurisdiktion[1], die nicht nur Johannes Oldendorp grundsätzlich ablehnte. Die Römisch-Katholische Kirche wie die Kirchen der EKD gebrauchen bedenkenlos den Schleiermacherschen Begriff der Kirchenleitung, bzw. Leitungsgewalt, so dass die konfessionellen Unterschiede in dieser Hinsicht verschwimmen. Die CA sprach von den Ehesachen in dem Sinn, dass diese Vollmacht ihnen vom Staat geliehen sei. Gott leiht der Kirche keine Vollmachten in diesem Sinn. Rechts- und Verwaltungshoheiten in der Kirche als Öffentlich-Rechtliche Institution sind zwar nicht vom Staat geliehen, aber von ihm zugelassen. Sie resultieren nicht aus dem Evangelium, da sie nicht sakramental oder aus der Liturgie abzuleiten sind.[2] Es hat eine klare Differenzierung von der Ordnung der Kirche und der Liturgie zu geben.

Eine Kirchenverfassung gründet sich nicht wie der Staat auf seinen Gesetzgeber: Alle Gewalt geht vom Volk aus. Souverän in der Kirche ist Gott nicht im gleichen Sinn. Er ist Souverän aller Welt, auch der Völker und der Geschichte, aber in sehr anderer Weise. In den Präambeln unserer Kirchenverfassungen ist darum der Verweis auf die Bekenntnisse zu finden, also auf Dogmatik und nicht Theologie, wobei der Unterschied zwischen beidem im Allgemeinen unter evangelischem „Laien" wenig bekannt ist. Die „Parlamente" der Kirchen sind nicht vor allem Sprecher eines Kirchenvolks, sondern haben die Aufgabe, die Ordnung der Kirche aufrecht zu erhalten, um zu verhindern, dass Gottes Wort nicht zur Geltung kommt und um zu garantieren, dass möglichst regelmäßig und flächendeckend Gottesdienste in guter Weise gefeiert und verstanden werden.

---

1 Kirchliche Jurisdiktion oder Jurisdiktion in geistlichen Angelegenheiten bezeichnet die Rechts- und Verwaltungshoheit eines Ordinarius in seiner Partikularkirche (Jurisdiktionsgebiet). Das ist Kennzeichen der Römisch-Katholischen Kirche. Sie trifft vom Grundsatz her eigentlich nicht auf die Evangelischen Kirchen zu, aber dieser Unterschied verläuft sich zunehmend im Sande.

2 Im Allgemeinen freut man sich über die Demokratisierung der Kirche. Aber es macht theologisch wenig Unterschied, wenn (von innerkirchlichen Minderheiten gewählte) Synoden anstelle von Prälaten in der Kirche herrschen.

In der weltlichen Gewalt sah die Reformation eine vor allem negative Rolle, nämlich dem Bösen zu wehren und dafür Ordnung aufrecht zu erhalten. Die Idee, im Staat eine positive Gestaltungsaufgabe zu sehen, kam just in der Zeit der Reformation mit dem 1516 erschienen Buch Utopia von Thomas Morus in die Welt. Auch Johann Oldendorp erkannte die Gestaltung des Rechts als Aufgabe. In dieser Hinsicht findet auch die Kirche ihre Funktion, indem sie auf Gottes helfende und klärende Offenbarung verweist. Aber definiert sie sich selbst als Gemeinde oder vom Staat getrennter Landeskirche an so einer Aufgabe? Dafür finden wir in der lutherischen Fraktion des 16. Jahrhunderts keine Ansätze. Eine gewünschte „Verbesserung" betraf nicht eine von der Welt abgehobene Gesellschaft oder Bruderschaft, sondern den Einzelnen und die Öffentlichkeit überhaupt. Kirche wage das kritische Gegenüber, aber nicht als Institution, sondern in gottesdienstlicher Demut, predigend, fragend und hörend.

Die drei deutschsprachigen Schriften Oldendorps lassen sich als ein gemeinsames, einfach gehaltenes, öffentlich verständliches Werk betrachten, dass zum Thema hat, den Zusammenhang von Kirchenrecht, Gerichtsbarkeit und Politik, bzw. göttlichem Wort und der Notwendigkeit der richtenden und verwaltenden Ordnung auf Erden zu klären.

Zu den Quellen lässt sich zusammenfassend sagen, dass für Oldendorps Rostocker Schriften als Grundlagentexte die Bibel, das Decretum Gratiani und das Römische Recht dienten. Sie waren die drei Grundtexte für Glauben, Recht und Weltordnung. Unter den anderen Verweisen kehren vor allem drei Namen immer wieder auf: an erster Stelle Cicero, dann Philipp Melanchthon und Budäus (Guilliaume Budé). Auffallend ist das völlig Fehlen von Martin Luther.[1]

In Bezug auf Theologie und Philosophie ist eine große Zurückhaltung Oldendorps zu bemerken. Er lässt sich kaum auf theologische oder philosophische Differenzierungen ein, durch die

1 Man könnte diese Zurückhaltung dahingehend deuten, dass sich Oldendorp nicht öffentlich als „Lutheraner" outen wollte, aber er hatte keine Scheu, sich auf Melanchthon zu berufen. Cornelius van Sneek erkannte im Autor der Schrift von den Missbräuchen sogleich den „Luderus".

man ihn einer bestimmten philosophischen oder theologischen Schule oder Ausrichtung zuordnen könnte. Er schlug sich nicht auf eine bestimmte Seite in dem Sinn, dass er beispielsweise als Cusaner zu werten wäre oder indem er eine eigene Philosophie entwickelte. Er mied es, sich innerhalb der Scholastik, deren Schulen als Sekten bezeichnete, auf irgendeine Seite zu schlagen, zitierte aber unbefangen aus dem „Wort Gottes", der Heiligen Schrift.

Oldendorp geht davon aus, dass der Mensch von Natur aus als Geschöpf Gottes fähig ist, ein Gewissen zu entwickeln, das danach strebt, das Böse zu vermeiden. Wie Martin Luther im Großen Katechismus zu den Geboten ausführt und Melanchthon es in der Apologie der Confessio Augustana zum Thema Erbsünde sah, bezieht sich die Sündhaftigkeit des Menschen auf die erste Tafel der Gebote, seinen Ungehorsam, woraus sich die Schwäche erklärt, sein eigenes Gewissen betrügen zu wollen.

Oldendorp stand an einer Zeitenwende. Es bringt wenig, will man ihn in ein kausalorientiertes Geschichtsbild einordnen. Es bleibt auch offen, wen er beeinflusst hat. Weithin dachte er mittelalterlich. Im historischen Rückblick lässt sich feststellen, wie seine Gedanken sich in späteren Jahrzehnten und Jahrhunderten in bestimmte Richtungen weiterentwickelt haben. Liest man bestimmte Abschnitte in dieser Perspektive, scheint er „seiner Zeit voraus" gewesen zu sein, ob es nun die Naturrechtsfrage betrifft oder auch die Tradition der Räte, die besonders in deutschen Länder maßgebend wurde. Dies war auch langfristig wichtig für die Entwicklung einer Demokratie, die auf das aufeinander Hören beruht. Aber niemand ist „seiner Zeit voraus". Umgekehrt findet sich kaum ein Gedanke bei Oldendorp, der so oder ähnlich nicht schon zuvor geäußert worden ist, sei es bei Aristoteles, Cicero, einem der Autoritäten des Römischen Rechts oder im Kanonischen Recht, das weitgehend aus Zitaten zusammengesetzt ist. Oldendorps deutsche Schriften wirken ebenfalls wie ein Mosaik aus Zitaten, weisen aber einen klaren Gedankengang auf.

Oldendorp las die Bibel als Jurist. Das Recht verstand er als glaubender Christ. Es ging ihm um gute Politik, billiges Verhalten der Menschen untereinander. Die drei Schriften müssen wie ineinander gelesen werden, einander nicht nur ergänzend, sondern jedes der drei durchzieht die beiden anderen Themenblöcke. Eines geht nicht ohne das andere. Sie lassen sich jedoch andererseits nicht unter eine Formel bringen, zusammenfassen. Es handelt sich um ein System, sondern um drei Perspektiven, in denen stets der Mensch im Mittelpunkt steht, und das ist ganz und gar dem Humanismus angemessen.

Für das Verständnis der Billigkeit nach Oldendorp ist das Bild der Schrotwaage grundlegend. Dazu passt der Gebrauch von Billigkeit nach den Regeln der Rhetorik, bzw. dem antiken Rechts- und Urteilsverfahren, wie Heinrich Lausberg es in seinem Handbuch dargestellt hat. Billigkeit ist das Prüfinstrument sowohl für konkretes Urteilen oder Raten, wie für verfasste und veränderliche Ordnung überhaupt. Zudem kann man mit ihr auch die Funktion des Glaubens beschreiben. Gott ist nicht nur der billige Richter am Ende aller Zeiten, sondern er regiert auch hier und heute durch den Glauben, wobei Gnade das alles bestimmende Gut darstellt. Wir üben uns im glaubenden Gehorsam, indem wir uns um Billigkeit bemühen, und uns, unser Miteinander und unsere Ordnungen an Christus messen. Prüft alles, das Gute behaltet, ist einer der Schlüsselzitate für Oldendorp.

Fragt man nach einem philosophischen Hintergrund, ist man an Nikolaus von Cusa gewiesen, auf den Oldendorp auch selbst verweist. Er hat ihn also gelesen, wobei offen bleibt, wie viel. Im theologischen Sinn bewegt sich Oldendorp weitgehend in den Bahnen auch Martin Luthers, auch wenn er ihn nicht zitiert. Man mag dazu das Buch von Karl Köhler „Luther und die Juristen“ zur Hand nehmen.[1]

Eine grundlegende Unterscheidung für Oldendorp war die zwischen geschriebenem oder formuliertem, wie auch immer in

1 Karl Köhler, Luther und die Juristen. Zur Frage nach dem geistigen Verhältnis des Rechts und der Sittlichkeit, Gotha 1873. Ich glaube hier auf eine Darstellung von Luthers Theologie im Hinblick auf die Fragen von Oldendorp verzichten zu können, weil zum einen dadurch dies Buch erheblich an Umfang gewinnen würde. Ein wirklich genauer Vergleich von Luther und Oldendorp wäre Thema einer eigenen Untersuchung. Dass Oldendorp von Luthers Schriften Kenntnis gehabt hatte, darf man schlicht voraussetzen. Die beiden unterscheiden sich vor allem durch die Perspektiven eines Theologen, bzw. Juristen.

Sprache gefassten Gesetz oder Ordnung und dem Akt des Urteilens. Ist freilich ein billiges Urteil gefällt, wird es zum Teil des verfassten oder geschehenen Rechts.

Gewissen ist mit Zeit verbunden. Es ist grundsätzlich ergebnisoffen, wendet es sich dem noch nicht Geschehenen zu. Wendet es sich kritisch bereits Geschehenem zu, steht es im Bezug zu Strafe, Reue und Gnade und setzt sich dem Urteil Gottes aus. Zu fällende Urteile müssen aber auch stets die Wirkung im Auge behalten, wie auch die Gnade Gottes gute Werke zeitigt. Gesetz und Ordnung dienen der billigen Entscheidung, sie sind es nicht selbst. Eine Entscheidung erscheint im Idealfall billig, wenn sie gerecht und gut war, d.h. die Menschen, die diese Handlung betrifft, der Richtende und Gott gemeinsam auf eine Ebene kommen. Dies ist das „lesbische Maß", bzw. die „Schrotwaage". Das Gewissen spielt dabei die Rolle des Lots. Der Urteilende selbst hält sich somit einerseits völlig zurück, andererseits steht er im Mittelpunkt des Geschehens, er ist verantwortlich für die Entscheidung. Das scheint ein Widerspruch zu sein, hängt aber mit dem Status des Beobachtenden zusammen. Der Maurer legt die Waage an und ist somit außen vor, aber er wird gemäß seiner Beobachtung handeln.

Das Gesetz lässt sich somit nicht aus Gottes Wort deduzieren, ableiten, denn dann würde auch Gottes Wort zum Gesetz, zu einer Art Übertext oder umgekehrt zu einer Rohmasse, aus der die Menschen dann erst ein feines Gesetz zu feilen, zu produzieren hätten. Ordnung ist irdisches Geschehen, aber im Interesse Gottes, dem an Billigkeit, bzw. der Liebe und dem Guten unter den Menschen gelegen ist.

Die unter Pseudonym veröffentlichte Schrift zu den Missbräuchen der Kirche stellt keine positive Darstellung des Kirchenrechts dar, sondern ist durchweg negativ abgefasst. Oldendorp prüfte kirchliche Ordnungen und übliche Verhaltensweisen des Klerus auf Billigkeit, indem er sie an Gottes Wort, Zitaten aus dem Kanonischen Recht und den Auswirkungen auf die Menschen maß, ganz gemäß seiner Schrift von der Billigkeit. Gottes Wort und Kanonisches Recht aber nahm er dabei nicht einfach als Text, sondern als Verweise auf den Willen Gottes. Darum vermerkte er auch, dass er mit den positiv gebrauchten Zitaten aus dem Kanonischen Recht keineswegs das

Kanonische Recht insgesamt befürwortete. Diese Schrift kann man somit als eine Anwendung dessen lesen, was er in der Schrift von der Billigkeit theoretisch entwickelte. Die aufgeführten Themen beschreiben die Zustände als Missbräuche, weil sie Gottes Willen entgegenstehen und den Menschen nicht gut tun, ihnen nicht im Sinne göttlichen Rechts gerecht werden.

Dieser Text ist historisch auch darum höchst beachtlich, weil er einige Monate vor der Confessio Augustana verfasst wurde. Er löste damit den heftigen öffentlichen Widerspruch seines Rostocker Widersachers Cornelius Sneek aus, der mit einem umfangreichen Buch reagierte. Der veränderte Nachdruck von Oldendorps Schrift einige Monate später in hochdeutscher Sprache zeigt, wie sehr seine Schrift weit über Rostocks Grenzen wahrgenommen wurde.

Darin sahen die Reformatoren das Problem des im 16. Jahrhundert geltenden Kirchenrechts: Es verstand sich als göttlich, obgleich es als irdisch anzusehen ist, geschwächt durch gesetzlich festgeschriebene Missbräuche. Wie aus dem Naturrecht das weltliche, geschriebene Recht abgeleitet wurde, so das Kirchenrecht aus dem ius divinum. Eben diese Gleichung lehnte Oldendorp ab. Und nichts sprach mehr gegen den Anspruch göttlichen Rechts, als der Nachweis seiner Unbilligkeit in bestimmten Punkten. Dass dem so ist, zeigen die Versuche der Römischen Kirche, ihre Unfehlbarkeit zu behaupten, sei es für den Papst, die Konzile oder im Vatikanum II auf die Gesamtheit des Volkes Gottes bezogen.

Die Frage stellt sich nach der Lektüre der Schrift Oldendorps, auch wenn sie darin nicht explizit ausgesprochen wurde: Kann es überhaupt ein göttliches, verfasstes Kirchenrecht geben, das sich darin grundsätzlich von weltlichem, „kaiserlichen" Recht unterscheidet?

Auch weltliches Recht speist sich nach Ansicht der Reformatoren und Oldendorps aus Gott, vermittels des ewigen Naturrechts, aber immer in unvollkommener Weise. Umso peinlicher ist es, wenn ausgerechnet das Recht, das sich über das weltliche mit göttlicher Autorität erheben will, sich als unbillig erweist. Auch der Kaiser hat sich an Gott auszurichten, nicht an einem Papst oder der Kirche als eigener Rechtsgestalt neben der Welt. Predigt, nicht Gesetzbuch sorgt für die Billigkeit in der Welt, als das Rechte und Gute. Es lässt sich so die These aufstellen, dass für die Reformatoren die Verkündigung, d.h. der Verweis auf Gottes Wort an die Stelle des Kanonischen Kirchenrechts tritt. Sie nimmt sich auch dessen an, was kein Gericht der Welt ahndet, aber dennoch unrecht und unbillig ist. Aber im Unterschied zum mittelalterlichen Beichtrecht wird dieses nicht kasuistisch systematisiert, es gebe kein Sündenzählen.

Wie dann Kirche, bzw. der Dienst der Verwaltung vom Gottesdienstgeschehen in äußeren Fragen sich ordnen lässt und wie sich eine Gemeinde der Glaubenden in der Welt positionieren kann oder sollte, diese Fragen sind auf anderer Ebene zu stellen. Nicht mehr ein Kanonisches Recht soll es geben, sondern Kirchenordnungen, die von weltlicher Obrigkeit erlassen werden, somit Teil menschlicher Ordnungen sind. Dabei war freilich vorausgesetzt, dass man sich in einer „Christenheit" befindet, also alle im Land Christenmenschen sind. Damit ignorierte man nicht nur Juden, sondern setzte sie, und mit ihnen alle, die sich nicht dem gleichen Bekenntnis unterwarfen, aus der Ordnung. So erachtete der ältere Luther die Juden ebenso wie den Papst oder die Täufer als Häretiker und war sich nicht zu schade, sie übel zu beschimpfen.

Oldendorp setzte die Akzente anders. Auch Heiden- oder Judenrecht speist sich seiner Ansicht nach grundsätzlich aus Gottes Wort, und zwar in Form des Naturrechts, für das es keine Häresie gibt. Die Christenheit bildet in dieser Hinsicht keine Sondergemeinschaft der Welt. Christen haben aber eine besondere Verpflichtung in Bezug auf die Billigkeit, sie nehmen Christus als ihren König und Richter an, wissen sich in allem, was sie tun oder entscheiden vor Gott in direkter Weise verantwortlich. Taufe und Abendmahl, Gebet und Predigt sind nicht nur Ausdruck dessen, sondern im Gottesdienst, der Versammlung der Glaubenden vollzieht sich dieses Verhältnis. Die reformatorische Rechtfertigung ist der entscheidende Rechtsakt Göttlichen Rechts, und zwar nicht nur in theoretischer Abwägung oder Spekulation, sondern höchst real. Christen stellen sich offen der Gegenwart Gottes, der auch Juden und Heiden lehrt. Christen haben nicht in erster Linie eine Sonderlehre, die sie unterscheidet. Es geht überhaupt nicht um eine Unterscheidung von Anderen, sondern Christen befinden sich im Zentrum dessen, was alle Menschen betrifft, indem sie auf Gott hören und alles Verhalten an ihm messen, um Allen billig begegnen zu können.

Ist in den Bekenntnisschriften von „Polizey“ die Rede, ist nicht an eine staatliche Exekutive gedacht, sondern an weltliche Ordnung überhaupt. Der Begriff der Politik wird verwendet in der Tradition der Schriften Ciceros, des altrömischen Rechts und damit auch von der Ethik und Politik des Aristoteles, bzw. vom Staat im Sinne Platos. Unser Begriff der Politik, der sich auf das Parlament bezieht als gewählter Konvent eines Beratungskollegiums kann sich auch auf die Tradition an Schriften berufen, für die das Oldendorpsche Traktat vom Ratschlagen als Meilenstein anzusehen ist. Freilich vermochte sich Oldendorp noch kaum vorstellen, dass die Beschlüsse eines solchen Beratergremiums auch Gesetzeskraft besitzen könnten, selbst die Regierung stellen, vor allem nicht in dem Umfang, in dem das heute geschieht. Auf der anderen Seite kannte er sich bestens in der entsprechenden Geschichte Griechenlands und Roms aus und wusste somit, dass so etwas durchaus prinzipiell möglich wäre. Oldendorp beschreibt wie vorausahnend die Grundabsicht parlamentarischer Demokratie, zum jeweils relativ besten, möglichst billigen Beschluss des Handelns des Staates zu gelangen, also gemeinsam guten Rat zu finden. Dem Gedanke des Mehrheitsbeschlusses gegenüber, der ja eine Herrschafts- und Machtfrage ist, wäre Oldendorp kritisch gewesen mit der Begründung, dass Mehrheit nicht Wahrheit garantiert. Das schlechte Parlament folgt der Mehrheit, das gute hört auch noch auf den letzten Rat, wenn er denn gut und recht, also billig ist.

In diesem dritten Bereich der Rostocker Schriften nun muss sich zeigen, wie es um das Verhältnis der beiden Regimenter, bzw. menschliches und göttliches Recht nach Oldendorp bestellt ist. Unglaube, Gier und Unverstand verderben guten Rat. Positiv ausgedrückt sind diese drei Dimensionen des Menschen Glaube, Mäßigkeit und Vernunft. Dazu ruft Gottes Wort auf. Prediger sollten somit aus den besten Männern der Gesellschaft - Frauen waren außerhalb des Denkbaren in jener Zeit für diese Aufgabe - erwählt werden. Solche Wahl ist keine im Sinne einer Interessenvertretung oder des Gefallens, sondern es handelt sich um eine Wahl gemäß der

Befähigung zu diesem Amt, das den Wählenden gegenüber sich durchaus kritisch verhalten soll.

Die Pastoren übernehmen gewissermaßen die Aufgabe der Philosophen in Platos Staat mit dem bezeichnenden Unterschied, dass sie nicht herrschen dürfen, sondern nur den Herzen raten. Außerdem schöpfen sie nicht aus eigener Vernunft, sondern folgen Gottes Rat, lauschen ihn gewissermaßen Gott ab. Auf der anderen Seite stehen die weltlich Ratenden, die die Billigkeit nach der anderen Seite hin prüfen, auf die konkreten Gegebenheiten hin. Sie sind - nach heutigem Sprachgebrauch - die Politiker. Spätere Jahrhunderte warfen dann dann ein, dass hier den Wissenschaften eine gewichtige Rolle zukomme, von der Vernunft der Aufklärung, die auf Gottes Wort glaubte verzichten zu können, bis heutigentags hin zum Expertentum. Diese Art der Vernunft meint allerdings sowohl auf Gottes Stimme, als auch auf Einwände Einzelner aus ihrer Situation heraus weitgehend verzichten zu können, weil sie beides glaubt, in sich selbst schon geborgen zu haben. Einzelfälle sind für sie Ausnahmen, auf die nur beschränkt geachtet werde. (Schlechte) Experten wissen es grundsätzlich besser. So ringen Mächte in der Gegenwart miteinander, der Einfluss von Religion, Interessen und nicht nur ausgleichenden, sondern durchaus bestimmenden Wissenschaften. Experten argumentieren von Paradigmen aus, und damit vernachlässigen sie prinzipiell etwas, um helfende Aussagen treffen zu können. Auf Experten muss darum gehört werden, aber sie dürfen nicht regieren. Sachzwang steht über allem und muss mit Interessen von Bürgern und Ökonomie abgeglichen werden. Das Oldendorpsche Prinzip von Billigkeit und gemeinem Nutzen trägt dem Rechnung und setzt dennoch die Akzente anders. Der Einzelne oder die Wenigen sind Geschöpfe Gottes und nicht nur Ausnahmen. Der Gedanke der Menschenrechte ist somit schon auf der Bahn.

Zu diesem Komplex an Überlegungen gehört auch das historische Experiment des „real existierenden Sozialismus" mit seiner „wissenschaftlichen Weltanschauung", als man allen Ernstes glaubte, das Heil der Welt „gesetzmäßig" erreichen zu können. Die Unbilligkeit dieses Prozesses war im Grundsatz bereits angelegt. Mit dem Fall der Mauer in Europa ist dieser Versuch noch lange nicht zu den Akten gelegt.

Bei den drei Hauptregeln mit Billigkeit, Glaube und Suche nach rechter Entscheidung geht es stets um das Herz des Menschen, den Willen zum Guten im Blick. Es geht bei der ratio in diesem Sinn um bewusste, verantwortliche Überlegung, nicht um ein Gedankengebäude des Richtigen und Korrekten.

So stellt sich nun die Utopie des Oldendorp, besser: sein Rat dar als ein Ineinander dieser Perspektiven: Der Mensch ist von Natur aus darauf bedacht, Gutes zu wollen, ist aber zugleich im Ungehorsam dem Guten, bzw. Gott gegenüber, der Erbsünde[1] gefangen. Die menschliche Ordnung soll dem guten Willen des Menschen, seiner angeborenen Schöpfungsintention dienen. Gott ruft ihn mit seinem Wort dazu, auf diese innere Stimme, und damit auf den Schöpferwillen zu hören und zu lernen, dem Bösen auch in sich selbst zu widerstehen. Die dabei helfende und dazu förderliche Offenbarung ist notwendig, nicht zur Vervollkommnung menschlichen Rechts, sondern als persönliches Korrektiv, zur Gewinnung des Heils. Das Heil ist Teil göttlichen Gnadenrechts und ist von dem Wohl im menschlichen Miteinander zu unterscheiden. Dem dient menschliches Recht, vom Naturrecht über Gesetze und rechtliche Gewohnheiten bis hin zu jeweiligen billigen Entscheidungen. Das Recht beschert uns nicht unbedingt perfekte Gesetze. Perfektion misst sich bei Oldendorp nicht an einem Systemdenken, sondern an der jeweiligen Billigkeit. Sein „Utopia" ist nicht die perfekte Ordnung, ein Sonnenstaat, sondern eine Gesellschaft, in der man billig handelt.

Das Gesetz ist somit nicht an sich gut oder böse, sondern Werkzeug. Das Gute jeweils herauszufinden, ist dabei nicht nur eine private Angelegenheit, im Gegenteil. Die Frage nach dem Guten holt uns aus dem Privaten heraus. Gute Politik hat zwar das Wohl aller im Blick, kann aber nicht alle gleichermaßen bedenken. Dafür bedürfen wir nicht nur des Gotteswortes, sondern auch der

---

1 Oldendorp zog es vor, weniger von Erbsünde als von entsprechenden Eigenschaften des Menschen zu sprechen. Das deutsche Wort Erbsünde sucht man bei ihm vergebens.

gemeinsamen Beratung. Wir müssen aufeinander hören. Allgemeine Bildung ist somit eine zentrale gesellschaftliche Aufgabe.

So beziehen sich Kirche, Staat und Recht aufeinander, müssen aber auch getrennt gedacht und behandelt werden. Glaube, Herrschaft und Gesetz sind drei Dimensionen, in denen jedermann lebt, und die doch wohl zu trennen sind. Mischt sich die Herrschaft in den Glauben, entstehen solche Missbräuche, wie sie die Römische Kirche damals hatte. Mischt sich Glaube in die Herrschaft, maßt sich die Obrigkeit göttliche Befugnisse an. Gesetz ersetzt nicht Herrschaft und Systematik kann nicht den Glauben in ein Vernunftssystem überführen.

Zentral ist für Oldendorp, dass er Gott nicht in der Form eines Textes als geschriebenes Wort ansieht, sondern als lebendiges Gegenüber, als Person. Er spricht kaum von der Kirche, aber auch nicht von einem Staat. Historisch gesehen, gab es „Kirche" durch das Kanonische Recht bereits, aber gerade darum war dieser Begriff in den Augen der Reformatoren auch missverständlich, wenn ein Jurist ihn gebrauchte. Den „Staat", wie man ihn später ab dem 18., 19. Jahrhundert verstand, gab es noch nicht, sondern Herrscher, Rechtsgebilde, die auf Privilegien und Rechtsordnungen beruhten.

Für Oldendorp war das Katholische des Glaubensbekenntnisses das Christliche, die Christenheit. Die Reformation ist als ein entscheidender Schritt anzusehen auf dem Weg weg von einer institutionalisierten „Kirche" als eine Europa umgreifende Rechtsinstitution hin zum Gedanken von Staaten als Rechtsbereiche in Europa unter einem sie immer weniger regierenden Kaiser. Dieser Tendenz entsprach die Bildung des Reichskammergerichts, das von 1495 bis 1806 zumindest vom Anspruch her Europa als einen gemeinsamen Rechtskörper ansah und behandelte. Der Kaiser wurde darin mehr und mehr zu einer bloßen Partei. Die evangelischen Kirchenordnungen, von weltlichen Instanzen erlassen, tragen Züge künftiger Staatsverfassungen.

Sprechen wir von Kirche und Staat, müssen wir sagen, was wir damit meinen. Das Gegenüber der beiden Begriffe legt den Trugschluss nahe, es handle sich um ein Gegenüber vergleichbarer Institutionen, oder man betrachtet die Kirche als etwas (unter anderem) im Staat. Bei Johann Oldendorp ordneten sich die Mächte anders. Weltliche und geistliche „Gemeine“ sind eins. Ordnung wird durch ihre Herrschaft bezeichnet: Gott und Kaiser, nicht etwa göttlich oder kirchlich und weltlich, säkular, wie man später abstrahierte.

Liest man Oldendorp aus der Perspektive der Spätaufklärung, so mag er tatsächlich als ihr Vorläufer erscheinen: Dem Menschen ist von Gott Vernunft eingepflanzt, er benötigt Gottes korrigierendes Wort im Grunde nicht mehr. Das Menschengeschlecht ist weitgehend erzogen und erwachsen geworden und vermag sich selbst zu regieren. Man weiß nun, was gut und vernünftig ist, alles hat der Vernunft zu gehorchen, auch König, Kaiser oder Parlament. Die Kirche verstärkt nur diese Ordnung mit ihrer unterstützenden Predigt. Doch wir haben gesehen, dass diese Entwicklung nicht den Absichten Oldendorps entspricht.

Die Ordnung der Gesellschaft, oder sagen wir besser der „Gemeine“, bzw. Christenheit, Recht und Frieden wurden mit Oldendorp und anderen im 16. Jahrhundert als Aufgabe für die Menschen erkannt. Um dieser Aufgabe gerecht zu werden, war es notwendig, sich den Fragen zuzuwenden, die die Rostocker Schriften behandeln. Die Rolle eines an der Universität lehrenden Juristen[1] und Stadtsyndikus war nach Oldendorp mit hoher Verantwortung verbunden.[2] Oldendorp hat diesen Gedanken einer sehr weitreichenden Verantwortung mit seinen Überlegungen zur Billigkeit mit geprägt. Conscientia ist Bewusstsein, volle Kenntnis, Wissen, Überzeugung. Dies spielte dann in der beginnenden Politik, der Philosophie und Wissenschaftsgeschichte eine eminente Rolle.

1 Oldendorp hatte vor und nach der Rostocker Zeit an Universitäten gelehrt.

2 Der deutsche Begriff der Verantwortung war gerade geboren und wurde später mit der Ausbildung lutherischer Gedanken um das „Gewissen“ verbunden. Oldendorp selbst gebraucht den Begriff nicht. Er hatte im 16. Jahrhundert aber die rechtliche Bedeutung des sich auch juristisch Verantwortens vom lateinischen apologia. Gegenüber Gott und um der Billigkeit wegen wäre darum das deutsche Wort im 16. Jahrhundert unangebracht gewesen, denn wir verteidigen uns nicht vor Gott, und eine billige Entscheidung hat auch nichts mit Apologie gemein. Anders steht es um das Wort nach unserem heutigen Sprachgebrauch, der die Persönlichkeit des Einzelnen im Blick hat.

Doch zurück zur Bindung des Rechtsbegriffs an den des Herrschenden: Zu den Insignien des Kaisers gehörten in erster Linie Gegenstände, die einen Bezug auf die Herrschaft Gottes hatten, wie Reichsevangeliar oder Kreuzpartikel und Heilige Lanze. Die Reformation wies den Rechtsanspruch des Papstes ab, hielt aber trotz des Kampfes des Kaiser auf Römischer Seite an dessen Recht fest. Zugespitzt kann man sagen: So wie in der Französischen Revolution der König als bloßer Bürger angesehen wurde, der sich dem Recht des Staates unter Gleichen einzuordnen hatte, sah die Reformation die Herrschenden als Garanten der Ordnung an, die trotz ihrer hervorgehobenen Position allen zu dienen hatten. Sie waren Funktionsträger für die Bewahrung des Guten. Dazu hatte sie Gott berufen. Der nächste Schritt der bloßen Wahl lag nahe und war dem Mittelalter oder den Stadtordnungen für den jeweiligen Magistrat nicht unbekannt.

Man denke nur an die Verordnung in Rostock, wonach sich der Ordensklerus auf den Straßen nicht im Habit zeigen durfte, sondern sich in Zivil zu kleiden hatte. Nicht nur Klöster, sondern die gesamte Kirche wurde säkularisiert. Das bedeutet aber keineswegs, dass ihre Verbindung zu Gott gekappt worden wäre, im Gegenteil. Die Herrschaft der Obrigkeit begründet sich darin, dass sie dem Guten, bzw. Gott gehorsam ist. Der Umkehrschluss lag nahe: Tat sie dies nicht, verwirkte sie ihr Recht. Noch glaubten auch die Reformatoren an die persönliche Berufung der Obrigkeit durch Gott, aber es wurde bereits über ein gewisses Widerstandsrecht nachgedacht, das mit der Confessio Augustana auch in Anspruch genommen wurde. Das Recht, weil es aus Gott geboren ist, ist höher anzusetzen als die Person des Amtsinhabers. Das gilt für menschliches Recht, nicht aber für das Göttliche Recht.

Oldendorp verfocht einerseits vehement die Gehorsamspflicht der Kirche gegenüber weltlicher Obrigkeit, andererseits stellte er heraus, dass diese keine andere Aufgabe hatte, dem gemeinen Nutzen zu dienen. Ein Bild guter Herrschaft fand er am ehesten in der Stadtordnung, wo Oldendorp selbst sich für billigen Rat und der billiges Rechtsurteil verantwortlich wusste. Begründungen für die Privilegien der Herrschenden waren für ihn kein Thema, das ihm wert erschien, gesondert behandelt zu werden, wohl aber alles, was eine billigen Herrschaft ausmacht.

Eine säkularisierte Kirche gibt nicht die Herrschaft Gottes auf, dessen Wille nicht nur im gemeinen Nutzen liegt, sondern das Heil aller Menschen zum Ziel hat. An Gott muss sich alles messen, auch jedes Gesetz und jede Herrschaft. Die beiden Pole, Gott und jeder einzelne Mensch, bilden die beiden Punkte, zwischen denen sich Billigkeit unter den Menschen erweisen muss. Nicht Kirche und Staat stehen einander gegenüber, sondern Liturgie und die sich verändernden Ordnungen der Menschen.

Inhaltsverzeichnis